회사법론

Corporate Law

황남석

정독
DEEP READING

머리말

저자가 처음 회사법 강의를 담당한 것은 2006년 9월이었다. 그동안 18년의 세월이 흘렀다. 그동안 강의를 준비하거나 논문을 작성하는 과정에서 회사법의 기초이론을 틈틈이 정리해 두었는데 최종적인 마무리를 하지 못하여 교과서의 형태로 정리를 못하고 있었다. 그러나 더 이상 시간을 끌면 영영 교과서를 낼 수 없을 것 같아서 2024년 한 해 동안 집중적으로 시간을 투입하였다. 이제 수강생들과의 약속을 지킬 수 있게 되었다.

주지하다시피 회사법의 자본주의의 꽃인 회사제도를 규율하는 법이다. 자본주의가 무르익은 대한민국에서 회사법의 중요성은 날이 갈수록 그 정도를 더하고 있다. 그 점은 매년 대법원에서 선고되는 수많은 판례들이 해를 거듭할수록 그 복잡도를 더하는 양상에서도 확인할 수 있다. 이제 주요 외국에서 문제가 되었던 사례들은 대부분 한국에서도 유사한 판례를 찾을 수 있다. 저자가 학계에 입문하여 처음 회사법을 가르칠 때에만 하더라도 회사법에서 논의되는 모든 쟁점을 담은 저술을 필생의 과업 중 하나로 생각한 적도 있었으나, 이제는 혼자서 그 모든 내용을 정리한 책을 쓰기에는 불가능한 시대가 된 것 같다. 따라서 그 반대 방향에서 회사법을 처음 배우고 일상적인 회사법무를 처리하는 단계에서, 반드시 알아야 할 핵심적인 내용을 간결하게 제시하고 깊이 있는 지식이 필요한 경우 어떤 자료를 참고하는 것이 좋을지 안내하여 줄 수 있는 내용의 교과서를 써야겠다고 생각을 바꾸게 되었다. 이 책이 그 결과물이다.

이 책의 내용은 회사법의 기본원리를 해설한 것이고 독창적인 이론을 제시한 것이 아니어서 인용은 가급적 단순화시켰다. 이에 따라 일반적으로 인정되는 내용을 소개할 때에는 그 출처를 일일이 열거하지는 않았고 원칙적으로 다른 저술에 없는 독자적인 내용인 경우에 한하여 그 출처를 밝혔다. 이 점에 관하여는 특히 여러 저자분들께 양해 말씀을 드린다.

책을 쓰면서 회사법의 학습자가 반드시 알아야 할 내용은 본문에서 기술하고, 보충설명이나 추가적인 연구가 필요한 내용은 각주에서 보완하였다. 책을 읽어 나가는 초반에는 각주의 내용까지 읽을 필요는 없을 것이다. 보다 깊이 있는 지식이 필요한 경우에는 각주에 기재되어 있는 참고문헌을 참고하기 바란다. 또한 다양한 관점을 보여주기 위해 확정된 하급심 판결도 필요한 경우에는 적어 두었지만 초심자는 당장은 하급심 판결까지 관심을 기울이지 않아도 무방하다.

이 책으로 회사법을 공부하는 학생들에게는 항상 법전을 찾아보면서 논의의 기초가 되는 실정법적 근거를 확인해 보는 습관을 들일 것, 학설 대립에 지나치게 매몰되지 말 것을 당부하고 싶다. 회사법을 공부할 때에는 기본제도의 내용과 기능, 작동방식, 한계를 정확하게 이해하는 것이 중요하다. 그에 비하면 학설의 중요성은 말 그대로 부차적이다.

본래 저자의 강의안을 정리한 것이라서 '회사법강의' 정도의 제목을 생각하고 있었지만 이미 저자가 공저자로 있는 '법인세법론'과 짝을 맞추어 '회사법론'으로 정하였다. 내용에 비해 표제가 거창한 감이 있으나 표제에 걸맞는 내용으로 발전시켜 나갈 것을 약속드린다.

저자는 정말 우연한 계기로 석사 과정에서는 상법을, 박사 과정에서는 세법을 전공하였다. 상법을 가르쳐 주신 김건식 명예교수님, 세법을 가르쳐 주신 김완석 석좌교수님께 감사드린다. 또한 오랫동안 원고를 기다려주시고 어려운 출판상황에서도 본서의 출간을 결심하여 준 김중용 대표님, 지저분한 초고를 말끔하게 다듬어 주신 심성보 이사님께 감사의 말씀을 드린다.

2025. 2.
저자 識

차 례

제1장 총 론

제 2 장 주식회사

제 3 장 유한회사 및 유한책임회사

일러두기

○ 상법은 '법'으로, 상법 시행령은 '영'으로만 적었고 조문의 각 호는 로마숫자로 표기하였다.

○ 판결은 2024. 12. 선고분까지 반영하였다. 분량을 고려하여 가급적 그 취지만을 요약하여 기술하였으므로 필요한 경우 원문을 참고하기 바란다.

○ 본문 중 <사례>의 경우 대부분 <해설>을 붙였지만 본문 중에 자연스럽게 설명이 되는 경우에는 따로 붙이지 않았다.

주요 참고문헌

권기범, 「현대회사법론」, 제8판, 삼영사, 2021.

권순일 편, 「주석 상법: 회사1」, 제6판, 한국사법행정학회, 2021.

______, 「주석 상법: 회사2」, 제6판, 한국사법행정학회, 2021.

______, 「주석 상법: 회사3」, 제6판, 한국사법행정학회, 2021.

______, 「주석 상법: 회사4」, 제6판, 한국사법행정학회, 2021.

______, 「주석 상법: 회사5」, 제6판, 한국사법행정학회, 2021.

______, 「주석 상법: 회사6」, 제6판, 한국사법행정학회, 2021.

김건식/노혁준/천경훈, 「회사법」, 제8판, 박영사, 2024.

김홍기, 「상법강의」, 제8판, 박영사, 2024.

법원행정처, 「회사재판실무편람」, 대법원, 2020.

법학전문대학원협의회, 「상법표준판례 479선」, 법학전문대학원협의회, 2021.

송옥렬, 「상법강의」, 제14판, 홍문사, 2024.

이철송, 「회사법강의」, 제32판, 박영사, 2024.

임재연, 「회사법 I」, 개정9판, 박영사, 2024.

______, 「회사법 II」, 개정9판, 박영사, 2024.

장덕조, 「회사법」, 제6판, 법문사, 2023.

정준우, 「주식회사법」, 정독, 2024.

한국상사법학회, 「주식회사법대계 I」, 제4판, 법문사, 2022.

______, 「주식회사법대계 II」, 제4판, 법문사, 2022.

______, 「주식회사법대계 III」, 제4판, 법문사, 2022.

제1장 총 론

제 1 절 서 설

제 1 편 기업과 회사제도

회사법을 처음 입문하는 단계에서 흔히 혼동하는 개념 중 하나가 기업이다. 회사개념을 이해하려면 회사와 기업의 관계를 분명히 할 필요가 있다. 기업은 영업을 수행하기 위해 인적·물적 설비를 유기적으로 결합시킨 사회적 실체를 말한다. 기업이라는 사회적 실체와 관련되는 권리의무의 귀속 주체가 바로 상인(商人)[1]이다.

상인은 자연인상인[2]과 법인상인으로 나뉜다. 자연인상인은 특정한 기업을 지배, 경영하는 자연인이 손익의 귀속주체인 경우이므로 기업의 손실에 관하여 무한책임을 부담한다. 법인상인을 상법에서 일컫는 용어가 바로 회사[3]이다. 상법은 회사가 기업의 주체인 경우 합명회사, 합자회사(이상 인적회사), 주식회사, 유한회사, 유한책임회사(이상 물적회사)의 다섯 가지 형태를 규정하고 있다. 법인상인인 회사의 구성원을 사원(社員)이라고 한다.

인 - 자연인
　　법인 - 재단(민법): 비영리
　　　　사단: 비영리(민법)
　　　　　　영리(상법) - 인적회사(합명/합자)
　　　　　　　　　　　　물적회사(주식/유한/유한책임회사)

---

1) 1927년 서중서(徐中舒)라는 중국학자는 "從古書中推測之殷周民族"이라는 논문에서 중국의 첫 국가인 상(商)나라[은(殷)이라고도 하였다]가 주(周)나라에게 멸망한 후에 그 유민들이 매매업에 종사하였기 때문에 매매업을 하는 사람을 상인(商人), 그 일을 상업(商業)이라고 부르게 되었다는 설을 주장한 바 있다.

2) 자연인 대신 개인이라는 표현을 많이 쓰지만 법률적으로 정확한 표현이라고 보기는 어렵다. 상법은 개인이라는 표현을 쓰고 있지 않으며 현행법 중 개인이라는 표현을 쓰고 있는 소득세법에서는 개인을 자연인과 「법인이 아닌 단체」를 포괄하는 개념으로 쓰고 있기 때문이다.

3) '회사(會社)'라는 표현은 일본인들이 쓰기 시작한 것으로서, "조직, 집단(社)에 모인다(會)"는 뜻이라고 한다. 김현주, 「일본사회와 법」, 진원사, 2013, 84면.

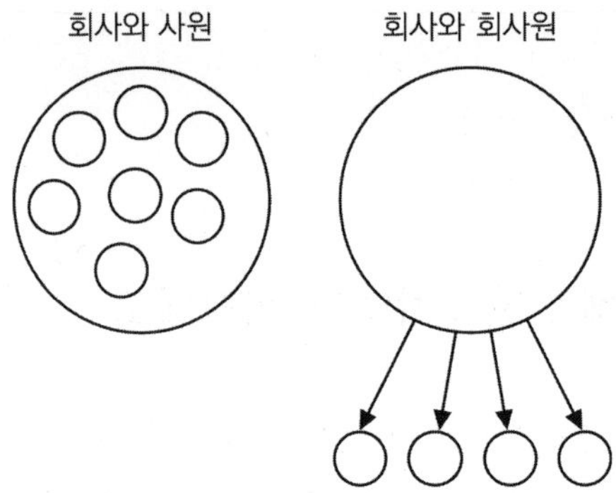

우리는 일상 생활에서 사원을 회사에 고용되어 있는 피용자[4]의 의미로 사용하는 경우가 많지만(흔히, 회사원), 상법상 법률용어로서의 사원은 사단법인인 회사의 구성원을 의미한다는 점에 주의하여야 한다. 사원의 지위 그 자체를 지분이라고 하는데, 특히 주식회사의 사원은 주주라고 하고 주식회사의 지분을 주식이라고 한다.[5]

제 2 편 회사의 제도적 효용 및 구조적 특수성

회사제도의 효용성은 자연인상인과 비교하여 보면 분명하게 알 수 있다.[6] 우선 자연인상인은 불특정·다수의 투자자로부터 자본을 조달하는데 한계가 있다.[7] 또한 자연인상인의 경우 그 자신의 모든 재산으로 기업의 채무에 관한 무한책임을 부담하기 때문에 모험적인 투자에 나서기 어렵다.

위 두 가지 문제를 해결하기 위해서는 출자의 단위를 일정한 크기로 단위화하고(지분), 상인에게 사업용재산의 범위에서만 유한책임을 지도록 할 필요가 있다. 이러한 요구를 반영한 제도가 회사, 특히 주식회사제도이다. 그 결과 주식회사의 주주는 주식을 취득하는 방

4) 피용자는 사용인과 같은 뜻이고, 사용자의 반대의 뜻이다. 세 가지 모두 각종 법률 및 실무에 많이 사용되는 용어이므로 정확한 의미를 알아 둘 필요가 있다.
5) 주식(株式)의 식(式)은 일본 중세 토지의 직무적 수익권을 의미하는 직(式)이 에도 막부 시대에 주(株)라는 말과 결합한 것이다. 이 시대에는 특허받은 영업에만 영업권을 인정하는 경우가 많았고 그 경우 영업권은 독점권을 수반하기 때문에 개개의 업종별로 구성원을 일정한 숫자로 제한하였다. 그 구성원 지위가 주(株)였다[주식의 주(株)는 본래 나무를 자른 후의 그루를 말하는 것인데 '세습 등에 의해 계속적으로 보호·유지되는 지위와 신분'을 의미하게 되었다. 김현주, 앞의 책, 84면]. 결국 주식은 각각의 구성원 지위에 수반되는 영업권을 의미했다. 당시 주식은 카부후다[株札]로 표창하였고, 원칙적으로 상속, 분할, 양도의 대상이 될 수 있었다. 大久保治男/茂野隆晴, 「日本法制史」, 高文堂出版社, 1983, 243~244면.
6) 다만, 회사 중에서도 인적회사는 그 본질이 조합에 가깝기 때문에 여기서 효용성을 논하는 주된 대상은 물적회사, 특히 주식회사이다.
7) 자연인의 신용도는 대체로 높지 않으므로 자본을 모집하는데 한계가 있기 때문이다.

식으로 투자를 하고 주식회사가 파산하더라도 주식이 가치가 없어지는 것 이외에 주주 고유재산으로는 책임을 지지 않는다. 이처럼 주식회사제도는 주주에게 유한책임이라는 특혜를 주는 제도인데 그렇다면 그에 대응하여 누군가는 피해를 입기 마련이다. 그것이 누구일까? 바로 주식회사에 대한 채권자이다. 이들 채권자에 대한 피해를 정당화하기 위해서 주식회사의 운영은 주주가 아닌 제3자[8]에게 맡겨서 그 제3자가 회사를 운영하고 주주는 원칙적으로 회사의 운영에 직접 개입하지 않는 구조를 설정했다('소유와 경영의 분리'). 주주들이 직접 경영한다면 회사의 이익과 주주의 이익이 상충하는 경우에 주주의 이익을 우선할 가능성이 높기 때문이다. 즉, 회사에게 이익이 되면 주주가 이익을 보지만, 그 역은 성립하지 않는다.[9]

이때 회사의 업무를 위임받아서 처리하는 제3자를 기관이라고 한다. 기관은 회사의 일부이고 회사로부터 독립된 권리주체가 아니다.[10]

주식회사의 기관은 크게 주주총회, 이사회, 대표이사, 감사(감사위원회)로 나누어 볼 수 있다. 주주총회는 주주들의 의사결정기관으로 중요한 사안을 결정한다. 이사회는 주주들이 선임한 이사들의 모임으로 대부분의 회사 업무를 결정·집행한다. 대표이사는 이사들의 대표로서 회사를 대표한다. 감사(감사위원회)는 이사의 업무집행을 감독한다. 우리가 흔히 일상에서 사용하는 사장, 회장은 상법상 개념이 아니다.[11] 일상 생활용어로서는 지배주주[12]가 대표이사인 경우에 사장 혹은 회장이라는 명칭을 사용하는 경우가 많다.

---

8) 현행 상법상 주주라고 하여 당연히 회사의 기관이 될 자격을 박탈당하는 것은 아니지만 과거 일제시대에 적용되던 의용상법은 그런 입장을 취하기도 하였다.

9) 그 예는 뒤의 법인격부인 부분에서 볼 것이다.

10) 물론 '기관으로서' 그렇다는 말이다. 자연인의 지위에서는 당연히 회사로부터 독립되어 있다. 甲 주식회사의 이사인 A는 이사로서는 회사의 기관이지만 자연인으로서는 회사로부터 독립되어 있다.

11) 상법 제395조에 그런 표현이 등장하기는 한다.

12) 지배주주라 함은 대체로 경영에 영향력을 행사함으로써 회사의 정책을 결정할 수 있는 주주, 이사 선임을 위한 보통결의를 좌우할 수 있는 의결권을 확보한 주주, 이사의 선임을 통해 경영진에 영향력을 행사하거나 주주총회에서의 직접 의결을 통해 회사의 기본정책을 결정할 수 있는 주주 등으로 정의할 수 있다. 홍준호/송옥렬, "지배주주의 주식양도시 소수주주의 보호", 「재판자료」 제91집, 2001, 127면.

제 2 절 우리 회사법의 역사

현행법상으로는 회사법이 별도의 단행법으로 존재하는 것이 아니라 상법 제3편에 '회사'에 회사법에 관한 규율이 위치하고 있다. 회사법이 현재에 이르기까지의 역사를 간단히 살펴본다.

제 1 편 일제시대

현행 회사법은 우리가 독창적으로 제정한 법률이 아니라 일제시대에 우리나라에 의용되던 메이지상법 중 회사편을 그 모태로 한 것이다. 일본정부에 의한 통일적 상법적 편찬은 1881년 독일인 고문 뢰슬러에게 상법전의 기초를 맡긴 것으로부터 시작되었다. 뢰슬러는 1882년에 총칙, 회사, 어음 부분의 기초를 마쳤는데 그가 작성한 상법안은 형식적으로는 프랑스법을, 내용적으로는 독일법을 기초로 하되 일부 영국법의 내용을 가미한 것이었다. 1888년에는 뢰슬러의 원안을 바탕으로 상법전이 마련되어 1889년 당시 의회 기능을 담당하던 원로원의 심의를 통과하였다. 이를 「일본 구(舊) 상법」이라고 한다. 일본 구 상법에 관하여는 공포 직후부터 비판론이 제기되어 그 시행을 연기할 것인지 여부를 두고 격론이 벌어졌는데(法典論争) 최초로 소집된 제국의회에서 연기론이 가결되었다. 일본정부는 일본 구 상법 중 긴급하게 시행될 필요가 있는 부분만을 분리하여 의회에 제출하였고 그 부분이 의회를 통과하여 우선 시행되었다. 동시에 법전조사회가 설치되어 민법 및 상법의 수정작업이 진행된 결과 1899년 3월 일본제국의회에 상법전이 제출·통과되었다. 이를 메이지상법이라고 하는데 메이지상법은 형식 및 내용 모두 「독일 구(舊) 상법」과 유사한 것이었다.[13] 이 메이지상법이 당시 식민지였던 소선에 의용되었는데 이를 의용상법이라고 한다.[14]

---

13) 高柳真三, 「日本法制史 2」, 有斐閣, 1965, 164~181면.

14) 일본의 상법은 그 이후에 메이지상법을 기본틀로 하여 발전하다가 2005년도에 회사법을 별도의 단행법으로 분법하는 개정을 분기점으로 하여 그 이전과는 상당한 차이를 보이게 된다.

제2편 해방 이후

해방 이후 한국 상법은 뒤늦게 1963년에 제정되었는데 그 당시 시간의 제약상 주로 의용상법을 바탕으로 하여 영미 회사법의 제도를 수용한 것이라고 평가할 수 있다. 그 이후에도 한국 상법은 변화하는 시대상을 반영하면서 꾸준한 발전을 해 왔고 그 과정에서 여전히 외국의 입법례로부터 강한 영향을 받았다. 따라서 아직까지는 한국 상법, 특히 회사법상 제반 제도의 입법의도와 기능을 깊이있게 이해하기 위하여는 그 모태가 된 외국 제도에 관한 연구가 필수적이라고 할 수 있다.

회사법은 제정 이후 여러 차례 개정되었는데[15] 그중 가장 중요한 것을 꼽는다면 2011년 4월 14일의 개정이었다. 그 개정으로 회사법에 미국회사법의 영향력이 두드러지게 되었다.

제3절 회사법의 성격

회사법은 사법에 속하지만 다른 사법과 구별되는 특성을 가진다.

첫째, 회사법은 개인법·거래법적 성격을 가진다. 단체법 또는 조직법에 대비되는 개념이 개인법·거래법인데, 회사법 중에는 회사와 제3자의 거래, 사원과 회사채권자의 관계와 같이 단체법·조직법과 구분되는 개인법·거래법적 성격을 갖는 규범도 있다. 이런 성격의 규범은 일반 민사법의 거래법 규범과 본질적으로 다르지 않다.

둘째, 회사법은 단체법·조직법적 성격을 가진다. 회사는 사단법인이므로 이를 규율하는 회사법 중 상당 부분은 단체의 조직, 의사결정, 운영에 관련된 것이다. 그런 성격의 규범을 단체법 또는 조직법이라고 하므로 회사법은 단체법적·조직법적 성격을 가진다고 할 수 있다. 단체법·조직법적 성격을 반영한 회사법적 제도로 다수결의 원칙, 주주평등의 원칙 등을 들 수 있다.

셋째, 회사법은 강행법규적 성격을 가진다(다수설). 회사법이 강행법규라는 말은 어떤 의미를 갖는가?[16] 이는 회사법이 적용되는 법률관계에서 그 법률관계 형성의 자유가 어느

15) 상세는 이철송, 「회사법강의」, 제32판, 박영사, 2024, 25~36면.
16) 이에 관한 참고문헌으로는 김지환, "주주간 계약과 정관자치법리에 관한 연구", 상사판례연구 제26집 제3

한도까지 허용될 것인지에 관한 문제이다. 예를 들어, 정관에서 이사의 해임사유 혹은 주주총회의 의결정족수를 상법과 다르게 규정하거나, 이사의 자기거래를 전면적으로 금지하는 경우 그 정관 규정은 유효한가? 혹은 상법 규정(법 제396조 제1항)과 달리 의결권이 없는 보통주를 발행하거나 상법에 특별한 규정이 없는 사채를 발행하는 것은 허용되는가? 전환주가 아닌 보통주를 주주총회 결의를 통해 후배주로 전환시킬 수 있는가?

종래에는 우리나라에서는 회사법이 주주, 기관, 채권자, 근로자간의 법률관계를 규율하므로 단체법적 성격이 강하다는 점을 근거로 회사법의 모든 규정이 강행규정이라는 견해가 통설적인 위치에 있었다. 판례는 대체로 회사법 규정을 강행법규라고 보고 있는 듯하다.[17)]

그러나 최근에 주장되는 견해들은 대부분 기존 통설의 견해에 대하여 부정적이다. 즉, ① 회사법 중 단체법에 속하는 규율은 획일적, 통일적으로 규율할 필요가 있으므로 강행법규적 성격을 가지고, 거래법에 속하는 규율은 다시 나누어 거래의 안전, 채권자의 보호 등에 관한 규정은 강행법규적 성격을 갖지만 당사자간의 의사가 중시되는 부분에 관한 규정은 임의법규의 성격을 갖는다는 견해,[18)] ② 주식회사의 내부관계는 임의법규, 외부관계는 강행법규라고 보는 견해,[19)] ③ 개별 조항별로 강행법규성을 따져 보아야 한다는 견해 등을 생각해 볼 수 있다. 저자는 회사법규가 원칙적으로 강행법규적 성격을 갖지만 획일적으로 규율하지 않더라도 주주, 채권자 등 이해관계인의 이익을 침해할 우려가 없는 경우에는 임의법규로 보아도 무방하다고 생각한다. 결국 개별 조항별로 강행법규성을 판단하여야 한다는 것인데, 예컨대 합병 관련 규정과 같이 회사법이 그 효력을 다투기 위하여 배타적 규정을 둔 경우에는 관련 규정들을 강행법규로 보아야 할 것이다.

권, 2013, 197면 이하; 남기윤, "주식회사법의 강행법규성에 관한 재검토", 「유형론적 방법론과 회사법의 신이론」, 학우출판사, 1999, 252면 이하; 천경훈, "주주간 계약의 실태와 법리", 「상사판례연구」 제26집 제3권, 2013, 3면 이하.

17) 대법원 2009. 11. 26. 선고 2009다51820 판결; 대법원 2011. 3. 24. 선고 2010다85027 판결. 다른 한편으로 주주총회 소집을 이사회 결의와 관련하여 하자가 있더라도 주주전원이 주주총회에 출석하여 결의에 참석하면 그 하자는 치유된다고 본다는 판례는 회사법의 강행법규성을 부인하는 입장에 선 것으로 볼 수 있다(대법원 1993. 2. 26. 선고 92다48727 판결).

18) 이철송, 앞의 책, 8면.

19) 최기원, 「신회사법론」, 제11대정판, 2001, 박영사, 128면.

제 4 절 근대 회사의 개념요소 및 그 변용

상법 규정 중에서 회사의 개념을 정의하고 있는 것은 제169조이다. 상법 제169조는 회사를 '상행위나 그 밖의 영리를 목적으로 하여 설립한 법인'으로 정의하고 있다. 이 조문에 담겨 있는 회사의 개념을 분석해 보자.

제 1 편 법인성

I. 의 의

사단이라고 하여 반드시 법인격을 부여받는 것은 아니다(예컨대, 비법인사단의 경우). 그러나, 회사는 사단이자 상법에 의하여 법인격을 부여받는 법인으로서 권리능력을 가지므로 사원으로부터 독립하여 권리·의무를 취득할 수 있다.

따라서, 외부거래의 결과 취득하는 권리·의무는 회사 자신에게 귀속하는 것이 원칙이다. 이론적으로는 구성원으로부터 독립성이 인정되는 단체에 대하여 법인격을 부여할 수 있다. 그러나 법인격부여 여부는 정책적 측면의 고려가 강하게 작용한다는 점에 유의할 필요가 있다. 인적회사는 그 실질이 조합의 성격이 강하여 법인격을 부여하지 않는 입법례(독일법 등)도 있지만 우리 상법은 연혁적인 이유에서 법인격을 부여하고 있다.[20] 상법은 인적회사에 법인격을 부여하면서도 인적회사가 갖는 조합의 특성을 반영하여 민법의 조합에 관한 규정을 보충적으로 적용한다(법 195).

II. 주주의 유한책임

주주 유한책임의 원칙이란 주주는 회사에 출자한 금액을 제외하고는 회사의 의무에 관하여 어떠한 책임도 지지 않는다는 법원칙을 말한다. 회사의 법인성으로부터 회사와 구별

20) 「일본 구(舊) 상법」 제73조는 독일인 고문 헤르만 뢰슬러가 작성한 초안을 바탕으로 "회사는 독립의 재산을 소유하고 독립하여 권리와 의무를 부담한다. 특히 자기 명의로 채권을 얻고 채무를 부담하며, 동산, 부동산을 취득하고 소송에서 원고 또는 피고가 될 수 있다."라고 규정하고 있었다. 이 조문을 둘러싸고 일본의 상법학계에서는 회사가 법인인지 여부에 관하여 논쟁이 벌어졌는데, 결국 메이지상법 제정시에 논란을 정리하기 위하여 통설에 따라 같은 법 제44조에 "회사는 법인이다"라는 규정을 두었다고 한다. 이에 따라 인적회사를 포함한 모든 회사는 법인격을 갖게 된 것이고 우리 상법은 그 규정을 그대로 계수한 것이라고 한다. 이창희, "조합 및 회사의 성립과 자본출연", 「서울대학교 법학」 제43권 제1호, 2002, 331~332면.

되는 법인격을 가지는 사원은 회사의 의무에 관하여 책임을 지지 않는다는 유한책임이 도출될 수 있다. 그러나, 엄밀히 말하자면 유한책임의 문제는 입법정책의 영역에 속하기 때문에 법인격의 인정 여부와 항상 일치하지는 않는다. 즉, 회사에 대하여 법인격을 부여하면서도 그 사원에 대하여 무한책임을 인정할 수도 있다. 우리 법을 보면, 적어도 물적회사에 대하여는 법인격과 함께 그 사원의 유한책임을 인정하고 있다.[21]

이 원칙은 주식회사와 같은 물적회사에 대하여 회사와 주주(사원)의 재산을 분리하여 주주를 보호함으로써 대규모 자본의 결집을 촉진하여 회사제도를 발전시키고자 하는 것이지만 입법자가 공공의 이익 등 입법목적을 위하여 제한할 수 있다.[22]

Ⅲ. 법인격부인론

1. 의 의

법인격부인론이란 회사에게 부여된 법인격의 독립성을 부인하는 법리를 말한다. 그 결과 복수의 법인 간, 법인과 그 사원 간에 법인격의 구분이 부정되게 된다.[23] 이는 회사의 법인격을 인정할 때 오히려 형평에 반하는 결과가 되는 것을 막기 위한 법리이다.

▌사 례[24]

甲 주식회사는 오피스텔의 건축과 분양을 위하여 설립된 회사이다. A는 甲 주식회사의 대표이사이자 실질적인 1인 주주이다(주식은 형식적으로는 A 등 4명이 소유하는 것으로 되어 있다). B는 甲 주식회사와 오피스텔 분양계약을 체결하였으나 甲 주식회사가 입주예정일까지도 오피스텔을 완공하지 못하므로 계약을 해제하고 이미 지급한 계약금, 중도금 2억 5천만원의 반환을 청구하였다. 이때 甲 주식회사에 별다른 재산이 없다면 B는 A에게 위 계약금 및 중도금의 반환을 청구할 수 있는가?

〈해설〉

법인격 독립 및 주주 유한책임 원칙에 따르면 B가 계약을 체결한 상대방은 甲 주식회사로서 이는 A와는 별개의 법인격을 가진 존재이다. 따라서, B는 甲 주식회사와 법인격이 구분되는 A에게 위 계약 법률관계의 이행을 청구할 수 없다. 다만, 예외적으로 주식회사의 배후에 있는 지배주주에게 책임을 물을 수 있는 법리가 발전되어 왔는데, 이것이 법인격부인의 법리이다.

위 사실관계는 판례 사안으로서 구체적으로 다음과 같은 사항이 고려의 대상이 되었다.

---

21) 실무상으로는 회사의 채권자가 대주주에게 회사의 채무에 대한 연대보증을 요구하는 경우가 많다.
22) 헌법재판소 1997. 6. 26. 93헌바49·94헌바38·95헌바64 전원재판부 결정.
23) 특히 1인회사의 경우에 법인격이 형해화된 때가 많다.
24) 대법원 2001. 1. 19. 선고 97다21604 판결. 위 판결의 사실관계가 바로 회사에게 손해가 발생하지만 주주에

① 甲 주식회사 주식은 모두 5,000주인데 현재 외형상 A 등 4인 명의로 분산되어 있으나 실질적으로는 A가 위 주식의 대부분을 소유하고 있다.
② 주주총회나 이사회의 결의 역시 외관상 회사로서의 명목을 갖추기 위한 것일 뿐 실질적으로는 이러한 법적 절차가 지켜지지 아니한 채 A의 의사대로 회사 운영에 관한 일체의 결정이 이루어져 왔다.
③ 甲 주식회사 사무실은 현재 폐쇄되어 그곳에 근무하는 직원은 없고, 甲 주식회사가 수분양자들로부터 지급받은 분양대금 약 78억원 중 30억원가량은 A가 임의로 자신의 명의로 이 사건 대지를 매입하는 자금으로 사용하였다.
④ 甲 주식회사의 재산과 A의 재산이 제대로 구분되어 있지도 않았다.
⑤ 甲 주식회사가 시행하는 이 사건 공사는 공사 발주금액만도 166억원가량에 이르는 대규모 공사이고 이 사건 건물의 분양대금도 수백억원에 이르는 데에 반하여 甲 주식회사의 자본금은 5,000만원에 불과할 뿐만 아니라 이마저도 명목상의 것에 불과하였다.
⑥ 甲 주식회사가 위 분양대금으로 매수한 이 사건 대지는 A 개인 명의로 소유권이전등기가 경료되어 있고 나머지 분양대금 역시 그 용도가 명확히 밝혀지지 아니한 채 모두 사용되어 버려 甲 주식회사의 실제 자산은 사실상 전혀 없다시피 하였다.

대법원은 위와 같은 제반 사정에 비추어 보면 甲 주식회사는 형식상은 주식회사의 형태를 갖추고 있으나 이는 회사의 형식을 빌리고 있는 것에 지나지 않고 그 실질은 배후에 있는 A의 개인기업이라 보았다. 따라서 아무런 자력이 없는 甲 주식회사가 자기와는 별개의 독립한 법인격을 가지고 있음을 내세워 이 사건 분양사업과 관련한 모든 책임을 甲 주식회사에게만 돌리고 비교적 자력이 있는 자신의 책임을 부정하는 A의 주장은 신의성실의 원칙에 위반되는 법인격의 남용으로서 심히 정의와 형평에 반하여 허용될 수 없다고 판시하였다. 결국 甲 주식회사로부터 이 사건 오피스텔을 분양받은 B로서는 甲 주식회사는 물론 甲 주식회사의 실질적 지배자로서 그 배후에 있는 A에 대하여도 위 분양계약의 해제로 인한 매매대금의 반환을 구할 수 있다고 판시하였다.

2. 법인격부인론의 이론적 근거

법인격부인론의 이론적 근거는 민법 제2조 제2항에 규정되어 있는 권리남용금지에서 그 근거를 찾는 견해가 다수설이고 판례도 신의칙 또는 권리남용금지의 원칙에서 근거를 찾고 있다. 실무상 소송당사자가 법인격부인의 적용을 주장하는 경우는 적지 않으나 민법 제2조 제2항은 일반규정으로서 적용범위가 지나치게 포괄적이고 광범위하여 법적인 예측가능성이 떨어지므로 법원이 이 주장을 인용하는 경우는 드물다.

3. 유 형

판례는 법인격부인론의 유형을 법인격형해화와 법인격남용으로 나누어 이해하고 있는

게 이익이 발생하는 대표적인 예이다.

것으로 보인다.[25)]

가. 법인격형해화

법인격형해화는 어떤 회사가 외형상으로는 법인의 형식을 갖추고 있으나 실제로는 법인의 형태를 빌리고 있는 것에 불과하고 그 실질은 완전히 그 법인격의 배후에 있는 주주의 도구에 불과하거나,[26)] 배후에 있는 주주에 대한 법률 적용을 회피하기 위한 수단으로 쓰이는 경우를 말한다. 그 경우 외견상으로는 그 해당 회사의 행위라 할지라도 그 회사와 배후에 있는 주주가 별개의 인격체임을 내세워 배후에 있는 주주의 책임을 부정하는 것은 신의성실의 원칙에 위반되는 법인격의 남용으로서 정의와 형평에 반하여 허용될 수 없다는 논리이다. 판례는 그 경우 채권자가 해당 회사는 물론, 그 배후에 있는 주주에 대하여도 해당 회사의 행위에 관한 책임을 물을 수 있다고 한다.[27)]

나. 법인격남용

법인격남용은 어떤 회사의 법인격이 형해화 될 정도에 이르지 않더라도 그 배후에 있는 주주가 다른 회사를 설립하여 그 회사로 사업을 이전하는 등 회사의 법인격을 남용한 경우를 말한다. 이 경우 그 본래 채무자인 회사는 물론 배후에 있는 주주가 설립한 다른 회사에 대하여도 책임을 물을 수 있다. 임차인인 A가 건설업자인 甲 주식회사에 대해 임차보증금반환채권을 갖고 있었는데, 甲 주식회사의 주주와 임원들이 이 채무를 면탈할 목적으로 새로이 乙 주식회사를 설립한 후 甲 주식회사의 건설업면허를 양수받아 甲 주식회사와 동일한 회사인 것으로 홍보하며 甲 주식회사와 관련된 공사를 수주한 사안에서 대법원은 乙 주식회사의 설립이 법인격남용에 해당하므로 A는 甲 주식회사와 乙 주식회사 모두에 대하여 채무의 이행을 청구할 수 있다고 판시하였다.[28)]

4. 적용요건

법인격부인론은 일반 규정에 따른 것이므로 적용요건을 명확하게 포착하는데 어려움이 있다. 대체로 판례가 들고 있는 요건을 각 유형별로 정리하여 보면 다음과 같다.

---

25) 대법원 2023. 2. 2. 선고 2022다276703 판결.
26) 이때의 주주는 자연인뿐만 아니라 법인일 수도 있다. 대법원 2006. 8. 25. 선고, 2004다26119 판결은 주주가 법인인 경우, 즉 모회사(지분 50% 초과)에게 외국 자회사 채무의 이행을 구한 사안이다. 대법원은 주주가 법인인 경우에도 법인격부인의 법리가 적용가능하다고 하면서도 위 사안에서는 법인격부인의 다른 요건을 충족하지 못한다는 점을 들어 원고의 청구를 기각하였다.
27) 대법원 2013. 2. 15. 선고 2011다103984 판결.
28) 대법원 2004. 11. 12. 선고 2002다66892 판결.

가. 법인격형해화

(1) 객관적 요건

회사가 외형상으로는 법인의 형식을 갖추고 있으나 실질적으로는 그 법인격의 배후에 있는 자의 개인기업에 불과하거나 배후자에 대한 법률 적용을 회피하기 위한 수단에 불과하다고 인정되는 경우이어야 한다.[29)]

(2) 주관적 요건

판례의 입장은 일관되지 않으나 학설은 법인격형해화의 경우 채무면탈 등의 주관적 의도는 요구되지 않는다고 보는 것이 지배적이다.

(3) 판단시점

채권자가 책임을 추궁하는 대상이 되는 법률행위나 사실행위를 한 시점을 기준으로 법인격 형해화 여부를 판단한다.[30)]

나. 법인격남용

(1) 객관적 요건

회사가 외형상으로는 법인의 형식을 갖추고 있으나 실제로는 법인의 형태를 빌리고 있는 것에 지나지 않고 실질은 그 법인격의 배후에 있는 다른 회사의 도구에 불과하거나 배후에 있는 회사에 대한 법률 적용을 회피하기 위한 수단으로 사용되는 경우를 말한다. 여기에 해당하는지 여부를 판단할 때에는 기존회사의 폐업 당시 경영상태나 자산상황, 기존회사에서 다른 회사로 유용된 자산의 유무와 정도, 기존회사에서 다른 회사로 이전된 자산이 있다면 정당한 대가가 지급되었는지 등 제반 사정을 종합적으로 고려한다.[31)]

(2) 주관적 요건

이 경우 대체로 판례는 채무면탈 목적이라는 주관적 요건을 요구한다.

(3) 판단시점

법인격남용은 채무면탈 등 남용행위를 한 시점을 기준으로 판단한다.[32)]

---

29) 대법원 2010. 2. 25. 선고 2008다82490 판결.
30) 대법원 2008. 9. 11. 선고 2007다90982 판결.
31) 대법원 2019. 12. 13. 선고 2017다271643 판결; 대법원 2013. 2. 15. 선고 2011다103984 판결; 대법원 2011. 5. 13. 선고 2010다94472 판결; 대법원 2008. 8. 21. 선고 2006다24438 판결.
32) 대법원 2010. 1. 28. 선고 2009다73400 판결.

5. 법인격부인의 효과

법인격의 부인은 회사의 법인격을 일반적으로 부인하는 것이 아니고, 문제된 개별 사안에 한하여 채무자인 회사의 법적 독립성을 부인하는 것이다. 이 경우 해당 법률관계에서는 회사의 법인격이 없는 것으로 취급되므로 그 배후에 있는 주주 또는 해당 회사와 관련이 있는 다른 회사도 채무자인 회사의 채무를 이행하여야 할 의무를 지게 된다.

6. 적용범위 및 한계

주주의 유한책임제도는 기업인이 주식회사제도를 이용하는 가장 중요한 동기이고 주식회사법의 기본이념인데 법인격부인은 유한책임을 정면으로 부인하는 법리이다. 또한 법인격부인론은 일반 규정을 근거로 하기 때문에 적극적으로 적용할 경우 구체적 타당성이 높아질 수 있지만 법률관계가 불안정하게 될 수 있다. 따라서 학설·판례 모두 구체적인 제도에 의하여 해결할 수 없는 극히 예외적인 법률관계에 한하여 위 법리를 적용하여야 한다고 본다. 이와 관련하여 법인격부인법리는 주로 계약관계에서 적용이 되는데 불법행위책임의 경우에도 적용될 수 있는지가 문제된다.

예를 들어 택시가 행인과 충돌하여 행인에게 불법행위로 인한 손해를 발생시켰는데 택시회사는 자력이 부족한 경우 법인격부인을 적용하여 자력이 있는 사원에게 책임을 추궁할 수 있을 것인가?

우리 판례는 법인격부인의 법적 근거를 신의칙에서 찾고 있는데, 일단 불법행위에는 신의칙이 적용될 수 있는 기초인 신뢰관계를 상정하기 어렵다. 행인이 택시와 충돌하여 교통사고를 당할 때 택시회사를 신뢰한다는 것은 생각하기 어렵기 때문이다.

그러나 운송업, 건설업 등과 같이 일반인에게 손해를 가할 위험이 내재되어 있는 산업이 널리 존재하고 일반인이 그러한 산업을 영위하는 회사로부터 불법행위 손해를 입을 위험성도 존재하기 때문에 피해자의 충분한 보상을 위하여 불법행위책임의 영역에서도 법인격부인론을 적용하여야 한다는 견해가 통설이다.[33]

즉, 위 사례에서 '교통사고가 발생하면 택시회사가 충분하게 배상해 주겠지'라고 하는 일반적인 신뢰가 형성되어 있다고 볼 여지도 있다는 것이다.

7. 법인격부인론의 역적용

가. 의 의

예를 들어, 채무자가 강제집행을 면탈하기 위해 회사를 설립하고 이에 출자하는 경우

33) 이철송, 「회사법강의」, 제32판, 박영사, 2024, 59면 등.

주주의 채권자가 주주의 채무를 회사로 하여금 이행시키기 위하여 법인격부인론을 원용할 수 있는가? 이를 긍정하는 이론을 법인격부인론의 역적용이라고 한다.

채권자취소권을 행사하거나 주주의 보유 주식에 대하여 강제집행을 하면 족하지 굳이 법인격부인론을 역적용할 필요는 없다는 견해도 있다. 그러나, 채권자취소권은 단체법상 행위인 회사의 설립에 대하여 적용되기 힘들고, 신설회사가 합명회사, 합자회사, 유한회사, 유한책임회사인 경우 채권자가 사해설립취소의 소를 제기할 수 있으나(법 185, 269, 287의6, 552 ②), 주식회사는 이러한 사해설립취소의 소가 인정되지 않고 오직 상법 제328조에서 설립무효의 소만 인정하고 있는데 채무면탈을 위한 설립은 그 설립무효사유에도 해당하지 않는다. 또한 주식회사가 발행한 주식에 관하여 강제집행을 하더라도 비상장주식은 환가성이 떨어진다.

대법원은 법인격부인론의 역적용을 인정하는 입장이다.[34] 판례에 따르면 법인격부인론의 역적용은 개인이 회사를 새로 설립하는 경우뿐만 아니라 기존 회사의 법인격을 이용하는 경우에도 적용될 수 있다.[35]

나. 유 형

대법원은 법인격부인의 역적용을 두 가지 유형으로 나누면서 요건의 판단시점을 달리 보고 있다.[36]

(1) 법인격 형해화

회사가 이름뿐이고 실질적으로는 개인기업에 지나지 않은 상태로 될 정도로 형해화된 경우를 말한다. 법인격이 형해화되었다고 볼 수 있는지 여부는 원칙적으로 문제가 되고 있는 법률행위나 사실행위를 한 시점을 기준으로 판단한다.

(2) 법인격 남용

회사의 법인격이 형거해화될 정도에 이르지 않더라도 개인이 회사의 법인격을 남용하는 경우를 말한다. 회사의 법인격이 형해화될 정도에 이르지 않더라도 개인이 회사의 법인격을 남용하였는지 여부는 채무면탈 등의 남용행위를 한 시점을 기준으로 판단한다.

---

34) 대법원 2021. 4. 15. 선고 2019다293449 판결.
35) 대법원 2023. 2. 2. 선고 2022다276703 판결.
36) 대법원 2023. 2. 2. 선고 2022다276703 판결.

제 2 편 사단성

Ⅰ. 의 의

회사는 사단법인이다. 민사법상 법인에는 사람의 모임인 사단과 재산의 모임인 재단이 있는데, 회사는 그중에서 사단으로서의 성격을 강하게 갖는다. 여기서 '강하게'라고 표현한 것은 아래에서 살펴보는 바와 같이 물적회사의 경우에는 구성원이 1인인 회사가 존재할 수 있으므로[37] '언제나'라고 단언할 수는 없기 때문이다.[38] 그러나, 대체로 회사는 구성원이 2인 이상인 경우가 많은 인(人)의 모임이므로 사단성을 가진다고 하더라도 무방하다. 뿐만 아니라, 대규모 공개회사를 생각해 보면 인적 결합의 요소는 매우 약한 대신 출자한 재산의 결합이라는 요소가 두드러지기 때문에 오히려 재단으로서의 성격이 전면에 드러난다고도 할 수 있다.

조합 역시 공동기업의 한 형태라고 할 수 있는데, 개념상으로는 법인과 본질적인 차이가 있다. 조합의 경우 구성원의 존재가 전면에 드러나기 때문이다. 예를 들어, A와 B가 공동사업을 하면서 조합의 법형식을 취할 경우는 공동사업 그 자체보다는 A, B의 존재가 의미를 갖는다. 따라서, A, B가 甲이라는 조합을 설립하여 거래를 하더라도 그 행위는 甲 자체가 아닌 A, B의 공동행위이고 그 권리의무도 甲이 아닌 A, B에 귀속한다(A, B의 무한책임). 반면 A, B가 甲 회사라는 법인을 설립한 경우에는 A, B를 초월하는 甲이라는 별개 존재의 독립성이 인정된다. 따라서 그 거래행위도 甲의 법률행위로 될 수 있다. 그러나, 법인이라고 하여 그 구성원은 법인의 채무에 대하여 유한책임을 진다는 결론이 당연히 도출되는 것은 아니라는 점에 주의할 필요가 있다.

Ⅱ. 1인회사의 법률관계

1. 1인회사의 성립

인적회사의 경우에는 사원이 2명 이상 있어야 성립할 수 있고, 1명만 남게 되면 해산하여야 한다(법 227 Ⅲ, 269). 반면 물적회사의 경우에는 과거 논란이 있었지만 2001년 상법 개정시 주식회사의 발기인의 수에 관한 요건을 삭제하여 1명의 발기인만으로도 회사설립이 가능하게 하였고(법 288), 유한회사도 마찬가지로 개정하였다(법 543 ①). 2011년 신설된 유

37) 상법 제288조, 제543조 제1항. 인적회사의 경우와 비교하여 보면 그 차이를 알 수 있다. 인적회사의 경우 2인 이상의 사원이 존재하여야 하는 것을 성립 및 존속의 요건으로 하고 있다(상법 제227조, 제269조).
38) 2001년 개정 전 상법 제169조는 '사단'이라는 표현을 사용했지만 같은 이유에서 이를 삭제하였다.

한책임회사도 마찬가지이다. 한편 우리나라 주식회사 중에는 가족의 명의를 빌리되 경영자가 실질적으로 모든 주식을 보유하는 방식의 가족기업도 적지 않은데 이를 광의의 1인회사 또는 실질적 의미의 1인회사라고 부르기도 한다.[39] 그렇다면 실질적인 의미의 1인회사에 대하여도 후술하는 1인회사의 법리가 적용될 것인지도 문제인데, 판례 중에서는 1인회사의 법리를 적용한 것이 있다.[40] 이와 구분하여야 하는 사안으로는 1인주주가 대부분의 지분을 보유하고 있지만 나머지 지분에 관한 주주가 독립적으로 존재하는 경우이다. 판례는 그런 경우에는 1인회사의 법리를 적용하지 않는다.[41]

2. 1인회사의 법률관계

우리 회사법상의 규정은 다수의 주주가 존재하는 것을 전제로 하고 있다. 그러므로 학설과 판례는 1인회사의 경우에는 회사법 규정 중에서 ① 주주총회, ② 이사회, ③ 이사의 업무집행에 관한 규정들을 일부 수정하여 적용하고 있다. 상세한 것은 관련되는 부분에서 설명하고 여기서는 형사책임에 관하여만 살펴본다.

타인의 재물을 보관하는 자가 이를 임의로 영득하면 횡령죄가, 타인의 사무를 처리하는 자가 임무에 위배해서 본인에게 손해를 입히면 배임죄가 성립한다. 주식회사의 경우 회사와 대표이사 간에는 위임관계가 성립하므로 주식회사는 본인에, 대표이사는 타인의 재물을 보관하거나 타인의 사무를 처리하는 자에 각각 해당하게 된다.

대표이사가 회사에 대하여 횡령 또는 배임의 죄를 범한 경우에 위 죄가 성립함은 당연하다. 그런데, 대표이사가 동시에 1인주주라면 어떻게 되는가?[42] 과거 판례는 회사의 손해는 바로 1인주주의 손해이므로 회사에 손해를 가하려는 고의를 인정할 수 없으므로 회사에 대한 배임죄는 성립하지 않는다는 입장이었다. 그런데, 주주의 유한책임으로 인해 회사의 재산은 회사채권자에 대해 유일한 책임재산을 구성하므로, 회사의 손해는 전적으로 1인주주의 손해에 그친다고 볼 수 없다. 따라서 1인주주라 하더라도 대표이사로서 그 임무에 위배하여 회사에 손해를 가한 경우 배임죄[43] 및 횡령죄[44]가 성립한다는 입장으로 바뀌었다. 다만, 판례는 명시적으로 회사채권자의 손해를 고려한 판시를 하고 있지는 않다. 법리적으

---

39) 과거에는 주식회사의 설립시 3인 이상의 주주가 필요하였기 때문에 이런 경우가 많았다. 현재는 설립시 1인의 주주로 충분하지만 여전히 이런 관행이 남아 있다고 한다.

40) 대법원 2004. 12. 10. 선고 2004다25123 판결; 대법원 1992. 6. 23. 선고 91다19500 판결.

41) 대법원 2020. 6. 4. 선고 2016다241515·241522 판결; 대법원 2007. 2. 22. 선고 2005다73020 판결.

42) 회사의 1인 주주가 대표이사를 겸하지 않는 경우라면 문제가 되지 않는다는 점에 주의해야 한다. 대표이사의 경우에만 회사를 상대로 한 횡령죄, 배임죄의 주체가 될 수 있기 때문이다.

43) 대법원 1983. 12. 13. 선고 82도2330 판결.

44) 대법원 1989. 5. 23. 선고 89도570 판결.

로도 이사는 채권자에 대하여 아무런 직접적 의무도 부담하지 않기 때문이다.

또한 판례는 이른바 차입매수(LBO)에 관한 사안에서도 회사의 법인격이 독립되어 있음을 근거로 1인주주겸 이사의 배임죄가 성립될 수 있다는 입장이다.[45] 즉, 판례는 1인회사가 회사의 재산을 주주의 채무에 대한 담보를 제공한 행위에 관하여, "회사로서는 주채무가 변제되지 아니할 경우에는 담보로 제공되는 자산을 잃게 되는 위험을 부담하게 되기 때문에, 주주가 회사에 아무런 반대급부를 제공하지 않고 임의로 회사의 재산을 담보로 제공하게 하였다면, 주주 또는 제3자에게 담보가치에 상응한 재산상 이익을 취득하게 하고 회사에 그만큼의 재산상 손해를 가한 것"이라고 판시하여 이사의 배임죄를 인정하고 있다.

제3편 영리성

Ⅰ. 의 의

회사는 의제상인(법 5 ②)으로서 영리를 목적으로 한다. 영리를 목적으로 한다는 것은 영리행위를 목적으로 할 뿐 아니라 영리행위에서 얻은 이익을 그 사원에게 분배하는 것까지를 그 목적으로 하여야 한다. 판례는 회사의 행위는 영업을 위하여 한 것으로 추정하고 그 추정을 번복하기 위한 증명책임은 회사의 행위가 영업을 위하여 한 것이 아니라고 주장하는 자에게 있다고 한다.[46]

Ⅱ. 회사의 사회적 책임론

회사가 현대사회에서 차지하는 비중이 매우 크다는 점을 고려하여 회사는 영리활동으로 거둔 이익의 일부를 사회에 환원하는 등 일정한 수준 이상으로 공익성을 추구하여야 한다는 논의가 있다. 이때 회사가 부담하는 책임을 회사의 사회적 책임이라고 부른다. 그러나 회사의 영리성은 영리법인인 회사의 본질적 측면이므로 회사의 사회적 책임을 법적인 의무로 보기는 어렵다는 견해가 지배적이다. 최근에는 회사의 경영시 재무적 관점뿐만 아니라

---

45) 차입매수란 '대상 회사의 기업가치를 이용하여 해당 회사 인수자금을 조달하는 거래방식'을 말한다(김건식/노혁준/천경훈, 앞의 책, 775면). 일반적으로 차입매수거래의 적법성과 관련하여 대법원은 합병을 활용한 형태(대법원 2010. 4. 15. 선고 2009도6634 판결) 및 이익배당·유상감자를 활용한 형태(대법원 2013. 6. 13. 선고 2011도524 판결)는 적법하다고 보고 있으나 대상 회사 자산을 담보의 목적으로 제공하는 형태는 형사처벌의 대상에 해당한다는 입장이다(대법원 2008. 2. 28. 선고 2007도5987 판결; 대법원 2006. 11. 9. 선고 2004도7027 판결). 김건식/노혁준/천경훈, 앞의 책, 776면.

46) 대법원 2024. 3. 12. 선고 2021다309927 판결.

환경(Environment), 사회(Social), 지배구조(Governance)와 같은 요소도 함께 고려하여야 한다는 논의로 전환되었다. 위 요소들을 고려한 경영을 ESG 경영이라고 한다.[47)]

제 5 절 회사의 능력

회사의 권리능력과 행위능력에 관하여 살펴보자.

제 1 편 권리능력

회사는 법인이므로 일반적으로 권리능력을 가진다. 그러나 회사는 자연인이 아니기 때문에 권리능력에 다음과 같은 제한을 받는다.

Ⅰ. 성질에 의한 제한

회사는 자연인이 아니므로 자연인만 가질 수 있는 권리·의무의 주체가 될 수 없다. 회사가 이사가 될 수 있는지 여부에 관하여는 견해 대립이 있다.

Ⅱ. 법령에 의한 제한

법령에 의하여 회사의 권리능력이 제한될 수 있다. 대표적으로 회사는 다른 회사의 무한책임사원이 될 수 없다(법 173).

Ⅲ. 목적에 의한 제한

▮ 사 례

甲 주식회사는 정관상의 목적이 건설업으로 되어 있다. 그러나, 여유자금이 많았으므로 乙 주식회사에게 20억원을 빌려주었다고 가정하여 보자. 이 소비대차계약은 유효한가?

---

47) 상세는 김건식/노혁준/천경훈, 앞의 책, 39면 이하.

1. 정관상 목적과 권리능력

회사의 정관에는 목적을 기재하여야 하고 이는 등기사항이다(주식회사의 경우: 법 289 ① I, 317 ② I). 회사는 정관에 기재된 목적의 범위 내에서만 권리능력을 갖는지가 문제된다. 민법 제34조 규정 때문에 제기되는 문제이다.[48] 상법은 위와 같은 규정을 두고 있지 않을 뿐만 아니라 이를 준용하고 있지도 않기 때문에 문제가 되는 것이다.

목적에 의한 권리능력의 제한을 인정한다면 회사의 목적 외의 행위는 권리능력 없는 자의 행위이므로 무효이다. 위 사례에서 거래가 무효로 되면 거래 상대방이 예상하지 못한 피해를 보게 된다.

2. 학 설

가. 제한설

소수설은 회사에 대하여도 민법 제34조를 유추적용하여 그 적용을 인정한다. 그 논거로 ① 민법 제34조는 법인 일반에 공통적으로 적용되는 일반원칙이고, ② 회사의 사원은 출자재산이 설립목적에 따라 사용될 것을 기대하므로 목적 이외의 용도에 사용된다면 사원의 보호에 어긋나며, ③ 능력을 제한함으로써 생기는 거래의 불안정은 목적이 정관과 등기에 의해 공시되므로 방지할 수 있다는 점을 든다.

나. 제한부정설

통설은 목적에 의한 제한을 부정한다. 그 논거로 ① 상법은 민법 제34조를 준용하지 않고, ② 회사의 목적은 정관에 기재되고 등기되지만 제3자가 거래시마다 정관상의 목적을 확인할 것으로 기대하기 어려우며, ③ 설사 제3자가 회사의 목적을 확인하더라도 어떤 행위가 목적범위 내인지 여부를 판단하는 것은 쉽지 않다는 점을 든다.

3. 판 례

판례는 일관하여, 회사의 권리능력은 회사의 설립근거가 된 법률과 회사의 정관상의 목적에 의하여 제한되지만 그 목적범위 내의 행위라 함은 정관에 명시된 목적 자체에 국한되는 것이 아니라 그 목적을 수행할 때 직접, 간접으로 필요한 행위는 모두 포함되고 목적수행에 필요한지의 여부는 행위의 객관적 성질에 따라 판단할 것이고 행위자의 주관적, 구체적 의사에 따라 판단할 것은 아니라는 입장을 취하고 있다.[49] 구체적으로 살펴보면, 회사의

---

48) 「법인은 법률의 규정에 좇아 정관으로 정한 목적의 범위 내에서 권리와 의무의 주체가 된다.」
49) 대법원 2009. 12. 10. 선고 2009다63236 판결.

목적이 '부동산 임대 및 매매업'인 경우 대표이사가 채무인수 또는 지급약정을 하는 행위,[50] 회사의 목적이 '어음의 인수 및 보증, 어음매매의 중개'인 경우 대표이사가 어음의 지급을 담보하기 위하여 배서한 행위[51] 등은 모두 목적범위 내의 행위라고 판단하고 있다. 기존 판례 중에서 회사의 목적 범위를 벗어나는 거래로서 해당 거래에 관하여 회사의 권리능력이 없어서 무효라고 본 것은 대표이사가 타인의 손해배상의무를 연대보증한 행위가 문제되었던 거래 유형이 거의 유일하다.[52]

제 2 편 의사능력과 행위능력

회사의 의사는 주주총회, 대표이사 등과 같은 기관에 의해 결정되므로 의사능력은 문제가 될 여지가 없다. 행위능력은 독자적으로 유효하게 법률행위를 할 수 있는 지위를 말하는데 제한능력자를 제외하고는 모두 가지고 있다. 그런데 제한능력제도는 자연인을 전제로 하는 제도이므로 법인인 회사는 언제나 권리능력의 범위 내에서는 행위능력을 가진다.

제 3 편 불법행위능력

상법은 회사를 대표하는 사원 또는 대표이사가 업무집행으로 인하여[53] 타인에게 손해를 가한 때에는 회사는 그 대표기관과 연대하여 배상할 책임이 있다고 규정하여 회사의 불법행위능력을 인정하고 있다(법 210, 269, 287의20, 389 ③, 567). 대표사원 또는 대표이사의 행위는 회사 자신의 행위로 간주되기 때문이다[54]. 이때 대표사원 또는 대표이사는 스스로도 불법행위책임을 진다. 위 책임은 공동불법행위책임으로서 회사와 사원은 부진정연대책임을 부담하게 된다.[55] 대표기관 이외의 임원 또는 사용인이 회사의 업무집행과 관련하여

---

50) 대법원 1997. 8. 29. 선고 97다18059 판결.

51) 대법원 1987. 9. 8. 선고 86다카1349 판결.

52) 대법원 1974. 11. 26. 선고 74다310 판결; 대법원 1975. 12. 23. 선고 75다1479 판결. 다만 이 경우에도 회사와 특수관계가 있는 계열사의 채무를 보증하는 경우에는 회사의 목적범위 내로 보는 경향이 있다고 한다(대법원 2005. 5. 27. 선고 2005다480 판결). 송옥렬, 「상법강의」, 제14판, 홍문사, 2024, 733면.

53) '업무집행으로 인하여'라는 규정의 의미는 대표이사의 업무에 속하지는 않지만 외형상 마치 대표이사의 업무 범위에 속하는 것으로 보이는 경우도 포함한다. 다만 이 경우에도 대표이사의 행위가 업무 또는 직무권한에 속하지 않음을 상대방이 알았거나 중대한 과실로 알지 못한 때에는 손해배상책임을 부담하지 않는다. 대법원 2022. 5. 12. 선고 2020다255375·2020다255382 판결; 대법원 2005. 2. 25. 선고 2003다67007 판결.

54) 이 점이 대표와 대리의 차이이다.

55) 대법원 2013. 6. 27. 선고 2011다50165 판결; 대법원 2007. 5. 31. 선고 2005다55473 판결.

불법행위를 한 때에는 사용자책임(민 756 ①)이 성립한다. 회사는 형법상 범죄능력은 없다.[56]

제 6 절 회사의 종류

제 1 편 인적회사와 물적회사

회사는 이론적인 측면에서 인적회사와 물적회사로 구분할 수 있다. 인적회사는 사원의 개성과 인적 신뢰관계를 기초로 한 회사를 말한다. 인적회사는 사원의 수가 상대적으로 적고, 사원 상호간의 협상에 의하여 지배구조가 결정되므로 계약적 요소가 강하다. 인적회사의 사원은 대내적으로 회사의 경영에 직접 참여할 수 있다. 인적회사의 사원은 대외적으로도 채권자에게 무한책임을 지기 때문에, 회사의 자본금에 대한 규제를 할 필요가 적다. 따라서 노무와 신용도 출자대상으로 삼을 수 있다. 합명회사가 전형적인 인적회사이며, 합자회사는 여기에 물적회사의 요소를 가미한 것이다.

반면, 물적회사는 사원이 출자한 재산을 기초로 한 회사이다. 실질적으로 사원 간에는 아무런 관계가 없고, 단순히 돈을 모아 제3자에게 경영을 하도록 맡기는 형태이다. 사원은 다수일 것이 전제가 되고 개성도 문제가 되지 않으므로 지분을 자유롭게 양도할 수 있다. 사원은 유한책임의 적용을 받아 유한책임을 질 뿐만 아니라, 회사에 대한 출자의무만을 부담할 뿐 회사의 채권자에 대하여 직접적인 책임을 부담하지 않는다. 그 결과 회사의 채권자는 회사재산으로부터만 채권의 만족을 얻을 수 있기 때문에 회사의 재산적 기초가 채권자의 보호에 충분하여야 한다. 주식회사·유한회사가 전형적인 물적회사이다.

---

56) 대법원 1984. 10. 10. 선고 82도2595 전원합의체 판결:

1. 다수의견: 형법 제355조 제2항의 배임죄에 있어서 타인의 사무를 처리할 의무의 주체가 법인이 되는 경우라도 법인은 다만 사법상의 의무주체가 될 뿐 범죄능력이 없는 것이며 그 타인의 사무는 법인을 대표하는 자연인인 대표기관의 의사결정에 따른 대표행위에 의하여 실현될 수밖에 없어 그 대표기관은 마땅히 법인이 타인에 대하여 부담하고 있는 의무내용 대로 사무를 처리할 임무가 있다 할 것이므로 법인이 처리할 의무를 지는 타인의 사무에 관하여는 법인이 배임죄의 주체가 될 수 없고 그 법인을 대표하여 사무를 처리하는 자연인인 대표기관이 바로 타인의 사무를 처리하는 자, 즉 배임죄의 주체가 된다.
2. 소수의견: 법인은 사법상의 의무주체가 될 뿐 범죄능력이 없다고 하나 바로 이 사법상의 의무주체가 배임죄의 주체가 되는 것이므로 이것을 떠나서 배임죄는 성립할 수 없다할 것이고 법인의 대표기관은 법인이 타인에 대하여 부담하고 있는 의무내용대로 사무를 처리할 임무가 있다는 그 임무는 법인에 대하여 부담하는 임무이지 법인의 대표기관이 직접 타인에 대하여 지고 있는 임무는 아니므로 그 임무에 위배하였다 하여 이를 타인에 대한 배임죄가 성립한다고 할 수 없다.

유한책임회사는 그 경제적 실질이나 내부관계는 합명회사의 특징을 가지면서 사원의 유한책임을 결합시킨 것으로서, 인적회사와 물적회사의 중간적인 존재이다. 다만, 인적회사와 물적회사의 구별 실익이 주로 채권자의 보호와 관련하여 사원이 유한책임을 지는지 여부에 있기 때문에 물적회사에 보다 가깝다고 보아야 할 것이다.

제 2 편 공개회사 · 폐쇄회사

주식회사는 다시 주주의 수, 주식양도의 제한 여부, 주식의 공모 여부, 공시의무의 유무를 기준으로 하여 폐쇄회사(closely held corporation)와 공개회사(publicly held corporation)로 구분된다. 실정법상의 구분은 아니지만 양자에 관한 규율을 달리할 필요가 있기 때문에 흔히 인정되는 분류이다.

공개회사는 주식의 공모(public offering)가 이루어져 일반 투자자가 회사의 주식을 보유하고 있고, 주식의 유동성이 높아 시장에서 자유롭게 거래되며 증권시장에 계속적으로 회사의 정보에 관한 공시의무를 지는 회사이다. 회사의 규모가 크고 이해관계자가 많은 것을 전제로 하며 본래 주식회사법이 규율대상으로 예정하는 형태이다. 폐쇄회사는 그 반대로 가족이나 일부 투자자가 주식을 보유하면서, 주식의 양도를 정관으로 제한하고 있고, 회사의 정보가 대외적으로 공시되지 않는 회사이다. 폐쇄회사는 주식회사이기는 하지만 인적회사의 요소가 강하기 때문에, 주식회사법 규정을 그대로 적용하는 것이 언제나 적절한 것은 아니다. 판례상 확립된 1인회사에 관한 법리는 전형적인 폐쇄회사를 전제로 발달된 것이다.

제 3 편 상장회사 · 비상장회사

자본시장법상으로는 회사가 발행한 주식이 한국증권선물거래소가 개설하는 유가증권시장(즉, 증권거래소)에 상장되어 그 곳에서 매매되고 있는 회사를 주권상장법인이라 하고, 코스닥시장에 상장된 회사를 코스닥상장법인이라고 하며 양자를 총칭하여 상장회사라고 한다.[57] 상법 제542조의2 이하 및 자본시장법 제165조의2 이하는 상장회사에 관한 특례규정

57) 상장이란 주식이 공개시장에서 거래되도록 하는 것을 말하고, 기업공개란 다수의 일반투자자가 주식을 보유하도록 하는 것을 말하므로 두 개념이 반드시 일치하는 것은 아니다. 그러나 상장이 된 이후에는 공개회사의 지위를 유지하여야 한다는 점에서 밀접한 관련이 있다.

을 두고 있는데, 대체로 전자는 회사의 지배구조 측면을, 후자는 회사의 자본조달 측면을 규율한다.

제 7 절 회사법상의 등기

제 1 편 등기제도의 의의

예컨대, 상인 A가 甲 주식회사와 매매계약을 체결한다고 가정하여 보자. 구체적으로 누구와 계약을 체결하여야 할 것인가? 법적으로는 대표이사 또는 대표집행임원과 계약을 체결하여야 한다. 이처럼, 회사의 조직법적 법률관계는 제3자의 이해관계와 밀접한 관련이 있지만 회사의 내부 문제이므로 제3자로서는 알기 어렵다. 상법은 거래의 안전을 위하여 회사로 하여금 제3자와의 거래에 영향을 미칠 만한 사항을 등기하도록 하고 있다.

제 2 편 등기의 효력

Ⅰ. 일반적 효력

회사에 관한 등기에도 상법총칙 중 등기에 관한 규정이 적용된다. 따라서 등기할 사항을 등기하지 않으면 선의의 제3자에게 대항하지 못한다(법 37 ①). 이를 일반적 효력이라고 한다. 창설적 효력이 없는 등기사항은 등기여부에 관계없이 행위시에 효력이 발생한다.

예를 들어, 이사의 선임, 신주의 발행 등은 등기사항이지만, 등기를 하지 않더라도 이사가 선임된 효과, 신주가 발행된 효과에는 영향이 없다.

▮ 사 례

甲 주식회사는 기존 대표이사 A를 해임하고 B를 새로이 대표이사로 선임하였으나 등기는 하지 않았다. 이 경우 대표이사는 누구인가?

〈해설〉
대표이사 선임등기는 일반적 효력만 가지므로 위 사례의 경우에도 대표이사는 B이다. 다만, 등기부만 믿고 A와 거래한 상대방을 다른 법리로 보호해 줄 수 있는 규정이나 법리가 있는지 추가로 검토해 보아야 한다.

II. 창설적 효력

회사의 등기사항 중에는 창설적 효력이 있는 등기도 있다. '창설적 효력'이라 함은 등기를 해야 비로소 등기의 대상이 된 법률관계가 창설된다는 뜻이다. 대표적인 창설적 등기사항은 회사의 설립이다. 회사는 본점소재지에서 등기를 하여야만 비로소 성립하기 때문이다(법 172). 합병(법 530 ②), 분할(법 530의11 ①), 조직변경의 등기도 이에 해당한다. 위와 같은 경우에 회사법률관계의 등기에 창설적 효력을 부여한 이유는 그 기초가 된 법률관계에 다수인의 이해관계가 결부될 수 있기 때문이다. 그런 경우에는 법률관계의 효력발생시기를 객관적 기준에 의해 획일적으로 규율할 필요가 있다. 창설적 효력이 있는 등기사항은 상대방의 선의·악의를 불문하고 오로지 등기에 의해 효력이 발생한다. 등기의 일반적 효력과 창설적 효력은 병존할 수 없다.

제 8 절 해산명령과 해산판결

회사의 해산이란 법인격의 소멸을 가져오는 법률사실로서 해산의 사유는 각 회사마다 다르다. 여기서는 모든 회사에 공통되는 해산명령과 해산판결을 살펴본다.

제 1 편 해산명령

상법은 회사법 통칙 부분에서 모든 회사에 공통적으로 적용될 해산사유로서 법원의 해산명령제도를 두고 있다(법 176). 해산명령제도는 주로 공익적 이유에서 회사의 존속을 허용할 수 없을 때 법원이 해산을 명할 수 있는 제도로서 준칙주의에 의하여 회사가 쉽게 설립될 수 있음을 전제로 하는 제도이다. 해산명령은 이해관계인 또는 검사의 청구, 법원의 직권에 의해 할 수 있다. 예컨대, 마약의 매매를 목적으로 설립된 회사는 해산명령의 대상이 될 수 있다.

제 2 편 해산판결

해산판결은 해산명령제도와 달리 사원의 이익을 보호하기 위한 제도이다. 회사가 존속되는 것이 사원의 이익을 해칠 경우 해산사원의 청구에 따른 해산판결에 의해 법인격을 소멸시키는 제도이다. 해산판결은 사원의 이익을 보호하기 위한 제도이므로 해산명령과는 달리 사원만 청구할 수 있다.

해산청구는 각 회사별로 달리 규정되어 있다. 주식회사의 경우 상법 제520조에 규정되어 있는데 제1항 각 호는 그 사유로서 ① 회사의 업무가 현저한 정돈상태를 계속하여 회복할 수 없는 손해가 생긴 때 또는 생길 염려가 있는 때 또는 ② 회사재산의 관리 또는 처분의 현저한 실당으로 인하여 회사의 존립을 위태롭게 한 때를 각각 규정하고 있다.

▌사 례

피고 乙 주식회사는 원고 A와 소외 甲 주식회사의 합작투자계약에 의하여 문화관광단지조성사업 시행을 위하여 설립된 특수목적법인이다. 원고 A는 그 주주였는데 원고 A와 소외 甲 주식회사의 분쟁으로 사업이 진행되지 못하다가 사업을 위하여 반드시 필요한 토지가 공매처분되어 더 이상 본래의 설립목적인 사업을 할 수 없게 되었고, 소외 甲 주식회사는 자신의 출자금을 모두 회수하여 실질적으로 피고 乙 주식회사에 출자한 것이 전혀 없게 되었다. 이 상황에서도 소외 甲 주식회사는 피고 乙 주식회사의 과반수 주주의 지위에 있음을 이용하여 원고 A를 배제한 채 원래 목적사업과 무관한 다른 사업을 영위하였다. 원고 A는 상법 제520조 제1항 제1호에 기하여 피고 乙 주식회사의 해산을 청구하였다. 해산청구는 정당한가?

〈해설〉

대법원은 위 경우는 피고 乙 주식회사의 업무가 현저한 정돈상태를 계속하여 피고 乙 주식회사에게 회복할 수 없는 손해가 생긴 때 또는 생길 염려가 있는 때에 해당하고, 이러한 상황에서 원고 A가 소수주주권 행사를 통하여 현재의 상황을 타개하고 다시 원래 사업을 추진한다는 것은 사실상 불가능하여 피고를 해산하는 것 외에는 달리 원고 A의 이익을 보호할 방법이 없어 부득이한 사유도 있다고 보아 원고의 상법 제520조 제1항 제1호에 기한 주식회사 해산청구를 인용하였다.[58)]

---

58) 대법원 2015. 10. 29. 선고 2013다53175 판결: 위 사건에서 대법원은 일반론으로 다음과 같이 설시하고 있다. 「…상법 제520조 제1항은 주식회사에 대한 해산청구에 관하여 "다음의 경우에 부득이한 사유가 있는 때에는 발행주식의 총수의 100분의 10 이상에 해당하는 주식을 가진 주주는 회사의 해산을 법원에 청구할

제 9 절 회사의 계속

회사의 계속이란 일단 해산된 회사가 사원들의 의사에 기하여 해산 전 회사와 '동일성을 유지'하면서 존립중의 회사로서 복귀·존속하는 것을 말한다. 회사의 계속 사유는 회사별로 차이가 있다(법 194, 229, 287의40, 519, 610).

수 있다."고 하면서, 제1호로 "회사의 업무가 현저한 정돈(停頓)상태를 계속하여 회복할 수 없는 손해가 생긴 때 또는 생길 염려가 있는 때"를 규정하고 있다. 여기서 '회사의 업무가 현저한 정돈상태를 계속하여 회복할 수 없는 손해가 생긴 때 또는 생길 염려가 있는 때'란 이사 간, 주주 간의 대립으로 회사의 목적사업이 교착상태에 빠지는 등 회사의 업무가 정체되어 회사를 정상적으로 운영하는 것이 현저히 곤란한 상태가 계속됨으로 말미암아 회사에 회복할 수 없는 손해가 생기거나 생길 염려가 있는 경우를 말하고, '부득이한 사유가 있는 때'란 회사를 해산하는 것 외에는 달리 주주의 이익을 보호할 방법이 없는 경우를 말한다.」

제 2 장 주식회사

제 1 절 주식회사의 의의 및 본질

주식회사란 자본이 주식이라는 단위로 분할되어 주식의 인수를 통해 출자하거나 기발행주식을 취득함으로써 사원인 주주가 그 지위를 갖게 되고 주주는 회사채무에 관하여 책임을 지지 않는 유한책임을 부담하는 형태의 회사이다. 주식회사의 본질적 요소는 ① 자본금, ② 주식, ③ 주주의 유한책임이다.

제 1 편 자본금

Ⅰ. 자본금의 개념

주식회사는 물적회사로서 그 주주는 유한책임을 부담하므로 회사의 재산만이 회사채권자를 위한 담보가 된다. 상법은 주식회사의 채권자보호를 위해서 최소한의 책임재산을 확보하도록 하고 있는데, 이 부분을 자본금이라고 한다.[1] 주의할 점은 자본금은 상법이 주식회사로 하여금 확보하도록 강제하고 그 강제가 유효할 것으로 기대하는 '규범적인' 금액이므로 주식회사가 실제로 그에 해당하는 자산을 확보하고 있다는 의미는 아니라는 점이다.

그렇다면 구체적으로 자본금은 어떻게 정하는가? 우선 액면주식[2]의 경우 원칙적으로 발행주식의 액면총액이다(법 451 ①).[3] 다만 이 원칙에는 ① 상법 제345조 상환주식의 상환시, ② 상법 제343조 제1항 단서 자기주식 소각시의 예외가 있다. 위 예외에 해당할 경우에는 자본금이 발행주식의 액면총액과 다르게 된다. 액면주식의 경우 주식의 발행가액이 액면가액보다 큰 것이 일반적인데 그 경우 발행가액 중 자본금을 초과하는 부분은 재무회계상의 자본잉여금으로서 자본준비금으로 적립한다.

무액면주식[4]의 경우 주식의 발행가액 중 이사회(주주총회가 신주발행을 결정하는 경우에는 주주총회)가 정한 일정한 금액이 자본금으로 된다. 다만, 상법은 그 금액이 주식발행가액의 2분의 1 이상이어야 한다고 규정한다(법 451 ②). 무액면주식의 경우에도 자본금을 초과

1) 新井清光, 「資本会計論」, 中央経済社, 1965, 44면.
2) 1주의 금액이 정관에서 정해지는 주식을 말한다.
3) 즉, 등식으로 나타내면 「자본금＝주식수×액면가액」이다.
4) 1주의 금액이 정관에서 정해지지 않는 주식을 말한다. 무액면주식의 경우 액면가는 없고 주식을 발행할 때마다 회사가 정하는 발행가가 있을 뿐이다.

하는 발행가액은 자본준비금으로 적립한다. 무액면주식은 주식이 발행될 때마다 자본금으로 계상되는 금액의 비율이 달라질 수 있다. 무액면주식은 주식을 발행할 때 반드시 확보되어야 하는 일정한 금액이 정해져 있지 않기 때문에 주식의 발행가액도 제한이 없다. 예를 들어, 종전의 발행에서 1주당 200원의 자본금을 적립하였더라도 이후 1주당 100원의 발행가액으로 주식을 발행할 수 있으며 자본금은 1주당 50원 이상으로만 정해서 계상하면 된다. 즉 무액면주식의 경우 자본금과 회사의 발행주식수는 전혀 관련이 없다. 이 숫자는 회사가 무액면주식을 액면주식으로 전환하더라도 변경되지 않는다(법 451 ③).

II. 최저자본금의 부존재

과거에는 주식회사에 최저자본금제도가 있었으나 2009년 상법개정시에 폐지되었다. 본래 최저자본금을 정하고 있었던 것은 충분한 자본금을 확보하지 못한 주식회사가 함부로 설립되는 것을 방지하기 위한 것이다. 그러나 그 시기에도 후술하는 바와 같이 위장납입을 통하여 주금을 납입하였고 그로 인한 회사설립도 유효하다고 보았기 때문에 최저자본금제도는 큰 의미가 없었다. 현행 상법 제329조 제3항에 따르면 액면주식의 경우 최소액면금액은 1주당 100원이고, 주식회사의 발기인은 1인으로 충분하므로(법 289 ①), 이론적으로는 100원만 있으면 액면주식을 발행하여 주식회사를 설립할 수 있다. 무액면주식의 경우에는 이러한 제한조차 없다.

III. 자본금에 관한 3원칙

자본금은 본래 채권자보호를 위하여 책임재산을 확보하고 유지하기 위한 최소한의 규범적 기준으로서의 의미를 갖고 있다. 자본금이 본래 의도한 대로 기능할 수 있도록 하기 위하여 ① 자본금확정의 원칙, ② 자본금유지(충실)의 원칙, ③ 자본금불변의 원칙이 적용되는데 이를 자본금에 관한 3원칙이라고 부르기도 한다. 그러나, 현실에서는 자본금 제도를 통한 채권자보호가 제대로 기능하기 어렵다는 인식이 자리잡음에 따라 자본금에 관한 3원칙에 관하여 큰 의미를 부여하지 않고 있다.[5)]

1. 자본금확정의 원칙

회사설립시에 자본금이 확정되고 그 자본금을 출자하는 주식인수인이 확정되어야 한다는 원칙을 말한다. 이를 통하여 회사와 거래하고자 하는 자는 회사의 채무이행 능력을 판

5) 송옥렬, 「상법강의」, 제14판, 2024, 745면.

단할 수 있게 된다.

자본금 확정의 원칙을 구현하기 위하여 상법은 주식회사의 설립시에 발행하는 주식의 총수를 정관에 기재하도록 하고(법 289 ① V), 자본금의 액을 등기하여야 하며(법 317 ② II), 발행하는 주식 전부에 대하여 인수가 이루어질 것을 요구한다(법 295, 305).

다만 신주발행의 경우에는[6] 증가할 자본금의 액이 정관에 기재되지 않고(법 289 ①, 416), 발행하는 주식 전부가 아니라 실제로 인수된 범위 내에서만 신주발행의 효력이 발생하므로(법 423), 자본금확정의 원칙이 관철되지 못하고 있다(통설). 무액면주식을 발행하는 경우도 마찬가지이다.

2. 자본금유지(충실)의 원칙

주식회사는 자본금에 상당하는 재산을 실제로 유지하도록 하여야 한다는 원칙이다. 채권자보호를 위하여 중요한 기능을 하는 원칙이다. 상법은 위 원칙을 관철하기 위하여 ① 출자의 확실한 이행 및 ② 주주에 대한 출자의 환급을 제한하거나 규제하기 위한 규정들을 두고 있다.

3. 자본금불변의 원칙

앞의 두 원칙이 실효성을 가지려면 설립 당시 정해진 자본금의 크기를 쉽게 줄일 수 있도록 하면 안 된다. 이를 자본금불변의 원칙이라고 한다. 상법은 자본금을 감액하려고 할 경우 엄격한 법정의 절차(감자절차)를 밟도록 하는 규정들을 두고 있다.

제 2 편 주 식

주식은 자본금을 구성하는 단위이자 출자의 단위이다. 주식은 회사에 대한 관계에서 동일한 종류별로 동일한 단위당 동일한 권리를 표창하는데 이 원칙을 주주평등의 원칙이라고 한다.

자본금을 주식 단위로 분할하여 출자를 받으면 소액 투자자를 광범위하게 모집할 수 있고 주식을 다시 주식을 주권으로 유가증권화하면 주식의 거래가 쉬워져 투자를 쉽게 회수할 수 있다는 장점이 있다.

---

6) 주식을 발행하는 경우는 설립시와 그 이후의 두 경우가 있다.

제3편 주주의 유한책임

Ⅰ. 의 의

주주는 최초에 주주의 지위를 얻기 위하여 출자할 뿐이고(혹은 타인이 얻은 주주의 지위를 양수한다) 그 이외에는 별도로 회사에 대하여 추가 출자의무를 지거나 회사의 채무에 관하여 채무를 부담하지 않는다.

주주의 유한책임은 주식회사 제도의 핵심이므로 정관이나 주주총회의 결의로도 그와 달리 정할 수 없다. 물론 개별 주주가 회사법적 법률관계가 아닌 일반 민사법적 법률관계에서 스스로 책임을 부담하는 것은 주주의 유한책임과 무관하다.[7] 실제로 회사의 대표이사, 경영에 관여하는 지배주주 또는 모회사가 회사(자회사)의 채무를 보증하는 예를 적지 않게 볼 수 있다.[8] 주주의 유한책임에 대한 중요한 예외 법리가 앞서 살펴본 법인격부인이다.

Ⅱ. 유한책임의 기능과 단점

주주의 유한책임 덕분에 주식회사는 다수의 투자자로부터 광범위한 출자를 받아 대규모 자본을 조달할 수 있게 되었다. 또한 주주의 유한책임으로 인하여 회사채권자가 손실을 입을 가능성이 있으므로 회사채권자가 회사의 경영을 감시하게 될 동기가 부여되고 주주가 무한책임을 질 경우와 비교하여 사회전체적으로 감시 비용이 감소할 수 있다는 지적도 있다. 다만 주주의 유한책임은 구조적으로 회사 채권자의 희생을 전제로 한다.[9]

---

7) 대법원 1989. 9. 12. 선고 89다카890 판결.

8) 이는 일본의 경우에도 다르지 않다. 일본의 경우 2012년 현재 금융기관에서 자금을 차입하고 있는 일본중소기업의 86.7%가 그렇다고 한다. 小出篤, “日本の中小企業金融における経営者保証”, 「기업법연구」 제27권 제4호, 2013, 33면.

9) 田中亘, 「会社法」(第2版), 東京大学出版会, 2018, 72~73면.

제 2 절 설 립

제 1 편 설립에 관한 입법주의

회사설립을 어떻게 규율할 것인지는 근본적으로 입법정책의 문제인데, 연혁적으로는 자유설립주의, 특허주의, 허가주의, 준칙주의의 순서로 발달하였다. 자유설립주의는 국가가 회사설립을 방임하는 방식이고 특허주의는 설립요건이 별도로 규정되어 있지 않고 국가가 설립의 특허를 해 주는 방식이다. 허가주의는 설립요건이 존재하고 국가가 그 요건의 충족 여부에 관하여 실질적인 심사를 행하는 방식이다. 상법은 준칙주의를 취하고 있다. 따라서, 상법이 규정하고 있는 설립요건이 충족되면 누구나 회사를 설립할 수 있다.

제 2 편 설립행위의 개념과 성질

설립행위는 회사를 성립하는데 거쳐야 하는 여러 행위와 절차를 동적·발전적으로 파악한 개념이다. 회사설립에서는 '설립행위'란 개념이 사용되는데 이 설립행위의 내용 및 법적 성질에 관하여는 다툼이 있다.

통설은 설립행위란 ① 정관작성 및 ② 사원이 되기 위한 법률행위를 가리키는 것이라고 한다. 구체적으로 주식회사에서는 정관작성 및 주식인수, 그 밖의 회사에서는 정관작성이 설립행위라고 한다.

통설은 설립행위의 법적 성질은 합동행위로 보는데, 다만 주식인수의 경우 발기인의 주식인수는 합동행위이지만 모집주주의 주식인수는 설립중의 회사의 입사계약이라고 한다.

제 3 편 설립절차의 개관

주식회사는 다른 회사와 달리 주주의 지위가 별도의 절차를 거쳐서 확정되고, 회사채권자에 대한 유일한 책임재산인 자본을 설립 전에 확보하여야 하며, 회사 운영을 위하여 기관을 선임하여야 한다. 발기인이 이러한 설립절차를 주관한다.

설립절차는 ① 정관 작성, ② 주주 확정, ③ 출자의 이행, ④ 기관 구성, ⑤ 설립등기의 순서로 진행되고 다시 주주 확정 단계에서 발기인만이 설립시의 주주가 되는 발기설립과 발기인 이외에 주주를 별도로 모집하는 모집설립으로 나뉜다. 회사 설립단계에서 발기인 이외의 주주를 모집하면 절차가 번잡해지기 때문에 실무상 모집설립은 찾아보기 어렵다.

상법 조문의 배열을 보면, 발기설립은 상법 제295조부터 제300조까지, 모집설립은 제301조부터 제316조까지 규정되어 있다. 두 절차를 비교하여 보면, 모집설립에서는 발기인이 아닌 주주가 있기 때문에 창립총회와 같은 의사결정기관에서 차이가 난다는 점 이외에 본질적인 부분에서는 차이가 없다.

제 4 편 발기인

I. 의 의

발기인은 주식회사 설립을 계획하고 절차를 주관하는 자이다. 발기인으로서의 법적인 권한과 책임이 부여되는 것은 정관에 발기인으로서 기재되고 기명날인(서명)한 자에 한한다(법 289 ① VIII). 발기인제도는 주식회사에 한하여 인정된다. 주식회사는 다른 회사와 달리 다수의 사원이 존재할 것을 예정하므로 설립을 주관하는 사원을 별도로 정할 필요가 있기 때문이다. 부수적으로 발기인은 자본금충실에 관한 책임, 제3자가 입은 손해에 관한 책임을 부담한다. 주식회사의 발기인은 1인 이상이면 된다(법 288).

II. 발기인의 지위

발기인은 발기인조합의 조합원이자 '설립중의 회사'의 기관으로서 설립사무를 관장하며, 회사의 성립 여부에 따라 각각의 책임을 진다.

III. 발기인조합

예를 들어 A와 B가 모여서 회사를 설립하려고 하는 경우를 생각해 보자. 이들은 회사를 설립하기로 하는 합의를 하게 되는데 이 합의는 민법상 조합계약에 해당한다. 위 조합계약에 따른 조합을 발기인조합이라고 한다. 발기인조합은 조합에 관한 민법규정의 적용을 받는데, 정관작성·주식인수 등 발기인이 설립을 위하여 행하는 일련의 행위는 이 조합계약의 이행행위에 해당한다. 주의할 점은 발기인조합은 개념상 설립중의 회사와 구별해야 한다는 점이다. 설립중의 회사는 정관작성 이후 또는 학설에 따라서는 주식인수 이후 설립시까지 존속하는 사단법적 존재로서 회사법적 효력을 가지는 것임에 반하여 발기인조합은 발기인 상호간의 내부적인 계약관계로서 그 자체는 설립 후의 회사 또는 설립중의 회사와 직접적인 법적 연결점을 갖지 못한다. 즉, 발기인조합이 발전하여 회사가 되는 것이 아니라 설립중의 회사가 발전하여 회사가 되는 것이다. 비유하자면 사람들이 모여서 집을 짓는 경우, 그 사람들의 모임이 발기인조합이고, 건설중인 집이 설립중의 회사이다.

그러나, 실제로는 양자를 엄밀하게 구별하기 어려운 경우가 많다. 발기인은 발기인조합의 조합원이면서 동시에 설립중의 회사의 기관이기 때문이다.

Ⅳ. 발기인의 의사결정

복수의 발기인들이 있는 경우 그 의사결정은 조합의 의사결정방법에 의한다(민법 706). 따라서 통상사무는 각자 단독으로 집행하는 것이 원칙이다. 통상사무가 아니거나 통상사무를 집행하는데 관하여 다른 조합원이 이의를 제기하는 경우에는 공동으로 해야 한다. 이때 의사결정을 어떻게 할 것인지 문제인데 조합의 일반원칙에 따라 발기인의 과반수로 한다. 그러나 상법이 명문으로[10] 혹은 해석상 조합원 전원의 동의가 있어야 하는 경우[11]도 있다.

제 5 편 설립중의 회사

Ⅰ. 의 의

발기인이 회사를 설립되는 과정 중에서 어느 정도 사회적 실체를 인정할 수 있는 단계부터 설립등기 이전까지의 기간 중에 실재하는 회사의 전신을 '설립중의 회사'라고 부른다. 설립중의 회사는 아직 법인격을 취득하지 못하였지만 제한적 범위에서 해석에 의해 권리능력을 인정하고 그 상태에서 취득한 권리의무가 그대로 성립 후의 회사로 승계된다고 본다(동일성이론).[12]

예컨대, 발기인이 설립중의 회사 명의로 그 권한범위 내에서 물건을 구입하기로 계약을 체결한 경우 성립 후의 회사는 거래상대방에게 물건의 인도의무 이행을 청구할 수 있는가? 설립중의 회사 개념을 통해서 그 이행청구가 가능하게 된다. 만일 설립중의 회사라는

---

10) 예컨대, 정관작성(법 289 ①), 주식발행사항의 결정(법 291).
11) 예컨대, 각 발기인이 인수할 주식의 배정(법 293).
12) 대법원 1994. 1. 28. 선고 93다50215 판결.

개념을 인정하지 않는다면 일단 발기인 개인 또는 발기인조합이 물건의 소유권을 취득한 후 이를 다시 성립 후의 회사로 이전하여야 한다.

II. 법적 성질

민법상 권리능력 없는 사단의 성립요건은 ① 사단의 규약, ② 의사결정기관, ③ 업무집행기관, ④ 독자적·사회적 활동으로 본다. 통설은 설립중의 회사의 법적 성질을 권리능력 없는 사단이라고 본다.[13] 판례의 입장도 동일한 것으로 보인다.

III. 성립시기

설립중의 회사가 언제부터 성립하는지의 문제이다. 발기인이 한 대외적 행위의 효과를 설립중의 회사에게 귀속시키려면 설립중의 회사가 성립을 하여야 한다. 성립시기에 관하여는 견해 대립이 있다.

1. 학 설

가. 정관작성시설

설립중의 회사의 기관이라고 할 수 있는 발기인이 정관상 확정되는 정관작성시부터 설립중의 회사의 성립을 인정하여야 한다고 한다.

나. 발기인주식인수시설

정관작성에 따라 발기인이 확정되는 것만으로는 인적 기초가 형성될 뿐이고 아직 물적 기초는 형성되지 않은 단계이므로 발기인이 정관을 작성하여 기명날인하고 다시 발기인이 주식을 1주 이상씩 인수하여 물적 기초가 형성된 시점 이후에야[14] 비로소 설립중의 회사가 성립한다는 견해이다.

다. 주식총수인수시설

발기인이 일부 주식만을 인수하는 것으로는 충분하지 않고 발행주식총수가 인수되어 주주가 모두 확정되어야만 비로소 설립중의 회사가 성립된다고 한다.

---

13) 따라서 소유의 형태는 총유이다.
14) 다만, 그 주식인수의 양은 최소한으로 충분하므로 1주 이상의 인수만 있으면 된다고 한다.

2. 판 례

판례는 발기인주식인수시설을 취한다. 즉, 설립중의 회사는 정관이 작성되고 발기인이 적어도 1주 이상의 주식을 인수하였을 때 비로소 성립한다고 본다.[15)]

Ⅳ. 설립중의 회사의 법률관계

1. 설립중의 회사의 성립 이전

설립중의 회사로서의 실체가 갖추어지기 이전에 발기인이 취득한 권리·의무는 구체적 사정에 따라 발기인 개인 또는 발기인조합에 귀속된다. 구체적인 사안에서 누구에게 귀속될 것인지는 의사표시 해석 문제이다. 이들에게 귀속된 권리의무를 설립 후의 회사에게 귀속시키기 위하여는 양수나 계약자 지위인수 등의 특별한 이전행위가 있어야 한다.[16)]

2. 권리능력 없는 사단에 관한 법리의 적용

통설은 설립중의 회사에 대하여 민법상 사단법인에 관한 규정 중 법인격을 전제로 하는 규정을 제외하고는 모두 유추적용하여야 한다는 입장이다. 따라서 설립중의 회사는 설립이라는 목적범위 내에서 제한적으로 권리의무의 주체가 될 수 있다. 구체적으로는 소송당사자 능력(민소법 제52조), 등기능력(부동산등기법 제30조), 예금계약이나 어음·수표행위를 할 수 있는 권리능력이 인정된다. 그러나 상법은 여러 특별 규정을 두고 있으므로 권리능력 없는 사단에 관한 법리가 일반적으로 적용될 여지는 적다.

3. 내부관계: 의사결정, 업무집행

상법 및 정관에 다른 규정이 없으면 발기인의 과반수로써 결정하여 집행한다(민법 제58조 제2항). 일부 사항은 창립총회에서 결정하거나 발기인 전원의 동의가 필요하다.

4. 외부관계: 대표

발기인이 각자 설립중의 회사를 대표한다(민법 59). 발기인이 설립중의 회사를 대표하여 할 수 있는 행위는 그 범위가 한정된다고 해석한다. 발기인이 권한범위 내의 행위(실질적 요건)를 설립중의 회사 명의로(형식적 요건), 즉 설립중의 회사를 대표하여 행한 경우에만 그 효과가 설립중의 회사에 귀속되고 그런 행위의 효과는 회사가 성립하면 특별한 이전행위없

---

15) 대법원 2000. 1. 28. 선고 99다35737 판결.
16) 대법원 1998. 5. 12. 선고 97다56020 판결; 대법원 1994. 1. 28. 선고 93다50215 판결 등.

이 회사로 귀속된다.

위 요건에 해당하지 않는 경우 그 권리의무는 발기인 개인 또는 발기인조합에 귀속된다. 예컨대, 발기인이 설립중의 회사가 성립하기 전에 발기인 개인 명의로 돈을 빌렸다면 그 채무는 발기인 개인에게 귀속되는 것이 원칙이고 위 채무가 발기인조합에 귀속되려면 발기인이 조합원의 의사에 따라 발기인조합을 대리하여 돈을 빌렸어야 한다.17)

5. 발기인의 권한범위(= 설립중 회사의 권리능력 범위)

발기인이 설립중의 회사를 위해 한 행위로서 그 효과가 성립 후의 회사에 당연히 귀속되는 것은 어떤 범위의 행위인가라는 문제이다. 발기인의 범위를 제한하지 않으면 발기인의 행위가 모두 설립중의 회사에 효력이 미치게 되고 그 효력이 성립 후의 회사에 승계되게 된다. 그러나 임원도 아닌 발기인이 부주의하게 경영한 결과가 모두 성립 후의 회사로 승계된다면 회사는 성립시부터 부실한 상태로 출범하게 될 위험이 있다. 반대로 발기인의 권한범위를 좁게 보면 거래상대방의 거래상 신뢰가 침해되는 결과가 된다.

가. 학 설

(1) 최협의설[①설]

회사설립 자체를 직접적인 목적으로 하는 행위에 국한된다는 견해이다. 이 견해는 개업준비행위(회사성립 후의 영업을 위한 준비행위)를 발기인 권한범위에서 제외한다. 회사설립 자체를 직접적인 목적으로 하는 행위란 정관의 작성, 회사설립시 발행할 주식의 인수·납입, 주주의 모집, 창립총회의 소집, 회사설립 등기 등 회사설립에 고유한 행위를 말한다.

(2) 협의설(개업준비행위 제외)[②설]

회사설립을 위해 법률상·경제상 필요한 모든 행위를 할 수 있다는 견해이지만 개업준비행위를 제외한다. 이에 의하면 발기인은 설립사무소의 임차, 설립사무원의 고용, 주식청약서 등 필요서류의 인쇄의 위탁, 주식모집의 광고의 위탁 등도 할 수 있다.

(3) 광의설(개업준비행위 포함)[③설]

이 견해는 협의설의 입장에 더하여 회사성립 후의 개업을 위한 준비행위도 포함된다고 본다. 주식회사의 설립목적이 일정한 영업을 하려는 데 있는 이상 회사의 설립은 영업을 할 수 있는 상태에 있는 회사를 창설하는 것이므로 발기인은 성립 후의 회사를 위한 토지·건물의 양수, 원료의 구입, 종업원의 채용 등의 행위도 할 수 있다.

---

17) 대법원 2007. 9. 7. 선고 2005다18740 판결.

나. 판 례

판례 사안을 보면, 안전여객자동차주식회사는 발기인이 성립 후 여객운송을 위하여 자동차생산업자와 자동차조립계약을 체결하였다. 안전여객자동차주식회사가 성립한 후 자동차생산업자는 안전여객자동차주식회사에 대하여 자동차대금의 지급을 청구하였다. 안전여객자동차주식회사는 주장하기를 그 계약은 발기인의 권한 범위를 벗어나는 행위이므로 자신에게는 의무가 승계되지 않는다고 주장하였다. 이에 대하여 대법원은 위 행위도 발기인의 권한 내의 행위로 보고 성립 후 회사의 책임을 인정하였다.[18]

다. 검 토

위 견해 대립을 도식화하면 위 그림과 같다.

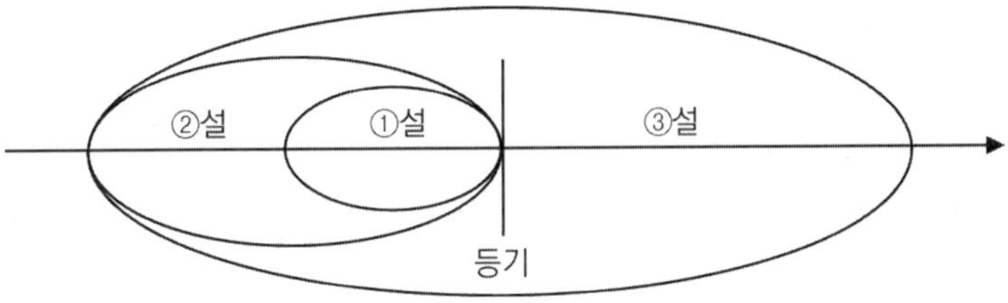

①, ② 견해에 대하여는 후술하는 재산인수(제290조 제3호)는 개업준비행위에 속하는데 상법이 발기인의 권한으로 규정하고 있다는 점을 들어 비판할 수 있다. 이에 대하여 ①, ②의 입장에서는 위 행위가 원래 허용되지 않기 때문에 가능하도록 하기 위해서(회사가 성립 후 공백없이 목적사업을 수행할 수 있도록 하기 위하여) 예외적으로 법이 규정해 놓은 것이고 ③의 입장을 취한다면 개업준비행위는 당연히 가능한 것인데 상법이 구태여 재산인수를 할 수 있다고 규정한 이유를 설명할 수 없다고 반박한다. 위 반박에 관하여 ③ 견해는 개입준비행위 중에서 재산인수는 특히 남용의 위험성이 크기 때문에 이를 규제하기 위한 것이라고 설명한다. ③ 견해가 제시하는 논거가 보다 설득력이 있다고 본다.

6. 발기인의 권한을 넘는 행위의 추인

발기인이 권한을 넘는 행위를 한 경우 회사에 대한 관계에서는 효력이 없다. 다만, 이는 일종의 무권대리행위이므로 회사가 추인할 수 있는지 여부에 대하여는 긍정설과 부정설

---

18) 대법원 1970. 8. 31. 선고 70다1357 판결.

의 다툼이 있다. 발기인이 성립 후 회사의 기관이 되는 경우가 많기 때문에 추인을 긍정하면 발기인의 권한범위를 제한하는 의미가 사라질 우려가 있으므로 부정설이 타당하다고 본다.

제 6 편 정관의 작성

주식회사 설립의 첫 단계는 정관작성이다. 발기인은 정관을 작성하여 기명날인(또는 서명)한다(법 289 ①). 정관의 기재사항에는 절대적 기재사항, 상대적 기재사항, 임의적 기재사항이 있다. 정관의 작성은 요식의 서면행위로서 반드시 법에서 정한 사항을 기재하고 작성자들이 기명날인(또는 서명)을 하여야 한다.

Ⅰ. 정관의 성질과 효력

1. 정관의 의의

정관의 회사의 조직과 활동을 규율하는 기본적인 규범을 의미한다. 회사는 설립시에는 반드시 정관을 작성해야 하고, 이 정관은 회사의 법률관계를 계속하여 규율한다. 정관은 작성자인 설립자 또는 발기인뿐 아니라 회사의 기관, 그리고 새로이 회사조직에 가입한 자까지 당연히 구속하므로 자치법규로서의 성질(자치법규설)을 갖는다고 보는 것이 통설 및 판례[19]이다. 다만 소수설은 계약관계로 이해한다(계약설).

통설에 따르면 정관은 법규성을 가지므로 그 해석을 그르친 것은 법령해석을 그르친 것이 되어 상고이유가 된다. 계약설을 취한다면 정관의 해석을 계약의 해석으로 보므로 사실인정의 문제에 그치게 되고 원칙적으로 상고이유가 될 수 없다.

2. 정관의 효력

가. 구속력의 범위

정관은 자치법규로서의 성질을 갖기 때문에 정관을 작성한 사원이나 발기인은 물론이고 그 이후에 가입한 사원, 주주 그리고 회사기관도 정관의 구속을 받는다. 다만, 자치법규도 강행법규에 위반할 수는 없으므로 정관의 내용 중 강행법규에 어긋나는 부분은 무효이다.

---

19) 따라서 정관을 해석할 때에는 객관적인 기준에 따라 그 규범적인 의미 내용을 확정하는 법규해석의 방법이 적용된다. 이상, 대법원 2024. 7. 11. 선고 2020다258824 판결; 대법원 2000. 11. 24. 선고 99다12437 판결.

나. 정관위반의 효력

정관에 위반한 회사의 대내외적 행위는 자치법규에 위반한 행위이므로 무효이다. 다만, 제3자의 보호를 위하여 무효의 주장이 제한될 경우가 있다(예컨대, 법 389 ③).

3. 절대적 기재사항

절대적 기재사항은 상법이 정관의 유효요건으로 정한 사항으로 주로 이해관계인의 보호와 관련된 내용이다(법 289). 절대적 기재사항이 누락되거나 위법한 내용으로 되어 있으면 정관이 무효가 되고 다시 회사설립의 무효사유가 된다. 절대적 기재사항은 목적, 상호,[20] 회사가 발행할 주식의 총수, 액면주식을 발행하는 경우 1주의 금액, 회사의 설립시에 발행하는 주식의 총수, 본점의 소재지,[21] 회사가 공고를 하는 방법, 발기인의 성명·주민등록번호 및 주소이다. 그중 중요한 것을 살펴보면 다음과 같다.

가. 액면주식을 발행하는 경우 1주의 금액

액면주식을 발행할 경우 1주의 금액을 정해야 한다. 이를 액면가라고 하는데 모든 주식에 대하여 균일하다(법 329 ③). 주식을 발행할 때 발행회사가 실제로 1주당 인수의 대가로 지급받는 발행가는 액면가와 관계가 없다는 점에 주의하여야 한다. 자본금유지의 원칙에 따라 주식의 발행가는 액면가 이하로 발행할 수 없는 것이 원칙이다(법 330, 예외 법 417). 발행가액총액이 액면가액총액(=자본금)을 초과하는 경우 그 초과금액은 자본준비금으로 적립한다(법 459 I).

나. 회사가 발행할 주식의 총수와 회사 설립시에 발행하는 주식의 총수

회사는 정관에 절대적 기재사항으로 기재한 발행할 주식의 총수의 범위 내에서는 이사회의 결의만으로 주식을 발행할 수 있다. 그 범위를 넘어서 주식을 발행하려면 정관을 변경하여 발행할 주식의 총수를 늘려야 한다. 결국, 주식회사의 이사회는 정관에 기재된 발행할 주식의 총수 범위 내에서는 주주의 동의없이 주식을 발행할 수 있는 권한을 부여받은 셈이다. 이러한 제도를 수권자본제도(授權資本制度)라고 한다. 2011년 이전에는 회사 설립시에 발행하는 주식의 총수가 발행할 주식총수의 1/4 이상이어야 한다는 제한이 있었으나 현행법은 그러한 제한이 없다.

---

20) 반드시 주식회사라는 문자를 삽입해야 한다(법 19). 주식회사가 앞으로 오는 것과 뒤로 오는 것이 차이가 있다.

21) 등기 및 각종 회사법상의 소에서 관할을 정하는 기준이 된다.

다. 공고방법

회사의 공고는 관보 또는 일간신문에 하는 것이 원칙이지만, 정관으로 정하는 바에 따라 전자적 방법으로 할 수 있다(법 289 ③). 상법 시행령은 회사의 인터넷 홈페이지에 게재하는 방법으로 할 수 있도록 규정하고 있다(영 6 ①).

4. 상대적 기재사항: 변태설립사항(법 290)

상대적 기재사항은 정관에 기재하지 않아도 정관의 효력에는 영향이 없으나 해당 사항이 효력을 가지려면 정관에 기재하여야 하는 사항이다.

상대적 기재사항 중 특히 설립 당시에 발기인이 권한을 남용하여 주식회사의 자본금충실을 해할 우려가 있는 사항을 변태설립사항이라고 하는데 ① 발기인의 특별이익, ② 현물출자, ③ 재산인수, ④ 설립비용과 발기인의 보수가 이에 해당한다. 변태설립사항이 있는 경우에는 정관 및 주식청약서에 기재하여야 하고(법 302 ② II), 별도의 검사절차를 거쳐야 한다(법 299 ①, 299의2, 310).

가. 발기인의 특별이익

발기인이 받을 특별이익과 이를 받을 자의 성명은 변태설립사항이다(법 290 I). 예컨대 주식회사가 스포츠센터의 운영을 목적사업으로 하는 경우 회사설립 이후에도 회사의 시설을 이용할 수 있는 권리 등이 이에 해당한다.

나. 현물출자

(1) 의 의

현물출자는 금전 이외의 재산을 출자의 목적으로 하는 것을 말한다. 현물출자도 변태설립사항으로서 출자자의 성명과 그 목적인 재산의 종류, 수량, 가격과 이에 대하여 부여할 주식의 종류와 수를 정관에 기재하여야 한다(법 290 II).

현물출자가 행해질 때에는 실제로는 100만원에 불과한 토지를 200만원으로 평가하는 것처럼 과대평가가 행해질 위험성이 있다. 따라서 이를 변태설립사항으로 정하여 규제한다.

현물출자는 회사설립시뿐만 아니라 설립 후 신주발행시에도 할 수 있다. 그러나 회사설립시의 현물출자만이 변태설립사항으로 규제된다.

(2) 법적 성질

상법이 정한 출자의 한 형태이다. 쌍무·유상계약적 성질을 가지므로 위험부담·하자담보책임 등에 관한 민법규정이 적용된다(통설).

(3) 현물출자의 목적물

현물출자의 목적은 금전 이외의 재산으로서 주식회사의 자산으로 계상할 수 있으면 된다. 출자자의 자격에도 제한이 없다. 회사의 채권자가 채권을 현물출자할 수도 있다.[22]

(4) 현물출자의 이행

현물출자를 하는 자는 회사 성립 전으로 정해지는 납입기일에 지체없이 현물출자의 이행을 하여야 한다(법 295 ②, 305 ③). 현물출자된 재산권은 일단 설립중의 회사에 귀속하고 회사성립 후에 특별한 절차없이 회사의 재산이 된다.

현물출자가 이행불능이면 어떻게 처리할 것인가. 현물출자는 정관의 상대적 기재사항이므로 설립절차를 계속하려면 정관을 변경하여야 한다. 현물출자가 이행지체되면 강제집행을 할 수 있지만, 정관을 변경하여 설립절차를 계속할 수도 있다.

(5) 현물출자의 검사

이사는 취임 후 현물출자에 관하여 조사하기 위해 법원에 검사인의 선임을 청구하여야 한다(법 298 ④). 그러나, 위와 같은 절차는 번거롭기 때문에 ① 검사인의 조사를 공인된 감정인의 감정으로 대체할 수 있으며(법 299의2), ② 현물출자의 규모가 작거나 그 재산의 시장가격이 존재하는 경우 등에는 검사인의 조사가 면제된다(법 299 ②).

(6) 현물출자의 부당평가

현물출자가 부당하게 과대평가된 경우에는 현물출자에 관한 조사절차에서 시정될 수 있다. 그러나 시정이 되지 않은 상태로 회사 설립등기가 된 경우,[23] 그 효력은 어떠한가? 경우를 나누어, 부당평가의 정도가 경미하다면 발기인(∵설립절차담당)과 임원(∵설립경과조사)을 상대로 손해배상을 구하거나 해당 현물출자를 한 주주가 추가납입을 하는 등의 방법으로 해결할 수 있을 것이다(법 322, 323).[24] 그러나 부당평가의 정도가 커서 보완하기 어렵다면 현물출자 자체를 무효로 보아야 한다. 현물출자 그 자체가 무효라면 그 무효가 회사의 성립에 어떤 영향을 미치는지 다시 문제되는데, 이에 관하여는 후술한다.

---

22) 이를 출자전환이라고 한다. 이를 금지하였던 구 상법 제334조를 2011년 개정시에 삭제하였다. 신주발행시에는 구 상법 제421조 제2항을 개정하여 허용하는 것으로 변경하였다.

23) 설립등기를 하기 전 단계인 '현물출자의 이행'의 문제와 구별하여야 한다.

24) 이철송, 「회사법강의」, 제32판, 박영사, 2024, 250면.

다. 재산인수

(1) 의 의

재산인수는 발기인이 회사 성립 전 단계인 설립중의 회사를 대표하여 회사성립 후 일정한 재산을 회사가 양수하기로 약정하는 것을 말한다.[25] 성립 후 회사는 이 약정에 의해 그 재산을 양수할 의무를 부담한다.

A는 100만원인 토지를 과대평가 받아 설립 중인 B 주식회사에 200만원에 현물출자하여 발행가 1만원인 주식 200주를 인수하고자 한다. 그런데, 현물출자 절차를 밟게 되면 변태설립사항으로서 원칙적으로 검사인의 조사절차를 거쳐야 한다. 따라서 A는 일단 은행에서 200만원을 대출받아서 주식 200주를 인수하고 발기인은 B 주식회사가 납입대금 200만원으로 A의 토지를 재산인수하기로 합의를 하는 것이다. 그 후 A가 토지 매매대금으로 받은 200만원으로 대출금을 갚아 버리면 결국 100만원짜리 토지를 현물출자하여 주식 200주를 인수하는 결과가 된다. 재산인수를 활용하면 결과적으로 현물출자의 효과를 누리면서도 현물출자에 관한 규제를 회피할 수 있는 것이다.

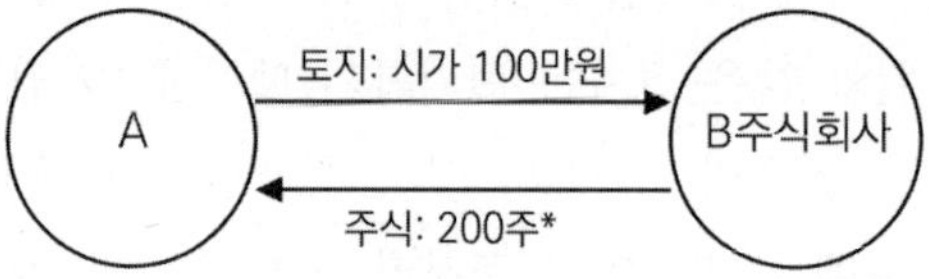

현물출자

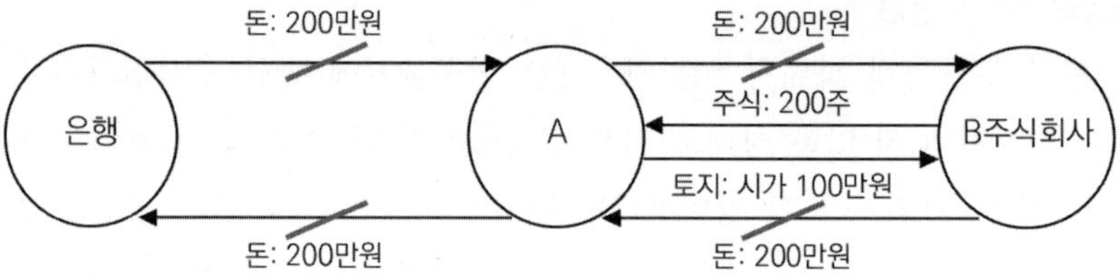

재산인수

* 1주당 발행가 1만원
** 토지매수의 합의는 성립 전, 이행은 성립 후

---

25) 대법원 1994. 5. 13. 선고 94다323 판결: 「상법 제290조 제3호 소정의 "회사 성립 후에 양수할 것을 약정"한다함은 회사의 변태설립의 일종인 재산인수로서 발기인이 설립될 회사를 위하여 회사의 성립을 조건으로 다른 발기인이나 주식인수인 또는 제3자로부터 일정한 재산을 매매의 형식으로 양수할 것을 약정하는 계약을 의미하므로, 당사자 사이에 회사를 설립하기로 합의하면서 그 일방은 일정한 재산을 현물로 출자하고, 타방은 현금을 출자하되, 현물출자에 따른 번잡함을 피하기 위하여 회사의 성립 후 회사와 현물출자자 사이의 매매계약에 의한 방법에 의하여 위 현물출자를 완성하기로 약정하고 그 후 회사설립을 위한 소정의 절차를 거쳐 위 약정에 따른 현물출자가 이루어진 것이라면, 위 현물출자를 위한 약정은 그대로 위 법조가 규정하는 재산인수에 해당한다고 할 것이어서 정관에 기재되지 아니하는 한 무효이다.」

따라서 재산인수도 현물출자와 나란히 변태설립사항으로 규제한다.[26)]

재산인수는 변태설립사항으로서 그 재산의 종류, 수량, 가격과 그 양도인의 성명을 정관에 기재하여야 하고 검사인의 조사절차 또는 공인된 감정인의 감정을 받아야 한다(법 299의2, 310 ③). 다만 일정한 경우 조사가 면제되는 것은 현물출자의 경우와 같다(법 299 ②).

한편, 상법에서 회사 성립 전에 계약으로 회사 성립 후에 재산을 인수하기로 하는 것을 재산인수로 규제하자, 회사 성립 전에는 A와 발기인이 아무런 약속도 하지 않다가 회사가 성립된 직후에 회사가 위 토지를 200만원에 양수하는 것으로 합의할 수 있다. 이를 규제하지 않는다면 현물출자와 재산인수를 규제한 것이 무력화된다.

따라서 상법은 이를 사후설립으로 규정하고 있다(법 375, 374). 사후설립은 회사의 성립 이후의 문제이므로 구체적인 내용은 뒤에서 다시 배운다.[27)] 따라서 이 단계에서는 우선 사후설립에 관한 조문만 확인하여 두면 족하다. 사후설립은 특별결의사항이다. 특별결의의 요건은 상법 제434조에 규정되어 있는데, 출석주식의 2/3, 발행주식총수의 1/3 '이상'[28)]의 찬성에 의한다. 예컨대, 발행주식총수가 90주라고 할 때, 출석한 주식이 60주이고 그중 2/3인 40주 이상이 찬성하였다면 발행주식총수의 1/3 요건도 충족하므로 가결된 것이지만, 출석한 주식이 20주이고 전원이 찬성한 경우는 발행주식총수의 1/3 요건을 충족하지 못하므로 부결된다.

〈현물출자, 재산인수, 사후설립의 차이〉

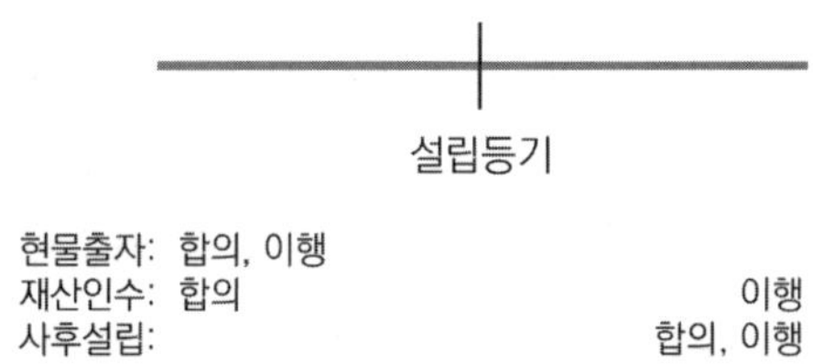

(2) 당사자·목적

재산인수에서의 양도인에는 제한이 없다. 인수계약은 발기인이 설립중의 회사를 대표하여 체결한다. 설립 후에 대표이사가 체결하였거나 회사 성립 전이라도 발기인이 아니고 이사·대표이사가 체결하였다면 이는 재산인수가 아니다.[29)] 목적물은 현물출자와 같다.

---

26) 현물출자는 단체법상의 행위이지만 재산인수는 개인법상의 행위라는 점이 다르다.

27) 한편 재산인수는 양수계약이 설립 단계에서 발기인에 의하여 이루어진다는 점에서, 회사설립 이후 대표이사에 의하여 이루어지는 사후설립과 다르다.

28) 과반수는 반수를 넘어선다는 것이므로 1/2 초과의 의미를 갖는다는 점에서 '이상'과는 차이가 있다.

29) 대법원 1989. 2. 14. 선고 87다카1128 판결.

(3) 재산인수의 효력

재산인수는 정관에 기재되어야 효력이 있고 성립 후의 회사가 계약상의 지위를 취득한다. 정관에 기재되지 않은 채 이루어진 재산인수는 무효이다.[30] 판례는 재산인수에 하자가 있는 경우 회사뿐만 아니라 재산인수계약의 거래상대방도 그 무효를 주장할 수 있다고 한다.[31]

(4) 무효인 재산인수의 추인

성립 후의 회사는 무효인 재산인수를 추인할 수 있는지가 문제된다.[32] 추인긍정설은 정관에 규정없이 한 재산인수를 발기인의 무권대리행위로서 민법 제130조 이하의 규정에 따라 추인할 수 있다고 보고, 성립 후의 회사는 사후설립에 준하여 특별결의로써 추인할 수 있으며 추인 후에는 상대방도 무효를 주장할 수 없다는 입장이다.

추인부정설은 추인긍정설과 같이 해석할 경우 실정법상의 근거가 없을 뿐 아니라, 재산인수계약을 변태설립사항으로 규정한 상법 제290조의 취지를 무의미하게 하므로 찬성하기 어렵다고 본다. 추인부정설이 다수설이다.

판례는 위법한 재산인수가 사후설립의 요건을 구비한 경우에는 주주총회 특별결의에 의해 추인할 수 있다고 본다.[33]

라. 설립비용

(1) 의 의

설립비용이란 회사설립절차의 실행을 위하여 지출되는 비용이다. 예컨대, 사무실의 임대료, 통신비, 정관·주식청약서 등의 인쇄비, 주주모집을 위한 광고비, 사용인의 보수, 금융비용 등이 그 예이다. 성립 후의 회사사업상 필요한 공장·건물·집기 등의 구입비는 개업준비비용으로서 설립비용에는 포함되지 않는다(통설).

설립비용은 앞서 본 발기인의 권한범위에 관한 도식 중 아래 음영 부분에 관하여 지출한 비용에 해당한다.

---

30) 대법원 1994. 5. 13. 선고 94다323 판결.
31) 대법원 2015. 3. 20. 선고 2013다88829 판결.
32) 이 문제는 앞서 본 발기인의 권한범위와 연관지어 다시 한번 생각해 보자. 특히 재산인수의 법조문을 읽어 보면서 재산인수가 개업준비행위의 성격을 가진다는 점을 확인하여 보자.
33) 대법원 1992. 9. 14. 선고 91다33087. 다만 판례의 사안은 회사 설립등기 전후로 재산을 양도하는 합의가 중복하여 존재하였던 사건이었다. 즉, 재산인수도 있고 사후설립도 있었던 것으로 볼 수 있는 사안이다. 따라서 판례의 판시를 일반화하기는 어렵다.

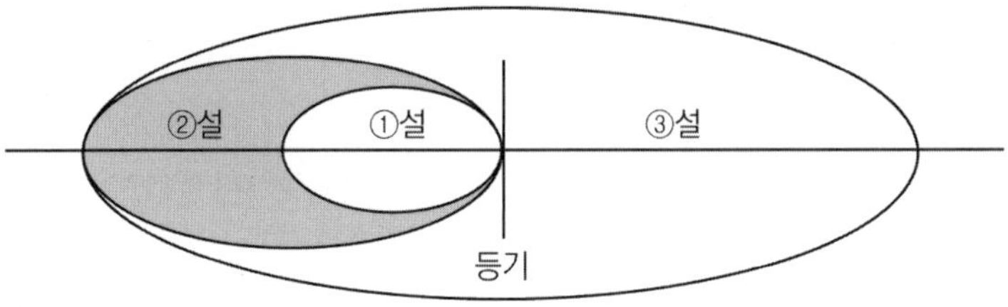

(2) 내부관계

설립비용은 변태설립사항이므로 정관에 기재된 범위에서 설립 후의 회사가 부담한다. 정관에 기재하지 않고 지출한 설립비용은 부당이득이나 사무관리 규정에 의해서도 성립 후의 회사에 대하여 구상할 수 없고 발기인 개인(또는 발기인조합)이 부담하여야 한다.

(3) 외부관계

① 회사의 성립 이전에 설립비용을 지급하여야 하는 경우

발기인이 설립비용을 체당(替當)한 후 정관에 기재된 설립비용에 한하여 회사에 구상한다. 즉, 외부관계에서는 발기인이 비용에 관한 채무를 이행한다.

② 회사의 성립 이후에 설립비용을 지급하여야 하는 경우

이것이 문제가 되는 것은 변태설립사항으로 정관에 규정한 설립비용은 대내적 문제이고 대외적으로는 효력이 없기 때문이다. 예를 들어 설립비용 2,000만원을 변태설립사항으로 등기하였는데 실제로 발기인이 설립비용으로 부담한 채무가 시간순서대로 A에 대하여 1,500만원, B에 대하여 1,500만원이라고 가정하여 보자. 이 경우 채무의 총액이 2,000만원을 초과하므로 내부관계에서는 성립 후의 회사가 그중에서 2,000만원 한도에서만 채무를 부담한다. 그러나 외부관계에서는 누가 A, B에 대하여 채무를 부담하여야 할 것인지가 문제되는 것이다. 채권자인 A, B의 입장에서는 자신의 채무가 2,000만원 내에 속하는지 여부를 분명하게 알 수 없기 때문에 일단 회사에 대하여 전액을 청구할 수 있도록 해야 하는 것은 아닌가 하는 생각이 있을 수 있고, 반대로 일단 발기인(또는 발기인 조합)에 대하여 전액을 청구할 수 있도록 하여야 한다는 견해도 있을 수 있으며 양자를 절충하는 견해도 있을 수 있다.

㉮ 전액발기인부담설

본래 설립비용의 지출은 설립중인 회사의 기관인 발기인의 권한에 속하지 않으므로 일단 발기인이 제3자에 대하여 설립비용에 관한 채무를 이행하여야 하며 다만 상법 제290조 제4호가 있으므로 정관에 기재된 부분에 한하여 회사에게 구상할 수 있다는 견해이다(발기인의 권한범위에 관하여 가장 좁게 보는 ①의 입장).

㉯ 전액회사부담설

회사설립에 필요한 법률상, 경제상의 행위는 모두 발기인의 권한에 속한다는 전제하에(발기인의 권한 범위에 관한 ②, ③설), 회사가 제3자에 대하여 의무를 부담한다고 본다. 따라서 거래상대방은 회사에게 설립비용을 전액 청구할 수 있고, 회사는 그중 정관에 기재되지 않은 부분은 다시 발기인에게 구상할 수 있게 된다. 판례가 이 입장이다.[34]

마. 발기인의 보수

발기인이 설립사무를 위하여 제공한 노무의 대가를 말한다. 발기인이 받을 특별이익(법 290 I)과는 다르다.

제 7 편 자본과 기관의 구성

Ⅰ. 주식발행사항의 결정

회사가 설립시에 발행하는 주식에 관하여 정관 또는 발기인 전원의 동의로[35] ① 주식의 종류와 수(법 291 I), ② 액면주식의 경우 액면 이상의 주식을 발행하는 때에는 그 수와 금액(법 291 II), ③ 무액면주식의 경우 발행가액과 자본금으로 계상하는 금액 등 주식발행사항을 정하여야 한다. 주식발행사항에 관하여 발기인 전원의 동의가 없으면 회사설립의 무효사유가 된다(통설).

Ⅱ. 발기설립

1. 발기인의 주식인수

발기설립에서 발기인은 적어도 1주 이상의 주식을 인수할 의무를 부담한다(법 293). 발기설립은 발기인들만으로 주주를 구성하는 설립방법이므로 발기인들이 설립시에 발행할 주식의 총수를 인수하여야 한다(법 295 ①).[36] 발기인이 여러 명인 경우 발기인 전원의 합의에

---

34) 대법원 1994. 3. 28. 자 93마1916 결정.

35) 설립 후 신주발행의 경우에는 상법 제416조에 따라 이사회의 다수결로 주식발행사항을 결정할 수 있으나, 설립시에는 재산적 기초를 형성하는 첫 단계라는 중요성에 비추어 발기인 전원의 동의를 얻도록 한 것이다. 이철송, 앞의 책, 256면.

36) 모집설립의 절차를 취하였으나 발기인이 주식모집 전에 주식의 대부분을 인수하고 형식상 일반 공중으로

의해 인수할 주식의 수를 정한다.[37] 발기인의 주식인수는 서면으로 한다(법 293).

2. 출자의 이행

가. 금전출자

발기인이 설립시에 발행하는 주식의 총수를 인수한 때에는 지체없이 각 주식에 관하여 그 인수가액의 전액을 지정한 은행 그 밖의 금융기관에 납입하여야 한다(법 295 ①. 전액납입주의).[38] 모집주주가 주식인수가액을 납입하지 않을 때에는 실권절차가 적용되지만 발기인의 경우에는 실권절차가 적용되지 않는다. 따라서 다른 발기인이 대신 인수할 수는 없고, 납입을 하지 않은 발기인에 대하여 이행을 구하거나 발기인 전원의 동의로 정관을 변경하여 해당 발기인을 제외하고 다시 설립절차를 진행하여야 한다.

만일 발기인이 납입을 하지 않은 사실이 드러나지 않은 상태에서 설립등기가 되었다면 어떻게 처리할 것인지에 관하여는 상법에 규정이 없고 학설에 맡겨져 있다. 납입을 불이행한 부분의 비중이 중요하지 않다면 발기인 전원이 연대하여 납입담보책임을 지는 것으로 처리하고(법 321 ②) 그렇지 않다면 설립무효의 사유가 된다고 해석할 수밖에 없을 것이다.[39]

나. 현물출자

발기인은 납입기일에 지체없이 현물출자의 목적물인 재산을 인도하고 재산의 유형에 따라 권리이전절차를 마쳐야 한다. 현물출자된 재산은 설립중의 회사의 소유가 되고 회사가 성립하면 특별한 이전절차 없이 성립한 회사의 재산이 된다. 다만, 상법은 특칙으로 등기, 등록 그 밖에 권리의 설정 또는 이전을 필요로 하는 경우 필요한 서류를 완비하여 '교부'하기만 하면 현물출자를 이행한 것으로 규정하고 있다(법 295 ②). 따라서 설립중의 회사 명의로 등기, 등록을 할 필요는 없다.[40]

현물출자가 이행되지 않을 경우에는 어떻게 처리할 것인지에 관하여도 규정이 없다. 현물출자를 이행하지 않은 경우 현물출자의 대상인 재산은 대체될 수 없으므로 금전의 납입으로 대신할 수 없다. 따라서, 강제집행 등을 통하여 재산의 이전이 이루어지지 않는다면

부터 주식을 모집하면서 타인의 명의를 모용하여 주식을 인수하였다면 발기설립으로 취급하여야 한다. 대법원 1992. 2. 14. 선고 91다31494 판결.

37) 발기인의 주식인수의 법적 성질은 합동행위로 보는 것이 통설이다.

38) 이때 납입금보관자는 납입금보관증명을 발급해 주는데 이 증명이 있어야 설립등기를 할 수 있다. 자본금총액이 10억원 미만인 회사를 발기설립하는 경우에는 납입금보관증명서를 은행이나 그 밖의 금융기관의 잔고증명서로 대체할 수 있다(법 318 ③).

39) 이철송, 앞의 책, 257면.

40) 절차의 번잡을 피하고 등기, 등록비용의 중복 지출을 피하기 위한 규정이다.

회사가 성립할 수 없다. 따라서 설립절차를 계속하려면 발기인 전원의 동의로 정관을 변경하여 현물출자 부분을 없는 것으로 할 수밖에 없다.

3. 이사와 감사의 선임

발기인이 인수한 주식에 대하여 출자가 이행되면 발기인은 지체없이 의결권의 과반수로 이사와 감사를 선임하여야 한다(법 296 ①). 발기인의 의결권은 그 인수주식 1주에 대하여 1개로 한다(법 296 ②). 발기인도 이사나 감사가 되는 데에는 제한이 없다.[41] 대표이사도 이사 중에서 선임한다.

4. 발기인총회

이사와 감사는 취임 후 지체없이 회사의 설립에 관한 모든 사항이 법령 또는 정관의 규정에 위반되지 않는지 여부를 조사하여 발기인에게 보고하여야 한다(법 298 ①). 조사결과 설립에 관해 법령 또는 정관에 위반한 사항이 있을 경우에는 이를 시정하여 설립절차를 속행할 수 있고 그 위반사항이 시정될 수 없는 것이라면 회사는 불성립한다.

5. 변태설립사항의 조사

가. 검사인의 선임

이사는 변태설립사항이 있는 경우 그 조사를 위한 검사인의 선임을 법원에 청구하여야 한다(법 298 ④ 본문).

나. 검사인의 조사·보고

검사인은 변태설립사항(법 290)과 현물출자의 이행에 관한 사항(법 295)을 조사하여 법원에 보고하여야 한다(법 299 ①). 다만 조사 및 보고가 면제되는 경우가 있고(법 299 ②) 공증인의 검사·보고 또는 공인된 감정인의 감정으로 갈음할 수 있는 경우가 있다(법 299의2).[42]

다. 법원의 변경처분

법원은 검사인 또는 공증인의 조사보고서나 감정인의 감정결과와 발기인의 설명서를 심사하여 변태설립사항이 부당하다고 인정되는 때에는 이를 변경하여 각 발기인에게 통고할 수 있다. 예컨대, 현물출자한 토지를 200만원으로 하여 1만원 주식 200주를 배정한 것에

---

41) 이 발기인의 결의는 모집설립에서의 창립총회에 해당되는 것이다.

42) 법원의 구체적인 처리방법은 재판예규인 「검사인의 조사보고서 등 처리요령(재민 99－3)」에 규정되어 있다.

대하여 법원에서 토지가 실제로는 100만원 가치인데 과대평가되어 있다고 판단하고 100주만을 배정할 수도 있는 것이다. 이 변경처분에 불복하는 발기인은 그 주식의 인수를 취소할 수 있고 이 경우 정관을 변경하여 설립절차를 속행할 수 있다. 법원의 통고처분이 있은 후 2주 내에 주식의 인수를 취소한 발기인이 없는 때에는 정관이 통고처분대로 변경된 것으로 본다(법 300 ②, ③).

Ⅲ. 모집설립

모집설립의 경우 발기설립과 달리 발기인이 발행주식총수를 인수하지 않고 모집주주를 주주로 모집하는 형태이다. 모집주주는 발기인과 달리 설립과정을 주관하는 위치에 있지 않으므로 주식청약서 제도 등과 같이 모집주주를 보호할 수 있는 장치를 두고 있다.

1. 발기인의 주식인수

모집설립의 경우에도 발기인은 반드시 주식을 인수하여야 한다(법 293).

2. 주주의 모집

모집주주는 발기인이 인수하고 남은 주식을 인수한다. 대부분의 회사는 설립시에 소수의 투자자를 사적인 교섭으로 모집하는 사모(私募)방식을 이용한다. 만일 불특정다수인을 상대로 공모(公募)하려면 자본시장법에 따른 별도의 절차를 밟아야 한다(자본시장법 119 이하).

3. 주식의 인수

가. 법적 성질

모집주주가 청약을 하면 발기인은 배정을 함으로써 주식의 인수가 행해지는데 그 법적 성질은 설립중의 회사에 대한 입사계약이다(통설, 판례[43]).

나. 청 약

모집주주는 주식인수인으로서 인수의 청약을 한다(법 302 ①). 설립중의 회사는 청약의 유인을 할 뿐이다. 청약은 구속력이 있지만 청약의 유인은 구속력이 없다. 청약은 모집주주가 주식청약서 2통에 인수할 주식의 종류 및 수와 주소를 기재하고 기명날인 또는 서명함으로써 한다(법 302 ①). 청약은 요식행위이므로 위 방식을 따르지 않으면 무효이다(주식청

43) 대법원 2004. 2. 13. 선고 2002두7005 판결.

약서주의). 주식청약서에는 정관의 절대적 기재사항, 변태설립사항, 각 발기인이 인수한 주식의 종류와 수, 설립 당시 결정된 주식발행사항, 주식의 양도 제한, 상환주식에 관한 사항 등을 기재하도록 하고 있다. 모집주주를 보호하기 위하여 주식청약서를 통해 중요한 정보를 제공하도록 하는 것이다.

다. 배 정

발기인은 주식인수의 청약에 관하여 배정을 행한다(법 303).[44] 배정은 민법상의 승낙에 해당한다.[45] 발기인은 청약에 관하여 어떠한 구속도 받지 않고 임의로 배정할 수 있다(배정자유의 원칙). 발기인은 모집주주의 이행능력이나 주주 간의 지분비율 등을 고려하여 배정할 필요가 있기 때문이다.[46]

라. 주식인수의 무효·취소

주식인수는 청약이란 의사표시와 배정(승낙)이란 의사표시로 이루어지는 법률행위이므로 원칙적으로 법률행위와 의사표시의 하자에 관한 규정이 적용된다. 예컨대, 주식인수인이 미성년자인데 법정대리인의 동의가 없었다면 법정대리인은 인수를 취소할 수 있다. 그러나 주식의 인수에는 다수인이 관여하기 때문에 의사표시를 한 자만을 보호할 수 없으므로 상법은 두 가지 특칙을 두고 있다.

(1) 비진의표시의 특례

민법 제107조 제1항은 "의사표시는 표의자가 진의아님을 알고 한 것이라도 그 효력이 있다.그러나 상대방이 표의자의 진의아님을 알았거나 이를 알 수 있었을 경우에는 무효로 한다."라고 규정하고 있다. 그러나 주식인수의 청약에 관하여는 그 단서의 적용이 배제된다(법 302 ③). 따라서 주식인수인의 청약이 비진의표시였고, 발기인이 그 사실을 알았거나 알 수 있었더라도 하더라도 그 청약은 유효하다.

(2) 무효·취소 주장시기의 제한

주식인수인은 회사성립 후 또는 창립총회에 출석하여 권리를 행사한 후에는 주식인수인은 ① 주식청약서의 요건의 결함을 이유로 하여 인수의 무효를 주장하거나 ② 사기·강박 또는 착오를 이유로 하여 인수를 취소하지 못한다(법 320). 회사성립 후 또는 주식인수인이 창립총회에 출석하여 권리를 행사한 후라도 위 사유를 제외한 그 밖의 무효·취소주장에는

44) 발기인은 설립중의 회사의 기관으로서 배정하는 것이다.
45) 대법원 2004. 2. 13. 선고 2002두7005 판결.
46) 이철송, 앞의 책, 263면.

제한이 없다.

4. 주식인수의 하자가 회사설립에 미치는 영향

주식회사의 경우 주식인수가 무효·취소되면 발기인이 인수담보책임(법 321 ①)을 지게 되며 회사설립의 효력에는 원칙적으로 영향을 주지 않는다. 주식회사에서는 구체적으로 출자를 이행하여 재산적 기초를 확보하는 것만이 중요하고 주주 개개인의 인적 특성은 의미가 없기 때문이다. 따라서 인적회사와는 달리 주주와 관련된 하자(주관적 하자)는 설립의 효력에 영향을 미치지 않는다.[47)]

5. 출자의 이행

가. 납입의무의 이행

주식인수인은 배정된 주식의 수에 따라 인수가액을 납입할 의무를 부담하고, 발기인은 주식의 총수가 인수된 때에는 지체없이 주식인수인에 대하여 각 주식에 대한 인수가액의 전액을 납입시켜야 한다(법 303, 305 ①).[48)] 주금은 은행 등의 금융기관에서만 납입할 수 있다. 주금납입이 부실하게 되는 것을 막기 위한 것이다.[49)] 납입금보관자는 회사가 성립한 후에 납입금을 회사에 반환하여야 한다.

나. 가장납입

주금을 실제 납입하지 않고 납입된 것으로 가장하고 설립등기를 마치는 것을 가장납입이라고 한다. 가장납입에는 두 가지 유형이 있다.

(1) 예합(預合)

납입금보관자가 발기인들과 통모하여 납입금이 없거나 부족함에도 발기인에게 납입금보관증명을 발급하여 발기인이 이를 가지고 설립등기를 마치는 경우이다. 이 경우 납입금보관자는 증명한 보관금액에 관하여는 납입 사실이 없거나 그 반환에 제한이 있다는 이유를 들어 회사에 대항할 수 없다(법 318 ②).

---

47) 즉, 인적회사와 달리 당초 사원이 되려고 하였던 자가 반드시 사원이 되어야 할 필요가 없다. 그러나 예외적으로 주식인수의 하자가 커서 발기인이 인수담보책임을 지기 어려운 규모라면 설립무효사유가 될 수 있다. 이철송, 앞의 책, 265면.

48) 현물출자에 관한 상법 제299조가 준용되지 않는 것은 입법의 오류이다.

49) 그러므로 발기인은 납입금보관자를 정하여 이를 주식청약서에 기재해야 한다(법 302 ① IX). 납입금을 보관하는 은행 등의 금융기관은 발기인 또는 이사의 청구가 있는 때에는 그 보관금액에 관한 증명서를 교부하여야 하는데(법 318 ①), 이 증명서는 설립등기시에 첨부되어야 한다.

(2) 견금(見金)

발기인이 타인으로부터 돈을 차입하여 납입금으로 내고 납입금 보관자로부터 납입금 보관증명을 받아 설립등기를 마친 후 납입금 보관자로부터 인출하여 돈을 빌린 타인에게 변제하는 방법이다. 견금에 의한 가장납입과 관련하여 다음의 쟁점이 있다.

① 회사설립의 효력

견금에 의한 설립은 형식상으로는 주금의 납입이 있으나 실질적으로는 출자가 이루어지지 않은 것과 다를 바 없기 때문에 대체로 회사설립은 무효라고 해석한다. 반면, 판례는 진실한 납입의사의 유무는 주관적인 것으로서 실제로 돈의 이동에 따라 현실적으로 납입이 이루어졌기 때문에 유효라고 한다.[50]

② 견금설립을 주도한 발기인 및 주주의 책임

판례는 견금설립이 발기인과 이사들의 공동불법행위로 이루어진 경우 이들이 연대하여 회사에 대하여 손해배상책임을 진다고 한다.[51] 발기인과 이사 각자의 행위가 상법상의 책임요건을 충족하면 그에 따른 손해배상책임도 성립할 수 있다(법 322, 399). 또한 판례는 견금설립의 경우 회사가 제3자로부터 자금을 일시 차입하여 주주들의 주금을 체당납입한 것과 같이 볼 수 있으므로 주금납입이 종료된 후에도 주주가 회사에 대하여 주금을 상환할 의무가 있다고 본다.[52]

③ 견금설립에 관여한 발기인, 이사 등의 형사책임

실제로 문제가 많이 되는 것은 가장납입에 관여한 발기인이나 이사의 형사책임에 관한 것이다. 과거의 판례는 가장납입 후 설립등기나 증자등기 후 바로 인출하여 차용금 변제에 사용하는 경우 실질적인 납입이 없었기 때문에 납입가장죄(법 628)의 성립을 인정하면서도 동시에 형식적으로 주금으로 납입되어 회사의 재산을 구성한다는 점에서 횡령죄를 함께 인정하였다. 그러나, 납입가장죄는 납입이 없었음을 전제로 하고 횡령죄는 반대로 납입이 있었음을 전제로 하기 때문에 두 죄가 동시에 성립하는 것은 모순이다. 따라서 판례는 납입가장죄가 인정되는 한 횡령죄는 인정되지 않는다는 것으로 입장을 바꾸었다.[53] 그렇다면 납입가장죄와 횡령죄 중에서 어느 것이 인정되는가? 견금설립으로 인한 회사설립이 유효하다고 본다는 것은 납입이 유효하게 있었던 것으로 본다는 것이므로 일시 차입금의 상환은 납

---

50) 대법원 1985. 1. 29. 선고 84다카1823·1824 판결.
51) 대법원 1989. 9. 12. 선고 89누916 판결.
52) 대법원 2004. 3. 26. 선고 2002다29138 판결.
53) 대법원 2004. 6. 17. 선고 2003도7645 전원합의체 판결.

입가장죄가 아니라 횡령죄에 해당한다고 보는 것이 타당할 것으로 생각되지만 판례는 횡령죄가 아닌 가장납입죄가 성립한다는 입장이다.[54] 대법원이 견금설립의 효력을 인정하는 것은 법정책적인 차원에서 회사설립의 무효로 인한 법률관계의 혼란을 방지하기 위한 것이므로 그 이외의 영역에서는 가장납입을 있는 그대로 인정하는 것이라고 이해할 수 있다.

다. 납입불이행의 효과: 실권절차

주식인수인이 주금을 납입하지 않고 있을 때에는 소송으로 그 이행을 구할 수도 있으나 그렇게 할 경우 회사설립이 지체된다. 따라서 상법은 설립중의 회사가 신주인수인의 지위를 박탈하고 새로 인수인을 구하는 실권절차를 밟을 수 있도록 규정한다(법 307 ①, ②, ③). 실권절차란 일정한 기일을 정하여 실권예고부 최고를 하고, 이러한 최고에도 불구하고 주식인수인이 정하여진 기일 내에 납입을 하지 않는 경우에는 주식인수인으로서의 권리를 잃게 되는 것을 말한다. 실권된 주식에 대하여는 발기인이 다시 모집을 할 수도 있고(법 307 ②) 스스로 직접 인수할 수도 있다. 주의할 점은 이 경우 계약의 해제절차에 의하지 않는다는 것이다. 현물출자자에 대하여는 그 특수성(대체불가능성) 때문에 실권절차를 취할 수 없다는 견해가 통설이다. 따라서 설립중의 회사는 소송으로 그 이행을 구하거나 정관을 변경하여 설립절차를 속행할 수밖에 없다.

6. 창립총회

인수된 주식의 납입과 현물출자의 이행을 완료한 때에는 발기인은 지체없이 창립총회를 소집하여야 한다(법 308 ①). 창립총회는 주식인수인으로 구성된 설립중의 회사의 의결기관으로서 주주총회의 전신이다. 따라서 주주총회에 관한 규정을 준용한다(법 308 ②). 다만, 상법 제309조에 결의요건에 관한 특례가 규정되어 있는데 이는 발기인의 영향력이 과도하게 되는 것을 막기 위한 것이다. 창립총회에서는 ① 발기인에 의한 설립경과의 서면 보고(법 311 ①), ② 이사와 감사의 선임(법 312), ③ 이사 및 감사에 의한 설립경과 조사 및 창립총회 보고(법 313 ①) 등이 이루어진다. 특히 변태설립사항이 있을 때에는 발기인은 그 조사를 위하여 법원에 검사인의 선임을 청구해야 하고 검사인의 보고서를 창립총회에 제출하여야 한다(법 310 ①, ②). 이는 공증인, 감정인의 조사로 갈음할 수 있다(법 310 ③). 창립총회에서는 소집통지서에 그 뜻의 기재가 없는 경우에도 정관의 변경 또는 설립의 폐지를 결의할 수 있다(법 316 ①, ②).

---

54) 대법원 2004. 6. 17. 선고 2003도7645 전원합의체 판결.

7. 변경처분

창립총회는 변태설립사항이 부당하다고 인정되면 이를 변경할 수 있다(법 314 ①). 발기설립의 경우에는 법원에 제출하고 법원이 변경하는 것과 차이가 있다.

제 8 편 설립등기

설립등기를 하면 설립중의 회사는 법인격을 가진 회사로 성립한다(법 172). 성립한 회사는 설립중의 회사가 취득한 권리의무를 승계한다. 발기인과 모집주주는 설립등기와 동시에 주주가 된다.

제 9 편 설립에 관한 책임: 발기인의 책임

Ⅰ. 회사성립의 경우

1. 회사에 대한 책임

가. 자본충실책임

발기인은 주식회사 설립시에 발행하는 주식에 관해 인수담보책임과 납입담보책임을 진다. 발기인은 주식을 인수하는 단계에서의 하자에 관하여는 인수담보책임을, 인수대금을 납입하는 단계에서의 하자에 관하여는 납입담보책임을 진다. 자본충실책임은 주식회사에 대하여 설립등기가 적법하게 이루어졌음을 전제로 한다.

(1) 인수담보책임

실제로 특정 주식에 관하여 인수가 되지 않았거나 주식인수인이 제한능력자이거나 의사무능력 등에 해당하여 인수행위가 무효·취소된 경우에 인수담보책임이 발생한다. 발기인은 인수담보책임에 따라 해당 주식을 공동으로 인수한 것으로 본다(법 321 ①).

(2) 납입담보책임

주식의 인수행위 자체에는 하자가 없지만 납입이 되지 않은 경우(예컨대, 예합)에는 납입담보책임이 문제된다. 이 경우 발기인은 연대하여 인수대금을 납입하여야 한다(법 321 ②). 발기인이 인수담보책임을 이행하면 주주가 되지만 납입담보책임을 이행한 경우에는 타인의 채무를 이행한 것에 불과하므로 주주가 되는 것은 아니고 주식인수인에게 구상권을 가질 뿐이다.

현물출자가 무효인 경우가 문제인데 현물출자는 대체불가능하다는 점을 들어 발기인의 납입담보책임을 부정하고 설립무효사유가 된다는 견해, 현물출자의 목적재산이 목적사업 수행에 불가결한 것이면 설립무효사유이고 그렇지 않으면 발기인이 금전으로 납입담보책임을 부담할 수 있다고 보는 견해, 현물출자가 대체가능한 경우에는 발기인이 금전으로 납입담보책임을 부담한다는 견해 등이 있다.

나. 손해배상책임

발기인이 회사의 설립에 관하여 그 임무를 해태한 때에는 그 발기인은 회사에 대하여 연대하여 손해를 배상할 책임이 있다(법 322 ①). 상법이 인정하는 특수한 손해배상책임이다(통설).

2. 제3자에 대한 책임

발기인이 회사의 설립에 관하여 고의 또는 중대한 과실로 인하여 그 임무를 해태한 때에는 그 발기인은 제3자에 대하여도 연대하여 손해를 배상할 책임이 있다(법 322 ②).

II. 회사불성립의 경우

회사가 성립하지 못한 경우에는 발기인은 그 설립에 관한 행위에 대하여 연대하여 책임을 지며(법 326 ①), 회사설립에 관하여 지급한 비용은 발기인이 부담한다(법 326 ②). 위 규정을 반대해석하면 주식인수인(모집주주)은 설립중의 회사의 채무에 대해 출자자로서 책임을 지지 않는다는 결론에 이르게 된다.[55)]

제10편 설립의 무효

I. 원 인

설립절차에 하자가 있는데도 불구하고 설립등기가 되었다면 설립의 효력을 어떻게 볼 것인가? 상법은 설립무효의 소에 의해 주식회사 설립의 효력을 다투도록 하고 있다(법

55) 이철송, 앞의 책, 280면.

328). 그러나 설립시 사원에 관한 하자는 발기인의 인수·납입담보책임에 의하여 규율되므로 주관적 하자는 설립무효의 원인이 되지 않는 것이 원칙이다.[56] 따라서 설립절차에 관한 객관적 하자를 원인으로 하는 설립무효만이 문제될 수 있다. 객관적 하자의 구체적인 예로는 설립목적이 사회질서에 반하는 경우, 정관의 절대적 기재사항이 누락된 경우 등을 들 수 있다.[57]

II. 원고적격 및제소기간

주주·이사 또는 감사에 한하여 회사성립의 날로부터 2년의 제척기간 내에 회사를 피고로 하여 소로써만 설립무효를 주장할 수 있다(법 328 ①). 남소를 방지하기 위하여 제소기간과 제소권자를 제한하고 있다.

III. 소의 절차

소의 절차에 관하여는 합명회사설립무효의 소에 관한 규정이 준용된다(법 328 ②). 소의 성질은 형성의 소이고 소가 제기된 때에는 회사는 지체없이 이를 공고하여야 한다(법 328 ②, 187). 설립무효의 소는 회사의 본점소재지의 지방법원의 관할에 전속하고(법 328 ②, 186), 법원은 수 개의 소가 제기된 때에는 이를 병합심리하여야 한다(법 328 ②, 188). 심리중에 원인이 된 하자가 보완되고 회사의 현황과 제반사정을 참작하여 설립을 무효로 하는 것이 오히려 부적당하다고 인정될 때에는 법원은 그 청구를 기각할 수도 있다(재량기각. 328 ②, 189).

IV. 판결의 효과

1. 원고가 승소한 경우

원고가 승소하여 설립무효의 판결이 확정되면 그 판결의 효력은 당사자 이외의 제3자에게도 획일적으로 미치고(법 328 ②, 190 본문, 대세적 효력) 소급효가 없다(불소급효). 판결

56) 다만 설립시 발행주식총수의 인수 또는 납입에 관한 하자가 너무 커서 발기인이 인수·납입담보책임을 이행하기가 불가능한 경우에는 예외적으로 설립무효사유가 될 수 있다.

57) 정관에 기재된 재산인수에 관하여 회사설립 후 이사회가 그 계약의 이행을 거부하고, 검사인 또는 감정인의 조사 및 발기인 총회 보고, 법원 인가 절차를 누락한 사안에서 대법원은 '주식회사의 설립 자체가 강행규정에 반하거나 선량한 풍속 기타 사회질서에 반하는 경우 또는 주식회사의 본질에 반하는 경우 등에 한하여 회사설립무효의 사유가 된다'고 전제하고 위와 같은 사정만으로는 회사설립무효의 사유에 해당하지 않는다고 판단하였다. 대법원 2020. 5. 14. 선고 2019다299614 판결.

의 효력에 소급효가 없으므로 설립무효의 확정이 판결확정 전에 생긴 회사와 사원 및 회사와 제3자 간의 권리의무에 영향을 미치지 않는다(법 328 ②, 190 단서). 따라서 설립등기부터 설립무효확정 전의 기간 중에는 법률적으로는 설립무효에 해당하는 실체라도 법률적으로는 유효하게 성립한 회사처럼 취급되는 결과가 되는데 그 기간 중의 실체를 '사실상의 회사'라고 부른다. 이는 거래당사자를 보호하기 위한 것이다.

2. 원고패소의 경우

원고가 패소한 경우에는 민사소송법의 일반원칙에 따라 당사자간에만 그 효력이 미친다. 따라서 다른 제소권자는 다시 소를 제기할 수 있다.

(보론) 회사소송의 특징

Ⅰ. 개 관

설립무효의 소는 회사소송의 특징을 잘 보여주고 있다. 특히 상법 제189조부터 제191조까지의 규정은 대부분의 회사소송에 준용되는 중요한 규정이다. 위 규정을 둔 근본적인 이유는 회사를 둘러싼 법률관계에 다수의 이해당사자가 연관되어 있기 때문이다.

Ⅱ. 당사자

회사법은 원고의 자격을 회사의 조직에 참여하고 있는 자에게 부여한다. 피고로 될 자는 대부분 회사이다. 비송적 성격을 가진 소송의 구조를 갖추려면 피고의 지위에 설 자가 있어야 하고 대세적 효력이 주어지는 판결을 하려면 회사가 피고의 지위에 서야 한다.[58]

Ⅲ. 형성의 소

회사법상의 소는 대부분 형성의 소에 해당한다. 단체법적 법률관계를 획일적으로 확정할 필요가 있기 때문이다. 형성의 소가 규정되어 있는 법률관계는 소에 의하여만 법률관계가 변동되기 때문에 소의 대상이 되는 법률관계의 효력을 다른 소송에서 선결문제나 공격방어방법으로 주장할 수 없다.

Ⅳ. 제소기간

회사법상 형성소송은 제소기간을 단기로 정하고 있다. 회사법상의 법률관계는 조속하게 단기간 내에 확정시킬 필요가 있다는 점을 반영한 것이다.

58) 법원행정처, 「회사재판실무편람」, 대법원, 2020, 5면.

Ⅴ. 재량기각

원고의 주장이 이유가 있다고 하더라도 그 주장을 받아들여 승소판결을 하면 이미 형성된 법률관계를 기초로 이해관계를 맺고 있는 당사자들에게 예측할 수 없는 피해를 주는 결과가 될 경우 법원이 재량으로 원고의 청구를 기각할 수 있다(법 189).

Ⅵ. 원고승소판결의 효력

1. 대세효

상법 제190조 본문은 원고승소판결에 대하여 대세효를 부여하고 있다. 예를 들어 주식회사 주주 A가 주식회사 甲에 관하여 설립무효의 소를 제기하여 승소하면 주식회사 甲의 설립은 A에 대하여만 무효인 것이 아니라 그 이외의 모든 자에 대한 관계에서도 무효이다. 이런 효력을 대세효(對世效)라고 한다.[59] 민사소송의 일반원칙에 따르면 대세효는 인정되지 않아야 하지만 회사소송에서는 다수의 이해당사자 간에 법률관계의 효력을 획일적으로 확정하여야 하므로 대세효를 부여하는 것이다. 따라서 다수의 자가 공동으로 대세효 있는 회사소송을 제기한 경우 소송의 형태는 유사필수적공동소송에 해당한다.[60]

2. 소급효의 제한

회사설립 무효의 소에서 원고승소판결은 원칙적으로 소급효를 갖기 때문에, 설립이 무효가 되면 처음부터 설립의 효력이 상실되어 회사가 성립되지 않은 것처럼 법률관계가 정해지는 것이 원칙이다(법 190 本). 그러나, 회사를 둘러싼 법률관계는 하나의 법률관계를 기초로 하여 다음의 법률관계가 형성되기 때문에 위 원칙을 그대로 적용하면 여러 단계의 법률관계가 전부 무효로 돌아가는 결과가 되어 버린다. 따라서 상법 제190조 단서는 판결의 소급효를 부인하고 장래에 관하여만 효력을 가지도록 하고 있다. 예외적으로 회사소송이지만 소급효를 무제한적으로 적용하는 경우도 있는데 그 경우에는 상법 제190조 본문만을 준용하도록 규정한다(법 376 ②).

Ⅶ. 패소한 원고의 손해배상책임

회사소송에서는 일반적으로 패소한 원고에게 악의 또는 중대한 과실이 있는 경우 회사에 대하여 손해배상책임을 지도록 하고 있다(법 191). 여기서 악의 또는 중대한 과실이란 원고가 주장하는 사유에 아무런 근거가 없음을 알았거나 중대한 과실로 알지 못한 것을 말한다. 다수의 이해당사자가 얽혀있음을 고려하여 남소를 방지하기 위한 규정이다.

Ⅷ. 가처분과 본안소송

회사를 둘러싼 많은 법적 분쟁은 대부분 본안소송이 아니라 가처분의 형태로 해결되는 경우가 많다. 그 이유는 회사법상 가처분의 대부분이 임시의 지위를 정하기 위한 가처분(민사집행법 300 ②)으로서 신청인의 신청이 인용되면 목적을 잠정적으로 달성할 수 있기 때문이다. 반면 신청인의 신청이 기각될 경우 본안소송에는 일반적으로 상당한 시일이 소요되므로 실질적으로 현상(現狀)이 고착되어 신청인이 본안소송을 통하여 원하는 목적을 달성하기가 현실적으로 어렵게 된다. 그 결과 적지 않은 분쟁의 성패가 가처분 단계에서 결정된다.

실무상 자주 문제되는 가처분은 주주의 의결권행사 금지, 주주총회개최 금지, 주주총회결의 효력정지, 이사의 직무집행정지, 신주발행의 금지, 회계장부 및 주주명부의 열람·등사 등의 가처분 등을 들 수 있다.

판례는 가처분의 효력과 관련하여, "가처분결정에 위반하는 행위가 무효로 되는 것은 형식적으로 그 가처분을 위반하였기 때문이 아니라 가처분에 의하여 보전되는 피보전권리를 침해하기 때문"이라고 하면서, 의결권행사금지 가처분을 받았음에도 불구하고 그대로 주주총회에서 의결권을 행사한 사안에서 나중에 본안소송에서 가처분의 피보전권리가 없음이 확정되었다면 그 가처분이 실질적으로 무효이므로 그 의결권 행사는 유효하고 주주총회결의에도 아무런 하자가 없다고 판시하고 있다.[61]

제 3 절 주식과 주주

제 1 편 주 식

Ⅰ. 주식의 개념

주식회사의 사원 지위, 즉 지분을 주식이라고 부른다. 주식회사의 주주는 주식의 인수가액을 납입할 의무가 있을 뿐이고 그 이외의 의무는 없다. 과거에는 무기명주식이 인정되어 주주의 성명이 주권이나 주주명부에 기재되지 않는 형태의 주식도 있었으나, 2014. 5. 상법 개정으로 무기명주식제도는 폐지되었다.[62]

---

59) 원고가 승소한 경우에 한하여 대세효를 가지므로 편면적 대세효라고 부르기도 한다.
60) 대법원 2021. 7. 22. 선고 2020다284977 전원합의체 판결.
61) 대법원 2010. 1. 28. 선고 2009다3920 판결.
62) 입법이유는 다음과 같다.「1963년 시행된 제정 상법에서부터 존재한 무기명주식 제도는, 현재까지 발행 사례가 없어 기업의 자본조달에 기여하지 못하고, 소유자 파악이 곤란하여 양도세 회피 등 과세사각지대의 발생 우려가 있으며, 조세 및 기업 소유구조의 투명성 결여로 인한 국가의 대외신인도를 저하시키는 원인이 되는 등으로 더 이상 유지할 실익이 없는바, 현행 무기명주식 제도를 폐지하여 주식을 기명주식으로 일원화함으로써 조세 및 기업 소유구조의 투명성 제고를 위한 기반을 마련한다.」

II. 주식의 본질

주식의 본질은 주주권 또는 주주로서의 지위를 뜻하는 사원권이다.[63]

III. 액면주식과 무액면주식

1. 의 의

주식은 액면주식과 무액면주식으로 나뉘는데, 각각 자본금을 구성하는 방식이 다르다. 이에 관하여는 앞서 살펴보았다.

2. 무액면주식의 장점

무액면주식은 회사의 재무관리 측면에서 여러 장점이 있다. 예컨대, 액면주식의 액면가가 1,000원이고 시가가 700원이라면 이 회사가 시가에 맞추어 발행가를 700원으로 하여 신주를 발행한다면 발행하는 순간에 바로 1주당 300원씩의 결손(회사의 순자산이 자본금에 미달하는 금액)이 생긴다. 이는 자본금충실의 원칙에 반하므로 상법은 원칙적으로 액면미달 발행을 허용하지 않는다(법 330, 417).

반면 무액면주식에는 액면가라는 개념이 존재하지 않기 때문에 이와 같은 제약이 없다. 위 예에서 회사는 700원에 발행하여 납입된 700원 중 예컨대 500원은 자본금으로 계상하고 200원은 자본준비금으로 적립하면 된다. 또한 무액면주식은 주식수와 자본금이 연동되지 않으므로 주식분할이나 주식소각이 쉽다. 주식회사의 책임재산을 표창하는 자본금의 변동을 변경하려면 엄격한 절차를 따라야 하기 때문이다.

3. 액면주식과 무액면주식의 전환

무액면주식을 발행하는 경우에는 액면주식을 발행할 수 없다(법 329 ①). 즉, 상법은 액면주식과 무액면주식 하나만을 허용하며 주식회사는 정관에서 이를 정하여야 한다(법 329).[64] 회사는 정관으로 정하는 바에 따라 발행된 액면주식을 무액면주식으로 전환하거나 무액면주식을 액면주식으로 전환할 수 있다(법 329 ④).[65] 액면, 무액면의 전환으로 인하여 자본금에 변동이 생길 수 없다고 규정하고 있기 때문에(법 451 ③) 그 결과는 회사채권자의 이해관

63) 참고로 권리를 그 내용에 따라 분류하면, 재산권, 신분권, 인격권, 사원권으로 나눌 수 있다. 주권은 유가증권으로서 재물에 해당되므로 횡령죄의 객체가 될 수 있으나, 자본의 구성단위 또는 주주권을 의미하는 주식은 재물이 아니므로 횡령죄의 객체가 될 수 없다(대법원 2023. 6. 1. 선고 2020도2884 판결).

64) 액면주식과 무액면주식을 모두 발행할 경우 혼란스러울 수 있기 때문이다. 송옥렬, 앞의 책, 793면.

65) 전환을 위해서는 정관을 변경하여야 한다(법 289 ① Ⅳ).

계에 영향을 주지 않는다.

주식회사가 액면·무액면주식을 전환할 때에는 1개월 이상의 기간을 정하여 그 뜻과 그 기간 내에 주권을 회사에 제출할 것을 공고하고 주주명부에 기재된 주주와 질권자에 대하여는 각 별로 통지한다. 위 기간이 끝나면 전환의 효력이 발생한다(법 329 ⑤, 440, 441). 전환에 하자가 있는 경우 그 효력은 모든 주주들에게 획일적으로 확정되어야 할 것이므로 신주발행무효의 소에 관한 규정을 유추적용하여야 할 것이라는 견해가 있다.[66)]

Ⅳ. 종류주식

1. 의 의

종류주식은 보통주식에 대비되는 개념으로서 보통주식의 내용을 변경한 주식을 말한다. 종류주식은 회사가 투자자의 다양한 투자 수요를 충족시키기 위한 목적으로 발행하는 것이 일반적이다. 상법은 다음과 같은 종류주식을 인정하고 있다.[67)]

① 이익배당이나 잔여재산의 분배에 관한 종류주식(법 344 ①, 344의2)

② 의결권의 행사에 관한 종류주식(법 344 ①, 344의3)

③ 상환에 관한 종류주식(법 345)

④ 전환에 관한 종류주식(법 346)

이를 도식화하면 다음과 같다.

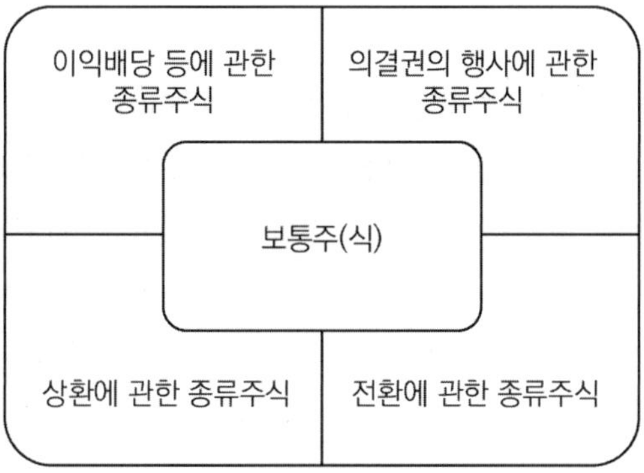

66) 이철송, 앞의 책, 290면.
67) 주주권의 내용이 아니라 형식이 다른 것에 불과한 액면주식·무액면주식은 종류주식이 아니다.

의결권없는 종류주식을 발행하면서 동시에 상환주식으로 하는 것과 같이 종류주식을 중첩적으로 발행하는 것도 가능하다.

2. 발행근거

회사는 종류주식을 발행하려면 정관에 각 종류주식의 내용과 수를 규정하여야 한다(법 344 ②).[68] 정관의 규정으로 상법에서 정한 내용과 다른 종류주식을 발행할 수 있는지 여부도 종종 문제가 되는데, 이 문제는 종류주식에 관한 규정을 강행법규로 볼 수 있는지 여부에 달려 있다.

3. 특별한 정함

주식회사는 종류주식을 발행한 때에는 정관에 다른 정함이 없는 경우에도 이사회 또는 주주총회결의로 주식의 종류에 따라 신주의 인수, 주식의 병합·분할·소각 또는 합병·분할로 인한 주식의 배정에 관하여 특수하게 정할 수 있다(법 344 ③). 따라서 신주발행시에 기존 보통주와 우선주를 다르게 취급할 수도 있다.[69] 위 규정은 주주평등원칙을 실질적으로 실현하기 위한 것이다. 다만 그로 인하여 어느 종류의 주주에게 손해를 미치게 될 경우에는 이사회나 주주총회의 결의 외에 그 종류의 주주만으로 구성된 종류주주총회의 결의를 거쳐야 한다(법 435조, 436).[70]

4. 이익배당·잔여재산분배에 관한 종류주식

가. 의 의

회사는 이익의 배당 또는 잔여재산의 분배에 관하여 내용이 다른 종류주식을 발행할 수 있다(법 344의2 ①, ②). 2011년 상법 개정 전에는 보통주식과 비교하여 배당 또는 분배의 '순서'만 다른 주식을 우선주 또는 후배주로 규정하고 있었다. 2011년 상법 개정 전 한때 상장회사들은 '1% 우선주'라고 하여 보통주보다 1%만큼 배당을 더 주는 주식을 발행하였으나 당시 상법상 우선주에 부합하지 않는다고 하여 발행을 금지당한 바 있었다. 그러나, 현행 상법상으로는 상법 제344조의2 제1항의 '배당에 관하여 내용이 다른 종류주식'으로 발행할 수 있다.

---

68) 종류주식을 발행할 때에는 등기하고(법 제317조 제2항 제3호), 주식청약서, 주주명부, 주권에 기재함으로써 공시하여야 한다.

69) 다만 이때 우선주에 관하여는 신주인수권을 전혀 부여하지 않는 것도 가능한지가 실무상으로 논란이 된 바 있다. 또한 우선주를 유리하게 취급하는 경우에는 보통주식의 종류주주총회를 거쳐야 하는지도 문제될 수 있다.

70) 대법원 2007. 6. 21. 선고 2004다44575·44582 판결도 같은 취지.

나. 유 형

이익배당·잔여재산분배에 관한 종류주식은 여러 유형을 생각해 볼 수 있다. 현재의 실무를 기준으로 하면 우선주, 후배주, 혼합주가 대표적인 유형이다.

(1) 우선주

이익을 배당할 때 또는 잔여재산을 분배할 때 다른 주식에 우선하여 소정의 배당 또는 분배를 받을 수 있는 주식이다. 그 후 잔여가 있으면 보통주가 배당 또는 분배받을 수 있다. 이익배당에 관한 우선주도 발행비중은 높지 않으며 잔여재산분배에 관한 우선주는 거의 발행되지 않는다. 이익배당에 관한 우선주는 대부분 무의결권 주식으로 발행되고 있다. 경우에 따라서는 상환주식 또는 전환주식의 형태로 발행될 수도 있다.

우선적으로 배당받을 권리는 일반적으로 액면가에 대한 비율 또는 1주당의 금액으로 표시된다.[71]

실무상 우선주란 다른 주식보다 선순위로 소정의 배당을 받는 주식을 지칭하는 것이지만, 이와 달리 보통주보다 많은 배당을 받는 종류주식(예컨대, 보통주의 배당금에 액면가의 1%에 해당하는 금액을 더한 금액을 배당한다는 내용)도 발행할 수 있다. 이는 상법상 종류주식이지만 강학상·실무상의 우선주는 아니다.

우선주라도 배당가능이익이 부족하면 우선 배당하기로 한 금액을 배당할 수 없다. 이 때 부족한 배당금은 다음 사업연도의 배당가능이익으로 배당하도록 정할 수도 있는데[72] 이를 누적적 우선주라고 하고 그렇지 않은 우선주를 비누적적 우선주라고 한다.[73]

한편, 회사의 경영실적이 좋아 배당가능이익이 충분할 경우에는 우선주, 보통주 순서로 배당을 한 후에 남은 배당가능이익으로 다시 배당을 할 수 있는데 우선주 중에서 이 배당을 받을 권리가 있는 것을 참가적 우선주라고 하고, 그렇지 않은 것을 비참가적 우선주라고 한다.

(2) 후배주

보통주보다 후순위로 이익배당이나 잔여재산분배를 받은 주식이다.

---

71) 예컨대, "1주당 액면가의 5%를 배당한다." 혹은 "1주당 1,000원을 배당한다." 등의 표현을 사용한다.

72) 물론 다음 사업연도의 배당가능이익이 있어야 한다.

73) 정관에 단순히 우선주라고만 기재되어 있다면 비누적적 우선주로 해석하여야 할 것이다. 누적적 우선주에 해당하여 부족한 배당금을 그 이후의 사업연도에 지급할 수도 있는데 그 사이에 주주가 바뀌었다면 누구에게 지급하여야 할 것인지가 문제될 수 있다. 현재 실무는 배당금을 지급하는 회계연도의 기준일 현재 주주에게 지급하는 것으로 보인다.

(3) 혼합주

예컨대 이익배당에서는 우선주의 지위를, 잔여재산분배에서는 후배주의 지위를 갖는 주식처럼 우선적 권리와 열후적 권리가 혼합된 주식을 말한다.

다. 발행절차

이익의 배당에 관한 종류주식을 발행하기 위하여는 정관에 그 종류주식의 주주에게 교부하는 배당재산의 종류, 배당재산의 가액의 결정방법, 이익을 배당하는 조건 등 이익배당에 관한 내용을 정하여야 한다(법 344의2 ①). 잔여재산에 관한 종류주식을 발행하기 위하여는 정관에 잔여재산의 종류, 잔여재산의 가액의 결정방법, 그 밖에 잔여재산분배에 관한 내용을 정하여야 한다(법 344의2 ②).

5. 의결권의 배제·제한에 관한 종류주식

가. 의 의

회사는 의결권이 없는 종류주식이나 의결권이 제한되는 종류주식을 발행할 수 있다(법 344의3 ①). 이러한 주식은 의결권 행사를 통한 회사 지배보다는 배당이나 양도차익을 추구하는 투자자를 위한 것이다.

나. 유 형

의결권에 관한 종류주식은 의결권에 관하여 ① 의결권 없거나 ② 의결권이 제한되도록만 정할 수 있다(법 344의3). 따라서 안건에 관한 거부권를 부여하는 거부권부 주식이나 의결권의 수에 차이를 두는 차등의결권부 주식을 발행할 수는 없다.[74]

의결권이 제한되는 종류주식이란 일부 안건에 한하여 의결권이 없는 주식을 의미한다. 이러한 주식을 발행하려면 정관에 의결권이 인정되지 않는 사항을 구체적으로 열거하여야 한다.[75] 만일 의결권 제한 종류주식에 관하여 의결권행사 또는 부활의 조건을 정한다면 그 조건 등도 규정하여야 한다.[76] 다만 이런 종류주식도 종류주주총회에서는 의결권을 가진다(법 435, 436).

다. 발행절차

의결권이 배제 또는 제한되는 종류주식을 발행할 경우에는 정관에 규정이 있어야 한

74) 현행법상으로는 「벤처기업육성에 관한 특별법」 제16조의11에 한하여 차등의결권부 주식이 도입되어 있다.
75) 상장회사 표준정관 제8조의3 참조.
76) 예컨대, 2011년 개정 전 상법에서는 의결권 없는 우선주라도 우선배당을 받지 못하게 될 경우 의결권이 부활하도록 규정하였는데, 현행법하에서도 같은 조건을 붙일 수 있다. 이철송, 앞의 책, 302면.

다. 의결권이 없거나 제한되는 종류주식의 총수는 발행주식총수의 4분의 1을 초과하지 못한다(법 344의3 ②). 소수의 의결권 있는 주식으로 회사를 지배할 수 없도록 하기 위한 규정이다. 위 규정에 위반하면 회사는 지체없이 그 제한을 초과하지 않도록 하기 위하여 필요한 조치를 하여야 한다(법 344의3 ②).[77]

6. 상환주식

가. 의 의

상환주식은 회사나 주주의 청구에 의해 이익으로써 소각할 수 있는 주식이다(법 345 ①, ③). 상환주식은 소각을 전제로 하기 때문에 일시적인 자금조달수단으로 사용되고 사채와 유사한 경제적 기능을 가진다. 다만 상환주식은 이익이 있어야 상환할 수 있지만 사채는 이익의 유무와 무관하게 만기일에 상환되어야 한다.

상환주식은 보통주식이어서는 안 된다. 즉, 상환주식은 종류주식임을 전제로 한다(법 345 ⑤). 이는 보통주식을 상환주식으로 발행함으로써 사실상 경영권방어를 위한 포이즌필로 활용하는 것을 방지하기 위한 것이라고 한다.[78] 또한 종류주식 중에서도 상환과 전환에 관한 종류주식은 제외한다고 규정하고 있다. 이 경우 상환주식을 제외한다고 규정한 것은 당연한 사실을 확인한 것이지만 전환주식을 제외한다고 규정한 것은 입법의 오류라는 견해가 지배적이다.[79] 현재도 실무상 우선주에 상환권과 전환권을 모두 붙인 상환전환우선주가 널리 이용되고 있다.

나. 유 형

상환주식은 회사가 상환을 결정할 수 있는 회사상환주식(법 345 ①)과 주주가 상환청구권을 갖는 주주상환주식(법 345 ③)의 두 가지 유형이 있다.[80]

회사상환주식을 발행하면 그 지배주주는 자본을 조달하면서도 경영권을 위협받지 않을 수 있다. 회사는 상환주식을 발행한 후에 금리가 하락하여 부채에 의하여 자금을 조달하

77) 반대해석하면 일단 한도를 초과하여 발행된 의결권 없는 또는 제한된 종류주식도 무효는 아니다.

78) 한국상사법학회 편, 「주식회사법대계 I」, 제4판, 법문사, 2022, 526~527면(김순석 집필부분). 일반적으로 포이즌필은 적대적 매수자에 의한 공개매수 및 주식매집 등 일정한 행사조건이 발생한 경우에 대상회사가 적대적 매수자에 대한 재무적 불확실성을 초래할 목적으로 적대적 매수자를 제외한 잔여주주들에게 대상회사의 주식을 낮은 가격으로 취득할 수 있는 권리를 부여하는 방어수단을 말한다. 보통주식을 상환주식으로 발행할 경우 포이즌필로 기능할 수 있다고 하는데 한국 회사법에서는 적대적 매수자를 제외한 나머지 주주에게만 낮은 가격을 주식을 취득할 수 있는 권리를 부여하는 것이 주주평등원칙 위반으로서 어렵다고 보는 견해가 지배적이기 때문에 설사 보통주식을 상환주식으로 발행할 수 있게 하더라도 포이즌필처럼 활용되기는 어렵다.

79) 한국상사법학회 편, 앞의 책, 527면(김순석 집필부분); 송옥렬, 앞의 책, 804면.

80) 이를 강제상환주식, 의무상환주식이라고 부르기도 한다. 송옥렬, 앞의 책, 803면.

는 편이 유리해지면 주식을 상환하고 사채를 발행할 수 있는 선택권을 갖게 된다. 주주상환주식을 발행하면 그 주주는 출자를 쉽게 회수할 수 있는 장점을 누릴 수 있다.[81]

다. 발 행

상환주식을 발행하려면 정관에 규정을 두어야 한다. 회사상환주식의 경우 회사의 이익으로써 소각할 수 있다는 뜻을 기재하고, 상환가액, 상환기간, 상환의 방법과 상환할 주식의 수를 정하여야 한다(법 345 ① 後). 주주상환주식을 발행할 때에는 정관에 주주가 회사에 대하여 상환을 청구할 수 있다는 뜻, 상환가액, 상환청구기간, 상환의 방법을 정하여야 한다(법 345 ③ 後).

(1) 상환가액

주식을 상환하는 대가로서 회사가 주주에게 지급하는 금액을 말한다. 상환가액에 관하여 특별한 제한은 없다.

(2) 상환기간 및 상환청구기간

상환기간은 회사상환주식의 경우 상환이 이루어지는 기간이다.[82] 주주상환주식의 경우 주주가 상환을 청구하므로 상환청구기간을 정해야 한다.

(3) 상환의 방법

회사는 상환을 원하는 주주에 한하여만 주식을 상환하여 주도록 정할 수 있다. 또한 금전 대신 현물로 상환하도록 정할 수도 있다.

라. 상환의 절차

(1) 상환 결정

회사상환주식의 경우 이사회의 결의로 결정하고[83] 주주상환주식의 경우 주주가 상환을 청구하면 회사는 상환에 응할 의무를 진다(형성권). 두 경우 모두 직전 사업연도말 기준으로 배당가능이익(법 462 ①)이 존재하여야 한다(법 345 ①).[84] 배당가능이익에 관한 상세

81) 국제회계기준은 주주상환주식을 부채로 분류한다. 회사상환주식은 여전히 자본으로 분류한다는 점을 유의하여야 한다.

82) "상환기간은 발행일이 속하는 회계연도의 정기주총 종료일 익일부터 발행 후 2년이 되는 날이 속하는 회계연도에 대한 정기주총 종료일 이후 1개월이 되는 날 이내의 범위에서 이사회가 정한다."(표준정관 제8조의5 제7항－1).

83) 명문의 규정은 없으나 회사의 업무 집행이므로 이사회 결의를 거치는 것이 당연하다.

84) 주주상환주식에 관한 상법 제345조 제3항은 상환의 재원에 관하여 언급하지 않고 있지만 양자를 구별할 이유가 없다.

한 논의는 본서 342면을 참조하라.

(2) 주주에 대한 통지·공고

주식회사가 회사상환주식의 상환을 결정하는 경우 회사는 상환대상인 주식의 취득일부터 2주 전에 그 사실을 그 주식의 주주 및 주주명부에 적힌 권리자에게 따로 통지하여야 한다. 다만, 통지는 공고로 갈음할 수 있다(법 345 ②). 주주상환주식은 주주가 그 권리를 행사하는 것이므로 주주에 대한 통지 또는 공고가 필요하지 않다.

(3) 현물상환

회사는 주식의 상환 대가로 현금 외에 유가증권이나 그 밖의 자산을 교부할 수 있다(법 345 ④ 本). 주식발행회사의 사채, 그 모회사 또는 자회사나 계열회사 등의 주식 또는 사채 등이 대표적인 예이다. 그러나 발행회사의 다른 종류주식을 교부할 수는 없다(법 345 ④ 本 괄호). 발행회사의 다른 종류주식을 교부하는 것이 바로 전환주식이기 때문이다.[85] 현물상환의 경우 자산의 장부가액이 상법 제462조에 따른 배당가능이익을 초과해서는 안 된다(법 345 ④ 但).

마. 상환의 효과

주식은 상법 제462조 제1항에 의하여 계산된 배당가능이익의 범위 내에서만 상환할 수 있다. 따라서 자본금을 건드리지 않으면서 주식이 소각되므로 자본금감소절차를 거치지 않는다.[86] 액면주식의 경우 발행주식의 액면총액이 자본금이라는 등식이 영구적으로 깨지게 된다.

바. 상환 부분의 재발행

주식을 상환하게 되면 발행예정주식총수의 미발행부분이 증가한다. 이 부분을 활용하여 다시 상환주식을 발행할 수 있는가? 이에 관하여 견해 대립이 있다.

(1) 재발행불가설

상환한 주식은 이사회에 대한 주식발행의 수권이 행사된 부분이므로 미발행부분에서 제외되며 그 부분은 이사회가 다시 권한을 행사할 수 없다고 본다. 특히 상환주식의 경우에는 배당가능이익으로 소각하므로 재발행을 거듭하면 상환주식의 주주가 아닌 주주들이 배당을 받는 기회를 박탈하게 될 가능성이 있다.

---

85) 자기주식으로 보유하고 있던 보통주식을 교부할 수 있는지에 관하여는 견해 대립이 있다.

86) 상환주식의 상환 이외에, 배당가능이익으로 취득한 자기주식을 소각할 때에도 자본금을 건드리지 않는다(법 343 ① 단서).

(2) 재발행가능설

발행예정주식총수에서 제외되는 발행주식총수란 '현재 시점에서' 발행한 주식의 총수를 의미한다고 해석하는 입장이다. 따라서 상환된 주식은 다시 미발행주식으로 회복되므로 그 부분은 재발행할 수 있다고 본다.

(3) 검 토

등기선례는 과거 재발행불가설을 입장이었으나 2012. 7. 9. 상업등기선례 제2-55호로 재발행가능설로 변경되었다. 발행예정주식총수에서 발행주식총수가 차지하여야 하는 비율에 관한 규제가 없어졌기 때문에 재발행불가설을 취하더라도 회사 설립시에 발행예정주식총수의 수를 크게 늘려 잡는 방법으로 재발행불가설의 의도를 회피할 수 있다. 따라서 재발행불가설의 존재 의의가 크지 않다. 재발행가능설을 취하더라도 큰 문제가 없으며 오히려 회사의 자금조달이 쉽게 되므로 이를 금지할 이유는 없다.

사. 일부 금액이 미상환된 경우의 법률관계

상환주식의 주주가 상환권을 행사하였는데 그 액수에 다툼이 있어 회사가 임의로 산정한 상환대금 상당액을 공탁한 경우에 기존 주주가 주주로서의 지위를 유지하는가(주주지위설) 아니면 채권자로서의 지위로 바뀌는지(채권자지위설) 문제된다. 종래 대법원 판례는 주식매수청구권을 행사한 주주도 그 주식의 매매대금을 지급받기 전까지는 주주의 지위를 유지한다는 입장을 전제로 주주로서의 권리를 행사하기 위해 필요한 경우 회계장부 열람·등사권을 인정한 바 있었다.[87] 대법원 2020. 4. 9. 선고 2017다251564 판결은 정면으로 주주지위설을 취하였다.

7. 전환주식

가. 의 의

전환주식이란 인수한 주식을 다른 종류주식으로 전환할 수 있는 권리가 주주 또는 회사에게 부여된 주식을 말한다(법 346 ①, ②). 법문상 보통주도 '다른 종류주식'에 포함되는지 여부가 문제된다. 예를 들어 우선주를 보통주로, 또는 보통주를 우선주로 전환하는 전환주식이 허용될 것인지의 문제이다. 현행법의 법문을 입법의 오류로 이해하고 여기서의 '다른 종류주식'에는 보통주도 포함된다고 보는 견해가 지배적이다.

예를 들어, 주주에게 우선주 1주당 보통주 1.5주로 전환할 수 있는 전환주식 겸 우선주

---

87) 대법원 2018. 2. 28. 선고 2017다270916 판결.

를 발행해 준다고 가정하여 보자. 주주는 우선주를 취득함으로써 회사에 배당할 여력이 크기 않을 때에는 우선적으로 배당을 받고 회사가 충분하게 배당가능이익을 확보하였을 때에는 보통주로 전환할 수 있는 선택권을 가질 수 있다.

나. 유 형

전환주식에는 주주가 전환권을 갖는 것(주주전환주식)과 회사가 전환권을 갖는 것(회사전환주식)이 있다(법 346 ②). 다만, 회사가 전환하는 것은 정관에 정한 일정한 사유가 발생해야 한다.

다. 발 행

(1) 정관의 규정

전환주식은 정관에 종류주식을 발행할 것을 정한 경우에 한하여 발행할 수 있다(법 346 ① 前, ② 前). 회사전환주식의 경우에는 정관으로 정하는 사유가 발생한 때에 한하여 전환할 수 있으므로 전환의 사유를 규정하여야 한다.

(2) 발행예정주식총수 확보

예컨대, 발행예정주식총수는 200주(우선주 100주, 보통주 100주)인 상태에서, 우선주 1주가 보통주 1.5주로 전환되는 전환주식 100주를 발행할 수 있는가? 그 경우 전환주식이 전부 전환되면 보통주를 150주 발행하여야 한다. 따라서 정관을 변경하여 보통주의 발행예정주식총수를 150주로 늘려야 한다.

라. 전환절차

(1) 주주전환주식

주식의 전환을 청구하고자 하는 주주는 청구서 2통에 전환하고자 하는 주식의 종류, 수와 청구연월일을 기재하고, 기명날인(또는 서명)한 후 주권을 첨부하여 회사에 제출하여야 한다(법 349).[88] 주주의 전환청구권은 형성권이므로 전환청구를 한 때에 전환의 효력이 발생한다(법 350 ①).

(2) 회사전환주식

회사전환주식의 경우에는 정관에서 정한 사유가 발생하면 회사의 이사회는 전환결정을 할 수 있다. 물론 전환사유가 발생하더라도 이사회가 전환하지 않는 것으로 결정할 수도

---

88) 상법상은 전환청구기간에 관한 제한이 없다.

있다.[89] 회사가 전환결정을 하면 전환주식의 주주 및 주주명부에 적힌 권리자에게, ① 전환할 주식, ② 2주 이상의 일정한 기간 내에 그 주권을 회사에 제출하여야 한다는 뜻, ③ 그 기간 내에 주권을 제출하지 않을 때에는 그 주권이 무효로 된다는 뜻을 통지(또는 공고)하여야 한다(법 346 ③). 전환의 효력은 주권제출기간이 끝난 때에 발생한다(법 350 ①).

마. 전환 후 주식의 발행가액

전환으로 인하여 주식을 발행하는 경우 전환 전의 주식의 발행가액을 신주식의 발행가액으로 한다(법 348). 예컨대, 액면가 1,000원인 우선주를 발행가 1,200원에 100주를 발행한 경우 총발행가액은 1,200원(발행가액)×100주(발행주식수)=120,000원이다. 만일 전환조건을 1:1.5로 하려고 하면 총발행가액이 전환 전후로 동일하여야 하기 때문에 전환 후 주식 1주의 발행가액은 800원이 되어야 한다는 뜻이다. 그러나, 실제로 위와 같이 발행하려고 하면 액면미달발행에 해당하게 되어 발행에 제약이 따른다. 결국 위 규정은 지나치게 불리한 전환조건을 정하지 못하게 하는 의미가 있다.[90] 물론 무액면주식의 경우에는 그런 의미를 가질 수 없다.[91]

바. 전환의 효과

전환주식은 전환청구를 한 때에 전환의 효력이 발생하므로 전환주식의 주주는 바로 전환 후 주식에 관한 주주권을 행사할 수 있다. 다만 주주명부의 폐쇄기간 중에 전환이 이루어진 경우에는 그 의결권을 행사할 수 없다(법 350 ②).

액면주식의 경우 전환의 효력이 발생하면 자본금에 변동이 생길 수 있다. 전환 전 주식과 전환 후 주식의 전환비율이 1:1을 초과하면 발행주식수가 증가하므로 자본금이 증가한다. 그 반대의 경우에는 자본금이 감소하므로 채권자보호절차를 밟아야 한다.[92] 무액면주식의 경우 자본금과 주식수 간에 상관관계가 없으므로 이런 문제를 고려할 필요가 없다.

사. 전환 부분의 재발행

전환으로 인해 전환 전 주식의 종류에 관해서는 전환된 주식수만큼 발행예정주식총수 중 미발행부분이 증가하게 된다. 이 부분에서 다시 신주발행을 할 수 있는지 견해의 대립이 있다. 통설은 발행예정주식의 범위 안에서 종류주식 간에 상호 간 전환이 일어날 뿐이므로

89) 이철송, 앞의 책, 314면.
90) 이철송, 앞의 책, 316면.
91) 위 조문은 무액면주식 도입 이전부터 존재하였던 것이다.
92) 반면, 이철송, 앞의 책, 317면은 결손전보를 위한 자본금감소에 관한 규정(법 438 ②, 439 ② 但)을 유추적용하여 채권자보호절차를 거치지 않아도 무방하다고 한다.

재발행을 인정하더라도 상환주식의 경우와는 달리 이사회가 수권주식의 제한을 회피할 우려가 없다는 점을 들어 가능하다고 본다. 다만, 전환 전 주식에 한하여 가능하고 전환주식을 재차 발행할 수는 없다고 한다. 반면, 소수설로는 전환주식의 재발행만 가능하다고 보는 견해, 아무런 제한 없이 재발행이 가능하다는 견해가 있다. 사견으로는 상환주식의 상환시 재발행에서 본 바와 같은 이유로 마지막 견해가 타당하다고 본다.

아. 질권의 효력

전환주식에 설정된 질권의 효력은 전환 후 주식에 미친다(법 339). 물상대위의 법리이다.

8. 주식 내용의 사후적 변경

이를테면 이미 발행한 보통주식을 우선주식으로 변경할 수 있는가. 등기선례에 따르면 이미 발행한 보통주식을 우선주식으로 변경하려면 회사와 우선주식으로 변경을 희망하는 주주간의 합의 및 보통주식으로 남는 주주 전원의 동의가 있어야 한다고 한다.[93)]

제 2 편 주주권

Ⅰ. 의 의

주식회사의 사원을 주주라고 한다. 주주의 자격은 주식의 취득과 결부되어 있으며 그와 다른 내용의 약정은 무효이다. 그러나, 주주의 권리가 채권적 권리로서 구체적으로 특정되면 주주의 지위에서 분리될 수 있고 양도될 수 있다.[94)] 주주가 회사에 대해 갖는 포괄적 지위는 사원권에 속하는데 이를 주주권이라고 한다. 법인도 주주권의 주체가 될 수 있다.

주식회사의 주주는 주식의 소유자로서 회사의 경영에 이해관계를 가지고 있지만, 직접 회사의 경영에 참여하지 못하고 주주총회의 결의, 유지청구권 등 회사법상 제도를 통하여 간접적으로 회사의 경영에 참여할 수 있을 뿐이다. 그러므로 주주는 회사의 재산관계에 대하여 법률상 이해관계를 가지지 않으며, 주주는 직접 회사와 제3자와의 거래관계에 개입하

---

93) 상업등기선례 제1－197호(2000. 7. 13. 등기 3402－490 질의회답). 관련하여, 상환주식의 전전양수인(轉傳讓受人)이 발행회사와 합의하여 상환조건을 변경할 수 있는지 여부가 실무상 문제된 바 있다. 아직 이 문제에 관한 선례는 없지만 가능할 것으로 본다.

94) 예를 들어서 정기주총에서 배당결의가 행해지면 그 이후부터 주주는 구체적인 배당금청구권을 갖게 되는데 이 배당금청구권은 주식으로부터 분리하여 양도할 수 있다.

여 회사가 체결한 계약의 무효 확인을 구할 이익도 없다.[95]

주주권은 주식의 양도나 소각 등 법률에 정해진 사유에 의해서만 상실되고 단순히 당사자 사이의 특약이나 주주권 포기의 의사표시만으로 주식이 소멸하거나 주주의 지위가 상실되지 않는다.[96] 또한 주식회사의 경우 합명회사, 합자회사 등과 달리 주주의 퇴사가 인정되지 않는다.[97]

II. 주주권의 분류

1. 공익권·자익권

공익권은 회사의 운영에 참여하거나 임원의 행위를 감독·시정하는 것을 목적으로 하는 권리를 말한다(예컨대, 주주총회소집청구권, 대표소송 등). 자익권은 주주가 회사로부터 직접 경제적 이익을 받을 수 있는 권리이다(예컨대, 이익배당청구권, 주식전환청구권 등). 공익권을 행사하면 그 효과는 회사와 주주 전체에 미치지만, 자익권의 경우 그 효과는 해당 권리를 행사한 주주에게만 미친다.[98] 공익권, 자익권은 각각 후술하는 비비례적 권리, 비례적 권리에 대응한다.

2. 단독주주권·소수주주권

가. 의 의

1주를 가진 주주에게도 인정되는 주주권을 단독주주권이라고 한다. 자익권은 모두 단독주주권이다. 공익권도 원칙적으로 단독주주권이지만, 그중에는 발행주식총수 중 일정비율에 해당하는 주식을 갖는 주주에 한하여 행사할 수 있도록 하는 주주권도 있으며 이를 소수주주권이라고 한다(예컨대, 법 363의2).[99] 소수주주권은 다수파 주주가 회사에 관한 지배

95) 이러한 법리는 주식회사가 영업의 전부 또는 중요한 일부를 양도하는 계약을 체결하는 경우에도 마찬가지이다. 이상, 대법원 2022. 6. 9. 선고 2018다228462·2018다228479(병합) 판결. 같은 취지로 대법원 2001. 2. 28. 자 2000마7839 결정.

96) 대법원 2024. 7. 11. 선고 2020다258824 판결; 대법원 2002. 12. 24. 선고 2002다54691 판결; 대법원 1999. 7. 23. 선고 99다14808 판결.

97) 대법원 2000. 11. 24. 선고 99다12437 판결. 따라서 정관에서 정한 일정한 사유가 발생하면 해당 주주의 주식 양도에 관한 의사와 관계없이 주주로서의 지위를 상실시키고 회사가 그 주주에게 출자금 등을 환급하도록 하는 정관 조항은 사실상 주주의 퇴사를 규정한 것이어서 물적 회사로서의 주식회사의 본질에 반하여 무효이다. 회사의 주주 구성이 소수에 의하여 제한적으로 이루어져 있거나 주주 상호 간의 신뢰관계를 기초로 하고 있더라도 마찬가지이다. 대법원 2024. 7. 11. 선고 2020다258824 판결.

98) 이철송, 앞의 책, 319면.

99) 소수주주권은 대부분 '소유와 경영의 분리' 원칙의 예외로서 주주에게 경영간섭을 허용하는 내용으로 되어 있다. 이철송, 앞의 책, 319면.

권을 전적으로 행사하는 상황을 견제하면서도 소수파 주주가 주주권을 남용하는 것을 막기 위한 장치이다. 소수주주권의 행사요건인 지분요건은 주식을 단독소유한 자, 주주권 행사의 위임을 받은 자, 주주권을 공동으로 행사하는 자들이 모이는 방법으로도 충족할 수 있다(법 542의6 ⑨[100]).

나. 상장회사의 특례

(1) 지분비율의 완화 및 주식보유기간 강화

상장회사의 경우 주식이 분산되어 있어 상법상 소수주주권의 요건을 충족시키기가 쉽지 않으므로 상법은 상장회사에 대하여는 소수주주권 행사에 관한 특례를 두고 있다(법 542의6, 542의7 ②). 상장회사의 경우 소수주주권의 행사에 필요한 지분비율이 비상장회사보다 낮다. 그 대신 비상장회사에서의 소수주주권의 행사를 위한 지분비율은 소수주주권을 행사하는 시점에서 갖추면 충분하지만 상장회사의 경우에는 행사시점에서 소급하여 6월 이상 그 지분비율을 계속 유지하여야 한다. 단기투자 목적으로 주식을 보유하는 주주에게는 소수주주권을 배제하는 것이다.

(2) 상법상 소수주주권 규정과의 관계

예컨대, 3%의 지분을 가지고 있으나 지분보유기간이 5개월인 상장회사의 주주는 상장회사 특례 대신 상법의 일반규정에 기하여 소수주주권을 행사할 수 있는가? 종래 이 문제에 관하여 다툼이 있었으나 상법은 입법적으로 해결하여 상법의 일반규정에 따라 소수주주권을 행사할 수 있도록 하였다(법 542의6 ⑩).

(3) 정관에 의한 요건완화

상장회사의 경우 정관에 규정을 두어 소수주주의 주식 보유기간을 6개월보다 단기로 하거나 주식 보유비율을 더 낮게 정할 수 있다(법 542의6 ⑧). 그러나 그 반대는 허용되지 않는다.

3. 비례적 권리·비(非)비례적 권리

주주권 중에서 배당금청구권과 같이 보유주식수에 비례하여 권리의 크기가 증감하는 것을 비례적 권리라고 하고 그렇지 않은 것을 비(非)비례적 권리라고 한다. 예를 들어 주주총회소집청구권(법 366)은 3% 이상의 지분을 갖는 주주가 행사하는 주주권인데 지분율이 6%라고 하더라도 2배로 행사할 수 있는 것은 아니다.

---

100) 이 조문은 상장회사의 특례 부분에 규정되어 있으나 상장회사에 한하는 것은 아니다.

III. 주주평등의 원칙

1. 의 의

주주평등의 원칙이란 주주가 보유하고 있는 주식의 수에 비례하여 회사에 대한 권리를 가진다는 법원칙이다.

2. 법적 근거

주식회사에서는 주주가 유한책임을 지므로 각자가 지는 위험부담은 주식수에 비례한다. 같은 논리에서 주주가 회사로부터 누리는 이익도 주식수에 비례하는 것이 공평하다.[101] 상법은 이를 명시적으로 규정하고 있지는 않으며 이 원칙을 전제로 하는 개별 규정(예컨대 법 369 ①, 418 ①, 464, 538)을 두고 있을 뿐이다. 그럼에도 불구하고 종래의 통설과 판례는 주주평등의 원칙을 일반조항의 성격을 갖는 최고원리이자 강행법규로 해석한다.[102] 다만 최근에는 이 원칙을 절대시하는 해석에 반대하는 견해가 오히려 유력하다.[103]

3. 적용범위

주주평등의 원칙은 회사와 주주 사이에 적용되는 원칙으로서 주주 간이나 주주와 제3자 사이에는 적용되지 않는다.[104]

4. 위반의 효과

통설 및 판례에 따르면 주주평등의 원칙에 위반되는 정관의 규정이나 주주총회 또는 이사회 결의 및 회사의 행위는 절대적으로 무효이다. 예외적으로 불평등한 취급을 당하여 권리를 침해당한 주주가 모두 동의하는 경우에는 그 효력이 인정될 여지가 있다. 예를 들어, 지배주주에 대하여만 배당을 하지 않기로 하는 주주총회결의는 해당 지배주주가 동의하면 유효하게 될 수 있다.[105]

특히 대법원은 회사가 직원들을 유상증자에 참여시키면서 퇴직시 출자손실금을 전액

101) 이철송, 앞의 책, 324면.
102) 대법원 2007. 6. 28. 선고 2006다38161·38178 판결.
103) 대표적으로 천경훈, "회사와 신주인수인 간의 투자자보호약정의 효력－주주평등원칙과의 관계를 중심으로－", 「상사법연구」 제40권 제3호, 2021, 71면 이하.
104) 대법원 2023. 7. 13. 선고 2022다224986 판결. 대법원 2018. 9. 13. 선고 2018다9920·9937 판결은 주주와 채권자의 지위를 겸하는 자에게 임원추천권 또는 자문료를 지급한 경우 채권자의 지위가 종료된 이후에는 주주평등의 원칙에 위반된다고 보았다.
105) 실제로 코스닥시장에서는 소액주주에게 지배주주보다 더 높은 이익배당을 지급하는 예가 많다고 한다. 송옥렬, 앞의 책, 825면.

보전해 주기로 약정한 경우 유상증자에 참여하여 주주의 지위를 갖게 될 회사의 직원들에게 투하자본의 회수를 절대적으로 보장하는 셈이 되고 다른 주주들에게 인정되지 않는 우월한 것으로서 권리를 부여하는 것으로서 주주평등의 원칙에 위반되어 무효라고 보고 있다.[106] 또한 회사가 신주를 인수하는 자에게 인수대금으로 납입한 돈을 전액 보전해 주기로 약정하거나 상법 제462조 등 법률의 규정에 의한 배당 외에 다른 주주들에게는 지급되지 않는 별도의 수익을 지급하기로 약정한 경우, 그 약정은 주주평등원칙에 위반되어 무효이고 이는 약정이 주주의 자격을 취득하기 이전에 체결되거나 신주인수계약과 별도의 계약으로 체결된 경우에도 마찬가지라고 한다.[107]

5. 예 외

종래의 통설은 주주평등의 원칙이 절대적 원칙이므로 그 예외는 오직 법률에 의해서만 인정될 수 있고 정관의 규정이나 주주총회의 결의로는 인정할 수 없다고 한다. 특히 대법원은 일관되게 특정 주주가 투하자본의 회수를 절대적으로 보장받기 위하여 회사와 체결한 약정은 주주평등원칙에 반한다고 보아왔다(後述).[108] 주주평등원칙의 예외는 상법에 명문으로 규정되어 있으나, 최근 대법원은 해석으로 그 예외를 인정하고 있다.

가. 상법에 의한 예외

(1) 종류주식

종류주식은 주식의 내용이 서로 다르기 때문에 신주의 인수, 주식의 병합이나 소각, 합병으로 인한 주식의 배정 등에 관하여 종류주식 간에 다르게 취급할 수 있다(법 344 ③).

(2) 단 주

주주가 회사로부터 원시취득한 주식에 단주(1주 미만의 주식)가 있을 경우를 가정하여 보자. 예컨대 회사가 유상증자를 할 때 1주당 0.03주의 신주를 배정한다고 가정하여 보자. 100주를 가진 주주는 3주를 받으면 된다. 그런데 50주를 가진 주주는 1.5주를 받게 된다. 주식의 기본단위는 1주이므로 이때 0.5주는 단주가 된다. 단주는 여러 가지 경우에 발생할 수 있는데 그 처리방법이 법에 규정되어 있다면 그에 의하면 되고 법정되어 있지 않은 경우에

---

106) 대법원 2007. 6. 28. 선고 2006다38161·38178 판결.

107) 대법원 2020. 8. 13. 선고 2018다236241 판결. 같은 취지로 대법원 2023. 7. 13. 선고 2022다224986 판결.

108) 대법원 2023. 7. 27. 선고 2022다290778 판결; 대법원 2023. 7. 13. 선고 2022다224986 판결; 대법원 2020. 8. 13. 선고 2018다236241 판결(신주를 인수하는 자에게 인수대금으로 납입한 돈을 전액 보전해 주기로 약정하거나 상법 제462조 등 법률의 규정에 의한 배당 외에 다른 주주들에게는 지급되지 않는 별도의 수익을 지급하기로 약정한 경우); 대법원 2007. 6. 28. 선고 2006다38161·38178 판결(회사가 직원들을 유상증자에 참여시키면서 퇴직시 출자손실금을 전액보전해 주기로 약정한 경우).

는 이를 회사가 처분하여 그 대금을 주주에게 교부한다. 이처럼 단주를 처리할 때에는 주주평등의 원칙이 그대로 지켜지기 어렵다(법 443, 461 ②, 530 ③).

(3) 감사 또는 감사위원 선임

감사 또는 감사위원을 선임할 때에는 보유주식의 수와 무관하게 의결권의 상한이 3%로 제한된다(법 409, 542의12 ③, ④).

(4) 소수주주권

소수주주권이 규정되어 있는 여러 경우도 주주평등의 원칙에 관한 예외이다.

나. 해석상의 예외

최근 지나치게 엄격하게 주주평등원칙을 적용하여 온 과거의 판례에 관하여 반대하는 입장이 유력하다. 대법원도 이런 경향을 일부 수용하고 있다. 대법원 2023. 7. 13. 선고 2021다293213 판결은 일부 투자자(원고)가 주주로서 피투자회사 및 그 대표이사를 상대로 인수계약 규정(피투자회사는 향후 원고의 인수가격보다 낮은 가격으로 유상증자 등을 할 경우 원고에 대하여 사전 통지하고 사전 동의를 얻도록 한다는 내용) 위반에 따른 주식의 조기상환과 위약벌을 청구한 사안이다. 위 사안에서 문제가 된 규정이 일부 투자자에게만 우월한 지위를 부여하고 실질적으로 투하자본 회수를 절대적으로 보장하는 등 주주평등원칙에 반하여 무효인지 여부가 문제되었다. 대법원은 차등적 취급의 구체적 내용, 회사가 차등적 취급을 하게 된 경위와 목적, 차등적 취급이 회사 및 주주 전체의 이익을 위해 필요하였는지 여부와 정도, 일부 주주에 대한 차등적 취급이 상법 등 관계 법령에 근거를 두었는지 아니면 상법 등의 강행법규와 저촉되거나 채권자보다 후순위에 있는 주주로서의 본질적인 지위를 부정하는지 여부, 일부 주주에게 회사의 경영참여 및 감독과 관련하여 특별한 권한을 부여하는 경우 그 권한 부여로 회사의 기관이 가지는 의사결정 권한을 제한하여 종국적으로 주주의 의결권을 침해하는지 여부를 비롯하여 차등적 취급에 따라 다른 주주가 입는 불이익의 내용과 정도, 개별 주주가 처분할 수 있는 사항에 관한 차등적 취급으로 불이익을 입게 되는 주주의 동의 여부와 전반적인 동의율, 그 밖에 회사의 상장 여부, 사업목적, 지배구조, 사업현황, 재무상태 등 제반 사정을 고려하여 일부 주주에게 우월적 권리나 이익을 부여하여 주주를 차등 취급하는 것이 주주와 회사 전체의 이익에 부합하는지를 따져서 정의와 형평의 관념에 비추어 주주평등원칙 위반 여부를 신중하게 판단하여야 한다는 일반론을 제시하였다. 구체적으로는 주주가 납입하는 주식인수대금이 회사의 존속과 발전을 위해 반드시 필요한 자금이었고 투자유치를 위해 해당 주주에게 회사의 의사결정에 대한 동의권을 부여하는 것이 불가피하였으며 그와 같은 동의권을 부여하더라도 다른 주주가 실질적·직접적인 손해나 불이익을 입지 않고 오히려 일부 주주에게 회사의 경영활동에 대한 감시의 기회를 제공하여 다른 주주와 회사에 이익이 되는 등으로 차등적 취급을 정당화할 수 있는 특별한 사정이 있다면 이를 허용할 수 있다고 판단하였다. 위와 같은 동의권 부여가 유효하다면 그 약정을 위반함으로써 투자자가 조기상환 청구권 및 위약벌 청구권을 행사하여 금원을 지급받는 행위가 특정 주주의 투하자본 회수를 절대적으로 보장하는 것으로서 무효가 되는 것은 아닌지 문제되는데[109] 대법원은 그 경우 조기상환 및 위약벌은 '계약 위반의 효과로 부여되는 것'으로 당초부터 일부 주주의 투하자본 회수를 목적으로 하는 원금반환 약정과 구분되어야 하고 원칙적으로 유효라고 판단하였다.[110]

IV. 주주의 의무

1. 출자의무

주주는 주식회사에 주식의 인수대금을 납입할 의무(출자의무)를 부담한다(법 331). 주주는 출자의무를 이행하면 그 이상은 회사에 대하여 아무런 의무도 부담하지 않는다. 그러나 출자의무를 이행한 주주도 제3자의 지위에서 다시 회사채무를 분담하기로 약정할 수 있다. 이런 약정은 주주유한책임의 범위를 벗어나서 이루어진 민법상의 계약관계이기 때문이다.[111]

2. 지배주주의 책임

지배주주란 회사의 주주구성을 고려할 때 그 회사의 의사결정에 결정적인 영향력을 행사하는 주주를 말한다.[112] 주주총회의 보통결의는 출석한 주주의 의결권의 과반수와 발행주식총수의 4분의 1 이상의 수로써 하여야 한다. 따라서 발행주식총수의 과반수만 가지고 있으면 언제나 출석한 주주의 의결권의 과반수와 발행주식총수의 4분의 1 이상을 만족시킬 수 있으므로 이사의 선임 등 보통결의 사항을 좌우할 수 있게 된다. 그러나 상장회사의 경우 주식이 광범위하게 분산되어 있고 소액주주의 주주총회의 출석률이 낮기 때문에 발행주식총수의 과반수보다 훨씬 적은 수의 주식(통상 발행주식총수의 20~30%)만 보유하더라도 주

---

109) 앞서 본 바와 같이, 대법원은 특정 주주가 투하자본의 회수를 절대적으로 보장받기 위하여 회사와 체결한 약정은 주주평등원칙에 반한다는 입장을 일관되게 고수하였기 때문에 문제가 된다.

110) 같은 취지로 대법원 2023. 7. 13. 선고 2023다210670 판결.

111) 대법원 1989. 9. 12. 선고 89다카890 판결.

112) 상법의 법문상으로는 상법 제360조의24부터 제360조의26에서 '지배주주'라는 용어를 쓰고 있는데, 이 규정에서의 지배주주는 발행주식총수의 95% 이상을 가진 주주를 가리킨다.

주총회의 의사결정을 지배할 수 있다. 이들 지배주주는 자신이나 배우자 등 특수관계인을 이사로 선임하여 회사로부터 보수를 받고 회사에 상품을 공급하는 지위를 독점하거나 회사로부터 저리로 자금을 차입하는 등 우월적인 지위를 누릴 가능성이 높다. 따라서 상법은 이러한 지배주주에게 일정한 경우 책임을 추궁할 수 있는 규정을 두고 있다(법 401의2).

Ⅴ. 타인명의에 의한 주식인수의 법률관계

1. 문제의 소재

A는 甲 주식회사로부터 주식을 인수할 때 B라는 명의를 사용하였다. ① B가 실재로는 존재하지 않는 사람이거나 혹은 A가 무단으로 이름을 도용한 경우와 ② B가 A의 친구이고 A가 그 동의를 받아 이름을 빌린 경우를 나누어, (i) 주식인수가액을 납부할 책임은 누구에게 있는가, (ii) 그리고 주주는 누구인가라는 문제가 제기된다.

2. 주금납부책임

상법 제332조는 제1항에서 가설인의 명의로 주식을 인수하거나 타인의 승락없이 그 명의로 주식을 인수한 자는 주식인수인으로서의 책임이 있다고 규정하고, 제2항에서 타인의 승락을 얻어 그 명의로 주식을 인수한 자는 그 타인과 연대하여 납입할 책임이 있다고 규정한다.

가. 가설인명의를 사용하거나 타인의 승낙없이 그 명의를 사용한 경우

이 경우에는 실질적인 주식인수인, 즉 A만이 주식인수인으로서의 납입책임을 진다(법 332 ①).

나. 타인의 승낙을 얻어 그 명의를 사용한 경우

명의를 대여한 자와 실질적인 주식인수인이 연대하여 납입할 책임을 진다(법 332 ②). 상법의 규정은 위와 같은 경우 타인의 명의에 의한 주식인수도 유효하다는 것을 전제로 한 것이다. 따라서 발기인과 이사의 인수담보책임은 생기지 않는다.

3. 주주권의 귀속문제

위 예에서 주주권이 A와 B 중 누구에게 귀속하는가의 문제이다. 대법원 2017. 12. 5. 선고 2016다265351 판결은 이 문제를 주식인수계약의 당사자 확정 문제로 파악하고, 다음과 같이 경우를 나누어 판단하고 있다.

가. 가설인명의를 사용하거나 타인의 승낙없이 그 명의를 사용한 경우

가설인은 주식인수계약의 당사자가 될 수 없다. 타인인의 명의로 주식을 인수하면서 그 승낙을 받지 않은 경우 명의자는 원칙적으로 주식인수계약의 당사자가 될 수 없다고 한다. 자신의 명의로 주식을 인수하는 데 승낙하지 않은 자는 주식을 인수하려는 의사도 없고, 이를 표시한 사실도 없기 때문이다. 따라서 실제 출자자가 가설인 명의나 타인의 승낙 없이 그 명의로 주식을 인수하기로 하는 약정을 하고 출자를 이행하였다면, 주식인수계약의 상대방(발기설립의 경우에는 다른 발기인, 모집설립 및 신주발행의 경우 회사)의 의사에 명백히 반한다는 등의 특별한 사정이 없는 한, 주주의 지위를 취득한다고 보아야 한다.

나. 타인의 승낙을 얻어 그 명의를 사용한 경우

이 경우에는 계약 내용에 따라 명의자 또는 실제 출자자가 주식인수인이 될 수 있으나, 원칙적으로는 명의자를 주식인수인으로 보아야 한다. 명의자와 실제 출자자가 실제 출자자를 주식인수인으로 하기로 약정한 경우에도 실제 출자자를 주식인수인이라고 할 수는 없다. 실제 출자자를 주식인수인으로 하기로 한 사실을 주식인수계약의 상대방인 회사 등이 알고 이를 승낙하는 등 특별한 사정이 없다면, 그 상대방은 명의자를 주식인수계약의 당사자로 이해하였다고 보는 것이 합리적이기 때문이다.

제3편 주 권

Ⅰ. 의 의

주권은 주식을 표창하는 유가증권이다. 주권은 ① 주주권을 증명하고 ② 주주권을 유체화하여 주식의 유통성을 보장함으로써 주주가 투자를 쉽게 회수할 수 있도록 해 준다. 2019년 9월부터는 주권의 개념을 대신하여 주식의 전자등록 제도가 도입되었고 특히 상장주식은 반드시 전자등록을 하여야 한다(자본시장법 308 ①). 이에 관하여는 후술한다.

Ⅱ. 유가증권으로서의 주권의 성질

주권은 유가증권에 속하지만 완전유가증권은 아니다. 이에 따라 다음과 같은 성질을 갖는다.

① 주권은 요인증권으로서 그 원인관계인 주식의 존부나 유·무효에 따라 주권의 효력이 영향을 받는다.

② 주권은 설권증권이 아니므로 주권의 요식성은 어음·수표처럼 엄격하지 않다. 따라서, 상법은 주권의 기재사항을 규정하고 있지만(법 356) 실체적 법률관계가 유효하게 존재하는 이상 대표이사의 기명날인(또는 서명)과 같이 본질적인 사항이 아닌 기재사항은 흠결되더라도 주권의 효력에 영향이 없다.[113]

③ 주권의 경우에는 주주명부에 의해 주주가 인식되므로 주주권 행사시에 주권의 제시가 요구되지 않는다.

④ 주권은 상환증권이 아니다. 주주의 권리행사에 계속적으로 필요하기 때문이다.

Ⅲ. 주권의 발행

1. 주권의 기재사항 및 발행권한

주권의 기재사항에 관하여는 상법 제356조가 규정하고 있다. 주권의 발행은 대표이사의 권한에 속하며 이사회의 결의는 필요하지 않다.[114]

2. 주권의 발행의무·제한

가. 발행의무

회사는 성립 후 또는 신주의 납입기일 후 지체없이 주권을 발행할 의무를 진다(법 355 ①). 주식의 양도방법은 원칙적으로 주권의 교부이므로 주식의 양도성(법 335 ①)을 보장하기 위한 것이다.[115] 실무상으로는 상장회사를 제외한 대부분의 회사는 주권을 발행하지 않으며 상장회사는 주식의 전자등록이 강제되어 주권을 발행할 수 없다.

나. 발행제한

회사성립 전 또는 신주의 납입기일 전의 주식인수인 지위를 '권리주'라고 하는데 권리주에 관하여는 주권을 발행할 수 없다(법 355 ②). 위 규정에 위반하여 발행한 주권은 무효이다(법 355 ③ 本). 권리주에 관한 상세한 논의는 본서 110면을 참조하라.

---

113) 대법원 1996. 1. 26. 선고 94다24039 판결.

114) 대법원 1996. 1. 26. 선고 94다24039 판결.

115) 주권발행의무는 회사성립시의 신주발행이나 신주발행의 경우(법 416)뿐만 아니라 일체의 주식발행시에 적용된다.

〈주권 예시〉

주식회사 정독 주권

1주권

금 5,000원 정

회사의 상호: 주식회사 정독

회사의 성립연월일: 2015년 7월 7일

회사가 발행할 주식의 총수: 10,000주

1주의 금액: 금 5,000원 정

주식의 종류: 보통주식

주권발행 연월일: 2015년 9월 9일

이 주권은 우리 회사의 정관에 의한 주식 1주의 주주임을 증명하기 위하여 이면의 기명자에게 교부함

주식회사 정독

대표이사 홍길동 精讀 代表理事 印

주주 홍일동 귀하				교부 연월일	2015년 9월 12일		
번호	등록 연월일	주주명	등록증인	번호	등록 연월일	주주명	등록증인
①				⑤			
②				⑥			
③				⑦			
④				⑧			

3. 주권의 효력발생시기

주권은 회사의 의사결정에 따라 주권을 인쇄하고 대표이사가 기명날인(서명)한 후 주주에게 교부한다. 이러한 일련의 과정에서 주권으로서의 효력을 갖게 되는 시점이 언제부터인지가 다투어진다. 주권의 효력이 발생한 시점부터 주권의 교부로 주식이 양도될 수 있고 선의취득도 가능하게 되기 때문이다.

가. 교부시설

회사가 주주에게 주권을 교부한다는 의사에 기해 실제 주주에게 교부한 때, 즉 주식에 관한 준물권적 합의가 있을 때 주권으로서의 효력이 발생한다고 보는 견해이다. 따라서 실제 주주가 주권을 취득한 시점부터 주식의 양도가 가능해진다. 따라서 주권이 주주에게 처음 교부되기 전에는 제3자가 취득하더라도 선의취득이 될 수 없다. 통설과 판례[116]의 입장이다.

나. 작성시설

대표이사가 주권을 작성하면 그 시점에서 주권이 성립하고 주주에 대한 교부는 권리자에 대한 인도에 지나지 않는다고 이해하는 입장이다. 이 견해에 의하면 예를 들어 대표이사가 주권을 작성한 후에 주주에게 교부하기 이전에 분실하더라도 선의의 제3자가 취득하면 선의취득이 성립할 수 있다.

다. 발행시설

절충적 입장으로서 회사가 주권을 작성하고 주주에게 교부한다는 의사로써 누구에게든 교부하면 설사 그 자가 실제 주주가 아니더라도 주권으로서의 효력이 생긴다는 견해이다. 이 견해에 의하더라도 회사 보관 중에 주권을 분실한 경우에는 주권이 무효이다.

라. 검 토

교부시설에 의하면 주주의 권리는 보호되지만 거래의 안전이 위협받고 작성시설에 의하면 거래의 안전은 보호되지만 정당한 주주가 귀책사유 없이 주주권을 상실하게 될 수 있다. 발행시설은 앞의 두 견해를 보완한 것이지만 이론적인 근거를 찾기 어렵다. 주권의 성립시기를 계약의 관점에서 이해하고자 하는 교부시설이 타당하다고 본다.

---

116) 대법원 2000. 3. 23. 선고 99다67529 판결; 대법원 1977. 4. 12. 선고 76다2766 판결.

Ⅳ. 주권의 불소지제도

주주가 주권을 양도할 경우에는 원칙적으로 주권이 필요하지만 회사에 대한 관계에서 주주권을 행사할 때에는 주주명부에 명의개서만 되어 있으면 되기 때문에 주식을 당장 양도할 필요가 없다면 주권을 소지하여야 할 필요가 없다. 따라서 상법은 주주의 편의를 위하여 상법은 주권의 불소지 제도를 인정한다(법 358의2). 그러나 주주가 주권불소지를 선택하더라도 주식을 양도하고자 할 경우에는 언제든지 회사를 상대로 주권의 발행 또는 반환을 청구할 수 있다(법 358의2 ④).

Ⅴ. 주권의 무효화 및 재발행

1. 개 관

주주는 주권이 멸실되거나 상실된 경우 공시최고절차에 의하여 주권을 무효로 할 수 있다(법 360 ①). 주주가 주권을 상실한 경우에도 제3자가 이를 선의취득할 가능성이 있고 멸실된 경우에도 그 사실을 객관적으로 증명할 필요가 있기 때문에 주권을 무효화하는 절차로서 공시최고절차가 필요하다. 주권을 상실한 자는 제권판결을 얻어야만 회사에 대하여 주권의 재발행을 청구할 수 있다(법 360 ②).

2. 공시최고절차

주권을 무효화하기 위한 공시최고절차는 민사소송법상의 증서의 무효선언을 위한 공시최고절차에 관한 규정에 의한다(민소법 492 ①). 주권을 최후에 소지하였던 자가 공시최고를 신청할 수 있고[117] 법원은 그 신청을 허가한 때에는 공시최고를 하여야 한다. 공시최고는 일간지에 1회 실시한다. 이 공시최고에서는 공시최고기일 내에 권리 또는 청구의 신고를 할 것과 증서를 제출할 것을 최고하고 이를 게을리하면 실권으로 증서무효의 선고가 있을 것을 경고하여야 한다. 만일, 공시최고기간 내에 신고가 없을 때에는 제권판결을 선고한다. 제권판결에 의해 주권이 무효화되고 그 이후 시점부터 구 주권에 기한 선의취득이 불가능하다. 신고가 있을 때에는 그 권리에 관한 본안판결[118]의 확정시까지 공시최고절차를 중지하거나 그 권리를 유보하고 제권판결을 한다.

---

117) 소지할 수 있는 정당한 권리가 있을 것을 요하지 않는다. 따라서 주권을 훔쳐서 소지하였던 자도 공시최고절차를 신청할 수 있다

118) 본안판결에서는 주권의 선의취득 여부가 다투어지게 된다.

3. 제권판결 및 그 효력

가. 신청인의 지위

제권판결에서는 주권의 무효를 선고하여야 한다. 그러므로 제권판결에 의하여 주권은 효력을 상실하고 신청인은 회사에 대하여 주권에 의한 권리를 주장할 수 있다. 즉 제권판결이 있으면 마치 주권을 소지하고 있는 것과 동일한 상태의 권리를 주장할 수 있다.

그러나, 제권판결은 주권의 점유에 대신하는 효력을 주는 데 그치고 실체적 권리관계까지 창설 또는 확정하는 효력을 갖지 못하므로 신청인이 정당한 소지인이라거나 주권 또는 그 표창하는 주식의 내용까지 확정하는 것은 아니다(통설·판례[119]).

나. 선의취득자와 신청인의 우열관계

(1) 제권판결 이후

주권은 제권판결에 의하여 무효가 되므로 제권판결 이후에는 기존 주권을 선의취득할 수 없다.

(2) 제권판결 이전

공시최고에 의한 공고가 있더라도 주권을 선의취득한 자는 악의나 중과실로 의제되지 않으므로(즉, 취득 당시에 선의·무중과실이면 된다) 권리신고를 하면 보호받을 수 있다. 따라서 그가 주권을 취득한 당시에 선의취득의 요건을 갖추었다면 주권의 권리에 관한 본안판결에서 승소하게 된다.

문제는 제권판결 전에 주권을 선의취득한 자가 권리신고를 하지 않았을 경우, 제권판결에 의하여 권리를 잃는지 여부이다.

이에 관하여 선의취득자도 권리신고를 하지 않는 한 제권판결에 의하여 권리를 잃는다는 제권판결취득자우선설, 권리신고를 하지 않더라도 선의취득자는 권리를 잃지 않는다는 선의취득자우선설의 대립이 있다. 공시최고에 의한 공고가 완전한 공지성을 갖기 어렵기 때문에 제권판결취득자우선설과 같이 해석하면 주권의 유통보호에 문제가 있을 수 있다. 판례는 제권판결취득자우선설의 입장이다.[120]

4. 주권의 재발행

주권을 상실한 자는 제권판결을 얻어야만 회사에 대하여 주권의 재발행을 청구할 수

119) 대법원 2013. 12. 12. 선고 2011다112247·112254 판결.
120) 대법원 1994. 10. 11. 선고 94다18614 판결.

있다(법 360 ②). 주권을 상실한 경우에는 이를 무효화시키지 않는다면 상실된 그러나 여전히 유효한 주권에 관하여 새로운 권리자가 생길 수 있기 때문이다. 기존 주권을 무효로 하는 제권판결에 기하여 주권이 재발행되었으나 제권판결에 관하여 불복의 소가 제기되어 제권판결을 취소하는 판결이 선고·확정되면 재발행된 주권은 소급하여 무효가 되고 그 소지인은 그 후 그 재발행된 주권을 선의취득할 수 없다.[121)]

제 4 편 주주명부

Ⅰ. 의의 및 제도적 취지

주주명부는 회사가 주주 및 주권에 관한 사항을 기재하여 비치하는 장부이다.[122)] 주식은 발행 이후 양도에 따라 계속 변동하는데, 회사는 주식의 실질적인 귀속을 따로 조사하지 않고 주주명부의 기재에 따라 주주권을 행사할 수 있는 자를 획일적으로 확정한다. 판례는 주주명부제도의 존재의의는 주주권의 행사가 회사와 주주를 둘러싼 다수의 이해관계인 사이의 법률관계에 중대한 영향을 줄 수 있음을 고려한 것이며, 단지 해당 주주의 회사에 대한 권리행사 사무의 처리에 관한 회사의 편의만을 위한 것이라고 볼 수 없다고 판시하였다.[123)] 주주명부는 주주권을 별도의 방법으로 입증할 필요없이 행사할 수 있도록 형식적 자격을 부여하는 제도에 그치고 주주권 자체를 창설하는 효력은 없다는 점에 주의하여야 한다. 판례도 주주권의 행사문제를 주주권의 귀속과는 별개라고 본다(後述).

Ⅱ. 주주명부의 기재사항

주주명부에는 다음의 사항을 기재하여야 하며 그 이외에 요구되는 특별한 형식은 없다(법 352).

① 주주의 성명과 주소[124)]

② 각 주주가 가진 주식의 종류·수

③ 각 주주가 가진 주식의 주권을 발행한 때에는 그 주권의 번호

④ 각 주식의 취득연월일

121) 대법원 2013. 12. 12. 선고 2011다112247·112254 판결.

122) 주주명부는 본점에 비치한다.

123) 대법원 2017. 3. 23. 선고 2015다248342 전원합의체 판결.

124) 전자주주명부를 작성한 경우에는 ①의 주주의 성명과 주소에 더하여 전자우편주소를 기재해야 한다(법 352의2 ③).

Ⅲ. 명의개서

명의개서는 주식을 취득한 자의 성명과 주소를 주주명부에 기재하는 것을 말한다(법 337 ①).

1. 명의개서의 청구

명의개서는 주식을 취득한 자가 단독으로 청구할 수 있다.[125] 주식의 양수인은 주권을 제시하면서 명의개서를 청구하면 적법한 주권의 소지인으로 추정되므로(법 336 ②). 회사는 명의개서 청구인이 적법한 양수인이 아니라는 사실을 입증하지 못하는 한 명의개서를 해 주어야 한다. 주식의 양수인은 주권을 점유하고 있지 못한 경우 자신이 주식을 인수하였음을 입증하여 명의개서를 청구할 수 있다.[126]

명의개서 청구의 상대방은 회사이므로, 설사 양도인과 주식의 귀속에 관하여 다툼이 있더라도 양도인을 상대로 명의개서절차의 이행을 구하는 소를 제기하는 것은 부적법하다. 또한 회사를 상대로 곧바로 명의개서절차를 이행을 구하지 않고 주주권 확인을 구할 경우 확인의 이익이 없다.[127] 주식의 양수인이 단순히 회사에 주식의 양수사실을 통지한 것만으로는 명의개서를 청구한 것으로 볼 수 없다.[128]

명의개서를 하지 않은 주식양수인은 회사에 대항할 수 없을 뿐이고 주주임에는 차이가 없다. 주식양수인은 주식에 관하여 명의개서를 할 것인지 아니면 명의개서 없이 이를 타인에게 처분할 것인지 등에 관하여 임의로 결정할 권리가 있으므로, 주식양도인은 다른 특별한 사정이 없는 한 회사에 대하여 주식양수인 명의로 명의개서를 하여 달라고 청구할 권리가 없다.[129]

2. 회사의 형식적 심사

주권을 점유하는 자는 적법한 소지인으로 추정되기 때문에 명의개서의 청구를 받은 회사로서도 그 형식적 자격만을 심사하여 명의개서를 하면 충분하고, 나아가 실질적으로 그 자격을 심사할 의무는 없다.[130] 설사 주권의 점유자가 무권리자라도 회사가 악의나 중대한

125) 대법원 2000. 1. 28. 선고 98다17183 판결.
126) 대법원 1992. 10. 27. 선고 92다16386 판결.
127) 대법원 2019. 5. 16. 선고 2016다240338 판결.
128) 대법원 1995. 7. 28. 선고 94다25735 판결.
129) 이러한 법리는 주권이 발행되어 주권의 인도에 의하여 주식이 양도되는 경우뿐만 아니라, 회사 성립 후 6월이 경과하도록 주권이 발행되지 않아 양도인과 양수인 사이의 의사표시에 의하여 주식이 양도되는 경우에도 동일하게 적용된다. 대법원 2010. 10. 14. 선고 2009다89665 판결.
130) 따라서 회사가 형식적 심사의무를 다하여 그에 따라 명의개서를 하였다면 특별한 사정이 없는 한 그 명의

과실이 없는 한 면책된다.

3. 전자등록의 경우

주식을 전자등록한 경우에는 회사가 전자등록기관(예탁결제원)에 소유자명세의 작성을 요청하면 전자등록기관이 소유자명세를 작성하여 회사로 통지한다. 회사는 그 통지받은 사항과 통지 연월일을 기재하여 주주명부를 작성하여 비치한다(전자등록법 37 ①, ④, ⑥).[131)]

4. 명의개서를 마치지 않은 주주(명의개서미필주주)의 지위

주식을 취득하였으나 명의개서를 하지 않은 경우 그 주주('실질주주')의 법적 지위가 문제된다. 상법 제337조 제1항을 반대해석하면 회사 이외의 제3자에 대하여는 주주임을 주장할 수 있다고 해석된다. 이와 관련하여 세 가지 쟁점이 있다.

가. 회사의 권리인정문제

회사가 명의개서를 하지 않은 실질주주에게 명의개서 되어 있는 형식주주 대신 주주권을 인정할 수 있는가의 문제이다.

(1) 편면적 구속설(실질설)

상법 제337조 제1항의 법문상 양수인이 회사에 대항할 수 없는 것 뿐이므로 회사가 양수인을 주주로 인정해 주는 것은 무방하다는 견해이다.

(2) 쌍방적 구속설(형식설)

회사도 실질주주를 주주로서 인정할 수 없다는 견해이다. 편면적 구속설과 같이 해석하면 회사가 주주명부상의 형식주주와 실질주주 중 누구를 주주로 인정할 것인지에 관한 선택권을 갖게 되어 부당하다고 한다.

(3) 판 례

대법원은 과거 편면적 구속설을 취하였으나 대법원 2017. 3. 23. 선고 2015다248342 전원합의체 판결에서 "상법 제337조 제1항에서 말하는 대항력은 그 문언에 불구하고 회사도 주주명부에의 기재에 구속되어, 주주명부에 기재된 자의 주주권 행사를 부인하거나 주주명부에 기재되지 아니한 자의 주주권 행사를 인정할 수 없다는 의미를 포함하는 것으로 해석

개서에 따른 주주명부의 기재는 적법한 것으로 보아야 한다. 이상, 대법원 2024. 6. 13. 선고 2018다261322 판결; 대법원 2019. 8. 14. 선고 2017다231980 판결; 대법원 1995. 3. 24. 선고 94다47728 판결.

131) 이와 같은 소유자명세를 통한 명의개서는 전자증권법에서 인정되는 유일한 명의개서 방식이다. 김건식/노혁준/천경훈, 앞의 책, 230면.

함이 타당하다."라고 판시하여 쌍방적 구속설로 입장을 바꾸었다.

따라서 판례는 특별한 사정이 없는 한, 주주명부에 적법하게 주주로 기재되어 있는 자는 회사에 대한 관계에서 그 주식에 관한 의결권 등 주주권을 행사할 수 있고 회사 역시 주주명부상 주주 외에 실제 주식을 인수하거나 양수하고자 하였던 자가 따로 존재한다는 사실을 알았든 몰랐든 간에 주주명부상 주주의 주주권 행사를 부인할 수 없으며, 주주명부에 기재를 마치지 않은 자의 주주권 행사를 인정할 수도 없다고 한다.132) 다만 판례가 명시적으로 인정한 명의신탁 관계 및 명의개서 미필주주 이외의 경우에 어느 범위까지－예를 들어 주주가 분실한 주식을 영득하여 명의개서를 한 경우까지－위 법리가 미치는지는 아직 불분명하다.133)

또한 위 전원합의체 판결은 권리행사의 국면에만 적용될 뿐이고 주주권 귀속의 국면에는 적용되지 않는다는 점에 유의하여야 한다. 대법원은 회사가 주주명부상 주주를 상대로 주주 지위 부존재 확인을 구할 확인의 이익이 있다고 한다.134)

그러나 명의개서에 따른 주주명부의 기재가 적법하다고 볼 수 없는 경우 명의개서 직전에 작성된 주주명부가 존재하고 그 주주명부의 기재가 적법하게 이루어진 것으로 볼 수 있다면 그 주주명부상 주주가 회사에 대한 관계에서 주주권을 행사할 수 있다.135)

나. 명의개서의 부당거절

회사가 부당하게 명의개서를 거절한 경우 취득자는 어떠한 지위에 놓이는가? 판례는 회사가 정당한 사유없이 명의개서를 거부한 경우 취득자는 명의개서 없이도 주주로서의 권리를 행사할 수 있다고 본다.136) 이 경우 취득자는 명의개서의 이행을 구하는 판결을 구할 수 있고 경우에 따라서는 손해배상을 청구할 수 있다. 또한 취득자는 명의개서 청구 이후의 이익배당, 신주발행에 대해 권리를 주장할 수 있으며 소집통지를 받지 못한 주주총회의 결의의 취소 또는 무효를 청구할 수 있다.137)

---

132) 대법원 2017. 3. 23. 선고 2015다248342 전원합의체 판결.
133) 실제 소송에서는 당사자가 주주명부라고 제출한 증거자료가 실제 주주명부인지, 정당한 효력이 있는 주주명부인지 여부가 다투어지는 경우가 있다. 이 경우 정당한 주주명부가 존재하는지 여부를 확정하기 위하여는 회사의 대표이사 또는 명의개서대리인 등 권한있는 자가 작성한 것인지, 상법 제352조 제1항 각 호에서 정한 주주명부의 기재사항이 충실하게 기재되어 있는지, 회사의 본점에 비치되어 있던 것인지, 회사가 평소 주주의 변동상황을 정확하게 반영하여 기재하고 관리하던 것인지 여부 등을 종합적으로 고려하여 판단한다. 서울고등법원 2020. 1. 23. 선고 2017나2036268 판결(확정); 대전고등법원 2018. 8. 23. 선고 2017나4930 판결(확정). 위 기준에 따라 판단한 결과 정당한 주주명부를 특정하여 인정할 수 없다면 실질주주가 회사에 대한 관계에서 주주권을 행사한다. 위 대전고등법원 2018. 8. 23. 선고 2017나14930 판결.
134) 대법원 2020. 6. 11. 선고 2017다278385·278392 판결.
135) 대법원 2024. 6. 13. 선고 2018다261322 판결.
136) 대법원 2017. 3. 23. 선고 2015다249342 판결.
137) 대법원 1993. 7. 13. 선고 92다40952 판결.

다. 명의개서 지체 중의 이익귀속관계

양수인이 명의개서를 하지 않는 동안 주주명부상의 형식주주가 주주권을 행사하여 이익배당을 받거나 신주를 인수하는 등 이익을 얻었을 경우 그 이익은 누구에게 귀속되는가?

주식양수인인 실질주주가 명의개서청구를 게을리하여 주식양수 후에 발생한 이익배당청구권이나 신주인수권 등 자익권을 행사하지 못하고 양도인이 이러한 권리를 행사하는 경우가 있다(이 경우의 주식을 '실념주' 또는 '실기주'라고 한다). 이 경우 회사와의 관계에서는 양도인이 권리행사를 하는 것이 당연하지만[138] 그 결과가 양도인과 양수인 중 누구에게 귀속하는가?[139]

이 문제에 관하여 양도인과 양수인 간의 별도의 합의가 있으면 그에 따르면 된다. 양도인과 양수인 간에 별도의 합의가 없는 경우가 문제인데, 당사자간에는 이미 주주권이 양수인에게 이전되었으므로 그 권리는 양수인에게 귀속되어야 한다(통설). 그 법적 근거로는 부당이득, 준사무관리 등이 주장되고 있다.

5. 명의개서의 효력

명의개서의 효력으로는 대항력, 자격수여적 효력, 면책적 효력이 인정된다.

가. 대항력

주식의 권리이전은 명의개서를 하지 않으면 회사에 대하여 주주권을 주장할 수 없다. 이를 명의개서의 대항력이라고 한다(법 337 ①). 이와 관련하여 회사가 명의개서를 마친 자에 대하여 그가 무권리자임을 입증하는 때에는 주주로서의 권리행사를 거절할 수 있는지 여부가 문제되고 편면적 구속설과 쌍방적 구속설의 대립이 있음은 앞서 본 바와 같다. 명의개서에 대항력을 부여하므로 주식이 양도되었더라도 양수인이 명의개서를 하지 않고 있다면 회사와의 관계에서는 여전히 양도인이 주주로서의 권리를 행사할 수 있다.[140]

그러나 대항력은 주주와 회사 간의 법률관계에 한하는 것이므로 주식 양수도 당사자 간에는 주식의 양수인이 주권의 귀속자이다. 주식의 양도뿐 아니라 상속·합병이나 유증에 의해 주주권이 이전되는 경우도 마찬가지이다. 또한 주식의 매매계약이 해제되면 주식의 귀속은 다시 양도인에게 복귀하지만 양도인이 자기 앞으로 다시 명의개서를 하지 않으면 회사에 대항하지 못한다.[141]

---

138) 대법원 2017. 3. 23. 선고 2015다248342 전원합의체 판결; 대법원 1995. 7. 28. 선고 94다25735 판결.
139) 전자는 회사법적 문제이지만 후자는 민사법적 문제이다.
140) 대법원 1988. 6. 14. 선고 87다카2599·2600 판결.
141) 대법원 2002. 12. 24. 선고 2000다69927 판결.

나. 자격수여적 효력(권리추정력)

주주명부에 주주로 명의개서가 되면 적법한 주주로 추정되기 때문에 회사에 대하여 주권을 제시하는 등의 방법으로 주주인 사실을 증명하지 않고도 주주권을 행사할 수 있다. 이러한 효력을 주주명부 혹은 명의개서의 자격수여적 효력 또는 권리추정력이라고 한다.[142] 다만 상법상 명문의 규정은 없다.

주주명부의 기재가 권리를 창설하는 효력이 있는 것은 아니므로 실체법상 주식을 적법하게 취득하지 못한 자가 명의개서를 하였다고 해서 주주권을 취득하는 것은 아니고[143] 명의개서에 자격수여적 효력이 있기 때문에 주주로 기재된 자의 주주권을 부인하는 자가 그 사실에 관한 입증책임을 진다.[144]

그 전단계 문제로 주주명부에 명의개서를 하기 위하여 주권을 가져온 사람은 자신이 어떠한 경로로 적법하게 주권을 취득하였음을 입증해야 하는가? 상법은 주권을 점유하는 자를 적법한 권리자로 추정하므로(법 336 ②) 실체적 권리를 증명할 필요없이 명의개서를 청구할 수 있다. 주주가 명의개서를 청구할 때 주권을 점유하고 있음에도 회사가 인감증명서 등 다른 서류의 제출을 요구하는 것은 자격수여적 효력을 부인하는 것이므로 효력이 없다.[145]

다. 면책적 효력

명의개서의 자격수여적 효력에 따른 반사적 효과로서 주식회사가 주주명부에 주주로 기재된 자를 주주로 취급하여 주주로서의 권리(배당금청구권·의결권·신주인수권 등) 행사를 인정하면 설혹 주주명부상의 주주가 실질주주가 아니더라도 면책된다(법 353 ①). 여기서 '면책'된다는 것은 회사가 주주명부에 따라 주주로 취급하여 한 행위가 적법하게 다루어진다는 의미이다. 판례는 주주명부상의 기재가 회사를 구속하므로 회사는 원칙적으로 주주명부에 기재된 형식주주의 주주권 행사를 부인할 수 없다고 한다.[146] 따라서 실질주주가 아니더라도 주주명부상 명의개서되어 있는 형식주주가 주주총회에 참석하여 한 의결권의 행사는 적법하게 다루어진다.

그러나 주주명부상의 주주가 주권을 절취한 자 또는 오류로 인하여 주주로 명의개서된 자 등 무권리자이고 그 사실을 회사가 알았거나 중과실로 알지 못한 경우에도 면책적 효력

142) 대법원 2018. 10. 12. 선고 2017다221501 판결.
143) 대법원 2018. 10. 12. 선고 2017다221501 판결; 대법원 1989. 7. 11. 선고 89다카5345 판결.
144) 대법원 2010. 3. 11. 선고 2007다51501 판결.
145) 대법원 1995. 3. 24. 선고 94다47728 판결. 다만, 주권 발행 전의 주식양도나 상속·합병 등 포괄승계의 경우에는 주권의 제시가 없이도 양도나 상속·합병 사실을 입증하여 명의개서를 청구할 수 있다.
146) 대법원 2017. 3. 23. 선고 2015다248342 전원합의체 판결.

이 미치는지 여부에 관하여는 판례의 입장이 분명하지 않고 학설도 대립한다. 이런 견해의 대립은 결국 위 대법원 2017. 3. 23. 선고 2015다248342 전원합의체 판결의 적용범위에 관한 해석상의 다툼이기도 하다.

Ⅳ. 주주명부의 폐쇄와 기준일

1. 의 의

주식회사의 주식은 원칙적으로 자유롭게 양수도할 수 있으므로 주주총회, 이익배당 등과 같이 주주권을 행사할 주주를 고정할 필요가 있는 경우에는 회사가 그와 같은 주식의 양수도에 관계없이 회사에 대한 관계에서 주주권을 행사할 주주를 고정시킬 필요가 있는데 그 목적을 위한 제도가 「주주명부의 폐쇄」와 「기준일」이다.

2. 주주명부의 폐쇄

가. 의의 및 제도적 취지

주주명부의 폐쇄는 일정기간 주주명부의 기재를 정지하는 것을 말한다.

주주명부를 폐쇄한 기간 중에는 주식양수인이 회사에 대하여 권리행사를 할 수 없으므로 상법은 주주명부의 폐쇄기간에 제한을 두어 3개월을 초과할 수 없도록 하고(법 354 ②), 폐쇄기간 개시 2주간 전에 이를 공고하도록 규정한다(법 354 ④ 本).

다만, 전환주식·전환사채의 전환청구(법 350 ②, 516 ②), 신주인수권부사채의 신주인수권행사(법 516의9) 등은 폐쇄기간 중에도 가능하지만 그로 인하여 발행되는 신주는 폐쇄기간 중의 주주총회 결의에는 참여할 수 없다.

▌사 례

甲 주식회사는 2022년 2월 26일에 주주총회를 하면서 2022년 1월 1일부터 2월 26일까지 주주명부를 폐쇄하였다. 만일, A가 1월 5일 B로부터 甲 주식회사 주식을 매수하였다고 하더라도 명의개서를 할 수 없으므로 甲 주식회사에 대하여 주주로서의 의결권을 행사할 수 없게 된다.

가. 주주명부 폐쇄기간 중에 A가 甲 주식회사를 상대로 명의개서를 청구하였다. 甲 주식회사는 A의 청구를 받아들여 임의로 명의개서를 해 줄 수 있는가?

나. 만일 甲 주식회사가 A에 대하여 명의개서를 해 준다면 그 효력은 어떠한가?

〈해설〉

통설은 주주평등의 원칙에 반하므로 甲 주식회사가 A에 대하여 명의개서를 해 줄 수 없다고 한다. 그럼에도 불구하고 甲 주식회사가 A에 대하여 명의개서를 해 주었다면 명의개서의 효력에 관하여는 견해 대립이 있다.

제1설은 명의개서를 절대적으로 무효로 본다. 따라서, 2022. 2. 27. 이후에 다시 B로부터 A에게로 다시 명의개서를 해야 한다.

제2설은 명의개서 자체는 유효하지만 명의개서로서의 효력은 2022. 2. 27. 이후에 발생한다고 본다. 이 경우 명의개서를 다시 할 필요없다.

3. 기준일

주식회사는 일정한 날에 주주명부에 기재된 주주 또는 질권자를 그 권리를 행사할 주주 또는 질권자로 볼 수 있는데 그 일정한 날을 '기준일'이라고 한다.[147]

기준일은 주주 또는 권리자로서 권리를 행사할 날에 앞선 3개월 내의 날로 정하여야 하고 2주간 전에 공고하여야 한다(법 354 ③, ④ 本). 다만 정관으로 그 기간 또는 날을 지정한 때에는 그렇지 않다. 기준일 공고시에는 그 목적을 기재하여야 하며 그 목적 범위 내에서만 기준일의 효력이 있다.[148]

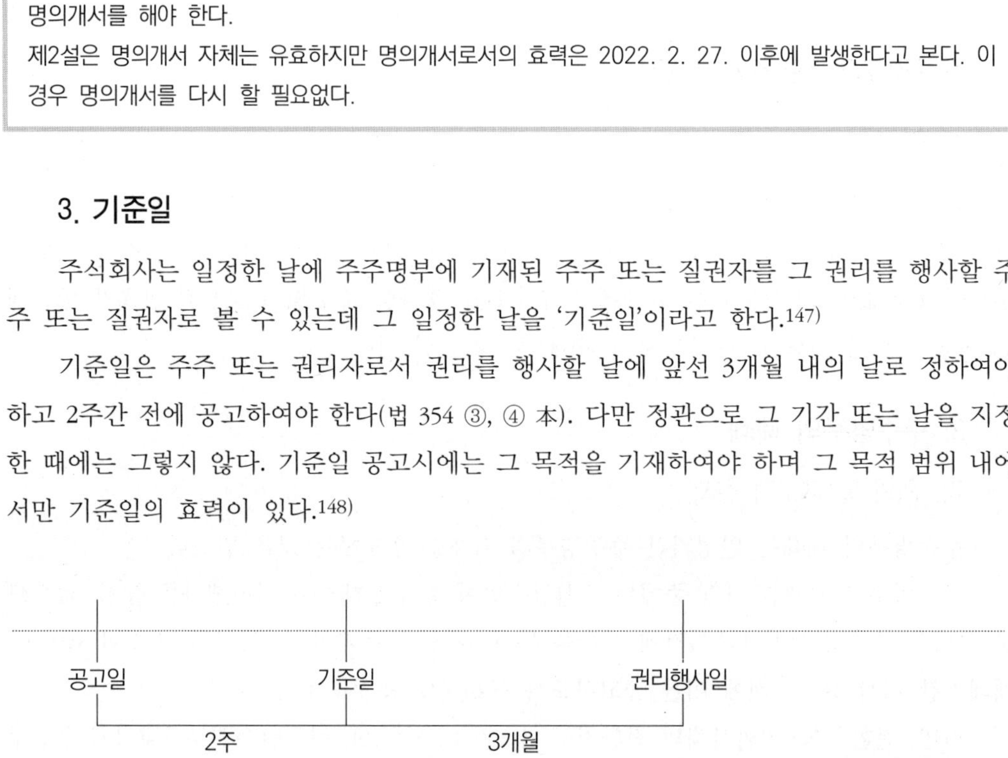

Ⅴ. 명의개서대리인

회사는 정관에 규정을 두어 명의개서사무를 대행하는 명의개서대리인을 둘 수 있다(법 337 ②).

Ⅵ. 주식의 전자등록

전자등록제도는 유가증권을 전자적으로 관리하기 위하여 도입한 제도로서 주식도 전자등록의 대상이 된다. 상장회사의 주식은 반드시 전자등록을 하여야 하고(전자등록법 25 ①) 실물주권은 발행할 수 없다(전자등록법 36 ①, ②).

---

147) 예컨대, "2021 사업연도의 배당금지급은 2021. 12. 31. 18시 현재의 주주로 한다."
148) 송옥렬, 앞의 책, 850면.

전자등록법에 따르면 주식에 관한 법률관계는 전자등록기관(예탁결제원)이 관리하는 증권회사의 자기계좌부와, 증권회사가 관리하는 고객별 고객계좌부에 기재함으로써 변동된다. 전자등록은 후술하는 주권의 교부와 동일한 효력이 있는 권리이전(양도, 질권설정)의 효력발생요건이다(법 356의2 ②). 전자등록계좌부[149]에 행한 기재는 자격수여적 효력을 가지므로 전자등록계좌부에 주식을 보유하거나 질권을 취득한 것으로 등록된 자는 그 권리를 적법하게 보유한 것으로 추정한다(법 356의2 ③). 다만 전자등록계좌부의 기재는 주주권의 귀속에 관한 효력요건으로 회사에 대한 관계에서 명의개서의 효력을 갖는 것은 아니므로 회사에 대하여 주주권을 행사하려면 명의개서를 하여야 한다. 주식을 발행한 회사는 상법상 기준일이 정해지면 전자등록기관에 소유자명세를 신청하고(전자등록법 37 ①), 통지를 받은 소유자명세를 기초로 주주명부를 작성하여 명의개서 절차를 이행한다(같은 법 37 ⑥). 선의로 중과실 없이 전자등록계좌부의 권리 내용을 신뢰하고 소유자나 질권자로 전자등록한 자는 그 권리를 선의취득할 수 있다(법 356의2 ②, ③).

VII. 전자주주명부

상법은 전자주주명부를 인정하고 있다(법 제352조의2).

(보론) 대법원 2017. 3. 23. 선고 2015다248342 전원합의체 판결

1. 사실관계

실제 사실관계는 매우 복잡하므로 중요 쟁점만 요약하자면, 주식을 명의수탁한 자인 형식주주가 회사에 대하여 명의개서를 한 경우 주주로서의 권리를 행사할 수 있는지 여부가 문제된 사안이다.

2. 다수의견

가. ① 주식을 양수하였으나 아직 주주명부에 명의개서를 하지 아니하여 주주명부에는 양도인이 주주로 기재되어 있는 경우뿐만 아니라, ② 주식을 인수하거나 양수하려는 자가 타인의 명의를 빌려 회사의 주식을 인수하거나 양수하고 타인의 명의로 주주명부에의 기재까지 마치는 경우에도, 회사에 대한 관계에서는 주주명부상 주주만이 주주로서 의결권 등 주주권을 적법하게 행사할 수 있다.

나. 언제든 주주명부에 주주로 기재해 줄 것을 청구하여 주주권을 행사할 수 있는 자가 자기의 명의가 아닌 타인의 명의로 주주명부에 기재를 마치는 것은 적어도 주주명부상 주주가

149) 자기계좌부와 고객계좌부를 총칭하여 전자등록계좌부라고 한다(전자등록법 2 III).

회사에 대한 관계에서 주주권을 행사하더라도 이를 허용하거나 받아들이려는 의사였다고 봄이 합리적이다.

다. 따라서 주주명부상 주주가 주식을 인수하거나 양수한 사람의 의사에 반하여 주주권을 행사한다 하더라도, 이는 주주명부상 주주에게 주주권을 행사하는 것을 허용함에 따른 결과이므로 주주권의 행사가 신의칙에 반한다고 볼 수 없다.

라. 주주명부상의 주주만이 회사에 대한 관계에서 주주권을 행사할 수 있다는 법리는 주주에 대하여만 아니라 회사에 대하여도 마찬가지로 적용되므로, 회사는 특별한 사정이 없는 한 주주명부에 기재된 자의 주주권 행사를 부인하거나 주주명부에 기재되지 않은 자의 주주권 행사를 인정할 수 없다.

마. 주주명부에 기재를 마치지 않고도 회사에 대한 관계에서 주주권을 행사할 수 있는 경우는 주주명부에의 기재 또는 명의개서청구가 부당하게 지연되거나 거절되었다는 등의 극히 예외적인 사정이 인정되는 경우에 한한다.

바. 다수의견의 논거는 구체적으로 다음과 같다.

① 회사가 주주권 행사 주체를 임의로 선택할 수 있다면 상법상 주주명부제도의 존재이유를 부정하고 주주 사이에 주주권 행사요건을 달리 해석하여 주주평등의 원칙에 반한다.

② 회사가 주주명부상 주주와 주주명부에 기재를 마치지 않은 주식인수인이나 양수인 중 누구에게 권리행사를 인정할 것인지에 관하여 선택권을 갖게 된다.

③ 회사가 주주명부상 주주 및 소유자 모두에 대해서 권리행사를 거절하여 권리행사의 공백이 생길 수 있다.

④ 회사가 정당한 권리자를 잘못 판단할 경우 주주총회결의 취소사유가 발생하는 등 다수의 주주와 회사를 둘러싼 법률관계 전체를 불안정하게 하여 이해관계인 및 거래상대방에게 예측하지 못한 불이익을 발생시킬 수 있다.

⑤ 회사가 일일이 주주명부상 주주의 배후를 조사하여 주주명부상 주주의 주주권 행사를 배제하고 주식인수인 또는 양수인의 주주권 행사를 인정하는 것은 사실상 불가능하고 바람직하지도 않다.

3. 변경대상 기존 대법원 판결

가. 명의신탁관계에서 실질주주만 주주권을 행사할 수 있다고 본 사례[150)]

"타인의 명의를 빌려 회사의 주식을 인수하고 그 대금을 납입한 경우에 그 타인의 명의로 주주명부에 기재까지 마쳐도 실질상의 주주인 명의차용인만이 회사에 대한 관계에서 주주권을 행사할 수 있는 주주에 해당한다."

150) 대법원 1975. 9. 23. 선고 74다804 판결; 대법원 1977. 10. 11. 선고 76다1448 판결; 대법원 1980. 9. 19. 자 80마396 결정; 대법원 1980. 12. 9. 선고 79다1989 판결; 대법원 1985. 12. 10. 선고 84다카319 판결; 대법원 1998. 4. 10. 선고 97다50619 판결; 대법원 2011. 5. 26. 선고 2010다22552 판결; 대법원 2011. 5. 26. 선고 2010다27519 판결.

나. 주식인수대금을 납입한 주식양수인은 명의개서 없이 주주권을 행사할 수 있다고 본 사례[151]
"회사는 주식인수 및 양수계약에 따라 주식의 인수대금 또는 양수대금을 모두 납입하였으나 주식의 인수 및 양수에 관하여 상법상의 형식적 절차를 이행하지 아니한 자의 주주로서의 지위를 부인할 수 없다"

다. 회사가 명의개서를 하지 않은 실질주주를 주주로 인정하는 것은 무방하다고 본 사례[152]
"상법 제337조 제1항의 규정은 주식의 취득자가 주주명부상의 주주명의를 개서하지 아니하면 스스로 회사에 대하여 주주권을 주장할 수 없다는 의미이고, 명의개서를 하지 아니한 실질상의 주주를 회사측에서 주주로 인정하는 것은 무방하다."

라. 회사가 주주명부상 주주가 형식주주에 불과하다는 것을 알았거나 중대한 과실로 알지 못하였고 또한 이를 용이하게 증명하여 의결권 행사를 거절할 수 있었음에도 의결권 행사를 용인·허용하면 그 의결권 행사는 위법하다고 본 사례[153]
"주식회사가 주주명부상의 주주에게 주주총회의 소집을 통지하고 그 주주로 하여금 의결권을 행사하게 하면, 그 주주가 단순히 명의만을 대여한 이른바 형식주주에 불과하여도 그 의결권 행사는 적법하지만, 주식회사가 주주명부상의 주주가 형식주주에 불과하다는 것을 알았거나 중대한 과실로 알지 못하였고 또한 이를 용이하게 증명하여 의결권 행사를 거절할 수 있었음에도 의결권 행사를 용인하거나 의결권을 행사하게 한 경우에는 그 의결권 행사는 위법하게 된다."

제 5 편 주주권의 변동

주주권은 주식의 취득·상실에 의해 발생·소멸한다. 당사자의 약정이나 정관에 의하여도 주식과 주주권의 변동을 분리시킬 수 없다.[154] 또한 주주의 의사에 반하여 주주를 제명시킴으로써 주주권을 박탈할 수도 없다.[155] 주주권의 변동원인 중에 가장 중요한 것이 주식의 양도이다.

---

151) 대법원 1980. 4. 22. 선고 79다2087 판결. 관련하여 대법원 2017. 12. 5. 선고 2016다265351 판결을 참조하라.
152) 대법원 1989. 10. 24. 선고 89다카14714 판결; 대법원 2001. 5. 15. 선고 2001다12973 판결; 대법원 2005. 2. 17. 선고 2004다61198 판결; 대법원 2006. 7. 13. 선고 2004다70307 판결.
153) 대법원 1998. 9. 8. 선고 96다45818 판결; 대법원 1998. 9. 8. 선고 96다48671 판결.
154) 대법원 1967. 6. 13. 선고 67다302 판결.
155) 대법원 2007. 5. 10. 선고 2005다60147 판결(주식회사의 주주의 구성이 소수에 의하여 제한적으로 이루어져 있다거나 주주 상호간의 신뢰관계를 기초로 하고 있다는 등의 사정이 있다 하더라도, 그러한 사정만으로 인적 회사인 합명회사, 합자회사의 사원 제명에 관한 규정을 물적 회사인 주식회사에 유추적용하여 주주의 제명을 허용할 수 없다).

Ⅰ. 주식의 양도

1. 개 념

주식의 양도는 법률행위에 의하여 주식을 이전하는 것을 가리킨다. 주식의 양도로 인해 주주의 지위가 양수인에게 이전된다. 그러나 주주의 지위로 인해 생긴 권리라 하더라도 이미 주주권으로부터 분리되어 구체화된 권리(예컨대 주주총회의 배당결의에 의해 발생한 배당금지급청구권)는 함께 이전되지 않는다.

주식양도에는 원인이 되는 채권행위(매매, 교환, 증여 등)가 선행하며 주식양도는 준물권행위이다. 물권 이외의 권리인 사원권의 변동(발생, 변경, 소멸)을 가져오는 행위이기 때문이다. 이를 물권변동과 비교하여 보면 아래 표와 같다.

> ○ 물건에 대한 지배권: 물권
> 원인행위(채권행위) → 물권행위(물권적 합의 + 공시방법) → 물권변동
>
> ○ 물건 이외의 것(채권, 사원권, 특허권 등)에 대한 지배권: 준물권
> 원인행위(채권행위) → 준물권행위(준물권적 합의 + 주권교부·전자등록부기재) / 주식양도 → 사원권 변동

2. 경제적 기능

주식양도는 경제적 기능은 상장주식인지 혹은 비상장주식인지에 따라서 다르다. 상장주식의 경우 주식양도를 통해서 경영권을 이전하거나 투자를 회수할 수 있지만 비상장주식은 현실적으로 유통성이 없으므로 주로 경영권을 이전하는 기능을 맡는다.

3. 양도자유의 원칙

주식회사에서는 출자의 환급이 원칙적으로 제한되므로 주주가 출사를 회수할 수 있는 거의 유일한 방법을 주식을 양도하는 것이다. 따라서 주식의 양도성이 확보되어야 한다. 반면, 가족회사와 같은 소규모 폐쇄회사의 경우에는 주주들의 인적 구성도 중요하기 때문에 주식의 양도성을 제한할 필요도 있다. 상법은 이 두 필요를 동시에 고려하여 양도자유를 원칙으로 하면서 예외적으로 정관에 규정을 두어 제한할 수 있도록 하였다(법 335 ①).

대법원은 상법 제335조 제1항 본문이 '주식은 타인에게 이를 양도할 수 있다'고 하여 주식양도의 자유를 보장하고 있으므로 회사와 경쟁관계에 있거나 분쟁 중에 있어 그 회사의 경영에 간섭할 목적을 가지고 있는 자에게 주식을 양도하였다고 하여 그러한 사정만으

로 이를 반사회질서 법률행위라고 할 수는 없다고 판시한 바 있다.[156)]

4. 양도방법

가. 양도의 합의

채권행위로서 양도의 합의가 선행하여야 한다.

나. 주권의 교부 또는 전자등록계좌부에 기재

주식의 양도는 양도의 합의 외에 주권의 교부(다만, 전자등록한 주식의 경우에는 전자등록계좌부에 기재. 법 356의2 ②)되어야 성립한다(법 336 ①). 즉, 주권의 교부 또는 전자등록계좌부 기재는 주식양도의 대항요건이 아니라 성립요건이다.

민법의 법리에 의하면 주권은 기명증권 중 지시증권에 해당하므로 배서·교부에 의하여 권리가 이전되는 것이 원칙이다. 그러나 상법은 주권의 경우에는 배서 없이 교부만에 의하여 양도할 수 있도록 규정한다(법 336 ①). 따라서 주권의 경우 이면의 주주명의와 실제 주주가 일치하지 않을 수 있다. 주권의 교부는 현실의 인도 이외에 간이인도, 점유개정, 반환청구권의 양도에 의할 수 있다.[157)]

다. 적용범위

상법 제336조 제1항은 주식의 양도(계약에 의한 권리이전)에 관하여만 적용된다. 따라서 상속이나 합병에 의하여 주식을 취득하는 경우에는 주권의 교부(또는 전자등록계좌부 기재) 없이 권리가 이전한다. 다만 이 경우에도 주식을 취득한 주주가 회사에 대항하기 위하여 명의개서를 하여야 한다.

주식의 양도계약(원인행위)이 해제된 경우에는 주권의 반환이 없더라도 주식양수인은 주주의 지위를 상실한다.[158)] 타인에게 주식을 명의신탁하였다가 그 명의신탁계약을 해지한 경우에도 주주권이 바로 신탁자에게 회복되고 양도의 합의나 주권의 교부가 필요하지 않는다.[159)] 그러나 회사에 대항하려면 명의개서를 해야 한다.

---

156) 대법원 2010. 7. 22. 선고 2008다37193 판결.

157) 대법원 2014. 12. 24. 선고 2014다221258·221265 판결. 다만 주식매수청구권을 행사하려면 현실의 인도를 하여야 한다. 대법원 2014. 12. 24. 선고 2014다221258·221265 판결.

158) 대법원 1994. 6. 28. 선고 93다44906 판결. 해제의 효력에 관한 물권적 효력설에 대응하는 것이다.

159) 대법원 1992. 10. 27. 선고 92다16386 판결. 원칙적으로 명의신탁자는 명의수탁자를 상대로 주주권의 확인을 구할 이익이 있는데(대법원 2013. 2. 14. 선고 2011다109708 판결) 명의수탁자가 이미 주식을 제3자에게 양도하여 명의수탁자가 주주명부상 주주로 등재되어 있지 않다면 이러한 명의수탁자를 상대로 주주권의 확인을 받더라도 회사나 제3자에게 대항할 수 없으므로 확인의 이익이 없다는 것이 판례이다. 대법원 2014. 12. 11. 선고 2014다218511 판결.

주권불소지제도에 따라 주권을 소지하지 않은 자(법 358의2)가 주식을 양도할 경우에도 상법 제336조 제1항이 적용된다. 따라서 주주는 주식을 양도하기에 앞서 회사에 주권의 발행 또는 반환을 청구하여야 한다.

주식회사가 주권을 발행하기 전에는 원칙적으로 주식을 양도할 수 없으나 회사성립 후 또는 신주발행후 6개월이 지나도록 회사가 주권을 발행하지 않는 경우에는 예외적으로 양도할 수 있다(법 335 ③). 이 경우에는 주권이 없으므로 상법 제336조 제1항이 적용되지 않으며 당사자 간의 의사표시만으로 양도할 수 있다.

라. 주권점유의 권리추정력

주권을 교부하면 주식이 양도된다. 따라서 현재 주권을 점유하고 있는 자는 주권을 교부받은 자로서 주식을 적법하게 양수한 자일 가능성이 높다. 따라서 상법 제336조 제2항은 주권의 점유자를 적법한 소지인으로 추정한다. 관련하여 명의개서에 의한 추정력과 주권점유에 의한 추정력의 상호 관계가 문제가 되는데, 주주명부상 명의개서에 의한 추정력은 회사에 대한 주주권 행사의 측면에서 적용되고 주권점유의 추정력은 그 밖의 일반법률관계, 예컨대, 주식의 양도, 선의취득, 명의개서 청구 등에서 적용된다.[160]

주권의 점유자는 위 규정을 근거로 주권을 점유하고 있음을 입증하면 바로 회사에 대하여 명의개서를 청구할 수 있고, 명의개서가 되면 주주명부의 기재를 근거로 회사에 대하여 주주권을 행사할 수 있다. 회사는 주권의 점유자가 명의개서를 청구하는 경우 그 점유가 권원이 없음을 입증하지 못한다면 명의개서를 해 주어야 한다. 일단 회사가 명의개서를 해 주면 사후적으로 양수인이 무권리자로 밝혀지더라도 특히 악의나 중과실이 없는 한 면책된다.[161] 위 상법 제336조 제2항에 따른 법률상 추정력은 주권을 선의취득할 수 있는 논리적 전제가 된다.

5. 주권의 선의취득

가. 의 의

주식을 양도한 자가 무권리자라 하더라도 일정한 요건하에서 양수인이 선의로 주권을 취득하면 양수인은 적법하게 주권을 취득하여 주주 또는 주식의 질권자로서의 지위를 취득한다. 이를 주권의 선의취득이라고 한다(법 359).

160) 권기범, 「현대회사법론」, 제8판, 삼영사, 2021, 596면.
161) 이철송, 앞의 책, 380면.

나. 요 건

(1) 유효한 주권의 존재

주권의 선의취득은 주권이 유효할 것을 전제로 한다.

(2) 주식의 처분가능성

법률에 의하여 처분이 금지되어 있는 주식은 양수인이 해당 주식을 취득하는 것이 불가능하므로[162] 선의취득도 허용될 수 없다.

(3) 무권리자로부터의 양수

양도인이 무권리자여야 한다. 민법의 경우 도품, 유실물에 대해서는 선의취득이 인정되지 않지만 주권의 경우에는 그러한 제한이 없다. 나아가 양도인이 권리자이기는 하지만 거래행위 자체에 하자가 있는 경우(그가 제한능력자이거나 의사표시에 하자가 있어 취소한 때 또는 무권대리인이 양도한 경우)에도 선의취득이 인정되는가? 다수설은 양도인이 무권리자인 경우에 한하여 선의취득이 가능하다고 하는데 반해 소수설은 유권리자의 양도행위가 무효·취소된 때에도 선의취득이 가능하다고 한다. 판례는 무권대리인으로부터 양수받은 사안에서 소수설과 같이 선의취득이 가능한 것으로 보았고,[163] 제한능력이나 대리권흠결 등 교부계약에 하자가 있는 경우에도 선의취득이 가능하다는 입장으로 볼 여지가 있다.[164] 판례는 "어떤 사유로든 점유를 잃은 경우"라고 규정하고 있는 법문을 중요시하는 것으로 이해하는 견해도 있다.[165]

(4) 양도에 의한 취득

선의취득은 거래의 안전을 보호하기 위한 것이므로 법률행위에 의한 권리이전(=양도)의 경우에만 인정된다. 따라서 양수인은 주권을 교부받거나 투자자계좌부에 기재가 되어야 한다. 주권 교부에는 점유개정에 의한 점유이전(교부)이 포함되지 않는다.[166]

(5) 양수인의 주관적 요건

양수인은 선의·무중과실이어야 한다. 선의·무중과실은 취득시기를 기준으로 판단한다.[167] 주권점유의 권리추정력에 의해 양수인은 선의·무중과실로 추정되므로(법 336 ②) 이를 부인하는 자가 고의 또는 중과실이 있음을 입증하여야 한다.

---

162) 대법원 1978. 7. 25. 선고 76다2990 판결.
163) 대법원 1995. 2. 10. 선고 94다55217 판결.
164) 대법원 2018. 7. 12. 선고 2015다251812 판결.
165) 송옥렬, 앞의 책, 853면.
166) 대법원 1964. 5. 5. 선고 63다775 판결.
167) 대법원 2018. 7. 12. 선고 2015다251812 판결.

다. 선의취득의 효과

선의취득자는 적법하게 주권을 취득하고 나아가 주주권을 취득한다. 그 반사적 효과로 진정한 권리자는 주주권을 잃는다.

II. 정관에 의한 주식양도 제한

1. 의 의

특히 소규모 폐쇄회사의 경우 주주 간의 인적 관계가 중요하다는 점에서는 인적회사와 다를 바 없다. 따라서 주주의 변동을 제한할 필요성이 인정된다. 상법은 정관에 규정을 두면 주식의 양도시에 이사회의 승인을 거치도록 함으로써 주식의 양도를 제한할 수 있도록 하고 있다(법 335 ① 但). 주식의 양도를 금지하는 것이 아니라 제한하는 것에 그치기 때문에 양도를 원하는 주주는 누군가에게는 반드시 양도할 수 있다. 다만, 상장주식은 유통성이 절대적으로 보장되어야 하므로 양도를 제한하면 상장폐지를 하여야 한다.[168]

2. 양도제한의 적용범위

상법 제335조에 의한 제한은 양도를 제한하는 것이므로 법률행위에 의한 이전에 관하여만 적용된다. 상속·합병과 같은 법률규정에 의한 주식의 이전 및 담보제공에 관하여는 적용되지 않는다.

3. 양도제한의 방법

상법은 주식의 양도시에 이사회의 승인을 얻게 하는 방식의 양도제한만을 인정한다. 이사회는 주식이 적절하지 않은 양수인에게 양도되는 경우에는 그 양도를 거부할 수 있다. 그러나 주주에게도 주식의 양도를 통한 출자회수를 보장해 주어야 하기 때문에 이사회가 승인을 거부할 경우 양도인과 (당초의) 양수인은 다음의 조치를 취할 수 있다.

가. 양도인

양도인은 회사에 대해 ① 당초의 양수인에 갈음하여 주식을 양수할 자를 지정해 줄 것을 청구하거나 ② 회사가 대신하여 주식을 매수하여 줄 것을 청구할 수 있다.

---

168) 상장규정상 상장회사가 주식의 양도를 제한하면 상장폐지 사유에 해당한다.

나. 양수인

상법은 양도인이 이사회의 승인 없이 주식을 양도하더라도 그 양도는 양도인과 양수인 간에는 효력이 있음을 전제로 한다. 따라서 그러한 경우에는 양수인이 이사회의 승인절차를 밟는다. 이사회가 양수인의 승인신청을 거부하면 양수인은 ① 새로운 양수인을 지정해 줄 것을 청구하거나 ② 회사에 주식매수를 청구할 수 있다.

사 례

甲 주식회사 주주 A는 甲 주식을 B에게 양도하려고 하는데 甲 주식회사는 주식의 양도를 제한할 수 있는 정관 규정을 두고 있다. 이 경우 주식의 양수도 당사자는 양도의 승인을 청구하려면 어떻게 하여야 하는가?

〈해설〉

① 주식의 양도 이전

양도 이전에는 A가 甲 주식회사 이사회에 B에 대한 양도의 승인을 청구할 수 있다. 만일 甲 주식회사 이사회가 그 승인을 거부한 경우 ㉠ A는 甲 주식회사의 이사회에 대해 양도상대방을 지정해 줄 것을 청구할 수 있다. ㉡ A는 甲 주식회사가 주식을 매수해 줄 것을 청구할 수 있다. 혹은 ㉢ 승인의 거부에도 불구하고 A는 B에게 양도를 하고 B가 다시 이사회에 승인을 청구하도록 할 수 있다(법 335의7 ①).

② 주식의 양도 이후

주식의 양도 이전에는 이사회의 승인을 청구하지 않고 A가 B에게 양도한 후에 B로 하여금 승인을 청구하도록 하는 것도 가능하다.

4. 양도제한의 요건

가. 정관의 규정

회사가 이사회 승인에 의하여 양도를 제한하려면 정관에 규정이 있어야 한다. 특정한 종류주식만 양도를 제한하는 것도 가능하다(통설). 회사는 양도제한을 등기하여야 하고(법 317 ② III의2), 주식청약서(법 302 ② V의2) 및 주권(법 356 VI의2)에 기재하여야 한다.[169]

나. 이사회의 승인

상법이 허용하는 주식의 양도제한방법은 이사회의 승인을 얻게 하는 것이다(법 335 ① 단서). 그 밖의 다른 방법으로 제한할 수는 없다.[170] 예컨대, 대표이사의 승인을 받도록 하

169) 주식청약서에 양도제한을 기재하지 않은 경우에는 주식청약서의 요건흠결로서 인수의 무효주장사유가 된다(법 320, 427).

170) 자본금총액이 10억원 미만의 소규모회사에서 이사회가 없는 경우에는 대신 주주총회의 승인을 거치도록

거나 주주 전원의 동의를 얻도록 하는 정관 규정[171]은 무효이다. 이사회의 승인을 얻게 하는 것 이외에는 직접적으로 주식의 양도를 금지할 수 없다. 특히 일정기간 주식의 양도를 금지하는 것도 회사에 대한 관계에서는 무효이다(後述).

한편, 주식의 양도에 대하여 총주주의 동의가 있거나 1인회사에서 1인 주주가 주식을 양도한 경우에는 이사회의 승인이 없더라도 유효라고 해석하는 견해도 있다. 정관에 의한 양도제한의 취지가 주주의 의사에 반하는 다른 주주의 참여를 배제하는 것에 있기 때문이다.[172]

다. 승인없는 양도의 효력: 상대적 무효

승인없는 양도는 회사에 대하여는 효력이 없다(법 335 ②). 회사의 승인이 없더라도 당사자 간에서는 유효하다.[173] 상법 제335조의7은 주식의 양수인도 회사에 대해 그 취득의 승인을 청구할 수 있고 승인거절시 양도상대방의 지정 또는 주식의 매수를 청구할 수 있다고 규정하고 있는데, 당사자 간에는 이사회의 승인 없이도 양도가 유효하다는 것을 전제로 하는 것이다.

라. 승인청구자

양도인, 양수인 모두 승인청구를 할 수 있다. 양도인은 양도 이전에 승인청구를 하고 양수인은 양도 이후에 승인청구를 할 수 있다.

마. 승인 청구 및 결정

승인을 청구하는 양도인 또는 양수인은 회사에 대하여 양도의 상대방 및 양도주식의 종류와 수를 기재한 서면으로, 또는 양수인이 양수한 주식의 종류와 수를 기재한 서면으로 승인을 청구할 수 있다(법 335의2 ①, 335의7 ①). 회사는 위 청구에 대해 1개월 이내에 주주 또는 양수인에게 서면으로 승인 여부를 통지하여야 한다(법 335의2 ②, 335의7 ②). 이 기간 내에 통지하지 않으면 이사회는 양도를 승인한 것으로 본다(법 335의2 ③, 335의7 ②). 이사회의 결의에 하자가 있었는데 대표이사가 양도를 승인한다고 통지를 한 경우에는 양수인에게 고의 또는 중대한 과실이 없는 한 회사는 양도의 승인이 없었다는 사실로써 대항할 수 없다는 것이 통설이다.

한다(법 383 ①, ④).

171) 대법원 2000. 9. 26. 선고 99다48429 판결.

172) 송옥렬, 앞의 책, 721면.

173) 대법원 2008. 7. 10. 선고 2007다14193 판결.

만일 이사회가 승인을 거부한 경우 그 거부통지를 받은 양도인 또는 양수인은 거부통지를 받은 날로부터 20일 내에 회사에 대하여 양도상대방의 지정 또는 주식의 매수를 청구할 수 있다(법 335의2 ④, 335의7 ②).

바. 양도상대방의 특정 정도

상법은 양도상대방의 자격 등을 제한하지 않으므로 특별한 사정이 없는 한 자연인은 물론 회사나 자본시장법에 따른 회사 형태의 집합투자기구, 설립 예정이거나 설립 중인 회사도 양도의 상대방이 될 수 있다. 다만 주주의 양도승인 청구가 적법하려면 양도의 상대방이 주주가 될 경우 회사 경영에 어떠한 영향이 있을 것인지 승인 주체인 이사회가 가늠할 수 있을 정도로 특정되어야 한다. 또한 승인청구 시에 원칙적으로 양도의 상대방과 사이에 주식양도계약을 체결하였거나 체결을 위한 협상이 상당한 정도로 진행되어야만 하는 것은 아니다.[174]

사. 양도상대방 지정청구

(1) 양도상대방의 지정

청구인이 양도상대방의 지정청구가 있을 경우에는 이사회의 결의로 지정한다(법 335의3 ①).

회사는 지정청구를 받은 날로부터 2주간 내에 청구인 및 양도상대방으로 지정된 자에게 서면으로 통지하여야 한다(법 335의3 ①, 335의7 ②). 이 기간 내에 위 통지를 하지 않으면 이사회는 주식의 양도를 승인한 것으로 본다(법 335의3 ②).

(2) 지정매수인의 매도청구권(주식선매권)

이사회의 결의에 의해 양도상대방으로 지정된 자는 지정통지를 받은 날로부터 10일 이내에 지정청구인에 대해 서면으로 해당 주식을 자기에게 매도하도록 청구할 수 있다(법 335의4 ①, 335의7 ②). 이 청구는 형성권의 행사이다. 지정매수인이 위 기간 내에 지정청구인에게 통지하지 않으면 그 매도청구권이 소멸하고 회사는 양도를 승인한 것으로 본다(법 335의4 ②).

(3) 매수가격의 결정

지정매수인이 매도청구권을 행사할 경우 매수가격을 결정해야 한다. 매수가격은 지정청구인과 지정매수인이 협의하여 정한다(법 335의5 ①). 30일 내에 매수가격의 협의가 이루

174) 대법원 2022. 7. 28. 자 2020마5054 결정.

어지지 않으면 법원에 매수가격의 결정을 청구할 수 있다(법 335의5 ②, 374의2 ④). 법원이 매수가격을 결정할 때에는 회사의 재산상태, 그 밖의 사정을 참작하여 공정한 가액을 산정하여야 한다(법 335의5 ②, 374의2 ⑤). 대법원은 비상장주식의 경우 업종의 특성, 수익구조, 경영상황 등을 고려하여 적절한 평가방식을 채택할 수 있다고 한다.[175)]

아. 회사에 대한 매수청구

(1) 매수청구

주식의 양도인 또는 양수인이 회사에 대해 '해당 주식의 매수'를 청구한 경우 회사는 20일간의 매수청구기간이 종료하는 날로부터 2개월 이내에 그 주식을 매수하여야 한다(법 335의6, 법 374의2 ②). 여기서 매수청구의 효력에 관하여 회사의 매수가격협의의무를 발생시킬 뿐이라고 보는 견해도 있으나 통설과 판례[176)]는 그 매수청구는 형성권의 행사로서 회사의 승낙없이 매수청구를 하였을 때 매매계약이 성립하고 그 매매대금의 지급기한이 매수청구기간 종료일로부터 2개월이라는 의미로 해석한다. 판례는 2개월 이내에 주식의 매수가액이 확정되지 않은 경우에도 위 법리가 적용된다고 본다. 따라서 위 기간의 경과로 회사에 지체책임이 발생하고 추후에 매매대금이 확정된 경우 지급기한 이후부터 소급적으로 지연이자를 가산하여야 한다.

(2) 매수가격의 결정

주식의 매수가격은 매수청구인과 회사가 협의하여 결정하는 것이 원칙이지만(법 335의6, 374의2 ③), 30일 내에 협의가 이루어지지 않으면 회사 또는 매수청구인이 법원에 매수가격 결정을 청구할 수 있다(법 335의6, 374의2 ⑤).

Ⅲ. 주주 간의 합의에 의한 양도제한

주주 간의 합의로 주식의 양도를 제한하는 경우가 있다. 합작투자를 통하여 설립된 회사의 경우 주주 관계를 유지하기 위하여 주식의 양도를 제한하는 합의를 하는 경우가 많다. 그러한 경우 상법 제335조 제1항과의 관계에서 합의의 효력을 어떻게 볼 것인지가 문제된다. 회사법의 차원에서는 주식의 양도자유가 강행규정이고 이를 제한할 수 있는 유일한 방법은 상법 제335조 제1항에 의하는 것밖에 없다. 따라서 주주 간의 양도제한 합의는 회사법적으로 효력이 없고 회사도 그 합의를 이유로 명의개서를 거절할 수 없다. 다만, 주주 간에

175) 대법원 2012. 2. 24. 자 2010마315 결정.
176) 대법원 2011. 4. 28. 선고 2009다72667 판결.

민법(채권법)적인 효력은 있을 수 있다. 따라서 주주 간 합의에 위반하는 경우 일방은 합의를 위반한 타방을 상대로 손해배상을 청구할 수 있다.[177] 그러나, 그 합의가 투하자본의 회수가능성을 전면적으로 부정하는 등 공서양속에 위반되면 민법적인 효력도 무효라는 것이 판례이다(아래 사례 참조).

▌사 례 1

주주들은 주식회사를 설립하면서 설립일로부터 5년 간 주식을 제3자에게 양도하지 않기로 합의하였다. 그러나 일부 주주는 위 합의에 반하여 제3자에게 주식을 양도하였고 그 제3자는 회사에 대하여 명의개서를 청구하였다. 회사는 위 양도금지합의에 위반함을 이유로 명의개서를 거부하였다. 명의개서 거부는 정당한가?

〈해설〉

대법원은 주주 간 약정의 내용이 이사회의 승인 등 양도를 제한하는 것이 아니라 설립 후 5년간 일체의 주식양도를 금지하는 것으로서 이는 위 기간 중에 주주의 투하자본회수의 가능성을 전면적으로 부인하는 것이므로 회사에 대한 관계에서 무효라고 보았다.[178] 따라서 회사는 명의개서를 거부할 수 없다. 이는 회사가 약정의 당사자이거나 그 약정의 내용을 정관에 기재하더라도 마찬가지이다.[179] 다만, 위 사실관계하에서 위 합의가 당사자 간에도 무효인지 여부는 분명하지 않다.

▌사 례 2

주식회사 甲의 주주들인 원고들과 피고들은 제3자에 의한 적대적 인수합병 시도를 예방하기 위하여 주주들 간에만 주식을 양도할 수 있도록 하고 매수의사가 있는 주주가 없는 경우에는 제3자에게 양도할 수 있으며 위 약정에 위반할 경우 다른 주주들에게 사전 약정한 위약금을 지급하기로 하는 내용의 주식양도금지계약을 체결하였다.

그러나 주주들 중 일부(피고들)는 위 약정에 위반하여 자신들의 주식을 임의로 제3자에게 처분하였고, 이에 나머지 주주들(원고들)은 위 약정에 따라 위약금을 지급을 청구하였다. 원고들의 청구는 인용가능한가?

〈해설〉

대법원에서는 주주 간의 계약이 유효한지 여부가 문제가 되었는데 대법원은 그 약정의 내용이 약정 주주들의 투하자본 회수가능성을 전면적으로 부정하여 강행법규에 위반되거나 공서양속에 반한다고 볼 수는 없으므로 위약금 약정이 유효하다고 판단하였다.[180]

---

177) 대법원 2008. 7. 10. 선고 2007다14193 판결.

178) 대법원 2000. 9. 26. 선고 99다48429 판결.

179) 송옥렬, 앞의 책, 860면.

180) 대법원 2008. 7. 10. 선고 2007다14193 판결. 유사한 취지로 대법원 2013. 5. 9. 선고 2013다7608 판결; 대법원 2022. 3. 31. 선고 2019다274639 판결(출자자는 주식을 계속하여 보유하는 것이 위법하게 되는 경우와 나머지 출자자 전원이 동의하는 경우에만 주식양도를 할 수 있고 이 경우 다른 주주들은 우선매수할 권리가 있다는 취지의 주주 간 합의는 주주 간에는 민법적으로 유효라고 본 사안).

Ⅳ. 법령에 의한 주식양도의 제한

법령에서 주식의 양도를 제한하는 경우도 있다.

1. 권리주의 양도제한

가. 의 의

회사성립 전 또는 신주의 납입기일 전의 주식인수인 지위를 '권리주'라고 하는데 권리주의 양도는 회사에 대하여 효력이 없다(법 319, 425 ①). 따라서 권리주 상태에서는 주권도 발행할 수 없다(법 355 ②).

나. 제도적 취지

권리주의 양도를 제한하는 이유는 연혁적으로 권리주가 유가증권으로 유통되면서 투기를 조장하고 결국 회사가 성립하지 못함에 따라 권리주 양수인에게 예상하지 못한 피해를 준 사례가 있었기 때문이었다.

다. 제한에 위반한 양도의 효력

상법 규정에 위반하여 권리주를 양도할 경우 그 효력은 어떠한가? 법문은 "…회사에 대하여 효력이 없다"라고 규정되어 있으므로 양도인과 양수인이 회사에 대하여 양도의 효력을 주장할 수 없다는 점은 분명한데 반대로 회사는 효력을 인정하여 줄 수 있는지 문제가 된다. 다수설, 판례는[181] 회사가 양도를 승인하더라도 효력이 없다고 한다. 반면 권리주의 양도를 제한하는 주된 이유가 주식인수인이 신주의 효력발생일 이전에 교체되면 절차가 복잡하게 되는 것을 막는데 있으므로 회사가 그 불이익을 감수하고 스스로 효력을 인정하는 것은 무방하다고 보는 소수설도 있다. 다만 통설은 당사자 간의 채권적 효력은 있다고 본다. 권리주 상태에서 회사가 설립되거나 신주발행의 효력이 발생하면 권리주 양도가 소급적으로 유효하게 되는지에 관하여는 견해 대립이 있다.

2. 주권발행 전 주식의 양도제한

가. 의 의

주권발행 전의 주식이란 회사설립 시에는 설립등기를 마친 때로부터 주권을 발행할 때까지, 신주발행시에는 신주발행의 효력발생일, 즉 납입기일의 다음 날(법 423 ①)로부터 주

181) 대법원 1965. 12. 7. 선고 65다2069 판결.

권을 발행하기 전까지의 주식이다.

주권발행 전 주식의 양도는 회사에 대하여 효력이 없다. 다만, 회사성립후 또는 신주의 납입기일 후 6개월이 경과한 때에는 그렇지 않다(법 335 ③).

나. 제도적 취지

상법상 주식의 양도는 원칙적으로 주권의 교부에 의하여야 하므로 주권이 발행되기 전에는 주식의 양도가 금지된다. 그러나, 회사의 귀책사유로 장기간 주권을 발행하지 않는 경우에도 주식의 양도를 금지하는 것은 주주에게 부당하므로 회사의 성립 후 또는 신주의 납입기일 후 6개월이 경과하였음에도 회사가 주권을 발행하지 않는다면 주주는 주권 없이 주식을 양도할 수 있다(법 335 ③ 단서).

다. 주권발행 전 양도의 효력

(1) 6개월 경과 전의 양도

주식의 효력이 발생한 후 6개월이 경과하기 전의 주권발행 전 양도는 절대무효로서 이 점에서는 권리주의 양도와 동일하다(법 335 ③ 本). 절대무효이므로 회사도 양도를 승인할 수 없다. 설사 회사가 주식의 양수인에게 주권을 발행하더라도 이는 주권으로서의 효력이 없다.[182] 그러나 당사자 간에 주식 양도의 채권적 효력은 있다. 한편, 주식의 양도는 6개월 경과 전에 이루어졌으나 6개월이 경과하도록 회사가 주권을 발행하지 않은 경우 6개월 경과 전에 행한 양도의 하자는 치유될 수 있는가? 치유될 수 없다고 보면 절차만 번거롭고 양수인이 보호받지 못하게 된다는 점을 들어 치유될 수 있다는 견해가 유력하다. 판례는 특별한 이유설시 없이 하자가 치유된다고 판단한 바 있다.[183]

(2) 6개월 경과 후의 양도

① 양도가능성

회사성립 후 또는 신주의 납입기일 후 6개월이 경과하도록 회사가 주권을 발행하지 않을 경우에는 주권없이 주식을 양도할 수 있다(법 335 ③ 但). 이 경우 주식을 양도하면 당사자 간에는 물론이고 회사에 대하여도 유효하다. 따라서 주식의 양수인은 회사에 대해 명의개서와 주권발행·교부를 청구할 수 있다. 다만 이 경우에는 주권이 없기 때문에 어떤 방법으로 양도할 것인지가 문제된다.

---

182) 대법원 1987. 5. 26. 선고 86다카982·983 판결.
183) 대법원 2012. 2. 9. 선고 2011다62076·62083 판결; 대법원 2002. 3. 15. 선고 2000두1850 판결.

② **양도방법**(성립요건)

상법은 주권발행 전 주식의 양도방법을 규정하고 있지 않다. 통설과 판례는 지명채권 양도의 일반원칙에 따라 당사자의 의사표시에 의해 양도할 수 있다고 해석한다.[184] 따라서 당사자 간의 양도는 의사의 합치만 있으면 족하다. 양도계약이 해제될 경우에는 해제의 의사표시만으로 주식이 본래의 양도인에게 복귀한다.[185]

③ **대항요건**

㉠ 회사에 대한 대항요건

양수인이 회사에 대하여 적법한 주식의 양수인으로서 명의개서를 하려면 채권양도에 준하여 회사에 통지하거나 회사의 승낙을 얻어야 한다.[186] 회사는 채권양도의 법리에서 채무자의 지위에 있으므로 양수인은 확정일자 없이 통지·승낙만으로 대항할 수 있다.

㉡ 제3자에 대한 대항요건

주식을 이중으로 양수한 이중양수인, 양도인의 채권자 등 제3자에 대한 관계에서 대항력을 갖추기 위해서는 통지·승낙이 확정일자 있는 증서에 의하여 이루어져야 한다(민법 450 ②).[187] 경우를 나누어 살펴본다.

㉮ 제1양도에 관하여는 단순 통지·승낙이 있었고, 제2양도에 관하여는 확정일자 있는 증서에 의한 통지·승낙이 있었던 경우

이 경우에는 제2양수인이 유일한 주주로 된다. 제1의 양도에 따라 명의개서가 된 후에 동일한 주식에 관하여 제2의 양도가 행하여지고 그 사실을 확정일자 있는 증서로 통지하였다면 그 이후부터는 제2양수인이 우선하므로 명의개서를 청구할 수 있다.[188] 이때 확정일자 없는 증서로 양도통지를 한 후 다시 확정일자에 의한 통지를 하는 경우에는 제3자에 대한 대항력을 구비하지만, 대항력은 확정일자에 의해 재차 통지를 한 때에 생기는 것이고, 당초의 통지시로 소급하지 않는다.[189]

㉯ 제1양도, 제2양도 모두 단순 통지·승낙만 있었던 경우

확정일자 있는 통지나 승낙의 요건을 갖추기 전까지는 누구도 우선적 지위를 주장할

---

184) 대법원 2003. 10. 24. 선고 2003다29661 판결.
185) 대법원 2022. 5. 26. 선고 2020다239366 판결. 주권이 발행된 경우에도 마찬가지이다.
186) 대법원 2006. 9. 14. 선고 2005다45537 판결.
187) 확정일자를 받은 통지·승낙의 서면은 원본이 아닌 사본이라도 무방하다(대법원 2006. 9. 14. 선고 2005다45537 판결).
188) 대법원 2010. 4. 29. 선고 2009다88631 판결.
189) 대법원 2010. 4. 29. 선고 2009다88631 판결.

수 없다. 따라서 제1양수인과 제2양수인 중에서 명의개서를 먼저 한 자가 있는 경우, 명의개서를 하지 않은 양수인은 우선적 지위에 있음을 주장할 수 없기 때문에 그 반사적 효과로서 먼저 명의개서를 한 자가 사실상 주주로서의 권리를 행사하게 된다.[190] 이 경우 어느 양수인의 명의개서신청을 받아들여 일단 명의개서를 해 준 다음에는 다른 양수인의 청구를 받아들여 그 명의로 명의개서를 마쳐 주었더라도 뒤에 이루어진 명의개서는 위법하므로 회사에 대한 관계에서 주주의 권리를 행사할 수 있는 자는 여전히 먼저 명의개서를 한 자이다.[191]

㉰ 제1양도, 제2양도 모두 확정일자 있는 통지·승낙이 있었던 경우

제1양도, 제2양도 모두 확정일자 있는 통지나 승낙이 있었다면 그 우열관계는 양도통지가 도달한 일시 또는 승낙의 선후에 의한다.[192]

㉱ 양도인의 배임행위에 제3자가 적극가담한 경우

주식의 양도인이 채권양도의 통지를 하기 전에 제3자에게 이중으로 양도하고 회사에게 확정일자 있는 양도통지를 하는 등 대항요건을 갖추어 줌으로써 양수인이 그 제3자에게 대항할 수 없게 되었고, 이러한 양도인의 배임행위에 제3자가 적극 가담한 경우라면, 제3자에 대한 양도행위는 사회질서에 반하는 법률행위로서 무효라는 것이 판례이다.[193]

④ 회사에 대한 명의개서와의 관계

위와 같은 우열관계에 따라 유효하게 주식을 취득한 양수인이라고 하더라도 회사에 대하여 주주권을 행사하려면 명의개서를 하여야 하므로 명의개서를 하지 않은 이상 그 양수인에게 주주총회소집통지를 하지 않았다고 하더라도 주주총회결의에 절차상의 하자가 있는 것은 아니다.[194] 양수인은 회사에 대해 명의개서를 청구할 때에는 양수사실을 증명해야 한다. 주권이 없으므로 권리추정력이 미치지 않기 때문이다.[195]

⑤ 양도인의 책임

주식의 양도인은 주식양도의 원인이 된 매매, 증여, 그 밖의 채권계약에서 다른 약정이

190) 대법원 2014. 4. 30. 선고 2013다99942 판결; 대법원 2010. 4. 29. 선고 2009다88631 판결. 천경훈, “2014년 회사법 판례회고”, 「BFL」 제69호, 2015, 68면. 다만 민법상 채권의 이중양도와 관련하여서는 먼저 양도통지를 하거나 승낙을 받은 자가 우선한다는 판례(대법원 1971. 12. 28. 선고 71다2048 판결)가 있으나 이 판례가 주식의 이중양도에 관하여도 적용될 수 있는지 여부는 분명하지 않다.

191) 대법원 2010. 4. 29. 선고 2009다88631 판결.

192) 대법원 2006. 9. 14. 선고 2005다45537 판결.

193) 대법원 2006. 9. 14. 선고 2005다45537 판결.

194) 대법원 2014. 4. 30. 선고 2013다99942 판결.

195) 양수사실만 증명한다면 단독으로 명의개서를 청구할 수 있다. 대법원 1995. 5. 23. 선고 94다36421 판결. 즉 주권을 소지한 경우와 동일한 효과를 누리게 되는 것이다.

없는 한 양수인이 그 채권계약에 기하여 양수인이 목적물인 주식에 관해 완전한 권리 또는 이익을 누릴 수 있도록 할 의무를 진다. 그러므로 양도인이 이미 양도한 주식을 제3자에게 다시 양도 등으로 처분함으로써 양수인의 주주로서의 권리가 침해되도록 해서는 안 된다. 따라서 양도인이 제1양수인에 대하여 원인계약상의 의무를 위반하여 이미 자신에 속하지 아니하게 된 주식을 다시 제3자에게 양도하고 제2양수인이 주주명부상 명의개서를 받는 등으로 제1양수인이 회사에 대한 관계에서 주주로서의 권리를 제대로 행사할 수 없게 되었다면, 이는 그 한도에서 이미 제1양수인이 적법하게 취득한 주식에 관한 권리를 위법하게 침해하는 행위이므로 양도인은 제1양수인에 대하여 그로 인한 불법행위책임을 진다.[196)]

제 6 편 자기주식취득의 제한

Ⅰ. 자기주식의 의의·기능·문제점

자기주식의 취득이란 회사가 주주로부터 자신의 발행주식을 양수하는 것이다. 특히 상장회사는 자기주식을 취득하여 유통주식의 수를 줄이면 주가를 부양할 수 있고 적대적인 경영권취득 시도가 있을 때에는 취득한 자기주식을 지배주주에게 우호적인 주주에게 처분하여 지배주주의 경영권 방어에 사용할 수 있으며 배당가능이익을 주주에게 분배하는 기능을 하기 때문에 자기주식을 취득하는 사례가 적지 않다.

그러나 자기주식의 취득은 곧 주식회사가 출자를 주주에게 환급하여 주는 것이므로 이를 아무런 제한없이 허용하면 자본충실을 크게 해하게 된다.[197)] 따라서 상법은 자기주식의 취득에 관하여 일정한 제한을 가하고 있다.

---

196) 대법원 2012. 11. 29. 선고 2012다38780 판결. 위 판결의 사안에서는 제1양수인, 제2양수인 모두 확정일자 있는 증서에 의한 통지 또는 확정일자 있는 승낙을 받지 못했다. 따라서 제1양수인에 대해서 여전히 확정일자 있는 증서에 의한 통지의무 등을 이행할 여지가 남아 있다. 원심인 부산고등법원 2012. 4. 6. 선고 (창원)2011나2626 판결은 이 점에 착안하여 양도인의 통지의무가 이행불능이 되지 않았으므로 임무에 위배한 배임행위를 저질렀다고 볼 수 없다고 판시하여 양도인의 불법행위책임을 부정했다. 그러나 대법원은 그와 같은 사실에 영향을 받지 않고 양도인에게 불법행위책임이 성립한다고 판단하였다.

197) 자기주식을 취득하면 명목상 자본의 액은 그대로이지만 실질적으로는 순자산이 감소한다. 따라서 지배주주가 자기주식취득을 악용하면 심각한 문제가 생길 수 있다. 예컨대 전망이 어둡고 재무구조가 부실한 회사에서 지배주주가 회사로 하여금 자신의 주식을 취득하게 하여 출자를 우선적으로 회수할 수 있게 된다.

II. 자기주식의 법적 성질

자기주식의 법적 성질에 관하여 자산으로 보는 견해와 미발행주식으로 보는 견해의 대립이 있는데, 후자의 견해가 다수설이다. 자기주식은 자산의 정의를 충족하지 못하므로 미발행주식으로 봄이 타당하다.[198]

III. 자기주식취득의 예외적 허용

상법은 원칙적으로 자기주식취득을 금지하되 예외적으로 ① 배당가능이익의 범위 내에서는 취득하는 경우 및 ② 그 밖에 특정 목적을 위하여 상법이 허용하는 경우에 자기주식을 취득할 수 있도록 규정하고 있다(법 341, 341의2).[199]

IV. 배당가능이익에 의한 자기주식취득

1. 의 의

상법이 자기주식을 취득을 제한하고자 하는 가장 중요한 이유는 출자의 환급이 일어나기 때문이다. 그러나 배당가능이익은 본래 주주들에게 배당을 통하여 유출이 예정되어 있는 금액이므로 그 한도 내에서 자기주식을 취득하더라도 채권자보호의 문제가 생기지 않는다. 따라서 상법은 배당가능이익의 범위 내에서는 자기주식취득을 허용한다(법 341).

2. 명의와 계산

회사는 배당가능이익의 범위 내에서 자기의 명의와 계산으로 자기주식을 취득할 수 있다. 반대 견해도 있지만 배당가능이익에 의한 자기주식취득은 법에서 허용하는 예외이므로 회사의 명의와 계산으로 행하는 경우에 한하여 적법하게 허용된다고 봄이 타당하다.

회사의 명의에 의한다는 의미는 해석에 어려움이 없고, 회사의 계산에 의한다는 의미는 ① 주식취득을 위한 자금이 회사의 출연에 의한 것이고 ② 주식취득에 따른 손익이 회사

---

198) 상세는 황남석, "자기주식의 본질", 「경희법학」 제52권 제4호, 2017, 27면 이하.

199) 2011년 상법 개정시 배당가능이익에 의한 자기주식취득이 도입되었는데 이를 계기로 자기주식취득이 원칙적으로 자유화된 것인지 여부에 관하여 학설이 나뉜다. 저자는 여전히 취득 제한이 원칙이라는 입장이다. 대법원은 법인세법 관련 사건의 방론에서 2011년 상법 개정으로 자기주식취득은 '자유화'되었다고 설시하고 있다. 대법원 2013. 5. 9. 선고 2012두27091 판결. 그러나 다른 판결에서는 상법이 2011년 개정으로 자기주식취득 요건을 완화하였다고 하더라도 여전히 법이 정한 경우에만 자기주식취득이 허용된다는 원칙에는 변함이 없다고 하면서 위 규정에서 정한 요건 및 절차에 의하지 않은 자기주식취득 약정은 무효라고 판시하고 있다(대법원 2021. 10. 28. 선고 2020다208058 판결).

에 귀속되어야 한다는 것을 의미한다.[200)]

3. 자기주식취득의 재원

회사가 취득할 수 있는 자기주식의 취득가액의 총액은 직전 결산기의 재무상태표(대차대조표)상의 순자산액에서 제462조 제1항 각호의 금액을 뺀 금액, 즉 배당가능이익을 초과하지 못한다(법 341 ① 단서). 이를 도식화하면 다음 그림과 같다.

〈배당가능이익〉

<table>
<tr><td rowspan="7">자 산</td><td colspan="2">부 채</td></tr>
<tr><td rowspan="6">자본
=
순자산</td><td>자본금</td></tr>
<tr><td>자본준비금</td></tr>
<tr><td>이익준비금</td></tr>
<tr><td>당기 이익준비금(배당액×1/10)</td></tr>
<tr><td>배당가능이익
(= 임의준비금 + 미처분이익잉여금)</td></tr>
<tr><td>미실현이익</td></tr>
</table>

▒ 배당가능이익

4. 자기주식취득의 결정: 주주총회(이사회)의 결의

배당가능이익으로 자기주식을 취득하려면 주주총회의 결의로, ① 매수할 주식의 종류 및 수, ② 취득가액의 총액 한도, ③ 자기주식을 취득할 수 있는 기간을 정하여야 한다(법 341 ② 本). 주주총회의 결의는 보통결의에 의한다. 직전 결산기의 재무상태표상 미처분잉여금이 존재한다면 영업연도 중간에 임시 주주총회를 열어 결의할 수 있다. 이익배당을 이사회의 결의로 실행할 수 있는 회사라면 이사회의 결의로 행한다(법 462 ② 但). 상법 제341조는 자기주식취득을 이익배당과 본질적으로 다르지 않다고 보는 전제하에 서 있기 때문에 의사결정 권한도 이익배당과 동일하게 규정하는 것이다.[201)]

주주총회(이사회)는 자기주식의 취득기간을 정하되 결의 후 1년을 초과하지 않는 기간

200) 대법원 2011. 4. 28. 선고 2009다23610 판결.

201) 자기주식취득은 주식이 소각되지만 이익배당은 그렇지 않으니 본질적으로 다른 것이 아닌가 의문을 가질 수 있다. 그러나 이익배당의 경우에도 실질적으로 그만큼 회사의 순자산이 유출되므로 주식이 "질적으로" 소각되는 것으로 이해할 수 있다. 즉 양자는 경제적·본질적으로 동질적인 현상이다.

으로 정하여야 한다(법 341 ② III). 예컨대, 2022년 2월 15일 임시주총에서 자기주식취득을 결의하였다면 이 결의에서 정하는 취득기간은 2023년 2월 15일 이내가 되어야 한다. 취득기간을 정하였다고 하더라도 그 기간 내에 회사의 재무상태가 변경되면 자기주식을 취득할 수 없다.

5. 자기주식취득의 실행

주주총회(또는 이사회)의 결의가 있으면 회사는 주주총회 결의로 정한 기간 내에 자기주식을 취득할 수 있다. 그러나 주주총회에서 자기주식취득을 결의하더라도 대표이사는 경영판단에 입각하여 자기주식을 취득하지 않을 수 있다.

가. 이사회의 실행결의

주주총회(또는 이사회)의 결의에 의하여 대표이사가 구체적으로 취득행위를 할 때에는 다시 이사회의 결의를 거쳐서 다음 사항을 정하여야 한다(영 10 I).

① 자기주식취득기간의 제한

② 자기주식취득의 목적

③ 취득할 주식의 종류 및 수

④ 주식 1주를 취득하는 대가로 교부할 금전이나 그 밖의 재산(해당 회사의 주식은 제외한다. 이하 이 조에서 '금전등'이라 한다)의 내용 및 그 산정 방법
주주총회가 취득가액의 총액을 정하면 그 총액의 범위 내에서 구체적인 취득가액은 이사회가 결정한다.

⑤ 주식 취득의 대가로 교부할 금전등의 총액

⑥ 양도신청기간: 20일 이상 60일 내의 범위에서 주식양도를 신청할 수 있는 기간

⑦ 양도신청기간이 끝나는 날부터 1개월의 범위에서 양도의 대가로 금전등을 교부하는 시기와 그 밖에 주식 취득의 조건

나. 취득방법: 주주평등의 원칙

배당가능이익을 재원으로 할 때에는 자기주식취득으로 인하여 자본금충실이 저해되는 문제는 생기지 않는다. 그러나 회사가 어떤 방법으로 자기주식을 취득하느냐에 따라 주주간에 불평등이 생길 수 있다. 즉, 회사가 일부의 주주를 임의로 선택하여 자기주식을 취득한다면 이익을 선택적으로 배당하는 결과가 되므로 주주평등원칙에 반할 수 있다. 따라서 상법은 자기주식의 취득방법을 다음과 같이 제한적으로 인정한다(법 341 ①).

(1) 거래소에서의 매수(법 341 ① I)

상장주식은 시가에 의해 거래되고 모든 주주가 매도할 수 있으므로 상법은 거래소를 통한 취득을 가능한 취득방법으로 규정하고 있다(법 341 ① I).[202)]

(2) 상법 시행령에 따른 방법(법 341 ① II)

각 주주가 가진 주식수에 따라 균등한 조건으로 취득하는 것으로서 시행령이 정한 방법(영 9 ①)을 말한다.

① 회사가 모든 주주에게 자기주식취득의 통지 또는 공고를 하여 주식을 취득하는 방법

주주가 신청한 주식의 총수가 회사가 결의하여 통지한 취득할 주식의 총수를 초과하는 경우에는 각 주주가 신청한 주식수에 비례하여 안분한 수량에 관하여 계약이 체결된 것으로 본다. 비상장회사는 이 방법을 택할 수밖에 없다.

② 자본시장법 제133조부터 제146조까지의 규정에 따른 공개매수[203)]의 방법

다. 재무상태의 변동에 따른 자기주식취득의 제한

직전 결산기에 산출된 배당가능이익을 근거로 자기주식의 취득을 결의하였더라도 해당 영업연도의 결산기에 재무상태표(대차대조표)상의 순자산액이 제462조 제1항 각 호의 금액의 합계액에 미치지 못할 우려가 있는 경우(이를 '자본결손'이라고 한다), 즉 배당가능이익이 존재하지 않을 우려가 있는 경우에는 자기주식을 취득해서는 안 된다.

▌예 시

자기주식을 30만큼 취득할 경우 그 결산기에 다음과 같이 자본결손이 예상되면 해당 주식회사는 자기주식을 취득하여서는 안 된다.

202) 그렇다면 상장회사의 자기주식은 반드시 이 방법에 의하여만 하는가? 법문상으로는 그렇게 해석할 소지가 있지만 다음의 기타 방법이 회사에 더 유리할 수 있으므로 상장회사라 하더라도 기타방법으로 취득할 수 있다고 해석하는 것이 타당하다.

203) 공개매수란 불특정다수인을 상대로 증권시장 외에서 어느 상장주식을 매수할 것을 청약하거나 자기에게 매도의 청약을 할 것을 권유하는 것을 말한다(자본시장법 제133조 제1항). 즉 자신이 매수하고자 하는 수량과 가격을 공개적으로 제시하여 이에 응하는 자의 주식을 장외에서 매수함으로써 다량의 주식을 단기간에 취득할 수 있는 방법이다. 우리나라에서도 공개매수를 통해 경영권의 취득하는 예가 적지 않다. 공개매수는 현 경영자와 합의하에 그 협력을 받으며 하는 경우(우호적 공개매수)와 그렇지 않은 경우(적대적 공개매수)가 있다. 자본시장법은 투자자의 보호와 경쟁의 공정성 확보 관점에서 그 절차와 방법을 규정하고 있다. 김건식/노혁준/천경훈, 앞의 책, 777~778면; 이철송, 앞의 책, 501면 이하.

<table>
<tr><td rowspan="2">자 산 70</td><td>부 채 30</td></tr>
<tr><td>자본금 30</td></tr>
<tr><td>자기주식 30
(△자본[204])</td><td>법정준비금 40</td></tr>
</table>

위 예시는 자기주식의 법적 성질이 미발행주식이라는 점을 잘 보여준다. 자기주식이 자산이라면 자본결손(음영부분)이 발생하지 않기 때문이다. 같은 이유에서 자기주식의 법적 성질을 자산으로 본다면 자기주식을 취득하더라도 자본충실을 해할 우려가 없다. 기존 자산이 자기주식이라는 자산으로 대체가 될 뿐이므로 자본결손은 발생하지 않기 때문이다. 즉, 자기주식을 규제하는 이유가 자본금충실을 도모하기 위한 것이라면 그 자체로 자기주식이 미발행주식임을 전제하는 것이라고 할 수 있다.

라. 이사의 자본금충실책임

해당 영업연도의 결산기에 재무상태표상의 순자산액이 상법 제462조 제1항 각 호의 금액의 합계액에 미치지 못함에도 불구하고－즉 배당가능이익이 존재하지 않음에도 불구하고－회사가 자기주식을 취득한 경우 이사는 회사에 대하여 연대하여 그 미치지 못한 금액을 배상할 책임이 있다. 다만, 이사가 그런 우려가 없다고 판단할 때 주의를 게을리하지 않았음을 증명한 경우에는 그렇지 않다(법 341 ④).

Ⅴ. 특정 목적을 위한 자기주식취득

상법 제341조의2는 배당가능이익을 재원으로 하지 않더라도 특정 목적을 위해 자기주식을 취득할 수 있는 경우를 열거하고 있다. 부득이한 경우에는 예외를 인정하는 취지이다. 그 이외의 경우에는 원칙적으로 자기주식취득의 예외가 인정되지 않으며, 정관이나 내부규정으로도 자기주식취득을 가능하게 할 수 없다.[205]

1. 회사의 합병 또는 다른 회사의 영업전부의 양수로 인한 때(법 341의2 Ⅰ)

흡수합병의 경우 소멸회사의 재산 중에 존속회사의 주식이 포함되어 있거나 영업양도의 경우 양도목적인 영업재산 중에 양수회사의 주식이 포함되어 있으면 존속회사 또는 양

204) 이 경우의 계정은 자본조정이지만 직관적인 이해를 돕기 위하여 △자본이라고 표기하였다.
205) 대법원 2007. 5. 10. 선고 2005다60147 판결.

수회사가 자기주식을 취득할 수 있다.

2. 회사의 권리를 실행하면서 그 목적을 달성하기 위하여 필요한 때(법 341의2 II)

회사의 권리를 실행하는 과정에서 부득이하게 자기주식을 취득하여야 할 경우를 말한다. 회사가 채무자를 상대로 채권을 실현하고자 하나 채무자에게 회사 발행주식 이외의 다른 재산이 없으므로 이를 대물변제로 받는 것이 전형적인 예이다. 판례는 이 경우에 해당하여 회사가 자기주식을 취득하려면 회사가 채무자의 무자력을 입증하여야 한다고 본다.[206)]

3. 단주의 처리를 위하여 필요한 때(법 341의2 III)

단주를 처분하기 위하여 회사가 일시적으로 자기주식을 취득하여야 한다.

4. 주주가 주식매수청구권을 행사한 때(법 341의2 IV)

주주가 상법의 규정에 따라 주식매수청구권을 행사하면(법 335의6, 374의2 등), 그에 따라 회사는 자기주식을 취득한다.

VI. 그 밖에 자기주식취득이 문제되는 경우

1. 질 취

회사는 발행주식총수의 5% 범위 내에서 자기주식을 질권의 목적으로 받을 수 있다(법 341의3 本). 그러나 합병 또는 다른 회사의 영업전부의 양수로 인한 경우(법 341의2 I)[207)] 및 회사의 권리를 실행할 때 목적달성을 위해 필요한 경우(법 341의2 III)에는 그 한도를 초과하여 질취할 수 있다(법 341의3 但).

2. 무상취득

자기주식을 무상으로 취득하는 경우에는 해석상 자기주식취득이 허용된다.[208)]

---

206) 대법원 1977. 3. 8. 선고 76다1292 판결.

207) 피합병법인이 합병법인 주식에 관하여 질권을 갖고 있는 경우 및 양수한 영업재산 중에 자기주식에 관한 질권이 포함되어 있는 경우가 이에 해당한다.

208) 대법원 1996. 6. 25. 선고 96다12726 판결. 일반적으로 학설은, 위탁매매업자가 위탁자의 계산으로 자기주식을 매수하는 경우(예컨대, 甲 증권회사가 고객의 위탁을 받아 甲 증권회사 발행주식을 매수하는 경우)나 타인의 계산으로 취득하는 경우 등을 해석상의 예외로서 들고 있으나 위 경우는 본래 회사의 계산으로 취득하는 경우가 아니므로 처음부터 자기주식의 취득에 해당하지도 않는다고 보아야 한다.

3. 신주인수

상법 제341조는 기존 주주로부터 주식을 취득하는 것 외에도 신주인수에도 적용되는가? 즉, 회사는 자기주식을 인수할 수 있는가? 판례는 이 경우에도 자기주식 취득에 해당하므로 예외사유에 해당하지 않는 한 무효라고 한다.[209] 관련하여 다음의 경우가 문제된다.

가. 신주인수권증서·신주인수권증권의 취득

회사가 자기가 발행한 신주인수권증서(법 420의2) 또는 신주인수권증권(법 516의5)을 취득하는 행위는 설사 신주인수권을 행사하기 전 단계라도 자기주식의 취득과 같은 우려가 있으므로 금지된다고 본다.[210]

나. 신주인수권부사채·전환사채의 취득

자기사채는 자기주식과 달리 회사가 제한없이 취득할 수 있으므로 회사는 자기가 발행한 신주인수권부사채·전환사채도 취득할 수 있다. 그러나 이를 가지고 인수인수권·전환청구권을 행사하면 결국 자기주식을 인수하게 되므로 사채를 취득하더라도 신주인수권이나 전환청구권은 행사할 수 없다고 보아야 한다.

다. 자기주식을 취득하는 제3자에 대한 자금지원

회사가 자기가 발행하는 주식을 인수하려는 자 또는 이미 발행한 주식을 취득하려는 자에게 금전을 대여하거나 보증을 하는 경우가 있다. 금융회사가 신주를 발행하면서 거래회사가 이를 인수하도록 대출을 해 주는 예도 있을 수 있다. 상법상으로는 단순한 자금지원은 회사의 계산으로 이루어진 것으로 볼 수 없기 때문에 자기주식 취득의 범위에 포함되지 않는다는 것이 통설이다.

그러나, 회사의 자금지원으로 취득한 주식인수의 손익이 모두 회사에 귀속되는 경우에는 자기주식의 취득으로서 무효라고 보아야 한다.[211] 즉, 주식가격이 변동되는 위험을 자금을 지원하는 회사가 모두 부담하는 방식으로 거래가 이루어졌다면 이는 자금을 지원하는 회사의 계산으로 주식을 인수한 것이므로 자기주식 취득이 된다. 그러나 제3자가 위험을 부담하는 구조로 되어 있다면 회사가 그 취득에 소요되는 자금을 모두 출연하였더라도 이는 제3자의 계산으로 이루어진 것으로서 단순한 자금지원에 그친다.

---

209) 대법원 2003. 5. 16. 선고 2001다44109 판결.
210) 이철송, 앞의 책, 422면.
211) 대법원 2003. 5. 16. 선고 2001다44109 판결; 대법원 2011. 4. 28. 선고 2009다23610 판결.

▌사 례

甲 회사는 乙 회사에게 乙 회사가 甲 회사의 유상증자에 참여하되 필요한 신주인수자금 100억원을 甲 회사가 乙 회사에게 대여하여 주는 거래를 제안하였다. 그 제안에 따르면 乙 회사는 인수한 주식 전부를 甲 회사에 담보로 제공한다. 만일 甲 회사가 영업정지를 받는 등 사유가 발생하면 그 전 일자로 乙 회사가 甲 회사에 대하여 위 주식의 매수를 청구할 수 있는 권리가 발생한 것으로 간주한다. 그 매수가격은 100억원으로 하며 甲 회사는 빌려준 100억원과 관련하여 발생한 이자에 대한 모든 권리를 포기한다.
위 사실관계에서 乙 회사는 자신의 100억원에 대한 대출금채무가 존재하지 않는다는 확인을 구하기 위한 소송을 제기하였다. 乙 회사의 주장은 타당한가?[212)]

〈해설〉
대법원은 위 계약을 乙 회사가 청약하는 신주인수대금을 甲 회사가 대출의 형식으로 제공하여 납입하게 하지만 乙 회사에게는 그 대여금 상환의 책임을 지우지 않고 그 주식인수에 따른 손익을 甲 회사에 귀속시키기로 하는 내용의 계약으로 보았다. 따라서 계약의 실질은 甲 회사의 계산 아래 甲 회사가 乙 회사의 명의로 甲 회사 스스로 발행하는 신주를 인수하여 취득하는 것을 목적으로 하는 것이므로 자기주식의 취득이 금지되는 유형에 해당하고 따라서 대출약정을 포함한 그 전부가 무효라고 판단하였다.

Ⅶ. 위법한 자기주식취득 및 그 효력

1. 위법사유

가. 배당가능이익에 의한 자기주식취득

위법사유로 들 수 있는 것은 배당가능이익이 없음에도 자기주식을 취득하는 것, 주주총회(또는 이사회)의 결의 없이 취득하는 것, 주주총회 또는 이사회가 결의할 사항이 적법하지 않은 것(예컨대, 취득기간을 2년으로 정한 것), 상법 제341조 제1항 제1호 및 제2호가 열거하지 않은 방법으로 취득하거나 또는 취득방법이 주주평등의 원칙에 어긋나는 것, 취득가격이 현저히 불공정하여 회사의 자본금충실을 해하는 것, 회사가 모든 주주에게 자기주식 취득의 통지 또는 공고를 하는 절차의 하자 등[213)]이다.

나. 특정 목적에 의한 자기주식취득

상법 제341조의2가 열거하지 않은 목적을 위하여 자기주식을 취득하는 거래는 위법하다.

---

212) 대법원 2003. 5. 16. 선고 2001다44109 판결의 사실관계이다. 대법원 2007. 7. 26. 선고 2006다33609 판결.
213) 대법원 2021. 7. 29. 선고 2017두63337 판결에 따르면 회사가 자기주식 취득의 통지를 하면서 이사회에서 결의한 사항의 일부를 누락하였더라도 그로 인하여 주주들의 공평한 주식양도의 기회가 침해되었다면 무효로 볼 수 없다고 판단하였다.

2. 효 력

회사가 위법하게 자기주식을 취득한 경우 자기주식취득에 관여한 이사, 집행임원, 감사 등에 위법사항의 내용에 따라 벌칙이 적용될 수 있고(법 625, 625의2), 이로 인해 회사에 손해가 발생하면 이사 등이 회사에 손해배상책임을 지게 된다(법 399 ①). 주주들에게 매도의 기회를 차별하였을 때에는 기회를 얻지 못한 자는 상법 제401조에 의한 책임을 물을 수 있을 것이다.

위법한 자기주식취득에 위법한 요소가 있을 경우 취득행위의 효력이 어떻게 되는지에 관하여는 견해의 대립이 있다.

가. 채권행위의 효력

자기주식취득의 원인행위로서 회사와 주주간에 매매·교환 등 채권적 합의가 이루어질 수 있는데 이러한 채권행위는 강행법규에 반하는 것으로 무효라고 보아야 한다. 이는 처음부터 이행이 불가능한 것을 목적으로 하기 때문이다.

나. 준물권행위의 효력

상법에 위반하여 자기주식을 취득 또는 질취한 경우 그 효력에 관하여 다음과 같이 학설이 대립한다. 이러한 논의는 준물권행위와 채권행위 간의 무인성론을 전제로 하는 것이다.

(1) 무효설

자기주식취득은 회사와 주식양도인의 선의·악의를 불문하고 무효라고 한다. 판례의 입장이다.[214] 자기주식취득으로 인한 문제를 완전히 막을 수 있지만 후속 양수인과의 관계에서 거래의 안전이 문제될 수 있다. 그러나, 후속 거래에서 선의취득이 적용될 수 있으므로 주권이 발행된 경우에는 결과적으로는 상대적 무효설과 크게 다르지 않을 것이다.

(2) 유효설

상법의 자기주식취득 금지규정은 일종의 명령적 규정이므로 그에 위반하더라도 취득은 유효하고 이사 등의 책임이 성립하는데 그친다는 견해이다.

(3) 상대적 무효설

위법한 자기주식취득은 원칙적으로 무효이지만 거래의 안전을 고려하여 선의(무중과실)의 거래상대방을 보호해야 한다는 견해이다. 즉, 회사가 자기주식을 다시 양도한 경우 선

---

214) 대법원 2021. 10. 28. 선고 2020다208058 판결; 대법원 2003. 5. 16. 선고 2001다44109 판결.

의의 취득자, 전득자, 압류채권자에 대하여는 그 무효로 대항할 수 없다는 견해이다.[215]

Ⅷ. 취득한 자기주식의 지위

회사가 취득한 자기주식에 어떠한 법적 지위를 부여할 것인가. 상법은 제369조 제2항에서 '회사가 가진 자기주식은 의결권이 없다'는 규정만 두고 있다. 자기주식은 정족수의 계산상 발행주식의 총수에서도 제외된다(법 371 ①). 의결권 이외의 주주권에 대하여는 명문의 규정이 없다. 공익권은 성질상 인정될 수 없다고 보는 것에는 다툼이 없고 자익권에 관하여는 견해가 대립한다. 통설은 자익권이 모두 정지된다고 본다. 예를 들어 자기주식에 대하여 배당을 하거나 잔여재산을 분배하더라도 그 결과는 다시 회사에 귀속하므로 배당이나 잔여재산분배를 무한하게 반복하여야 하는 문제점이 있어 자익권 행사를 인정할 이유가 없다. 학설상 통설과 다툼이 있는 두 경우만을 살펴본다.[216]

1. 신주인수권의 경우

신주발행(유상증자) 또는 준비금의 자본금전입(무상증자)시에 회사가 신주인수권을 갖는지 견해의 대립이 있다. 자기주식의 가치를 유지하려면 두 경우 모두 자기주식이 신주인수권을 갖는다고 주장하는 견해, 준비금의 자본금전입으로 인한 신주발행시에만 회사의 신주인수권을 인정하는 견해가 있으나 자기주식은 미발행주식의 실질을 갖기 때문에 어느 것도 인정하여서는 안 된다. 법무부 유권해석은 자기주식의 경우 의결권 등의 공익권과 더불어 이익배당청구권, 잔여재산 배당청구권 등을 포함한 자익권도 정지되고,[217] 준비금의 자본금전입은 그 실질이 이익배당과 같이 잉여금의 처분으로서 이에 따른 무상신주를 받을 권리는 자익권의 범위에 포함된다고 할 것이므로 자익권이 정지된 상태에 있는 자기주식에는 준비금의 자본금전입에 따라 무상주를 배정할 수 없다고 한다.[218]

2. 주식분할의 경우

주식분할은 종전의 주주권에 증감을 초래하는 것이 아니라 그 단위만 세분화되는 것이므로 자기주식에 관하여도 인정된다는 견해가 있다.[219] 주식분할은 발행주식 전부에 관하

215) 이철송, 앞의 책, 434면.
216) 이와 같은 자기주식의 지위는 자기주식인 상태에서만 인정되는 것이므로 회사가 자기주식을 제3자에게 처분하면 일반적인 주식으로서의 지위를 모두 회복한다.
217) 같은 취지: 법무부 법심 3201−7067, 1987. 5. 22. 자.
218) 법심, 연도 및 번호 미상.
219) 이철송, 앞의 책, 439면.

여 통일적으로 적용되어야 할 것이므로 타당한 지적이지만, 본래 주식분할은 기계적 업무 처리이지 실체적 권리에 영향을 주는 조치가 아니므로 엄밀히 말하면 자기주식의 지위와 직접적인 관련이 없는 논의이다.

IX. 취득한 자기주식의 처분

1. 의 의

회사는 기한없이 취득한 자기주식을 처분, 소각 혹은 계속 보유할 수 있다. 그중 어떤 선택을 할 것인지는 이사가 경영판단에 입각하여 결정할 문제이다. 여기서는, 회사가 자기주식을 처분한다면 어떤 절차를 밟아야 하는지 알아본다.

2. 처분관련 사항의 결정

자기주식의 처분과 관련하여 정관에 규정이 없다면 처분할 주식의 종류와 수, 처분할 주식의 처분가액과 납입기일, 주식을 처분할 상대방 및 처분방법을 이사회가 결정한다(법 342).

3. 신주발행에 관한 규정의 유추적용 여부

여기서 문제가 되는 것이 처분할 상대방을 어떻게 결정할 것인지의 문제이다. 즉, 기존 주주에게 비례적으로 자기주식을 취득할 권리를 인정할 수 있는지가 핵심이다. 이 문제에 관하여 신주발행시 주주의 신주인수권에 관한 법리를 유추적용할 수 있다고 보는 견해와 이를 부정하는 견해가 대립하고 있는데 실무는 후자의 입장에 가깝다.[220] 자기주식의 본질론과 연결지으면 자기주식을 미발행주식으로 보는 입장은 전자의 견해를 지지하고 자기주식을 자산으로 보는 견해는 후자의 견해를 지지하는 경우가 많다. 실무상 후자의 입장이 지배적인 이유는 자기주식의 처분이 지배주주가 경영권을 방어하는 유일한 수단으로 사용되고 있기 때문이다. 자기주식의 처분은 경제적 실질의 측면에서 신주발행과 다르지 않으므로 입법론으로는 주주의 신주인수권에 관한 규정을 준용하도록 할 필요가 있으나 해석론의 관점에서는 그렇게 해석하기 어렵다.

4. 처분의 범위

자기주식의 처분과 관련하여, 상환주식의 상환, 이익배당, 합병교부금은 현물로도

---

220) 현재 하급심 판결만 있고 하급심 판결은 견해가 나뉘지만 후자의 입장을 취한 것이 더 많다.

지급할 수 있도록 규정하고 있는데(법 345 ④, 462의4, 523 IV), 여기에서의 현물에 자기주식이 포함되는지 여부가 다툼의 대상이 되고 있다. 아직까지 지배적인 견해는 존재하지 않는다.

제 7 편 자회사에 의한 모회사 주식취득의 제한

Ⅰ. 의 의

상법상 모회사는 다른 회사의 발행주식 총수의 50%를 초과하는 주식을 가진 회사를 말하고 자회사는 그 다른 회사를 말한다(법 342의2 ①). 상법은 원칙적으로 자회사는 모회사 주식을 취득할 수 없도록 하고 있다.

Ⅱ. 제한의 취지: 자기주식취득과의 동질성

자회사가 모회사의 주식을 취득하는 행위는 경제적으로 자기주식취득과 매우 유사하다. 주식을 취득한다는 것은 그 회사에 관한 경제적 소유권을 취득하는 것과 동질적이기 때문이다. 아래 그림을 보면 乙 회사의 모회사인 甲 회사는 乙 회사의 80%에 관하여 경제적 소유권을 갖고 있는 것과 같은데 乙 회사가 甲 회사 지분을 30% 취득하면 결과적으로 甲 회사는 자기주식을 24% 취득하는 것과 동일한 경제적 지위를 갖게 된다.

〈주식보유의 경제적 효과〉

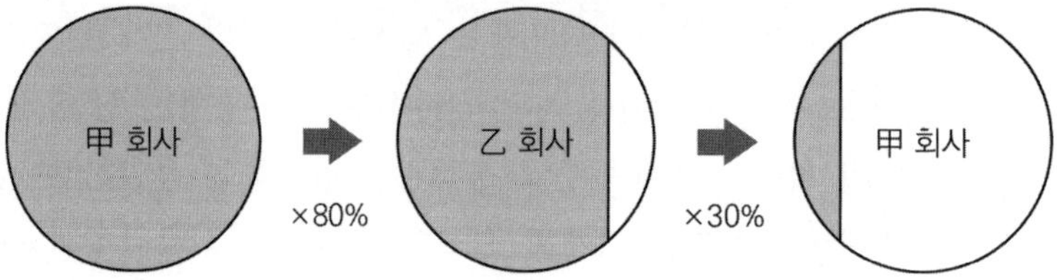

따라서, 상법은 자기주식취득을 원칙적으로 금지하던 2011년 이전부터 자회사가 모회사 주식을 취득하는 행위를 원칙적으로 금지하여 왔는데 이런 입법태도가 현재까지도 이어지고 있다.

Ⅲ. 제한의 적용요건

두 회사 상호간에 모자회사관계에 있을 것을 요건으로 한다. 상법상 모자회사 관계는 실질적인 지배와 상관없이 형식적인 법적 소유를 기준으로 판단한다.[221]

두 회사가 어떤 관계에 있을 때 모자관계를 인정하느냐 하는 것은 전적으로 입법정책의 문제이다. 상법은 다른 회사(乙)의 발행주식총수의 100분의 50을 초과하는 주식을 가진 회사(甲)를 모회사로 그 다른 회사(乙)를 자회사로 보고 있다(법 342의2 ① 본문). 나아가 상법은 모자관계를 더 넓혀 자회사가 다른 회사(丙)의 발행주식총수의 100분의 50을 초과하는 주식을 갖거나 모회사와 자회사가 가진 것을 합산하여 100분의 50을 초과할 때 그 다른 회사(丙)를 모회사(甲)의 자회사로 본다(법 342의2 ③). 이 경우의 丙 회사를 강학상 손(孫)회사라 한다. 일부 학설은 손회사의 자회사 또는 모·자·손회사가 더불어 100분의 50 이상을 초과하여 소유하는 회사(曾孫회사)도 모회사의 자회사로 보며, 더 나아가 증손 이후 계속되는 같은 관계에 있는 회사를 모두 모회사의 자회사로 보는 견해도 있다. 그러나 상법 제342조의2에 위반할 경우 벌칙이 적용되고(법 625의2) 주식취득이 무효가 되는 등 당사자에 미치는 불이익이 크기 때문에 해석에 의해 적용범위를 넓히는 것은 타당하지 않다고 판단된다.

Ⅳ. 효 과

1. 원칙: 모회사 주식취득금지

자회사는 모회사의 주식을 취득할 수 없다(법 342의2 ① 본문). 명문의 규정은 없으나 자기주식과 마찬가지로 자회사의 계산으로 취득하는 한 명의에 관계없이 금지된다고 보아야 한다.

다수설은 질권취득에 관해서는 명문의 규정이 없음을 이유로 자회사가 모회사의 주식을 질취할 수 있다고 해석한다. 반면 자회사의 모회사 주식 질취는 자기주식의 질취와 동질적이므로 상법 제341조의3이 적용된다는 소수설이 있다.

자기주식에 관해 설명한 바와 같은 이유로 모회사의 신주인수도 금지되며, 신주인수권부사채를 가지고 신주를 인수하는 것, 전환사채를 주식으로 전환하는 것, 그리고 신주인수권증서나 신주인수권증권을 취득하는 것도 금지된다.

乙 회사가 이미 甲 회사의 주식을 50% 이하로 갖고 있던 중에 甲 회사가 乙 회사의 주

---

221) 송옥렬, 앞의 책, 884면.

식을 추가로 취득하여 지분이 50%를 초과하게 된 경우는 사후적으로 모자회사 관계가 성립한 것이므로 상법 제342조의2 제1항이 적용되지 않는다고 해석된다.

2. 예 외

가. 주식의 포괄적 교환·이전

주식의 포괄적 교환·이전에 의하여 자회사가 모회사의 주식을 갖게 되는 경우(예컨대, 乙 회사가 자기주식을 보유하던 중 포괄적 교환·이전에 의하여 乙 회사가 甲 회사의 자회사가 된 경우)는 예외로 허용된다.

나. 자회사에 의한 흡수합병 또는 영업양수

자회사가 모회사 주식을 가지고 있는 다른 회사를 흡수합병하거나 영업전부를 양수하는 경우에는 모회사 주식을 취득할 수 있다.

다. 회사의 권리를 실행할 때 그 목적을 달성하기 위하여 필요한 경우

자회사가 회사의 권리를 실행할 때 그 목적을 달성하기 위하여 필요한 경우에는 모회사의 주식을 취득할 수 있다(법 342의2 ① I, II).

V. 자회사가 취득한 모회사 주식의 지위

자회사가 예외적으로 모회사 주식을 취득하더라도 자기주식의 지위와 마찬가지로 일체의 권리행사가 정지된다고 해석해야 한다(통설). 그러나 자기주식의 경우와 달리 자회사는 모회사 주식을 취득한 날로부터 6개월 이내에 처분하여야 한다(법 342의2 ②).

VI. 위법한 모회사 주식 취득거래의 효과

위법하게 자기주식을 취득한 경우와 마찬가지로 유효설, 무효설, 상대적 무효설이 주장되고 있다. 위법한 자기주식 취득의 경우와 동일하게 해석하면 무효설로 해석하는 것이 타당하다.

제8편 상호주 보유의 규제

I. 의 의

상호주는 두 회사가 서로 상대방 회사 주식을 보유하고 있는 상태를 말한다. 상호주를 이용하면 ① 두 회사가 상호 간의 의사결정에 개입할 수 있고, ② 지배주주는 새로이 자본을 출자하지 않으면서도 계열회사의 자본을 증가시킬 수 있고, ③ 기업결합을 강화하여 경영권을 안정시킬 수 있다.[222]

특히 위 ②, ③의 문제점과 관련하여, 예를 들어 A라는 주주가 甲 회사와 乙 회사를 지배하면서 甲 회사와 乙 회사는 각각 상대방회사의 주식을 보유하고 있다고 가정하여 보자. 甲 회사가 증자를 할 때 A는 신주인수를 포기하고 그 대신 乙 회사가 참여하도록 하면 乙 회사의 자금이 甲 회사로 이동한다. 이번에는 다시 乙 회사가 증자하고 甲 회사만 그 증자에 참여한다. 그러면 甲 회사로 흘러들어왔던 자금이 다시 乙 회사로 돌아간다. 그 과정에서 甲 회사 및 乙 회사의 외형상 자본이 증가했지만 실제로 자본은 유입된 바 없다. 제3자가 甲 회사의 경영권에 관하여 적대적 인수를 시도하면 A는 甲 회사의 주주이자 자신이 지배하는 乙 회사를 통하여 이를 방어할 수 있다. 이러한 폐해는 특히 대규모 기업집단에서 두드러진다.

따라서, 공정거래법 제21조는 일정한 범위의 상호출자제한기업집단은 소속 계열회사 상호간에 상호주를 취득할 수 없도록 금지하고 있다.

상법은 위 ①의 폐해를 규제하는데 초점을 맞추어 상호주 보유의 경우에는 의결권 행사를 제한하는 방식을 채택하고 있다(법 369 ③).[223]

II. 의결권 제한의 요건

다음의 표에 해당하는 경우로서 乙이 $甲_1$의 주식을 취득한 경우가 규제의 대상이다(법 369 ③).

<table>
<tr><td>① 회사($甲_1$)가</td><td rowspan="3">다른 회사(乙)의 발행주식총수의 10%를 초과하는 주식을 가지고 있는 경우</td></tr>
<tr><td>② 모회사($甲_1$) 및 자회사($甲_2$)가</td></tr>
<tr><td>③ 자회사($甲_2$)가</td></tr>
</table>

222) 이철송, 앞의 책, 440~443면.
223) 자회사에 의한 모회사 주식 취득 제한도 본질적으로 상호주 규제의 일종이지만 별도의 규정을 두어 규율하고 있다.

기준이 되는 지분비율인 10%란 발행주식총수에 대한 비율이고 의결권 있는 주식에 대한 비율이 아니다.[224]

위 표에서 甲$_1$, 甲$_2$가 모자회사관계에 있을 때에는 지분비율을 합산하여 10% 초과 여부를 판단한다. 여기서 자회사는 2개 이상 있을 수 있고, 상법 제342조의2 제3항에 의해 손회사도 모회사의 자회사로 본다.

위 표에서 甲$_1$의 乙에 대한 지분은 50% 이하이어야 한다. 즉, 모자회사관계가 성립할 때에는 처음부터, 乙이 甲$_1$ 주식을 보유할 수 없다(법 342의2).

Ⅲ. 효 과

1. 일반적인 효과

위 표에서 乙이 보유하고 있는 회사(甲$_1$) 또는 모회사(甲$_1$) 주식은 의결권이 없다(법 369 ③).

③의 경우 만일 乙이 甲$_2$의 주식을 보유하고 있는 경우라면 甲$_2$ 주식의 의결권도 행사할 수 없다(甲$_2$에 대한 관계에서는 위 표 ①의 경우에 해당).

만일, 쌍방의 지분율이 모두 10%를 초과한다면 어떻게 될 것인가. 그 경우 쌍방 모두 의결권을 행사할 수 없다. 어느 편이 먼저 10%를 초과하는 지분을 취득하였는지는 문지 않는다. 마지막으로, 지분율을 계산할 때 명의개서를 마친 주식만을 기준으로 할 것인지의 문제이다. 판례는 주주총회일 현재 명의개서를 하였는지 여부가 아니라 실질적인 주식의 보유를 기준으로 판단한다고 한다.[225] 규제의 취지는 의결권 행사 과정에서의 의사결정 왜곡을 막기 위한 것이므로 명의개서가 아닌 실질적인 보유 여부를 기준으로 판단하는 것이 타당하다는 취지이다.[226]

2. 적용범위가 문제 되는 경우: 乙의 자회사가 보유하는 甲$_1$ 주식에 관한 의결권

상법 제369조 제3항은 3가지 경우를 규율 대상으로 하고 있다. 그러면 위 예에서 乙에게 자회사가 있다고 가정할 경우 그 자회사가 보유한 甲$_1$ 회사 주식의 의결권은 어떠한가? 乙은 상호주 규제에 따라 甲$_1$에 대한 의결권이 제한되는 甲$_1$ 주식을 출자하여 쉽게 100% 자회사를 설립할 수 있다. 이를 편의상 乙$_2$라고 할 경우 乙$_2$가 甲$_1$ 주식에 관한 의결권을 행사할 수 있다고 볼 것인지의 문제이다. 乙$_2$는 주식에 관한 의결권 행사와 관련하여 모회사인 乙$_1$의 지시에 따를 가능성이 매우 높기 때문에 乙$_2$가 보유하는 甲$_1$ 주식도 상법 제369조 제3

224) 입법론적으로는 의결권 있는 주식만을 기준으로 하는 것이 타당하다는 견해가 제기되고 있다.
225) 대법원 2009. 1. 30. 선고 2006다31269 판결.
226) 송옥렬, 앞의 책, 887~888면.

항의 적용대상에 포함된다는 견해가 주장되고 있으나,[227] 이에 대하여 의결권 제한은 주주권에 대한 본질적인 제한이므로 명문의 규정이 없다면 인정하기 어렵다는 반론도 있다.[228]

3. 절차적 효과

회사는 상호주 보유로 인하여 의결권을 행사할 수 없는 주주에게 주주총회의 소집통지를 할 필요가 없다. 의결권이 제한되는 주주는 그 외에도 의결권을 전제로 한 권리(예컨대 소수주주에 의한 주총소집권)도 행사할 수 없다고 해석한다. 위 규정에 위반하여 의결권을 행사하면 해당 주주총회의 결의취소 또는 부존재사유가 된다. 그 밖의 주주권은 명문의 규정이 없는 한 자익권이든 공익권이든 제한되지 않는다. 상호주 관계로 인하여 의결권이 제한되는 주식은 정족수를 계산할 때 발행주식총수에서 제외한다(법 371 ①).

Ⅳ. 주식취득의 통지의무

어느 회사가 다른 회사의 주식을 그 발행주식총수의 10분의 1을 초과하여 취득한 때에는 지체없이 그 다른 회사에 통지하여야 한다(법 342의3). 지배주주가 알지 못하는 사이에 주식을 매집하여 회사의 지배권을 빼앗는 행위를 규제하기 위한 것이다.[229] 다수설은 위 통지의무에 위반한 경우 해당 주식은 의결권이 없다고 본다. 특정 주주총회에 한정하여 각 주주들로부터 개별 안건에 대한 의견을 표시하게 하여 의결권을 위임받아 의결권을 대리행사하는 경우에는 그 위임을 받은 회사가 주주총회를 개최하는 회사의 발행주식총수의 10%를 초과하여 의결권을 대리행사할 권한을 취득하였다고 하여도 위 규정은 유추적용되지 않는다는 것이 판례이다.[230]

제 9 편 지배주주에 의한 소수주식의 전부취득 등

Ⅰ. 개 관

회사의 발행주식총수의 95% 이상을 보유한 지배주주는 나머지 소수주주의 주식을 강제로 매수할 수 있고, 반대로 소수주주는 지배주주에게 자신의 주식을 강제로 매도할 수 있

227) 이철송, 앞의 책, 448면.
228) 송옥렬, 앞의 책, 887면.
229) 송옥렬, 앞의 책, 889면.
230) 대법원 2001. 5. 15. 선고 2001다12973 판결.

다(법 360의24 이하). 지배주주는 소수주주를 축출함으로써 주주총회 등 주주관리에 소요되는 비용과 시간을 절감할 수 있다. 소수주주 입장에서는 지배주주가 존재한다면 출자를 환급받을 수 있으므로[231] 특히 비상장회사의 소수주주에게는 의미가 있다. 이하에서는 청구인별로 나누어 살펴본다.

II. 지배주주의 매도청구권

1. 의 의

상법은 회사의 발행주식총수의 95% 이상을 자기의 계산으로 보유하고 있는 주주를 지배주주로 정의하고, 그 나머지 주주를 소수주주라고 한다. 지배주주는 주주총회의 승인을 거쳐(법 360의24 ③) 소수주주의 보유 주식을 강제매수할 수 있다(법 360의24 ①). 그 결과 소수주주는 현금 등을 지급받고 축출된다(squeeze－out). 지배주주로부터 매도청구를 받은 소수주주는 그로부터 2개월 이내에 지배주주에게 주식을 매도하여야 하는데(법 360의24 ⑥), 그 가격에 관하여 협의가 이루어지지 않으면 법원이 매매가액을 결정한다(법 360의24 ⑧).

2. 요 건

가. 발행주식총수의 95% 이상 보유

매도청구권자는 회사의 발행주식총수의 95% 이상을 보유하는 주주이다. 이 제도는 지배주주가 100% 지분을 취득할 수 있도록 하기 위한 것이므로, 지배주주는 주주총회 및 매도청구 시점은 물론이고 이후 매매가 완료되는 시점에도 95% 이상의 주식을 보유하고 있어야 한다. 지배주주의 계산으로 보유하면 충분하고 반드시 지배주주의 명의로 보유하거나 명의개서를 하여야 하는 것은 아니다(법 360의24 ①).

발행주식총수의 95% 이상 보유를 판단할 때 다음 상황이 문제될 수 있다.

甲 회사가 乙 회사의 모회사일 경우, 지배주주인지 여부를 판단할 때에는 甲 회사와 乙 회사의 보유주식을 합산하고(법 360의24 ②), 주주가 개인인 경우에는 50%를 초과하여 지배하는 회사가 보유한 주식을 합산한다(같은 항 단서). 즉, 일정한 경우 주식의 간접보유도 고려한다.

발행주식총수라고만 되어 있으므로 무의결권 주식이 계산에 포함되는지 여부가 문제이다. 상법상 특별한 언급이 없다면 무의결권 주식도 포함된다고 보아야 할 것이므로 무의

231) 그러나, 당사자 일방의 의사로 매매를 강제한다는 점에서, 개인의 재산권을 절대적으로 보장하는 헌법적 질서와 조화되기 어려운 측면이 있다는 비판이 있다. 송옥렬, 앞의 책, 891면.

결권 주식이 분모, 분자에 모두 포함된다.

판례는 대상 회사가 자기주식을 보유하고 있는 경우 그 자기주식을 분모, 분자에 포함시켜서 위 비율을 계산한다.[232] 분모의 경우 자기주식을 특별히 배제하고 있지 않으며 분자의 경우 지배주주는 회사를 통하여 자기주식을 보유하는 것으로 볼 수 있다는 논리이다.

나. 경영상 목적

매도청구를 위해서는 경영상 목적이 있어야 한다(법 360의24 ①). 소수주주 축출은 사유재산권의 침해라고 하는 위헌적 요소가 있으므로 그 합리성을 담보하기 위한 것이다. 예를 들어 소수주주가 악의적으로 주주권을 남용하면서 회사의 경영을 방해하고 있다거나 합병을 앞두고 상대방 회사가 소수주주 지분의 해소를 요청하고 있는 경우에는 경영상 목적을 쉽게 인정할 수 있다. 단순한 주주관리 비용 절감이 경영상 목적에 해당하는지 여부가 문제인데 이를 배제하면 제도를 도입한 취지를 부인하는 것과 다르지 않다. 즉, 그 경우에도 경영상 목적에 해당한다고 보아야 할 것이다.[233]

다. 주주총회의 승인

매도청구를 하기 위해서는 주주총회의 사전승인을 얻어야 한다(법 360의24 ③). 매도청구는 회사의 경영상 목적을 위한 것이므로 지배주주는 승인결의에 개인적 이해관계를 가진다고 할 수 없고 주주총회에서 의결권을 제한받지 않는다(법 368 ④). 따라서 주주총회를 실제로 개최하건 개최하지 않건 결과에는 차이가 없겠지만 ① 주주총회를 통해서 소수주주에게 매도청구에 관한 정보를 제공하고, ② 소수주주에게도 의견을 개진할 기회를 부여하며, ③ 지배주주의 매도청구에 단체법적 구속력을 부여하는 근거로 삼기 위한 것이다.[234]

승인을 위한 주주총회의 소집통지에는, ① 지배주주의 주식보유 현황, ② 매도청구의 목적, ③ 매매가액의 산정근거 및 적정성에 관한 감정인의 평가, ④ 매매가액의 지급보증 등에 관한 사항을 기재해야 한다(법 360의24 ④).

3. 매도청구권의 행사

가. 매도청구의 절차

이상의 요건이 갖추어지면 지배주주는 소수주주에게 매도청구를 할 수 있다. 매도청구는 현실적으로 이루어져야 하는 것이고, 이미 이루어진 주주총회에 관한 공고 및 통지로 갈

232) 대법원 2017. 7. 14. 자 2016마230 결정.
233) 김건식/노혁준/천경훈, 앞의 책, 886면.
234) 송옥렬, 앞의 책, 894면.

음할 수 없다. 지배주주의 매도청구권은 형성권이므로 매도청구와 동시에 매매계약이 체결된다. 상법은 소수주주의 보호를 위하여 지배주주에게 일정한 통지의무를 부과한다. 지배주주는 매도청구의 날 1개월 전까지 ① 소수주주는 매매가액의 수령과 동시에 주권을 지배주주에게 교부하여야 하고, ② 주권을 교부하지 않으면 매매가액을 수령하거나 공탁이 이루어진 시점에 주권이 무효가 된다는 사실을 공고해야 하고 주주 및 질권자에게는 따로 통지해야 한다(법 360의24 ⑤).

나. 관련 쟁점

(1) 매도청구의 대상

지배주주는 소수주주 전부에 대하여 매도청구를 하여야 하는지 혹은 소수주주의 일부에서만 매도청구를 할 수 있는지 여부가 법문상은 확실하지 않다. 그러나 해당 관(款)의 표제가 소수주식의 '전부취득'으로 되어 있고 제도의 취지가 주주관리 비용을 절감하는데 있으며 위헌성이 내재되어 있는 제도이므로 소수주주의 일부에 대한 매도청구는 허용될 수 없다고 보아야 한다. 판례도 같다.[235)]

(2) 매매가격 등 조건

지배주주는 주주평등원칙의 적용을 받지 않으므로[236)] 지배주주는 주주별로 다른 매매가격을 정할 수 있다.[237)]

(3) 공시송달에 의한 매도청구

지배주주가 소수주주의 신원을 파악할 수 없거나 소수주주가 수령을 거부하는 경우에는 공시송달의 방법으로 매도청구권을 행사할 수 있다. 이 경우 매매가액의 협의가 불가능하므로 상법은 지배주주가 그 가액을 공탁할 수 있도록 하고 그 공탁일에 주식이 지배주주에게 이전되는 것으로 본다(법 360의26 ②).[238)]

---

235) 대법원 2020. 6. 11. 선고 2018다224699 판결.

236) 단체법적 법률관계이므로 주주평등원칙이 적용되어 모두 동일한 매매가격이어야 된다는 견해로 이철송, 앞의 책, 1241면.

237) 주주총회에서 매매가격을 제시하도록 하고 있으나 소수주주에 대하여 구속력이 없다. 김건식/노혁준/천경훈, 앞의 책, 888면.

238) 이때의 '매매가액'은 지배주주가 일방적으로 산정하여 제시한 가액이 아니라 소수주주와 협의로 결정된 금액 또는 법원이 상법 제360조의24 제9항에 따라 산정한 공정한 가액으로 보아야 한다(대법원 2020. 6. 11. 선고 2018다224699 판결).

4. 매도청구의 효과

가. 매매계약의 효력발생

상법 제360조의24 제6항은 소수주주는 매도청구를 받은 날로부터 2개월 내에 지배주주에게 주식을 매도하도록 하고 있다. 지배주주의 매도청구권은 형성권으로서 그 매도청구를 하는 시점에 소수주주의 승낙 여부와 관계없이 매매계약이 체결된다. 따라서 2개월은 매매가액 지급의무의 이행기로 해석한다. 지배주주는 매도청구일로부터 2개월이 경과한 시점부터 이행지체 책임을 진다.

나. 매매가액의 결정

주주의 주식매수청구권과 마찬가지로 마찬가지로 원칙적으로 당사자 사이에서 이루어진 합의를 우선하지만 협의가 이루어지지 않으면 법원이 결정한다(법 360의24 ⑦~⑨).

5. 주식병합을 통하여 소수주주 축출제도의 효과를 발생하게 한 경우의 유효성

甲 주식회사가 회생절차 종결 후 임시주총을 개최하여 1주당 액면가를 5,000원에서 50,000,000원으로 인상하는 10,000 대 1의 주식병합을 하고 10,000주에 미치지 못하는 주식을 보유한 주주에게 1주당 액면가 5,000원을 지급하기로 하는 내용의 주식병합 및 자본금감소[239]를 결의하였고, 이에 따라 원고 乙을 포함하여 10,000주 미만의 주식을 보유한 주주들이 주주의 지위를 상실한 사례가 있었다. 위 사례에서 대다수의 소수주주들이 주주의 지위를 상실하였으므로 소수주주 축출과 같은 효과가 발생하였는데 그와 같은 주식병합 및 자본금감소가 유효한 것인지 여부가 문제되었다. 대법원은 우리 상법이 2011년 상법 개정을 통해 소수주주 강제매수제도를 도입한 입법취지와 그 규정의 내용에 비추어 볼 때, 엄격한 요건 아래 허용되고 있는 소수주주 축출제도를 회피하기 위하여 탈법적으로 동일한 효과를 갖는 다른 방식을 활용하는 것은 위법하다고 전제하면서도 ① 소수주식의 강제매수제도는 지배주주에게 법이 인정한 권리로 반드시 지배주주가 이를 행사하여야 하는 것은 아니고, ② 우리 상법에서 소수주식의 강제매수제도를 도입하면서 이와 관련하여 주식병합의 목적이나 요건 등에 별다른 제한을 두지 않았다는 점을 근거로 법에서 정한 절차에 따라 이루어진 주주총회에서 지배주주뿐만 아니라 소수주주의 대다수가 찬성한 주식병합의 경우, 신의성실의 원칙 및 권리남용금지의 원칙에 위배되는 현저한 불공정이 있다고 보기는 어렵다고 판단하였다.[240] 그러나 위 판결은 대법원이 취하여 온 주주평등원칙과는 잘 조화되지 않는

239) 자본금이 감소하는 이유는 액면병합 이후에 단주가 되는 부분은 신주를 발행하지 않았기 때문이다.
240) 대법원 2020. 11. 26. 선고 2018다283315 판결.

측면이 있다.

Ⅲ. 소수주주의 매수청구권

상법 제360조의25는 지배주주의 매도청구권에 대응하여 소수주주의 매수청구권을 인정하고 있다. 이 제도는 지배주주의 매도청구권과 절차 및 효과가 동일하다. 따라서 소수주주의 매수청구권은 형성권으로서 소수주주가 매수청구를 하면 바로 매매계약이 체결되고 지배주주의 대금지급의무의 이행기는 그로부터 2개월 내이다(법 360의25 ②). 매매가격의 결정도 지배주주의 매도청구권 행사와 동일하다(법 360의25 ③~⑤). 다만, 소수주주의 매수청구권은 소수주주의 개별적인 청구이므로 주주총회 결의가 필요없고 일부 소수주주만 매수청구를 할 수도 있으며, 그 청구에 경영상 목적이 있을 필요도 없다.

제10편 주식 담보

상법은 주식을 담보로 하는 방법으로 입질을 규정하고 있다(법 338, 340). 그러나 실제 거래상으로는 상법에 규정되어 있지 않은 양도담보가 광범위하게 이루어지고 있으며 양도담보가 유효하다고 보는데 이론이 없다.

Ⅰ. 질권(입질)

1. 질권설정방법

질권의 설정방법에는 약식질과 등록질(정식질)이 있다. 등록질은 주주명부에 공시되어 질권설정자의 신용에 나쁜 영향을 주기 때문에 실제로 거의 이용되지 않는다.

가. 약식질

약식질은 질권설정의 합의와 주권의 교부에 의하여 성립한다(법 338 ①). 주권의 교부는 현실의 인도에 국한되지 않고 간이인도 또는 반환청구권의 양도도 허용되지만 점유개정에 의하여는 약식질을 설정할 수 없다. 질권자는 주권을 계속 점유하지 않으면 회사를 포함하여 제3자에게 대항할 수 없다(법 338 ②).[241]

241) 주권을 제3자가 점유하는 경우 간접점유자인 질권설정자가 반환청구권을 양도하기 위해서는 대항요건으로서 제3자의 승낙 또는 질권설정자의 제3자에 대한 통지가 있어야 하는데 제3자가 다시 타인에게 주권을 보관시켜 점유매개관계가 중첩된 경우에도 이것으로 충분하고, 직접점유자인 타인의 승낙 또는

나. 등록질

등록질은 질권설정의 합의, 주권의 교부뿐만 아니라 질권설정자의 청구에 의하여 회사가 질권자의 성명과 주소를 주주명부에 부기하고 그 성명을 주권에 기재함으로써 성립한다(법 340 ①). 법문은 주권에 질권자의 성명을 기재할 것을 요구하나, 기재하지 않더라도 질권이 유효하게 성립한다는 것이 통설이다. 등록질권자는 이미 주주명부에 질권을 등록하였으므로 회사에 대하여 그 권리를 행사하기 위해서 다시 주권을 제시하거나 권리를 입증할 필요가 없다. 이 점에서 약식질과 차이가 있다. 그러나 등록질권자라 하더라도 제3자에게 그 권리를 대항하기 위해서는 역시 주권을 계속 점유하여야 한다(법 338 ②).

2. 질권의 효력

질권자는 민법에 따라 유치권, 우선변제권, 전질권, 물상대위권을 갖는다. 주식의 유질도 허용된다(법 59).

가. 물상대위의 효력이 미치는 범위

(1) 의 의

질취한 주식에 관한 상법상의 물상대위권은 주식 자체의 변형물을 넘어서까지 미친다(법 339 등). 담보로 취득한 주식이 다양하게 형태를 바꿀 수 있다는 점을 고려한 것이다. 따라서 주식의 소각·병합·분할·전환의 경우뿐만 아니라, 신주발행의 무효(법 432 ③), 준비금의 자본금전입(법 461 ⑦), 합병(법 530 ④), 주식의 포괄적 교환(360의14 ④), 주식의 포괄적 이전(법 360의23 ④), 조직변경(법 604 ④, 601 ①), 청산(법 542 ②) 등에서도 상법 제339조가 준용된다. 회사분할로 주주가 받게 되는 금전이나 주식, 주주가 주식매수청구권의 행사로 받는 매수대금 등에 대해서는 준용규정이 없으나 통설은 해석상 물상대위의 효력을 인정하고 있다. 질권은 주식의 교환가치만을 파악하는 것이므로 공익권에는 미치지 않는다. 따라서 공익권은 질권설정자인 주주가 행사한다.

다음의 각 경우에는 물상대위의 효력이 미치는지 여부에 관하여 견해의 대립이 있다.

(2) 이익배당청구권

등록질의 경우 질권의 효력이 이익배당청구권에도 미친다는 규정이 있다(법 340 ①). 한편 약식질의 경우에도 질권의 효력이 이익배당청구권에 미치는지 여부에 관하여는 견해

그에 대한 질권설정자 또는 제3자의 통지까지 갖추어야 하는 것은 아니다. 대법원 2012. 8. 23. 선고 2012다34764 판결.

대립이 있다. ① 부정설은 이익배당청구권에는 약식질의 효력이 미치지 않는다고 본다. 약식질은 주식 자체의 교환가치만을 담보의 목적으로 하는 것으로서 회사와 무관하게 설정된다는 점과 상법 제340조 제1항의 반대해석을 근거로 한다. ② 긍정설은 과실에도 질권의 효력이 미친다는 일반원칙에 근거하여 이익배당금을 주식의 과실로 보아 질권자가 이를 취득할 수 있다고 본다. 이 견해는 질권자의 실질적 권리가 주주명부의 기재 유무로 좌우될 수 없고 약식질을 선택하였다고 하여 상법 제340조 제1항의 효력을 받지 않겠다는 의사가 있는 것은 아니라는 점을 근거로 한다. 실무는 부정설에 따르고 있는 것으로 보인다.

(3) 주식배당청구권

등록질의 경우 주식배당으로 교부되는 주식에도 질권의 효력이 미친다(법 462의2 ⑥). 약식질에 관하여는 별도의 규정이 없는데, 주식배당을 주식분할로 볼 경우에는 질권의 효력이 미치게 되지만 이익배당으로 보면 앞서 본 논의의 결론에 따르게 된다.

(4) 잔여재산분배청구권

등록질의 경우 질권의 효력이 잔여재산분배청구권에도 미친다는 명문의 규정이 있다(법 340 ①). 약식질의 경우에는 그러한 규정이 없지만 질권의 효력이 미친다고 보는 것이 통설이다. 잔여재산은 회사가 해산할 때 주식의 변형물에 해당하기 때문이라는 점을 근거로 든다.

(5) 신주인수권

주주의 신주인수권에도 질권의 효력이 미치는지 여부에 관하여는 규정이 없다. 통설은 신주인수권을 행사할 때 추가로 주금납입이 필요하므로 신주는 주식의 변형물이 아니라고 보아 부정설의 입장이다. 반면 신주발행이 시가보다 저가로 이루어지면 입질된 주식의 담보가치가 감소되므로 질권자의 이익을 보호하기 위하여 신주인수권에도 질권의 효력이 미치도록 해야 한다는 긍정설이 있으나 해석론의 범위를 벗어난다고 생각된다.

나. 물상대위권의 행사방법

물상대위권을 행사하는 방법은 질권의 등록 여부에 따라 달라진다.

(1) 약식질권자의 경우

약식질은 주주명부에 질권자가 나타나 있지 않기 때문에 회사는 주주명부상의 주주에게 신주 또는 금전을 지급할 것이다. 그런데, 이렇게 물상대위의 목적물이 주주의 일반재산에 섞인 다음에는 구별하기 어렵기 때문에, 질권자는 물상대위의 목적물이 섞이기 전에 물상대위권을 행사하여야 한다. 그 방법에 대해서는 견해가 나뉘는데, ① 종래의 통설은 민법상의 원칙에 따라 회사가 신주 또는 금전을 지급하기 전에 질권자가 물상대위의 목적물을 압류하여야 한다고 본다. ② 소수설로 물상대위의 목적물을 주권과 교환하여 지급하는 경우와 주주명부를 기초로 지급하는 경우를 나누어, 전자의 경우에는 질권자가 소지하는 주권을 제시하면 되므로 압류가 필요하지 않고 후자의 경우에만 압류가 필요하다는 견해도 주장되고 있다.

(2) 등록질권자의 경우

등록질권자는 주주명부를 통해 권리가 공시되므로, 물상대위의 목적물을 압류하거나 자신의 권리를 입증할 필요없이 바로 회사에 대하여 물상대위권을 행사할 수 있다(법 340 ①, ③). 따라서 회사가 질권자의 권리행사를 거절하기 위해서는 질권이 설정되지 않았음을 입증해야 한다. 회사는 일정한 경우 질권자가 물상대위권을 제때 행사할 수 있도록 통지의무를 부담한다(법 440, 431 ②, 461 ⑤).

II. 양도담보

1. 의 의

주식의 양도담보도 실무상 널리 허용된다. 주식의 양도담보에는 주권을 교부하고 명의개서는 하지 않는 약식양도담보와 명의개서까지 마치는 등록양도담보가 있다. 주식의 양도담보는 점유개정의 방식으로도 가능하고[242] 가등기담보법이 적용되지 않는다. 판례는 주식의 양도담보를 신탁적 양도설의 입장에서 파악하여 대외적으로는 담보권자, 대내적으로 담보권설정자가 주주라고 본다.[243]

2. 약식질과의 구별

약식양도담보는 단순히 주권의 교부만으로 이루어지므로 외관상으로는 약식질과 구별하기 어렵다. 원칙적으로는 당사자의 의사에 따라 구별하여야 할 것이지만, 당사자의 의사가 분명하지 않은 경우에는 ① 실정법상의 근거를 갖는 약식질로 해석하여야 한다는 견해와 ② 담보권자가 환가절차의 제한을 받지 않는 양도담보가 설정되는 것으로 추정하는 견해[244]로 나뉜다. 후자가 다수설이다.

---

242) 대법원 2000. 6. 23. 선고 99다65066 판결.
243) 대법원 2018. 10. 12. 선고 2017다221501 판결.
244) 유질약정이 없는 경우를 전제로 하는 것이다.

3. 담보권의 실행

상행위로 인한 채권의 담보를 위하여 주식의 양도담보를 한 경우에는 유질이 허용되므로(법 59). 실무상 채무의 변제가 없으면 채권자가 주식을 처분할 수 있다는 내용의 주식처분승낙서를 첨부하는 경우가 많다. 그 승낙서가 유질의 합의에 해당한다.[245)]

4. 양도담보권자의 지위

양도담보권자는 대외적으로는 주식의 소유자이다. 따라서 명의개서를 마친 등록양도담보권자는 모든 주주권을 행사할 수 있는 반면, 약식양도담보권자는 원칙적으로 명의개서를 한 이후에야 주주권을 행사할 수 있다.[246)]

제11편 주식소각·주식분할·주식병합

주식의 소각·분할·병합은 주주의 교체없이 일정한 원인에 따라 주식의 수가 증감하는 경우이다.

Ⅰ. 주식소각

1. 의 의

주식소각은 회사의 존속 중에 발행주식의 일부를 소멸시키는 것이다. 주식 소각은 회사의 존속 중에 주식이 소멸하는 유일한 원인이다.[247)]

2. 주식소각의 종류

주식소각은 주주의 임의에 의한 것인지 여부에 따라 회사의 일방적 의사에 따른 강제소각과 주주의 의사에 따른 임의소각으로 나뉜다. 또한 소각대가의 유무에 따라 주주가 주식소각의 대가를 지급받는 유상소각과 그렇지 않은 무상소각으로 나누기도 한다.

---

245) 송옥렬, 앞의 책, 894면.

246) 대법원 2020. 6. 11. 자 2020마5263 결정; 대법원 1993. 12. 28. 선고 93다61338 판결; 대법원 1992. 5. 26. 선고 92다84 판결.

247) 이철송, 앞의 책, 466~467면.

3. 주식소각의 방법

가. 자본금감소에 따른 소각(법 343 ① 本)

액면주식은 주식소각의 결과 자본금이 감소하는 경우에는 자본금감소에 관한 규정에 따라서만 소각할 수 있다. 자본금이 감소하는 경우에는 채권자보호를 위하여 자본금감소절차를 밟아야 하기 때문이다.[248] 주식소각의 효력은 자본금감소절차를 마칠 때에 발생한다. 구체적인 주식소각의 절차는 주식병합에 관한 규정을 준용한다(법 343 ②, 440, 441). 무액면주식은 주식의 수와 자본금 간에 아무런 견련관계가 없으므로 위 규정이 적용되지 않는다.

나. 자기주식의 소각(법 343 ① 但): 배당가능이익에 의한 소각

회사는 취득한 자기주식을 이사회의 결의로 소각할 수 있다. 상법에는 구체적인 절차가 규정되어 있지 않지만 자기주식의 실효절차를 마친 때에 그 효력이 발생하는 것으로 해석한다.[249] 특정 목적을 위하여 취득한 자기주식의 소각에도 본 규정이 적용되는지 여부에 관하여는 견해 대립이 있다.[250]

상환한 상환주식도 실효되기 전에 자기주식의 단계를 거치므로 자기주식의 소각절차에 따라야 할 것이다.[251]

4. 소각된 주식의 재발행

주식을 소각하면 현재의 발행주식총수가 감소하므로 발행주식총수의 미발행부분이 증가한다. 이 부분, 즉 소각한 주식을 통상의 신주발행절차를 밟아서 재발행할 수 있는지의 문제가 있다. 대표적으로 상환주식을 상환하는 경우가 이에 해당한다. 이에 관하여는 앞에서 살펴보았다.

II. 주식분할

주식분할은 자본금을 증가시키지 않으면서 발행주식총수를 증가시키는 것을 말한다. 주식을 분할하면 모든 주주의 보유주식수가 비례적으로 증가하지만 회사 재산에는 변동이 없으므로 주주가 보유하는 주식의 총가치에도 변동이 없다. 하지만 1주당 주가가 감소하고

248) 자본금감소의 절차에 관하여는 후술한다.
249) 현재 상법 제343조 제1항 단서의 적용범위와 관련하여서는 학설의 대립이 심하다. 학설의 대립은 입법의 미비에서 비롯된 것이므로 입법이 정리되기 전까지는 계속 혼란스러운 상태가 계속될 것으로 보인다.
250) 상세는 권순일 편, 「주석 상법: 회사 2」, 제6판, 한국사법행정학회, 2021, 620면 이하(진상범 집필부분).
251) 이철송, 앞의 책, 469면 이하.

물량이 증가하면 상장시장에서 주가가 상승할 가능성이 높아지므로 주식분할을 행할 유인이 있다. 합병을 앞두고 합병비율의 산정을 쉽게 하도록 주식을 분할하거나 병합하기도 한다.

액면주식의 분할은 액면분할이라고 하는데 예를 들어 현재 1주당 액면가 10,000원을 5,000원으로 변경하고 이에 따라 발행주식수를 2배로 늘리는 것이다. 자본금의 변동은 없다.

무액면주식의 분할은 액면이 없으므로 자본금, 자산과 관계없이 회사가 발행한 주식의 총수를 증가시킨다.

Ⅲ. 주식병합

주식병합은 주식분할과는 반대로 여러 개의 주식을 합하여 그보다 적은 수의 주식으로 하는 회사의 행위이다. 예컨대 10주를 합하여 3주로 하는 것이다. 주식병합은 통상 단주를 발생시켜 각 주주의 이해관계에 영향을 줄 수 있으므로 예외적인 경우에 한하여 할 수 있다. 상법상으로는 자본금감소(법 440)와 합병(법 530 ③), 분할(법 530의11 ①)을 할 때에만 주식을 병합할 수 있다. 회사는 1개월 이상의 기간을 정하여 그 뜻과 그 기간 내에 주권을 회사에 제출할 것을 공고하고 주주명부에 기재된 주주와 질권자에 대하여는 개별적으로 통지한다(법 440). 위 기간이 만료하면 병합의 효력이 발생한다. 다만 자본금감소를 수반하는 경우에는 채권자보호절차를 밟아야 하고 위 기간 만료시까지 채권자보호절차가 종료하지 않았다면 그 절차가 종료한 때에 병합의 효력이 발생한다(법 441).[252]

제 4 절 기 관

제 1 편 개 관

회사는 법인이므로 실제 그 의사를 결정하고 집행하는 일을 담당할 자가 있어야 하는데 그것이 기관이다. 주식회사는 소유와 경영의 분리에 따라 기관이 기능별로 분화되어 있고 주주총회 이외의 기관은 주주 자격을 전제로 하지 않는다. 주식회사의 기관에 관한 규정을 해석할 때에는 기관의 구성원리와 상호 권한 배분을 고려하여야 한다.

252) 무액면주식의 경우에도 주식병합과 동시에 자본금을 감소시킬 경우에는 채권자보호절차를 밟아야 한다. 한국상사법학회 편, 「주식회사법대계 I」, 제4판, 법문사, 2022, 1067면(오성근 집필부분).

Ⅰ. 기관의 구성원리

여기서는 주식회사 기관을 구성하는 원리로서 소유와 경영의 분리, 주주의 이해관계보호를 살펴본다.

1. 소유와 경영의 분리

주식회사는 주주들이 유한책임을 지기 때문에 회사의 재산만이 채권자의 담보로서 기능한다. 이처럼 채권자의 희생을 전제로 하는 유한책임제도가 유지되려면 회사재산을 건전하게 유지할 필요가 있다. 따라서 회사의 이해관계를 주주의 이해관계로부터 독립시켜서 그 경영을 주주가 아닌 별도의 기관에게 맡겨야 한다.[253] 이를 소유와 경영의 분리라고 한다는 것은 앞서 살펴본 바 있다.

주식회사의 이사는 주주총회에서 선임하지만 일단 선임된 이사는 주주가 아닌 회사의 수임인으로서 주주와 구별되는 회사의 이익을 위하여 업무를 집행할 의무를 진다.[254]

2. 주주의 이해관계보호

소유와 경영이 분리되는 결과 회사의 경영을 담당하는 기관과 그 경제적 효과가 귀속되는 주주가 분리되는데 회사의 경영을 담당하는 기관은 회사나 그 배후에 있는 주주가 아닌 자신의 이익을 꾀할 수 있으므로 주주를 보호할 필요가 생긴다. 상법은 두 가지 측면에서 이 필요성에 대응하고 있다.

첫째, 기관을 구성하거나 회사의 기본 구조를 변경하는 등의 핵심적 의사형성은 그 중요성에 비추어 주주들이 직접 결정할 필요가 있으므로 주주들로 구성되는 기관인 주주총회가 의사결정을 한다.

둘째, 이사의 업무집행을 감시하기 위한 감사기관으로서 감사 또는 감사위원회를 둔다.

Ⅱ. 기관 간의 권한분배

이상에서 살펴본 바를 바탕으로 상법이 채택한 기관 간의 권한분배를 도식화하면 다음 표와 같다.

---

253) 예를 들어 의용상법 제254조 제2항은 소유와 경영의 분리를 관철하기 위하여 "정관으로 이사가 주주이어야 한다는 취지를 정할 수 없다"고 규정하기도 하였으나 현행 상법에는 그런 규정이 없다.

254) 다만 이에 관하여는 해석론으로 이사가 주주의 이익을 위하여 업무를 집행할 의무가 있다는 견해도 주장되고 있다.

<table>
<tr><th colspan="2" rowspan="2">의사결정기관</th><th colspan="2">업무집행기관</th><th rowspan="2">감사기관</th></tr>
<tr><th>대외(대표)</th><th>대 내</th></tr>
<tr><td colspan="2">주주총회(법률, 정관, 예외)</td><td rowspan="3">대표이사
집행임원</td><td rowspan="3">대표이사
집행임원
이사</td><td rowspan="3">감사, 감사위원회
(이사회)</td></tr>
<tr><td colspan="2">이사회(법률, 정관, 원칙)</td></tr>
<tr><td>대표이사
집행임원</td><td>일상업무</td></tr>
</table>

제 2 편 주주총회

I. 의 의

주주총회란 주주로 구성되는 필수적 상설기관으로서 법률 또는 정관에 정하여진 사항을 결의하는 주식회사의 의사결정 기관이다. 주주총회는 주주전원으로 구성된다. 이사나 감사는 주주총회에 출석하지만 주주총회의 구성원은 아니다.

II. 주주총회의 권한

1. 개 관

주주총회는 법률 또는 정관에 정해진 사항에 관하여 결의하는데(법 361) 그 사항에 관하여는 반드시 주주총회의 결의가 있어야 하고 주주총회는 그 결의에 관한 권한을 다른 기관에 위임할 수 없다. 주요 국가의 입법례는 주주총회의 기능을 약화시키고 이사회의 기능을 강화시키는 추세이다. 상법도 "주주총회는 본법 또는 정관에 정하는 사항에 한하여 결의할 수 있다"고 규정하고 있다(법 361). 주주총회의 구체적인 권한을 살펴보면 다음과 같다.

2. 상법상의 권한

상법은 주주의 이해관계에 중요한 의미를 갖는 사항들에 관하여는 주주총회에게 결정권한을 주고 있다. 대표적인 예를 들어 보면, 이사·감사의 선임(법 382 ①, 409 ①), 재무재표의 승인(법 449), 이사의 보수결정(법 388), 주식의 포괄적 교환(법 360의3), 주식의 포괄적 이전(법 360의16), 영업양도(법 374 ① I), 해산(법 517 II) 등이 있다.

3. 정관에 따른 권한

주주총회의 권한은 법률에 정한 사항 이외에도 정관의 정함에 따라 추가될 수 있다(법 361). 예컨대 상법 제416조 단서에 따르면 신주발행은 이사회가 결정하지만 정관으로 주주총회가 결정하게 할 수 있다고 규정되어 있다. 위 경우 정관에 규정을 두면 주주총회의 권한이 확장될 수 있다. 문제는 이와 같은 유보조항이 없는 경우에도 정관에 규정하면 주주총회의 권한으로 할 수 있는지 여부이다.

확장설은 주주총회가 주식회사의 최고기관임을 이유로 또는 주식회사는 기관간의 권한배분을 자율적으로 정할 수 있음을 들어 긍정한다. 다만 이사회가 갖는 주주총회의 소집권(법 362)은 성질상 정관 규정을 두더라도 주주총회의 권한으로 할 수 없다고 한다.

제한설은 각 기관의 권한배분에 관한 상법의 규정은 유한책임제도를 전제로 하여 주주 뿐만 아니라 관련되는 여러 이해관계자의 이익을 고려한 것이므로 성질상 강행법규로 보아야 하고 확장설에 따르면 주주총회가 이사회의 권한을 대부분 가져올 수 있어 소유와 경영의 분리에 반하는 결과를 가져올 수 있다고 본다. 또한 본래 이사회의 권한에 속하는 사항이지만 예외적으로 정관에 규정을 두어 주주총회의 권한으로 할 수 있도록 정한 유보조항(법 389, 416)이 무의미해진다고 주장한다.[255] 판례는 확장설의 입장에 가까운 것으로 보인다.[256]

4. 권한의 전속성

법률 또는 정관에 의해 주주총회의 권한으로 되어 있는 것은 반드시 주주총회에서 결의하여야 하며 다른 기관이나 제3자에게 위임할 수 없다. 예컨대 이사의 선임(법 382 ①)을 대표이사의 결정에 위임한다거나 이사의 보수(법 388)를 이사회에서 결정하도록 위임하는 것은 무효이다. 개인의 의사결정으로 주주총회의 결의가 있은 것으로 의제하거나 이에 갈음할 수는 없다. 따라서 발행주식의 대부분을 보유하는 대주주인 대표이사가 이사에게 보수를 지급하기로 약속을 하였더라도 상법 제388조에 따라 주주총회의 결의가 없었다면 무효로 보아야 할 것이다.[257] 다만, 대법원 판결 중에는 대주주가 약속하였으므로 주주총회가 열렸더라도 같은 결의가 있었을 것이라고 보아 유효로 본 것도 있다.[258]

---

255) 이사회의 결의로 회사가 손해를 입었을 때에는 이사들의 책임을 추궁할 수 있지만(법 399), 이를 주주총회의 권한으로 한다면 주주총회나 주주에 대하여 책임을 물을 수 없다는 점도 문제점으로 지적한다. 이철송, 앞의 책, 519면.

256) 대법원 2007. 5. 10. 선고 2005다4284 판결.

257) 대법원 1979. 11. 27. 선고 79다1599 판결.

258) 대법원 1978. 1. 10. 선고 77다1788 판결.

법률, 정관에 근거가 없다면 주주총회가 결의를 하더라도 무효로서 이사 및 주주에 대하여 아무런 구속력을 갖지 못한다.[259] 다만 법률에 유보가 없는 사항에 관하여도 정관에 규정을 두면 주주총회가 의결권을 갖는지 여부에 관하여 다툼이 있음은 앞서 본 바와 같다.

Ⅲ. 결의 흠결의 효과

주주총회의 결의는 주식회사의 단체적 의사를 결정하는 방법이므로 주주총회의 결의를 거쳐야 하는 사항에 관하여 주주총회의 결의를 거치지 않았거나 거쳤더라도 결의가 무효·취소로 실효되면 주식회사의 의사 자체가 없는 결과가 되어 해당 사항은 절대무효이다. 예컨대 이사를 선임하는 주총결의가 없다면 이사를 지위를 부여할 수 없고 주총 특별결의가 없다면 영업양도(법 374 ① I)는 당연무효이다. 또한 주주총회결의의 흠결에 관하여는 선의의 제3자를 보호하는 제도가 없다. 즉, 선의의 제3자라도 그 효력을 주장할 수 없으며 예외적으로 신의칙상 회사의 무효주장이 제한될 수 있을 뿐이다.[260] 이사회 결의는 흠결되더라도 판례법리에 의해 선의(무중과실)의 제3자가 보호된다는 점에서 차이가 있다(後述).

Ⅳ. 권한행사에 따른 주주의 책임

회사법상 주주 개개인의 의사결정은 주주총회에서의 의결권의 행사에 그치고 회사에 직접 구속력을 미치는 것은 주주 전체의 의결권행사의 결과인 주주총회의 결의이다. 따라서 주주들은 개별적인 의결권행사에 관하여는 책임을 지지 않는다. 위법한 내용의 주주총회의 결의가 이루어지더라도 그 결의가 무효로 될 뿐이고 주주는 그에 관하여 법적 책임을 지지 않는다.

이처럼 주주총회 결의는 그 자체만으로 구체적인 집행력이 없고 그 내용은 이사회 또는 대표이사의 업무집행을 통해 실현된다. 결국 주주총회의 결의에 위법성이 있더라도 그 결의는 이사회와 대표이사의 집행을 통해서 대외적으로 실현되므로 집행을 담당하는 이사들만이 그에 따른 법적 책임을 진다. 이는 소유와 경영의 분리에 따른 당연한 결과이므로 이사는 주주총회 결의에 따라 업무를 집행하였다는 사실을 들어 민·형사상 책임을 면할 수는 없다.[261]

---

259) 대법원 1991. 5. 28. 선고 90다20084 판결.

260) 대법원 2018. 4. 26. 선고 2017다288656 판결; 대법원 2014. 5. 29. 선고 2012다44518 판결; 대법원 2000. 8. 22. 선고 99다62609·62616 판결 등.

261) 형사판결로 대법원 2004. 5. 14. 선고 2001도4857 판결; 대법원 2000. 11. 24. 선고 99도822 판결; 대법원 1989. 10. 13. 선고 89도1012 판결, 민사판결로 대법원 2008. 12. 11. 선고 2005다51471 판결. 물론 주주가 위법한 결의에 참여한 것에 그치지 않고 개인의 지위에서 불법행위인 대표이사의 집행행위에 가담하면 불법행위 책임이 성립할 수 있다.

V. 소 집

주주로서는 주주총회가 회사의 의사형성에 참여할 수 있는 유일한 기회이므로 상법은 주주가 주주총회에 참석할 수 있는 기회를 보장받을 수 있도록 여러 규정을 두고 있다.

1. 소집의 결정

가. 이사회의 결의: 원칙

이사회는 상법에 다른 규정이 있는 경우를 제외하고 주주총회의 소집권을 가진다(법 362). 주주들이 회사의 경영에 빈번하게 개입하지 못하도록 하기 위한 취지의 강행규정이다. 이사회의 소집결정에 하자가 있는 주주총회에서 행해진 결의는 하자 있는 결의이다(취소 또는 부존재 사유). 이사회는 주주총회의 일시·장소·의안 등을 정하며 그 소집결정의 집행은 업무집행권을 가진 대표이사가 한다.

나. 소수주주에 의한 소집

(1) 의 의

소수주주도 주주총회의 소집권을 가진다(법 366). 지배주주가 이사회를 지배하는 경우에도 소수주주가 주주총회를 통하여 의사형성에 참여할 기회를 가질 수 있도록 하기 위한 제도이다.

(2) 요건과 절차

① **소수주주의 요건**

주주총회의 소집을 청구할 수 있는 주주는 발행주식총수의 3% 이상을 가진 소수주주이다(법 366 ①). 발행주식총수의 3%를 계산할 때 발행주식총수에 의결권이 제한되는 주식이 포함되는지에 관하여는 견해 대립이 있다. 포함되지 않는다고 보는 견해는 무의결권 주식을 가진 주주는 주주총회 소집의 실익이 없다는 것을 이유로 하고, 포함된다고 보는 견해는 주주총회 소집청구권의 감독기능 또는 공익권으로서의 성격을 강조한다. 후자의 견해가 다수설이다. 소수주주의 요건은 소집청구를 하는 시점에서 구비하면 족하다.[262]

② **절 차**

소수주주는 회의의 목적사항과 소집의 이유를 기재한 서면 또는 전자문서[263]를 이사

---

262) 상장회사의 특례가 있다(법 542의6 ①).

263) '전자문서'란 정보처리시스템에 의하여 전자적 형태로 작성·변환·송신·수신·저장된 정보를 의미하고, 이는 작성·변환·송신·수신·저장된 때의 형태 또는 그와 같이 재현될 수 있는 형태로 보존되어 있을 것을

회[264]에 제출하여 임시주총의 소집을 청구할 수 있다(법 366 ①). 이사회는 소수주주의 청구가 있으면 지체없이 주주총회소집의 절차를 밟아야 한다(법 366 ②). 다만, 그 경우에도 소수주주에 의한 주주총회 소집의 이유가 상당하지 않으면 이사회는 소집절차를 밟을 필요가 없다. 이사회가 소수주주의 청구에도 불구하고 소집절차를 밟지 않으면 해당 소수주주는 법원의 허가를 얻어 직접 총회를 소집할 수 있다(법 366 ②). 이때 소수주주는 주주총회의 권한에 속하는 결의사항이 아닌 것을 목적사항으로 할 수는 없다.[265]

(3) 청구에 관한 재판

소수주주에 의한 주총소집신청에 관하여 법원은 비송사건절차법 제80조, 제81조에 따라 이유를 붙인 결정으로 재판한다.[266] 이를 인용한 결정에 대하여는 불복할 수 없다(비송사건절차법 81 ②).[267] 실무상 소수주주가 요구하는 회의의 목적이 총회의 권한 사항에 속하지 않는 경우, 총회소집허가신청이 권리남용에 해당하는 경우, 총회 소집의 필요성이 없는 경우 등에는 그 신청을 기각하고 있다.[268] 특히 주주총회 소집의 필요성에 관하여 일반적으로 총회소집 안건의 내용과 그 결의의 시급한 필요 여부, 허가 여부에 따라 신청인과 사건본인 회사에 미치는 영향, 이사회에 대한 소집청구 및 법원에 대한 소집허가신청에 이르기까지의 당사자의 태도, 분쟁교섭 과정, 안건의 통과 가능성, 신청인과 사건본인 회사의 각 성격 및 업무의 내용, 신청인과 현 경영진측의 지분 비율과 우호 주주의 구성 등 제반사정을 종합적으로 고려하여야 한다고 보고 있다.[269]

(4) 소수주주에 의한 주총 소집

소수주주는 회사의 일시적 기관으로서 주주총회를 소집하는 것이므로 이사회를 대신하여 기준일의 설정, 통지·공고 등 총회소집을 위해 필요한 절차를 모두 취할 수 있다.

소수주주의 청구에 의하여 주주총회가 소집된 경우 주주총회는 회사의 업무와 재산상

전제로 그 내용을 열람할 수 있는 것이어야 하므로, 이와 같은 성질에 반하지 않는 한 전자우편은 물론 휴대전화 문자메시지·모바일 메시지 등까지 포함된다(대법원 2022. 12. 16. 자 2022그734 결정).

264) 이때 이사회는 원칙적으로 대표이사를 의미하고 예외적으로 대표이사 없이 이사의 수가 1인 또는 2인인 소규모 회사의 경우에는 각 이사를 의미한다(법 383 ⑥).

265) 대법원 2022. 9. 7. 자 2022마5372 결정; 대법원 2022. 4. 19. 자 2022그501 결정.

266) 서울고등법원 2005. 5. 13. 선고 2004라885 결정. 선정당사자에 관한 민사소송법의 규정은 비송사건절차법이 적용되는 비송사건에는 준용되거나 유추적용되지 않는다(대법원 1990. 12. 7. 자 90마카674·90마카11 결정).

267) 그러나 민사소송법 제449조에 의한 특별항고는 허용된다(대법원 2001. 12. 21. 자 2001그121 결정).

268) 전휴재, “경영권의 분쟁과 가처분”, 「재판실무연구(3): 보전소송」, 한국사법행정학회, 2008, 325면. 위 서울고등법원 2004라885 결정은 주주제안을 통하여 총회에서 의안을 다루었으나 부결된 안건을 3년 내에 다시 다루기 위하여 총회소집을 청구한 것을 위 안건이 통과될 가능성이 희박하고 권리남용에 해당한다는 이유로 기각한 것이었다.

269) 위의 논문, 326면. 구체적인 사례로는 서울중앙지방법원 2004. 6. 28. 자 2004비합156 결정; 같은 법원 2004. 12. 15. 자 2004비합347 결정.

태를 조사하게 하기 위하여 검사인을 선임할 수 있다(법 366 ③). 법원은 이해관계인의 청구나 직권으로 의장을 선임할 수 있고(법 366 ②) 법원이 의장을 선임하지 않으면 소집된 총회에서 의장을 선임한다.[270)]

법원이 총회의 소집기간을 구체적으로 정하지 않은 경우에도 소집허가를 받은 소수주주는 소집의 목적에 비추어 상당한 기간 내에 총회를 소집하여야 한다. 소수주주에게 주주총회의 소집권한이 부여하게 된 전제사실이 유지되는 범위에서만 소수주주가 주주총회 소집권을 행사할 수 있다고 보아야 하기 때문이다. 소수주주가 상당한 기간이 경과하도록 주주총회를 소집하지 않는다면 법원의 소집허가결정에 따른 소집권한은 소멸한다. 소집허가결정으로부터 상당한 기간이 경과하였는지는 총회소집의 목적과 소집허가결정이 내려진 경위, 소집허가결정과 총회소집 시점 사이의 기간, 소집허가결정의 기초가 된 사정의 변경 여부, 뒤늦게 총회가 소집된 경위와 이유 등을 고려하여 판단하여야 한다.[271)]

다. 감사에 의한 소집

감사 또는 감사위원회도 소수주주와 같은 방법으로 주주총회의 소집을 청구하고 이사회가 소집을 게을리할 경우 법원의 허가를 얻어 직접 소집할 수 있다(법 412의3, 415의2 ⑥).

라. 법원의 명령에 의한 소집

발행주식총수의 3% 이상을 가진 주주는 상법 제467조 제1항에 따라 회사의 업무집행에 관하여 부정행위 또는 법령이나 정관에 위반한 중대한 사실을 의심할 사유가 있음을 이유로 회사의 업무와 재산상태를 조사하기 위하여 법원에 검사인의 선임을 청구할 수 있다. 법원은 위와 같이 소수주주가 검사인의 선임을 청구하여 검사인을 선임한 경우 해당 검사인의 조사보고에 필요하다고 인정할 때에는 주주총회의 소집을 명할 수 있다(법 467 ③). 이 경우에는 이사회의 소집결정을 거치지 않고 대표이사가 바로 소집한다.

2. 주주총회의 시기

주주총회는 정기주총과 임시주총으로 나뉜다. 정기주총은 매결산기에 1회 일정한 시기에 소집한다(법 365 ②). 결산기가 1년을 넘더라도 매년 1회는 반드시 소집해야 한다. 정기주총에서는 재무제표의 승인이 주요 의제이다. 임시주총은 필요에 따라 수시로 소집할 수 있다(법 365 ③).

---

270) 송옥렬, 앞의 책, 924면.
271) 대법원 2018. 3. 15. 선고 2016다275679 판결.

3. 소집의 통지

가. 의의 및 방법

주주총회를 소집할 때에는 대표이사가 총회일의 2주 전에 각 주주에게 서면으로 통지를 발송하거나 각 주주의 동의를 받아 전자문서로 통지를 개별 발송하여야 한다(법 363 ①). 주주는 주주총회 소집을 적법하게 통지받아야 비로소 총회에 참석하여 의결권을 행사할 수 있는 기회를 보장받을 수 있기 때문에 위 규정은 강행규정이다.[272)]

나. 통지대상

의결권 없는 주주에 대하여는 소집의 통지를 하지 않는다(법 363 ⑦). 명의개서를 하지 않은 주주에게도 통지하지 않는다.[273)] 특별이해관계 있는 주주의 경우 특별이해관계 없는 안건도 다루어질 수 있고 특별이해관계 유무의 판단이 쉽지 않으므로 일단 소집통지의 대상이 된다고 해석한다.[274)]

다만, 의결권 없는 주주라 하더라도 반대주주로서 주식매수청구권을 행사할 수 있는 의안(법 360의5, 360의22, 374의2, 522의3, 530의11)에 관하여는 주주에게 주식매수청구의 기회를 주어야 하므로 소집통지를 해야 한다.

다. 통지기간

소집통지는 주주총회일 2주간 전에 하여야 한다(법 363 ①). 이 기간은 정관의 규정으로 늘릴 수 있으나 줄일 수는 없다는 것이 통설이다. 소집통지에 관하여는 발신주의를 적용한다.

라. 통지의 내용

소집통지의 내용에는 주주총회의 일시, 장소, 목적사항(의안)이 포함된다.

(1) 일시와 장소

회의일시·소집장소는 이사회에서 결정하여 주주에게 통지하여야 한다. 주주총회는 정관에 다른 정함이 없으면 본점소재지 또는 이에 인접한 지에 소집하여야 한다(법 364). 본점소재

---

272) 다만, 상장회사가 주주총회를 소집할 때에는 의결권 있는 주식총수의 1% 이하를 가진 주주에 대하여는 '정관에 정하는 바에 따라' 회일 2주간 전에 총회소집의 뜻과 목적사항을 2개 이상의 일간신문에 각각 2회 이상 공고하거나 전자적 방법으로 공고하여 소집통지를 갈음할 수 있다(법 542의4). '전자적 방법의 공고'란 금융감독원 또는 한국거래소가 운영하는 전자공시시스템[Dart]에 공시하는 것을 말한다.

273) 대법원 2012. 6. 14. 선고 2012다20925 판결.

274) 권순일 편, 주석 상법[회사 3], 제6판, 한국사법행정학회, 2021, 39면(송옥렬 집필부분).

지나 인접한 지라 하더라도 주주의 참석이 어려운 장소(예컨대 고액의 입장료를 지급하여야 하는 장소 등)에서 개최하면 소집절차가 현저하게 불공정한 경우에 해당할 수 있다(법 376 ①).

주주총회의 개회시각이 부득이한 사정으로 당초 소집통지된 시각보다 지연되는 경우에도 사회통념에 비추어 볼 때 정각에 출석한 주주들의 입장에서 변경된 개회시각까지 기다려 참석하는 것이 곤란하지 않을 정도라면 절차상의 하자가 되지 않지만, 그 정도를 넘어 개회시각을 사실상 부정확하게 만들고 소집통지된 시각에 출석한 주주들의 참석을 기대하기 어려워 그들의 참석권을 침해하기에 이르렀다면 주주총회의 소집절차가 현저히 불공정한 경우에 해당하고, 또한 소집통지 및 공고가 적법하게 이루어진 이후에 당초의 소집장소에서 개회를 하여 소집장소를 변경하기로 하는 결의조차 할 수 없는 부득이한 사정이 발생한 경우, 소집권자가 대체 장소를 정한 다음 당초의 소집장소에 출석한 주주들로 하여금 변경된 장소에 모일 수 있도록 상당한 방법으로 알리고 이동에 필요한 조치를 다한 때에 한하여 적법하게 소집장소가 변경되었다고 볼 수 있다는 것이 판례의 입장이다.[275]

(2) 회의의 목적사항

회의의 목적사항은 총회에서 결의할 의안을 뜻하는데, 주주가 회의참석 여부를 결정할 수 있도록 소집통지시에 회의의 목적을 기재해야 한다(예컨대, '이사 선임의 건', '재무재표 승인에 관한 건' 등으로 표시한다). 그러나, 특별결의를 목적사항으로 하는 주주총회의 경우(법 433 ②, 438 ②, 522 ②), '의안의 요령'도 기재하여야 한다. '의안의 요령'이란 결의할 사항의 주된 내용이다. 주주총회는 통지된 목적 이외의 사항에 관하여 결의할 수 없다. 참석한 주주 전원의 동의가 있더라도 허용될 수 없으며 만일 결의를 진행할 경우 주주총회 취소사유가 된다.[276]

마. 부적법한 소집통지의 효력

주식회사가 총회소집의 통지기한을 준수하지 않는 등 소집절차에 하자가 있다면 소집절차에 법령 또는 절차에 위반이 있는 것으로 되어 결의취소 또는 부존재 사유가 된다(법 376).

---

275) 대법원 2003. 7. 11. 선고 2001다45584 판결. 이 판결은 피고 은행이 노동조합원 등의 방해행위로 인하여 소집통지된 시각에 그 소집장소에서 주주총회를 개회할 수 없게 되어 소집통지된 시각 이후 언제 개회될지 알 수 없는 불확정한 상태가 지속되다가 12시간이 경과한 같은 날 22시 15분경 변경된 장소에서 주주총회를 개회한 사안에 관한 것이다. 대법원은 이미 사회통념상 당초의 개회시각에 출석하였던 주주들의 참석을 기대할 수 없어 이들의 참석권을 침해하였고, 또한 그나마 같은 날 22시 15분까지 개회를 기다리고 있던 일반 주주들에게 소집장소가 변경되었다는 통지마저 제대로 이루어지지 않았다는 점을 들어 주주총회의 소집절차가 일부 주주에 대하여 주주총회 참석의 기회를 박탈함으로써 현저하게 불공정하였다고 판시하였다.

276) 대법원 1979. 3. 27. 선고 79다19 판결.

바. 장기불참주주에 대한 소집통지의 생략

소집통지가 주주명부상 주주의 주소에 계속 3년간 도달하지 않는 경우에는 회사는 해당 주주에게 총회의 소집을 통지하지 않을 수 있다(법 363 ① 但).

사. 소집의 철회·변경

주주총회 소집을 철회·변경하기 위해서는 소집의 경우에 준하여 이사회의 결의를 거쳐서 대표이사가 그 뜻을 그 소집에서와 같은 방법으로 통지하여야 한다.[277]

아. 소규모회사의 특례

자본금 총액이 10억원 미만인 회사가 주주총회를 소집하는 경우에는 주주총회일의 10일 전에 각 주주에게 서면으로 통지를 발송하거나 각 주주의 동의를 받아 전자문서로 통지를 발송할 수 있다(법 363 ①, ③).

주주 귀하

제5기 정기주총 소집통지서

주주님의 깊은 관심과 성원에 감사드립니다.
회사 정관 제17조에 의하여 제5기 정기주총을
다음과 같이 개최하오니 참석하여 주시기 바랍니다.
(주주총회 관련 문의: 02－2255－0114)

－ 다 음 －

1. 일 시: 2021년 3월 17일(수) 오전 9시
2. 장 소: 경기도 수원시 영통구 광교중앙로 140
   수원컨벤션센터 3층 전시홀
3. 보고사항: ① 감사보고
   ② 영업보고
   ③ 내부회계관리제도 운영실태 보고
4. 회의목적사항
   ○ 제1호 의안: 제52기(2020. 1. 1. ~ 2020. 12. 31.) 재무상태표, 손익계산서 및 이익잉여금처분계산서 등 재무제표 승인의 건
   ※ 기말배당 예정내용
   － 1주당 배당금: 보통주 1,932원, 우선주 1,933원

277) 대법원 2009. 3. 26. 선고 2007도8195 판결.

○ 제2호 의안: 이사 선임의 건
- 제2-1호: 사외이사 선임의 건
  ▸ 제2-1-1호: 사외이사 홍길동 선임의 건
  ▸ 제2-1-2호: 사외이사 변학도 선임의 건
- 제2-2호: 사내이사 선임의 건
  ▸ 제2-2-1호: 사내이사 이몽룡 선임의 건
  ▸ 제2-2-2호: 사내이사 성춘향 선임의 건

○ 제3호 의안: 감사위원회 위원이 되는 사외이사 양소유 선임의 건
○ 제4호 의안: 이사 보수한도 승인의 건

5. 전자투표에 관한 사항

당사는 제4기 정기주총에 이어 이번 주주총회에서도 주주님께서 주주총회에 직접 참석 하지 않고도 의결권을 행사하실 수 있도록 전자투표 제도(상법 제368조의4)를 활용하기로 하였습니다. 주주총회에 참석이 어려우시거나 온라인 중계를 시청하실 주주님께서는 주주총회일 전에 전자투표를 통해 귀중한 의결권을 행사해 주시기 바랍니다.

가. 전자투표시스템
인터넷 주소: https://evote.or.kr
모바일 주소: https://evote.or.kr/m
※ 관리업무는 한국예탁결제원에 위탁하였습니다.

나. 전자투표 행사기간: 2021년 3월 7일 9시 ~ 2021년 3월 16일 17시
- 첫날은 오전 9시부터 전자투표시스템 접속이 가능하며, 그 이후 기간 중에는 24시간 접속이 가능합니다.
  (단, 마지막 날은 오후 5시까지만 투표하실 수 있습니다)

다. 시스템에서 인증서를 이용하여 주주 본인 확인 후 의안별 전자투표를 행사하실 수 있습니다.
- 주주확인용 인증서의 종류: 코스콤 증권거래용 인증서,
  금융결제원 개인용도제한용 인증서

라. 수정동의안 처리: 주주총회에서 상정된 의안에 관하여 수정동의가 제출되는 경우 전자투표는 기권으로 처리됩니다(한국예탁결제원 전자투표서비스 이용약관 제11조).

6. 의결권 대리행사 관련

의결권 대리행사를 원하시는 경우 회사 인터넷 홈페이지에 게시된 위임장을 작성하신 후 회사로 우편 송부하여 행사하실 수 있습니다.

별첨1: 참석자 지참물 안내
별첨2: 사외이사, 사내이사 및 감사위원회 위원이 되는 사외이사 약력

4. 주주제안권

가. 의 의

주주총회의 소집권한은 원칙적으로 이사회에 있는데(법 362), 이사회는 주주총회를 소집할 때 소집통지에 목적사항을 정해서 기재하여야 하므로(법 363 ②) 주주는 주주총회에서 이사회가 결정한 목적사항에 한해 결의할 수 있는 것이 원칙이다. 상법은 소수주주에게 주주제안권을 부여하여 주주총회에서 다루어질 목적사항을 제안할 수 있도록 한다(법 363의2 ①).

나. 요 건

주주제안권은 의결권 있는 발행주식총수의 3% 이상을 보유한 소수주주에게 허용된다(법 363의2 ①). 상장회사의 경우에는 특례가 있다(법 542의6 ②).

다. 권리의 내용

주주는 회의의 의안('이사 선임의 건') 또는 의안의 요령(구체적인 결의안, 예컨대 '이사로 甲을 추천하는 내용')을 제안할 수 있다(법 363의2 ②). 전자를 의제제안권, 후자를 의안제안권이라고 부르기도 한다.

라. 제안내용의 제한

이사회는 주주제안의 내용이 법령·정관에 위반될 경우 목적사항으로 하지 않을 수 있다(법 363의2 ③). 상법 시행령은 이사회가 거부할 수 있는 사유를 열거하고 있다(영 12).

마. 제안권의 행사절차

주주는 제안내용을 주주총회의 6주 전까지 이사에게 서면 또는 전자문서로 제출하여야 한다. 주주가 의안제안을 할 경우에는 주주총회일의 6주 전에 서면 또는 전자문서로 회의의 목적으로 할 사항에 추가하여 해당 주주가 제출하는 의안의 요령을 총회의 소집통지에 기재하도록 청구할 수 있다(법 363의2 ①, ②). 주주총회의 소집은 원칙적으로 이사회가 결정하고 주주에게는 2주간 전에 통지를 발송하므로 주주는 주주총회의 소집을 6주 전에 알 수는 없다. 따라서 주주제안권은 실제로는 소수주주의 주주총회 소집권과 결부되어 행사된다. 다만, 정기주총의 일정은 규칙적이어서 예측이 가능하므로 상법은 정기주총에서 다룰 안건의 제안은 직전 연도의 정기주총일에 대응하는 그 해의 해당일의 6주간 전에 제출하도록 하고 있다(법 363의2 ① 괄호).

바. 제안권 행사에 관한 대응

이사는 주주제안이 있을 경우 이를 이사회에 보고하고 이사회는 제안 내용이 법령·정관에 위반하지 않는 한 주주총회의 목적사항으로 상정하여야 하며, 제안한 자의 요청이 있을 경우에는 주주총회에서 해당 의안을 설명할 수 있는 기회를 주어야 한다(법 363의2 ③).

사. 주주제안권이 침해된 주주의 구제

(1) 사전적 구제수단

주주제안을 거부당한 주주는 자신의 제안을 주주총회의 의안 또는 의안의 요령으로 삼도록 하는 내용의 가처분을 신청할 수 있다.[278] 주주제안을 거부당한 주주가 신청한 의안상정가처분의 본안소송은 회사가 소집한 당해 주주총회의 효력을 다투거나 의안상정을 구하는 소가 되고, 따라서 그 피고적격자는 주주제안을 의안으로 상정하는 것에 반대한 개별 이사가 아니라 회사가 된다.[279]

(2) 사후적 구제수단

① 주주가 제안한 목적사항을 채택하지 않은 경우

주주가 제안한 목적사항을 소집통지에 기재하지도 않고 의제로 상정하지도 않은 경우 해당 주주총회의 모든 결의에 취소사유가 있는 것으로 된다는 견해, 다른 의안의 결의는 유효하고 주주는 이사에 대해 손해배상을 청구할 수 있을 뿐이라는 견해(제안에 상반되는 특정한 결의가 없으므로 취소할 대상이 없다)가 대립한다.[280]

② 주주가 제안한 의안의 요령을 채택하지 않은 경우

예컨대, 주주가 정관상의 사업목적으로 소매업에서 금융업으로 변경할 것을 제안하였는데 회사가 이를 소집통지에 기재하지 않고 주주총회에서는 도매업으로 변경하는 결의를 한 때에는 결의방법의 하자가 있는 것으로 결의취소의 소의 대상이 된다.

5. 소집절차 및 결의방법상 하자의 치유

가. 주주의 사전동의 또는 사후승인

주주총회의 소집절차에 하자가 있더라도 주주가 사전동의하거나 사후적으로 승인한

---

278) 이를 의안상정가처분신청이라고 한다. 이를 인용한 하급심 재판의 예로 서울북부지방법원 2007. 2. 28. 자 2007카합215 결정이 있다.

279) 위 서울북부지방법원 2007. 2. 28. 자 2007카합215 결정.

280) 하급심 판결 중에서 후자의 입장을 취한 것이 있다. 서울고등법원 2015. 8. 28. 선고 2015나2019092 판결. 송옥렬, 앞의 책, 935면.

경우에는 하자가 치유되는 것으로 보아야 할 경우가 있다. 즉, 개별 주주는 통지기간의 단축, 전화·구두에 의한 통지절차에 동의할 수 있고 그 경우에는 소집절차에 하자가 있다고 보지 않는다.[281)]

나. 전원출석 주주총회의 법리

통설은 소집절차를 생략하는 등의 하자가 있더라도 주주총회에 주주 전원이 출석한 경우 통설은 주주의 절차상 권리가 침해되지 않음을 들어 절차상의 하자는 없는 것으로 본다.[282)] 이를 전원출석 주주총회의 법리라고 한다. 소규모회사의 경우 상법 제363조 제4항에 그러한 취지의 규정이 있다.

판례는 전원출석 주주총회와 관련하여 동일한 입장을 일관되게 견지하고 있다. 대법원 판례는 이사회의 소집결정에 흠이 있거나 심지어 소집결의가 전혀 없더라도 전원출석 주주총회는 적법한 주주총회로 본다.[283)] 판례는 설사 소집절차를 제대로 갖추었다고 하더라도 어차피 동일한 결과가 나왔을 것이라는 점을 전제로 하고 있는 것으로 보인다.

나아가, 판례는 실제로 주주총회를 개최하지 않고 주주 전원의 위임을 받아 주주총회 의사록이 작성되었다면 유효한 주주총회결의가 있다고 본다.[284)] 따라서 그 특수한 경우인 1인회사에서는 1인주주의 출석으로 모든 하자가 치유된다고 본다.[285)] 판례는 주주총회를 개최한 사실이 없더라도 1인주주가 결의한 것으로 회의록이 작성되어 있다면 주주총회의 결의가 있다고 한다.[286)] 나아가 의사록조차 없더라도 1인 주주의 의견표명이 있었다면 증거에 의해 주주총회가 있었던 것으로 볼 수 있다는 입장을 취한 판례도 있다.[287)] 그러나 판례의 입장에 따르면 1인회사에서는 1인주주가 의사록만 작성하면 혹은 작성할 필요조차 없이 언제든지 주주총회의 권한을 행사할 수 있게 되어 상법상 권한분배를 형해화시킨다는 비판이 있다.[288)]

판례는 주식의 전부를 1인이 소유하는 법적 의미의 1인회사에 대해서는 이 이론을 일관되게 적용하지만 주식수의 거의 대부분을 1인이 소유하는 경우에는 입장이 일관되지 않는다.[289)]

---

281) 그러나 사전동의하거나 사후승인을 하지 않은 주주가 주주총회에 참석하더라도 하자가 당연히 없어지는 것은 아니다.
282) 유한회사에 관하여는 상법 第573조에 동일한 내용이 규정되어 있다.
283) 대법원 1993. 2. 26. 선고 92다48727 판결. 주주 전원이 직접 출석하지 않고 의결권을 위임받은 자가 참석하더라도 동일하다. 대법원 1993. 2. 26. 선고 92다48727 판결.
284) 대법원 2008. 6. 26. 선고 2008도1044 판결.
285) 대법원 1966. 9. 20. 선고 66다1187 판결.
286) 대법원 1993. 6. 11. 선고 93다8702 판결.
287) 대법원 2004. 12. 10. 선고 2004다25123 판결.
288) 이철송, 앞의 책, 541~542면.
289) 대법원 2007. 2. 22. 선고 2005다73020 판결은 98%의 지분을 보유한 지배주주가 실제의 소집절차와 결의절

6. 소집절차나 결의방법 조사를 위한 검사인의 선임

1% 이상의 지분을 가진 소수주주는 주주총회의 소집절차나 결의방법을 조사하기 위하여 주주총회 전에 법원에 검사인 선임을 청구할 수 있다(법 367 ②).

VI. 주주의 의결권

1. 의 의

의결권은 주주가 주주총회에서의 의사표시를 통해 회사의 의사결정에 참여할 수 있는 권리이다. 의결권은 공익원의 핵심으로 정관의 규정으로도 박탈하거나 제한할 수 없고 주주도 주식과 분리하여 이를 포기하거나 양도할 수 없다. 특히 의결권은 이익배당청구권이나 신주인수권처럼 구체적·채권적 권리로 분리·확정될 수 없으므로 특정 주주총회에서의 의결권이라 하더라도 주식과 분리하여 양도할 수 없다.[290)]

2. 의결권의 수

의결권은 1주마다 1개만 주어진다(법 369 ①). 1주 1의결권 제도는 주주들의 위험부담과 회사에 대한 영향력이 비례하여야 한다는 사고에서 비롯된 것이다. 따라서 위 규정은 강행법규로서 정관으로 달리 정할 수 없으며, 이와 다른 주주 간의 합의가 있더라도 무효이다.[291)]

3. 의결권 없는 주식

상법은 종류주식 중 하나로서 의결권이 없거나 제한되는 주식을 발행할 수 있도록 규정하고 있다(법 344의3 ①).

4. 의결권의 일시적 제한

상법은 정책적 필요에 의해 의결권이 잠정적으로 제한되는 경우를 예정하고 있는데 이

차를 거치지 않은 채 주주총회의 결의가 있었던 것처럼 의사록을 허위로 작성한 사안에 관하여 1인회사의 법리 적용을 부정하였고, 대법원 2004. 12. 10. 선고 2004다25123 판결 및 대법원 1992. 6. 23. 선고 91다19500 판결은 98%의 지분을 가진 주주가 지배하는 회사를 '실질적인' 1인회사로 보아 1인회사의 법리를 적용하였다.

290) 대법원 판례는 주주가 일정기간 주주권을 포기하고 타인에게 주주로서의 의결권 행사권한을 위임하기로 약정한 사정만으로는 그 주주가 주주로서의 의결권을 직접 행사할 수 없게 되었다고 볼 수 없다고 한다(대법원 2002. 12. 24. 선고 2002다54691 판결).

291) 대법원 2009. 11. 26. 선고 2009다51820 판결. 「벤처기업육성에 관한 특별조치법」 제16조의11은 그 예외로서 복수의결권 제도를 두고 있다. 상세는 이철송, 앞의 책, 550~554면.

러한 의결권의 제한은 일정한 요건 하에서 일시적으로 인정되는 것으로서 영구적인 것은 아니다. 구체적으로 자기주식, 상호주, 자회사가 보유하고 있는 모회사 주식, 특별이해관계 있는 주주의 의결권 등이 이에 해당한다.

가. 자기주식

회사가 가진 자기주식은 의결권이 없다(법 369 ②). 이에 관한 상세는 앞에서 살펴보았다.

나. 상호주

회사, 모회사 및 자회사 또는 자회사가 다른 회사의 발행주식총수의 10%를 초과하는 주식을 갖고 있는 경우 그 다른 회사가 갖고 있는 회사 또는 모회사의 주식은 의결권이 없다(법 369 ③).

다. 자회사가 보유하고 있는 모회사 주식

통설은 명문의 규정은 없으나 자회사가 예외적으로 모회사주식을 취득하더라도 자기주식의 지위와 마찬가지로 의결권을 포함한 일체의 권리행사가 정지된다고 해석한다.

라. 특별이해관계 있는 주주

(1) 의 의

주주총회의 결의에 관하여 특별한 이해관계가 있는 자는 의결권을 행사하지 못한다(법 368 ③). 주주가 의결권을 행사하는 궁극적인 목적은 회사의 이익을 실현함으로써 간접적으로 주주의 이익을 도모하는데 있는데 주주가 개인적인 이해관계에 따라 의결권을 행사한다면 그 목적에 반하게 된다.[292] 따라서 특별이해관계 있는 주주는 의결권을 행사할 수 없도록 제한한다. 이 규정은 이사회결의에도 준용된다는 점에 유의하여야 한다(법 391 ③).

(2) 특별한 이해관계의 의미

'특별한 이해관계'의 의미를 어떻게 이해할 것인지에 관하여 견해 대립이 있었지만 현재는 대체로 개인법설만 주장되고 있다.

① 법률상 이해관계설

결의에 의해 권리의무의 득실이 생기는 등 법률상 특별한 이해관계가 생길 때를 뜻한다는 견해이다.

---

292) 이철송, 앞의 책, 555면.

② **특별이해관계설**

모든 주주에게 관계되지 않고 특정주주의 이해에 관계될 때를 뜻한다는 견해이다.

③ **개인법설**

통설은 특정한 주주가 주주로서의 지위와 관계없이 개인법적인 이해관계를 가지는 경우라고 해석한다. 통설에 의할 때 특별한 이해관계가 있다고 볼 수 있는 주주는 발기인·이사·감사·감사위원의 책임을 면제하는 결의를 할 때의 당사자인 주주, 영업양도·영업양수·경영위임 등의 결의(법 374 ①)를 할 때의 거래상대방인 주주, 임원의 보수를 정할 때(법 388, 415)의 임원인 주주 등이다. 회사의 지배구조와 관련되는 결의, 예컨대 주주를 이사·감사로 선임하거나 주주인 이사·감사를 해임하는 주주총회결의에서 당사자인 주주는 특별한 이해관계인에 해당하지 않는다고 한다.[293] 또한, 합병에서 일방당사자인 회사가 타방당사자 회사의 주주인 경우 또는 재무제표의 승인에서 주주인 이사가 의결권을 행사하는 경우에도 주주 지위를 떠난 개인적인 이해관계가 발생하는 것이 아니므로 특별한 이해관계인이 아니라고 한다.[294] 그러나 회사가 합병하는 경우가 위에서 본 영업양도 등과 실질적인 차이가 있는지는 의문이다.

(3) 적용범위

주주 자신은 특별한 이해관계가 있는 자이나 특별한 이해관계가 없는 대리인을 통하여 의결권을 행사한 경우에도 적용범위에 해당한다. 반대로 주주는 특별한 이해관계가 없으나 대리인이 특별한 이해관계를 가질 경우는 어떠한가? 상법 제368조 제3항은 '…특별한 이해관계가 있는 자'라고 규정하고 있으므로 주주에 한정하지 않는 취지로 볼 수 있고 대리인이 본인의 의사를 좇지 않더라도 의결권행사는 유효하며 의결권행사에 대리인의 이해관계가 반영될 수 있다는 점을 들어 통설은 적용범위에 포함된다고 해석한다.

(4) 효 과

특별한 이해관계가 있는 주주는 의결권을 행사하지 못하며 그 의결권의 수는 발행주식총수에서 뺀다.[295] 특별한 이해관계가 있는 자가 의결권을 행사한 때에는 결의취소사유가

293) 그렇게 해석하지 않으면 대주주일수록 경영에 참가하는 것이 어렵다는 불합리한 결과가 되기 때문이라고 한다. 이철송, 앞의 책, 556면.

294) 이철송, 앞의 책, 556면.

295) 상법 제371조 제2항은 출석한 주주의 의결권의 수에 산입하지 않는다고 규정하고 있으나 성립정족수 제도가 없어진 것을 반영하지 못한 것으로 현행대로라면 무의미한 조항에 불과하다. 조문의 취지를 살리면 발행주식총수에서 빼는 것으로 해석하여야 한다. 대법원 판례도 같은 취지이다. 대법원 2016. 8. 17. 선고 2016다222996 판결. 이상 송옥렬, 앞의 책, 961~962면.

된다(법 376 ①). 특별한 이해관계 있는 자가 의결권을 행사하였다는 사실만으로 충분하고 의결권을 행사한 까닭에 결의가 불공정하게 되었을 것을 요건으로 하지 않는다.[296)]

마. 감사 선임시의 제한

감사를 선임하는 결의에서는 의결권 없는 주식을 제외한 발행주식총수의 3%를 초과하는 수의 주식을 가진 주주는 그 초과하는 부분에 관하여는 의결권을 행사할 수 없다(법 409 ②). 상장회사의 경우 특례가 규정되어 있다(법 542의12 ③).

5. 의결권의 불통일행사

가. 의 의

주주가 2개 이상의 의결권을 가지고 있는 때에는 이를 통일하지 않고 행사할 수 있다(법 368의2 ① 前). 5주를 보유한 주주는 그중 3주는 찬성표로 2주는 반대표로 행사할 수 있다는 것이다. 이 제도는 의결권을 행사하는 형식주주 뒤에 이해관계를 달리하는 복수의 실질주주가 존재하는 경우에 실질주주의 의사에 좇아서 의결권을 행사할 수 있도록 하기 위한 것이다. 따라서 그 경우 외에는 불통일행사를 허용할 실익이 없고 오히려 주주총회의 운영에 혼란을 줄 우려가 있으므로 상법은 형식주주와 실질주주가 다른 경우와 같이 반드시 필요한 경우가 아니라면 회사가 불통일행사를 거부할 수 있도록 규정한다.

나. 요 건

(1) 불통일행사의 통지

주주는 주주총회일 3일 전에 회사에 대하여 서면 또는 전자문서로 의결권 불통일의 뜻과 이유를 통지하여야 한다(법 368의2 ①). 3일의 기간은 의결권의 불통일행사가 행하여지는 경우에 회사 측에 그 불통일행사를 거부할 것인가를 판단할 수 있는 시간적 여유를 주고, 회사의 주주총회 사무운영에 지장을 주지 않도록 부여된 기간이므로 통지는 주주총회 회일의 3일 전에 회사에 도달하여야 한다.[297)] 다만, 위와 같은 3일의 기간이 부여된 취지에 비추어 보면, 비록 불통일행사의 통지가 주주총회 회일의 3일 전이라는 시한보다 늦게 도착하였다고 하더라도 회사가 스스로 총회운영에 지장이 없다고 판단하여 이를 받아들이기로 하고 이에 따라 의결권의 불통일행사가 이루어진 것이라면, 그것이 주주평등의 원칙을 위반하거나 의결권 행사의 결과를 조작하기 위하여 자의적으로 이루어진 것이라는 등의 특별한

296) 이철송, 앞의 책, 557면.
297) 대법원 2009. 4. 23. 선고 2005다22701·22718 판결.

사정이 없는 한, 위법하다고 볼 수는 없다.[298)]

주주가 불통일행사의 통지를 하지 않고 의결권을 불통일행사한 경우, 이를 회사가 사후 승인할 수 있는가? 통설은 회사에게 선택권을 주는 결과가 된다는 점을 들어 부정적으로 해석한다.

(2) 회사의 거부권 불행사

회사는 의결권의 불통일 행사를 거부할 수 있다. 그러나 주주가 주식의 신탁을 인수하였거나 그 밖에 타인을 위하여 주식을 갖고 있는 경우에는 불통일 행사를 거부할 수 없다. 타인을 위하여 주식을 가지고 있는 경우의 대표적인 예는 위탁매매인이 위탁자의 주식을 가지고 있는 경우이다.

다. 행사방법 및 효력

의결권의 불통일 행사는 의안마다 달리 할 수 있다. 형식주주가 실질주주와의 관계에서 의결권을 불통일행사하여야 하는 의무를 지고 있는 경우에 그 의무를 불이행하더라도 의결권 행사의 효력에는 아무런 영향이 없다.

6. 의결권의 대리행사 및 대리행사의 권유

가. 의결권 대리행사의 의의와 기능

의결권의 대리행사란 제3자가 특정 주주를 위하여 주주총회에서 의결권을 대리하여 행사하는 제도를 말한다(법 368 ②). 이 제도를 통해서 주주는 직접 주주총회에 참석하지 않고도 의결권을 행사할 수 있고 회사는 정족수를 확보할 수 있다. 따라서 정관으로도 의결권의 대리행사를 금지할 수 없다. 다만 대법원은 의결권의 대리행사로 말미암아 주주총회의 개최가 부당하게 저해되거나 혹은 회사의 이익이 부당하게 침해될 염려가 있는 등의 특별한 사정이 있다면 회사는 의결권의 대리행사를 거절할 수 있다고 한다.[299)]

나. 대리인의 자격

대리인의 자격에는 특별한 제한이 없다. 무능력자나 법인도 대리인이 될 수 있다. 다만 회사가 스스로 주주의 의결권을 대리행사하면 마치 자기주식에 관하여 의결권을 행사하는 것과 같은 효과가 발생하기 때문에 그 대리행사는 허용되지 않는다.

회사가 정관에 대리인의 자격을 주주로 한정하는 예가 많은데 그 효력에 관하여는 견

---

298) 대법원 2009. 4. 23. 선고 2005다22701·22718 판결.
299) 대법원 2001. 9. 7. 선고 2001도2917 판결.

해대립이 있다. 유효설은 주주총회가 제3자에 의하여 교란되는 것을 방지할 필요가 있다는 점을 논거로 하고 무효설은 주주들이 서로 반목하는 경우에는 주주 이외의 제3자를 대리인으로 선임하여야 할 필요가 있다는 점을 든다.

판례는 대리인의 자격을 주주로 한정하는 취지의 주식회사의 정관 규정은 주주총회가 주주 이외의 제3자에 의하여 교란되는 것을 방지하여 회사 이익을 보호하는 취지에서 마련된 것이므로 원칙적으로 유효이지만, 주주인 국가, 지방공공단체 또는 주식회사 소속의 공무원, 직원 또는 피용자 등이 그 주주를 위한 대리인으로서 의결권을 대리행사하는 것은 ① 그들의 의결권 행사에 주주 내부의 의사결정에 따른 대표자의 의사가 그대로 반영되고, ② 이에 따라 주주총회가 교란되어 회사이익이 침해되는 위험은 없는 반면, ③ 이들의 대리권 행사를 거부하면 사실상 국가, 지방공공단체 또는 주식회사 등의 의결권 행사기회를 박탈하는 것과 같으므로, 이 경우 의결권의 대리행사는 허용되어야 하고 이를 가리켜 정관규정에 위반한 무효의 의결권 대리행사라고 할 수 없다는 제한적 유효설을 취하고 있다.[300)]

다. 대리권의 수여

주주의 대리인은 대리권을 증명하는 서면을 주총에 제출하여야 한다(법 368 ② 後). 대리권을 증명하는 서면은 원본이어야 하고 사본이어서는 안 된다. 다만, 판례는 위임장 사본이 원본과 다르지 않다는 점을 입증하거나 대리권의 수여를 확인할 수 있는 특별한 사정이 있는 경우에는 사본을 제출하더라도 회사가 의결권의 대리행사를 거부할 수 없다고 한다.[301)] 회사는 대리인에게 위임장 원본 이외에 추가로 입증방법을 요구할 수 있는가? 대법원은 상법 제368조 제2항에 관하여, 위 규정은 주주의 의결권행사를 가능한 한 용이하게 하기 위하여 그 대리행사의 가능성을 강행법적으로 확인한 것으로서 정관이나 그 밖의 합의로써 그 요건을 강화하거나 가중할 수 없다고 한다. 따라서 대리인의 대리권의 증명은 서면으로써만 할 수 있을 뿐, 그 서면의 양식이나 첨부서류에 관하여는 상법이 추가적인 요건을 규정하고 있지 않으므로, 특별한 사정이 없는 한 대리인은 주주총회에 확인된 위임장 원본의 제시만으로 그 대리권 수여사실을 일단 증명한 것이고 회사는 신분증 사본등의 첨부를 요구할 수 없다고 한다.[302)]

라. 의결권 위임의 범위

주주권의 행사를 위임할 때에는 구체적이고 개별적인 사항에 국한한다고 해석하여야

300) 대법원 2009. 4. 23. 선고 2005다22701 · 22718 판결.
301) 대법원 1995. 2. 28. 선고 94다34579 판결.
302) 대법원 2004. 4. 27. 선고 2003다29616 판결.

할 근거는 없고 주주권행사를 포괄적으로 위임할 수 있다고 보는 것이 다수설과 판례[303]의 입장이다.

마. 의결권 위임의 효과

대리인은 주주에 대하여 수권받은 대로 의결권을 행사할 의무를 진다. 대리인이 이에 위반하여 대리권을 행사하면 내부적으로 주주에게 손해배상책임을 지게 되겠지만 주주총회의 결의의 효력에는 영향이 없다.

바. 의결권 대리행사권유

상장회사에서는 경영자, 대주주 혹은 새로이 경영권을 취득하려는 자 등이 대리인이 되기 위하여 주주들에게 집단적으로 의결권의 위임을 권유하는 경우가 적지 않다. 이를 의결권 대리행사권유라고 하는데, 회사의 지배권을 유지하거나 새롭게 취득하는데 중요한 역할을 한다.[304] 경영권을 취득하기 위하여 경쟁자들간에 위임장 쟁탈전(proxy contest)이 벌어지기도 한다.[305] 최근 한국에서도 위임장 쟁탈전의 예가 늘어나고 있다.

의결권대리행사의 권유는 다중인 주주들을 상대로 집단적으로 행해지는데, 대부분의 주주들은 권유자 및 권유의 목적에 관해 정보가 부족하므로 주주를 보호할 필요가 있다. 이에 자본시장법은 상장법인의 의결권대리행사의 권유와 관련하여 주주를 보호하기 위한 여러 장치를 두고 있다(자본시장법 152).

7. 의결권행사에 관한 합의

주주 간에 의결권의 행사내용을 사전에 합의하는 예를 흔히 볼 수 있다. 예를 들면 A와 B 사이에 이사선출시에 C와 D를 선임하기로 합의하는 것이 이에 해당한다. 그 효력이 어떠한지 문제되는데, 합의의 내용이 다른 주주의 권리를 해하거나 기타 불공정한 내용이 아니라면 주주 간에 채권적으로는 유효하지만 회사법상의 구속력은 없다는 것이 통설이다.[306]

---

303) 대법원 2014. 1. 23. 선고 2013다56839 판결; 대법원 1969. 7. 8. 선고 69다688 판결. 대법원 2002. 12. 24. 선고 2002다54691 판결은 7년간의 대리권 수여를 유효하다고 전제하였다고 한다. 송옥렬, 앞의 책, 945면.

304) 의결권의 대리행사는 총회 정족수를 유지하고 주주 의사가 최대한 반영될 수 있도록 한다는 점에서 긍정적이지만 주주총회가 공동화되고 기존의 경영자가 계속 그 지위에 안주할 수 있는 길을 열어준다는 점에서 부정적이기도 하다. 이철송, 앞의 책, 571면.

305) 미국 로펌의 역사에서 위임장 쟁탈전의 수임을 통해서 급성장한 로펌이 스캐든(Skadden)이다. 이에 관하여는 황남석, 「로펌 스캐든」, 삼우반, 2011.

306) 이에 관한 실무적인 문제점은 천경훈, “기관구성에 관한 주주간계약의 효력과 집행”, 「선진상사법률연구」 통권 제108호, 2024, 1면 이하.

Ⅶ. 의사진행의 공정성

1. 제도적 취지

의사진행의 공정성은 주주총회에서의 의사결정이 공정하게 이루어지기 위한 전제조건이다. 상법은 이를 위하여 의장에게 질서유지권을 부여하고(법 366의2), 주주권행사와 관련하여 이익이 공여되는 것을 금지하고 있다(법 467의2). 주주총회의 의사진행이 불공정하면 '결의방법이 현저히 불공정한 때'에 해당하여 결의취소사유가 된다(법 376).

2. 의장의 질서유지권

주주총회에는 의사진행을 맡을 의장이 있어야 한다(법 366의2). 보통 정관에 대표이사가 의장이 되는 것으로 정하고 있으나 정관에 정함이 없으면 총회에서 주주들이 의장을 선출하여야 한다(법 366의2 ①). 의장의 선임은 총회의 보통결의에 의한다(법 368 ①).[307)]

주주총회의 의장은 주주총회의 질서를 유지하고 의사를 정리하고(법 366의2 ②).[308)] 회의장에서 고의로 의사진행을 방해하기 위한 언동을 하거나 현저히 질서를 문란케 하는 자에 대하여 그 발언의 정지 또는 퇴장을 명할 수 있다(법 366의2 ③).

3. 주주권행사와 관련한 이익공여금지

가. 의 의

주식회사는 누구에게든지 주주의 권리행사와 관련하여 재산상의 이익을 공여할 수 없으며, 이에 위반하여 이익을 받은 자는 그 이익을 회사에 반환하여야 한다(법 467의2 ①, ③). 이 규정은 본래 총회꾼과 회사 간의 부적절한 거래를 방지하기 위하여 입법한 것이다.

▌사 례

甲 주식회사가 이사회를 개최하여 정기주총에서 실시할 임원선임결의에 관한 사전투표 시기를 정관에서 정한 날보다 연장하고 사전투표에 참여하거나 주주총회에서 직접 의결권을 행사하는 주주들에게 골프장 예약권과 상품교환권을 제공하기로 결의한 다음 사전투표 등에 참여한 주주들에게 이를 제공하여 주주총회에서 종전 대표이사 A 등이 임원으로 선임되자, 대표이사 등 후보자로 등록하였다가 선임되지 못한 주

307) 의장은 반드시 주주일 필요는 없다. 물론 주주가 아닌 의장은 의결권을 행사할 수 없다.

308) 의사를 정리한다는 것은 출석주주의 확인, 폐회의 선언, 주주의 발언의 정리, 동의의 처리, 표결의 실시, 찬반표의 점검과 가결 또는 부결의 선언, 폐회선언 등 주주들의 단체적 의사결정을 위해 필요한 절차를 관장하는 것을 의미한다. 이철송, 앞의 책, 578면,

> 주 B 등이 주주총회결의의 부존재 또는 취소사유가 존재한다고 주장하면서 A 등에 대한 직무집행정지가처분을 신청하였다. 위 신청은 이유가 있는가?

나. 요 건

주식회사가 주주의 권리행사와 관련하여 재산상의 이익을 공여하는 행위가 그 적용대상이다(법 467의2 ①). 대상이 되는 주주의 권리는 의결권의 행사가 주된 것이지만 그에 한하지 않고 이익배당청구권, 잔여재산분배청구권, 신주인수권 등도 포함된다.

회사가 특정한 주주에 대하여 무상으로 재산상의 이익을 공여한 경우에는 주주의 권리행사와 관련하여 이를 공여한 것으로 추정한다. 회사가 특정한 주주에게 유상으로 재산상의 이익을 공여한 경우 회사가 얻은 이익이 공여한 이익에 비하여 현저하게 적은 때에도 같다(법 467의2 ②).

다. 효 과

회사가 상법 규정에 위반하여 주주에게 재산상의 이익을 공여한 때에는 그 이익을 공여받은 자는 이를 회사에 반환하여야 한다. 이 경우 회사에 대하여 대가를 지급한 것이 있는 때에는 그 반환을 받을 수 있다(법 467의2 ③). 이 경우 대표소송에 관한 규정이 준용된다(법 467의2 ④).[309]

문제는 주주의 의결권행사와 관련하여 위법한 이익공여가 행해진 경우 주주총회결의에 하자가 있게 되는지 여부이다. 대법원은 위 사례의 사안에서, 주주총회결의는 정관을 위반하여 사전투표기간을 연장하였고 사전투표기간에 전체 투표수의 약 67%에 해당하는 주주들의 의결권행사와 관련하여 사회통념상 허용되는 범위를 넘어서는 위법한 이익이 제공됨으로써 상법상 금지되는 주주의 권리행사와 관련된 이익이 공여되었는바, 이러한 이익공

---

309) 위와 같은 행위는 상법 제634조의2에 의해서 형사처벌의 대상이 된다. 대법원은 甲 주식회사 대표이사인 피고인이 주주총회 등에서 특정 의결권 행사방법을 독려하기 위한 방법으로 甲 주식회사의 주주총회 등에 참석하여 사전투표 또는 직접투표 방식으로 의결권을 행사한 주주들에게 甲 주식회사에서 발행한 20만원 상당의 상품교환권 등을 제공함으로써 상법을 위반하였다는 내용으로 기소된 사안에서, 피고인이 甲 주식회사의 계산으로 사전투표와 직접투표를 한 주주들에게 무상으로 20만원 상당의 상품교환권 등을 각 제공한 것은 주주총회 의결권 행사와 관련된 이익의 공여로서 사회통념상 허용되는 범위를 넘어서는 것이어서 상법상 주주의 권리행사에 관한 이익공여의 죄에 해당한다고 보았다. 대법원 2018. 2. 8. 선고 2015도7397 판결. 위 판결에서 대법원은 주주의 권리행사와 관련된 재산상 이익의 공여라 하더라도 그것이 의례적인 것이라거나 불가피한 것이라는 등의 특별한 사정이 있는 경우에는, 법질서 전체의 정신이나 그 배후에 놓여 있는 사회윤리 내지 사회통념에 비추어 용인될 수 있는 행위로서 형법 제20조에 정하여진 '사회상규에 위배되지 아니하는 행위'에 해당한다고 판시하면서 그러한 특별한 사정이 있는지 여부는 이익공여의 동기, 방법, 내용과 태양, 회사의 규모, 공여된 이익의 정도 및 이를 통해 회사가 얻는 이익의 정도 등을 종합적으로 고려하여 사회통념에 따라 판단하여야 한다고 보았다.

여에 따른 의결권행사를 기초로 한 주주총회는 그 결의방법이 법령에 위반한 경우에 해당하여 주주총회결의 취소사유에 해당하는 하자가 있다고 판시하였다.310)

Ⅷ. 주주총회 결의

1. 주주총회 결의의 의미와 효력

주주총회 결의는 단체법적 법률관계이므로 결의에 반대하거나 불참한 주주를 포함한 모든 주주 및 회사의 각 기관 등에게 구속력이 있으며 주주총회 결의 이후에 주주나 기관이 된 자에 대하여도 구속력이 있다.311)

주주총회 결의와 그 구성요소인 주주의 의결권행사는 구별되어야 한다. 주주의 개별적인 의결권행사는 주주의 의사표시로서 그 하자에 관하여는 민법의 규정이 적용된다. 그러나 주주의 개별적 의결권 행사가 의사표시의 하자로 인하여 무효나 취소되더라도 주주총회의 효력에는 직접 영향을 주지 않는다. 그 무효나 취소의 결과 주주총회의 정족수 또는 결의요건이 충족되지 못하는 등 주주총회 결의취소 또는 부존재의 원인에 해당될 때 비로소 결의취소 또는 부존재확인의 소로써 결의의 효력을 다툴 수 있을 뿐이다.312)

2. 주주총회 결의의 요건

주주총회 결의는 일반적으로는 보통결의에 의하지만 소수주주의 보호가 필요한 경우에는 특별결의에 의하도록 규정되어 있다. 예외적으로 주주가 각자의 재산권에 관하여 처분을 하는 결과가 되면 주주전원의 찬성이 요구되기도 한다.

가. 정족수 계산

상법은 주주총회와 관련하여 성립정족수를 두지 않고 의결정족수만 규정한다. 다만 가결한 의결권의 숫자가 발행주식총수의 일정수 이상이어야 한다. 일반적인 단체의 의사결정방법과 다른 방식을 취한 것은 특히 상상회사의 경우 주주들의 참여가 저조하여 성립정족수를 채우기 어렵다는 점을 고려한 까닭이다. 의결정족수의 충족 여부를 판정할 때 의결권 없는 주주가 가진 주식의 수는 발행주식총수에 산입하지 않는다(법 371 ①). '의결권 없는 주주가 가진 주식'이란 의결권 없는 우선주(법 370 ①)뿐만 아니라 회사가 가진 자기주식, 자회사가 가진 모회사주식, 상호주를 포함한다. 주주총회 결의에 관하여 특별한 이해관계가

310) 대법원 2014. 7. 11. 자 2013마2397 결정.
311) 이철송, 앞의 책, 582면.
312) 이철송, 앞의 책, 584~585면.

있어 의결권을 행사할 수 없는 자(법 368 ④)가 가진 의결권의 수도 마찬가지이다(법 371 ②).[313] 감사를 선임할 때에는 발행주식총수의 3% 이상을 가진 주주의 의결권은 3%까지 축소되는데(법 409 ②), 이때 3% 초과하는 주식도 '의결권 없는 주주가 가진 주식'에 해당된다.

나. 보통결의

(1) 의의 및 요건

주주총회의 결의는 상법 또는 정관에 다른 정함이 있는 경우를 제외하고는 출석한 주주의 의결권의 과반수[314]와 발행주식총수의 4분의 1 이상의 수로써 하여야 한다(법 368 ①). 전자투표를 실시할 때에는 때에는 감사 또는 감사위원 선임 시에 '출석한 주주의 의결권의 과반수'일 것만을 요구하고 발행주식총수의 4분의 1 이상일 것을 요구하지 않는다(법 409 ③, 542의12 ⑧).

> **예 시**
> 주주총회에 발행주식총수 100주 중 40주가 출석하여 21주가 찬성한 경우에는 과반수 찬성이지만, 찬성한 주식의 수가 발행주식총수의 1/4인 25 미만이므로 부결이다.

상법이나 정관에서 특별결의나 총주주의 동의를 요하도록 정한 것 이외의 사항은 모두 보통결의로 한다(법 368 ①). 상법 제368조 제1항이 '정관에 다른 정함이 있는 경우를 제외하고는'이라는 유보를 두고 있어 보통결의의 요건을 정관으로 가중 또는 경감할 수 있는지 문제된다.

(2) 요건의 강화

결의요건을 가중할 수 있다는 점에 대하여는 다툼이 없다. 다만 보통결의의 성격에 비추어 보면 정관상 정하고 있는 특별결의 수준보다 가중할 수는 없다.[315]

(3) 요건의 완화

정관에 규정을 두어 현행 보통결의 결의요건을 완화할 수도 있는지 여부에 관하여는 견해 대립이 있다. 상법의 규정은 조리상 허용될 수 있는 최소한도이므로 완화할 수 없다는

---

313) 상법 제371조 제2항은 성립정족수 제도가 있었던 시기에 의미가 있었던 조문으로서 현행 상법하에서는 의미를 가질 수 없다. 따라서 그 규정 내용도 상법 제371조 제1항과 동일하게 해석할 수밖에 없다. 즉, 상법 제371조 제2항에 규정된 주식의 경우에도 발행주식총수를 계산할 때 발행주식총수에 산입하지 않는다(前述).
314) 따라서 가부 동수인 경우 부결된다.
315) 송옥렬, 앞의 책, 955면.

견해와 그런 조리는 존재하지 않는다는 견해의 대립이 있다.

다. 특별결의

(1) 의의 및 요건

특별결의란 출석한 주주의 의결권의 3분의 2 이상의 수와 발행주식총수의 3분의 1 이상의 수로써 하는 결의이다(법 434). 상법은 주주의 지위에 중대한 영향을 주는 사항에 관하여 특별결의에 의하도록 하고 있다.

구체적으로는 정관변경(법 434), 주식의 분할(법 329의2 ①), 주식의 포괄적 교환·이전(법 360의3, 360의16), 영업의 전부 또는 중요한 일부의 양도(법 374 ① I), 영업전부의 임대 또는 경영위임, 타인과 영업의 손익 전부를 같이하는 계약 기타 이에 준하는 계약의 체결·변경 또는 해약(법 374 ① II), 다른 회사의 영업 전부의 양수(법 374 ① III), 사후설립(법 375), 이사 또는 감사의 해임(법 385 ①, 415), 액면미달의 신주발행(법 417 ①), 자본금 감소(법 438 ①), 회사해산(법 518), 회사계속(법 519), 합병계약서의 승인(법 522 ③), 분할·분할합병(법 530의3 ②), 신설합병에서의 설립위원의 선임(법 175 ②) 등이 특별결의사항이다.

특별결의의 요건은 정관으로도 완화하지 못한다는 것이 통설이다. 특별결의는 다수결의 남용을 방지하고 소수주주를 보호하기 위한 제도이기 때문이다.[316)]

(2) 초다수결의 허용여부

특별결의의 요건을 다시 가중하는 것을 초다수결이라고 하는데 초다수결이 허용되는지 여부에 관하여는 견해의 대립이 있다. 실제로 상장회사의 정관 중에는 초다수결 제도를 채택한 것이 적지 않은데 특히 이사의 해임요건을 강화하면 적대적 인수합병에 대응하는 방법으로 이용할 수 있기도 하다. 긍정설은 초다수결이 가능하다고 본다. 이 견해는 폐쇄회사에서는 소수주주에게 거부권을 확보해 줄 필요가 있다는 점을 근거로 든다. 부정설은 가중을 인정하게 되면 일부 주주에게 사실상 거부권을 주는 결과가 된다는 점을 이유로 한다.[317)]

---

316) 이철송, 앞의 책, 588면.

317) 이 문제에 관하여는 하급심 판례가 선고된 바 있다. 지엔코라는 코스닥상장회사에서 이사의 해임결의의 요건을 출석주식수의 100분의 75 이상, 발행주식총수의 100분의 50 이상으로 강화하는 정관변경을 하였다. 이 회사의 변경정관에는 "경영의 안정성, 계속성, 효율성을 위하여 이사의 임기 전 해임을 결의하는 경우나 동일한 사업연도에 해임할 수 있는 이사 수의 한도(직전 사업연도 말 재직이사 수의 4분의 1)의 변경을 결의하는 경우 출석한 주주의결권의 100분의 75 이상의 수와 발행주식 총수의 100분의 50 이상의 찬성으로 한다"고 규정하고 있다. 이 변경된 정관의 효력정지가처분 신청에 대하여 법원은 "상법 제382조 제2항에 의하면 회사와 이사의 관계는 위임의 관계로 이사를 선임한 주주총회에서는 언제나 그 관계를 해지할 수 있다"며 "이사가 부적정한 경영을 할 때에는 주주가 신속히 자신의 재산을 보호하기 위해 이사를 해임할 필요가 있다"고 전제한 후, 상법상 주주총회의 보통결의는 정관에 의해 그 요건을 달리 정할 수 있도록 규정되어 있는 반면 특별결의는 정관에 의해 달리 정할 수 있다는 규정이 없는 점, 상법이 정한 것에 비하여 특별결의의 요건을 더 엄격하게 정하면 소수파 주주에 의한 다수파 주주의 억압 내지는 사실상 일부 주

(3) 주요한 특별결의사항

이하에서는 주요한 특별결의사항에 관하여 살펴본다. 주주총회 특별결의가 필요한 경우 특별결의에 하자가 있으면 해당 행위는 무효이다. 다만, 신의칙에 의하여 거래 당사자의 무효주장이 제한되는 경우는 있을 수 있다.[318)]

① **영업의 양도와 양수**(법 374 ① I, III)

㉮ 영업의 의미

회사의 영업의 전부 또는 중요한 일부를 양도하거나 회사의 영업에 중대한 영향을 미치는 다른 회사 영업의 전부 또는 일부를 양수할 경우에는 주주총회의 특별결의 사항이다(법 374 ① I, III). 영업의 양도·양수는 상법 제41조에서 규정하는 영업의 양도와 같은 개념으로 해석한다. 즉, 영업의 양도란 회사의 사업목적을 위하여 조직화되고 유기적 일체로서 기능하는 재산 전부[319)]를 총체적으로 유상으로 이전함과 아울러 영업활동의 승계가 이루어지는 계약을 뜻한다.[320)] 영업양도가 있다고 볼 수 있는지의 여부는 양수인이 유기적으로 조직화된 수익의 원천으로서의 기능적 재산을 이전받아 양도인이 하던 것과 같은 영업적 활동을 계속하고 있다고 볼 수 있는지의 여부에 따라 판단되어야 한다.[321)]

지배주주가 지배지분을 매도하는 거래도 기업결합의 효과를 가져오기 때문에 영업양도와 유사한 효과가 있다. 그러나 회사의 주식을 그 소유자로부터 양수받아 양도인이 회사의 새로운 지배자로서 회사를 경영하는 경우에는 회사의 영업이나 재산은 아무런 변동이 없고 주식만 양도될 뿐이므로 개인법적 거래에 해당하여 주주총회의 특별결의를 거칠 필요

주에게 거부권을 주는 것과 마찬가지의 결과를 초래하는 것에 비추어 보면 다른 특별한 사정이 없는 한 상법이 정하고 있는 것에 비하여 더 엄격한 이사해임요건 및 해임 가능한 이사의 수를 규정하는 회사의 정관은 상법의 취지에 어긋난다고 봄이 상당하다고 판시하였다(서울중앙지방법원 2008. 6. 2. 자 2008카합1167 결정). 송종준, "초과다수결제의 유효성과 그 법적 한계", 「인권과 정의」 제388호, 2008, 61면 이하.

318) 대법원 2003. 3. 28. 선고 2001다14085 판결. 강행법규 위반과 신의칙이 상충하는 경우에는 어떤 것을 우선시할 것인가. 예컨대, 주주총회 특별결의가 흠결되어 영업양도가 무효이지만 그 무효를 주장하는 것이 신의칙에 위반하는 경우에 강행법규와 신의칙 중 어느 것을 적용할 것인가가 문제이다. 대법원은 사적 자치의 영역을 넘어 공공질서를 위하여 공익적 요구를 선행시켜야 할 경우 합법성의 원칙은 신의성실의 원칙보다 우월하다는 이유로 원칙적으로 합법성의 원칙, 즉 강행규정이 신의칙에 우선한다고 본다. 다만, 합법성의 원칙을 희생해서라도 구체적인 신뢰를 보호할 필요성이 인정되는 경우에는 예외적으로 신의칙이 우선할 수 있으며 어떠한 경우에 신의칙을 합법성의 원칙보다 우선시할 것인지 판단하기 위해서는 신뢰보호를 주장하는 사람에게 위법행위와 관련한 주관적 귀책사유가 있는지 여부 및 그와 같은 신뢰가 법적으로 보호할 가치가 있는지 여부 등을 종합적으로 고려하여야 한다고 한다. 대법원 2018. 4. 26. 선고 2017다288656 판결; 대법원 2014. 5. 29. 선고 2012다44518 판결; 대법원 2000. 8. 22. 선고 99다62609, 62616 판결 등.

319) 물적 설비와 인적 조직에 재산적 가치가 있는 사실관계(고객관계, 내부조직, 영업비결, 영업의 명성, 확보된 판매망)를 더한 것이다.

320) 대법원 1994. 5. 10. 선고 93다47615 판결.

321) 대법원 2005. 7. 22. 선고 2005다602 판결.

가 없다. 따라서 당사자가 지배지분을 양도하는 경우에도 영업양도와 다르지 않다고 오해하고 주식 양도계약 후 즉시 주주총회의 특별결의서를 제출하기로 약정하였더라도, 당사자가 그러한 약정에 이르게 된 것은 계약의 법적 성격을 오해한 데서 비롯된 것이므로 그 약정은 당사자를 구속하는 효력이 없다.[322]

회사의 주식이나 지분권을 그 소유자로부터 양수받아 양수인이 회사의 새로운 지배자로서 회사를 경영하는 경우, 양도·양수되는 것은 회사의 주식이나 지분권일 뿐, 계약당사자가 아닌 회사의 자산이나 부채 자체가 이전되는 것은 아니므로,[323] 특별한 사정이 없는 한 이러한 계약이 무효로 될 때 양도의 목적물이 아닌 회사의 자산 등이 양수인의 원상회복의무의 대상이 되는 것은 아니다.[324]

㉯ 영업전부의 양도

영업전부를 양도하면 회사가 영위하는 사업목적에 본질적인 변화가 생기게 되므로 주주 보호를 위하여 주주총회의 특별결의를 거치도록 한 것이다. 예컨대 甲 주식회사가 복수의 사업부문을 영위하는 경우 그중 하나를 양도하는 것이 영업의 일부 양도에 해당하는지 혹은 영업 전부의 양도에 해당하는지에 관하여도 아직 확립된 견해가 없으나 영업의 개념 정의에 비추어 보면 영업 전부의 양도로 보는 것이 타당하다.

㉰ 영업의 중요한 일부양도

영업의 일부를 양도하더라도 그것이 중요한 부분이라면 역시 주주총회의 특별결의를 거쳐야 한다. 영업의 중요한 부분을 양도한다면 역시 주주의 보호가 필요하고 이사회가 영업의 전부양도에 가해지는 제한을 회피하기 위하여 영업의 중요한 일부를 양도하는 형식을 취할 수도 있으므로 이 경우에도 주주총회의 특별결의를 거치게 한 것이다.

이 규정을 적용할 때 '중요한 일부'를 어떻게 판단할 것인지가 문제인데, 대법원은 ① 양도대상인 영업부문의 자산, 매출액, 수익 등이 전체 영업에서 차지하는 비중(양적 기준), ② 일부 영업의 양도가 장차 회사의 영업규모, 수익성 등에 미치는 영향 등(질적 기준)을 종합적으로 고려하여 판단하여야 한다고 한다.[325] 또한 영업의 중요한 일부 역시 영업으로서의 특성을 갖추어야 하므로, 일정한 영업목적을 위해 조직되고 유기적 일체로서 기능하여야 한다.[326]

---

322) 대법원 1999. 4. 23. 선고 98다45546 판결.
323) 대법원 1999. 4. 23. 선고 98다45546 판결 등.
324) 대법원 2007. 6. 1. 선고 2006다80445 판결.
325) 대법원 2014. 10. 15. 선고 2013다38633 판결.
326) 대법원 2014. 10. 15. 선고 2013다38633 판결. 실무에서의 업무처리예에 관하여는 송옥렬, 앞의 책, 958면.

㉣ 중요 영업의 양수(법 374 ① III)

회사의 영업에 중대한 영향을 미치는 다른 회사의 영업 전부 또는 일부의 양수도 주주총회의 특별결의사항이다(법 374 ① III).

영업의 양수는 회사의 영업에 중대한 영향을 미치지 않는다면 다른 회사의 영업 전부를 양수하더라도 특별결의사항이 아니다.

다른 '회사'의 영업을 양수할 때에만 주주총회의 결의를 요하고 개인영업을 양수할 때에는 주주총회의 결의를 거칠 필요가 없다. 다른 회사의 영업의 전부 양수하는 거래는 실질적으로 회사합병과 같은 효과를 가져오므로 합병과 같은 요건으로서 주주총회의 특별결의를 요구하는 것이다.[327)]

② **중요** (개별) **재산의 양도**

㉮ 의 의

▮ 사 례

甲 주식회사는 관광호텔업을 영위하고 있다. 甲 주식회사가 관광호텔으로 사용중인 건물, 종업원 전원, 영업비밀, 고객관계 등을 통째로 양도하는 경우는 영업양도에 해당하며 특별결의가 필요하다. 그러나, 甲 주식회사가 관광호텔로 사용중인 건물만을 양도하는 경우에도 주주총회의 특별결의가 필요할 것인가?

상법 제374조 제1항 제1호는 '영업의 양도'를 주주총회의 특별결의의 대상으로 규정하고 있으므로 그 문언대로라면 개별 재산의 양도는 아무리 규모가 크더라도 주주총회의 결의를 거칠 필요가 없으며 경우에 따라서 이사회의 결의(법 393 ①)를 거쳐야 할 수 있을 뿐이다. 그러나 이에 대하여는 개별 재산의 양도이더라도 재산의 규모나 성격에 따라서는 영업 자체의 양도만큼이나 중요한 것일 수도 있고 영업 양도를 개별 재산의 양도거래인 것처럼 꾸밀 수 있으므로 특별결의의 대상으로 삼아야 한다고 볼 여지도 있다.

상법 제374조 제1항 제1호가 순수한 영업양도의 경우에만 적용된다고 해석하면, 회사의 중요재산도 이사회 결의만으로 양도될 수 있으므로 회사, 주주 및 회사채권자에게 손해를 입힐 수 있다. 그러나 중요재산의 양도도 언제나 영업양도와 동일하게 규율한다면 재산을 처분할 때마다 중요성을 검토하여야 하는바, 양수인이 과도한 거래비용을 지게 될 우려가 있다.[328)]

---

327) 다만 경쟁제한을 목적으로 다른 회사의 영업을 양수하는 때에는 공정거래법상의 규제를 받는다.

328) 이철송, 앞의 책, 610~611면.

㉯ 학 설

불요설은 중요재산을 포함하여 개별 재산의 양도는 주주총회의 특별결의를 거칠 필요가 없다고 보는 견해이다. 상법 제374조의 영업양도는 상법 제41조의 영업양도와 동일한 뜻으로 이해하여야 하고, 재산의 중요성 유무는 거래상대방이 인식하기 어려운 사정이라는 점이 근거이다.

필요설은 중요재산의 처분은 영업양도와 같이 주주총회의 특별결의를 요한다는 견해로서 불요설을 따르면 회사의 중요 자산이 주주총회의 통제를 벗어나게 되어 회사의 재산적 기초가 위태롭게 될 우려가 있다는 점을 근거로 한다. 필요설은 재산 자체의 중요성만을 따질 뿐이고 재산 양도의 결과 영업을 폐지하거나 중단하게 되는지 여부를 고려하지 않는다는 점에서 후술하는 판례의 태도와 차이가 있다는 점에 유의하여야 한다.

㉰ 판 례

대법원 판례는 원칙적 불요설의 입장이다. 즉, 상법 제374조 제1항 제1호에서 말하는 영업의 양도는 상법 제41조의 영업양도와 동일한 뜻으로 이해하여 '회사의 영업목적을 위하여 조직화되고 유기적 일체로서 기능하는 재산의 전부 또는 중요한 일부를 총체적으로 양도하는 것'으로 보고 있다.[329]

그러나 대법원은 양도한 재산이 회사의 존속의 기초가 되는 영업재산인 경우 그 양도의 결과 영업을 폐지하거나 중단하게 되어 영업을 양도한 것과 다를 바 없으므로 상법 제374조 제1항 제1호가 적용되고 주주총회의 특별결의를 거쳐야 한다고 본다.[330] 판례는 회사의 모든 영업재산을 양도하는 것은 회사의 영업을 전부 폐지하는 결과를 가져오므로 중요성을 판단할 필요없이 주주총회의 특별결의를 거쳐야 한다는 입장이다.[331]

반면, 영업재산을 양도하더라도 영업의 존폐와 무관한 경우에는 주주총회의 특별결의가 필요하지 않다고 한다.[332] 따라서 이미 법적 절차를 밟아 영업을 폐지하거나 사실상 영

329) 대법원 1994. 5. 10. 선고 93다47615 판결.

330) 대법원 1997. 4. 8. 선고 96다54249·54256 판결. 즉, 판례가 사실상 영업의 폐지나 중단을 초래하는 경우에 한해 주주총회의 결의를 거쳐야 한다고 해석하는 이유는 영업의 폐지나 중단을 초래하는 행위(예: 영업양도, 해산)는 본래 주주총회의 특별결의 대상에 해당하기 때문이다. 관광호텔업을 위해 설립된 회사가 호텔 신축부지를 처분한 경우(대법원 1988. 4. 12. 선고 87다카1662 판결); 광산업을 하는 회사가 광업권을 양도한 경우(대법원 1966. 1. 25. 선고 65다2140·2141 판결); 빌딩임대업을 하는 회사가 유일한 빌딩을 처분한 경우(대법원 1969. 11. 25. 선고 64다569 판결); 특허권을 가지고 이를 이용한 공사의 수주를 주된 사업으로 하고 그 특허권이 회사의 자산의 대부분을 차지하는데 이 특허권을 양도한 경우(대법원 2004. 7. 8. 선고 2004다13717 판결) 등이 그 예이다. 이상, 이철송, 앞의 책, 612~613면.

331) 대법원 1991. 11. 8. 선고 91다11148 판결.

332) 건설회사가 분양용으로 건설한 아파트를 양도한 경우(대법원 1997. 7. 25. 선고 97다15371 판결); 회사가 전세보증금 반환채권을 양도한 경우(대법원 1997. 6. 27. 선고 95다40977·40984 판결) 등이 이에 해당한다.

업을 폐지한 상태에 있는 회사는 중요재산을 양도하더라도 주주총회의 결의를 거칠 필요가 없다.[333)]

㉱ 담보제공

판례는 회사 소유의 중요 재산에 근저당권을 설정하는 행위는 상법 제374조 제1항 각 호의 어느 것에도 해당하지 않으므로 주주총회의 결의를 거칠 필요가 없다고 한다.[334)]

③ **영업의 임대 등**(법 374 ① II)

영업 전부의 임대 또는 경영위임, 타인과 영업의 손익 전부를 같이 하는 계약, 그 밖에 이에 준하는 계약의 체결·변경 또는 해약도 주주총회 특별결의 대상이다. 영업의 임대는 그 임대를 받은 임차인이 임차인의 계산으로 영업을 영위하지만 경영위임은 경영을 위임받은 자가 경영을 위임한 자의 계산으로 경영하고 그에 대한 대가를 받는다.

④ **사후설립**

㉮ 의 의

사후설립은 회사가 성립 후 2년 이내에 회사의 성립 전부터 존재하는 것으로서 영업을 위하여 계속 사용하여야 할 재산을 취득하는 계약을 말한다. 상법은 사후설립을 체결할 때에는 주주총회의 특별결의를 얻도록 한다(법 375, 374). 사후설립을 제한하는 이유는 변태설립사항으로 상법상 엄격한 규제를 받는 현물출자와 재산인수를 회피하는데 사용될 수 있기 때문이다.

㉯ 사후설립의 요건

㉠ 시기

문제가 되는 거래가 현물출자나 재산인수에 대한 탈법적 수단이 되는 것을 방지하기 위한 것이므로 회사성립 후 단기간(2년) 내에 이루어진 것만을 대상으로 한다.

㉡ 거래의 대상이 되는 재산

회사성립 전부터 존재하는 재산이어야 한다. 따라서 회사성립 후에 존재하게 된 재산은 사후설립은 대상이 되지 않는다. 입법취지가 현물출자와 재산인수의 탈법방지에 있기 때문이다. 재산은 회사의 영업을 위하여 계속 사용할 것이어야 한다.

---

333) 대법원 1988. 4. 12. 선고 87다카1662 판결.

334) 대법원 1971. 4. 30. 선고 71다392 판결.

㉢ 대 가

사후설립은 현물출자나 재산인수의 탈법수단으로 사용될 우려 때문에 규제하는 것이므로 상당한 규모의 거래로 한정한다. 상법은 자본금의 5% 이상에 해당하는 대가를 취득하는 경우를 대상으로 한다.

㉣ 주주총회 특별결의

양도인이 주주라면 그 주주는 특별한 이해관계가 있어 의결권을 행사할 수 없다고 보아야 한다. 주주총회의 특별결의 없는 사후설립은 무효이다.

(4) 반대주주의 주식매수청구권

① **의 의**

반대주주의 주식매수청구권이란 주주의 이해관계와 중요한 관련이 있는 일정한 의안이 주주총회에서 결의되었을 때, 그 결의에 반대했던 주주가 자신의 주식을 회사에게 매수하도록 할 수 있는 권리이다.[335] 반대주주가 행사하는 주식매수청구권의 규모가 크다면 회사는 그로 인한 금전적 부담으로 인해 당초 의도하였던 행위를 포기할 수도 있다는 점에서 소수주주의 보호에 기여한다.[336]

② **요 건**

㉮ 특별결의사항

상법은 제374조 제1항이 정하는 영업양도 등과 합병, 분할합병, 주식의 포괄적 교환·이전의 승인을 위한 특별결의(이하 '합병 등')의 경우에만 반대주주의 주식매수청구권을 인정한다(법 360의5, 360의22, 374의2 ①, 522의3, 530의11 ②). 그 이외에는 회사가 정관 등에 의해 주식매수청구권을 창설할 수 없다.[337]

㉯ 주주의 반대

주식매수청구권은 주주총회 결의에 반대한 주주에게, 그 반대에도 불구하고 해당 안건

---

335) 이 제도는 정관에 주식의 양도를 제한하는 규정을 둔 회사에서 이사회가 주식의 양도를 승인하지 않을 경우 주주에게 인정되는 주식매수청구권(법 335의6)과 비교하면 주식회사로부터의 출자환급을 인정하는 결과가 된다는 점에서는 유사하지만 제도의 취지는 다르다. 상법 제335조의6이 인정하는 매수청구권은 주식의 환가방법으로 인정되는 것이지만, 반대주주의 주식매수청구권은 다수주주의 의사결정으로부터 소수주주를 보호하기 위하여 출자의 환급을 허용하는 제도이다. 이철송, 앞의 책, 618면.

336) 주주 간 계약에 의해 주주 간 계약에서 정하는 의무의 불이행이 있는 경우 일방당사자인 주주에게 타방당사자인 주주를 상대로 행사할 수 있도록 부여한 약정 주식매수청구권도 형성권에 해당하고 상법 제64조를 유추하여 주주 간 계약에서 정한 의무불이행이 있은 때로부터 5년의 제척기간이 적용된다는 것이 판례이다(대법원 2022. 7. 14. 선고 2019다271661 판결).

337) 송옥렬, 앞의 책, 963면.

이 가결되었을 때에만 부여된다(법 360의5, 360의22, 374의2 ①, 522의3, 530의11 ②). 경우에 따라서는 주주총회 결의를 이사회 결의로 갈음하는 경우에도 반대주주에게 주식매수청구권을 부여하기도 한다(법 360의5 ②, 527의2, 530의11 ②). 반대하는 주주는 후술과 같이 사전에 회사에 대하여 반대의 통지를 하여야 한다.

㉰ 주주의 범위

의결권이 없거나 제한되는 종류주식을 보유한 주주도 주식매수청구권을 가진다(법 374의2 ① 등). 상법은 주식매수청구권의 행사요건으로 사전에 반대의 통지를 할 것만 요구하며 실제로 주주총회에 출석하여 반대할 것을 요건으로 하지 않는다.

③ **주식매수청구권의 행사절차**

㉮ 주주총회 소집통지

회사는 주식매수청구권이 부여되는 안건의 결의를 위한 주주총회 소집통지를 할 때 주식매수청구권의 내용 및 행사방법을 명시하여야 한다(법 374 ②). 소집통지를 하지 않아도 되는 무의결권 주식이나 주주총회를 이사회로 갈음하는 간이합병 등의 경우에도 주주의 반대통지를 보장하기 위하여 동일한 내용을 통지하여야 한다(법 363 ⑦ 단서, 527의2 ②).

㉯ 반대의사의 사전통지

주주총회 안건에 반대하는 주주는 주주총회 이전에 해당 회사에 대하여 서면으로 결의에 반대하는 의사를 통지하여야 한다(법 374의2 ①). 사전통지를 통해 회사는 반대주주의 규모를 파악할 수 있다. 반대주주의 수가 많을 경우에는 주식매수청구권 행사로 인한 금전적 부담으로 인하여 이 단계에서 해당 거래를 포기할 수도 있다.

㉰ 매수청구의 의사표시

반대주주는 주주총회의 승인결의일로부터 20일 내에 회사에 대해 서면으로 매수를 청구할 수 있다(법 374의2 ①). 상법은 서면에 의한 반대의사의 사전통지만을 매수청구의 요건으로 할 뿐이므로 사전에 반대통지를 한 주주가 다시 주주총회에 출석하여 반대하여야 할 필요는 없다.

만일 반대주주가 주주총회에 출석하지 않을 경우 주주총회 의결시에 의결권 있는 주주의 의결권은 반대표에 가산해야 할 것인지 여부가 문제된다. 이에 대하여 ① 반대주주가 총회에 출석하지 않더라도 반대표에 가산하여야 한다는 견해도 있으나,[338] ② 주식매수청구권의 행사는 의결권행사의 방법이 아니므로 결의요건상 출석하지 않은 반대표를 출석한 주

338) 이철송, 앞의 책, 622면.

식수나 반대한 주식수로 계산하는 것은 주주총회의 기본원리에 반하므로 허용될 수 없다고 보는 입장이 다수설이다.[339] 반대주주는 주주총회에 참석하여 반대의사를 번복하고 찬성할 수도 있다. 이 경우 주식매수청구를 할 수는 없다.[340]

㉣ 주식의 매수

주주가 주식매수청구권을 행사할 경우 회사는 매수청구기간(주주총회의 결의일부터 20일)이 종료하는 날부터 2개월 이내에 '그 주식을 매수하여야 한다'(법 374의2 ②). 매수청구권은 형성권으로서 회사가 2개월 이내에 '매수하여야 한다'는 것은 2개월 이내에 매수대금을 지급하여야 한다는 의미로 해석하여야 한다는 것이 다수설이다. 이와 달리 회사에 매수가격을 협의할 의무를 생기게 할 뿐이라는 소수설도 있다.

판례는 다수설의 입장을 취하고 있다.[341] 따라서 설사 협상이 실패하여 매수가격이 확정되지 않은 경우에도 이후 법원에서 매수가격이 결정되면 그 지연손해금은 법정기한인 2개월[342]이 경과한 시점부터 소급적으로 계산한다.[343]

회사는 주주의 주식매수청구권 행사의 결과 예외적으로 자기주식을 취득하게 된다(법 341의2 IV).

㉤ 매수가격의 결정

매수가격은 원칙적으로 주주와 회사간의 협의에 의하여 결정한다(법 374의2 ③). 주주가 회사에 매수를 청구한 날로부터 30일 이내에 가격결정에 관한 협의가 이루어지지 않을 경우에는 회사 또는 매수청구를 하는 주주는 법원에 대하여 매수가격의 결정을 청구할 수 있다(법 374의2 ④). 법원이 매수가격을 결정할 경우에는 회사의 재산상태 그 밖의 사정을 참작하여 공정한 가격으로 이를 산정하여야 한다(법 374의2 ④).

(5) 간이영업양도 등의 특례

상법 제374조 제1항 각 호에 규정된 영업양도 등의 거래를 하는 회사는 총주주의 동의가 있거나 그 회사의 발행주식총수의 90% 이상을 해당 행위의 상대방이 소유하고 있는 경우 해당 회사의 주주총회의 승인을 이사회의 승인으로 갈음할 수 있다. 이 경우에 회사는 영업양도, 양수, 임대 등의 계약서 작성일부터 2주 이내에 주주총회의 승인을 받지 않고 영업양도, 양수, 임대 등을 한다는 뜻을 공고하거나 주주에게 통지하여야 한다. 다만 총주주의

339) 김건식/노혁준/천경훈, 앞의 책, 875면.
340) 이철송, 앞의 책, 622면.
341) 대법원 2011. 4. 28. 선고 2009다72667 판결; 대법원 2011. 4. 28. 선고 2010다94953 판결.
342) 상장회사는 이 기간이 1개월 이내로 단축되어 있다(자본시장법 165의5 ②).
343) 대법원 2011. 4. 28. 선고 2010다94953 판결.

동의가 있으면 그렇지 않다. 공고 또는 통지를 한 날부터 2주 이내에 회사에 대하여 서면으로 영업양도, 양수, 임대 등에 반대하는 의사를 통지한 주주는 그 기간이 경과한 날부터 20일 이내에 서면으로 주식매수청구권을 행사할 수 있다(법 374의3). 영업양도가 조직재편의 수단으로 사용되는 경우를 염두에 둔 특례 규정이다.

라. 특수결의

의결권 없는 주식을 포함하여 총주주의 동의를 거쳐야 하는 결의이다. 발기인의 회사설립에 관한 손해배상책임을 면제하는 것(법 324, 400), 이사·감사·청산인이 회사에 대해 지는 손해배상책임을 면제하는 경우(법 400, 415, 542 ②), 유한회사로 조직변경을 하는 경우(법 604 ①) 등이 이에 해당한다.[344]

3. 주주총회의 결의방법

가. 원 칙

주주는 주주총회에 출석하여 표결로 의사를 표시한다. 각 주주별로 주식수가 다르기 때문에 기명투표로 하는 것이 원칙이다. 상법은 주주총회가 활성화될 수 있도록 서면투표와 전자투표 제도를 두고 있다. 서면투표와 전자투표를 하더라도 주주총회 자체는 개최하여야 한다. 반면, 주주총회 자체를 서면으로 갈음하는 것은 서면결의라고 하는데, 소규모회사에 한하여 인정된다(법 363 ④, 577). 특히, 서면투표와 서면결의를 구별하여야 한다.

나. 서면투표

서면투표를 하려면 정관에 규정이 있어야 하고 회사는 총회의 소집통지서에 주주가 서면투표를 할 때 필요한 서면과 참고자료를 첨부하여야 한다(법 368의3).

다. 전자투표

전자투표는 전자적 방법에 의하여 의결권을 행사하는 것을 말한다. 전자투표는 이사회결의만으로 정할 수 있다. 회사는 주주총회 소집통지를 할 때 전자투표가 가능하다는 내용을 통지하여야 한다. 동일한 주식에 관하여 서면투표와 전자투표가 모두 허용될 경우 주주는 둘 중 하나의 방법을 선택하여야 한다(법 368의4 ①, ②, ④).

---

344) 특히 이사 등의 손해배상책임을 면제할 때 모든 주주의 동의를 요구하는 것은 손해배상책임의 면제가 모든 주주들에게 손실을 가져오는 처분행위이어서 다수결로 강요할 수 없기 때문이다. 이철송, 앞의 책, 588~589면.

라. 서면결의

자본금 10억원 미만의 소규모회사는 서면에 의한 결의로써 주주총회의 결의를 갈음할 수 있다(법 363 ④ 전단). 서면에 의한 결의는 주주총회의 결의와 같은 효력이 있다(법 363⑥).[345]

4. 결의의 성립 및 효력발생 시기

주주총회 결의는 의결권의 행사결과가 집계될 때 성립하고 동시에 효력이 발생한다. 결의내용이 등기사항인 경우(이사선임, 정관변경 등)에도 결의가 성립하는 순간 효력이 발생하고 등기는 효력발생의 요건이 아니다.[346]

IX. 하 자

1. 개 관

주주총회의 결의는 조직법적 법률행위이므로 그 결정의 내용에 다수인의 이해관계가 관련될 수밖에 없다. 그러므로 주주총회 결의에 하자가 있더라도 이를 일정한 절차에 따라서 해결하도록 하여야만 법률관계의 불안정을 피할 수 있다. 따라서 상법은 일정한 유형의 소송을 별도로 규정하여 주주총회결의의 하자를 다툴 수 있도록 하고 있다. 이를 개관하면 다음과 같다.

〈주주총회에 관한 소의 종류 및 내용〉

	절차(소집절차 또는 결의방법)	내 용		
일반적 하자	법령·정관 위반 또는 현저한 불공정	정관 위반		⇨ 주주총회 결의 취소
중대한 하자	중대한 하자	법령 위반	현저한 부당	
	⇩	⇩	⇩	
	주주총회 결의 부존재확인	주주총회 결의 무효확인	부당결의 취소·변경	

345) 유한회사의 경우에도 동일하다(법 577).

346) 대법원 2007. 6. 28. 선고 2006다62362 판결: 「주식회사의 원시정관은 공증인의 인증을 받음으로써 효력이 생기는 것이지만 일단 유효하게 작성된 정관을 변경할 경우에는 주주총회의 특별결의가 있으면 그때 유효하게 정관변경이 이루어지는 것이고, 서면인 정관이 고쳐지거나 변경 내용이 등기사항인 때의 등기 여부 내지는 공증인의 인증 여부는 정관변경의 효력발생에는 아무 영향이 없다.」

2. 주주총회결의 취소의 소

총회의 소집절차 또는 결의방법이 법령 또는 정관에 위반하거나 현저하게 불공정한 때 또는 결의의 내용이 정관에 위반한 때에는 주주, 이사 또는 감사는 결의의 날로부터 2개월 내에 결의취소의 소를 제기할 수 있다(법 376 ①). 주주총회결의의 절차상 하자 또는 내용상 하자로서 중대한 것이 아닌 사유에 관하여 인정되는 소이다.

가. 절차상 하자

절차상 하자는 소집절차상 하자와 결의방법의 하자로 나뉜다.

(1) 소집절차상 하자

상법상 주주총회의 소집절차는 시간 순서에 따라 이사회의 소집결정과 주주에 대한 통지로 나누어진다.

① 이사회의 소집결의

주주총회를 소집하기로 하는 이사회의 결의가 존재하고 그 효력에 다툼의 소지가 있는 경우에는 결의취소사유가 된다.[347] 주주총회를 소집하기로 하는 이사회 결의 자체가 존재하지 않는 경우에도 정당한 소집권자가 소집한 경우에는 결의취소사유로 보는 것이 판례이다.[348]

② 주주에 대한 통지

㉮ 소집권한 없는 자에 의한 소집통지

이사회의 소집결의는 있으나 대표이사 또는 정관상의 소집권자가 아닌 자가 소집통지를 한 경우에도 취소사유에 해당한다. 적법한 소집결정도 없는 상황에서 소집권한도 없는 자가 소집통지를 한 경우에는 하자가 중대한 것으로 평가되어 결의부존재의 원인이 될 수 있다.[349]

㉯ 통지절차의 하자

일부주주에게 소집통지를 하지 않은 경우,[350] 회사가 부당하게 명의개서를 거절한 주식양수인에게 소집통지를 하지 않은 경우,[351] 구두로 소집통지를 한 경우[352] 등이다. 주주

---

347) 대법원 1980. 10. 27. 선고 79다1264 판결.
348) 대법원 2009. 5. 28. 선고 2008다85147 판결.
349) 대법원 2010. 6. 24. 선고 2010다13541 판결.
350) 60% 지분율을 가진 주주에게만 소집통지한 행위도 주주총회결의 취소사유로 본 판례가 있다. 대법원 2014. 11. 27. 선고 2011다41420 판결.
351) 대법원 1993. 7. 13. 선고 92다40952 판결.
352) 대법원 1987. 4. 28. 선고 86다카553 판결.

가 참석하기 어려운 장소, 시간을 선택하는 것도 소집절차가 현저히 불공정한 것으로서 취소사유가 된다.[353] 회사가 주식양수인의 명의개서절차를 거부하고 소집통지를 하지 않은 경우는 원칙적으로는 취소사유이지만, 해당 양수인의 소유주식이 발행주식 중 상당 비율을 차지한다면(예: 과반수) 부존재사유로 볼 경우도 있을 것이다. 판례는 43%의 주식을 취득한 자가 명의개서를 청구하자 회사가 해당 주식의 취득의 효력을 다투는 소송이 계속중임을 이유로 명의개서를 거부하고 그 자에게 소집통지를 하지 않은 사안에서 부존재사유가 되지 않는다고 하였다. 이 경우 주주총회 취소사유는 된다.[354] 발행주식총수의 41%를 보유한 주주에게 소집통지를 하지 않고 총회를 개최한 것은 취소사유가 된다고 한 판례도 있다.[355] 대법원 판례는 주식수를 기준으로 하여 소집통지가 누락된 주식 수의 합계가 총 발행주식수의 50% 미만이면 결의취소 사유로, 50% 이상이면 결의부존재 사유로 보는 경향이 있다고 한다.[356]

③ 전원출석총회의 예외

앞서 본 바와 같이 판례는 전원출석총회의 경우 소집절차에 하자가 있더라도 적법하다고 보는 입장을 일관되게 취하고 있다.

(2) 결의방법의 하자

① 의결권을 행사할 수 없는 자의 의결권행사 및 의결권을 가진 자에 대한 의결권 행사 거부

주주(또는 대리인) 아닌 자가 주주총회에 출석하여 의결권을 행사한 경우, 의결권의 제한을 받는 주주가 의결권을 행사한 경우 등을 말한다.[357] 그러나 주주 아닌 자가 대부분인 경우에는 결의부존재사유가 된다.[358] 명의개서가 되어 있는 이상 회사는 주주명부상의 주주가 형식주주임을 알았다고 하더라도 형식주주에게만 의결권을 행사하도록 하여야 하고 실질주주에게 의결권을 행사하도록 하면 주주총회 취소사유가 된다.[359] 다만 주권을 위조하는 등의 방법으로 주주명부상에 주주로 등재된 자가 무권리자인 경우 회사가 그 사실을 알면서도 의결권을 행사하게 한 경우에도 대법원 2017. 3. 23. 선고 2015다248342 전원합의

353) 대법원 2003. 7. 11. 선고 2001다45584 판결.
354) 대법원 1996. 12. 23. 선고 96다32768 판결.
355) 대법원 1993. 1. 26. 선고 92다11008 판결.
356) 법원행정처, 앞의 책, 37면.
357) 예컨대 결의에 특별한 이해관계가 있는 자가 의결권을 행사한 경우(법 368 ③), 의결권 없는 주주가 의결권을 행사한 경우(법 370), 회사가 자기주식을 가지고 또는 자회사가 모회사주식을 가지고 의결권을 행사한 경우(법 341, 법 342의2), 타회사가 의결권이 정지되는 상호주(법 369 ③)를 가지고 의결권을 행사한 경우, 감사선임결의에서 어느 주주가 3%를 초과하는 의결권을 행사한 경우(법 409 ②) 등이다.
358) 대법원 1968. 1. 31. 선고 67다2011 판결.
359) 대법원 2017. 3. 23. 선고 2015다248342 전원합의체 판결.

체 판결의 효력이 미치는지 여부는 분명하지 않다.[360)]

또한 1주 1의결권의 원칙에 위반하는 방법으로 감사선임시의 의결권을 제한한 정관규정에 의하여 일부 주주에게 의결권을 부여하지 않고 감사를 선임한 경우 그 선임결의는 결의방법에 하자가 있는 것이어서 결의취소사유에 해당한다.[361)]

② **결의요건의 위반**

예컨대, 의결정족수에 미달되었음에도 결의가 가결된 경우에는 결의취소 사유가 된다.[362)]

③ **현저하게 불공정한 의사진행**

주주총회의 의사진행이 불공정하거나 강압적으로 이루어지면 취소사유에 해당할 수 있다. 사실상 주주 2인으로 구성된 주식회사의 일방 주주측이 타방 주주의 총회 회의장 입장을 부당하게 방해하고 의사집행방식 및 결의방식이 개최시각보다 지연입장하게 된 타방 주주의 의결권 행사를 최대한 보장하는 방법으로 이루어지지 않은 경우 그 결의방법은 신의칙에 반하는 것으로서 현저하게 불공정한 것이다.[363)]

의장이 표결에 앞서 반대하는 주주 이외에는 모두 의안에 찬성하는 것으로 간주하겠다고 일방적으로 선언한 후 반대하는 주주만 거수하게 하여 반대하는 주주의 주식수만을 확인한 후 의안이 가결되었다고 선언한 경우 주주의 의사표시를 왜곡하는 표결방식상의 하자가 있었으므로 결의방식이 불공정한 것이다.[364)]

반면, 주주총회 당일 의장이 합병계약 승인의 의안을 상정하고 합병계약의 주요 내용을 설명한 뒤 참석한 주주들에게 동의를 구하였는데, 참석 주주 중 아무도 이의를 제기하지 않고 동의를 한 상황에서 박수로 합병계약 승인의 의안을 가결한 것은 위법하다고 볼 수 없다고 한다.[365)]

④ **주주에게 재산상 이익을 공여한 경우**

甲 주식회사는 이사회를 개최하여 정기주총에서 실시할 임원선임결의에 관한 사전투표 시기(始期)를 정관에서 정한 날보다 연장하고 사전투표에 참여하거나 주주총회에서 직접

360) 그 경우에는 위 전원합의체 판결의 적용범위를 벗어나므로 주주총회 결의취소 사유에 해당한다는 견해로 송옥렬, 앞의 책, 978면.

361) 대법원 2009. 12. 2. 선고 2009다51820 판결.

362) 대법원 2001. 12. 28. 선고 2001다49111 판결; 대법원 1996. 12. 23. 선고 96다32768·32775·32782 판결. 반면 의사정족수에 미달한 경우는 주주총회 결의가 부존재한다고 본다. 대법원 2014. 6. 26. 선고 2013다21079 판결.

363) 대법원 1996. 12. 20. 선고 96다39998 판결.

364) 대법원 2001. 12. 28. 선고 2001다49111 판결.

365) 대법원 2009. 4. 23. 선고 2005다22701·22718 판결.

의결권을 행사하는 주주들에게 골프장 예약권과 상품교환권을 제공하기로 결의한 다음 사전투표 등에 참여한 주주들에게 이를 제공하여 주주총회에서 종전 대표이사 A 등이 임원으로 선임되었다. 대표이사 등 후보자로 등록하였다가 선임되지 못한 주주 B 등이 주주총회 결의의 부존재 또는 취소사유가 존재한다고 주장하면서 A 등에 대한 직무집행정지가처분을 구하자 대법원은 위 주주총회결의는 정관을 위반하여 사전투표기간을 연장하고 사전투표기간에 전체 투표수의 약 67%에 해당하는 주주들의 의결권행사와 관련하여 사회통념상 허용되는 범위를 넘어서는 위법한 이익이 제공됨으로써 주주총회결의 취소사유에 해당하는 하자가 있다고 보았다(前述).[366]

⑤ **종류주주총회의 흠결**

주주총회결의와 관련하여 종류주주총회의 결의를 거쳐야 하는 경우에 종류주주총회에 하자가 있는 경우 주주총회결의의 효력을 어떻게 볼 것인지에 관하여는 견해대립이 있다. 판례는 주주총회 자체에는 하자가 없다고 본다(後述).

나. 결의내용상의 하자

결의내용이 정관에 반하는 경우를 말한다. 결의내용이 법령에 반하면 후술하는 무효확인사유에 해당한다. 결의내용이 정관에 위반한 예로는 정관이 정하는 이사의 자격을 갖추지 못하는 자를 이사로 선임하는 결의, 정관에서 정한 금액 이상의 보수를 이사에게 지급하는 결의 등을 들 수 있다.

다. 취소사유에 해당하지 않는 경우

판례에 따르면 다음의 경우는 취소사유에 해당하지 않는다.[367]

① 속행된 주주총회를 위하여 별도의 소집절차를 밟지 않은 경우[368]

② 의장이 부당하게 사회를 거절하여 주주들이 임시로 의장을 선출하여 회의를 진행한 경우[369]

③ 의결권 행사를 적법하게 위임받은 수임인이 제3자에게 의결권의 대리행사를 재위임하여 의결권을 행사하게 한 경우[370]

---

366) 대법원 2014. 7. 11. 자 2013마2397 결정. 반면 우리나라의 통설은 주주가 회사로부터 이익을 공여받은 대가로 의결권을 행사하였더라도 주주총회의 결의 자체의 효력에는 아무런 영향을 미치지 않는다고 본다. 정쾌영, "이익공여 금지 위반과 주주총회 결의 취소", 「기업법연구」 제29권 제1호, 2015, 118면.

367) 법원행정처, 앞의 책, 39~40면.

368) 대법원 1989. 2. 14. 선고 87다카3200 판결.

369) 대법원 2001. 5. 15. 선고 2001다12973 판결.

370) 대법원 2009. 4. 23. 선고 2005다22701·22718 판결.

라. 소의 성질

통설은 결의취소의 소를 형성의 소라고 본다. 형성의 소는 법률관계를 변동시키는 형성판결을 소송물로 하는 소송을 말한다. 따라서 문제된 법률관계의 효력은 오로지 소송에 의해서만 다툴 수 있으며 원고 청구 인용판결이 확정되어야만 비로소 법률관계가 무효·취소되는 등 형성적 효력이 생긴다. 회사법상의 소를 형성의 소로 하는 이유는 단체법적 법률관계를 획일적으로 확정하기 위함이다. 따라서 취소사유가 있는 주주총회결의는 판결에 의해 취소되기 전에는 유효한 것으로 다루어지고 소에 의하지 않고는 다른 청구의 공격·방어방법으로 주장할 수 없다.

마. 원고적격

주주총회 결의취소의 소를 제기할 수 있는 자는 주주, 이사 또는 감사에 한한다(법 376 ①). 형성소송이므로 이해관계가 크고 소송을 충실하게 수행할 것으로 기대할 수 있는 자에 한하여 원고적격을 인정한 것이다.[371] 제소권자를 일정한 자로 법정한 것은 이해관계가 없는 자의 소제기에 의해 이미 형성된 단체법적 법률관계가 교란되는 것을 피하기 위한 것이다. 형성소송의 속성 중 하나이다.

(1) 주 주

주주총회 결의취소의 소는 주주총회의 의사형성이 적법하게 이루어지도록 담보하기 위한 제도이므로 현재의 모든 주주가 이해관계를 갖는다. 특정 주주총회 결의에 의해 해당 주주가 개별적으로 불이익을 입었는지,[372] 절차상 하자의 당사자인지 여부도 묻지 않는다.[373] 주주는 주주총회 결의 당시의 주주이었을 필요가 없으며 제소 당시의 주주이면 족하다. 그러나 절차상 하자의 당사자였던 주주가 사후적으로 승인을 하면 하자 자체가 치유되므로 다른 주주가 주주총회 결의취소의 소를 제기할 수 없다. 주주총회에 참석하여 결의에 찬성하였던 주주가 제소한다고 하여 신의성실의 원칙에 위배되는 것도 아니다.[374] 다만, 주주라 함은 주주명부에 등재된 주주만을 뜻하므로 명의개서를 하지 않은 주식양수인은 제소권이 없다.[375]

의결권 없는 주주도 소제기권이 있는지 여부에 관하여 주주총회 결의취소의 소는 의결

---

371) 이철송, 앞의 책, 637면.
372) 대법원 1998. 5. 12. 선고 98다4569 판결.
373) 대법원 2003. 7. 11. 선고 2001다45584 판결.
374) 대법원 1979. 3. 27. 선고 79다19 판결.
375) 대법원 1991. 5. 28. 선고 90다6774 판결. 물론 회사가 명의개서를 부당하게 거절하고 있는 경우에는 실질주주도 소를 제기할 수 있다.

권을 전제로 하는 것이므로 의결권 없는 주식을 가진 주주는 취소의 소를 제기할 수 없다는 견해도 있지만 제소권은 의결권의 부수적인 요소가 아닌 별개의 주주권으로 보아야 하고 주주라면 누구나 회사의 구성원으로서 주주총회의 적정한 운영에 관한 이익을 갖는다고 보아야 할 것이므로 제소권이 있다고 해석하는 것이 타당하다(통설).

(2) 이사·감사

주주총회 결의취소의 소를 제기할 당시에 이사·감사이어야 원고 적격을 가진다. 임기가 만료된 이사·감사, 사임한 이사·감사는 원고적격이 없으나 그 퇴임으로 이사·감사가 결원이 되어 그들의 후임이사·감사가 취임할 때까지 이사·감사로서의 권리의무가 있는 경우에는 제소할 수 있다.[376] 하자가 있는 주주총회 결의에 의해 해임당한 이사 및 감사는 형식적으로는 제소 당시에는 이사·감사가 아니라 하더라도 원고로서 주주총회 결의취소의 소를 제기할 수 있다고 보아야 한다는 견해가 지배적이다.

(3) 소송계속 중 원고 자격득실의 효과

소를 제기한 주주·이사·감사는 소제기 후 변론종결시까지 그 자격을 유지하여야 한다. 따라서 소제기 후 주주가 사망하거나 주식을 양도하는 등의 사유로 주주지위를 잃을 때, 이사·감사가 임기만료·사임·해임에 의해 지위를 상실하게 되면 법원은 원고 적격이 소멸하였음을 이유로 소를 각하하여야 한다.[377]

판례는 소제기 이후 주식의 포괄적 교환에 따라 원고가 피고회사의 주주 지위에서 피고회사의 모회사 주주로 지위가 바뀐 사안에서도 주주로서의 지위를 상실하였다고 보아 소를 각하해야 한다는 입장이다.[378] 다만, 제소주주가 사망한 경우의 상속인 및 제소주주가 주식을 양도한 경우 주식의 양수인은 소송에 승계참가(민소 81)할 수 있다고 보아야 할 것이다.[379]

바. 피 고

상법에 명문의 규정은 없으나 회사를 피고로 한다는 데 다툼이 없고 판례도 같다.[380] 소의 대상이 회사의 단체법적 법률관계이므로 당연히 회사가 소송의 당사자가 되어야 하기

376) 대법원 1992. 8. 14. 선고 91다45141 판결.

377) 이사가 그 지위에 기하여 주주총회결의취소의 소를 제기하였다가 소송계속 중에 사망하였거나 사실심 변론종결 후에 사망하였다면, 그 소송은 이사의 사망으로 중단되지 않고 그대로 종료된다. 이사는 주식회사의 의사결정기관인 이사회의 구성원이고, 의사결정기관 구성원으로서의 지위는 일신전속적인 것이어서 상속의 대상이 되지 않기 때문이다. 대법원 2019. 2. 14. 선고 2015다255258 판결.

378) 대법원 2016. 7. 22. 선고 2015다66397 판결; 대법원 2018. 11. 29. 선고 2017다35717 판결.

379) 이철송, 앞의 책, 639~640면.

380) 대법원 1982. 9. 14. 선고 80다2425 전원합의체 판결.

때문이다. 회사를 대표하여 대표이사가 소송을 수행하는 것이 원칙이지만 이사가 취소의 소를 제기한 경우에는 감사가 회사를 대표하여 소송을 수행한다(법 394).[381] 회사를 대표하여 소송을 수행하는 대표이사가 비록 취소소송의 대상인 주주총회 결의에서 선임된 자라 하더라도 회사를 대표할 권한은 있다고 보는 것이 판례이다.[382]

사. 제소기간

결의취소의 소는 결의가 있은 날로부터 2개월 내에 제기하여야 한다(법 376 ①). 이처럼 단기의 제소기간을 둔 것은 취소소송의 경우 하자가 비교적 경미한데 회사의 법률관계를 다툴 수 있게 하여 장기간 불안정한 상태에 두는 것이 적절하지 않기 때문이다.[383]

제소기간의 제한과 관련하여 제소기간이 경과한 후에 취소사유를 추가할 수 있는지 여부가 문제된다. 예컨대, 제소기간 내에는 이사회 소집결의에 하자가 있었음을 주장하여 소를 제기하고 제소기간이 경과한 후에 소집통지의 하자를 추가하는 것이 허용될 것인지의 문제이다. 이를 허용하면 단기의 제소기간을 두는 취지에 반할 수 있기 때문에 논란이 되는 것이다. 대법원은 전환사채발행무효의 소에서 제소기간을 경과한 새로운 주장을 허용하지 않는데[384] 주주총회 결의취소의 소의 경우 하급심 판결이 동일한 입장을 취하고 있다.[385]

아. 소절차와 판결

(1) 전속관할 및 병합심리

주주총회 결의취소의 소는 회사의 본점소재지를 관할하는 지방법원의 전속관할이다(법 376 ②, 380, 186). 동일한 사안에 관해 결론이 달라지지 않도록 하기 위한 것으로서 형성소송적 특성 중 하나이다. 같은 이유에서 동일한 사안에 관해 여러 개의 소가 제기될 경우 수소법원은 이를 하나의 소로 병합하여야 한다(법 376조 ②, 380, 188).

---

381) 회사의 이사로 등기되어 있는 사람이 회사를 상대로 사임을 주장하면서 이사직을 사임한 취지의 변경등기를 구하는 소에서 상법 제394조 제1항은 적용되지 않으므로 그 소에 관하여 회사를 대표할 사람은 감사가 아니라 대표이사이다. 대법원 2013. 9. 9. 자 2013마1273 결정.

382) 대법원 1983. 3. 22. 선고 82다카1810 전원합의체 판결.

383) 이철송, 앞의 책, 640면.

384) 대법원 2004. 6. 25. 선고 2000다37326 판결. 위 대법원 판결을 그 이유를 다음과 같이 설시한다. "상법 제429조는 신주발행의 무효는 주주·이사 또는 감사에 한하여 신주를 발행한 날로부터 6월 내에 소만으로 이를 주장할 수 있다고 규정하고 있는바, 이는 신주발행에 수반되는 복잡한 법률관계를 조기에 확정하고자 하는 것이므로, 새로운 무효사유를 출소기간의 경과 후에도 주장할 수 있도록 하면 법률관계가 불안정하게 되어 위 규정의 취지가 몰각된다는 점에 비추어 위 규정은 무효사유의 주장시기도 제한하고 있는 것이라고 해석함이 상당하고 … 전환사채발행무효의 소에 있어서도 전환사채를 발행한 날로부터 6월의 출소기간이 경과한 후에는 새로운 무효사유를 추가하여 주장할 수 없다고 보아야 할 것이다."

385) 서울고등법원 2011. 6. 15. 선고 2010나120489 판결(대법원 2011. 9. 8. 자 2011다50981 판결로 심리불속행 종결).

(2) 소제기의 공고

회사관련 소가 제기되면 회사가 이 사실을 공고해야 한다(법 376 ②, 380, 187). 소가 제기된 사실을 이해관계인에게 경고하기 위한 것이다.

(3) 청구의 포기·인낙, 화해 등의 제한

회사법상의 소는 단체법률관계를 대상으로 하고, 그 판결의 효력은 회사와 제3자에게도 미치므로 제소권자가 임의로 처분할 수 있는 이익이 아니다. 따라서 청구의 인낙이나 원고의 청구를 용인하는 내용의 화해·조정은 할 수 없다. 이러한 내용의 청구인낙 또는 화해·조정이 이루어지더라도 인낙조서가 화해·조정조서는 효력이 없다.[386] 그러나 소의 취하 또는 청구의 포기는 대세적 효력과 관계가 없으므로 허용된다.

상법 제403조 제1항, 제406조의2 제1항에 따른 주주의 청구를 받고 이사의 책임을 추궁하는 소를 제기한 회사 또는 자회사와 주주대표소송, 다중대표소송의 제소주주는 법원의 허가를 얻어야 소의 취하, 청구의 포기·인낙, 화해를 할 수 있다(법 403 ⑥, 406의2 ③).

(4) 판 결

① **재량기각**

법원은 제기된 주주총회 결의취소의 소가 결의의 내용, 회사의 현황과 제반사정을 참작하여 그 취소가 부적당하다고 인정되면 직권으로 그 청구를 기각할 수 있다(법 379).[387] 결의무효확인의 소나 결의부존재확인의 소는 중대한 하자가 인정되는 경우이므로 재량기각을 인정하지 않는다.

② **원고승소판결의 효력**

㉮ 대세적 효력

확정된 취소판결은 형성판결이므로 소송당사자는 물론 그 밖의 제3자에게도 미친다(법 376 ②, 190 本). 따라서 누구도 새로이 주주총회 결의의 유효를 주장할 수는 없다(대세적 효력). 이처럼 대세적 효력을 인정하는 이유는 주주총회의 결의를 통하여 회사와 다수인 간에 단체법적 법률관계가 형성되기 때문이다.[388]

---

386) 대법원 2004. 9. 24. 선고 2004다28047 판결; 대법원 1993. 5. 27. 선고 92누14908 판결.

387) 재량기각을 인정한 판결례로 대법원 2004. 4. 27. 선고 2003다29616 판결; 대법원 2003. 10. 10. 선고 2001다56225 판결; 대법원 1987. 9. 8. 선고 86다카2971 판결; 부산고등법원 2000. 9. 29. 선고 2000나4722 판결(확정); 서울고등법원 1998. 8. 25. 선고 98나5267 판결(확정); 수원지방법원 1999. 12. 29. 선고 99가합9571 판결(확정). 재량기각을 부인한 판결례로는 대법원 2009. 1. 30. 선고 2006다31269 판결; 대법원 2003. 7. 11. 선고 2001다45584 판결.

388) 예컨대, A를 이사로 선임한 甲 주식회사 주주총회 결의에 관해 주주 B가 취소소송을 제기하여 승소한 경우, 기판력의 일반원칙을 적용한다면 A는 주주 B에 대한 관계에서는 이사가 아니고 그 밖의 주주·회사·제

㈏ 소급효

상법 제190조 단서가 준용되면 소급효가 제한되지만 취소의 효력에 대하여는 제190조 본문만 준용되므로 소급효가 있다. 따라서 해당 주주총회의 결의는 결의 당시로 소급하여 효력을 상실하고 주주총회 결의의 유효를 전제로 과거에 형성되었던 법률관계는 소멸한다. 예컨대 결의사항이 정관변경이라면 변경된 정관에 따라 이루어진 모든 행위가 무효로 되는 것이다.

이사 선임 결의도 그 결의를 취소하는 판결이 내려지면 그 이사들이 선임한 대표이사 역시 소급하여 대표이사의 자격을 상실하고 따라서 그 대표이사가 행한 모든 대외적 거래가 전부 무효이다. 판례는 위와 같은 무효로 인하여 거래의 안전이 위협받는 문제를 부실등기의 주장을 제한한 상법 제39조와 제395조의 표현대표이사제도를 원용함으로써 해결하고 있다.[389] 즉, 위의 예에서 대표이사의 대외거래는 표현대표이사의 거래로 보거나 대표이사 등기를 부실등기로 보아 회사가 해당 대표이사의 자격이 없었다는 주장을 할 수 없게 함으로써 거래상대방을 보호하는 것이다.

㈐ 등 기

주주총회 결의사항이 등기된 경우, 주주총회 결의취소판결이 확정되면 본점과 지점의 소재지에서 이를 등기하여야 한다(법 378).

③ **원고패소판결의 효력**

원고가 패소한 경우, 그 각하 또는 기각판결은 승소 판결과 달리 대세적 효력이 없다. 따라서 다른 소제기권자가 새로이 소를 제기할 수 있다. 원고가 패소한 경우 소제기에 관하여 악의나 중과실이 있으면 회사에 대하여 연대하여 손해를 배상할 책임을 진다(법 376 ②, 191).

3. 결의무효확인의 소

주주총회 결의내용이 법령에 위반하는 때에는 결의무효확인의 소를 제기할 수 있다(법 380).

가. 무효사유

주주총회 결의의 내용이 법령에 위반한 때에 무효확인의 소를 제기할 수 있다. 결의내용이 법령에 위반되는 경우의 예로는, 주주평등의 원칙에 반하는 내용의 결의,[390] 법에서

3자와의 관계에서는 계속 이사 지위에 있다는 결과가 되기 때문이다.

389) 상법 제39조를 적용한 판결로 대법원 1975. 5. 27. 선고 84다1366 판결이 있다.

정한 사유 이외의 사유로 의결권을 제한하는 내용의 결의,[391] 주주유한책임의 원칙 등 주식회사의 기본법원칙에 반하는 결의 등을 들 수 있다.

나. 소의 성질

주주총회 결의무효확인의 소가 형성의 소인지 아니면 확인의 소인지에 관하여 견해대립이 있다.

(1) 확인소송설

다수설은 확인의 소로 보고 주장방법에 제한을 두지 않는다. 상법이 취소소송과 달리 제소권자나 제소기간에 제한을 두지 않았고 법령에 반하는 내용의 결의는 소제기 여부와 무관하게 무효로 보아야 한다는 점을 논거로 든다. 판례가 취하는 입장이다.[392]

(2) 형성소송설

명칭과 무관하게 주주총회 결의무효확인의 소를 형성의 소로 보고 소에 의해서만 하자를 주장할 수 있다는 설이다. 상법 제380조가 소절차에 관하여 법정하고 판결의 효력에 대세적 효력을 부여한 점(법 380), 단체법적 법률관계를 획일적으로 확정하기 위한 필요 등을 고려하면 형성의 소로 보아야 한다고 한다.

(3) 학설에 따른 차이

상법이 무효확인의 소에 관해 제소권자나 제소기간 등에 대해서는 규정을 두지 않았으므로 어떤 견해를 취하건 제소기간의 제한은 없다. 두 견해의 중요한 차이는 기간의 제한을 받지 아니하고 소를 제기할 수 있다는 점에서는 차이가 없다. 실제에서의 중요한 차이는 결의무효의 주장을 소로써만 할 수 있는지(형성소송설), 소 이외의 방법 예컨대 이행의 소에서의 청구원인이나 항변으로도 주장할 수 있는지(확인소송설) 여부이다. 형성소송설에 의하면 무효확정판결이 있을 때까지 결의는 유효하지만 확인소송설에 의하면 처음부터 무효이므로 결의무효확정판결이 없더라도 무효를 전제로 결의의 후속행위에 관하여 무효를 주장할 수 있다.

▌사 례

甲 주식회사는 2022. 1. 1.의 주주총회에 의하여 이사로 선임된 A에 대하여, A를 선임한 주주총회 결의에 무효의 하자가 있다고 판단하고 2023. 1. 1. 1년간 지급한 보수 1억원이 부당이득에 해당함을 이유로

390) 제주지방법원 2008. 6. 12. 선고 2007가합1636 판결(확정).
391) 대법원 2009. 11. 26. 선고 2009다51820 판결.
392) 대법원 2011. 6. 24. 선고 2009다35033 판결.

그 반환을 청구하는 소송(부당이득 반환청구의 소)을 제기하였다. 위 소송이 계속된 서울중앙지방법원은 1억원을 반환하는 것이 정당한 것인가를 심리하게 되는데, 그 선결문제는 주주총회 결의에 무효의 하자가 있는지 여부이다. 서울중앙지방법원은 주주총회 결의에 무효원인 있으므로 위 주주총회는 효력이 없음을 전제로 하여 위 1억원 반환청구를 인용할 수 있는가?

〈해설〉
만일, 주주총회의 무효를 다투는 소송, 즉 주주총회결의 무효확인의 소의 법적 성질이 형성소송이라고 가정하면, 그 소송에서 취소를 청구하는 쪽, 즉 원고가 승소한 경우에만 주주총회의 효력이 부인되며 그 이전에는 누구도 주주총회의 효력을 부인할 수 없다. 따라서, 위 사례에서 서울중앙지방법원은 아무리 주주총회결의에 무효의 하자가 있다고 판단되더라도 그것이 소송에 의하여 확인되기 전까지는 유효한 것을 전제로 하여 1억원에 대한 반환청구의 당부를 판단하여야 한다. 반대로 확인의 소라고 하면, 주주총회결의 무효확인의 소를 통해서 주주총회결의의 무효가 확인되기 전에도 다른 소송절차에서 그 효력을 부인할 수 있다. 따라서, 위 사례에서 서울중앙지방법원은 별도로 주주총회결의 무효확인소송이 제기되어 확정되기 전이라도 자체적으로 주주총회 결의에 무효의 하자가 있다고 판단할 수 있다.

확인소송설을 취한다면, 직접 이행의 소를 제기되면 되지 굳이 주주총회결의 무효확인의 소를 제기할 이유가 없지 않은가 생각될 수 있다. 그러나, '확인'을 받음으로써 모든 법률관계에서 무효를 용이하게 주장할 수 있다는 점에서 의미가 있다. 선결문제인 경우에는 해당 사건 이외에는 구속력이 없기 때문이다(즉, 위 예에서 부당이득반환청구의 소 이외에서는 다시 무효를 주장·입증하여야 한다).

다. 제소권자

상법은 무효확인소송의 제소권자에 대해서는 규정하고 있지 않으므로 일반적으로 소의 이익이 있는 자는 무효확인의 소를 제기할 수 있다. 회사의 채권자는 그 주주총회의 결의가 그 채권자의 권리 또는 법적 지위를 구체적으로 침해하고 또 직접적으로 이에 영향을 미치는 경우에 한하여 소의 이익이 있다.[393)]

라. 피 고

판례에 따르면 결의취소의 소와 마찬가지로 회사가 피고이다.[394)]

마. 제소기간

무효확인의 소에는 제소기간을 두지 않았다. 하자가 중대한 경우이므로 제소기간이 경

393) 대법원 1992. 8. 14. 선고 91다45141 판결.
394) 대법원 1982. 9. 14. 선고 80다2425 판결.

과하였다고 하더라도 하자의 치유를 인정하기 어렵기 때문이다. 따라서 이해관계인은 소의 이익이 있는 한 언제든지 제소할 수 있다.

바. 소절차와 판결

(1) 소절차

관할, 소제기시의 공고, 소의 병합심리, 화해의 가능성 등은 모두 결의취소의 소와 동일하다(법 380, 186, 187, 188).

(2) 판 결

주주총회 결의무효 확인의 소는 하자가 중대한 경우이므로 재량기각할 수 없다.

(3) 원고승소판결의 효력

① 대세적 효력

원고가 승소한 경우 무효판결의 효력은 제소자와 회사는 물론 그 밖의 제3자에게도 미친다(법 380, 190 本).

② 소급효

상법 제380조가 제190조 본문만 준용하므로 소급효가 있다.

③ 등 기

결의사항이 등기된 경우, 무효판결이 확정되면 본점과 지점의 소재지에서 이를 등기하여야 한다(법 378).

(4) 원고패소판결의 효력

원고가 패소한 경우, 그 각하 또는 기각판결은 승소 판결과 달리 대세적 효력이 없다. 따라서 다른 소제기권자가 새로이 소를 제기할 수 있다. 원고가 패소하면 악의 또는 중과실이 있는 때에는 회사에 대하여 연대하여 손해를 배상할 책임을 진다(법 380, 191).

4. 결의부존재확인의 소

가. 의 의

주주총회 결의의 성립과정에서의 하자가 현저하게 중대하여 결의의 존재조차 인정할 수 없을 경우에 결의부존재확인의 소가 인정된다(법 380). 상법 제380조에서 결의무효의 소와 같이 규정되어 있어 제소권자와 제소기간의 제한을 받지 않는다.

나. 소의 성질

상법은 주주총회 결의 부존재의 소에 대해서도 결의무효확인소송과 같이 소절차에 관한 특칙을 적용하고 판결의 효력에 관하여도 대세적 효력을 인정한다(법 380). 따라서 결의무효확인소송의 성질론, 즉 확인소송이냐 형성소송이냐 하는 논쟁은 결의부존재확인소송에도 그대로 적용된다. 다수설과 판례[395]는 확인의 소로 본다.

다. 부존재원인

주주총회 결의부존재의 원인은 '총회의 소집절차 또는 결의방법에 총회결의가 존재한다고 볼 수 없을 정도의 중대한 하자가 있을 때'이다. 절차상 하자의 정도가 중대하여 총회결의가 존재한다고 볼 수 없을 정도에 해당하면 부존재가 된다. 판례에 나타난 결의부존재의 예는 다음과 같다.

(1) 소집권한 없는 자가 이사회결의 없이 소집하는 경우

① 주주총회를 소집할 권한이 없는 자가 ② 이사회의 소집결정도 없이(이사회의 주주총회소집결의가 정관에서 정한 소집절차 및 의결정족수에 위배되어 무효인 경우 포함) 소집한 주주총회에서 이루어진 결의는 1인회사의 1인 주주에 의한 주주총회 또는 주주 전원이 참석하여 주주총회를 개최하는 데 동의하고 아무런 이의없이 결의가 이루어졌다는 등의 특별한 사정이 없는 이상 부존재에 해당한다.[396] 다만, 판례는 이사회결의 없이 소집한 것만으로는 취소사유로 보는 경향이 있다(前述). 부존재인 결의에 의하여 선임된 이사들로 구성된 이사회에서 소집결의를 하여 소집된 총회의 결의도 역시 부존재원인이 된다.[397]

(2) 대부분의 주주에게 소집통지를 하지 않은 경우

대부분의 주주[398]에게 소집통지를 발송하지 않고 개최된 주주총회는 부존재에 해당한다.

(3) 대부분 주주 아닌 자들이 결의한 경우

주주총회 결의에 참가한 자의 대부분이 주주가 아닌 경우 결의부존재에 해당한다.[399]

---

395) 대법원 1992. 8. 18. 선고 91다39924 판결.
396) 대법원 2010. 6. 24. 선고 2010다13541 판결.
397) 대법원 1989. 7. 11. 선고 89다카5345 판결.
398) 대법원 2024. 6. 13. 선고 2018다261322 판결(회사 발행한 주식의 70%를 명의개서한 주주가 있었으나 그의 의사와 무관하게 그 주식이 다른 자에게 명의개서가 되었고 회사가 본래의 주주에게 소집통지를 하지 않은 사례); 대법원 1993. 7. 13. 선고 92다40952 판결(68%의 주주에게 소집통지를 발송하지 않은 사례); 대법원 1978. 11. 14. 선고 78다1269 판결(주주 전원에게 소집통지를 발송하지 않은 사례).
399) 대법원 1968. 1. 31. 선고 67다2011 판결.

유효하게 주주총회가 산회한 후에 일부의 주주들만 모여서 결의한 경우도 마찬가지이다.[400]

(4) 주주총회를 전혀 개최하지 않고 허위의 의사록을 작성한 경우

주주총회의 소집절차를 거치지 않고 발행주식총수 중 98%를 보유한 지배주주의 의사에 의하여 의사록을 작성한 것을 결의부존재로 본 판례가 있다.[401] 다만 주식의 명의가 분산되어 있더라도 그중 1인만 실질주주이고 나머지 주주들은 명의만을 빌려준 관계라면 실질적인 1인 주주로 보아 1인 회사의 판례 법리를 적용하는 것이 판례이다.[402] 한편, 대법원은 발행주식총수 중 98%를 보유한 지배주주가 주주총회 승인을 받지 않은 임원퇴직금지급규정에 따른 퇴직금의 지급을 결재·승인하였고 회사는 그 결재·승인에 따라 퇴직금을 관행적으로 지급하여 왔다면 위 규정에 대하여 주주총회의 결의가 있었던 것으로 볼 수 있다고 판시하여 위 대법원 2007. 2. 22. 선고 2005다73020 판결과는 다소 차이가 나는 입장을 보여주고 있는데,[403] 이는 이사에게 퇴직금의 지급을 확보하여 주기 위한 합목적적 해석의 결과라고 생각된다.

라. 제소권자

무효확인의 소에서와 같이 소의 이익이 있는 자는 누구나 소를 제기할 수 있다. 판례에서 제소권자의 소의 이익이 문제된 사안을 정리하여 보면 다음과 같다.

(1) 주 주

주주총회 결의에 찬성한 주주도 부존재를 주장할 수 있다.[404] 주식을 양수하였으나 명의개서를 하지 않은 주주는 부존재를 구할 소의 이익이 없다.[405]

(2) 이사·감사

퇴임한 이사·감사라도 후임이사·감사의 취임시까지 이사·감사의 권리의무를 보유하

---

400) 대법원 1993. 10. 12. 선고 92다28235·28242 판결. 대표이사가 1987. 2. 26. 10:00 회사 사무실에서 임시주총을 개최한다는 통지를 하였으나 주주총회 당일 16:00경 소란으로 인하여 사회자가 주주총회의 산회선인을 하였다. 그 후 주주 3인이 별도의 장소에 모여 결의를 한 것이라면, 위 주주 3인이 과반수를 훨씬 넘는 주식을 가진 주주라고 하더라도 나머지 일부 소수주주들에게는 그 회의의 참석과 토의, 의결권행사의 기회를 전혀 배제하고 나아가 법률상 규정된 주주총회 소집절차를 무시한 채 의견을 같이하는 일부주주들만 모여서 한 결의를 법률상 유효한 주주총회의 결의라고 볼 수는 없다. 이처럼 첫 번째 주주총회결의가 부존재로 된 이상 이에 기하여 대표이사로 선임된 자들은 적법한 주주총회의 소집권자가 될 수 없어 그들에 의하여 소집된 주주총회에서 이루어진 두 번째 주주총회결의 역시 법률상 결의부존재에 해당한다.

401) 대법원 2007. 2. 22. 선고 2005다73020 판결.

402) 대법원 1992. 6. 23. 선고 91다19500 판결.

403) 대법원 2004. 12. 10. 선고 2004다25123 판결.

404) 대법원 1977. 4. 26. 선고 76다1440·1441 판결.

405) 대법원 1991. 5. 28. 선고 90다6774 판결.

는 경우에는 결의부존재를 주장할 수 있다.[406] 하자 있는 주주총회 결의에 의하여 선임된 이사라도 재임중에 있었던 주주총회결의의 부존재를 주장할 수 있다.[407] 그러나, 사임한 이사는 결의부존재를 주장할 소의 이익이 없다.[408]

(3) 채권자

회사채권자라도 소의 이익이 있다면 결의부존재를 주장할 수 있으나 회사채권자의 소의 이익은 주주총회의 결의가 채권자의 권리 또는 법적 지위를 구체적으로 침해하고 또 이에 영향을 미치는 경우에 한해 인정되므로 채권자는 이사를 선임하거나 정관에 사업목적을 추가하는 것과 같은 회사의 대내적 사항에 관한 결의에 대해서는 부존재를 주장할 수 없다.[409]

마. 피 고

다른 소와 같이 회사를 피고로 하여야 한다.

바. 제소기간

제소기간의 제한이 없는 점은 무효확인의 소에서와 같다.

사. 소절차와 판결

결의무효확인의 소의 경우와 같다.

5. 추인결의의 효력

판례는 취소사유가 있는 결의는 적법하게 개최된 추인결의에 의하여 소급적으로 유효하게 된다는 입장이다.[410] 반면 무효나 부존재인 주주총회는 추인결의가 있더라도 소급적으로 유효하게 되지 않는다.[411] 다만 적법하게 개최된 주주총회에서 하자 있는 종전의 결의를 그대로 추인하거나 재차 동일한 안건에 관하여 결의를 한 경우 그 새로운 주주총회의 결의에 독자적인 무효 또는 부존재 사유가 있거나, 취소되는 등의 특별한 사정이 없다면 종전의 결의에 하자가 있었더라도 종전의 하자 있는 결의에 관하여 무효나 부존재확인을 구할 소의 이익이 없다는 것이 판례이다.[412]

---

406) 대법원 1982. 12. 14. 선고 82다카957 판결.
407) 대법원 1966. 9. 27. 선고 66다980 판결.
408) 대법원 1982. 9. 14. 선고 80다2425 전원합의체 판결.
409) 대법원 1992. 8. 14. 선고 91다45141 판결.
410) 대법원 2000. 11. 28. 선고 2000다34242 판결.
411) 대법원 2011. 6. 24. 선고 2009다35033 판결.
412) 대법원 2024. 7. 11. 선고 2024다222861 판결; 대법원 2018. 10. 25. 선고 2017다260902 판결.

6. 부당결의취소·변경의 소

주주총회 결의에 관하여 특별한 이해관계가 있음으로 말미암아 의결권을 행사할 수 없었던 주주(법 368 ③)가 그 결의의 부당함을 이유로 결의의 취소 또는 변경을 구하는 소이다(법 381 ①). 특별한 이해관계가 있는 주주의 의결권을 배제하는 이유는 다수결제도를 남용하여 결의가 불공정하게 이루어지는 것을 방지하기 위한 것인데 오히려 이해관계 있는 주주가 의결권을 행사하지 못함을 악용하여 소수자의 전횡이 행해질 경우 결의의 공정을 회복하기 위한 것이다. 특히 결의의 변경까지 인정한 것은 취소판결을 하더라도 주주들에 의해 같은 결의가 반복될 우려가 있기 때문이다.

7. 소의 종류와 소송물

가. 소송물의 특정

원고가 청구취지를 그르친 경우, 예컨대 취소사유가 있는데 부존재확인이나 무효확인을 구하는 경우, 부적법한 소로서 각하하여야 하는가 아니면 가능한 범위에서 청구취지의 동일성을 인정할 것인지가 문제이다.

결의취소의 소는 형성의 소로서 舊 소송물이론에 의하면 청구취지에서 결의취소라는 형성의 내용이 명시되고 청구원인에서 형성권의 발생원인이 기재됨으로써 소송물이 특정된다. 결의무효확인·부존재확인의 소는 舊 소송물이론에 의하더라도 청구취지만으로 확정된다.[413)]

한편, 개개의 하자사유마다 소송물이 다르다는 견해도 있으나, 통설은 특정한 결의별로 소송물이 성립하고 개개의 하자는 공격방법의 차이에 불과하다고 본다.[414)]

나. 각 소송의 상호관계

판례의 입장인 舊 소송물이론에 의하면 ① 취소, ② 무효·부존재 확인의 서로 다른 2가지 소송물을 구성한다고 보아야 할 것이다. 따라서, 원고가 위 소송물 중 하나를 선택하여 소제기한 경우에 법원이 다른 종류의 소에 해당하는 하자가 있음을 인정하는 경우에는 이를 각하할 수밖에 없게 된다.

---

413) 참고로 청구취지 기재례는 다음과 같다.
<주주총회 결의무효확인>
피고의 2010. 2. 23. 임시주총에서 甲을 이사에서 해임하고 乙을 이사로 선임한 결의는 무효임을 확인한다.
<주주총회 결의취소>
피고의 2009. 3. 23. 임시주총에서 甲과 乙을 이사로, 丙을 감사로 각 선임한 결의를 취소한다.

414) 법원행정처, 「대법원 판례해설」 제47집, 387면 주 14, 2004(장상균 집필부분).

(1) 결의부존재확인의 소와 결의취소의 소의 소송물 간 상호 관계

주주총회 결의부존재사유가 있는데 결의취소의 소가 제기된 경우 부존재사유에는 취소사유가 포함됨에도 불구하고 취소판결을 하지 않고 소각하판결을 한 판례가 있었다.415) 이 판례는 舊 소송물이론에 의하면 결의취소/무효·부존재확인의 소가 별개의 소송물이라는 것을 명확히 한 의미는 있지만, 결의부존재사유와 결의취소사유는 양적 차이만 있고 더구나 결의부존재사유는 당연히 결의취소사유도 될 것이므로 판례의 타당성에 대하여는 많은 의문이 제기되었다. 그러나, 舊 소송물이론의 실무는 근거 법조에 따라 소송물을 구성하고 있기 때문에 양자를 다른 것으로 본 것이 아닌가 생각된다.

반대로 결의취소사유가 있는데 결의부존재확인의 소를 제기한 경우에는 소송물을 문제삼지 않고 부존재사유가 없다는 이유로 기각판결을 한 예가 많다.416)

(2) 결의무효확인의 소와 결의부존재확인의 소의 소송물 간 상호 관계

판례는 주주총회 결의부존재사유가 있는데 결의무효확인의 소가 제기된 사건에서 주주총회 결의무효확인청구를 결의부존재확인청구의 의미로 받아들이면서 결의무효확인청구가 부적법하므로 각하하여야 한다는 피고의 주장을 배척하였다.417) 두 소송이 상법 제380조에 규정되어 있으므로 舊 소송물이론에 따르더라도 동일한 소송물로 보는 것이 타당하다고 생각된다.

다. 소의 변경과 제소요건

(1) 제소기간과 제소권자

결의취소의 소의 경우 상법이 규정하는 제소요건인 제소기간과 원고적격을 갖추어야 하므로, 결의취소사유만 있음에도 결의무효확인·부존재확인을 구하였다가 결의취소의 소로 변경하려면, 결의무효확인·부존재확인의 소가 제기된 당시 결의취소의 소로서의 제소기간, 원고적격 등의 요건을 구비하였어야 한다.418)

(2) 복수의 결의와 제소기간

판례에 따르면 결의취소의 소의 소송물의 단위는 개개의 결의이다. 따라서 동일한 총회일에 수건의 결의가 이루어졌다면 다투고자 하는 결의별로 제소기간을 준수하여야 한다.419)

예컨대, 주주총회에서 이루어진 여러 안건에 관한 결의 중, A결의에 대하여 결의일로

415) 대법원 1978. 9. 26. 선고 78다1219 판결.
416) 대법원 1989. 5. 23. 선고 88다카16690 판결 등.
417) 대법원 1983. 3. 22. 선고 82다카1810 전원합의체 판결.
418) 대법원 2007. 9. 6. 선고 2007다40000 판결; 대법원 2003. 7. 11. 선고 2001다45584 판결.
419) 대법원 2010. 3. 11. 선고 2007다51505 판결.

부터 2개월 내에 결의무효확인의 소를 제기한 뒤, B결의 및 C결의에 대하여 결의일로부터 2개월이 지난 후 결의무효확인의 소를 각각 추가적으로 병합한 후, 위 각 결의에 대한 결의무효확인의 소를 결의취소의 소로 변경한 경우, 위 B결의 및 C결의에 대한 결의취소에 관한 부분은 추가적으로 병합될 때에 결의취소의 소가 제기된 것으로 볼 수 있으나, 추가적 병합 당시 이미 2개월의 제소기간이 경과하였으므로 부적법하다.[420)]

라. 다른 소송과의 관계

주주총회의 결의에 기초하여 이루어지는 후속행위에 대해 별도로 그 효력을 다투는 소가 인정되는 경우가 있다. 예컨대, 신주발행무효의 소(신주발행을 주주총회가 결의하는 회사의 경우), 감자무효의 소, 합병무효의 소, 분할무효의 소, 주식의 포괄적 교환·이전무효의 소 등과 같다. 이 경우 주주총회 결의에 하자가 있는 경우에는 결의취소(무효·부존재)의 사유도 되지만 동시에 신주발행, 합병 등의 무효사유도 된다. 여기서 어느 소를 제기하여야 할 것인지가 문제된다. 통설 및 판례는 흡수설의 입장으로서, 후속행위가 효력을 발생하기 전에는 결의취소의 소(또는 무효, 부존재)를 제기할 수 있으나, 후속행위가 효력을 발생한 후에는 결의의 하자는 후속행위의 무효원인으로 흡수되어 후속행위를 다투는 소만 제기할 수 있다는 입장이다.[421)] 후속행위 효력 발생 전에 결의취소의 소를 제기한 경우 소제기 이후에 후속행위가 효력을 발생하더라도 기존에 제기한 소를 그대로 유지하면 된다는 견해도 있고 혹은 청구변경으로 후속행위의 무효를 다투는 소로 변경하여야 한다는 견해도 있다.

X. 종류주주총회

1. 의 의

상법은 주주총회의 특별결의사항 중 종류주주가 손해를 입을 우려가 있는 경우에는 해당 종류주주들만으로 구성된 종류주주총회의 승인을 얻도록 규정하고 있다(법 435 ①, 436). 종류주주총회는 그 결의가 주주총회의 결의의 효력발생을 위하여 부가적으로 요구되는 요건에 불과하며 그 자체가 주주총회나 기관은 아니다.[422)]

---

420) 위 대법원 2010. 3. 11. 선고 2007다51505 판결.

421) 대법원 2004. 8. 16. 선고 2003다9636 판결; 대법원 2010. 2. 11. 선고 2009다83599 판결. 후속행위가 효력을 발생한 경우 그 효력을 다투는 소의 제소기간은 남아있지만 주총결의취소의 소의 제소기간이 경과하였다면 후속행위의 효력을 다투는 소를 제기할 수 있는지 여부는 다툼이 있다. 하급심 판결은 가능하다고 본다(서울서부지방법원 2007. 6. 15. 선고 2006가합5550 판결. 위 하급심 판결은 대법원 2010. 7. 22. 선고 2008다37193 판결로 확정되었다).

422) 이철송, 앞의 책, 670면.

2. 종류주주총회의 결의가 필요한 경우

상법 제435조 제1항과 제436조는 종류주주총회가 필요한 경우를 열거하고 있는데, 공통적인 요건으로서 '어느 종류의 주주에게 손해를 미치게 될 때'를 규정하고 있다.

가. 정관을 변경함으로써 어느 종류의 주주에게 손해를 미치게 될 때(법 435①)

특정 종류주주들에게 어느 면에서는 유리하고 어느 면에서는 불리한 영향을 미친다면 여기에 해당한다. 대법원은 甲 회사가 우선주들이 배정받는 무상주를 우선주로 하되 10년 뒤에는 보통주로 전환할 수 있다는 정관규정을 삭제하는 내용의 정관변경결의를 한 사안에서 그 정관변경에 의하여 주주들은 확정률의 고율배당을 계속받는 이익도 누리지만, 의결권이 부여되는 기회를 잃는 측면도 있으므로 우선주주들의 종류주주총회가 필요하다고 보았다.[423)]

나. 상법 제344조 제3항의 규정에 의하여 주식의 종류에 따라 특수한 정함을 하는 경우 그 결과가 어느 종류의 주주에게 손해를 미치게 될 때(법 436)

정관에 다른 정함이 없는 경우에도 종류주식별로 신주의 인수, 주식의 병합·분할·소각 또는 회사의 합병·분할로 인한 주식의 배정에 관하여 특수하게 정할 수 있다(법 344 ③). 위 사항 중에는 주주총회의 결의 없이 이사회 결의만으로 가능한 경우도 포함되어 있는데(예컨대, 신주인수) 그때에는 주주총회의 결의를 거치지 않더라도 종류주주총회의 결의를 거쳐야 한다.

다. 주식교환·주식이전·합병·분할·분할합병으로 인하여 어느 종류의 주주에게 손해를 미치게 될 경우(법 436)

합병시의 소멸회사, 분할시의 분할회사, 주식교환·이전시의 자회사에서 우선주에 대하여 보통주보다 불리한 조건으로 신주배정을 하는 경우가 이에 해당한다.[424)]

3. 결의의 요건

종류주주총회의 결의는 출석한 그 종류주주의 의결권의 3분의 2 이상의 다수로써 하되, 찬성한 의결권이 그 종류의 발행주식총수의 3분의 1 이상이어야 한다(법 435 ②). 이와 다른 결의방법을 정할 수 없다. 종류주주총회에서는 의결권 없는 주식[425)]도 의결권을 가진

423) 대법원 2006. 1. 27. 선고 2004다44575·44582 판결.
424) 권순일 편, 「주석 상법(회사4)」, 한국사법행정학회, 2021, 322면(안수현 집필부분).
425) 여기서의 의결권 없는 주식이란 종류주식으로서의 의결권 없는 주식과 의결권 제한 주식을 말한다.

다(법 435 ③).

4. 소집과 운영

종류주주총회의 소집과 운영 등에 관한 사항에 관해서는 의결권 없는 주식에 관한 규정을 제외하고는 주주총회에 관한 규정을 준용한다(법 435 ③).

5. 결의 하자의 효과

종류주주 총회결의에 하자가 있을 때 그 법률효과 및 다투는 방법에 관하여 살펴본다.

가. 종류주주총회 결의취소의 소 등으로 독립하여 다툰다는 견해

주주총회에 관한 모든 규정을 종류주주총회에 준용하므로 종류주주총회의 결의에 하자가 있을 때, 이를 종류주주총회결의의 취소의 소 등의 형식으로 독립하여 다툴 수 있는 것처럼 보이고 또 이를 긍정하는 견해도 있다. 그러나 종류주주총회의 결의의 하자는 별개의 소로 주장하지 못한다고 본다.[426)]

나. 주주총회 결의취소사유에 해당한다는 견해

종류주주총회결의는 주주총회 결의의 효력발생요건에 지나지 않으므로 주주총회 결의의 하자로 다투면 된다고 보는 견해도 있다.

다. 주주총회결의 불발효에 해당한다는 견해

일반주주총회는 완전한 효력을 발생하지 못하고 부동적인 상태(불발효상태)에 있다고 설명하는 견해이다. 그러다가 종류주주총회의 결의가 있으면 확정적으로 유효해지고 종류주주총회의 결의가 없는 것으로 확정되면 확정적으로 무효가 된다고 한다. 이 경우에는 일반주주총회의 소집절차 또는 결의방법이 법령 또는 정관에 위반하는 때에 제기할 수 있는 주주총회결의취소의 소에 관한 상법상의 규정을 유추적용할 수는 없고, 민사소송법상의 일반원칙에 따라 확인의 이익이 있는 한 그 제소기간의 제한이 없이 확인의 소로써 그 불발효상태의 확인을 구할 수 있다고 주장한다.[427)]

---

426) 이를 인정한다 하더라도 주주총회결의의 효력을 부정하기 위하여는 종류주주총회결의의 하자를 다투는 소에서 승소한 후에 다시 이를 원인으로 주주총회의 결의의 효력을 다투는 소를 제기하여야 할 것이므로 독립하여 다툴 실익이 없기 때문이다.

427) 서울고등법원 2004. 7. 9. 선고 2003나55037·55044 판결이 취한 입장이다(대법원 2006. 1. 27. 선고 2004다44575·44582 판결의 원심 판결)이기도 하다.

라. 주주총회결의 자체에 영향이 없으며 해당 행위가 무효라고 보는 견해

판례는 주주총회 자체의 효력에는 영향이 없으며 목적으로 하는 그 행위 자체의 법률효과가 발생하지 않아 무효가 될 뿐이라고 본다. 따라서 굳이 소송을 제기하려면 그 목적으로 하는 행위가 무효라는 확인을 구하는 민사소송법상 일반적인 확인소송을 제기하면 족하다.[428)]

제 3 편 업무집행기관

Ⅰ. 개 관

주식회사의 업무집행기관은 이사·이사회·대표이사·집행임원으로 구성되된다. 이사회는 업무집행과 관련한 의사를 결정하고(법 393 ①) 그 결정된 의사는 대외적으로 대표이사 또는 집행임원이 집행한다(법 389). 대내적 업무집행에 관하여는 명문의 규정이 없이 회사의 사적 자치에 맡겨져 있다.

Ⅱ. 이 사

1. 의 의

이사는 이사회 구성원이자 회사의 수임인으로서 회사의 업무를 집행하는 자를 말한다.[429)] 상법상 이사는 주주총회에서 선임하는 자만을 말한다(법 382 ①). 실무상으로는 이사라는 명칭을 사용하고 회사의 업무에 관여하면서도 주주총회에서 선임되지도 않고 등기도 되지 않은 자를 비등기이사라는 명칭으로 불러왔다. 그러나 주주총회에서 선임되지 않은 자는 상법상 이사가 아니다. 이들은 상법상의 이사의 권한을 행사할 수 없으며 이사로서의 책임(법 399)도 지지 않는다.[430)] 다만, 상법 제401조의2에 해당할 때에는 이사에 준한 책임을 지게될 수 있다.

---

428) 대법원 2006. 1. 27. 선고 2004다44575·44582 판결. 위 판례 사안과 관련하여, 원고는 주주총회 불발효 확인을 청구하였다. 그러나 판례는 상법이 인정하지 않는 새로운 유형의 하자를 창설하는 것이어서 적절하지 않다고 보았다.

429) 이사가 주식회사의 기관인지 여부에 관하여는 견해 대립이 있으나 이론적인 문제일 뿐 실제 법적용상의 차이는 없다.

430) 대법원 2003. 9. 26. 선고 2002다64681 판결.

2. 이사의 종류

상법은 이사를 사내이사, 사외이사, 그 밖에 상무에 종사하지 아니하는 이사로 구분하여 등기하도록 한다(법 317 ② VIII). 그러나 권한과 의무의 측면에서는 이사들 간에 차이가 없다.

가. 사내이사

사내이사는 회사의 상무에 종사하는 이사를 말한다. 여기서 '상무'의 의미에 관하여는 회사의 일상적인 업무를 말한다는 견해[431]와 회사의 모든 업무를 말한다는 견해[432]로 나뉜다.

상무와 구분되는 개념으로 '상근'이 있다. 상근은 근무형태의 관점에서 일상적으로 회사에 출근하는지 여부를 기준으로 판단한다.[433]

나. 사외이사

사외이사는 회사의 상무에 종사하지 않는 이사로서 일정한 결격사유가 없는 자를 말한다(법 382 ③, 542의8 ②). 상법은 상장회사에는 일정 수의 사외이사를 둘 것을 강제하고(법 542의8 ①), 대규모상장회사의 사외이사에 관해서는 선임절차의 특칙을 두고 있다(법 542의8 ④, ⑤).

다. 그 밖에 상무에 종사하지 않는 이사

상법은 회사의 상무에 종사하지 않지만 사외이사 자격요건을 충족하지 못하는 이사를 그 밖의 상무에 종사하지 않는 이사로 규정하고 있다. 이하에서는 편의상 비상무이사로 부르기로 한다. 실무에서는 사외이사와는 별도로 상무에 종사하지 않는 이사를 두어 왔는데 이들을 가리키는 것이다.[434] 비상무이사는 법적 규율의 측면에서 사내이사와 전혀 차이가 없다.

3. 회사와의 법률관계: 위임

이사는 주주총회에서 선임되지만 주주의 대리인이나 사용인이 아니고 '회사의' 수임인이다. 그러므로 이사는 주주에 대하여는 아무런 의무를 부담하지 않고 오직 회사에 대하여

---

431) 김교창, "상장회사의 특례에 관한 2009년 개정상법의 논점", 「인권과 정의」 제396호, 2009, 63~64면.

432) 김순석, "상장회사 특례제도의 문제점 및 개선방안", 「상사법연구」 제34권 제2호, 2015, 157면.

433) 김순석, 앞의 논문, 157면. 하급심 판결은 상근감사의 선임은 물론이고 기존 상근감사를 비상근감사로 변경하는 것도 그 중요성을 고려하여 주주총회의 결의로 정해야 한다고 본다(서울고등법원 2007. 3. 8. 선고 2006나66885 판결).

434) 실무상으로는 비상근이사, 평이사 등으로 불러왔다고 한다. 권순일 편, 「주석 상법(회사3)」, 제6판, 한국사법행정학회, 2021, 196면(이완희 집필부분).

만 의무를 부담하고 책임을 진다고 보는 전통적인 견해이다. 회사와 이사의 관계에 대해서는 민법상의 위임에 관한 규정을 준용한다(법 382 ②). 그 관계는 적어도 법적으로는 회사와 사용인(=근로자, 피용자)와의 관계와는 질적으로 다르다.

▮ 사 례

대표이사가 신주를 발행하면서 가장납입을 하고 신주를 모두 친분관계에 있는 제3자에게 배정함으로써 다른 주주들의 주식가치가 희석되는 손해가 생긴 경우 해당 대표이사는 주주들에 대한 배임죄의 책임을 지는가?

〈해설〉

대법원은 신주발행시 대표이사가 일반 주주들에 대하여 그들의 신주인수권과 기존 주식의 가치를 보존하는 임무를 대행한다거나 주주의 재산보전 행위에 협력하는 자로서 타인의 사무를 처리하는 자의 지위에 있다고는 볼 수 없다는 이유를 제시하며 위의 행위는 기존 주주에 대한 업무상 배임죄를 구성하지 않는다고 판시하였다.[435]

4. 이사의 임무

이사는 이사회의 구성원이 되어 회사의 의사결정에 참가하여야 한다(법 393 ①). 일부 권한은 단독으로 행사할 수 있다(법 373 ②, 376 ①, 390 ① 本 등). 상법은 대표이사 및 집행임원만을 업무집행기관으로 전제하고 있지만, 실무상으로는 이사도 대내적 업무집행을 담당할 수 있다. 특히 이들은 사용인이나 상업사용인을 겸직하는 경우도 있다. 이하에서는 편의상 업무담당이사라고 부르기로 한다.

5. 이사의 선임과 퇴임

가. 이사의 수

이사는 3인 이상이어야 한다(법 383 ①). 예외적으로 소규모회사는 이사의 수를 2인 이하로 할 수 있다(법 383 ① 但). 소규모회사의 경우 이사회를 구성할 수 없으므로 주주총회가 이사회를 갈음한다(법 383 ④).[436]

---

435) 대법원 2004. 5. 13. 선고 2002도7340 판결.

436) 그러나 상법 제383조 제4항은 주주총회 결의로 이사회 결의를 대체할 때의 결의요건을 명시하지 않고 있어서 해석상 논란이 있다. 이에 관한 상세는 권재열, “1인의 이사를 둔 소규모회사에 관련된 몇 가지 법적 쟁점의 검토”, 「기업법연구」 제29권 제1호, 2015, 31면.

나. 이사의 자격

상법은 이사의 자격을 특별히 제한하지 않는다. 물론 정관으로 이사의 자격을 제한하는 것은 무방하다.[437] 정관으로 이사가 가져야 할 주식의 수를 정한 때에는 다른 규정이 없는 한 이사는 주권을 감사에게 공탁하여야 한다(법 387).

상법은 사외이사에 관해서는 별도의 결격사유를 두고 이에 해당하는 자는 사외이사가 될 수 없도록 하고 재임 중 이에 해당하게 되면 이사의 직을 상실하도록 규정하고 있다(법 382 ③). 그리고 상장회사의 사외이사에 대해서는 일반 사외이사의 결격사유 외에 추가적인 결격사유를 두고 있다. 법인도 이사가 될 수 있는 여부에 관하여는 견해대립이 있다.

다. 이사의 선임

(1) 선임기관

이사는 회사설립시에는 발기인이 선임하거나 창립총회에서 선임하고(법 296 ①, 312), 설립 이후에는 주주총회에서 선임한다(법 382 ①).

상장회사의 사외이사는 사내이사와 자격요건을 달리하고 선임절차도 달리하므로, 주주총회에서 양자를 구분하여 선임하여야 하고 소집통지에도 구분하여 기재하여야 한다.[438] 반면 사내이사와 비상무이사는 구분하여 등기하지만(법 317 ② VIII) 상법상 규율에는 차이가 없으므로 주주총회에서는 양자를 함께 선임하고 이사회에서 구분하는 결의를 할 수 있다.

이사 선임은 주주총회의 전속적 권한이므로 정관이나 주주총회의 결의에 의하여도 다른 기관에 위임할 수 없다.

(2) 결의요건

이사는 주주총회의 보통결의에 의해 선임한다(법 368 ①). 이 결의요건을 완화하는 것은 불가능하나 강화할 수 있는지 여부에 대해서는 견해대립이 있다(後述).

(3) 임용계약의 체결

주주총회 결의 이외에 별도로 대표이사가 이사가 될 자와 임용계약을 체결하여야만 이사가 될 수 있는지 여부가 문제이다. 과거 판례와 다수설은 주주총회의 선임결의를 단순한 내부적 의사결정으로 보고 그와는 별도로 대표이사가 임용계약의 청약을 하고 그에 대하여 이사가 될 자가 승낙함으로써 임용계약이 체결되어야만 이사로서의 지위를 갖는다고 해석

---

437) 다만 그 제한이 유효하려면 사회상규에 반해서는 안 된다.

438) 그러나 비상장회사에서는 소집통지에서 선임할 이사후보를 사내이사, 사외이사 등으로 구분할 필요가 없다(서울고법 2010. 11. 15. 자 2010라1065 결정).

하고 있었다. 그러나 위 논리에 따르면 주주총회 결의에도 불구하고 대표이사가 임용계약의 청약을 하지 않는 방법으로 이사 선임을 방해하면 현실적으로 해결하기 어려운 문제가 있었다. 대법원 2017. 3. 23. 선고 2016다251215 전원합의체 판결은 기존의 입장을 폐기하고 이사(또는 감사)의 지위는 주주총회의 선임결의가 있고 선임된 자의 동의가 있으면 취득된다고 보아야 한다는 입장으로 변경하였다.

(4) 상장회사의 이사 선임절차의 특칙

상법상 상장회사의 이사를 선임할 때에는 공정성을 높이기 위하여 특칙을 두고 있다(법 542의5).

라. 집중투표제

(1) 의의 및 취지

집중투표란 2인 이상의 이사를 선임하는 경우에 각 주주가, 1주마다 선임할 이사의 수와 동일한 수의 의결권을 가지고 이를 이사 후보자 1인 또는 수인에게 집중하여 투표하는 방법으로 행사함으로써 투표의 최다수를 얻은 자부터 순차적으로 이사에 선임되는 것을 말한다(법 382의2).[439]

상법상 이사의 선임을 위한 주주총회의 결의는 이사 1인별로 행해지므로 일반적인 방법으로는 몇 명의 이사를 선임하든 과반수의 결의를 지배할 수 있는 지배주주가 이사 전원을 자신이 추천하는 후보로 선임할 수 있다. 집중투표제는 이같이 이사 전원이 지배주주에 의해 일방적으로 선임되는 것을 막기 위한 방법이다.

▌예 시

발행주식이 10주이고 그중 A 주주가 3주, B 주주가 7주를 가지고 있으며 A 주주는 甲을 이사로 선임하고자 하고 B 주주는 乙, 丙, 丁을 이사로 선임하고자 하며 이사 3명을 선임한다고 가정하자.
통상의 방식에 의하면 甲에 대해 먼저 투표한다. 여기서 甲은 3표만 얻을 것이므로 과반수가 되지 못하여 이사가 될 수 없다. 다음으로 乙에 대해 투표한다. 여기서 乙은 7표를 얻어 이사가 될 수 있다. 丙, 丁도 마찬가지로 해서 이사가 될 수 있다. 결국 대주주는 이사 전원을 자신이 추천하는 후보로 선임할 수 있는 것이다. 그런데 집중투표제에 의한다고 하면 결과가 달라질 수 있다. 선임하는 이사의 수가 3명이므로 각 주주는 1주에 3표씩을 가지고 한꺼번에 투표하고 그 득표수에 따라 3명까지를 이사로 선임한다. 따라서 A는 9표를 모두 갑에게 투표하고 B는 자신이 미는 3명에게 고루 분산하여 투표한다. 그러면 乙 7표, 丙, 7표, 丁 7표가 되어 결국 乙이 지지하는 3명 중 한 명은 이사가 될 수 없다.

439) 대법원 2017. 1. 12. 선고 2016다217741 판결.

(2) 요 건

① **정관에 다른 정함이 없을 것**

집중투표제를 실시하려면 정관에 다른 정함이 없어야 한다. 즉, 정관에 규정을 두면 집중투표제를 배제할 수 있다(법 382의2 ①). 실무상 상장회사는 대부분 정관에 규정을 두어 집중투표제를 배제하는 경향이 있다.[440)]

② **소수주주의 청구**

의결권 있는 발행주식총수의 3% 이상에 해당하는 주주가 집중투표에 의할 것을 청구하여야 한다(법 382의2 ①). 정관에 집중투표제를 배제한다는 규정이 없다면 발행주식총수의 3% 이상에 해당하는 주주의 청구가 있을 경우 주주총회결의로도 집중투표제를 배제할 수 없다. 집중투표제는 다수결에서 소외되는 소수자주주들을 보호하기 위한 제도이기 때문이다.[441)]

집중투표제를 실시할 경우 집중투표제의 정의 그 자체에 의해 보통결의의 의결정족수 충족 여부를 따지지 않는다. 즉 주주총회에서 출석한 주식수의 과반수가 아니라 다수를 얻은 순서대로 이사로 선임이 된다(법 382의2 ④). 그러나 만일 주식회사가 정관으로 성립정족수를 규정하고 있다면 그 성립정족수는 충족하여야 한다는 것이 판례이다.[442)] 대법원은 정관에 의하여 이사의 선임을 발행주식총수의 과반수에 해당하는 주식을 가진 주주의 출석과 출석주주의 의결권의 과반수에 의한다고 규정한 회사의 경우, 집중투표에 관한 상법 제382조의2가 정관에 규정된 성립정족수 규정을 배제한다고 볼 것은 아니라는 점을 근거로 들고 있다.

(3) 상장법인의 특례

상장회사의 경우 집중투표제에 관한 특례가 규정되어 있다(법 542의7).[443)]

마. 이사의 임기

이사의 임기는 3년을 초과할 수 없다(법 383 ②). 이 기간은 회사가 정하는 임기의 상한

---

440) 삼성전자 정관 제24조 제6항: "2인 이상의 이사를 선임하는 경우에는 상법 제382조의2에서 규정하는 집중투표제를 적용하지 아니한다."

441) 이철송, 앞의 책, 686면.

442) 대법원 2017. 1. 12. 선고 2016다217741 판결. 같은 취지에서 상법의 규정에 따라서 의사(성립)정족수 규정을 두지 않기로 한 주식회사라 하더라도 발행주식총수의 4분의 1 미만이 출석한 경우에는 주주총회 보통결의의 최소한의 요건이 충족되지 않았으므로 집중투표제에 의한 유효한 이사 선임이 있었다고 보기 어렵다는 견해가 주장되고 있다. 송옥렬, 앞의 책, 999면.

443) 자산총액 2조원 이상인 상장회사가 정관으로 집중투표를 배제하거나 그 배제된 정관을 변경하려는 경우 의결권 없는 주식을 제외한 발행주식총수의 3%를 초과하는 수의 주식을 가진 주주는 그 초과하는 주식에 관하여 의결권을 행사할 수 없다(법 542의7 ③). 대주주의 영향력을 억제하고 소주주주를 보호하기 위한 취지의 규정이다. 김순석, "상장회사 특례제도의 문제점 및 개선방안", 「상사법연구」 제34권 제2호, 2015, 140면.

일 뿐, 회사가 임기를 정하지 않은 경우 임기를 3년으로 보는 것은 아니다.[444] 기업실무에서는 보통 정관에 이사의 임기를 규정하고 있다. 상법상 이사의 연임에 대한 제한은 없다.

이사는 원칙적으로 임기를 초과하여 재임할 수 없으나 정관에 규정을 두어 임기를 그 임기 중의 최종 결산기에 관한 정기주총의 종결에 이르기까지 연장할 수 있다(법 383 ③). 예컨대 매년 12월 31일이 결산일이고 정기주총이 매년 2월 28일에 열리는 회사에서 특정 이사의 임기가 2024년 1월 15일에 종료되면 2024년 2월 28일까지 연장한다는 규정을 둘 수 있다. 정기주총을 앞두고 임시주총을 별도로 개최하여 이사를 새로 선임하는 부담을 덜어 주기 위한 것이다.

바. 이사의 퇴임

(1) 임기만료

가장 일반적인 퇴임사유이다. 그러나 후술하는 바와 같이 이사의 법정원수를 결한 경우에는 새로 선임된 이사가 취임할 때까지 임기만료된 이사에게 이사로서의 권리·의무가 있다(법 386 ①).

(2) 사 임

이사는 수임인의 지위에 있으므로 언제든지 사임할 수 있다(민법 689 ①). 이사의 사임은 단독행위로서 회사에 대한 일방적 의사표시에 의해 효력이 발생하며 회사 또는 주주총회의 승낙을 요하지 않고 또 변경등기를 하지 않더라도 자격을 상실한다. 사임의 의사표시는 대표이사에게 하여야 하고 대표이사에게 도달함으로써 효력이 발생하며 철회할 수 없다.[445]

(3) 해 임

① 해임의 자유

주식회사는 주주총회의 특별결의로 언제든지 이사를 해임할 수 있다(법 385 ① 本, 해임 자유의 원칙).[446] 해임은 주주총회의 결의에 의해서만 할 수 있고 달리 정할 수 없다. 해임결

---

444) 대법원 2001. 6. 15. 선고 2001다23928 판결.

445) 이사가 사임의 이사표시를 하더라도 회사에 서면으로 보고하여 이사회의 의결을 거치도록 정관에 규정되어 있는 사안에서 대법원은 법인이 정관에서 이사의 사임절차나 사임의 의사표시의 효력발생시기 등에 관하여 특별한 규정을 둔 경우에는 그에 따라야 하고, 위와 같은 경우에는 이사의 사임의 의사표시가 법인의 대표자에게 도달하였다고 하더라도 그와 같은 사정만으로 곧바로 사임의 효력이 발생하는 것은 아니고 정관에서 정한 바에 따라 사임의 효력이 발생하는 것이므로, 이사가 사임의 의사표시를 하였더라도 정관에 따라 사임의 효력이 발생하기 전에는 그 사임의사를 자유롭게 철회할 수 있다고 판시하였다(대법원 2008. 9. 25. 선고 2007다17109 판결).

446) 퇴임이사는 해임대상이 아니다. 퇴임이사에 대하여 그 지위를 빼앗고자 할 경우 주주총회 결의를 거쳐 새로 이사를 선임하거나 법원에 신청하여 일시이사를 선임할 수 있기 때문이다. 대법원 2021. 8. 19. 선고 2020다285406 판결.

의의 대상인 이사가 주주라면 그 주주는 해임결의에 '특별한 이해관계가 있는 자'가 아니므로 의결권을 잃지 않는다. 이처럼 주주총회에 일방적인 해임권을 부여한 것은 소유와 경영의 분리를 전제로 하여 주주의 지배권을 확보하여 주기 위한 것이다. 동시에 이사의 지위가 지나치게 불안정하게 되는 것을 막기 위하여 특별결의에 의하도록 하고 있다. 이사는 해임이 부당하다고 다툴 수 없으며 일정한 경우 손해배상청구를 할 수 있다.

② **손해배상책임**

이사는 일반적으로 보수를 받으므로 해임으로 퇴임한 경우 그 손실을 보상해 줄 필요가 있다. 그러나, 상법은 ① 임기가 정해진 이사가 ② 정당한 이유없이 임기만료 전에 해임당한 경우[447] 회사에 대하여 해임으로 인한 손해의 배상을 청구할 수 있도록 규정한다(법 385 ① 但). 손해배상의 범위는 재임기간에 받을 수 있었던 보수이다.[448] 이사의 해임은 적법행위이므로 이 손해배상은 채무불이행책임이나 불법행위책임이 아닌 법정책임이다.

손해배상을 하지 않아도 되는 해임사유인 '정당한 이유'는 후술하는 소수주주의 해임청구 사유인 '부정행위, 법령·정관에 위반한 중대한 사실'에 그치지 않고 '직무집행의 장해가 될 객관적 사정이 있는 경우(질병, 경영실패, 실적저조 등)'를 포함한다.[449] 이사가 위법한 행위를 한 경우뿐만 아니라 경영능력이 부족한 경우까지 포함한다는 뜻이다. 통설과 판례는 주주와 이사 사이의 불화 등 주관적 신뢰가 상실된 것만으로는 정당한 이유가 있다고 보기 어렵고 객관적 사정이 있어야 한다고 본다.[450] 정당한 이유의 존부는 해임결의 당시 객관적으로 존재하는 사유를 고려하여 판단하며 주주총회에서 해임사유로 삼거나 해임결의시 고려한 사유에 한정하여 판단하는 것은 아니다.[451]

이사의 임기를 정하지 않은 경우에는 언제든 이사를 해임할 수 있고, 이때는 회사가 해당 이사에게 손해배상을 할 필요가 없다.[452]

③ **소수주주의 해임청구**

㉮ 의의 및 취지

이사가 그 직무에 관하여 부정행위 또는 법령이나 정관에 위반한 중대한 사실이 있음

447) 손해배상은 주주총회의 적극적인 결의로 해임한 경우에 한하고 이사가 사임의 의사표시를 하여 이를 수리하는 뜻으로 해임한 경우에는 손해배상을 청구할 수 없다(대법원 1993. 8. 24. 선고 92다3298 판결).

448) 이사의 보수를 주주총회 결의로 정하도록 하였으나 그러한 주주총회 결의가 없었다면 이사는 보수청구권이 없으므로 부당한 해임으로 인한 손해는 없는 것으로 보아야 한다(대법원 2012. 9. 27. 선고 2010다94342 판결).

449) 대법원 2004. 10. 15. 선고 2004다25611 판결; 대법원 2014. 5. 29. 선고 2012다98720 판결.

450) 대법원 2004. 10. 15. 선고 2004다25611 판결.

451) 대법원 2023. 8. 31. 선고 2023다220639 판결.

452) 대법원 2001. 6. 15. 선고 2001다23928 판결.

에도 불구하고 주주총회에서 해임결의가 부결한 때에는 발행주식총수의 3% 이상을 가진 소수주주가 해당 주주총회결의가 있은 날로부터 1월 내에 해당 이사의 해임을 법원에 청구할 수 있다(법 385 ②). 이사의 부정행위가 있더라도 지배주주의 반대로 해임결의가 부결될 수 있으므로 소수주주권으로 해임청구를 규정한 것이다. 부정행위란 의무에 위반하여 회사에 손해를 발생시키는 고의의 행위를 말한다. 부정행위 또는 법령·정관의 위반이 있어야 하므로 단순한 임무해태나 경영능력 부족은 해임청구의 사유가 될 수 없다. 판례는 상법 제628조 제1항에 의해 처벌 대상이 되는 '납입 또는 현물출자의 이행을 가장하는 행위(가장납입죄)'가 상법 제385조 제2항에서 이사의 해임사유로 정한 '그 직무에 관하여 부정행위 또는 법령에 위반한 중대한 사실'이 있는 경우에 해당한다고 판시하였다.[453] 이러한 사유는 이사의 재임 중에 존재하였으면 충분하고 반드시 해임청구시에 현존할 필요는 없다.[454]

㉯ 소의 성질 및 절차

해임청구는 회사의 본점소재지의 지방법원의 관할에 전속한다(법 385 ③, 186). 이 소는 형성의 소이다. 해임판결이 있기 전이라도 법원은 당사자의 신청에 의하여 가처분으로써 이사의 직무집행을 정지할 수 있고, 직무대행자를 선임할 수 있다(법 407 ① 但).

이사해임청구를 제기하려면 원칙적으로 주주총회에서 이사 해임 안건이 부결되었어야 한다.[455] 예외적으로 이사 해임의 소를 본안으로 한 직무집행정지가처분은 이사 해임의 소를 제기하기 이전 단계에서 급박한 사정이 있음을 이유로 제기할 수 있다(법 407 ①). 이때 판례는 이사 해임을 안건으로 한 임시주총의 소집을 법원에 신청하였다는 등의 절차를 거쳤다는 점에 대한 소명을 요구하고 있다.[456] 실제 사건에서는 이러한 절차 요건을 거쳤다는 점에 대한 소명이 없어 신청이 기각되는 경우가 많다.[457]

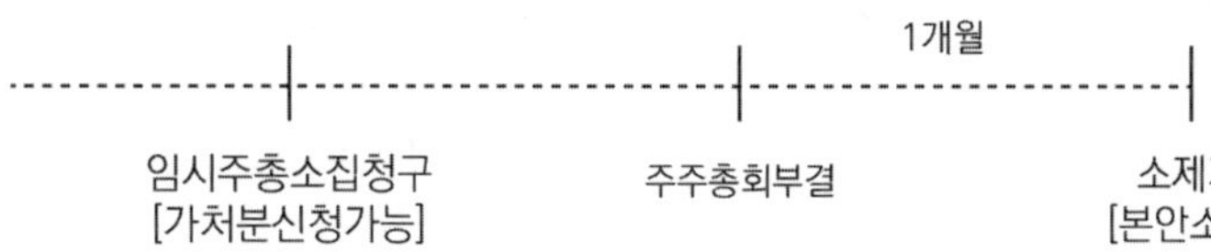

453) 대법원 2010. 9. 30. 선고 2010다35985 판결.
454) 대법원 1990. 11. 2. 자 90마745 결정.
455) 판례는 의결정족수가 부족하여 해임결의가 가결되지 못한 경우도 포함된다고 해석한다. 대법원 1993. 4. 9. 선고 92다53583 판결.
456) 대법원 1997. 1. 10. 자 95마837 결정.
457) 서울중앙지방법원 2005. 2. 14. 자 2004카합4163 결정 외 다수.

사. 이사 결원시의 법률관계

(1) 퇴임이사

법률 또는 정관에 정한 이사의 정원을 결한 경우에는 임기의 만료 또는 사임으로 인하여 퇴임한 이사는 새로 선임된 이사가 취임할 때까지 이사의 권리·의무가 있다. 이를 강학상 퇴임이사라 한다. 이사의 수가 상법상의 정원(3인)을 결하게 된 경우에는 이사회의 개최조차 불가능하므로 이 규정이 적용되어야 한다.

그러나 법률상의 정원은 충족하지만 정관상의 정원에 미치지 못하는 경우(예: 정관상의 정원이 5명인데 3명인 경우)에도 항상 퇴임이사가 이사의 지위를 갖는다고 보아야 할 것인지는 의문이다. 퇴임이사제도는 이사의 결원으로 회사가 정상적인 활동을 할 수 없게 된 사태를 방지하기 위한 것이므로 정관상의 정원에 미달하더라도 회사의 운영에 장애가 없다면 이 규정을 적용할 필요는 없다고 해석함이 타당하다.[458]

(2) 일시이사

법률 또는 정관에 정한 이사의 원수를 결한 경우 법원이 필요하다고 인정할 때에는 이사·감사 기타 이해관계인의 청구에 의하여 일시 이사의 직무를 행할 자를 선임할 수 있다(법 386 ② 前). 이를 일시이사 또는 가(假)이사라고 한다. 여기서 '필요한 때'는 이사의 사망으로 결원이 생기거나 종전의 이사가 해임된 경우, 이사가 중병으로 사임하거나 장기간 부재중인 경우 등과 같이 퇴임이사로 하여금 이사로서의 권리의무를 가지게 하는 것이 불가능하거나 부적당한 경우를 의미한다.[459] 따라서 퇴임이사가 부적합할 경우 주주는 이해관계인으로서 일시이사 선임청구를 하면 충분하므로 퇴임이사에 대한 해임청구는 소의 이익이 없어서 부적법하다.[460]

아. 등 기

이사를 선임하거나 이사가 퇴임한 때에는 본점에서 2주간 내에, 지점에서 3주간 내에 등기하여야 한다(법 317 ①, ② VIII). 그러나 이사의 선임의 효력은 주주총회의 결의에 의해 발생하고 퇴임의 효력은 원인된 사실이 생김으로써 발생하고 등기의 유무와는 무관하다.

---

458) 이철송, 앞의 책, 697면.
459) 대법원 2000. 11. 17. 자 2000마5632 결정.
460) 서울서부지방법원 1998. 6. 12. 선고 97가합11348 판결(확정).

6. 이사의 보수

가. 보수의 결정기관

이사의 보수를 정관에서 정하지 않은 때에는 주주총회가 정한다(법 388).[461] 위 상법 제388조는 강행규정이다.[462] 다만, 판례는 사실상 1인회사가 주주총회의 결의없이 1인주주의 결재, 승인을 거쳐 관행적으로 이사들에게 보수를 지급해 온 경우 그 관행에 따라 보수를 지급할 의무가 있는 것으로 보는 예들이 있다, 이 경우 대법원은 주주총회의 결의없이 보수를 지급할 수 있다는 뜻으로 해석한 것은 아니고 1인주주의 승인에 따라 지급해 온 관행 자체를 주주총회의 결의가 있는 것으로 보는 것으로 선해할 수 있다.[463]

그렇다면 1인주주가 아니라 지배주주가 결정한 경우는 어떻게 볼 것인가? 지배주주라 하여 회사재산의 처분권이 있는 것은 아니므로 결정권한이 없다고 보아야 한다. 그러나 판례는 이를 긍정한 것[464]과 부정한 것[465] 모두 존재한다. 일단 정관 또는 주주총회 결의로 특정 이사의 보수액이 구체적으로 정해지면 보수액은 임용계약의 내용이 되어 당사자인 회사와 이사를 구속하므로 회사가 일방적으로 주주총회 결의를 통하여 이사의 보수를 감액하거나 박탈할 수 없다.[466]

나. 보수의 범위

(1) 퇴직금·퇴직위로금·해직보상금

이사의 퇴직금도 보수에 포함되므로 상법 제388조의 적용을 받는다. 따라서 회사의 정관에 퇴직금에 관한 규정만 있고 그 중간정산에 관한 규정이 없는 경우 회사는 정관 개정이나 주주총회 결의가 있어야 중간정산금을 지급할 수 있다.[467]

---

461) 실무상으로는 주주총회에서 개별 이사의 보수를 정하는 대신 총액만을 정하고 다시 그 총액을 개별 이사별로 분배하는 결정은 이사회에서 한다.

462) 대법원 1992. 12. 22. 선고 92다28228 판결. 회사의 업무집행권을 가진 이사 등 임원은 그가 그 회사의 주주가 아니라 하더라도 회사로부터 일정한 사무처리의 위임을 받고 있는 것이므로 특별한 사정이 없는 한 사용자의 지휘감독 아래 일정한 근로를 제공하고 소정의 임금을 받는 고용관계에 있는 것이 아니어서 근로기준법상의 근로자라고 할 수 없고, 정관 및 관계법규상 이사의 보수 또는 퇴직금에 관하여 주주총회의 결의로 정한다고 규정되어 있는 경우 그 금액, 지급방법, 지급시기 등에 관한 주주총회의 결의가 있었음을 인정할 증거가 없는 한 이사의 보수나 퇴직금청구권을 행사할 수 없다고 할 것이다.

463) 대법원 2004. 12. 10. 선고 2004다25123 판결. 판례는 이 사안을 실질적인 1인주주가 보수를 결정한 경우라고 판시하고 있으나 98%의 지배주주 이외에 2%의 독립된 주주가 존재하는 상황이므로 실질적인 1인주주가 있는 경우로 보기 어렵다. 대법원은 이사의 보수를 확보하여 주기 위하여 다소 무리한 법리 구성을 한 것으로 추측된다.

464) 대법원 1978. 1. 10. 선고 77다1788 판결.

465) 대법원 1979. 11. 27. 선고 79다1599 판결.

466) 대법원 2017. 3. 30. 선고 2016다21643 판결.

467) 대법원 2019. 7. 4. 선고 2017다17436 판결.

회사가 이사의 퇴직시에 지급하는 퇴직위로금 역시 직무수행과 대가성이 있으므로 퇴직금과 마찬가지로 규율하여야 한다는 것이 판례의 입장이다.468)

한편 이사가 해임되었을 경우 회사가 지급하는 해직보상금은 손해배상금의 예정에 해당하고 직무수행과 직접적인 대가 관계가 있지 않으므로 퇴직금과는 법적 성질이 다르다. 그러나 판례는 해직보상금에 관하여도 상법 제388조를 적용하고 있다.469)

(2) 특별성과급

회사의 정관에서 이사의 보수는 주주총회 결의로 정하도록 규정하고 있는데, 회사의 대표이사가 주주총회 결의 없이 회사의 대주주(지분율 56.48%)의 의사결정만으로 회사로부터 특별성과급을 지급받은 사안에서 대법원은 특별성과급도 보수에 해당하므로 주주총회 결의가 없었다면 추후 주주총회 결의시에 결의가 이루어질 것으로 예상된다는 사정만으로는 결의가 있었던 것과 같게 볼 수 없고470) 특별성과급 일부가 주주총회에서 정한 이사의 보수한도액 내에 있다고 하더라도 그 부분 지급을 유효하다고 볼 수 없다고 본 원심 판단을 수긍하였다.471)

(3) 이사가 사용인으로서의 지위를 겸하는 경우

이사가 지배인이나 일부 부서의 장 등 사용인의 지위를 겸하는 경우 이사가 사용인으로서 받는 보수는 상법 제388조에 의하여 정관 또는 주주총회에서 정하여야 할 보수에서 제외되는가? 이에 관하여는 포함설과 불포함설의 대립이 있다. 포함설은 이를 상법 제388조의 규율 대상에서 제외하면 상법 제388조의 적용을 회피할 수 있다는 점을 지적하는 반면 불포함설은 사용인으로서 받는 보수와 이사로서 받는 보수는 개념상 구별되고 사용인으로서 받는 보수가 과다한 경우에는 대표이사의 책임문제로 해결하여야 한다고 본다. 아직 판례는 없다.

(4) 명목상 이사의 보수

판례는 주주총회에서 선임된 이사·감사가 업무를 다른 이사 등에게 포괄적으로 위임하고 이사·감사로서의 실질적인 업무를 수행하지 않는 경우라 하더라도 이사·감사로서 상법 제399조, 제401조, 제414조 등에서 정한 법적 책임을 지므로, 이사·감사를 선임하거나

468) 대법원 2006. 5. 25. 선고 2003다16062·16108 판결.

469) 대법원 2006. 11. 23. 선고 2004다49570 판결.

470) 1인회사가 아닌 주식회사는 특별한 사정이 없는 한, 주주총회의 의결정족수를 충족하는 주식을 가진 주주들이 동의하거나 승인하였다는 사정만으로 주주총회에서 그런 내용의 결의가 이루어질 것이 명백하다거나 또는 그러한 내용의 주주총회 결의가 있었던 것과 마찬가지라고 볼 수는 없다는 것이 판례이다. 대법원 2020. 6. 4. 선고 2016다241515·241522 판결.

471) 대법원 2020. 4. 9. 선고 2018다290436 판결.

보수를 정한 주주총회 결의의 효력이 무효이거나 또는 소극적인 직무 수행이 배임적인 행위에 해당하는 등의 특별한 사정이 없다면, 소극적인 직무 수행 사유만을 가지고 이사·감사로서의 자격을 부정하거나 주주총회 결의에서 정한 보수청구권의 효력을 부정하기는 어렵다고 한다.[472)]

다. 과다한 보수의 효력

회사에 대한 경영권 상실 등으로 퇴직을 앞둔 이사가 회사에서 최대한 많은 보수를 받기 위하여 그에 동조하는 다른 이사와 함께 이사의 직무내용, 회사의 재무상황이나 영업실적 등에 비추어 지나치게 과다하여 합리적 수준을 현저히 벗어나는 보수 지급 기준을 마련하고 지위를 이용하여 주주총회에 영향력을 행사함으로써 소수주주의 반대에 불구하고 이에 관한 주주총회결의가 성립되도록 하였다면, 이는 회사를 위하여 직무를 충실하게 수행하여야 하는 상법 제382조의3에서 정한 의무를 위반하여 회사재산의 부당한 유출을 야기함으로써 회사와 주주의 이익을 침해하는 것으로서 회사에 대한 배임행위에 해당하므로, 주주총회결의를 거쳤다 하더라도 무효라는 것이 판례이다.[473)]

라. 주식매수선택권

(1) 의 의

상법은 스톡옵션(stock option)제도를 주식매수선택권이라는 명칭으로 규정하고 있다. 회사의 임원 또는 직원에게 장래 일정한 시기에 이르러 예정된 가격에 회사가 보유하고 있는 자기주식 또는 새로 발행하는 신주를 취득 또는 인수할 수 있는 권리를 부여하는 제도이다(법 340의2, 542의3, 영 30).

▮ 예 시

甲 회사는 이사 A에게 3년 후 5년 이내의 기간 중에 지금의 시세인 1주당 1,000원씩에 100주를 매수할 수 있는 주식매수선택권을 부여하였다. 3년 후 주가가 상승하여 1주당 1,500원이 되었다면 A는 주당 1,000원만 지출하고 1,500원 가치의 주식을 100주 취득할 수 있는 것이다. 만일 주가가 하락하거나 제자리에 있다면 A는 주식매수선택권을 행사하지 않으면 된다.

주식매수선택권을 부여받은 임·직원은 장래 회사의 주가가 올라야 재산상의 이익을 기대할 수 있는 구조로 되어 있으므로 임직원이 회사의 영업실적개선을 위하여 노력하도록

---

472) 대법원 2015. 9. 10. 선고 2015다213308 판결.
473) 대법원 2016. 1. 28. 선고 2014다11888 판결.

유도하는 인센티브 제도이다.

(2) 유 형

① **자기주식양도형**

회사가 보유하는 자기주식을 예정된 가격(주식매수선택권 행사가액. 이하 '행사가액')으로 양수할 수 있는 권리를 부여하는 방식이다(법 340의2 ① 本). 예컨대 행사가액을 현재의 시가인 주당 1,000원으로 정해 놓고 장래 주가가 얼마로 변동하든지, 선택권을 부여받은 자(이하 '선택권자'로 약칭)가 회사에게 1,000원에 약정수량(예컨대, 50주)의 주식을 양도할 것을 청구할 수 있게 하는 것이다. 회사가 자기주식양도형으로 주식매수선택권을 부여할 경우에는 선택권의 행사에 따라 교부할 자기주식은 배당가능이익의 범위 내에서 취득하여야 한다(법 341).

② **신주발행형**

선택권의 행사에 응하여 행사가액으로 회사가 신주를 발행하는 방식이다(법 340의2 ① 本). 예컨대 행사가액을 1,000원으로 정해 놓고 장래 주가가 얼마로 변동하든지, 선택권자가 신주발행을 요구할 경우 1,000원에 약정수량(예컨대, 50주)의 신주를 발행해 주는 것이다.

③ **차액정산형**

이상 2가지 중 어느 유형으로 선택권을 부여하든 회사는 자기주식양도나 신주발행에 갈음하여 주식의 실질가액과 행사가액의 차액을 정산하는 방법을 선택할 수 있다. 즉, 선택권의 행사시점에서 주식의 실질가액이 행사가액을 상회할 경우, 회사는 주식매수선택권자에게 그 차액 상당을 금전이나 자기주식으로 이전해 줄 수 있다(법 340의2 ① 但). 신주발행은 납입을 필요로 하므로 차액정산에 이용될 수 없다.

예컨대, 행사가액이 주당 1,000원인데 주식의 실질가액이 1,500원이라면 회사가 100주의 신주를 발행하거나 자기주식을 이전해 주는 대신, 그 차액인 500원×100주를 금전으로 지급하든지 500원×100주 상당의 자기주식을 이전해 주는 것이다. 이때 이전해 주는 자기주식은 선택권의 행사시점에서의 실질가액으로 평가하여야 한다(법 340의2 ① 後).

(3) 요 건

① **정관의 규정**

주식매수선택권을 부여하기 위하여는 정관에 규정을 두어야 한다(법 340의2 ①).

② **권리자의 자격**

선택권자로 선정될 수 있는 자는 원칙적으로 회사의 설립, 경영과 기술혁신 등에 기여하거나 기여할 수 있는 해당 회사의 이사, 감사 또는 피용자이다(법 340의2 ① 本), 상장회사의 경우에는 관계 회사(영 9 ①)의 이사, 집행임원, 감사 또는 피용자도 대상에 포함시키고 있다(542의3 ①).[474]

주식매수선택권제도는 지배주주 등에 의하여 남용될 수 있기 때문에 일정한 지배력을 가진 자에게 주식매수선택권을 부여할 수 없도록 규정하고 있다(법 340의2 ②).

③ 주식매수선택권 행사에 따른 교부주식수의 한도

선택권의 행사로 발행할 신주 또는 양도할 자기주식은 발행주식총수의 10%를 초과할 수 없다(법 340의2 ③). 기준 주주의 이익을 보호하고 자본금충실을 도모하기 위한 제한이다.

(4) 부여절차

① 주주총회 특별결의

정관에 주식매수선택권을 부여하는 규정을 두더라도 이는 선택권부여의 근거에 불과하며 특정한 임원 또는 피용자에게 선택권을 부여하기 위하여는 주주총회의 특별결의를 거친 후에 계약을 체결하여야 한다. 주식매수선택권은 주주총회의 특별결의에 의하여 부여할 수 있다(법 340의2 ①). 다만, 상장회사의 경우에는 정관이 정하는 바에 따라 발행주식총수의 10%의 범위에서[475] 시행령이 정하는 한도까지 이사회의 결의로 부여하고, 이후 최초로 소집되는 주주총회에서 승인을 받는 방법이 허용된다(법 542의3 ②, ③, 영 9 ④). 주주총회의 결의에서는 다음의 사항을 정하여야 한다(법 340의3 ②).

㉮ 주식매수선택권을 부여받을 자의 성명

정관이 정한 자격요건을 충족하는 임·직원 중에서 선택권자를 특정하여야 한다.

㉯ 주식매수선택권의 부여방법

주식매수선택권의 행사에 따라 신주를 발행할 것인지, 회사가 보유하는 자기주식을 양도할 것인지를 정하여야 한다.

㉰ 주식매수선택권의 행사가액과 그 조정에 관한 사항

신주인수형으로 선택권을 부여하는 경우의 행사가액은 선택권의 부여일을 기준으로 한 주식의 실질가액과 주식의 권면액(액면가)[476] 중 높은 금액 이상이어야 하고 자기주식양

---

474) 그 이유는 회사 경영에 기여한 임직원이 계열 회사로 전보되는 경우에 주식매수선택권을 부여받기 위한 재임·재직기간을 충족하지 못하게 되는 문제점을 해결하기 위한 것이다. 김순석, “상장회사 특례제도의 문제점 및 개선방안”, 「상사법연구」 제34권 제2호, 2015, 131면.

475) 상장회사의 경우 발행주식총수의 20% 범위내에서 주식매수선택권을 부여할 수 있다(법 제542조의3 제2항).

476) 다만 무액면주식을 발행한 경우 자본금으로 계상한 금액 중 1주에 해당하는 금액을 권면액으로 본다. 즉

도형으로 부여하는 경우의 행사가액은 선택권의 부여일을 기준으로 한 주식의 실질가액[477] 이상이어야 한다(법 340의2 ④).

행사가액을 조정한다는 것은 행사가액을 증액하거나 감액하는 것을 말한다. 유·무상으로 신주발행을 하거나 자본금감소를 하는 등의 자본거래가 있을 경우 주식의 실질가치에 변동이 생기고 그 결과로 선택권의 가치가 변동되므로 이 경우 선택권자의 이익을 보호하기 위하여 그 행사가액을 변경할 수 있게 한 것이다.[478]

㉣ 주식매수선택권의 행사기간

주식매수선택권자는 정관으로 정한 행사기간 내에만 주식매수선택권을 행사할 수 있다. 회사는 이 행사기간을 임의로 정할 수 있지만,[479] 상법은 그 시기(始期)는 이를 부여하는 주주총회 결의일(상장법인에서 이사회결의로 부여하는 경우에는 이사회결의일)로부터 2년 이상 재임 또는 재직한 때로 법정하고 있다(법 340의4 ①, 542의3 ④). 시기에 관하여 제한을 둔 것은 주식매수선택권자가 회사에 대하여 적절한 기여를 하지 않은 상태에서 시가의 변동에 따른 우발적 이익을 취하지 못하도록 하기 위한 것이다.

선택권을 부여하는 주주총회의 결의일 후 2년 내에 선택권자인 임·직원이 퇴임하거나 퇴직하면 선택권을 상실하게 되는 것은 상법 제340조의4 제1항의 취지상 명백하다. 그러나, 상장회사의 경우 주식매수선택권을 부여받은 자가 사망, 그 밖에 본인의 귀책사유가 아닌 사유로 퇴임 또는 퇴직한 경우에는 상실되지 않는 것으로 규정하고 있다(법 542의3 ④, 영 30 ⑤). 이 규정에 관하여는 주식매수선택권의 제도적 취지에 맞지 않는다는 비판이 있다.

그렇다면 위 규정이 없는 비상장회사의 경우 위 특례를 유추적용하거나 혹은 정관에 규정하거나 주주총회 결의를 통하여 적용할 수 있는가? 판례는 그 어느 것도 허용되지 않는다고 본다.[480] 주식매수선택권 제도는 임직원의 직무 충실로 야기된 기업가치 상승을 유인동기로 하여 직무에 충실하게 하고자 하는 제도라는 점을 고려하면 판례 입장이 타당하다.

한편 2년 이상 재임 또는 재직한 후 선택권의 행사기간 내에 퇴임 또는 퇴직할 경우 선

자본금 계상액을 발행주식수로 나눈 금액을 액면가로 의제하는 것이다. 상법 제340조의2 제4항 제1호 단서.

477) 실질가액의 의미에 관하여는 견해 대립이 있다. 상세는 권순일 편, 「주석 상법(회사2)」, 제6판, 한국사법행정학회, 2021, 544면(진상범 집필부분).

478) 권순일 편, 앞의 책, 548면(진상범 집필부분).

479) 대법원 2018. 7. 26. 선고 2016다237714 판결.

480) 대법원 2011. 3. 24. 선고 2010다85027 판결. 주식매수선택권을 부여받은 비상장법인 임직원들이 자신들의 귀책사유가 아닌 사유로 비자발적으로 퇴임·퇴직한 경우 상법 제340조의4 제1항의 최소 재임(재직) 요건에 관계없이 주식매수선택권을 행사할 수 있는지가 문제된 사안에서, 대법원은 본인의 귀책사유가 아닌 사유로 퇴임 또는 퇴직하게 되더라도 퇴임 또는 퇴직일까지 상법 제340조의4 제1항의 2년 이상 재임 또는 재직 요건을 충족하지 못한다면 주식매수선택권을 행사할 수 없고 정관이나 주주총회의 특별결의를 통해서 위 요건을 완화할 수 없다고 판시하였다.

택권의 효력에 관하여는 명문의 규정이 없다. 다만 회사의 정관에 '일정한 경우 이사회결의로 선택권을 취소할 수 있다는 뜻'을 규정할 수 있으므로(법 340의2 ①) 회사가 정관을 통해서 규율할 여지는 있다(법 542의3 ④, 영 303 ⑤).

㈒ 주식매수선택권을 부여받을 자 각각에 대하여 주식매수선택권의 행사로 발행하거나 교부할 주식의 종류와 수

선택권자 개개인에게 부여할 선택권의 내용으로서 각자가 선택권을 행사할 수 있는 주식의 종류와 수를 정하여야 한다.

③ **계약의 체결**

주주총회에서 특정인에 대하여 선택권을 부여하는 결의가 이루어지면 회사는 결의내용에 따라 선택권자와 계약을 체결하고, 상당한 기간 내에 그에 관한 계약서를 작성하여야 한다(법 340의3 ③). 선택권을 부여하는 주주총회의 결의는 주식매수선택권부여에 관한 회사의 의사결정절차에 불과하고 구체적인 주식매수선택권 자체는 계약에 의해 부여된다.

마. 주식매수선택권행사의 법적 성격

주식매수선택권의 행사는 회사에 대하여 자기주식의 양도 또는 신주발행 혹은 이에 갈음하여 차액정산을 할 의무를 발생시키는 형성권의 행사에 해당한다.

바. 주식매수선택권의 양도제한

주식매수선택권은 양도할 수 없다(법 340의4 ② 本). 그 양도를 허용한다면 주식매수선택권 제도의 취지를 달성하기 어렵기 때문이다. 다만 주식매수선택권의 상속은 가능하다(법 340의4 ② 但).

사. 주식매수선택권의 행사절차

주식매수선택권의 행사로 신주를 발행하는 경우에는 전환주식 및 신주인수권부사채의 발행에 관한 규정이 준용된다(법 340의5).

주식매수선택권을 행사하려는 자는 청구서 2통에 선택권을 행사할 주식의 종류와 수를 기재하고 기명날인 또는 서명을 하여 회사에 제출하여야 한다(법 340의5, 516의8 ①).

주식매수선택권의 내용이 자기주식의 양수인지 신주인수인지는 선택권을 부여하는 주주총회의 결의에서 정해지는데(법 340의3 ②) 회사는 이에 갈음하여 차액을 정산할 수도 있다.

회사가 차액 정산을 선택하지 않는 경우 주식매수선택권자는 행사가액을 전액 납입하여야 한다(법 340의5, 516의8 ③).

아. 주식선택권부여에 관한 소송

주식매수선택권을 행사하지 않은 상태라면 주식매수선택권부여에 관한 주주총회결의의 무효 또는 취소의 소로 다투어야 한다. 주식매수선택권을 행사한 경우에는 자기주식형의 선택권을 행사하여 자기주식이 이미 선택권자에게 양도되었거나 차액정산을 하였다면 마찬가지로 주주총회결의의 무효 또는 취소의 소에 의하여야 한다.

그러나 주식매수선택권의 행사로 신주가 발행된 경우에는 주주총회결의의 하자가 신주발행무효원인으로 흡수되므로(흡수설) 신주발행무효의 소(법 429)에 의한다.

Ⅲ. 이사회

1. 의 의

이사회는 회사의 업무집행에 관한 의사결정을 위해 이사들 전원으로 구성되는 필요적 상설기관이다.

2. 이사회의 권한

가. 업무집행결정권

이사회는 중요한 자산의 처분, 대규모 재산의 차입, 지배인의 선임·해임, 지점의 설치·이전·폐지 등 회사의 업무집행을 결의한다(법 393 ①).[481]

위 결의사항 중 중요한 자산에 해당하는지 여부는 재산의 처분이 회사에 미치는 효과, 해당 회사에서의 종래 취급 등을 기초로 판단하여야 한다.[482] 중요한 자산의 처분에 해당하는 경우에는 이사회규정상 이사회 부의사항으로 정해져 있지 않더라도 반드시 이사회의 결의를 거쳐야 한다는 것이 판례이다.[483] 모회사가 보유하는 자회사의 지분이 모회사 총자산 중에서 차지하는 비중이 크고 그 지분을 보유하는 것이 자회사 경영권을 확보하기 위한 것이라면 중요한 자산에 해당한다.[484] 이사회가 처분을 결의한 특정한 중요한 자산의 양도로

481) 판례는 주식회사에서의 이사회의 역할 및 주식회사에 대한 회생절차개시결정의 효과 등에 비추어 보면, 주식회사의 회생절차개시신청은 대표이사의 업무권한인 일상 업무에 속하지 않은 중요한 업무에 해당하여 이사회 결의가 필요하다고 본다(대법원 2019. 8. 14. 선고 2019다204463 판결). 파산절차개시신청도 동일하다(대법원 2021. 8. 26. 자 2020마5520 결정). 소규모회사의 경우 대표이사가 이사회 결의 없이 회생절차 또는 파산절차 개시신청을 할 수 있다(위 대법원 2021. 8. 26. 자 2020마5520 결정).

482) 대법원 2005. 7. 28. 선고 2005다3649 판결.

483) 대법원 2005. 7. 28. 선고 2005다3649 판결. 이 판결은 이사회규정상 이사회에 부의할 사항으로 '자본금의 30% 이상에 상당한 주요 자산의 처분'이라고 규정되어 있고 해당 자산이 자본금 기준 13%에 해당한 사안에 관한 것으로서, 대법원은 이사회규정상으로는 이사회에 부의할 사항은 아니지만 중요한 자산에 해당하므로 이사회의 결의를 거쳐야 한다고 보았다.

484) 대전고법 2013. 7. 16. 선고 (청주)2011나2020 판결(대법원 2015. 7. 23. 선고 2013다62278 판결로 확정).

인하여 영업을 폐지하는 결과가 되면 주주총회의 특별결의를 받아야 할 수 있다는 것이 판례라는 것은 앞서 살펴보았다.

소유와 경영의 분리 원칙에 따라 이사회는 상법 제393조 제1항에 규정된 사항 이외의 업무집행에 관하여도 포괄적인 의사결정권을 가지지만, 일상적인 업무는 대표이사에게 위임할 수 있다. 이사회는 일상적이지 않은 업무는 대표이사에게 위임할 수 없다.[485)]

이사회는 그 밖에도 주주총회의 소집(법 362), 주식양도 제한시 양도의 승인(법 335의2), 이사의 경업 승인(법 397), 사업기회유용 승인(법 397의2), 자기거래의 승인(법 398) 등을 결정한다.

대표이사 선임(법 389), 신주발행(법 416), 준비금의 자본금 전입(법 461) 등은 원칙적으로 이사회에 결정 권한이 있지만 정관에 규정을 두어 주주총회의 권한으로 할 수 있다. 반면 재무제표의 승인(법 449의2), 이익배당(법 462 ②), 자기주식취득(법 341 ②) 등은 원칙적으로 주주총회의 권한이지만 정관에 규정을 두면 이사회의 권한으로 할 수 있다.

상법이나 정관에서 주주총회의 권한으로 정해져 있는 사항에 관하여는 이사회가 결정할 수 없고 주주총회도 결의로 이사회에 이를 위임할 수 없다.[486)] 반면 상법상 이사회의 전속적인 권한으로 규정되어 있는 사항에 관하여 정관에 규정을 두어 주주총회의 권한으로 정할 수 있는지 여부에 관하여는 현재 제한설과 확장설의 대립이 있다(前述). 상법이나 정관에서 이사회의 권한으로 규정되어 있는 사항은 대표이사에게도 위임할 수 없다.[487)]

나. 직무감독권

이사회는 이사의 직무집행에 관한 감독권을 가진다(법 393 ②). 특히 상장회사의 경우에는 사외이사의 비중이 높아지고 사외이사를 중심으로 한 감사위원회의 기능이 강화되어 이사회의 기능이 업무집행결정권에서 직무감독권으로 옮겨가고 있다.[488)] 상법은 이사회의 이사에 대한 감독권을 보장하기 위하여 대표이사에게 다른 이사 또는 피용자의 업무에 관하여 이사회에 보고하도록 요구할 수 있는 권한을 부여하고 이사는 3개월에 1회 이상 업무의 집행상황을 이사회에 보고하도록 한다(법 393 ③, ④).

한편 이사도 이사 차원에서 감시의무를 지는데 이사회의 감독권은 ① 상하관계에서 행사되고, ② 업무의 타당성 또는 합목적성까지도 그 범위로 한다는 점에서 ① 수평관계에서

485) 대법원 1997. 6. 13. 선고 96다48282 판결: 「법률 또는 정관 등의 규정에 의하여 주주총회 또는 이사회의 결의를 필요로 하는 것으로 되어 있지 아니한 업무 중 이사회가 일반적·구체적으로 대표이사에게 위임하지 않은 업무로서 일상 업무에 속하지 아니한 중요한 업무에 대하여는 이사회에게 그 의사결정권한이 있다」.
486) 송옥렬, 앞의 책, 1014면.
487) 권순일 편, 「주석 상법(회사3)」, 제6판, 한국사법행정학회, 2021, 344면(이완희 집필부분).
488) 이철송, 앞의 책, 721면.

행사되고 ② 업무의 적법성만을 범위로 하는 이사의 감시의무와 차이가 있다.[489]

다. 이사회의 독립성

이사회는 독립된 기관으로서 그 권한에 속하는 사항에 관하여 주주총회의 지시·감독을 받지 않고, 각 이사의 자기책임하에 임무를 수행한다. 이사회는 주주총회의 하부기관이 아니므로 이사회가 결의한 사항을 주주총회의 결의로 번복하거나 무효로 할 수 없다.

3. 이사회의 소집

가. 소집권자

이사회는 각 이사가 소집한다(법 390 ① 本). 그러나 이사회의 결의로 소집할 이사를 정한 때에는 그 이사가 소집한다(법 390 ① 但). 통상은 정관에 대표이사를 이사회 의장으로 정하고 소집권을 부여한다. 그러나 소집권자인 이사가 정당한 이유없이 이사회소집을 거절할 경우에는 다른 이사도 이사회를 소집할 수 있다(법 390 ②). 감사와 집행임원도 이사회를 소집할 권한이 있다(법 408의7, 412의4).

나. 소집절차

이사회를 소집할 때에는 회일을 정하고 1주간 전에 각 이사에 대하여 통지를 발송하여야 한다(법 390 ③ 本). 감사를 두는 경우 감사도 이사회에 출석할 권한이 있으므로 감사에게도 소집통지를 하여야 한다(법 391의2, 390 ③). 이사회는 이사 및 감사 전원의 동의가 있으면 소집절차를 생략하고 언제든지 회의할 수 있다(법 390 ④). 통지기간은 정관으로 단축할 수 있으며(법 390 ③ 但), 통지방법은 특별히 규정되어 있지 않다. 이사회는 주주총회와 달리 적기에 소집될 수 있어야 하기 때문이다.

소집통지에는 당연히 소집일시와 장소가 들어 있어야 하지만 주주총회의 소집과 달리 회의의 목적은 통지하지 않아도 무방하다.[490]

다. 소집절차상 하자가 있는 이사회의 효력

일부의 이사에게 통지하지 않고 소집하여 결의를 행하거나 소집시기나 장소의 결정이 이사의 출석을 어렵게 하였다면 그 결의는 무효이다. 판례는 이사 3명 중 회사의 경영에 전혀 참여하지 않고 경영에 관한 모든 사항을 다른 이사들에게 위임하여 그들의 결정에 따르

489) 송옥렬, 앞의 책, 1015면.

490) 대법원 2011. 6. 24. 선고 2009다35033 판결. 이사는 이사회 출석의무를 지기 때문에 의제에 따라 출석할 것인지 여부가 달라질 수 없기 때문이다.

며 필요시 이사회 회의록 등에 날인만 하여 주고 있는 이사에 대한 소집통지 없이 열린 이사회에서 한 결의는 위 이사가 소집통지를 받고 참석하였다 하더라도 그 결과에 영향이 없었을 것이므로 유효하다고 보았다.[491)]

라. 출석의무

이사회가 소집되면 이사는 이사회에 출석하여 의결권을 행사할 의무를 진다.

4. 이사회의 결의

가. 결의요건

이사회의 결의는 이사 과반수의 출석(성립정족수)과 출석이사의 과반수(의결정족수)로 하여야 한다(법 391 ①). '이사 과반수'란 재임하는 이사 전원의 과반수를 말하며, 퇴임이사, 일시이사, 직무대행자는 여기서의 이사에 포함되나 직무집행이 정지된 이사는 포함되지 않는다. 이사회에서의 의결권은 이사 1인당 1개로 하며 정관으로도 예외를 둘 수 없다. 결의요건은 정관으로 강화할 수 있지만(법 391 ① 但). 반대로 완화하는 것(예컨대 3분의 1 이상 출석에 과반수 찬성)은 허용될 수 없다.[492)]

나. 의결권행사의 독립성

이사는 의결권의 행사에 관해서 회사에 대해 책임을 진다(법 399 ②). 이사 상호간 또는 이사와 주주 그 밖의 제3자와의 사이에 이사의 의결권을 구속하는 계약은 무효이다. 이사는 직접 의결권을 행사해야 하고 의결권을 대리행사하도록 할 수는 없으며 이에 위배되는 이사회 결의는 무효이다.[493)]

다. 의결권의 제한

이사회의 결의에 대하여 특별한 이해관계가 있는 이사는 의결권을 행사할 수 없다(법 391 ③, 368 ③). 예컨대 자기거래(법 398)를 하고자 하는 이사는 그 승인 여부를 다루는 이사회에서 특별한 이해관계 있는 자이다.[494)]

대표이사를 선임 또는 해임하는 결의는 회사지배에 관한 주주의 비례적 이익이 연장·반영되는 문제이므로 그 결의의 대상인 이사 또는 대표이사는 특별한 이해관계 있는 자에

---

491) 대법원 1992. 4. 14. 선고 90다카22698 판결.
492) 대법원 1995. 4. 11. 선고 94다33903 판결.
493) 대법원 1982. 7. 13. 선고 80다2441 판결. 이사회는 회사가 기대하는 이사 개개인의 능력과 고도의 신뢰관계에 바탕을 두고 구성된 것이기 때문이라고 설명하는 견해로 이철송, 앞의 책, 728면.
494) 대법원 1992. 4. 14. 선고 90다카22698 판결.

포함되지 않는다. 의결권을 행사할 수 없는 이사는 이사회의 성립정족수(과반수출석)에는 포함되나 의결정족수를 계산할 때에는 출석이사 속에 넣지 않는다(법 391 ③, 371 ②).[495]

> **▌예 시**
>
> 이사회의 이사 정원이 5명인데 그중 1명(이사A)은 특별한 이해관계가 있다고 가정한다. 이때 이사A, 이사B, 이사C이 참석하면 과반수출석의 성립정족수는 충족한다. 그 다음 의결정족수를 계산할 때에는 나머지 이사B, 이사C만으로 찬성이 과반수인지 여부를 따지게 된다.

라. 결의방법

이사회는 회사의 경영에 관하여 가능한 여러 방안을 고려하고 상호 의견을 교환하여 가장 적합한 의사결정을 내려야 하므로 구체적인 회합이 있어야 하고 서면결의, 회람결의는 인정될 수 없다(통설).[496] 그러나, 판례는 이사회를 개최하지 않고 결의가 있은 것으로 의사록을 작성하고 이사들과 감사전원이 기명날인한 사례에서 이사 전원의 동의가 있으면 소집절차 없이도 이사회 개최가 가능한 점(법 390 ④)을 들어 이 서면결의는 부존재가 아니라고 하였다.[497]

이사회는 이사의 전부 또는 일부가 직접 회의에 출석하지 않고 모든 이사가 '음성을 동시에 송·수신하는 통신수단'에 의하여 결의에 참가하는 것을 허용할 수 있다(법 391 ②). 이사회에서의 결의에 대해서는 이사가 책임을 져야 하므로(법 399 ②) 각자의 찬반의사가 밝혀져야 한다.

5. 이사회의사록

이사회결의의 집행행위에 관해 이사의 책임을 추궁할 때에는 결의에 찬성한 이사에 대하여도 책임을 묻는데 이때 의사록의 기재가 찬성여부의 추정근거가 된다(법 399 ③).[498]

이사회에서는 회사의 기밀 사항이 자주 논의되기 때문에 상법은 주주총회의사록과 달리(법 396 ①, ②) 이사회의사록을 회사에 비치할 의무를 지우지 않고 주주에 한하여 영업시간 내에 이사회의사록의 열람 또는 등사를 청구할 수 있도록 규정하고 있다(법 391의3 ③). 회사는 주주의 열람·등사청구에 관하여 이유를 붙여 이를 거절할 수 있고, 주주는 법원의

495) 대법원 1991. 5. 28. 선고 90다20084 판결.
496) 권순일 편, 앞의 책, 320면(이완희 집필부분).
497) 대법원 2006. 11. 10. 선고 2005다46233 판결.
498) 이사가 이사회에 출석하여 결의에 기권하였다고 의사록에 기재된 경우 상법 제399조 제3항에 따라 이사회결의에 찬성한 것으로 추정할 수 없고, 같은 조 제2항의 책임을 부담하지 않는다는 것이 판례이다(대법원 2019. 5. 16. 선고 2016다260455 판결).

허가를 얻어 이사회의사록을 열람 또는 등사할 수 있다(법 391의3 ④).[499]

6. 이사회결의의 하자

가. 결의의 효력

상법은 이사회결의의 하자를 다투는 별도의 소를 규정하고 있지 않다. 이사회결의에 하자가 있으면 무효이고 그 다툼은 민사소송법상 일반적인 무효확인의 소에 따라 해결한다. 따라서 무효를 주장하는 방법에는 제한이 없고 판결의 효력도 기판력의 일반원칙에 따르므로 소급효는 있으나[500] 대체적 효력이 없다.[501] 소를 제기할 경우 회사가 피고이다.[502]

나. 후속행위의 효력

특정한 업무집행을 위해 상법의 명시적 규정이나 그 해석상 이사회 결의가 필요한 경우 그 결의에 하자가 있다면(결의가 없는 경우 포함) 그 후속행위의 효력은 어떻게 될 것인지 문제된다.

(1) 후속행위의 효력을 별도로 다투는 소가 인정될 경우

이사회결의의 하자는 후속행위를 다투는 소로 다투어야 한다. 예를 들어 하자 있는 이사회결의에 의해 소집된 주주총회의 결의, 하자 있는 이사회결의에 의한 신주발행의 경우는 각각 주주총회결의의 취소의 소(법 376), 주주총회 부존재확인의 소(법 380), 신주발행 무효의 소(법 429)로 다투어야 한다.

(2) 그 밖의 후속행위

① 내부적인 문제

내부적인 문제인 지배인 선임, 감사위원 선임 등의 경우 이사회결의에 하자가 있으면 무효이다.[503] 선의의 제3자 보호는 표현대표이사의 법리에 의한다.

② 대외적인 거래

예를 들어 중요한 재산의 처분이나 신주발행 등 이사회결의가 요구되는 대외적인 거래

499) 대법원은 상법 제391조의3 제4항의 규정에 의한 이사회 의사록의 열람 등 허가사건은 비송사건절차법 제72조 제1항에 규정된 비송사건이므로 민사소송의 방법으로 이사회 회의록의 열람 및 등사를 청구하는 것은 허용되지 않는다고 한다(대법원 2013. 11. 28. 선고 2013다50367 판결; 대법원 2013. 3. 28. 선고 2012다42604 판결).

500) 대법원 2004. 2. 27. 선고 2002다19797 판결.

501) 대법원 1982. 7. 13. 선고 80다2441 판결.

502) 대법원 1982. 9. 14. 선고 80다2425 전원합의체 판결.

503) 대법원 2004. 2. 27. 선고 19797 판결.

에서 이사회결의에 하자가 있는 경우이다. 이러한 경우 이사회결의에 하자가 있는 채로 진행된 대외적인 거래를 '대표이사의 전단적 대표행위'라고 하는데 그 효과에 관하여는 후술한다.

7. 이사회 내 위원회

가. 의 의

이사회는 정관이 정한 바에 따라 그 하위에 위원회를 둘 수 있다(법 393의2). 특히 감사위원회에 관하여는 상법 제415조의2가 별도로 규정하고 있다. 위원회는 이사회의 업무를 분장하기 위한 것이다. 비상장회사는 위원회를 임의로 설치할 수 있으나 상장회사는 일정한 위원회를 반드시 설치하여야 한다.[504)]

나. 위원회의 구성

위원회는 2인 이상의 이사로 구성된다(법 393의2 ③). 예외적으로 감사위원회는 3인 이상의 이사로 구성되며 그중 3분의 2 이상은 사외이사이어야 한다(법 415의2 ②).

다. 권한 및 운영

이사회는 ① 주주총회의 승인이 필요한 사항의 제안, ② 대표이사의 선임 및 해임, ③ 위원회의 설치와 그 위원의 선임 및 해임, ④ 정관에서 정하는 사항을 제외하고는 그 권한을 위원회에 위임할 수 있다(법 393의2 ③). 위원회는 결의된 사항을 각 이사에게 통지하며 이 경우 통지를 받은 각 이사는 이사회의 소집을 요구할 수 있으며 이사회는 위원회가 결의한 사항에 관하여 다시 결의할 수 있다(법 393의2 ④). 다만 감사위원회의 경우 위원회 활동의 독립성과 감사활동의 실효성 확보를 위하여 이사회가 재결의를 할 수 없도록 규정하고 있다(법 415의2 ⑥).[505)] 그 밖에 위원회의 운영에 관하여는 이사회에 관한 여러 규정을 준용한다(법 393의2 ⑤).

Ⅳ. 대표이사

1. 의 의

대표이사는 회사를 대표하고 업무를 집행하는 권한을 가진 이사로서 주식회사의 필요적 상설기관이다. 회사의 업무집행권한은 원칙적으로 이사회에 속하지만 이사회에서 모든

504) 상법 제542조의8 제4항, 제542조의11 제1항.
505) 송옥렬, 앞의 책, 1023면.

사항에 관하여 의사를 결정하고 업무를 집행하는 것은 불가능하고 적절하지도 않다. 따라서 상법은 이사 중에서 대표이사를 선임하여 대외적으로 회사를 대표하고 대내적으로 업무의 집행을 담당하도록 한다.

2. 선임과 퇴임

가. 선 임

대표이사는 이사 중에서 선임한다(법 389 ① 本). 대표이사는 이사회에서 선임하는 것이 원칙이지만(법 389 ① 本) 정관으로 주주총회의 보통결의로 선임하도록 정할 수 있다(법 389 ① 但, 368 ①). 그 밖의 방법으로는 대표이사의 지위를 부여할 수 없다. 예컨대, 어느 이사가 장기간 사실상 대표이사의 직무를 수행하더라도 대표이사의 행위로 되는 것은 아니고[506] 회사의 경영권을 인수한 자라고 하더라도 대표이사 선임의 절차를 밟지 않았다면 대표이사가 아니다.[507] 대표이사의 인원수에는 법률상 제한이 없다[508]

▌예 시

甲 주식회사의 대표이사이자 대주주인 A는 심각한 건강문제가 생기자 甲 주식회사의 주식을 B에게 양도하고 중도금까지 수령한 후 B에게 회사의 경영권 및 회사운영권 일체 등 회사의 전권을 위임한다는 내용의 위임장을 작성하여 주고, 운영권 행사에 지장이 없도록 대표이사의 인감과 고무인을 인도하고 사무실까지 넘겨주었다. 이에 따라 B는 C에게 부사장의 직함을 주어 회사의 운영을 돕도록 하는 한편 스스로 회사에서 발생한 노사분규를 수습하였으며, 문제가 된 D와의 택시 운행권 매매 이전에도 여러 사람에게 회사의 택시 운영권을 매매하는 등 그 후 A와의 분쟁이 발생하기까지의 4개월여 동안 아무런 장애 없이 독자적으로 회사운영권을 행사하여 왔다. 판례는 이 사안에서 이사회에서 대표이사로 선정된 바 없는 이상 甲 주식회사의 적법한 대표자라고 볼 수 없다고 판단하였다.[509]

나. 퇴 임

대표이사는 대표이사로서의 임기만료, 해임 또는 사임에 의하여 퇴임한다. 대표이사를 선임한 이사회 또는 주주총회는 언제든지 대표이사를 해임할 수 있다(민법 689 ①). 주주총회에서 해임할 때에 이사자격까지 포함하여 해임하려면 특별결의가 필요하지만(법 385 ①), 대표이사의 지위만을 박탈하는 데에는 보통결의만으로 가능하다. 대표이사를 정당한 이유

506) 대법원 1989. 10. 24. 선고 89다카14714 판결.
507) 대법원 1994. 12. 2. 선고 94다7591 판결.
508) 대표이사를 선임하면 그 성명·주민등록번호·주소를 등기하여야 한다(법 317 ② IX).
509) 대법원 1994. 12. 2. 선고 94다7591 판결.

없이 해임할 경우 명문의 규정은 없으나 상법 제385조 제1항 단서를 유추적용하여 대표이사는 손해배상을 청구할 수 있는지 여부가 문제된다.

이 문제에 관하여 대법원은 대표이사의 경우 상법 제385조 제1항 단서가 유추적용되지 않는다는 입장이다.[510)]

대법원의 논거는 다음과 같다. ① 주식회사의 이사는 주주총회가 선임·해임하고 회사의 의사결정기관의 하나인 이사회의 구성원으로서 3년을 초과하지 아니하는 임기를 정할 수 있지만, 대표이사는 이사회가 이사 중에서 선임·해임하는 것이 원칙이고 회사의 업무를 집행하고 회사를 대표하는 기관으로서 통상 별도의 임기를 정하지 아니하는 점에서 이사와 대표이사는 그 지위와 성질, 권한이 다르다. ② 이사는 언제든지 해임될 수 있으나 주주총회 특별결의를 거쳐야 하고, 주주총회에서 이사해임의 특별결의가 성립된 경우 곧바로 이사로서의 지위를 잃는다. 반면 대표이사는 이사회의 경영판단 등에 따라 언제든지 이사회 결의로 해임될 수 있고, 정관 규정에 따라 주주총회에서 선정되는 경우에도 정관에 특별한 정함이 없는 한 언제든지 주주총회 보통결의로 해임될 수 있으며 다만 이사로서의 지위는 유지된다. 이러한 해임절차와 해임에 따른 효과를 고려할 때 주주총회의 이사 해임과 이사회 또는 주주총회의 대표이사 해임이 유사하다고 볼 수 없다. ③ 상법 제385조 제1항은 주주총회의 특별결의로 언제든지 이사를 해임할 수 있게 하는 한편, 임기가 정하여진 이사가 그 임기 전에 정당한 이유 없이 해임당한 경우에는 회사에 대하여 손해배상을 청구할 수 있게 함으로써 주주의 회사에 대한 지배권 확보와 경영자 지위의 안정이라는 주주와 이사의 이익을 조화시키려는 규정이다. 이러한 입법 취지에 비추어 볼 때 대표이사가 그 지위에서 해임되었을 뿐 이사에서 해임되지 않은 경우 여전히 이사로서의 지위와 권한을 갖고 있으므로 상법 제385조 제1항 단서와 같은 손해배상청구권이 당연히 인정되어야 하는 것은 아니다. 이러한 사정은 정관으로 주주총회에서 대표이사를 선정할 것을 정하여 주주총회가 대표이사를 해임하는 경우에도 마찬가지이다. ④ 주주총회 특별결의로 주주총회에서 선정된 대표이사를 해임함과 동시에 이사에서도 해임하거나 대표이사에서 해임하지 않은 채 이사에서 해임함으로써 대표이사 지위를 상실하여 대표이사와 이사의 지위를 모두 상실한 경우에도, 그 이사는 상법 제385조 제1항 단서에 따라 이사 해임으로 인한 손해배상청구를 할 수 있으므로, 대표이사 해임에 상법 제385조 제1항 단서를 유추적용할 필요는 없다.

위 판결에 관하여는 찬반 견해 대립이 있다. 대표이사와 회사의 관계 역시 위임이므로 제385조가 유추적용될 수 없더라도 위임의 해지의 일반원칙에 따라 손해배상청구는 가능하

---

510) 대법원 2024. 9. 13. 선고 2020다245552 판결; 대법원 2004. 12. 10. 선고 2004다25123 판결(원고가 대표이사 지위에서만 해임되어 이사의 지위만을 갖게 되었는데 해당 회사의 이사는 무보수, 비상근 조건인 사안).

다고 보아야 한다는 견해(민법 689 ②)는 대표이사로서 지급받은 보수를 기준으로 손해배상을 하여야 한다고 본다.[511] 반대로 대표이사에 대하여까지 상법이 후견적 배려를 베풀 필요는 없다는 점에서 대법원의 입장이 타당하다는 견해도 있다.[512]

대표이사는 언제든지 사임할 수 있다. 대표이사가 부득이한 사유없이 회사에 불리한 시기에 사임하면 회사에 생긴 손해를 배상해야 한다(법 382 ②, 민법 689 ②). 대표이사는 이사임을 전제로 하므로 이사직에서 퇴임하면 당연히 대표이사의 지위도 잃는다. 그러나 당연히 그 역은 성립하지 않는다.

다. 대표이사의 결원

대표이사의 퇴임으로 대표이사가 없게 되거나 정관상의 정원을 결한 경우에는 퇴임한 대표이사는 새로운 대표이사가 취임할 때까지 대표이사로서의 권리의무가 있으며(법 389 ③, 386 ①), 법원이 필요하다고 인정할 때에는 이해관계인의 청구로 일시 대표이사의 직무를 행할 자를 선정할 수 있다(법 389 ③, 386 ② 前).

3. 대내적 업무집행권

상법은 대표이사 및 집행임원만이 대표권과 함께 대내적 업무집행권을 갖는 것을 전제한다. 즉, 대표이사는 주주총회 또는 이사회에서 결의된 사항을 집행하고 일상적인 회사의 대내적 업무를 집행할 권한[513]을 갖는데, 상법은 특히 몇 가지 구체적인 사항을 대표이사의 업무로서 규정하고 있다(법 356, 478 ②, 396 ①, 420, 474, 422 ①, 447~449[514]).[515]

그러나 실제로는 이사가 대표권없이 회사내부의 업무집행을 담당할 수도 있는데, 이들은 사용인이나 상업사용인을 겸하는 경우도 있다. 이들을 업무담당이사라고 하고 보통 담당업무의 내용 또는 직위에 따라 전무이사·상무이사 등의 명칭을 사용한다. 상법은 대표이

---

511) 이철송, 앞의 책, 741면.

512) 김건식/노혁준/천경훈, 앞의 책, 404면.

513) 그 결과, 대외적 법률관계가 발생하게 된다.

514) 일부 조문은 단순히 '이사'의 업무로만 규정되어 있는데 내용상 대표이사의 업무이다.

515) 주식회사의 적법한 대표이사는 회사의 영업에 관하여 재판상 또는 재판외의 모든 행위를 할 권한이 있으므로, 대표이사가 직접 주식회사 명의 문서를 작성하는 행위는 자격모용사문서작성 또는 위조에 해당하지 않는 것이 원칙이다. 문서의 내용이 진실에 반하는 허위이거나 대표권을 남용하여 자기 또는 제3자의 이익을 도모할 목적으로 작성된 경우에도 그렇다. 그러나 주식회사의 적법한 대표이사라 하더라도 그 권한을 포괄적으로 위임하여 다른 사람으로 하여금 대표이사의 업무를 처리하게 하는 것은 허용되지 않으므로 대표이사로부터 포괄적으로 권한 행사를 위임받은 사람이 주식회사 명의로 문서를 작성하는 행위는 원칙적으로 권한 없는 사람의 문서 작성행위로서 자격모용사문서작성 또는 위조에 해당하고, 대표이사로부터 개별적·구체적으로 주식회사 명의의 문서 작성에 관하여 위임 또는 승낙을 받은 경우에만 예외적으로 적법하게 주식회사 명의로 문서를 작성할 수 있다. 대법원 2008. 11. 27. 선고 2006도2016 판결(유사한 취지로 대법원 2008. 11. 27. 선고 2006도9194 판결).

사에 관하여서만 규정하고 있으나 그 외에 업무담당이사를 두는 것을 금지하지 않고 있다.[516]

4. 대외적 대표권

가. 대표권의 범위

대표이사는 대외적으로 회사를 대표하며, 영업에 관한 재판상·재판외의 모든 행위를 할 권한을 갖는다(법 389 ③, 209 ①). 대표권은 능동대표와 수동대표 모두에 미친다. 대표는 대리와 달리 사실행위나 불법행위에도 미친다.

나. 대표권의 제한(전단적 대표행위)

▮ 사 례

甲 주식회사의 대표이사 A는 이사회결의 없이 신주를 발행하고 이사회규칙이 정한 한도액을 넘어서 차입을 하였다.
위의 신주발행 및 차입행위의 효력과 대표이사 A의 책임은 어떠한가.[517]

대표이사의 권한에 관하여는 법률상 또는 내부적인 제한이 있을 수 있는데 그 제한을 위반한 대표행위를 '전단적 대표행위'라고 한다. 대표이사의 전단적 대표행위는 대표권에 대한 제한을 위반한 것이므로 일단 위법하다. 그 효력에 관하여는 경우를 나누어 살펴본다.

(1) 법률상의 제한

법률상(명문의 규정 또는 해석에 의해) 주주총회나 이사회의 결의를 요건으로 하는 경우 그 결의 없이 대표행위를 한 경우의 효력을 살펴본다. 이사 등의 자기거래시 회사를 대표하는 대표이사는 이사회의 결의를 얻어야 하는 것이 그 예이다.[518]

(가) 주주총회 결의사항

영업양도와 같이 법률상 주주총회의 결의를 요건으로 하는 행위를 대표이사가 주주

516) 만일 업무담당이사가 대외적인 행위를 한 경우에는 회사는 선의의 제3자에 대하여 표현대표이사의 책임을 지는 경우가 많을 것이다.

517) 제36회 사법시험 문제.

518) 그러므로 이사회의 승인이 결여된 자기거래는 전단적 대표행위의 특수한 형태로 보는 것이 논리적일 것이다. 이 경우에는 자기거래의 요건만을 검토하면 족할 것이다. 그러나 판례 중에는 이사회 승인이 결여된 간접거래 방식의 자기거래 사안을 일반적인 전단적 대표행위로 취급한 것이 있다. 대법원 2005. 5. 27. 선고 2005다480 판결; 대법원 2004. 3. 25. 선고 2003다64688 판결; 대법원 1984. 12. 11. 선고 84다카1591 판결; 김연미, "이사회 결의를 흠결한 거래에 있어 제3자 보호",「비교사법」제23권 제4호, 2016, 1778면의 주4.

총회결의 없이 한 경우에는 무효로 본다. 이러한 사항은 대체로 회사의 이익을 위해서 매우 중요한 것이기 때문이다. 따라서 제3자의 선의 등 주관적 요건과 관계없이 항상 무효이다.

(나) 이사회 결의사항

중요한 재산의 처분과 같이 법률의 규정에 의하여 이사회의 결의를 거쳐야 하는 행위를 이사회결의 없이 한 경우, 그 대표행위는 상대방이 선의· 무중과실인 경우에는 유효, 악의이거나 선의·중과실인 경우에는 무효라는 것이 판례[519]의 입장이다.

(다) 특수한 경우

① **신주발행**

이사회 결의에 하자가 있는 신주발행의 경우에도 전단적 대표행위의 한 유형에 해당하지만 다수의 신주인수인과 거래의 안전을 고려하여야 하기 때문에 판례는 '이사회 결의는 내부적 의사결정에 불과하다'는 점을 들어 신주발행의 효력에는 영향이 없다고 한다.[520]

② **자본금전입**

상법 제461조에 따라 준비금을 자본금전입하면서 무상증자를 한 경우 무상증자는 주주를 새로 모집하는 것이 아니라 기존의 주주에게 배정하는 것이므로 거래의 안전을 고려할 여지가 적다. 따라서 무효로 본다.[521]

(2) 내부적 제한(정관·이사회결의·이사회규정)

법률상 대표이사가 독자적으로 결정할 수 있는 행위이지만 정관, 이사회결의, 이사회규정에 의하여 제한할 수 있다.

① **주주총회 결의사항**

정관으로 주주총회 결의사항으로 정한 경우 이에 위배한 대표행위도 무효로 보아야 할 것이다. 소송행위에 관한 사안이기는 하나, 甲 주식회사가 정관에 회생절차개시신청을 주주총회 특별결의 사항으로 규정하고 있음에도 주주총회 특별결의 없이 회생절차개시신청을 한 사안에서 하급심 판결은 위 회생절차개시신청은 하자 있는 대표권 행사에 의한 것으로서 부적법하다고 보아 회생절차개시결정을 취소한 바 있다.[522]

---

519) 대법원 2021. 2. 18. 선고 2015다45451 전원합의체 판결.
520) 대법원 2007. 2. 22. 선고 2005다77060·77077 판결.
521) 반대설: 이병태, "하자있는 이사회결의와 그 집행행위의 효력" 「경영법률」 제5집, 1992, 224면.
522) 서울고등법원 2020. 5. 26. 자 2019라21331 결정(확정).

② **이사회 결의사항**

대표이사의 권한을 제한하는 방법으로는 일정한 행위를 할 때에는 이사회의 결의를 얻도록 하는 경우를 생각할 수 있다. 예컨대 5억원 이상의 채무부담행위는 이사회의 결의를 얻도록 하는 것과 같다. 또는 대표회사의 권한을 모든 재판상·재판외의 행위 중 일부로 제한할 수 있다.

이와 같은 내부적 제한은 선의의 제3자에게 대항하지 못한다(법 389 ③, 209 ②). 대표이사가 이 제한을 위반하여 대표행위를 하였을 때 상대방이 대표권의 제한이 있음을 알지 못하였다면 회사가 거래의 무효를 주장할 수 없다. 거래의 안전을 위해서이다. 문제는 제3자에게 과실이 있는 경우인데 판례는 중과실이 있는 경우에는 무효라고 본다.[523]

나아가 판례는 이사회규정상 이사회 결의사항이 아닌 것으로 정하여져 있더라도 재산의 가액, 총자산에서 차지하는 비율, 회사의 규모, 회사의 영업 또는 재산의 상황, 경영상태, 자산의 보유목적, 회사의 일상적 업무와의 관련성, 해당 회사에서의 종래의 취급 등에 비추어 대표이사의 결정에 맡기는 것이 상당한지 여부를 판단하여 중요한 자산의 처분에 해당하는 경우에는 이사회가 그에 관하여 직접 결의하지 아니하고 대표이사에게 그 처분에 관한 사항을 일임할 수 없다는 입장[524]임은 앞서 본 바와 같다.

(3) 주장·입증책임

이사회 결의는 회사의 이익을 보호하기 위한 것이므로 회사가 그 하자나 흠결을 주장하는 것은 가능하지만 반대로 거래상대방은 하자를 주장할 수 없다고 보는 것이 타당하다.[525]

거래상대방이 이사회 결의가 없음을 알았거나 알 수 있었으나 중과실로 알지 못한 사정은 이를 주장하는 회사가 주장·입증해야 한다.[526]

다. 대표권의 남용

(1) 의 의

대표권의 남용이란 객관적으로 대표권의 범위 내에 속하지만 주관적으로 자기 또는 제3자의 이익을 위한 대표행위를 말한다. 대표권 남용을 별도로 문제 삼는 이유는 원칙적으로 당사자의 주관적 동기는 해당 법률행위의 유효 여부와 관련이 없는바, 일정한 경우 그 대표행위의 사법적 효력을 부인하기 위한 것이다. 판례의 사안을 보면 대표이사가 자기 개인의

523) 대법원 2021. 2. 18. 선고 2015다45451 전원합의체 판결.
524) 대법원 2005. 7. 28. 선고 2005다3649 판결.
525) 김연미, "이사회 결의를 흠결한 거래에 있어 제3자 보호", 「비교사법」 제23권 제4호, 2016, 1788면.
526) 대법원 1993. 6. 25. 선고 93다13391 판결; 대법원 1990. 12. 11. 선고 90다카25253 판결.

채무를 변제하기 위하여 회사명의로 어음을 발행하거나,[527] 대표이사가 친척이 발행한 어음을 회사명의로 보증하여 주는 행위 등을 예로 들 수 있다.[528]

(2) 요 건

① **회사에 책임이 귀속되는 행위**

대표권남용은 회사에 책임이 귀속되는 경우에 대표이사의 주관적 의사(목적, 동기)를 이유로 회사의 책임을 부정하는 이론이므로 해당 거래에 하자가 있어서 거래로 인한 책임이 회사에 귀속될 수 없는 경우에는 문제가 되지 않는다. 예컨대, 대표이사가 내부적으로 가해진 대표권의 제한을 초과하거나 법상 필요한 절차(법 389 ②, 397, 398)를 거치지 않고 대표행위를 한 결과 그 효과가 회사에 귀속되지 않는 경우에는 대표권의 남용이 성립할 여지가 없다. 반면 예컨대 대표권의 제한에 위반한 행위는 그 행위의 효과가 회사에 귀속되는지 여부를 묻지 않고 언제나 대표권의 남용에 해당할 여지가 없다는 견해도 있다.[529] 대표권의 제한에 위반하더라도 전단적 대표행위의 효력에 관한 이론에 따라 그 거래가 유효하게 취급될 수 있는데 그 경우에는 대표권 남용이 적용될 수 있다고 보아야 할 것이다.

② **자기 또는 제3자의 이익을 위한 행위**

자기 또는 제3자의 이익은 대표이사가 남용행위를 하는 주관적 동기이다. 이 동기는 내심의 의사이므로 해당 대표행위의 경제적 효과를 기준으로 객관적으로 판단할 수밖에 없다.

③ **손해의 발생**

대표권 남용으로 인하여 회사에 손해가 발생하여야 한다. 회사에 손해가 없으면 대표권의 남용도 성립하지 않는다. 주권발행 전에 주식을 양도한 자에게 대표이사가 사익을 위해 승낙을 하더라도 이로써 회사에 손해가 발생하는 것은 아니므로 대표권의 남용에 해당할 수 없다는 것이 판례이다.[530]

(3) 대외적 효력

대표권의 남용행위는 일단 유효하지만 상대방이 남용행위임을 안 때에는 무효가 된다는 것이 통설·판례의 일치된 견해이다. 다만 법리구성에 관하여는 견해가 대립한다.

---

527) 대법원 1990. 3. 13. 선고 89다카24360 판결.
528) 대법원 1988. 8. 9. 선고 86다카1858 판결.
529) 김홍기, 「상법강의」, 제8판, 박영사, 2024, 563~564면.
530) 대법원 2006. 9. 14. 선고 2005다45537 판결.

① **비진의표시설**

대표권의 남용행위를 일종의 비진의표시로 보아 민법 제107조를 유추적용하자는 견해이다. 즉, 남용행위도 기본적으로 유효하지만 상대방이 권한남용임을 알았거나 알 수 있었을 때에는 무효가 되고, 다만 선의·무과실[531)]의 제3자에 대해서는 무효임을 주장하지 못한다는 입장이다.

② **권리남용설**

대표권의 남용행위도 객관적으로는 대표권의 범위 내의 행위이므로 상대방이 과실이 있는 선의이더라도 그 행위 자체는 유효하고 완전한 효력을 가지지만 상대방이 악의라면 그 행위로 얻은 권리를 회사에 대하여 행사하는 것이 권리남용 또는 신의칙 위반에 해당하므로 허용될 수 없다는 입장이다.

③ **판 례**

대표권남용에 관한 판례는 처음에 권리남용설의 입장이었으나,[532)] 그 이후에는 일관되게 비진의표시설을 취해 오다가 대법원 2016. 8. 24. 선고 2016다222453 판결에서 다시 권리남용설을 취하는 등 일관되지 않다.

④ **검 토**

대표권남용의 법리는 하자 없이 성립한 법률행위의 효력을 저지하기 위한 것이다. 따라서 하자 있는 법률행위에 관한 취급을 유추하는 비진의표시설은 적절하지 않다고 본다. 권리남용설이 대표권남용의 본질에 부합하는 설명이라고 본다.[533)]

(4) 입증책임

대표권남용을 이유로 대표행위의 무효를 주장할 때에는 그 무효를 주장하는 자(주로 회사)가 대표권의 남용이라는 사실, 상대방이 악의라는 사실을 입증하여야 한다.

5. 대표이사의 불법행위책임

대표이사가 업무집행으로 인하여 타인에게 손해를 가한 때에는 회사와 연대하여 배상할 책임이 있다(법 389 ③, 210).[534)] 대표이사가 아닌 이사의 행위로 인해서는 회사의 불법행위가 성립하지 않으므로 대표이사 아닌 이사에 관하여는 이런 규정이 없고 이 규정이 준용

---

531) 민법의 법리가 적용되므로 중과실이 아니라 경과실도 문제가 된다는 점에 유의하여야 한다.
532) 대법원 1987. 10. 13. 선고 86다카1522 판결.
533) 이를테면, 어음행위에서 대표권 남용은 인적 항변사유에 해당한다.
534) 민법 제35조 제1항에 대응하는 규정이다.

될 수도 없다.[535]

'업무집행으로 인하여'는 '대표행위로 인하여'라는 의미이므로 대표행위가 가능한 범위에서 회사의 업무집행과 관련이 있고 행위의 외형상 객관적으로 대표이사의 직무범위 내로 보여지는 경우는 모두 회사의 불법행위가 성립할 수 있다.[536] 같은 이유에서 회사의 대표행위가 될 수 없는 경우에는 위 규정이 적용될 수 없다.

피해자가 가해행위 대표자의 직무에 속하지 않음을 알았거나 중대한 과실로 알지 못한 때에는 회사에 손해배상책임을 물을 수 없다. '중대한 과실'이란 '피해자가 조금만 주의를 기울였더라면 대표자의 행위가 그 직무권한 내에서 적법하게 행하여진 것이 아니라는 사정을 알 수 있었음에도 만연히 직무권한 내의 행위라고 믿음으로써 일반인에게 요구되는 주의의무에 현저히 위반하는 것으로 거의 고의에 가까운 경우의 주의를 결여하고 공평의 관점에서 상대방을 구태여 보호할 필요가 없다고 인정되는 상태'를 말한다.[537]

6. 공동대표이사

가. 의 의

공동대표이사란 2인 이상이 공동으로써만 회사를 대표할 수 있는 대표이사를 말한다(법 389 ②). 공동대표이사를 선임한 경우 단독 대표행위는 원칙적으로 무효가 된다. 본래 여러 명의 대표이사를 선임한 경우에도 단독대표이사가 원칙이지만 대표이사가 단독으로 대표권을 행사할 경우 경솔하게 회사에게 불이익한 행위를 할 가능성이 있고 상호모순된 업무집행을 할 가능성도 있으므로 이를 통제하기 위하여 제도이다. 공동대표이사제도를 정한 때에는 그 내용을 등기해야 하며 등기하지 않으면 선의의 제3자에게 대항할 수 없다(법 389 ③, 209 ②).

나. 선임방법

이사회에서 대표이사를 선임할 때에는 이사회의 결의로, 정관의 규정에 의해 주주총회에서 대표이사를 선임하는 경우에는 주주총회의 결의로 공동대표이사를 채택한다. 따라서 주식회사의 정관에 공동대표이사에 관한 규정이 없다면 이사회가 공동대표이사를 폐지하는 결의를 할 때 정관변경의 절차를 거칠 필요가 없다.[538] 여러 명의 대표이사 중에 일부 대표

535) 그러나 이 경우 사용자책임이 문제될 수 있다. 사용관계는 사실상의 지휘, 감독을 하는 것으로 충분하기 때문에 이사에 대하여도 사용자책임이 성립할 수 있다. 대법원 2016. 7. 14. 선고 2013다69286 판결; 대법원 1998. 4. 28. 선고 96다25500 판결.
536) 대법원 1990. 11. 13. 선고 89다카26878 판결.
537) 대법원 2004. 3. 26. 선고 2003다34045 판결.
538) 대법원 1993. 1. 26. 선고 92다11008 판결.

이사들만 공동대표이사로 선임할 수 있다.

다. 공동대표권의 위임

공동대표권을 포괄적으로 위임하는 것은 공동대표이사 제도의 취지에 반하므로 허용될 수 없다는 것이 통설과 판례[539]의 입장이다. 한편 거래를 특정하여 공동대표권을 개별적으로 위임하는 것이 허용될 수 있는지에 관하여는 견해의 대립이 있는데 다수설은 공동대표이사 사이에 거래의 내용에 관한 의사의 합치만 있다면 의사표시만을 단독으로 할 수 있도록 위임할 수 있다고 본다.

라. 효 력

공동대표이사 중 1인이 단독으로 능동대표행위를 한 경우 그 상대방의 선의·악의를 묻지 않고 그 효력은 무효이다(법 389 ②). 그러나 공동대표이사의 등기를 하지 않은 경우 선의의 제3자에게 대항할 수 없다(법 37 ①). 나머지 공동대표이사들은 무효인 능동대표행위를 추인할 수 있다. 추인의 의사표시는 거래상대방 또는 단독으로 대표행위를 한 공동대표이사에게 할 수 있다.[540] 수동대표의 경우 회사에 대한 의사표시는 공동대표이사 중 1인에게만 하여도 유효하다(법 389 ③, 208 ②).[541]

7. 표현대표이사

가. 제도의 취지

대표이사의 성명은 등기사항이므로 거래상대방은 거래시에 등기부를 확인하면 적법한 대표이사인지 여부를 확인할 수 있다. 그러나 대표이사가 아닌 자가 회사의 승인을 얻어 대표이사로 오인할 만한 명칭을 사용하여 대표행위를 하는 경우에 이를 믿고 거래한 상대방에게 등기부를 확인하지 않은 책임을 물어 불이익을 주는 것은 상거래의 실정을 고려할 때 비현실적이다.[542] 상법 제395조는 제3자를 보호하기 위하여 '사장, 부사장, 전무, 상무 기타 회사를 대표할 권한이 있는 것으로 인정할 만한 명칭을 사용한 이사의 행위에 대하여는 그 이사가 회사를 대표할 권한이 없는 경우에도 회사는 선의의 제3자에 대하여 그 책임을 진다'라고 규정하고 있다. 이를 표현대표이사제도라고 한다(외관법리).

---

539) 대법원 1989. 5. 23. 선고 89다카3677 판결.
540) 대법원 1992. 10. 27. 선고 92다19033 판결.
541) 의사표시를 단순히 수령하는데 그치므로 대표이사가 권한을 남용할 우려가 없기 때문이다.
542) 이철송, 앞의 책, 762면.

나. 상업등기의 효력과의 관계

甲 주식회사는 A를 대표이사로 선임하고 등기하였다. 그런데 상법 제37조에 의하면 등기할 사항을 등기한 경우 (정당한 사유가 없다면) 거래상대방의 악의가 의제된다. 따라서, 대표이사가 아닌 B가 대표이사인 것처럼 행위하더라도 거래상대방은 A만이 대표이사라는 사실을 알고 있었던 것으로 의제되는 셈이다. 그렇다면 제395조의 표현대표이사 요건이 충족될 여지가 없어진다. 그러나 통설과 판례는 적어도 제395조의 요건을 적용할 때에는 제37조를 고려하지 않는다. 다만, 그 논거는 견해마다 다소의 차이가 있다. 즉, ① 상법 제395조를 제37조에 대한 예외규정으로 보는 견해와 ② 상법 제37조 및 그 밖의 상업등기제도는 기업관계가 외부에 공시된 후에는 상대방의 희생 아래 공시자의 면책을 보장함으로써 당사자의 이해를 조정하려는 제도이며, 표현대표이사제도는 표현적 명칭이라는 부진정한 외관작출에 유책인 자를 희생시키고 외관대로의 법효과를 인정함으로써 상거래의 신속과 안전을 도모하려는 제도이므로 서로 법익을 달리한다는 견해[543]가 있다. 판례는 후자의 입장이다.[544]

다. 적용요건

표현대표이사로서의 행위가 성립하기 위하여는 다음과 같은 요건이 충족되어야 한다.

(1) 표현적 지위

① 표현적 명칭사용

대표이사가 아닌 이사가 '회사를 대표할 만한 권한이 있는 것으로 인정할 만한 명칭'(표현적 명칭)을 사용하였어야 한다. 표현적 명칭으로 법문이 '사장, 부사장, 전무, 상무 기타…'라고 규정한 것은 예시일 뿐이고 특별한 제한은 없다. 예컨대, 회사에서 자주 사용하는 회장·부회장 등도 이에 해당할 수 있다. 구체적인 거래에서 사용한 명칭이 표현적 명칭에 해당하는지는 거래의 상황과 사회통념을 고려하여 판단하여야 한다.

판례는 회사의 '경리담당이사'라는 직함을 가진 자가 그 명칭으로 자금을 차용한 사건에서 이는 회사를 대표할 권한이 있는 것으로 인정될 만한 명칭에 해당하지 않는다고 판단한 사안도 있다.[545] 일반적으로 전무, 상무는 대표권을 갖지 않는데 상법은 이를 표현적 명칭의 예로 들고 있어서 현실과 조화되지 않는다. 판례는 이 점을 고려하여 대규모 주식회사의 경우 전무, 상무라는 명칭을 사용하였다면 그를 믿은 제3자에게 원칙적으로 중과실이 있다고 보아 주관적 요건에서 고려하고 있다.[546]

---

543) 이 견해는 상법 제395조를 제37조의 예외로 보지 않는다.
544) 대법원 1979. 2. 13. 선고 77다2436 판결.
545) 대법원 2003. 2. 11. 선고 2002다62029 판결.
546) 대법원 1999. 11. 12. 선고 99다19797 판결.

② **이사자격의 요부**

상법 제395조의 문언에 의하면 행위자가 최소한 이사자격을 갖추어야 하는 것으로 읽힌다. 그러나 위 규정은 표시에 의한 금반언의 법리나 외관이론에 따라 대표이사의 외관을 신뢰한 제3자를 보호하기 위한 것이므로 이사가 아닌 자에 대하여 유추적용하여야 한다는 것이 판례이다.[547)]

③ **표현적 명칭사용의 방식**

어음행위와 같은 요식행위라면 대표행위시에 표현적 직위와 성명이 표시되어야 하지만, 불요식행위의 경우 거래상대방에게 자신이 대표자라는 인식을 주는 것으로 충분하다. 따라서 평소에 거래상대방에게 표현적 명칭의 인식을 주었다면 행위시마다 명칭을 명시하지 않더라도 표현적 명칭을 사용한 것으로 볼 수 있다.[548)]

(2) 회사의 귀책사유

① **명칭사용의 허용**

표현대표이사의 행위가 성립하려면 회사가 표현적 명칭의 사용에 관하여 귀책사유가 있어야 한다. 즉, 회사가 표현적 명칭의 사용을 명시적 또는 묵시적으로 허용하였어야 한다. 회사가 표현적 명칭이 인쇄된 명함을 교부하였다면 표현적 명칭을 명시적으로 부여하였다고 볼 수 있다. 특별한 명칭사용을 허락한 바는 없더라도 지배주주 겸 대표이사가 타인에게 주식을 양도함과 동시에 경영을 위임하여 그 타인이 수개월간 사실상의 경영권을 행사하였다면 역시 회사가 표현적 지위를 부여한 경우에 해당한다.[549)]

회사가 표현적 명칭사용을 묵시적으로 허용한 예로는 표현대표이사가 한 계약을 이의 없이 이행한다든지 또는 명칭사용의 사실을 알고도 제지하지 않고 방치한 경우[550)] 또는 적법한 대표이사가 장기간 회사업무를 방치하고 이사 1인이 실질적인 대표이사로서 대외거래를 한 경우 등을 들 수 있다.[551)]

그러나 판례는 회사가 과실로 표현적 명칭의 사용을 알지 못하고 방치한 경우에는 명칭 사용을 허용한 것으로 보지 않는다는 점에 주의하여야 한다.[552)]

---

547) 대법원 1992. 7. 28. 선고 91다35816 판결(부존재인 주총결의로 선임된 이사); 대법원 1985. 6. 11. 선고 84다카963 판결(이사로 선임된 사실조차 없는 자).
548) 이철송, 앞의 책, 764~765면.
549) 대법원 1998. 3. 27. 선고 97다34709 판결.
550) 대법원 2005. 9. 9. 선고 2004다17702 판결.
551) 대법원 1988. 10. 11. 선고 86다카2936 판결.
552) 대법원 1975. 5. 27. 선고 74다1366 판결.

② **명칭사용의 허용기관**

회사가 허용하였다고 보기 위하여는 주주총회나 이사회에서 결의하거나 대표이사가 명의사용을 허용하여야 한다.[553] 표현적 명칭을 부여하는 것이 이사회 또는 대표이사의 권한 내인지는 묻지 않는다. 이사회의 결의에 필요한 이사의 수 또는 이사정원의 과반수가 명시 또는 묵시적으로 명칭사용을 허용한 경우에는 회사가 허용한 것으로 보아야 한다. 그 밖의 경우, 예컨대 소수의 이사가 명칭사용을 승인한 경우, 지배주주가 명칭사용을 허락한 경우 등도 회사의 귀책사유로 볼 수 있는지 여부에 관하여는 여러 견해가 주장되고 있다.[554]

(3) 표현대표이사의 대표행위

표현대표이사가 '대표이사'의 권한 내에 속하는 대표행위를 하여야 한다.

① **대표행위**

상법 제395조가 적용되는 행위는 '대표'행위에 국한된다. 따라서 대표행위가 아닌 대내적인 업무집행행위에는 적용되지 않는다. 또한 위 규정은 법률행위(계약·단독행위·합동행위)는 물론이고 준법률행위, 수동적 대표행위에도 적용되지만 불법행위와 소송행위에는 적용되지 않는다. 표현대표이사가 자신의 명의로 행위한 경우는 물론이고 진정한 대표이사의 명의로 행위(대행)한 경우도 여기에 해당한다.[555]

② **대표이사의 권한 내의 행위**

회사의 책임이 발생하려면 표현대표이사로서의 행위가 대표이사의 권한 내의 행위이어야 한다. 따라서 대표이사로서도 할 수 없는 행위(예컨대 이사의 선임)에는 적용되지 않는다. 예를 들어, 주주총회·이사회의 결의 등 일정한 절차를 거쳐야 하는 것이 명백한 행위(예컨대, 회사합병계약, 영업양도)의 경우 대표이사도 위 절차를 거치지 않고는 대표행위를 할 수 없으므로 표현대표이사의 행위에 해당한다는 것만으로는 상대방이 보호받지 못한다. 표현대표이사가 회사의 유일한 재산인 부동산을 양도담보로 제공한 사안에 관하여 판례는 대표이사도 주주총회의 특별결의 없이는 그와 같은 행위를 할 수 없다는 점(법 374 ① I)을 들어 표현대표이사 규정의 적용을 배척하였다.[556]

---

553) 대법원 1992. 9. 22. 선고 91다5365 판결. 대법원은 회사가 표현대표를 허용하였다고 하기 위하여는 진정한 대표이사가 이를 허용하거나, 이사 전원이 아닐지라도 적어도 이사회의 결의의 성립을 위하여 회사의 정관에서 정한 이사의 수, 그와 같은 정관의 규정이 없다면 최소한 이사 정원의 과반수의 이사가 적극적 또는 묵시적으로 표현대표를 허용한 경우이어야 한다고 판시하였다. 위 대법원 1992. 9. 22. 선고 91다5365 판결.

554) 상세는 권순일 편, 「주석 상법(회사3)」, 제6판, 한국사법행정학회, 2021, 378면(백숙종 집필부분).

555) 대법원 2011. 3. 10. 선고 2010다100339 판결.

556) 대법원 1964. 5. 19. 선고 63다293 판결.

따라서, 이사회의 결의가 필요한 행위를 이사회결의 없이 표현대표이사가 단독으로 한 경우에는 상대방이 이사회결의가 없었음을 중과실없이 알지 못했다는 요건을 구비해야만 표현대표행위의 효력을 주장할 수 있다. 즉, 이 경우에는 표현대표이사의 요건과 전단적 대표행위에 유효요건이 모두 갖춰져야 한다.

회사가 내부적으로 대표이사의 권한을 제한하더라도 이로써 선의의 제3자에게 대항할 수 없으므로(법 389 ③, 209 ②) 권한이 제한된 행위에 대해서도 표현대표이사의 행위가 성립할 수 있다고 해석한다.[557]

(4) 제3자의 신뢰

회사는 선의의 제3자에 대해서만 책임을 진다.

① 제3자의 범위

표현대표이사 규정에 의해 보호받는 제3자는 표현대표이사의 행위의 직접의 상대방뿐 아니라 이 행위에 관련하여 표현적 명칭을 신뢰한 당사자까지 포함한다. 따라서 표현대표이사가 한 어음행위를 믿고 이 어음을 취득한 제3자도 보호를 받는다.[558]

② 선의의 대상

대법원은 상법 제395조에서 말하는 선의란 표현대표이사가 대표권이 없음을 알지 못하였다는 것을 말하고, 행위자가 진정한 대표이사가 아니라는 것을 알지 못하였다는 의미는 아니라고 한다.[559] 즉, 거래상대방이 상법상의 대표이사가 아니라는 점은 알았지만 대표권이 있다고 믿었다면 선의에 해당한다는 것이다.

③ 제3자의 무과실

판례는 상법 제395조가 법문상 상대방의 무과실을 요건으로 하고 있지 않으며 거래의 신속과 안전을 고려할 때 상대방의 무과실은 요건이 아니라고 본다.[560] 다만 판례는 중과실이 있는 경우는 악의가 있는 것으로 취급하며,[561] 통설도 같은 입장이다. 앞서 언급한 바와 같이, 판례 중에는 사회 일반인도 회사의 대표이사제도에 익숙해져 있음을 지적하며, 단지 전무나 상무라는 명칭을 사용한 자를 대표이사로 믿은 것은 중과실에 해당한다고 본 사례

557) 이철송, 앞의 책, 767면.
558) 대법원 1988. 10. 25. 선고 86다카1228 판결.
559) 대법원 1998. 3. 27. 선고 97다34709 판결. 표현대표이사가 자기의 명칭을 사용하여 법률행위를 한 경우 이외에 자기의 명칭을 사용하지 않고 다른 대표이사의 명칭을 사용하여 행위를 한 경우에도 표현대표이사의 법리가 적용되기 때문에 선의의 대상을 이처럼 이해하는 것이다.
560) 대법원 1973. 2. 28. 선고 72다1907 판결.
561) 대법원 1999. 11. 12. 선고 99다19797 판결.

도 있다.[562] 즉, 그와 같은 경우 표현적 명칭에는 해당하지만 주관적 요건을 충족하지 못한다는 취지이다.

④ **입증책임**

제3자의 선의 여부에 대한 입증책임은 회사가 부담한다.[563]

라. 적용범위

(1) 공동대표와 표현대표이사

▌사 례

甲 주식회사는 사장 A와 전무 B을 공동대표이사로 선임하여 공동대표이사의 등기를 하였다. 그런데 A는 '甲 주식회사 대표이사 A'의 단독명의로 C와 매매계약을 체결하였다. 甲 주식회사는 그 계약이 불리하게 체결된 것을 발견하고 공동대표 규정의 위반을 이유로 계약의 효력을 부인하고 있다. 이 경우에 C는 甲 주식회사를 상대로 계약상 의무의 이행을 청구할 수 있는가?

주식회사는 공동대표이사를 정할 수 있고 이는 등기사항이므로 등기하였을 때에는 선의의 제3자에게 대항할 수 있다(법 37). 그런데 공동대표이사 중 1인이 '사장', '부사장'이나 '대표이사 사장' 등 단독으로 회사를 대표하는 것으로 인식되는 명칭을 사용한 경우에는 이를 표현대표이사의 행위로 보고 상법 제395조를 적용하는 것이 통설·판례이다. 그러나 공동대표이사가 단지 '대표이사'라는 명칭만을 사용한 부여한 경우에는 제395조의 적용을 긍정하는 견해와 부정하는 견해로 나뉜다. 회사의 대표는 단독대표가 원칙이고 공동대표는 예외적인 현상인데 '대표이사'란 명칭은 가장 뚜렷한 대표권의 외관이므로 제395조가 당연히 적용되어야 한다는 견해(확장설), 대표이사란 명칭은 법이 인정하는 것인데 '공동'대표이사라 명시하지 아니하였다고 하여 회사의 귀책사유가 될 수는 없다는 이유로 적용을 부정하는 견해(한정설)가 대립하는데 판례는 확장설을 취하고 있다.[564]

(2) 선임이 무효·취소된 대표이사의 행위

대표이사의 선임결의가 무효인 경우 대표이사의 선정 이후 무효판결시까지 대표이사로서 한 행위의 효력은 어떻게 되는가? 특히 주주총회의 이사선임결의가 취소·무효·부존재인 경우에는 그 이사들이 구성한 이사회가 대표이사를 선정한 것도 무효일 수밖에 없으

562) 대법원 1999. 11. 12. 선고 99다19797 판결.
563) 대법원 1971. 6. 29. 선고 71다946 판결.
564) 대법원 1993. 12. 28. 선고 93다47653 판결; 대법원 1992. 10. 27. 선고 92다19033 판결; 대법원 1991. 11. 12. 선고 91다19111 판결.

므로 같은 문제가 생긴다.

판례는 하자있는 주주총회에서 선임된 이사들이 구성한 이사회에 의해 선임된 대표이사에 대하여도 표현대표이사 규정을 적용하여 제3자를 보호하였다.[565] 일부 판례는 상법 제39조의 부실등기 규정을 적용하여 거래상대방인 선의의 제3자를 보호하기도 한다.[566]

(3) 표현대표이사가 진정한 대표이사의 명의로 한 행위

일단 표현대표이사로서의 요건을 갖춘 자가 정작 대표행위는 자기의 이름으로 하지 않고 진정한 대표이사의 이름으로 한 경우, 판례는 행위자 자신이 표현대표이사인 이상 다른 대표이사의 명칭을 사용하여 행위한 경우에도 상법 제395조가 적용된다고 보고 있다.

이 경우에 상대방의 악의 또는 중대한 과실은 표현대표이사의 대표권 유무에 관한 것이 아니라 그 자가 대표이사를 대리하여 행위를 할 권한이 있는지 여부에 관한 것이다.[567]

▌사 례

A는 상가를 30억원에 분양받고 중도금을 지급하기 위하여 B로부터 자금을 빌렸다. A는 그 후 C, D, E와 함께 甲 주식회사(피고)의 주식을 전부 양수한 후에 A, C는 사외이사, D, E는 대표이사로 각각 취임하였다. 甲 주식회사는 그 후 A가 분양받은 상가에서 슈퍼마켓을 운영하였다. B는 그 시점에서 甲 주식회사도 위 차용금채무를 부담할 것을 요구하였고 A는 '甲 주식회사 대표 D, E' 명의로 차용증을 작성하여 주었다. B는 甲 주식회사를 상대로 위 차용증이 유효하다고 주장할 수 있는가.[568]

〈해설〉

판례에서는 위 사례에서 甲 주식회사 명의의 금전소비대차 계약에 관하여 상법 제395조가 적용될 수 있는지 여부가 다투어졌다. 위 사실관계에서 B는 A가 대표이사가 아니면서 대표이사를 대행하여 법률행위를 한다는 점을 인지하고 있었기 때문에 표현대표이사가 대표이사가 아니라는 점(즉, 대표권을 직접 가진 것은 아니라는 점)에 관하여는 악의라고 보아야 한다. 따라서 악의 또는 중과실의 대상을 표현대표이사인 A가 대표이사라고 믿었는지 여부라고 본다면 상법 제395조가 적용될 수 없다.

그러나 대법원은 위 판결에서 A가 자기의 이름으로 행위한 것이 아니라 甲 주식회사의 대표이사를 대리(대행)하여 차용증을 작성한 것이므로 B의 악의 또는 중과실 여부는 A가 대표이사인지 여부가 아니라 그가 甲 주식회사 대표이사를 대리하여 채무를 부담할 권한이 있는지 여부에 관하여 판단하여야 한다고 보았다. 그 전제하에서 ① A가 점포를 분양받아 매수한 사실, ② A는 甲 주식회사 주식의 45%를 보유한

565) 대법원 1977. 5. 10. 선고 76다878 판결.
566) 대법원 2004. 2. 27. 선고 2002다19797 판결.
567) 대법원 2003. 7. 22. 선고 2002다40432 판결 등
568) 대법원 2011. 3. 10. 선고 2010다100339 판결의 사실관계이다. 나아가 대법원은 대표권 등 권한이 있는지를 당연히 의심하여 보아야 하는 객관적 사정이 있는 등의 경우가 아닌 이상 해당 회사를 상대로 표현대표이사가 대표이사를 대리하여 대표행위를 할 권한이 있는지 여부에 관하여 확인하지 아니하였다는 사정만으로 원고의 악의 또는 중과실을 쉽사리 인정할 수는 없다고 하였다.

최대 주주로서 피고 회사의 사외이사로 취임하여 피고 회사의 운영자금을 두루 마련하는 등 이 사건 점포의 개업 및 운영에 주도적인 역할을 한 사실, ③ 甲 주식회사의 나머지 임원 중 D, E는 모두 A가 대표이사로 있던 乙 주식회사의 임원으로 근무하고 있었던 사실, ④ A는 점포를 매수한 이래 B에게 이 사건 차용증을 작성하여 줄 때까지 대외적으로 甲 주식회사의 사장으로 자처하면서 직함이 甲 주식회사 회장으로 기재된 명함을 사용하여 온 사실, ⑤ 甲 주식회사의 대표이사로 등재된 C는 위 차용증이 작성된 무렵 점포의 수입 및 지출내역을 작성하여 A에게 교부한 사실, ⑥ A는 차용증을 작성하면서 甲 주식회사의 인감을 사용하였다는 사실을 종합하여 B에게 악의 또는 중과실이 있다고 보기 어렵다고 판단하였다.

Ⅴ. 소규모회사의 기업지배구조

소규모회사는 이사를 3인 미만으로 둘 수 있다(법 383 ① 단서). 이사가 1인인 경우에는 그 이사가 대표기관이 된다.

Ⅵ. 이사의 의무

이사의 법적 책임은 이사의 의무를 전제로 한다. 이사가 지는 의무의 범위를 우선 검토한다.

1. 충실의무

가. 의 의

상법 제382조의3은 '이사의 충실의무'라는 표제하에 '이사는 법령과 정관의 규정에 따라 회사를 위하여 그 직무를 충실하게 수행하여야 한다'는 규정을 두고 있다. 영미의 보통법에서 인정하는 이사의 '신인의무', 그중에서도 충실의무의 개념을 성문화한 것이다.[569)]

나. 영미법상 충실의무의 개념

영미법상의 충실의무는 본인(本人)의 재산을 관리·운용하여야 하는 의무를 부담하는 자는 본인의 이익과 충돌하는 상황을 회피하여야 하고(이익충돌금지원칙: 적극적 의무) 또한 그 신인(信認)관계[570)]상의 지위를 이용하여 이익을 취하여서는 안 된다는 원칙(이익획득금지원칙)

---

569) 법무부, 「개정상법(회사편) 해설」, 1999, 법무부, 46면. 신인의무는 주의의무와 충실의무로 나뉘는데 주의의무는 이사로 하여금 회사의 이익을 위해서 노력할 것을 요구하는 적극적 의무인 반면, 충실의무는 이사의 이익과 회사의 이익이 충돌하는 상황에서 이사의 이익을 앞세우지 못하도록 하는 소극적 의무라고 할 수 있다. 김건식/노혁준/천경훈, 앞의 책, 426면.

570) 타인의 재산에 관한 관리·운용을 위탁받은 수임인과 위탁자 또는 수익자 간의 관계를 의미하는 영미법적 개념이다.

을 말한다(소극적 의무). 문제는 한국법에서의 충실의무가 동일한 의미를 갖는지 여부이다.[571]

다. 상법상 충실의무의 개념 및 내용

상법 제382조의3과 관련하여 상법학계에서는 그 문언에도 불구하고 후술하는 선관주의의무를 구체적, 주의적으로 규정한 것에 불과하다고 보는 입장과 영미법상의 충실의무를 도입한 것이므로 그 해석도 영미법상의 충실의무에 따라야 한다는 입장으로 나뉜다. 한동안은 전자의 견해가 지배적이었으나 최근에는 후자의 견해가 보다 유력한 것으로 보인다.

라. 판 례

판례는 '선관주의의무 내지 충실의무'라는 표현을 사용하여 양자를 동질적인 것으로 인식하는 듯한 입장을 보이는 것이 대부분이지만[572] 선관주의의무와 구별되는 의미를 부여한 듯한 판결도 나오고 있다.[573] 예를 들면 대법원 2016. 1. 28. 선고 2014다11888 판결은 회사에 대한 경영권 상실 등으로 퇴직을 앞둔 이사가 회사에서 최대한 많은 보수를 받기 위하여 그에 동조하는 다른 이사와 함께 이사의 직무내용, 회사의 재무상황이나 영업실적 등에 비추어 지나치게 과다하여 합리적 수준을 현저히 벗어나는 보수 지급 기준을 마련하고 지위를 이용하여 주주총회에 영향력을 행사함으로써 소수주주의 반대에 불구하고 이에 관한 주주총회결의가 성립되도록 하였다면, 이는 회사를 위하여 직무를 충실하게 수행하여야 하는 상법 제382조의3에서 정한 의무를 위반한 것이라고 판단하였다.

2. 선관주의의무

회사와 이사의 관계는 위임에 관한 민법 제681조가 준용되므로 이사는 회사에 대해 이사선임의 본지에 따라 선량한 관리자의 주의로써 사무를 처리할 의무를 진다(법 382 ②, 민법 681). 따라서 이사는 자신의 직무를 수행할 때 회사에 대하여 최선의 이익이 되는 결과를 추구하여야 할 의무를 부담한다.

3. 감시의무

가. 의의 및 근거

상법은 이사의 감시의무를 명시적으로 규정하고 있지 않지만[574] 판례는 이사의 감시의

571) 김건식/노혁준/천경훈, 앞의 책, 446~447면.
572) 대법원 2006. 7. 6. 선고 2004다8272 판결 등.
573) 대법원 2016. 8. 24. 선고 2016다222453 판결; 대법원 2016. 1. 28. 선고 2014다11888 판결.
574) 상법은 이사회의 감독권(법 393 ②), 이사의 감사권(법 412 ①)에 관하여만 규정하고 있다.

무를 선관주의의무의 일부로 이해한다.[575)]

나. 감시의무의 범위

(1) 대표이사와 업무담당이사의 감시의무

대표이사는 모든 이사의 업무집행을 감시할 의무가 있으며, 공동대표이사의 경우에는 각 대표이사가 상호 감시의무를 진다. 주식회사의 대표이사가 대표이사로서의 업무 일체를 다른 이사 등에게 위임하고 대표이사로서의 직무를 전혀 집행하지 않는 것은 그 자체로 감시의무 위반이다.[576)]

대표권이 없는 업무담당이사의 감시의무는 비상무이사[平理事][577)]의 감시의무와 구별하여 대체로 대표이사의 감시의무와 같은 수준으로 볼 수 있다.[578)] 판례도 일정한 업무분장하에 회사의 일상적인 업무를 집행하는 업무집행이사는 회사의 업무집행을 전혀 담당하지 않는 비상무이사에 비하여 보다 높은 주의의무를 부담한다는 입장이다.[579)]

한편, 대법원은 대규모회사에서는 흔히 여러 명의 대표이사 간에 그리고 이사들 간에 업무를 분장하지만 다른 이사의 업무에 대한 감시의무가 감소되는 것은 아니며 오히려 업무를 분장하면 효율적인 내부통제시스템을 구축하여 상시 작동하도록 하여야 하고, 이를 게을리하여 다른 이사의 위법한 업무집행을 알지 못한 경우에는 감시의무를 소홀히 한 것을 이유로 제3자가 입은 손해에 대하여 배상책임을 진다는 입장이다.[580)]

특정한 이사가 대표이사나 다른 이사의 업무집행으로 인해 이익을 얻게 될 가능성이 있는 경우에도 그 이사는 감시의무를 부담한다.[581)]

---

575) 대법원 2004. 12. 10. 선고 2002다60467·60474 판결; 대법원 1985. 6. 25. 선고 84다카1954 판결.

576) 대법원 2003. 4. 11. 선고 2002다70044 판결.

577) 판례는 이사의 감시의무 측면에서는 비상무이사를 평이사라고 표현하고 있다. 그러나 평이사는 기업실무에서는 거의 사용되지 않는 용어라고 한다. 김건식/노혁준/천경훈, 앞의 책, 370면. 대부분의 문헌은 평이사를 비상근이사와 동의어로 사용하면서 역시 비상무이사의 의미로 사용하고 있다. 그러나, 개념상 비상근이사와 비상무이사는 구분되어야 한다.

578) 평이사의 감시의무에 관하여는 대법원 1985. 6. 25. 선고 84다카1954 판결, 업무담당이사의 감시의무에 관하여는 대법원 2002. 5. 24. 선고 2002다8131 판결 각 참조.

579) 대법원 2008. 9. 11. 선고 2007다31518 판결.

580) 대법원 2008. 9. 11. 선고 2006다68636 판결. 대법원 2022. 5. 12. 선고 2021다279347 판결은 모든 이사에게 내부통제시스템을 구축하여 작동되도록 하는 방식으로 감시의무를 이행하여야 할 의무가 있다고 판단하면서 특히 사외이사의 경우 업무집행을 담당하지 않으므로 내부통제시스템이 전혀 구축되어 있지 않는데도 내부통제시스템 구축을 촉구하는 등의 노력을 하지 않거나 내부통제시스템이 구축되어 있더라도 제대로 운영되고 있지 않다고 의심할 만한 사유가 있는데도 이를 외면하고 방치하는 등의 경우에 감시의무 위반으로 인정될 수 있다고 보았다. 같은 취지로 대법원 2021. 11. 11. 선고 2017다222368 판결.

581) 대법원 2023. 3. 30. 선고 2019다280481 판결.

(2) 비상무이사 및 사외이사의 감시의무

비상무이사나 사외이사는 이사회에 참석하여 상법에 규정된 결의사항에 대하여 의결권을 행사할 뿐이고 일상적인 업무집행에 담당하지는 않기 때문에 이들에게 업무담당이사와 동등한 차원의 감시의무를 부여하는 것이 현실적으로 타당한지 의문이 제기될 수 있다.

비상무이사 및 사외이사도 이사회의 부의된 사항에 대하여 감시의무(수동적 감시의무)를 부담한다는 데 대하여는 이론이 없으나, 이사회에 부의되지 않은 회사의 업무전반에 대하여 일반적인 감시의무(능동적 감시의무)를 부담하는지 여부에 관하여는 의문이 있을 수 있다. 현재의 통설·판례는 비상무이사 및 사외이사도 일반적·능동적 감시의무를 부담한다고 본다.[582] 이 점에서는 사내이사, 사외이사, 비상무이사 사이에는 차이가 없다는 것이 판례의 태도이다.[583]

나아가 비상무이사 및 사외이사가 대표이사나 업무담당이사의 직무위반행위의 가능성을 인지한 경우에 한하여 감시의무를 부담하는지 아니면 적극적으로 직무위반행위의 유무까지 탐지하여야 할 의무를 지는지에 관하여는 견해 대립이 있다. 판례는 비상무이사나 사외이사는 대표이사 등 업무담당이사의 부정을 의심할 만한 사유가 있음에도 불구하고 이를 방치한 때에 감시의무를 위반한 것이라고 보아 절충설의 입장에서 있다.[584]

---

582) 대법원 2019. 11. 28. 선고 2017다244115 판결; 대법원 1985. 6. 25. 선고 84다카1954 판결. 비상근이사가 이사회에 참석하지도 않고 사후적으로 이사회의 결의를 추인하는 등 실질적으로 이사의 임무를 전혀 수행하지 않은 경우 그 자체로서 임무해태가 된다는 것이 판례이다(대법원 2008. 12. 11. 선고 2005다51471 판결). 사외이사의 경우도 같은 취지로 본 판례가 있다(대법원 2014. 12. 24. 선고 2013다76253 판결).

583) 대법원 2019. 11. 28. 선고 2017다244115 판결. 위 판결은 코스닥 상장회사였던 甲 회사가 실질적으로 회사를 운영하였던 A와 대표이사 B의 횡령 등으로 상장폐지되자, 甲 회사에서 A가 실질적으로 회사를 운영하던 기간 동안 이사, 사내이사, 사외이사 및 감사로 근무한 자들이었던 피고들을 상대로 선관주의의무 등 위반을 이유로 손해배상청구를 한 사안에 관한 것이다. 당시 회사의 이사회가 개최된 적이 없고 임의로 피고들의 인장이 날인되어 회의록 등이 작성되었으며 외부에는 이사회가 개최된 것처럼 공시되었다. 원심은 회사의 실질 운영자 등의 지인에 불과한 피고들은 회사로부터 이사회의 참석조차 요구받지 않았고 이사나 감사로서의 역할을 수행할 기회를 제공받지 않았으며, 대표이사 등이 범죄행위를 은폐하기 위하여 고의적으로 회계처리를 조작한 것을 발견하기 어려웠을 것으로 보고, 주의의무 위반을 인정할 수 없거나 손해와 상당인과관계가 인정되지 않는다고 판단하였다. 그러나 대법원은 기존의 법리를 종합하여 피고들의 경영감시의무위반과 손해와의 상당인과관계를 인정하여 원심을 파기·환송하였다. 이 판결에서 대법원은 이사의 감시의무를 사내이사나 사외이사 및 비상무이사 등의 사이에서 차이를 두지 않고 있다. 즉, 사내이사, 사외이나, 비상무이사 등도 대표이사 등 업무담당이사의 업무집행이 위법하다고 '의심할 만한 사유'가 있음에도 감시의무를 위반하여 이를 방치한 때에는 이로 인하여 회사가 입은 손해를 배상하여야 한다고 보았다(대법원 1985. 6. 25. 선고 84다카1954 판결 등). 또한 이른바, '명목상 이사'의 경우에도 이사회에 참석하지 않는 등 실질적으로 이사의 업무를 수행하지 않은 이상 그 자체로 임무해태가 된다고 보고 있어 형식적으로 이사로 등재되었다는 사정만으로 주의의무를 면한다고 보지는 않는 입장이다(대법원 2014. 12. 24. 선고 2013다76253 판결 등). 또한 감사의 경우에도 회계감사에 관한 상법상의 감사와 외부감사법상 감사인에 의한 감사는 상호 독립적이므로 외부감사인에 의한 감사가 있었다고 하여 상법상 감사의 감사의무가 감면되지 않는다.

584) 대법원 2019. 11. 28. 선고 2017다244115 판결; 대법원 2007. 9. 20. 선고 2007다25865 판결; 대법원 2004. 3. 26. 선고 2002다29138 판결; 대법원 1985. 6. 25. 선고 84다카1954 판결 등.

4. 이사회출석의무

이사가 단순히 이사회에 불출석했다고 하여 임무해태로 볼 수는 없지만, 비상무이사가 이사회에 참석하지도 않고 사후적으로 이사회의 결의를 추인하는 등으로 실질적으로 이사의 임무를 전혀 수행하지 않은 이상 그 자체로서 임무해태가 된다는 판례가 있다.[585)]

5. 영업비밀유지의무

상법 제382조의4는 '이사는 재직중뿐만 아니라 퇴임 후에도 직무상 알게 된 회사의 영업상 비밀을 누설하여서는 아니된다'라고 규정하여 이사가 직무상 알게 된 회사의 영업상 비밀을 재직중에는 물론이고 퇴임 후에도 누설하지 못하도록 규정하고 있다.

법조문에는 비밀을 누설하지 못하는 것만을 규정하고 있으나 비밀을 이용하는 것도 당연히 금지된다고 해석된다.[586)]

6. 의사결정과 책임의 관계

이사의 직무수행은 주주총회나 이사회의 결의에 따라 행해지는 경우가 적지 않다. 특히 대표이사나 업무담당이사가 수행하는 업무집행 가운데에는 법령의 규정에 의해 주주총회 또는 이사회의 결의내용을 집행하는 사항들이 많다. 이사들은 원칙적으로 주주총회 또는 이사회의 결의를 준수해야 할 의무를 지지만, 그 결의내용이 법령·정관에 위반하거나 특히 불공정·부당하여 회사채권자나 주주들의 이익을 해칠 경우에도 이를 준수하여야 하는지, 그 경우 직무를 수행한 결과에 관하여 책임을 면할 수 있는지 의문이 제기된다.

이사는 각자가 회사와 위임관계를 갖고(법 382 ②), 법률상 독자적인 권한을 가지고 의무와 책임을 부담한다. 이사의 권한과 의무는 회사의 이익을 위한 것이어야 하므로 주주총회나 이사회의 결의가 위법·부당하여 회사의 이익에 반하는 경우 이사는 그 의사결정에 구속되지 않는다.[587)] 따라서 그와 같은 경우 이사의 위법·부당한 업무집행행위는 주주총회와 이사회의 결의에 따랐다는 것만으로 정당화될 수 없고, 손해배상책임(법 399, 401) 등 민·형사책임을 면할 수 없다.[588)]

---

585) 대법원 2008. 12. 11. 선고 2005다51471 판결.
586) 김건식/노혁준/천경훈, 앞의 책, 495면.
587) 이철송, 앞의 책, 789면.
588) 대법원 2000. 11. 24. 선고 99도822 판결(형사); 대법원 2007. 11. 30. 선고 2006다19603 판결(민사).

VII. 이사와 회사의 이익충돌방지

1. 경업금지의무

가. 의 의

이사는 이사회의 승인이 없으면 자기 또는 제3자의 계산으로 회사의 영업부류에 속하는 거래를 하거나(경업) 동종영업을 목적으로 하는 다른 회사의 무한책임사원이나 이사가 되지 못한다(겸직). 이사가 회사에 대하여 부담하는 충실의무의 내용에 속한다. 이사가 그 지위를 이용하여 자신의 개인적 이익을 추구함으로써 회사의 이익을 침해할 우려가 큰 경업을 금지하여 이사로 하여금 선량한 관리자의 주의로써 회사를 유효적절하게 운영하여 그 직무를 충실하게 수행하여야 할 의무를 다하도록 하기 위한 규정이다.

나. 허용요건

이사회의 승인이 있으면 경업·겸직이 가능하다. 이사회의 승인은 사전의 승인을 의미한다. 이사가 1인만 있는 소규모회사에서는 주주총회의 결의로 승인한다(법 383 ④). 경업을 하고자 하는 이사는 특별한 이해관계가 있는 자로서 의결권을 행사할 수 없다. 그러나, 이사회의 승인이 있더라도 경업·겸직으로 인하여 회사에 손해가 발생한다면 그 이사는 상법 제399조에 따라 손해배상책임을 진다.

다. 적용범위

(1) 협의의 경업금지

① 자기 또는 제3자의 계산

이사가 자기 또는 제3자의 계산으로 경업하는 것이 금지되며 거래의 명의는 묻지 않는다.

② 회사의 영업부류에 속하는 거래

영업부류에 속하는 거래란 정관상의 사업목적에 국한하지 않고 사실상 회사의 영리활동의 대상이 되어 있는 것을 모두 포함한다. 보조적 상행위는 회사의 영리활동 자체는 아니므로 경업금지의 대상이 아니다.[589] 제한되는 경업의 범위는 반드시 동종의 영업에 한하는 것이 아니고 회사의 영업에 대해 대체재 또는 시장분할의 효과를 가져오는 영업도 포함된다. 회사의 이익실현을 방해할 가능성이 있기 때문이다. 예컨대, 건설장비판매회사의 이사가 건설장비임대업을 한다면 그 역시 경업으로 보아야 한다. 거래는 일회적이든 계속적이든 묻지 않는다.

---

589) 이철송, 앞의 책, 792면.

(2) 겸직금지

이사는 동종영업을 목적으로 하는 다른 회사의 무한책임사원이나 이사가 되지 못한다. 동종영업을 목적으로 한다는 것의 의미는 경업금지의무에서와 동일하게 해석한다.[590]

또한 동종영업을 목적으로 하는 다른 회사란 반드시 실제 영업을 수행하는 회사일 필요는 없고 아직 개업을 준비하는 단계에 있는 회사도 여기에 해당한다.[591]

(3) 지배주주가 되는 경우

동종영업을 목적으로 하는 다른 회사의 지배주주가 되어 그 회사의 의사결정과 업무집행에 관여할 수 있게 되는 경우는 어떠한가? 법문상으로는 상법 제397조 제1항의 적용 대상이 아니지만 대법원은 그 경우에도 위 조항이 적용된다고 본다.[592]

라. 의무위반의 효과

이사가 이사회의 승인없이 경업 또는 겸직을 하면 그것으로 경업금지의무를 위반한 것이고 그 밖에 회사에 손해가 발생하였어야 하는 것은 아니다. 이 제도는 이사가 회사와 경쟁하지 않고 그 업무에 전념하도록 하는 것을 주된 목적으로 하는 제도이기 때문이다. 회사는 이사의 경업금지의무 위반에 관하여 일반적인 책임추궁을 할 수 있으나 회사에 손해가 발생하지 않았다면 손해배상청구는 할 수 없다.[593]

---

590) 동종영업에 한하지 않고 모든 회사에 걸쳐 무한책임사원 또는 이사가 되거나 다른 상인의 상업사용인이 되는 것을 금지하는 상업사용인의 겸직금지의무보다 범위가 좁다.

591) 대법원 1990. 11. 1. 자 90마745 결정. 대법원은 이 사건에서 甲 주식회사의 이사가 주주총회의 승인이 없이 그 회사와 동종 영업을 목적으로 하는 乙 주식회사를 설립하고 乙 주식회사의 이사 겸 대표이사가 되었다면 설령 乙 주식회사가 영업활동을 개시하기 전에 乙 주식회사의 이사 및 대표이사직을 사임하였다고 하더라도, 이는 분명히 상법 제397조 제1항 소정의 경업금지의무를 위반한 행위로서 특별한 다른 사정이 없는 한 이사의 해임에 관한 상법 제385조 제2항 소정의 "법령에 위반한 중대한 사실"이 있는 경우에 해당한다고 보았다.

592) 대법원 2013. 9. 12. 선고 2011다57869 판결. 문제가 된 쟁점은 ㈜신세계의 지배주주인 A의 아들로서 ㈜신세계의 이사인 B(피고)가 ㈜신세계의 광주 지역 완전자회사인 ㈜광주신세계의 신주를 인수하여 그 지배주주가 된 거래가 상법 제397조 제1항의 적용대상이 되어 이사회의 승인이 필요한 거래인지 여부였다. 대법원은 일반론적으로는 경업금지의 대상이 된다고 하면서도 "…어떤 회사가 이사가 속한 회사의 영업부류에 속한 거래를 하고 있다면 그 당시 서로 영업지역을 달리하고 있다고 하여 그것만으로 두 회사가 경업관계에 있지 아니하다고 볼 것은 아니지만, 두 회사의 지분소유 상황과 지배구조, 영업형태, 동일하거나 유사한 상호나 상표의 사용 여부, 시장에서 두 회사가 경쟁자로 인식되는지 여부 등 거래 전반의 사정에 비추어 볼 때 경업 대상 여부가 문제되는 회사가 실질적으로 이사가 속한 회사의 지점 내지 영업부문으로 운영되고 공동의 이익을 추구하는 관계에 있다면 두 회사 사이에는 서로 이익충돌의 여지가 있다고 볼 수 없고, 이사가 위와 같은 다른 회사의 주식을 인수하여 지배주주가 되려는 경우에는 상법 제397조가 정하는 바와 같은 이사회의 승인을 얻을 필요가 있다고 보기 어렵다.…"라고 판시하였다.

593) 이철송, 앞의 책, 794면.

(1) 거래의 사법상 효력

경업금지에 위반한 거래도 그 자체의 사법상 효력은 유효하다.

(2) 손해배상책임

이사가 경업금지의무를 위반하여 회사에 손해가 발생한 경우 이사는 회사에 대해 손해를 배상할 책임을 진다(법 399).

(3) 해 임

경업 또는 겸직은 상법 제385조 제2항에서 말하는 법령에 위반한 중대한 사실이므로 손해배상없이 이사를 해임할 수 있는 사유가 되며(법 385 ①),[594] 소수주주가 법원에 해임을 청구할 수 있는 사유가 된다(법 385 ②). 이사가 경업을 중지하더라도 마찬가지이다.[595]

(4) 개입권

회사는 경업거래가 이사 자신의 계산으로 한 것인 때에는 이를 회사의 계산으로 한 것으로 볼 수 있고, 제3자의 계산으로 한 것인 때에는 그 이사에 대하여 이로 인한 이득의 양도를 청구할 수 있다(법 397 ②). 이를 개입권이라고 한다(형성권). 이사가 협의의 경업금지의무에 위반한 경우에만 인정되며 회사가 개입권을 행사하려면 이사회의 결의가 있어야 한다(법 397 ②). 이사의 계산으로 한 경우, '회사의 계산으로 한 것으로 볼 수 있다'는 것은 거래로 인한 비용을 회사의 부담으로 하고 그에 대응하는 이득을 회사에 귀속시키는 것을 말한다. 제3자의 계산으로 한 경우, 이사가 양도할 '이득'이란 이사가 계산의 주체인 제3자로부터 받은 보수만을 뜻하고 거래 자체로부터 발생한 이득을 의미하지 않는다. 거래 자체로 인한 이득을 직접 거래상대방에 대하여 청구할 수 있게 하면 제3자의 권리가 영향을 받게 되기 때문이다.[596]

개입권은 거래가 있은 날로부터 1년을 경과하면 소멸한다(제척기간. 법 397 ③). 회사는 개입권과 손해배상청구를 동시에 행사할 수 있다.

(보론) 경업금지약정의 효력

회사와 이사가 임용계약을 체결할 때 퇴임 후 일정기간 경업금지약정을 체결하는 경우가 많은데 이와 같은 약정은 원칙적으로 유효하지만 경업금지의 내용이 과도할 경우에는 효력이

594) 대법원 1990. 11. 1. 자 90마745 결정.
595) 대법원 1990. 11. 1. 자 90마745 결정.
596) 이철송, 앞의 책, 795면.

문제될 수 있다. 판례는 근로자가 회사와 체결한 경업금지약정에 관해서는 경업금지의 내용이 헌법상 보장된 근로자의 직업선택의 자유와 근로권 등을 과도하게 제한하거나 자유로운 경쟁을 지나치게 제한하는 경우에는 민법 제103조에 정한 선량한 풍속 기타 사회질서에 반하는 법률행위로서 무효라고 보아야 한다(대법원 2010. 3. 11. 선고 2009다82244 판결)는 입장이다. 따라서 회사와 이사 간에 체결된 경업금지약정의 효력을 판단할 때에는 기간과 제한의 내용을 모두 고려할 필요가 있다.

2. 회사기회의 유용금지

이사는 이사회의 승인없이는 회사의 이익이 될 수 있는 사업기회를 이용하여서는 안 된다(법 397의2). 이사가 회사의 사업기회를 유용하여 본래 회사가 취했어야 할 이익을 가로채는 행위를 규제하기 위한 것이다.

가. 회사기회의 의의

상법은 회사의 사업기회를 ① 직무를 수행하는 과정에서 알게 되거나 회사의 정보를 이용한 사업기회(법 397의2 ① I)와 ② 회사가 수행하고 있거나 수행할 사업과 밀접한 관계가 있는 사업기회(법 397의2 ① II)로 나누어 규정하고 있다.

나. 금지의 내용

이사는 이사회의 승인 없이 현재 또는 장래에 회사의 이익이 될 수 있는 소정의 회사의 사업기회를 자기 또는 제3자의 이익을 위하여 이용하여서는 안 된다(법 397의2 ①).

(1) 주 체

금지의무를 부담하는 주체는 이사(법 397의2)이다. 주요주주는 직접적으로 위 규정의 적용대상이 아니다.

(2) 회사의 이익

규제의 대상이 되는 회사의 기회는 현재 또는 장래에 회사의 이익이 될 수 있는 것이어야 한다.

(3) 이용행위

회사의 기회를 이용한다는 것은 폭넓게 해석하여야 한다. 일회성의 비영업적 거래라 하더라도 회사의 사업기회를 유용하는 것이라면 여기의 이용행위에 해당한다고 보아야 할

것이다.[597]

다. 이사회의 승인

이사회의 승인은 이사 재적의 3분의 2 이상의 찬성으로 한다(법 397 ① 후단). 소규모회사에서는 주주총회의 결의로 승인한다(법 383 ④). 기회를 이용하려는 이사는 특별이해관계인으로서 의결권을 행사할 수 없다(법 391 ③, 368 ④). 반드시 사전승인을 받아야 하는지 여부에 관하여는 견해대립이 있다.

라. 위법한 회사기회 유용의 효과

이사가 이사회의 승인없이 한 회사기회의 유용은 경업의 경우와 마찬가지로 민사법적으로는 유효하다고 해석한다(통설).

마. 손해배상책임 및 손해액의 추정

회사기회의 유용금지에 위반하여 회사에 손해를 발생시킨 이사 및 승인한 이사는 연대하여 손해를 배상할 책임이 있다. 이때 이사 또는 제3자가 얻은 이익을 손해로 추정한다(법 397의2 ②).[598] 그 밖에 개입권은 규정되어 있지 않다.

3. 이사 등의 자기거래규제

▮ 사 례

1. 甲 회사와 乙 회사의 대표이사를 겸하고 있는 A는 甲 회사를 대표하여 乙 회사로부터 자금을 차입하기로 하고 乙 회사를 대표하는 다른 대표이사 B와 금전소비대차계약을 체결하였다.
   가. 위 소비대차계약을 체결할 때 甲 회사 및 乙 회사 이사회의 승인이 필요한가?
   나. 甲 회사가 乙 회사의 주식을 전부 보유하는 경우에도 乙 회사의 이사회의 승인이 필요한가?
2. 위 사례에서 A가 乙 회사 이사회의 승인을 얻지 않고 乙 회사의 대표이사로서 甲 회사를 위하여 乙 회사와 丙 은행 간에 보증계약을 체결하였다면 그 보증계약은 유효한가?

---

597) 이철송, 앞의 책, 801면.

598) 경제개혁연대 등 주식회사 甲의 소수주주들이 회장을 비롯한 주식회사 甲의 이사들을 상대로 주주대표소송을 제기하여, 주식회사 甲이 회장의 경영권 승계를 위해 자회사인 乙 주식회사의 주식을 부당히 저가로 회장의 장남에게 매도한 것은 상법상 이사의 자기거래금지위반, 회사기회유용금지위반 등 이사로서의 주의의무 또는 충실의무위반에 해당한다는 이유로 회사에 대한 손해배상을 청구하는 사안에서, 대법원은 비록 주식회사 甲의 주식매매가 이사의 자기거래금지, 회사기회의 이용에 해당할 여지가 있더라도, 주식회사 甲의 이사회가 충분한 정보를 바탕으로 정당한 절차를 거쳐 이를 승인하였고, 주식의 매매가격 역시 부당히 저가로 평가된 것이라고 볼 수 없다고 판단하여 상고를 기각하였다. 대법원 2017. 9. 12. 선고 2015다70044 판결.

〈해설〉

1. (1) 우선 乙 회사의 관점에서 위 거래는 직접적인 자기거래에 해당한다. 다음으로 甲 회사의 관점에서 위 거래가 자기거래인지 아닌지 문제된다. 실제로 乙 회사를 대표한 자는 A가 아니라 B이기 때문이다. 이와 관련하여 거래의 공정을 해할 우려가 있다는 이유로 승인이 필요하다고 보는 견해와 甲 회사 입장에서 乙 회사와 A를 동일시할 수 없으므로 승인이 필요없다고 보는 견해가 대립니다. 만일 승인이 필요하다고 볼 경우에는 직접적인 자기거래에 해당한다.
   (2) 판례는 주주 전원이 동의하면 이사회의 승인이 필요하지 않다는 입장이므로 이사회의 승인이 필요없다고 볼 수 있다.
2. 자기거래에 해당하므로 乙 회사 이사회의 승인이 필요하다.

가. 자기거래의 의의

자기거래란 회사의 이사, 주요주주, 그 특수관계인(이하 '이사등')이 회사를 상대로 하여 자기 또는 제3자의 계산으로 하는 거래를 말한다(법 398). 이사 등이 그 지위를 이용하여 자기 또는 제3자의 이익을 위하여 회사와 거래를 함으로써 회사에 손해를 입할 가능성이 있으므로 이를 규제하기 위한 제도이다.

나. 자기거래의 요건

(1) 거래주체의 범위

상법 제398조의 적용대상이 되는 거래주체는 이사등이다.

① 이 사

모든 이사가 대상이다. 판례는 이사가 거래의 상대방이 되는 경우뿐만 아니라 상대방의 대리인이나 대표자로서 회사와 거래를 하는 경우와 같이 회사와 이사 사이에 이해충돌의 염려나 회사에 불이익을 생기게 할 염려가 있는 경우도 여기에 해당한다고 본다.[599]

② 주요주주

주요주주란 '발행주식의 10% 이상을 소유하는 자 또는 이사·감사의 신임, 해임 등 상장회사의 주요경영사항에 대하여 사실상의 영향력을 행사하는 주주'를 뜻한다(법 542의8 ② VI). 법문에도 불구하고 비상장회사의 주요주주도 포함하는 것으로 해석하는 견해가 다수설이다.[600] 예를 들어서 甲 주식회사의 주요주주인 A가 동시에 乙 주식회사의 대표이사라면 두 회사 간의 거래는 각각의 회사에 대하여 자기거래에 해당할 수 있다.

---

599) 대법원 2017. 9. 12. 선고 2015다70044 판결. 학설은 이 경우도 직접거래로 본다.
600) 권순일 편, 「주석 상법(회사3)」, 제6판, 한국사법행정학회, 2021, 448면(백숙종 집필부분).

③ **특수관계인**

특수관계인은 이사 또는 주요주주와 다음의 관계에 있는 자를 말한다(법 398 II~V).

㉮ 이사 또는 주요주주의 배우자 및 직계존비속
㉯ 이사 또는 주요주주의 배우자의 직계존비속
㉰ 이사 또는 주요주주 및 위 ㉮, ㉯에 규정한 자가 단독 또는 공동으로 과반수 의결권을 가진 회사 및 그 자회사
㉱ 이사 또는 주요주주 및 위 ㉮, ㉯에 규정한 자가 ㉰의 회사와 합하여 과반수 의결권을 가진 회사

(2) 자기 또는 제3자의 계산

상법은 자기거래를 '자기 또는 제3자의 계산으로' 행해지는 거래라고 정의한다. 따라서 거래의 명의자는 중요하지 않다. 여기서의 제3자는 당연히 이사, 주요주주 및 그 특수관계인이 그 제3자를 위하여 업무를 처리하는 관계에 있음을 전제로 한다.[601]

(3) '회사'와의 거래

이사 등이 회사의 모회사나 자회사와 거래하는 것은 자기거래에 속하지 않는다.[602]

(4) 거래의 범위

상법 제398조의 '거래'는 모든 재산상의 행위를 뜻한다. 따라서, 채권계약·물권계약뿐 아니라 회사가 이사를 상대로 하는 채무면제와 같은 단독행위도 포함하며, 채권양도의 승인, 채무승인, 사무관리 같은 준법률행위도 포함한다.[603]

거래의 행한 실제 당사자가 이사, 주요주주 및 그 특수관계인인 경우를 직접거래, 거래의 당사자는 이사, 주요주주 및 그 특수관계인에 해당하지 않는 자이지만 회사와 이사, 주요주주 및 그 특수관계인 또는 이들이 대표·대리하는 제3자 간에 경제적으로 이해관계가 상충하는 경우를 간접거래라고 한다.[604] 직접거래의 예로는 회사와 주요주주 사이에 행해

601) 당연히 제3자는 일정한 범위 내로 제한되어야 한다. 그렇지 않으면 사실상 자기거래의 범위가 무한대로 넓어질 수 있기 때문이다. 그러나 이 문제에 관하여 명시적으로 언급하는 학설이나 판례는 아직 없다.

602) 대법원 2013. 9. 12. 선고 2011다57869 판결. 그 이유는 모회사가 자회사의 주식 전부를 소유하고 있더라도 모회사와 자회사는 상법상 별개의 법인격을 가진 회사이고, 그 거래로 인한 불이익이 있더라도 그것은 자회사에게 돌아갈 뿐 모회사는 간접적인 영향을 받는 데 지나지 않으므로, 자회사의 거래를 곧바로 모회사의 거래와 동일하게 볼 수는 없기 때문이라고 한다.

603) 이철송, 앞의 책, 808면.

604) 판례도 간접거래를 자기거래의 범위에 포함시키고 있다. 대법원 1980. 7. 22. 선고 80다828 판결; 대법원 1974. 1. 15. 선고 73다955 판결.

지는 부동산 매매거래를 들 수 있다. 두 회사의 대표이사를 겸하고 있는 자가 두 회사를 각각 대표하여 두 회사 사이의 계약을 체결하는 경우에는 쌍방에 대하여 직접거래인 자기거래가 된다.[605)]

간접거래의 예로는 회사가 이사의 채권자와 이사의 채무에 대한 보증 또는 담보설정계약을 체결하거나 그 채무를 인수하는 행위를 들 수 있다.[606)]

다. 자기거래규제의 적용범위

형식적으로는 자기거래에 해당하더라도 실질적인 근거에서 자기거래에 해당하지 않는 경우가 있을 수 있다.

(1) 거래의 성질상 이익충돌의 염려가 없는 거래

상법이 자기거래를 제한하는 취지가 회사와 이사 등의 이익이 충돌되어 회사의 이익이 희생되는 것을 방지하려는 것이므로 거래의 성질상 이익충돌의 염려가 없는 거래는 이사회의 승인을 거칠 필요가 없다(통설 · 판례[607)]). 통설·판례가 이사회의 승인을 필요로 하지 않는 거래로 드는 예로는, 회사에 대한 무이자·무담보의 자금대여, 회사에 대한 부담 없는 증여, 상계, 채무의 이행, 약관에 의하여 정형적으로 체결되는 거래, 법령이나 주주총회의 결의를 집행하기 위한 거래[608)] 등이다.[609)]

(2) 어음행위

통설 및 판례는 자기거래가 어음행위인 경우에도 상법 제398조의 적용대상이라고 본다.[610)]

라. 이사회의 승인

(1) 승인기관

상법은 자기거래에 관한 승인을 이사회의 권한으로 규정하고 있는바, 성질상 대표이사에게 위임할 수 없다. 관련하여 정관에 규정을 두면 주주총회의 결의사항으로 할 수 있다는

605) 대법원 1996. 5. 28. 선고 95다12101 · 12118 판결.
606) 대법원 1994. 10. 11. 선고 94다24626 판결; 대법원 1973. 10. 31. 선고 73다954 판결.
607) 대법원 2000. 9. 26. 선고 99다54905 판결.
608) 주식회사의 이사가 자신을 피보험자 및 수익자로 하여 회사 명의로 퇴직보험에 가입한 사안에서, 회사가 이사를 피보험자로 하여 퇴직보험계약을 체결한 것은 임원퇴직금지급규정상 임원의 보수를 지급하기 위한 수단에 불과하고, 회사에게 퇴직금을 조성하기 위한 일반적인 자금 운영의 범위를 넘는 실질적인 불이익을 초래할 우려가 없으므로, 이에 관하여 이사회의 승인을 얻을 필요가 없다. 대법원 2010. 3. 11. 선고 2007다71271 판결.
609) 이철송, 앞의 책, 808면.
610) 대법원 2004. 3. 25. 선고 2003다64688 판결.

견해가 있고, 같은 취지로 해석될 수 있는 판례도 있으나,[611] 제도의 취지상 타당하지 않다. 상법 제398조에는 제416조 단서와 같은 유보조항이 없으며, 후술하는 바와 같이 부당하게 이루어진 이사회의 승인에 관하여는 이사를 상대로 그 책임을 추궁할 수 있으나(법 399 ②), 주주총회의 승인에 관하여는 그렇게 할 수 없기 때문이다.

또한 판례는 사전에 주주 전원의 동의가 있었다면 이사회의 승인이 없었음을 이유로 회사가 책임을 면할 수는 없다고 하여 이사회의 승인을 필요로 하지 않는다는 입장을 취하고 있는데[612] 역시 같은 이유에서 타당하다고 하기 어렵다.

한편, 소규모회사로서 이사가 2인 이하인 경우 이사회에 갈음하여 주주총회에서 승인하는데(법 383 ④) 1인회사가 아닌 이상 주주총회 결의를 거쳤더라도 당연히 주주 3분의 2 이상의 동의를 얻었을 것이라는 사정만으로는 주주총회 승인이 있었던 것과 같게 볼 수는 없다는 것이 대법원 판례의 입장이다.[613] 즉, 판례는 지배주주가 존재하는 경우는 주주 전원의 동의가 있는 경우와 다르게 취급한다.

(2) 결의요건

이사회의 승인은 이사 재적인원의 3분의 2 이상에 의하며 그 거래당사자인 이사는 특별한 이해관계가 있는 자이므로 의결권을 행사하지 못한다(법 398, 391 ③, 368 ③, 통설).[614] 상법 제397조의2에 규정되어 있는 기회유용의 승인과 같다.

(3) 승인시기

법문상 이사회의 승인은 사전에 받아야 하고 사후승인(추인)은 허용되지 않는다.[615]

(4) 중요사실의 개시의무

상법은 이사 등이 이사회에서 문제가 되는 거래에 관한 중요사실을 밝힐 것을 요구한다.[616] 그러나 회사의 거래상대방이 이사 이외의 지배주주, 특수관계인이라면 현실적으로

---

611) 대법원 2007. 5. 10. 선고 2005다4284 판결. 위 판결의 판시사항을 보면, 이사와 회사 사이의 이익상반거래에 대한 승인은 주주 전원의 동의가 있다거나 그 승인이 정관에 주주총회의 권한사항으로 정해져 있다는 등의 특별한 사정이 없는 한 이사회의 전결사항이라 할 것이라고 판시하고 있다.

612) 대법원 2017. 8. 18. 선고 2015다5569 판결; 대법원 1992. 3. 31. 선고 91다16310 판결.

613) 따라서 자본금 총액이 10억원 미만으로 이사가 1명 또는 2명인 회사의 이사가 자기 또는 제3자의 계산으로 회사와 거래를 하기 전에 주주총회에서 해당 거래에 관한 중요사실을 밝히고 주주총회의 승인을 받지 않았다면, 특별한 사정이 없는 한 그 거래는 무효라고 보아야 한다. 이상, 대법원 2020. 7. 9. 선고 2019다205398 판결.

614) 이 경우 특별이해관계 있는 이사는 이사의 재적수에서 제외된다.

615) 대법원 2023. 6. 29. 선고 2021다291712 판결.

616) 과거에 개시의무가 규정되어 있지 않던 시기에도 대법원은 이사 등에게 개시의무가 있다고 하면서 이를 이행하지 않으면 이사회 승인은 무효라고 보았다. 대법원 2007. 5. 10. 선고 2005다4284 판결.

이 의무를 이행하도록 하기가 쉽지 않다.

(5) 승인방법

상법 제398조는 1회적인 거래를 예상한 것이므로 이사회의 승인은 개개의 거래에 관하여 행해져야 하고, 일정 금액, 일정 종류의 거래를 정하여 포괄적으로 승인하는 것은 허용되지 않는다(통설). 다만, 반복하여 이루어지는 동종·동형의 거래에 관해서는 기간·한도 등을 합리적인 범위로 정하여 포괄적으로 승인하는 것도 무방하다고 본다(통설).

(6) 거래의 공정성

상법 제398조에 '그 거래의 내용과 절차는 공정하여야 한다'라고 규정하고 있다. 이는 자기거래가 형식적으로 이사회의 승인을 얻었더라도 그 거래의 내용이 공정해야 한다는 취지이다. 이사회의 승인을 받더라도 거래가 불공정하다면 해당 승인은 무효로 보아야 할 것이다.

(7) 이사회의 승인과 이사의 책임

이사회의 승인을 얻어 거래를 하였더라도 그 결과 이사가 회사에 손해를 입혔다면 해당 이사는 상법 제399조 제1항에 따라 손해배상책임을 지며 이사회에서 승인결의에 찬성한 이사도 연대하여 책임을 진다(법 399 ②, ③). 다만 이사가 아닌 주요주주나 그 특수관계인의 경우 상법 제401조의2에 규정된 업무집행지시자에 해당할 경우에만 책임을 지게 될 것이다.

마. 위법한 자기거래의 효력

(1) 이사의 자기거래

이사회의 승인 없는 이사의 자기거래가 사법적으로 어떤 효력을 갖는지 여부에 관하여 견해의 대립이 있다. 유효설은 거래의 안전을 보호하기 위하여 상법 제398조는 업무집행의 결정방법을 정한 명령적 규정이라고 이해한다. 따라서 위법한 자기거래도 유효하고 이사의 대내적 책임문제만 생긴다고 한다. 무효설은 반대로 회사의 이익보호에 중점을 두어 위법한 자기거래는 무효라고 본다. 상대적 무효설은 다수설과 판례가 취하는 입장인데 위법한 자기거래는 회사와 이사 간에는 무효이지만 자기거래에 관련되는 선의의 제3자와의 사이에서는 유효라고 하는 설이다. 상대적 무효설에 따르면 회사가 자기거래임을 이유로 무효를 주장할 경우 이사회의 승인이 없었다는 점과 이 점에 대한 상대방의 악의에 관하여 회사가 입증책임을 진다.[617] 위 규정의 취지에 비추어 이사와 회사 간의 거래가 상법 제398조를 위

617) 대법원 1973. 10. 31. 선고 73다954 판결.

반하였음을 이유로 무효임을 주장할 수 있는 자는 회사에 한정되고 특별한 사정이 없는 거래의 상대방이나 제3자는 그 무효를 주장할 이익이 없으므로 거래의 상대방인 해당 이사 스스로가 위 규정 위반을 내세워 그 거래의 무효를 주장할 수는 없다.[618]

제3자가 선의이기는 하지만 이사회의 결의가 없었다는 사실을 알지 못한 데에 중대한 과실이 있는 경우에는 악의인 경우와 같이 자기거래는 제3자에 대하여도 무효이다.[619] 주의할 것은 간접거래의 경우 제3자가 직접적인 거래상대방이지만 여기서의 제3자에 해당한다는 점이다.[620]

(2) 그 밖의 자기거래

주요주주 등과 회사의 자기거래가 위법하더라도 주요주주 등에게 손해배상책임을 지울 수 있는 법적 근거는 없다. 따라서, 이 경우에도 상대적 무효설에 따르는 것이 타당하다.

바. 상장회사에 대한 특례

상장회사의 특례로서 상장회사의 주요주주 및 그 특수관계인, 이사(업무집행지시자 포함), 감사를 상대방으로 하거나 그를 위하여 신용공여(금전 등 경제적 가치가 있는 재산의 대여, 채무이행의 보증, 자금 지원적 성격의 증권 매입, 그 밖에 거래상의 신용위험이 따르는 직접적·간접적 거래로서 대통령령으로 정하는 거래)를 해서는 안 된다(법 542의9 ①). 이 규정은 강행규정이므로 이에 위반하여 이루어진 신용공여는 사법상 무효이고 누구나 무효를 주장할 수 있다. 규정의 문언상 상법 제542조의9 제1항을 위반하여 이루어진 신용공여는 이사회의 승인 유무와 관계없이 금지되므로 이사회의 사전 승인을 받더라도 무효이다. 다만 상법 제542조의9 제1항을 위반한 신용공여라고 하더라도 제3자가 그에 대해 알지 못하였고 알지 못한 데에 중대한 과실이 없는 경우에는 그 제3자에 대하여는 무효를 주장할 수 없다는 것이 판례의 입장이다.[621]

Ⅷ. 이사의 손해배상책임

이사는 직무수행과 관련하여 회사와 제3자에게 손해를 가하였을 때 손해배상책임을 진

618) 대법원 2012. 12. 27. 선고 2011다67651 판결.
619) 대법원 2014. 6. 26. 선고 2012다73530 판결; 대법원 2004. 3. 25. 선고 2003다64688 판결.
620) 대법원 1984. 12. 11. 선고 84다카1591 판결. 두 회사의 대표이사를 겸하고 있는 자가 어느 일방 회사의 채무에 관하여 타회사를 대표하여 연대보증을 한 경우, 대법원은 회사가 위 거래가 이사회의 승인을 얻지 못하여 무효라는 것을 거래의 상대방인 제3자에게 주장하기 위해서는 거래의 안전과 선의의 제3자를 보호할 필요상 이사회의 승인을 얻지 못하였다는 것 이외에 거래의 상대방인 제3자가 이사회의 승인 없음을 알았다는 사실을 주장·입증하여야 한다고 판시하였다.
621) 대법원 2021. 4. 29. 선고 2017다261943 판결.

다(법 399, 401). 이사의 손해배상책임은 이사의 의무이행을 간접적으로 강제하는 수단으로 기능한다.

1. 회사에 대한 손해배상책임

가. 의 의

이사가 법령 또는 정관에 위반한 행위를 하거나 그 임무를 해태한 때에는 그 이사는 회사에 대하여 연대하여 손해를 배상할 책임이 있다(법 399 ①). 이사와 회사와의 관계는 위임관계(법 382 ②)이므로 이사는 회사에 대하여 수임인으로서 선량한 관리자로서의 주의의무를 부담하게 되고 그 위반에 대해서는 채무불이행이나 때로는 불법행위의 책임을 진다. 그러나 이러한 민법상의 책임 외에도 상법 제399조에서 이사의 책임을 규정하고 있어 본조의 성격이 문제된다. 통설과 판례는 상법 제399조에 의한 이사의 책임을 위임계약의 불이행으로 인한 책임이라고 해석한다.[622)]

나. 요 건

상법 제399조 제1항은 이사의 회사에 대한 손해배상책임의 발생원인을 법령 또는 정관 위반과 임무해태 두 가지로 나누어 규정하고 있다.

(1) 법령 또는 정관의 위반

이사가 개별적·구체적인 법령 또는 정관의 규정에 위반한 행위를 하였을 경우를 말한다.[623)] 법령·정관에 위반한 행위도 결국 임무해태에 해당하지만 전형적인 경우이므로 때문에 별도의 요건으로 삼은 것이다.[624)]

(2) 임무해태

임무해태는 이사가 직무를 수행할 때 선관주의의무와 충실의무에 위반하였음을 의미

---

622) 대법원 1996. 4. 9. 선고 95다56316 판결.

623) 대법원 2006. 11. 9. 선고 2004다41651·41668 판결. 법령에 위반한 행위라고 할 때 말하는 '법령'은 일반적인 의미에서의 법령, 즉 법률과 그 밖의 법규명령으로서의 대통령령, 총리령, 부령 등을 의미하는 것인바, 이 사건에서 원고가 내세우고 있는 종합금융회사 업무운용지침, 외화자금거래취급요령, 외국환업무·외국환은행신설 및 대외환거래계약체결 인가공문, 외국환관리규정, 영남종금 내부의 심사관리규정 등은 여기에서 말하는 '법령'에 해당하지 아니한다고 할 것이다.

624) 판례가 법령 또는 정관 위반으로 본 사안으로는 경업금지의무에 위반한 경우(법 397, 대법원 2018. 10. 25. 선고 2016다16191 판결), 기회유용금지의무에 위반한 경우(법 397의2, 대법원 2018. 10. 25. 선고 2016다16191 판결), 승인 없이 행한 자기거래(법 398, 대법원 2019. 11. 14. 선고 2018다282756 판결), 분식회계, 허위의 재무제표를 작성·공시하거나 방치한 행위(법 635 ① IX, 대법원 2011. 4. 14. 선고 2008다14633 판결; 대법원 2007. 11. 30. 선고 2006다19603 판결), 뇌물공여행위(대법원 2009. 12. 10. 선고 2007다58285 판결; 대법원 2005. 10. 28. 선고 2003다69638 판결), 공정거래법에 위반한 불공정거래행위(대법원 2007. 2. 22. 선고 2006다65729 판결) 등이 있다.

한다(과실책임[625])).[626] 판례상 이사의 임무해태 여부가 문제되는 주요 사례군은 다음과 같다.[627]

① **금융기관 임원의 대출행위**

금융기관의 대출담당임원이 임무를 해태하였는지 여부는 통상의 대출담당임원으로서 간과해서는 안 될 잘못이 있었는지를 기준으로 판단한다. 이때 금융기관으로서의 공공적 역할의 관점에서 대출의 조건과 내용, 규모, 변제계획, 담보의 유무와 내용, 채무자의 재산 및 경영상황, 성장가능성 등 여러 사항을 종합적으로 고려하여야 한다.[628]

② **비상장주식 매각, 합병비율 적정성 판단, 신주인수 등**

회사가 보유한 비상장주식을 매도하는 업무를 담당하는 이사들은 해당 거래의 목적, 거래 당시 해당 비상장회사의 상황, 해당 업종의 특성, 보편적 평가방법에 따라 평가한 주가 등 합당한 정보를 기초로 회사의 최대이익을 위하여 거래가액을 결정하였고 그 거래가액이 객관적으로 상당성이 있다면 선관주의의무를 다한 것으로 볼 수 있지만 합리성과 상당성을 결여하여 회사가 보유한 비상장주식을 적정가액보다 현저하게 낮은 가액에 매도함으로써 회사에 손해를 가하였다면 회사의 손해를 배상할 책임이 있다.[629]

판례는 소멸회사의 법인주주의 이사가 합병의 목적과 필요성, 합병 당사자인 비상장법인 간의 관계, 합병 당시 각 비상장법인의 상황, 업종의 특성 및 보편적 평가방법에 따라 평가한 주가 등 적정한 합병비율을 도출하기 위한 합당한 정보를 기초로 합병비율의 적정성을 판단하여 소멸회사의 주주인 회사가 합병에 동의할 것인지 여부를 결정하였고 그 합병

---

625) 헌법재판소 2015. 3. 26. 선고 2014헌바202 전원재판부 결정: 과실책임원칙은 헌법 제119조 제1항의 자유시장 경제질서에서 파생된 것으로 민사책임의 기본원리인바, 이사의 회사에 대한 손해배상책임(상법 제399조 제1항)을 과실책임으로 규정한 것은 이사의 업무집행의 적정성을 도모하고 회사의 손해를 전보하기 위하여 이사의 회사에 대한 손해배상책임을 규정하면서도 한편으로 이사의 포괄적 업무집행권이라는 이해관계도 고려한 것으로 합리적인 입법권의 행사라고 판단되고, 구체적으로 누구에게 입증책임을 분배할 것인가는 정의의 추구라는 사법의 이념, 재판의 공정성, 다툼이 되는 쟁점의 특성 및 관련 증거에 대한 접근성 등을 종합적으로 고려하여 입법자가 재량으로 정할 수 있는 입법형성의 영역이고, 이사의 임무해태는 이사가 선량한 관리자로서의 주의의무를 가지고 필요하고 적절한 조치를 다해야 할 의무를 위반한 것으로서 과실과 분리되는 것이 아니므로, 이에 대한 고의 또는 과실의 입증책임을 이사의 책임을 주장하는 자에게 부담시킨 것은 그 합리성을 인정할 수 있고, 이를 손해배상청구권의 행사에 대한 과도한 제한이라고 보기는 어렵다.

626) 대법원 2010. 7. 29. 선고 2008다7895 판결.

627) 법원행정처, 「회사재판실무편람」, 대법원, 2020, 110~115면.

628) 대법원 2011. 10. 13. 선고 2009다80521 판결; 대법원 2006. 6. 16. 선고 2005다31194 판결; 대법원 2005. 1. 14. 선고 2004다8951 판결; 대법원 2004. 8. 20. 선고 2004다19524 판결; 대법원 2004. 3. 26. 선고 2002다60177 판결; 대법원 2003. 7. 25. 선고 2003다7265 판결; 대법원 2002. 6. 14. 선고 2001다52407 판결; 대법원 2002. 3. 15. 선고 2000다9086 판결 등.

629) 대법원 2010. 9. 30. 선고 2009다13460 판결; 대법원 2005. 10. 28. 선고 2003다69638 판결.

비율이 상당성이 있다면 선관주의의무를 다한 것이라고 보았다.[630)]

또한 판례는 회사가 부실금융기관의 증자과정에서 발생한 실권주의 인수 여부를 결정할 때에는 이사가 스스로 인수여부를 결정할 때 필요한 정보를 합리적인 정도로 수집하여 충분하게 검토한 후에 회사의 이익에 합당한 상당성 있는 판단을 하여야 하고 이사의 임무해태로 인하여 시가보다 높은 액면가로 신주를 인수하였다면 그 인수 당시에 차액 상당의 손해가 발생한다고 보았다.[631)]

③ **관계회사에 대한 자금지원**

관계회사에 대하여 자금을 대여하거나 그 유상증자에 참여하는 등 자금지원행위를 한 사안에서 판례는 ㉠ 재무상태가 부실한 계열회사에 충분한 담보나 채권확보조치 없이 자금을 대여한 경우,[632)] ㉡ 관계회사가 담보를 제공하고 대여받은 금원을 기존채무 변제 등 재무구조 개선에 사용하지 않고 주식투자 등에 사용할 것을 알면서도 회사의 예금을 담보로 제공한 경우,[633)] ㉢ 회사의 경영상 부담에도 불구하고 관계회사의 부도 등을 방지하는 것이 회사의 신인도를 유지하고 회사의 영업에 이익이 될 것이라는 일반적·추상적인 기대 하에서 일방적으로 관계회사에 자금을 지원하게 하여 회사에 손해를 입게 한 경우에는 이사의 임무해태를 인정하였다.[634)] 다만 계열회사 간의 지원행위에 관하여 후술하는 경영판단의 원칙이 다소 완화되어 적용될 수 있는 여지를 인정한 사안도 있다.[635)]

④ **시가보다 현저하게 낮은 가액의 제3자 배정 신주 발행행위**

판례에 따르면 제3자에게 시가보다 현저하게 낮은 가액으로 신주 또는 전환사채를 발행하는 경우 시가로 발행하였을 경우와 비교하여 그 차액 상당만큼 회사의 자산을 증가시키지 못하게 되는 결과가 발생하는데 이 경우 그 금액 상당만큼 회사에 손해가 발생한 것으로 보아야 한다.[636)] 이 경우 이사는 회사에 대하여 임무해태로 인한 손해배상책임을 부담할 수 있다.

⑤ **지방자치단체에 대한 기부행위**

주식회사 이사들이 이사회에서 그 회사의 주주 중 1인인 지방자치단체에 대한 기부행

---

630) 대법원 2015. 7. 23. 선고 2013다62278 판결.
631) 대법원 2011. 4. 14. 선고 2008다14633 판결.
632) 대법원 2011. 6. 10. 선고 2011다6120 판결; 대법원 2011. 4. 14. 선고 2008다14633 판결; 대법원 2007. 10. 11. 선고 2006다33333 판결.
633) 대법원 2014. 5. 16. 선고 2011다104048·104055 판결.
634) 대법원 2010. 1. 14. 선고 2007다35787 판결; 대법원 2007. 10. 11. 선고 2006다33333 판결.
635) 대법원 2017. 11. 9. 선고 2015도12633 판결. 이 판결에 관한 상세한 논의는 황남석, "기업집단 내 계열회사 간 지원행위와 경영판단", 「법조」 제67권 제4호, 2018, 531면 이하.
636) 대법원 2009. 5. 29. 선고 2007도4949 전원합의체 판결.

위를 결의하면서 기부금의 성격, 기부행위가 그 회사의 설립 목적과 공익에 미치는 영향, 그 회사 재정상황에 비추어 본 기부금 액수의 상당성, 그 회사와 기부상대방의 관계 등에 관하여 합리적인 정보를 바탕으로 충분한 검토를 거치지 않았다면 이사들이 그 결의에 찬성한 행위는 이사의 선관주의의무에 위배되는 행위라고 한다.[637]

⑥ 감시의무 해태

이사가 감시의무를 해태한 것도 임무해태에 해당한다.[638]

다. 입증책임

주의의무를 해태한 사실, 회사의 손해, 인과관계에 관하여는 이사의 책임을 주장하는 자가 입증책임을 진다.

라. 경영판단원칙

(1) 의의 및 내용

이사는 법령 또는 정관에 정해진 목적 범위 내에서 회사의 경영에 관한 판단을 할 재량권을 가지고 있다. 기업의 경영은 장래의 불확실한 상황을 전제로 이루어지는 경우가 많으므로 거기에는 다소의 모험과 그에 따른 위험이 수반될 수밖에 없다. 따라서 이사가 법령에 위반됨이 없이 임무를 수행하는 과정에서 합리적으로 이용가능한 범위 내에서 필요한 정보를 충분히 수집·조사하고 검토하는 절차를 거친 다음, 이를 근거로 회사의 최대 이익에 부합한다고 합리적으로 신뢰하고 신의성실에 따라 경영상의 판단을 내렸고, 그 내용이 현저히 불합리하지 않은 것으로서 통상의 이사를 기준으로 할 때 합리적으로 선택할 수 있는 범위 안에 있는 것이라면, 비록 사후에 회사가 예상했던 이익을 얻지 못하고 손해를 입게 되는 결과가 발생하였다 하더라도 이사는 해당 행위에 관하여 회사에 대한 손해배상책임을 부담하지 않는다는 법리를 경영판단원칙이라고 한다(통설·판례).[639] 이사가 임무를 수행하면서 검토할 사항은 거래를 하는 목적이나 동기, 거래의 종류와 내용, 상대방과의 관계, 소속 회사의 재무적 상황 등에 따라 달라지므로, 사안마다 개별적으로 판단되어야 한다.[640]

이 법리는 미국법상의 경영판단원칙(business judgement rule)에서 영향을 받은 것이지만 상법 제399조의 해석론으로도 당연히 인정될 수 있는 법리이다. 미국법상의 경영판단원칙은 이사에게 중과실이 없는 이상 책임을 묻지 않는다는 법리의 의미까지 갖고 있는데 상

637) 대법원 2019. 5. 16. 선고 2016다260455 판결.
638) 대법원 2019. 11. 28. 선고 2017다244115 판결; 대법원 2019. 10. 18. 선고 2017다2069 판결 등.
639) 대법원 2023. 3. 30. 선고 2019다280481 판결.
640) 대법원 2023. 3. 30. 선고 2019다280481 판결.

법의 해석론으로 그런 내용까지 도출하기는 어렵다.[641)]

(2) 적용범위

① 법령위반 행위

경영판단원칙은 사후적인 판단에 의하여 행위 당시의 이사의 행위를 비난할 수 없다는 이론이므로 성질상 임무해태에 국한하여 적용할 수 있는 것이고 법령에 위반한 행위에 대하여는 적용될 수 없다.[642)] 이사가 뇌물을 공여한 행위는 법령위반이므로 그 자체로 선관주의의무에 반한다고 한다.[643)]

② 기업집단이나 다른 계열회사가 관련된 직무

기업집단을 구성하는 개별 계열회사들은 각자 독립된 법인격을 가진 별개의 회사이므로, 개별 계열회사의 이사는 기업집단이나 다른 계열회사와 관련된 직무를 수행할 때에도 선관주의의무와 충실의무를 부담한다.[644)] 특히 문제가 되는 사안은 계열회사 간의 지원행위인데 그 경우에도 경영판단의 원칙이 적용될 수 있다. 동일한 기업집단에 속한 계열회사 사이의 지원행위가 기업집단의 차원에서 계열회사들의 공동이익을 위한 것이라 하더라도 지원 계열회사의 재산상 손해의 위험을 수반하는 경우가 있으므로, 기업집단 내 계열회사 사이의 지원행위가 합리적인 경영판단의 재량 범위 내에서 행하여졌는지는 신중하게 판단하여야 한다. 판례는 동일한 기업집단에 속한 계열회사 사이의 지원행위가 합리적인 경영판단의 재량 범위 내에서 행하여진 것인지를 판단하기 위해서는 ① 지원을 주고받는 계열회사들이 자본과 영업 등 실체적인 측면에서 결합되어 공동이익과 시너지 효과를 추구하는 관계에 있는지, ② 이러한 계열회사들 사이의 지원행위가 지원하는 계열회사를 포함하여 기업집단에 속한 계열회사들의 공동이익을 도모하기 위한 것으로서 특정인 또는 특정회사만의 이익을 위한 것은 아닌지, ③ 지원 계열회사의 선정 및 지원 규모 등이 당해 계열회사의 의사나 지원 능력 등을 충분히 고려하여 객관적이고 합리적으로 결정된 것인지, ④ 구체적인 지원행위가 정상적이고 합법적인 방법으로 시행된 것인지, ⑤ 지원을 하는 계열회사에 지원행위로 인한 부담이나 위험에 상응하는 적절한 보상을 객관적으로 기대할 수 있는 상황이었는지 등까지 충분히 고려하여야 한다고 하여 계열회사 간의 지원행위에 관하여 경영판단의 원칙이 다소 완화되어 적용될 수 있는 여지를 인정하고 있다.[645)]

---

641) 송옥렬, 앞의 책, 1052~1053면.
642) 대법원 2005. 10. 28. 선고 2003다69638 판결.
643) 대법원 2007. 12. 13. 선고 2007다60080 판결.
644) 대법원 2023. 3. 30. 선고 2019다280481 판결.
645) 대법원 2017. 11. 9. 선고 2015도12633 판결. 이 판결에 관한 상세한 논의는 황남석, "기업집단 내 계열회사 간 지원행위와 경영판단", 「법조」 제67권 제4호, 2018, 531면 이하.

(3) 입증책임

이사가 경영판단을 그르쳐 선관주의의무 또는 충실의무에 위반하였다는 사실에 관한 주장·입증책임은 이사의 책임을 주장하는 자가 진다.[646] 회사에 손해가 발생하였다는 결과만으로 곧바로 임무해태 사실이 추정될 수는 없다.[647]

마. 적용대상

상법 제399조 및 제401조(後述)는 적법하게 선임된 이사에 한해 적용될 수 있다. 다만, 형식적으로 이사의 지위에 있지는 않으나 실질적으로는 이사에 준하여 회사의 업무집행에 관여한 자 역시 상법 제399조의 적용을 받는다(법 401의2).

바. 이사회 결의에 참여한 이사의 책임

행위자인 이사 외에도 이사가 이사회의 승인을 받아 거래한 경우 그 결의에 찬성한 이사도 같은 책임을 진다(법 399 ②). 판례는 승인에 찬성한 이사의 책임을 감시의무위반에 따른 책임으로 설명한다.[648] 자신이 반대하였다고 하여도 다른 이사들이 찬성하여 어차피 이사회 결의를 통과하였을 것으로 예상되었더라도 문제가 되는 이사를 기준으로 하여 선관주의의무 위반 여부를 판단하여야 한다.[649] 회사에 손해를 가하는 행위가 이미 이사에 의하여 집행된 이후라 하더라도 그 추인을 위한 이사회에 참석하여 해당 안건에 관하여 찬성한 경우에도 이사로서의 선관주의의무에 위반하였다는 것이 판례이다.[650]

사. 책임의 범위 및 제한

손해배상의 일반원칙에 의해 이사는 원칙적으로 법령 또는 정관위반 또는 임무해태와 '상당인과관계'가 있는 손해에 한하여 배상책임을 진다.[651] 손해배상의 일반원칙에 따라 손익상계도 인정된다.[652] 다만 판례는 이사의 회사에 대한 손해배상책임이 인정되더라도, 법원은 해당 이사의 임무위반의 경위 등 제반 사정을 참작하여 손해배상액을 제한할 수 있고 책임감경사유에 관한 사실인정이나 비율을 정하는 것은 원칙적으로 사실심의 전권사항이라고 본다.[653]

---

646) 대법원 1996. 12. 23. 선고 96다30465 판결.
647) 대법원 2011. 10. 13. 선고 2009다80521 판결; 대법원 1996. 12. 23. 선고 96다30465·30472 판결.
648) 대법원 2002. 3. 15. 선고 2000다9086 판결.
649) 대법원 2007. 5. 31. 선고 2005다56995 판결.
650) 대법원 2007. 5. 31. 선고 2005다56995 판결.
651) 대법원 2007. 7. 26. 선고 2006다33609 판결.
652) 법원행정처, 앞의 책, 126면.
653) 대법원 2008. 12. 11. 선고 2006다5550 판결.

아. 책임의 면제

(1) 적극적 책임면제

이사의 회사에 대한 손해배상책임은 총주주(의결권 없는 주식 포함)의 동의로 면제할 수 있다(법 400). 반드시 주주총회 결의의 형식을 취할 필요는 없고 묵시적인 동의도 무방하다.[654]

상법 제399조의 책임은 불법행위책임과 경합할 수도 있는데, 총주주의 동의로 인해 면제되는 것은 본조의 책임에 국한되는 것이지 이사의 불법행위로 인한 손해배상책임까지 면제되는 것은 아니다. 또한 어느 하나의 책임을 묻는 소의 제기는 다른 책임의 시효를 중단하는 효력이 없다.

(2) 소극적 책임면제

정기주총에서 재무제표를 승인한 후 2년 내에 다른 결의가 없으면 이사의 부정행위를 제외하고는 2년이 경과한 때에 회사가 이사의 책임을 해제한 것으로 본다(법 450). 즉, 주주의 보통결의로 이사·감사의 책임을 면제할 수 있는 셈이다.

자. 책임의 한도제한

상법은 이사가 지나치게 무거운 책임을 의식하여 경영에 소극적으로 임하는 현상이 일어나는 것을 방지하기 위하여 회사가 자율적으로 이사가 지는 손해배상책임의 한도를 설정할 수 있도록 하고 있다(법 400 ②).

(1) 요 건

이사가 지는 손해배상책임의 한도를 설정하려면 정관에 규정을 두어야 한다. 그러나 이사에게 고의 또는 중과실이 있거나 이사가 이익상충행위를 한 경우, 즉 이사회 승인 유무에 관계없이 이사의 경업(법 397), 기회이용(법 397의2), 자기거래(법 398)로 인하여 회사가 손해를 입은 경우 이사의 책임을 경감할 수 없다.

(2) 내 용

회사는 정관으로 정하는 바에 따라 상법 제399조에 따른 이사의 손해배상책임을 이사가 원인된 행위를 한 날 이전 최근 1년간의 보수액의 6배를 초과하는 금액에 대하여 면제할 수 있다. 예를 들어, 이사의 1년간 보수가 1억원이고 정관에 최근 1년간 보수액의 7배를 초과하는 금액에 관하여 면제할 수 있다고 규정하고 있다면 이사가 지게 될 손해배상책임의 상한은 7억원이 된다. 최근 1년간 보수액의 6배를 초과하는 금액부터 면제할 수 있으므로

654) 대법원 2002. 6. 14. 선고 2002다11441 판결.

예컨대 정관에 규정을 두더라도 보수액의 5배를 초과하는 금액에 관하여는 면제할 수는 없다. 사외이사의 책임은 최근 1년간 보수액의 3배로까지 제한할 수 있다(법 400 ② 본문).

이사의 최근 1년간 보수액에는 상여금과 주식매수선택권의 행사로 인한 이익 등이 포함된다(법 400 ②).

차. 소멸시효

이사의 회사에 대한 손해배상책임은 채무불이행책임으로서 일반채권의 시효기간(민법 162 ①)과 같이 10년의 시효로 소멸한다.[655]

2. 제3자에 대한 손해배상책임

이사가 고의 또는 중대한 과실로 인하여 그 임무를 해태한 때에는 그 이사는 제3자에 대하여 연대하여 손해를 배상할 책임이 있다(법 401). 이 규정은 주주가 동시에 이사인 폐쇄회사에 대하여는 법인격부인론의 대체적 기능을 하고 있다.[656]

가. 의 의

이사는 회사에 대해서는 위임계약의 관계(법 382②)에 있지만 제3자와는 아무런 직접적 법률관계를 맺지 않는다. 따라서 이사가 그 임무를 해태하였다고 하더라도 이로써 제3자에게 책임을 질 이유는 없다. 그러나, 상법 제401조는 이사가 제3자에 대하여도 책임을 질 수 있도록 규정하고 있다. 결손이 난 회사들이 이익이 난 것처럼 재무제표를 허위로 작성하여 금융기관에 제시하고 대출을 받은 후 회사가 채무를 변제하지 못하여 금융기관이 손해를 입는 경우 금융기관은 부실재무제표의 작성에 관여한 이사들을 상대로 제401조에 의한 책임을 묻고 있다.[657]

나. 법적 성질

상법 제401조에 따른 책임은 이사의 직무의 성질상 제3자에게 손해를 끼칠 우려가 많으므로 제3자를 보호하기 위해서 상법이 특별히 인정한 책임이라는 견해로서 불법행위와 무관한 법정책임이라고 보는 법정책임설과, 상법 제401조의 책임은 본질이 일반불법행위책

655) 대법원 2006. 8. 25. 선고 2004다24144 판결; 대법원 1985. 6. 25. 선고 84다카1954 판결. 따라서 주식회사의 이사가 회사에 대하여 상법 제399조에 따라 손해배상채무를 부담하는 경우 특별한 사정이 없는 한 이행청구를 받은 때부터 지체책임을 진다. 대법원 2021. 5. 7. 선고 2018다275888 판결.

656) 이 규정의 법제사적, 비교법적 위치에 관하여는 황남석, “상법상 이사의 제3자에 대한 책임 규정의 법제사적·비교법적 고찰”, 「상사법연구」 제39집 제2호, 2020, 197면 이하.

657) 대법원 2008. 1. 18. 선고 2005다65579 판결.

임과 다르지 않지만 책임요건에서 경과실을 면제한 점에 차이가 있는 특칙이라는 견해이라는 특수불법행위책임설이 대립한다. 그러나 두 견해는 구체적으로 나이가 나지 않는다. 판례는 "상법 제401조에 기한 이사의 제3자에 대한 손해배상책임은 상법이 인정하는 특수한 책임"이라고 하여 법정책임설의 입장을 취하고 있다.[658]

다. 고의 또는 중과실에 의한 임무해태

책임의 성립요건은 고의 또는 중과실에 의한 임무해태이다. 여기서의 임무해태에는 이사의 회사에 대한 책임에서와 달리 법령·정관의 위반도 포함된다.[659] 상법 제401조는 고의 또는 중과실을 요건으로 하기 때문에 경영판단원칙이 적용될 여지는 없다.[660]

라. 고의·중과실의 대상

고의·중과실이 회사의 임무에 관하여 요구되는 것인가 아니면 제3자의 손해에 관하여 요구되는 것인가. 두 학설 모두 회사의 임무에 관하여 고의·중과실을 요구한다고 본다. 즉, 상법 제401조는 제3자의 손해에 직접 관련된 행위를 행한 이사에 대해서만 적용되는 것은 아니다. 이러한 이사의 행위에 대한 감시의무를 중대한 과실로 소홀하게 한 이사도 제401조에 의하여 책임을 질 수 있다.[661] 이사의 고의·중과실에 대한 입증책임은 제3자가 진다.

마. 불법행위와의 경합

법정책임설, 특수불법행위책임설 모두 불법행위책임과의 경합을 인정한다.

---

658) 대법원 2006. 12. 22. 선고 2004다63354 판결.

659) 고의 또는 중과실에 의한 임무해태를 인정한 사례로는 재무제표를 허위로 작성·공시하여 금융기관으로부터 대출을 받은 경우(대법원 2006. 12. 22. 선고 2004다63354 판결), 허위공시·부실공시·시세조종행위(대법원 2016. 1. 28. 선고 2014다236335 판결; 2012. 12. 13. 선고 2010다77743 판결), 회사의 채무불이행을 예견하였거나 예견할 수 있었음에도 이를 감추고 제3자를 거래로 유인한 경우(대법원 2006. 8. 25. 선고 2004다26119 판결), 상대방을 기망하여 회사와 거래를 하게 한 경우(대법원 2003. 4. 11. 선고 2002다70044 판결, 대법원 2002. 3. 29. 선고 2000다47316 판결), 대표이사가 타인에게 회사 업무 일체를 맡긴 경우(대법원 2019. 7. 24. 선고 2019다203514 판결; 대법원 2010. 2. 11. 선고 2009다95981 판결), 대표이사가 다른 이사의 위법한 업무집행을 방치한 경우(대법원 2010. 10. 14. 선고 2007다14070 판결, 대법원 2008. 9. 11. 선고 2006다68636 판결), 피용자에 대한 감독소홀로 회사경영의 난맥을 방임한 경우(대법원 1988. 10. 25. 선고 87다카1370 판결) 등이 있다. 반면 고의 또는 중과실에 의한 임무해태를 부정한 사례로는 회사가 거래관계로 인하여 통상 부담하는 채무를 이행할 능력이 있음에도 그 이행을 지체하고 있는 경우(대법원 2006. 8. 25. 선고 2004다26119 판결), 이사가 회사재산을 횡령하여 회사재산이 감소함으로써 회사가 손해를 입고 결과적으로 주주의 경제적 이익이 침해된 경우(대법원 2003. 10. 24. 선고 2003다29661 판결; 대법원 1993. 1. 26. 선고 91다36093 판결) 등이 있다.

660) 한국상사법학회, 「주식회사법대계 II」, 제4판, 법문사, 2022, 1042면(권재열 집필부분).

661) 대법원 2008. 9. 11. 선고 2006다68636 판결.

바. 직접손해와 간접손해

직접손해란 이사의 임무해태로 직접 제3자가 입은 손해이다. 예컨대, 이사가 작성한 허위의 주식청약서를 믿고 제3자가 주식을 인수하였다가 손해를 본 경우와 같다. 간접손해란 이사의 임무해태에 의하여 회사가 손해를 입음으로 인해 다시 제3자가 입은 손해이다. 이사가 임무해태로 회사재산을 감소시켜 회사채권자의 채권회수를 어렵게 한 경우가 그 예이다. 어떤 견해를 취하건 직접손해와 간접손해를 가리지 않고 제3자가 입은 손해에 대하여 이사의 책임을 인정한다. 주주의 경우 직접손해에 관하여 이사가 제401조에 따른 책임을 진다는 점에는 다툼이 없다. 판례도 이사들의 허위발표를 믿고 주식을 매입하였다가 그 후 진상이 공표되면서 시세가 폭락하여 손해를 본 사안에서 주주도 직접손해를 입었다고 보아 상법 제401조를 적용한 사례가 있다.[662] 다만 주주가 입은 간접손해에 관하여도 동일하게 볼 것인지에 관하여는 견해 대립이 있다(後述).

사. 제3자의 범위

포함설(통설)은 제3자에는 회사채권자나 기타 이해관계인뿐 아니라 주주나 주식인수인도 포함된다고 본다. 이에 반하여 제외설은 주주가 입은 손해 중 간접손해를 제외하여야 한다고 주장한다. 그 근거로 제외설은 포함설을 취할 경우 주주가 회사채권자에 우선하여 변제를 받는 결과가 되고 주주의 간접손해는 회사가 이사에 대해 상법 제399조에 의한 손해배상청구를 하거나 주주가 대표소송(법 403)을 제기하는 방법으로 전보할 수 있다고 한다. 반면 포함설(통설)은 대표소송의 경우 제소요건에 의한 제한이 있고 담보가 요구될 수 있으므로 언제나 구제수단이 될 수 없고, 대표소송으로 구제받을 수 없는 손해도 있을 수 있다고 하면서 그와 별도로 주주의 손해배상청구를 인정할 실익이 있다고 한다. 판례는 제외설의 입장이다.[663]

---

662) 대법원 2012. 12. 13. 선고 2010다77743 판결. 대법원은 이사(피고)가 거액의 소외 회사 재산을 횡령하고 악의 또는 중대한 과실로 부실공시를 함으로써 주주들(원고들)이 그로 인한 재무구조의 악화 사실을 알지 못한 채 정상주가보다 높은 가격에 주식을 취득하였다가 그 후 그 진상이 공표되면서 자본잠식 등이 결정적인 원인이 되어 소외 회사의 코스닥등록이 취소되고 그 과정에서 주가가 하락하게 되었다면, 주주들(원고들)은 이사(피고)의 부실공시로 인하여 직접 손해를 입었다고 볼 수 있으므로, 이사(피고)를 상대로 상법 제401조 제1항에 의하여 손해배상을 청구할 수 있다고 보았다.

그러나 <u>주주들(원고들)이 주식을 취득한 후</u> 이사(피고)의 횡령과 그에 관한 부실공시가 이루어지고 그로 인한 소외 회사의 재무구조의 악화 사실이 나중에 공표되면서 자본잠식 등이 결정적인 원인이 되어 소외 회사의 코스닥등록이 취소되고 그 과정에서 주가가 하락하게 되었다면, 그 주가하락분 상당의 손해는 결국 이사(피고)의 횡령으로 소외 회사의 재무구조가 악화되어 생긴 간접적인 손해에 불과하고, 그 횡령이 계획적이고 그 규모가 소외 회사의 자본금에 비추어 거액이며 횡령 과정에 주가조작이나 부실공시 등의 행위가 수반되었다는 사정만으로 달리 볼 것은 아니므로, 이러한 경우라면 주주들(원고들)은 이사(피고)를 상대로 상법 제401조 제1항에 의하여 손해배상을 청구할 수 없을 것이다.

663) 대법원 2003. 10. 24. 선고 2003다29661 판결.

생각건대, 법인과 주주간의 법인격을 분리하는 우리 회사법 구조상 제외설이 타당하다. 포함설을 취하게 되면 회사에게 귀속되어야 할 재산이 주주에게 귀속되게 되어 출자 환급이 일어나게 되고 나중에 회사가 이사를 상대로 손해배상청구를 할 때에 그 청구를 기각할 이유를 찾기가 어려운데[664) 이 경우 가해자는 이중의 손해배상책임을 지게 될 수 있다.

아. 시 효

이사의 제3자에 대한 책임은 10년의 소멸시효에 걸린다.[665)

IX. 업무집행지시자 등의 책임

1. 의 의

사실상 회사의 경영에 영향을 미치더라도 이사가 아니라면 앞서 본 상법 제399조, 제401조의 책임을 지는 주체에 해당하지 않으므로 아무런 회사법상 책임을 지지 않는다. 연혁적으로 특히 1997년말 외환위기 이전 시기에는 지배주주가 회장, 사장 등의 호칭을 사용하면서 이사로 선임되지 않은 채로 회사의 경영에 전반적인 영향력을 행사하는 예를 자주 볼 수 있었는데 이들은 이사가 아니었으므로 경영의 결과에 관하여 회사법상의 책임을 묻기 어려웠다. 이와 같은 현실을 고려하여 1997년말 상법을 개정하면서 사실상 회사의 경영에 관여한 자에 대하여 회사 및 제3자에 대한 책임관계에서는 이사와 같은 지위에 있는 것으로 의제하기 위하여 상법 제401조의2를 입법하였다. 이를 업무집행지시자 등의 책임이라고 한다. 이런 책임을 지는 자는 세 가지 범주(업무집행지시자, 무권대행자, 표현이사)로 나뉜다.

2. 업무집행지시자

회사에 대한 자신의 영향력을 이용하여 이사에게 업무집행을 지시한 자는 그 지시한 업무에 관하여 이사로 본다(법 401의2 ① I).

가. 요 건

(1) 영향력

이 요건은 지배주주를 염두에 둔 것이다. 예컨대, 회사의 모회사 또는 지배적 지분을

664) 주주와 회사가 별개의 법인격과 계산에 따르므로 주주가 손해를 전보받았다고 하여 이를 곧 회사가 손해를 전보받을 것으로 보기 어렵기 때문이다.
665) 대법원 2008. 1. 18. 선고 2005다65579 판결.

가진 회사[666]와 같이 자연인이 아닌 법인도 여기에 해당할 수 있다. 문제는 주식보유와 관계없이 영향력을 행사하는 자도 여기에 해당하는지 여부이다. 예컨대, 회사의 유력한 채권자나 지속적인 거래에서 우월한 지위를 갖는 자도 여기에 해당할 수 있는지 다툼이 있다.

이에 관하여 회사에 대해 거액의 채권을 가진 은행, 회사와 거액의 공급거래를 갖는 회사도 영향력의 보유자가 될 수 있다고 해석하는 견해와 주식보유를 통한 이사 임면권을 근거로 경영진에 대하여 영향력을 행사하는 자만으로 좁게 해석하여야 한다는 견해의 대립이 있다. 이 규정의 입법취지는 지배주주가 스스로 이사에 취임하지 않으면서도 주식보유를 기초로 회사경영에 영향력을 행사하는 경우를 통제하는데 있기 때문에 후자의 입장이 타당하다고 생각된다.

(2) 업무집행의 지시

업무집행지시자는 영향력을 행사하여 업무집행을 지시하여야 한다.

(3) 이사의 업무집행과 책임발생

업무집행지시자의 업무집행지시에 따라 이사가 업무를 집행한 결과 상법 제399조, 제401조의 책임요건을 충족하는 결과가 발생하여야 한다.

나. 책임의 내용

이상의 요건을 충족할 경우에는 업무집행지시자는 상법 제399조, 제401조, 제403조를 적용할 때 이사로 본다. 상법 제399조, 제401조를 적용할 때에는 업무집행지시자가 각 규정에 따른 요건을 충족할 필요는 없다. 업무집행지시자의 지시로 업무를 집행한 이사도 상법 제399조, 제401조의 책임을 지는데, 그 이사와 업무집행지시자는 연대하여 책임을 진다(법 401의2 ②). 업무집행지시자가 회사에 대하여 지는 책임에 관하여는 이사의 책임면제규정이 준용되지 않고 있는바, 위 규정이 유추적용될 수 있는지 여부에 관하여는 견해 대립이 있다.[667]

3. 무권대행자

무권대행자는 회사에 대한 영향력을 이용하여 이사의 이름으로 직접 업무를 집행한 자를 말한다(법 401의2 ① II). 법문에서는 영향력의 행사를 요건으로 직접 규정하지 않고 있으나, 제1호의 업무집행지시자의 요건을 구비하는 자가 이사에게 지시하는 대신 자신의 영향

---

666) 대법원 2006. 8. 25. 선고 2004다26119 판결.

667) 상세는 한국상사법학회, 「주식회사법대계 II」, 제4판, 법문사, 2022, 1069면(최문희 집필부분).

력을 이용하여 이사의 이름으로 직접 업무를 집행한 경우를 규율하는 것이므로 책임요건으로 보는데 이론이 없다.[668)]

4. 표현이사[669)]

이사가 아니면서 명예회장, 회장, 사장, 부사장, 전무, 상무 기타 회사의 업무를 집행할 권한이 있는 것으로 인정될 만한 명칭을 사용하는 자가 회사의 업무를 집행한 때에는 그 집행한 업무에 관하여는 이사로 보고 책임을 묻는다(법 401의2 ① III). 표현이사의 책임을 묻는 데에는 영향력행사라는 요건을 필요로 하지 않는다. 위와 같은 명칭을 사용할 수 있다는 사실 자체가 영향력의 존재를 시사하기 때문이다. 따라서 표현이사가 실제로도 이사와 동등한 권한이 있었느냐는 것은 묻지 않는다.[670)]

5. 책임의 소멸시효

업무집행지시자 등의 책임은 상법에 의하여 이사로 의제되는 데 따른 책임이므로 이사의 회사에 대한 손해배상책임(399 ①)과 마찬가지로 10년의 소멸시효가 적용된다.[671)]

X. 이사의 직무집행에 관한 사전적·사후적 구제수단

이사의 직무집행에 관한 주주의 사전적 구제수단으로 유지청구권, 사후적 구제수단으로 해임청구권, 손해배상청구권, 대표소송 등이 규정되어 있다.

1. 유지청구권

가. 의 의

이사의 법령 또는 정관에 위반한 행위로 인하여 회사에 회복할 수 없는 손해가 생길 염려가 있는 경우에는 감사(감사위원회) 또는 소수주주는 회사를 위하여 이사에 대하여 그 행위를 유지할 것을 청구할 수 있다(법 402). 주주 또는 감사의 이러한 권리를 유지청구권이라고 한다. 유지청구권은 공익권에 속하고 주주에게 발생할 수 있는 손해의 사전적 예방수단이다.

상법은 일반적인 업무에 대한 유지청구권 이외에 신주발행유지청구권(법 424)도 규정

---

668) 대법원 2009. 11. 26. 선고 2009다39240 판결("제1호 및 제2호는 회사에 대해 영향력을 가진 자를 전제로 하고 있다").
669) 대법원 2009. 11. 26. 선고 2009다39240 판결에서 사용한 용어이다.
670) 대법원 2009. 11. 26. 선고 2009다39240 판결.
671) 대법원 2023. 10. 26. 선고 2020다236848 판결.

하고 있다(後述).

나. 요 건

(1) 법령·정관에 위반한 행위

이사가 법령 또는 정관에 위반한 행위를 한 경우이다. 통설은 선관주의의무 위반도 민법 제681조 위반이므로 법령 위반에 해당한다고 본다.[672] 유지청구의 대상이 되는 행위는 불법행위, 법률행위, 준법률행위, 사실행위 모두 포함된다. 문제가 되는 행위가 유효한 법률행위인 경우는 물론이고, 무효인 경우라도 일단 이행이 되면 원상회복이 어려울 수 있으므로 유지청구의 대상이 된다.

(2) 회복할 수 없는 손해발생의 염려

이사의 행위를 유지청구하기 위하여는 법령이나 정관에 위반한 행위로 인하여 회사에 회복할 수 없는 손해가 생길 염려가 있어야 한다. '회복할 수 없는' 손해인지 여부는 사회통념에 따라 판단한다. 통설은 손해의 회복이 법률적으로 불가능한 경우뿐만 아니라 그 비용이나 절차 등으로 보아 회복이 곤란하거나 상당한 시일을 요하는 경우에도 이 요건을 충족한다고 본다.

다. 당사자

(1) 청구권자

유지청구를 할 수 있는 자는 감사(감사위원회) 또는 발행주식총수의 1% 이상에 해당하는 주식을 가진 주주에 한한다. 상장회사의 경우 특칙이 있다. 소수주주의 보유주식수를 계산할 때에는 의결권 없는 주식도 포함한다(통설).

(2) 상대방

유지청구의 상대방은 법령·정관에 위반한 행위를 하려고 하는 이사이다.

라. 절 차

유지청구는 문제가 되는 이사에 대한 의사표시나 소의 제기로 할 수 있다. 실무상으로는 소제기와 함께 가처분신청을 하는 것이 일반적이다.[673] 유지청구를 위한 소는 회사를 위하여 제기하는 것이므로 판결의 효과는 당연히 회사에 미친다(통설). 유지청구의 소는 대표

672) 유지청구 사유에 선관주의의무 위반이 빠져 있기 때문에 선관주의의무 위반을 포섭하기 위하여 이처럼 다소 억지스러운 해석을 하는 것이다.
673) 임시의 지위를 정하는 가처분(민사집행법 300 ②)에 의한다.

소송과 마찬가지로 주주가 회사의 대표기관적 지위에서 제기하는 것이므로 소의 관할·참가, 패소주주의 책임 등에 관하여 후술하는 대표소송에 관한 규정을 유추적용한다(통설).

마. 의사표시에 의한 유지청구의 효과

유지청구를 의사표시로 하는 경우에는 감사 또는 주주가 유지청구를 한다고 하여 이사가 반드시 이에 따라서 행위를 유지할 의무를 지지는 않는다. 유지청구가 정당하지 않을 수도 있기 때문이다.

(1) 유지하지 않은 경우

① 이사의 책임

이사는 청구권자의 유지청구가 정당한 경우에 문제가 되는 행위를 유지하지 않으면 상법 제399조에 따라 책임을 진다. 이는 유지청구에 위반하였기 때문이 아니라 법령 또는 정관에 위반한 행위를 하였기 때문이다.

② 유지청구에 위반한 행위의 효과

유지청구가 정당한지 여부를 불문하고 그 대상이 된 거래의 사법상 효과는 유효하다. 소수설은 단체법적 행위(신주발행, 사채발행)는 상대방의 선의, 악의를 불문하고 유효하고 개인법적 행위는 악의, 즉 유지청구가 있었음을 알았던 경우 회사가 무효를 주장할 수 있다고 한다. 그러나, 이 주장은 유지청구가 제기되면 일단 그 유지청구가 적법하다는 추정을 전제로 하는 것이므로 받아들이기 어렵다.

(2) 유지한 경우

이사는 정당한 유지청구가 있는 경우에는 유지하여야 한다. 그러나, 유지청구가 정당하지 않다면 유지를 하여서는 안 되고 만일 유지하면 법령 또는 정관에 위반한 행위가 된다.

2. 대표소송

가. 의 의

대표소송이란 회사가 이사에 대한 책임추궁을 게을리할 경우 주주가 회사를 위하여 이사의 책임을 추궁하기 위해 제기하는 소이다(법 403).

주주의 대표소송은 이사 외에도 발기인, 집행임원, 업무집행지시자 등, 감사, 청산인 등의 책임을 추궁하기 위하여도 제기할 수 있고(법 324, 401의2, 408의9, 415, 415의2 ⑥), 불공정한 가액으로 신주를 인수한 자(법 424의2), 주주권의 행사와 관련하여 이익을 공여받은 자

(법 467의2)에 대한 회사의 권리를 실현하기 위하여도 제기할 수 있다.[674]

나. 성 질

주주의 대표소송은 주주가 회사를 대위하여 회사의 권리를 행사하는 소송이므로 소송법상으로 제3자의 소송담당에 해당하고 주주의 권리로서는 공익권에 해당한다.

다. 소제기 요건

(1) 이사의 책임

대표소송은 이사의 회사에 대한 책임을 추궁하기 위한 소송이므로 이사의 제3자에 대한 책임(법 401)을 추궁하기 위하여는 제기할 수 없다. 책임추궁의 범위에 관하여 상법 제399조에 의한 책임과 제428조에 의한 책임 등 이사의 지위에 기한 책임을 추궁하기 위하여서만 대표소송을 제기할 수 있다는 설과 널리 회사와 이사 간의 거래상의 채무이행의 청구에 관해서까지 대표소송을 제기할 수 있다는 설(통설)로 나뉜다. 이사의 지위에 있는 동안 발생한 모든 책임에 관하여 대표소송이 가능하며, 일단 발생한 책임은 이사가 퇴임하더라도 추궁할 수 있다(통설). 또 이사가 취임 전에 부담한 채무에 대해서도 취임 후에 회사가 권리행사를 게을리 할 수 있으므로 대표소송의 대상이 된다고 본다.

(2) 주주의 소제기 청구 및 회사의 해태

소수주주는 먼저 대표소송을 제기하기 전에 이유를 기재한 서면으로[675] 회사에 대하여 이사의 책임을 추궁할 소를 제기할 것을 청구할 수 있다(법 403 ①, ②).[676] 회사가 이사에 대하여 권리행사를 게을리할 경우에 한하여 예외적으로 대표소송을 제기할 수 있도록 되어 있다(법 394 ① 後).[677]

회사가 이 청구를 받은 날로부터 30일 내에 소를 제기하지 않으면 소수주주는 즉시 회사를 위하여 소를 제기할 수 있다(법 403 ③).[678] 그러나, 이 기간의 경과로 인하여 회사에

---

674) 자본시장법상 단기매매차익으로 인한 이득의 반환을 청구하는데에도 적용된다(자본시장법 172 ②).

675) 서면에 책임추궁 대상 이사의 성명이 기재되어 있지 않거나 책임발생 원인사실이 다소 개략적으로 기재되어 있더라고, 회사가 그 서면에 기재된 내용, 이사회의사록 등 회사 보유 자료 등을 종합하여 책임추궁 대상 이사, 책임발생 원인사실을 구체적으로 특정할 수 있으면 족하다. 대법원 2021. 5. 13. 선고 2019다291399 판결.

676) 소를 먼저 제기하고 나중에 서면제소 청구를 한 경우 하자가 치유될 수 있는지 여부에 관하여 하급심 판결의 입장이 나뉜다. 법원행정처, 앞의 책, 152면.

677) 회사가 이사를 상대로 하는 소송은 감사가 회사를 대표하므로 소수주주는 구체적으로는 감사를 상대로 소제기 청구를 한다. 감사를 두지 않는 소규모회사의 경우(제409조 제4항)에는 대표이사에게 청구하여야 할 것이다.

678) 주주가 대표소송에서 주장한 이사의 손해배상책임이 제소청구서에 적시된 것과 차이가 있더라도 제소청구서의 책임발생 원인사실을 기초로 하면서 법적 평가만을 달리한 것에 불과하다면 그 대표소송은 적법하며

회복할 수 없는 손해가 생길 염려가 있는 경우에는 회사에 대해 청구하지 않고, 청구를 했더라도 30일을 기다릴 필요가 없이 즉시 소를 제기할 수 있다(법 403 ④).

'회복할 수 없는 손해가 생길 염려'란 시효완성이 임박하였거나 재산을 처분하려고 하는 등 법률상 또는 사실상 이사에 대한 책임추궁이 불가능해지거나 무의미해질 우려가 있는 경우를 뜻한다.[679]

라. 소의 당사자

(1) 원 고

발행주식총수의 1% 이상의 주식(의결권 없는 주식 포함)을 가진 주주, 즉 소수주주에 한하여 원고 적격을 가진다.[680] 소제기 당시에 소수주주의 요건을 갖추면 되고 소제기 이후에는 지분비율이 1% 미만으로 감소하여도 무방하다(법 403 ⑤).[681] 그러나 주식을 전혀 보유하지 않게 된 경우에는 당사자적격이 없으므로 소를 각하하여야 한다.[682] 다만, 그 경우에도 다른 주주 또는 회사가 이미 공동소송참가[683]를 한 경우에는 그 참가인에 의하여 소송은 계속된다. 주주인 원고가 제소요건을 결한 경우 각하 판결이 선고되기 이전에 회사가 공동소송참가를 할 수 있다.[684] 대표소송을 제기할 수 있는 권리는 공익권이므로 원고인 주주가 주식을 양도하더라도 양수인이 소송에 참가 또는 인수(민소법 81, 82)하는 것은 아니다(다만, 양수인이 승계참가할 수 있다).[685]

(2) 피 고

대표소송의 피고는 회사에 대하여 책임이 있는 이사 또는 이사였던 자이다.

주주는 그 소송계속 중에 제소청구서의 책임발생 원인사실을 기초로 하면서 법적 평가만을 달리하는 청구를 추가할 수 있다. 대법원 2021. 7. 15. 선고 2018다298744 판결.

679) 이철송, 앞의 책, 869면.

680) 상장회사의 경우 영세한 주주도 대표소송을 제기할 수 있도록 제소자격을 발행주식총수의 1만분의 1 이상을 보유한 주주로 완화하였다(법 542의6 ⑥).

681) 대법원 2013. 9. 12. 선고 2011다57869 판결.

682) 이는 그 주주가 자신의 의사에 반하여 주주의 지위를 상실한 경우도 마찬가지이다. 대법원 2019. 5. 10. 선고 2017다279326 판결.

683) 공동소송참가란 소송계속 중 당사자 사이의 판결의 효력을 받는(소송목적이 한쪽 당사자와 제3자에게 합일적으로만 확정되어야 할 경우) 제3자가 원고 또는 피고의 공동소송인으로 소송에 참가하는 것을 말한다(제83조). 판결의 효력을 받는 제3자가 당사자적격을 갖지 않는 경우에는 공동소송인으로의 공동소송참가는 허용되지 않고, 다만 보조참가인으로 참가하는 공동소송적 보조참가가 된다.

684) 대법원 2002. 3. 15. 선고 2000다9086 판결. 위 판결에 의하면 소송의 목적이 되는 권리관계가 이사 재직 중 발생한 사유로 인한 것이라 하더라도 이미 이사의 자리를 떠나 이사가 아닌 사람을 상대로 회사가 제소하는 경우, 감사의 회사 대표성을 규정한 상법 제394조 제1항의 적용은 배제되므로 회사를 대표하는 자는 감사가 아닌 대표이사라고 한다.

685) 대법원은 대표소송의 원고는 집행채권자가 될 수 있다고 한다. 회사가 승소판결을 집행하지 않으면 대표소송을 수행한 원고가 소송을 수행한 의미가 없어질 수 있기 때문이다. 대법원 2014. 2. 19. 자 2013마2316 결정.

마. 소절차

(1) 관 할

대표소송은 회사의 본점소재지의 지방법원 관할에 전속한다(법 403 ⑦, 186).

(2) 고지와 참가

대표소송의 실질적인 당사자는 회사인데, 주주와 이사의 통모에 의하여 대표소송이 부당하게 수행될 우려가 있으므로 상법은 회사의 참가를 허용하고(법 404 ①), 참가의 기회를 보장하기 위하여 소송고지 제도를 두고 있다. 주주가 대표소송을 제기한 때에는 지체없이 회사에 대하여 소송의 고지를 하여야 한다(법 404 ②). 일반적으로 소송고지는 고지자의 자유이지만, 대표소송의 고지는 법상의 의무이다. 주주가 고지를 하지 않은 경우 주주는 회사에 대하여 손해배상책임을 진다. 불고지의 경우 판결의 효력이 회사에게 미치는지 여부에 관하여는 견해 대립이 있다.

회사는 고지의 유무에 불구하고 주주의 대표소송에 참가할 수 있다(법 404 ①). 참가의 성격에 관하여 판례는 공동소송참가(민소법 83)로 본다.[686]

(3) 주주의 담보제공

이사가 대표소송을 제기하는 주주의 악의를 소명하여 청구할 때에는 법원은 주주에게 상당한 담보를 제공할 것을 명할 수 있다(법 403 ⑦, 176 ③, ④). 주주의 악의란 이사를 해할 것을 알고 제소함을 뜻한다. 담보제공이란 원고가 패소할 경우 피고인 이사가 대표소송의 수행으로 입은 손해를 배상할 것을 담보하기 위한 것이다.

바. 소송의 종료

(1) 판결에 의한 종료

주주의 대표소송은 제3자의 소송담당이므로 판결의 효력은 승소, 패소를 불문하고 회사에 미친다(민사소송법 218 ③). 대표소송의 확정판결 이후 다른 주주가 동일한 내용의 대표소송을 제기하면 확정된 대표소송 판결의 기판력을 받는다.[687]

(2) 소의 취하, 청구의 포기·화해 등

제소주주는 법원의 허가가 없으면 취하·포기·화해 등을 할 수 없다(법 403 ⑥). 제소주

686) 대법원 2002. 3. 15. 선고 2000다9086 판결. 참가 역시 이사를 상대로 한 소송행위이므로 감사가 회사를 대표한다(법 394 전단). 회사가 참가하는 대신 별도로 소를 제기할 수 있는가? 이를 허용한다면 중복제소를 허용하는 것과 같으므로 별도의 소를 제기할 수 없다.

687) 권순일 편, 「주석 상법(회사3)」, 제6판, 한국사법행정학회, 2021, 635~636면(이원석 집필부분).

주는 소송물에 대한 처분권이 없고 제소주주와 이사(피고)가 통모할 가능성이 있기 때문이다.[688)]

사. 재 심

대표소송에서 원고와 피고가 공모하여 소송의 목적인 회사의 권리를 사해할 목적으로서 판결을 하게 한 때에는 회사 또는 주주는 확정된 종국판결(청구의 포기, 화해 포함)에 대하여 재심의 소를 제기할 수 있다(법 406). 대표소송은 타인(주주와 이사) 간의 소송에 의하여 회사의 권리가 확정되는 제도이므로 원고와 피고 간의 결탁으로 인하여 회사의 권리가 침해될 경우에는 회사의 권리를 회복하여 주기 위한 것이다.

아. 제소주주의 권리의무

(1) 승소주주의 비용청구권

대표소송 또는 재심의 소에서 주주가 승소한 때에는 소송비용 및 소송으로 인하여 지출한 비용 중 상당한 금액의 지급을 청구할 수 있다(법 405 ① 전단, 406 ②). 회사가 주주에게 소송비용을 지급하면 피고였던 이사를 상대로 구상권을 갖는다.

(2) 패소주주의 책임

대표소송에서 주주가 패소하더라도 원칙적으로 회사에 대하여 손해배상책임을 지지 않는다(법 405 ②). 대표소송을 제기하는 주주에게 무거운 책임을 지우는 것은 대표소송 제기의 동기를 위축시킬 것이기 때문이다. 그러나, 주주가 악의인 경우에는 회사에 대하여 손해배상책임을 진다(법 405 ②). 악의란 회사를 해할 것을 알고도 부적당한 소송을 수행한 경우를 말한다.

자. 다중대표소송

모회사 발행주식총수의 1% 이상의 주식을 가진 주주는 자회사에 대하여 자회사 이사의 책임을 추궁할 소를 제기하도록 서면으로 청구할 수 있다. 모회사 주주는 자회사가 위 청구를 받은 날부터 30일 내에 소를 제기하지 않을 때에는 즉시 자회사를 위하여 소를 제기할 수 있다(법 406의2 ①, ②).

다중대표소송은 모회사의 주주가 자회사의 이사에 대해 책임을 추궁하는 제도이다. 자회사 이사가 위법행위를 하여 자회사에 손해가 발생하고, 이로 인해 모회사도 간접손해를

688) 이러한 우려는 회사가 직접 이사를 상대로 소송을 수행할 때에도 마찬가지이므로 회사 자신이 주주의 제소청구에 의하여 소송을 제기할 경우에도 화해 등을 할 수 없다(법 403 ⑥, ①).

입게 되는 경우 모자회사의 이사들이 상호 유착관계가 있다면 모회사가 자회사의 주주 자격에서 대표소송을 제기하지 않을 가능성이 있다. 다중대표소송은 그런 경우 모회사의 주주가 입게 될 간접손해를 구제받을 수 있도록 하기 위한 제도로서 실질적으로는 모자회사 간의 법인격 분리를 부인하는 것과 다르지 않다. 모회사의 주주가 자회사에 대하여 자회사 이사의 책임을 추궁할 소를 제기하도록 청구한 후 모회사가 보유한 자회사의 주식 비율이 50% 이하로 감소하더라도 자회사나 모회사 주주가 행한 제소의 효력에는 영향이 없다(법 406의2 ③).

XI. 직무집행정지 및 직무대행자

1. 의 의

직무집행정지가처분 제도는 이사의 법적 지위에 다툼이 있는 경우 법원이 일시적으로 해당 이사의 직무수행권한을 정지시키는 제도이다. 이 경우 법원은 이사의 직무를 대신할 자를 선임할 수 있는데 그 자가 직무대행자이다. 상법은 이사에 관하여 제407조와 제408조를 두고 감사, 청산인 그 밖의 지위에 있는 자에 대하여도 준용한다.

2. 직무집행정지가처분

가. 의의 및 성질

통설과 판례는 상법 제407조의 이사의 직무집행정지가처분도 보전소송으로서 민사집행법 제300조 제2항의 임시의 지위를 정하기 위한 가처분의 하나로 본다.[689] 따라서, 이사의 직무집행정지가처분은 민사집행법상의 가처분에서와 같이 보전의 필요성이 있어야 하며, 그 절차는 민사집행법상의 가처분 절차에 의한다.

나. 가처분의 요건

(1) 본안소송의 제기

이사의 직무집행정지가처분을 신청하기 위하여는 이사의 지위를 다투는 본안소송이 제기되어 있어야 한다. 상법은 이사선임 주주총회결의 취소(법 376 ①), 주주총회결의 무효확인의 소(법 380), 이사 해임의 소(385 ②)를 열거하고 있다(법 407 ①). 주주총회 결의 부존재확인의 소는 열거되어 있지 않지만 판례는 본안소송에 포함되는 것으로 본다.[690]

---

689) 대법원 1972. 1. 31. 선고 71다2351 판결.
690) 대법원 1989. 5. 23. 선고 88다카9883 판결.

(2) 본안 전의 가처분

예외적으로 급박한 사정이 있는 때에는 본안소송의 제기 전에도 가처분을 할 수 있다(법 407 ① 但). 급박한 사정이란 본안소송을 제기하기 전이지만 가처분을 해야 할 사정을 뜻한다. 즉, 이사의 직무수행의 현황에 비추어 본안소송까지 기다릴 여유가 없는 경우이다. 이 경우 판례는 보전의 필요성을 인정하는 데에 신중을 기하여야 한다는 이유에서 특별히 급박한 사정이 없는 한 이사해임의 소 등 본안소송을 제기할 수 있을 정도의 절차적 요건을 거친 흔적이 소명되어야 본안전 가처분의 필요성을 인정할 수 있다고 한다.[691]

▮ 사 례

주식회사 甲의 대주주는 A이고, 그 친구인 B가 현재 주식회사 甲의 대표이사로 있다. B는 주식회사 甲의 재산을 횡령하는 등 범법행위를 일삼고 있으나 A의 비호로 인하여 대표이사의 지위를 계속 유지하고 있다. 이때 주식회사 甲의 지분 10%를 보유하고 있는 C는 ① 어떤 방법으로 B를 해임할 수 있는지, ② 최대한 빠른 시간 내에 주식회사 甲의 업무에서 B를 배제시킬 수 있는가.

〈해설〉
① 이사에 대한 해임청구의 소를 제기하며, ② 위 소를 본안으로 하는 업무집행정지가처분을 신청한다.

(3) 이사의 지위유지

가처분신청의 대상인 이사가 가처분시까지 그 지위를 유지하여야 한다. 만일, 가처분결정 전에 이사가 사임하거나 기타 이유로 퇴임한다면 피보전권리가 없게 되므로 가처분신청을 기각하여야 한다. 이사가 사임하면 동일인이 새로운 주주총회에서 이사로 선임되었다 하더라도 본안소송과 관련된 피보전권리가 없으므로 역시 각하하여야 한다.[692] 그러나 이사해임의 소가 본안소송인 경우에는 문제가 된 이사가 사임한 후 새로운 주주총회결의에 의하여 다시 이사로 선임되었다 하더라도 피보전권리가 인정된다고 해석하여야 한다.[693]

---

691) 대법원 1997. 1. 10. 자 95마837 결정: 「이사의 직무권한을 잠정적이나마 박탈하는 가처분은 그 보전의 필요성을 인정하는 데는 신중을 기해야 할 것인바, 소수 주주가 피보전권리인 해임의 소를 제기하기 위한 절차로는 발행주식 총수의 100분의 5 이상에 해당하는 주식을 가진 소수주주가 회의의 목적과 소집의 이유를 기재한 서면을 이사회에 제출하여 임시총회의 소집을 요구하고, 그렇게 하였는데도 소집을 불응하는 때에는 법원의 허가를 얻어 주주총회를 소집할 수 있고, 그 총회에서 해임을 부결할 때 그로부터 1개월 내에 이사의 해임을 법원에 청구할 수 있는 것이므로, 위와 같은 해임의 소를 제기하기 위한 절차를 감안해 보면 특별히 급박한 사정이 없는 한 해임의 소를 제기할 수 있을 정도의 절차요건을 거친 흔적이 소명되어야 피보전권리의 존재가 소명되는 것이고, 그 가처분의 보전의 필요성도 인정될 수 있을 것이다」.

692) 대법원 1982. 2. 9. 선고 80다2424 판결.

693) 임재연, 「회사법 II」, 개정9판, 박영사, 2024, 363면.

(4) 보전의 필요성

일반적으로 가처분은 권리보전의 필요성이 있어야 한다. 보전의 필요란 특히 계속하는 권리관계에 현저한 손해를 피하거나 급박한 위험을 막기 위하여 또는 그 밖의 필요한 이유를 말한다(민사집행법 300 ② 단). 보전의 필요성을 판단할 때에 일반적인 가처분에서와는 달리 가처분채권자의 손해가 아니라 회사의 손해가 판단의 기준이 됨을 유의하여야 한다. 이는 가처분신청이 주주 등 신청인(가처분채권자)의 회사에 대한 공익권의 행사이기 때문이라는 것이 일반적인 설명이다. 보전의 필요가 없는 한 이사의 선임결의에 하자가 있더라도 가처분을 할 필요는 없다.[694]

다. 당사자

본안소송 중에 가처분을 신청할 수 있는 자는 본안소송의 원고이다. 본안소송 전에는 본안소송의 원고가 될 자가 신청할 수 있다.

피신청인은 신청인의 주장에 의하여 지위가 다투어지는 자이며 회사는 피신청인이 될 수 없다.[695] 이로 인하여 본안소송의 피고와 가처분신청의 피신청인이 달라진다.

라. 절 차

관할은 본안소송의 관할법원에 속하며(민사집행법 303), 그 밖의 절차는 모두 민사집행법상의 가처분절차에 따른다. 가처분은 등기한다(법 407 ③).

마. 직무집행정지가처분의 효력

직무집행이 정지된 이사는 일체의 직무집행을 할 수 없다(대세적·형성적 효력). 이에 반한 직무집행은 절대무효이며 후에 가처분이 취소되더라도 소급하여 유효하게 될 수 없다.[696] 직무집행이 정지된 이사가 주주총회에서 다시 이사로 선임되더라도 직무집행정지가처분이 취소되지 않는 한 이사의 권한을 행사할 수 없다.

직무집행정지가처분은 기간을 정한 때에는 그 기간이 만료함으로써 효력을 상실하고 기간을 정하지 아니한 때에는 본안소송의 ① 승소판결이 확정됨과 동시에 효력을 상실하나,[697]

---

694) 대법원 1991. 3. 5. 자 90마818 결정은 회사주식의 60%를 소유하고 있는 주주의 의사에 의하여 대표이사 등 임원이 선임된 경우 선임절차상의 잘못이 있다고 하더라도 그 직무집행을 정지시키고 그 대행자를 선임하여야 할 필요성이 인정되지 않는다고 보았다.

695) 대법원 1982. 2. 9. 선고 80다2424 판결. 주식회사 이사나 감사의 직무집행을 정지하고 직무대행자를 선임하는 가처분결정이 있는 경우, 이사 등의 임기가 당연히 정지되거나 가처분결정이 존속하는 기간만큼 연장되는 것은 아니다. 대법원 2020. 8. 20. 선고 2018다249148 판결.

696) 대법원 2008. 5. 29. 선고 2008다4537 판결.

697) 대법원 1989. 5. 23. 선고 88다카9883 판결.

② 패소판결이 확정되더라도 당연히 효력을 상실하는 것은 아니라는 것이 다수설이다.

직무집행정지가처분이 있더라도 이사 또는 대표이사는 직무집행에서만 제외될 뿐 이사 또는 대표이사로서의 지위를 잃는 것은 아니다. 물론 그 이사나 대표이사는 사임할 수 있고, 주주총회는 그를 해임할 수 있다.

3. 직무대행자

가. 선 임

법원은 이사의 직무집행정지가처분과 함께 직무대행자를 선임할 수 있다(법 407 ① 前). 이것도 가처분의 내용으로서 하는 것이다. 그러나 직무대행자는 이사의 직무집행정지로 인한 회사운영의 공백을 메우기 위하여 선임하는 것이므로 그러한 필요가 있지 않은 한 반드시 선임하여야 하는 것은 아니다. 일부 이사의 직무집행이 정지되더라도 나머지 이사만으로 회사의 업무집행에 지장이 없을 때에는 굳이 선임할 필요가 없을 것이다. 직무집행정지를 하지 않고 직무대행자만 선임할 수는 없다.

직무대행자의 선임에 관한 재판은 이유를 붙인 결정으로 하는데, 신청을 허가하는 재판에 대하여는 불복할 수 없다. 법원의 직무대행자의 선임에 있어 신청인의 추천에 구속받지 않는다.[698] 직무대행자의 자격에는 제한이 없으나, 직무집행정지가처분에 의하여 직무집행이 정지된 이사 또는 감사를 재차 직무대행자로 선임할 수는 없다.[699]

나. 직무대행자선임의 효력

일단 직무대행자를 선임하면 이사의 직무집행이 정지됨과 동시에 직무집행이 정지된 이사가 퇴임하고 후임이사가 선임되더라도 가처분이 취소되기까지는 직무대행자의 권한이 존속한다. 이를 소멸시키기 위해서는 가처분이 취소되어야 하며, 그 때까지는 후임자가 권한을 행사할 수 없다(대세적·형성적 효력). 그러므로 직무집행이 정지된 이사 또는 그 후임자가 한 대외적 행위는 무효이고 상대방이 선의라도 유효를 주장하지 못한다.[700]

다. 권 한

직무대행자는 임시의 지위이므로 가처분명령에 다른 정함이 없는 한 회사의 상무에 속

---

698) 대법원 1985. 5. 28. 자 85그50 결정.
699) 대법원 1990. 10. 31. 자 90그44 결정.
700) 대법원 1992. 5. 12. 선고 92다5638 판결: 「가처분은 그 성질상 당사자 사이에서뿐만 아니라 제3자에게도 효력이 미치므로, 새로이 선임된 대표이사가 위 가처분에 위반하여 회사 대표자의 자격에서 한 법률행위는 결국 제3자에 대한 관계에서도 무효이고 이때 위 가처분에 위반하여 대표권 없는 대표이사와 법률행위를 한 거래상대방은 자신이 선의였음을 들어 위 법률행위의 유효를 주장할 수는 없다」.

하지 않은 행위는 법원의 허가를 얻은 때에 할 수 있다(법 408 ① 但).

(1) 상무의 범위

상무는 일반적으로 회사에서 일상 행해져야 하는 사무, 회사가 영업을 계속할 때 통상 행하는 영업범위 내의 사무 또는 회사경영에 중요한 영향을 주지 않는 통상의 업무 등을 의미한다.[701] 직무대행자는 직무집행이 정지된 이사의 지위를 임시관리하는 지위에 있으므로 회사를 정상적인 운영하는데 필요한 최소·불가결한 관리업무만 할 수 있다고 보아야 하기 때문이다.[702] 따라서, 신주발행, 사채발행, 영업양도, 중요재산의 처분, 목적사업의 변경 등은 상무에서 벗어난다.[703]

(2) 위반행위의 효력

직무대행자가 법원의 허가없이 상무에서 벗어난 행위를 한 경우에도 회사는 선의의 제3자에 대하여 책임을 진다(법 408 ②). 제3자의 선의에 관한 입증책임은 제3자에게 있다.[704] 거래의 안전을 위한 규정이다. 직무대행자가 정기주총을 소집할 때 그 안건에 이사회의 구성 자체를 변경하는 행위나 상법 제374조의 특별결의사항에 해당하는 행위 등 회사의 경영 및 지배에 영향을 미칠 수 있는 것이 포함되어 있다면 그 안건의 범위에서 정기주총의 소집이 상무에 속하지 않는다. 따라서 위 경우 직무대행자가 법원의 허가 없이 정기주총을 소집하여 결의가 이루어졌다면 그 정기주총은 소집절차상의 하자가 있어 결의취소사유에 해당한다.[705]

라. 그 밖의 지위에의 준용

감사, 청산인 및 유한회사의 이사, 감사, 청산인에 대하여도 상법 제407조가 준용되고, 감사를 제외하고는 제408조도 준용된다.

XII. 집행임원

1. 의의 및 취지

집행임원이란 회사의 선택에 따라 대표이사에 갈음하여 회사의 업무집행과 회사 대표

---

701) 어느 행위가 구체적으로 이 상무에 속하는지는 해당 회사의 기구, 업무의 종류·성질, 기타 제반 사정을 고려하여 객관적으로 판단하여야 한다. 이상, 대법원 2007. 6. 28. 선고 2006다62362 판결.

702) 판례는 소송대리를 위임하고 보수계약을 체결하는 행위는 회사의 상무에 속한다고 하였다(대법원 1989. 9. 12. 선고 87다카2691 판결).

703) 이철송, 앞의 책, 886면.

704) 대법원 1965. 10. 26. 선고 65다1677 판결.

705) 대법원 2007. 6. 28. 선고 2006다62362 판결.

에 관한 권한을 행사할 수 있는 기관이다(법 408의2 ①, 408의4).

과거 회사의 실무에서 상법상 이사가 아닌 자에게 부사장, 전무, 상무 등의 명칭을 부여하며 회사의 경영을 맡기는 경우가 적지 않았는데 이들을 집행임원이라고 불러왔다.[706] 1997년 말 외환위기 이후 회사지배구조 개혁의 일환으로 미국식 지배구조를 도입하면서 사외이사제도를 도입하게 되자 상장회사들은 사외이사 수를 최소화하기 위하여[707] 이사수를 줄이고 사실상 이사의 업무를 수행하는 비등기임원을 많이 두게 되었다. 그러나 이들 비등기임원은 상법상 근거도 없고 등기도 되지 않았으므로 상법상 책임을 지우는데 어려움이 있었다. 또한 일정 규모 이상의 상장회사의 경우 이사회의 감독기능을 강화함에 따라 이사회 권한 중 업무집행기능을 분리하여야 할 필요성이 제기되었다. 이처럼 회사실무를 반영하기 위하여 도입된 업무집행기관이 집행임원이다.[708]

2. 선 임

집행임원 및 대표집행임원은 이사회가 선임한다(법 408의2 ③ I). 이 규정은 강행규정이다.[709] 회사는 대표이사와 집행임원 중 하나를 업무집행기관으로 선택할 수 있다. 상법에 따라 집행임원을 둘 경우에는 대표이사를 두지 못한다(법 408의2 ① 후단). 집행임원은 이사회의 구성원이 아니고 종래의 비등기임원과 달리 상법상 기관이며 등기하여야 한다.

3. 정 원

집행임원제도를 채택한 경우 1인 이상을 선임한다(법 408의5 ①). 집행임원이 여러 명 있는 경우에는 이사회가 그 직무분담 등에 관하여 결의하지 않는 한(법 408의2 ③ V 참조), 각자가 업무집행을 한다.

4. 임 기

집행임원의 임기는 2년을 초과할 수 없다(법 408의3 ①). 집행임원의 임기가 이사의 임기보다 짧은 것은 이사회가 자신이 선임한 집행임원에 대하여 경영책임을 추궁할 수 있도록 한 것이다.

---

706) 기업실무에서는 상법상의 이사는 여러 가지 법적인 제약을 받으므로 사외이사를 포함하여 최소한의 이사만을 두고 대표이사가 지휘하는 실무적인 경영조직은 이 집행임원으로 구성하여 의사결정과 업무집행의 기동성을 추구하여 왔다. 이 경우 실무상의 집행임원과 관련하여 회사는 표현대표이사책임(계약행위)과 사용자책임(불법행위)을 지게 된다.

707) 상장회사는 원칙적으로 이사 총수의 4분의 1 이상을 사외이사로 하여야 한다(법 542의8 ①).

708) 김태진, "개정 상법하의 집행임원제 운용을 위한 법적 검토", 「상사법연구」 제30권 제2호, 2011, 297~298면.

709) 한국상사법학회, 「주식회사법대계 II」, 제4판, 법문사, 2022, 1326면(정찬형 집필부분).

5. 자격·겸직

집행임원의 자격에 관해서는 특별한 제한이 없으므로 이사가 아닌 자도 집행임원이 될 수 있다. 이사가 집행임원을 겸할 수도 있다.

6. 권 한

가. 업무집행권 및 의사결정권

상법은 집행임원의 권한으로서 ① 집행임원 설치회사의 업무집행, ② 정관이나 이사회의 결의에 의하여 위임받은 업무집행에 관한 의사결정을 규정하고 있다(법 408의4).

나. 이사회 소집권

집행임원은 필요하면 이사회의 소집을 청구할 수 있다. 이 경우 집행임원은 회의 목적사항과 소집이유를 적은 서면을 이사에게 제출하여야 한다(법 408의7 ①).

다. 대표권

집행임원이 1인인 경우에는 집행임원이 대표집행임원이 되고(법 408의5 ①), 집행임원이 여러 명인 경우에는 이사회의 결의로 회사를 대표할 집행임원을 선임하여야 한다(법 408의5 ①).

대표권은 대표이사의 대표권과 같이 회사의 영업에 관한 재판상 재판외의 모든 행위에 미치며, 대표권의 제한은 선의의 제3자에게 대항하지 못함은 대표이사의 대표권과 같다(법 408의5 ②, 389 ③, 209).

대표집행임원을 여러 명 선임한 경우 각자가 대표하지만 정관으로 공동으로 대표하도록 할 수 있다(법 408의5 ②, 389 ②). 표현대표이사규정도 준용되므로(법 408의5 ③, 395), 대표권이 없는 자가 사장, 부사장, 전무, 상무 등 대표권을 나타내는 명칭을 사용한 경우에는 표현대표집행임원이 성립하여 회사에 그 거래의 효과가 귀속될 수 있다. 전단적 대표행위의 법리도 적용된다고 해석하여야 할 것이다.

라. 의 무

집행임원의 의무는 이사와 동일하다. 집행임원과 회사의 관계는 위임이므로(법 408의2 ②) 집행임원은 이사와 마찬가지로 선관주의의무를 부담한다. 나아가 상법 제408조의9는 충실의무(법 382의3), 비밀유지의무(법 382의4), 경업금지의무(법 397), 회사기회유용금지의무(법 397의2), 자기거래 금지의무(법 398), 유지청구(법 408의9, 412의2) 등을 모두 준용하고 있고, 감사에 대한 보고의무(법 412 ②, 412의2) 등 감사에 대하여 부담하는 의무도 동일하다.

마. 책 임

집행임원의 책임은 이사의 책임과 동일하다. 다만 두 가지 면에서는 차이가 있다. ① 상법 제408조의9는 상법 제399조, 제401조를 준용하지 않고 대신 같은 내용을 상법 제408조의8에서 다시 규정하고 있다. 집행임원은 이사회처럼 회의체를 구성하지 않고 각자 업무를 집행하는 것이 원칙이므로 연대책임을 배제하기 위한 것이다. ② 상법 제408조의9는 제450조 재무제표의 승인에 의한 책임해제 규정을 준용하고 있지 않다.[710)]

7. 보 수

대표집행임원을 포함한 집행임원의 보수는 정관에 규정이 없거나 주주총회의 승인이 없는 경우 이사회의 결의로 정해진다(법 408의2 ③ VI).

제 4 편 감사 및 감사위원회

Ⅰ. 개 관

감사제도란 회사의 업무 및 회계를 감독하는 제도를 말한다. 주식회사는 그 업무집행을 주주가 아닌 제3자에게 맡긴 형태이므로 이를 감시, 감독하는 기능을 별도의 기관이 수행하여야 하는데 그 기관으로 둔 것이 감사와 감사위원회이다. 주식회사의 경우 감사기관은 원칙적으로 필수적 기관이다.[711)]

Ⅱ. 감사의 대상

감사기능은 다시 그 대상에 따라 업무감사와 회계감사로 나뉜다. 업무감사란 회사의 업무집행과 대표행위의 적법성 및 합목적성을 감사하는 것이고, 회계감사란 회사의 회계에 관하여 부정사실의 유무를 확인하며, 회계의 장부·기록이 일반적으로 인정된 공정·타당한 회계원칙에 따라 회사의 재정상태 및 경영성적을 진실하고 적정하게 표시하고 있는지 여부를 감사하는 것이다. 상법은 감사기관에게 업무감사권과 회계감사권 모두를 부여하고 있다. 양자가 성질상 명확히 구별되지 않고 상호 간에 밀접한 관련성이 있기 때문이다.[712)] 다만

710) 이는 입법의 불비로 보인다. 송옥렬, 앞의 책, 1130면.
711) 유한회사의 감사는 임의기관이다.

일정한 규모 이상의 회사는 외부전문가로부터의 추가로 회계감사를 받아야 한다.

III. 감사기관의 설치유형

상법상의 감사기관은 감사 및 감사위원회가 있다. 양자는 함께 설치될 수 없으며 둘 중에 하나를 두게 된다. 일정한 경우에는 설치하여야 하는 감사기관의 유형이 상법에 정해져 있다.

1. 소규모회사(비상장회사)

자본금 총액이 10억원 미만인 소규모회사의 경우 감사제도를 두지 않을 수 있다(법 409 ④). 소규모회사의 운영상 편의를 고려한 것이다.[713)]

2. 비상장회사 및 자산총액 1,000억원 미만 상장회사

소규모회사가 아닌 비상장회사 및 최근 사업연도말 자산총액 1,000억원 미만인 상장회사는 감사 또는 감사위원회 중 하나를 선택해서 두어야 한다(법 415의2 ①).

3. 자산총액 1,000억원 이상 2조원 미만 상장회사

최근 사업연도말 자산총액이 1,000억원 이상 2조원 미만인 상장회사는 상근감사 또는 감사위원회 중 하나를 선택해서 두어야 한다. 여기서 상근감사란 회사에 상근하면서 감사업무를 수행하는 자를 말한다.

4. 자산총액 2조원 이상 상장회사

최근 사업연도말 자산총액이 2조원 이상인 상장회사는 상법의 상장회사 특례규정에 따른 감사위원회를 두어야 한다(법 542의11 ①, 영 37 ①).

IV. 감 사

1. 의 의

상법은 감사업무만을 전담하는 기관으로 감사를 두고 있다. 상장회사의 경우 특례규정을 두어 감사선임시에 지배주주의 영향력을 배제하기 위한 특칙을 두고, 상근감사를 의무

712) 이철송, 앞의 책, 899면.

713) 김병연, “현행 상법상 주식회사의 감사선임의 문제점”, 「경영법률」 제25집 제1호, 2014, 5면. 이 경우 주주총회가 감독기능을 대신 행사하게 될 것이다(법 409⑥).

적으로 두도록 하며, 상근감사의 자격을 제한한다.

2. 자 격

비상장회사 감사의 자격에는 제한이 없으나 상장회사의 상근감사에 대하여는 상장회사의 사외이사와 같은 특별한 자격제한이 있다(법 542의10 ②).

3. 정 원

이사와 달리 감사의 인원수에는 제한이 없으므로 최소한 1인 이상이면 된다. 감사가 복수인 경우에는 각자 독립하여 개별적으로 감사로서의 직무를 수행한다.

4. 선임 및 종임

가. 선 임

(1) 비상장회사

감사는 주주총회에서 선임한다(법 409 ①). 의결권 없는 주식을 제외한 발행주식총수의 3%를 초과하는 수의 주식을 가진 주주는 그 초과하는 주식에 관하여는 의결권을 행사하지 못한다(법 409 ②). 정관으로 이 비율을 낮출 수 있다(법 409 ③). 주주의 의결권을 3%로 제한하는 상법 제409조 제1항은 감사선임에 관해서만 적용되므로 해임시에는 적용되지 않는다. 따라서 감사의 해임은 이사와 동일하게 주주총회 특별결의에 의한다(법 415, 법 385).

(2) 상장회사의 특례

상장회사의 경우 이사 선임시와 마찬가지로 감사를 선임하기 위한 주주총회를 소집할 때에도 소집통지에 감사후보의 성명 등을 기재해야 하고(법 542의4), 주주총회는 이 기재한 자에 한하여 감사로 선임하여야 한다고 규정하고 있다(법 542의5). 그 외에도 상장회사의 경우 감사의 선임요건에 관한 특례가 규정되어 있다.

나. 종 임

감사는 임기만료와 위임의 종료사유(민법 690)로 퇴임한다. 이사와 마찬가지로 회사는 언제든지 주주총회 특별결의로 감사를 해임할 수 있다. 다만 감사의 임기를 정한 경우 정당한 이유없이[714] 그 임기만료 전에 이를 해임한 때에는 감사는 회사에 대하여 해임으로 인

714) 대법원 2013. 9. 26. 선고 2011다42348 판결은 정당한 이유란 “주주와 감사 사이에 불화 등 단순히 주관적인 신뢰관계가 상실된 것만으로는 부족하고, 감사가 그 직무와 관련하여 법령이나 정관에 위반된 행위를 하였거나 정신적·육체적으로 감사로서의 직무를 감당하기 현저하게 곤란한 경우, 감사로서의 직무수행능

한 손해배상을 청구할 수 있다.[715] 특별결의에 의한 해임, 소수주주에 의한 해임청구의 소, 직무집행정지, 직무대행자선임의 가처분, 결원의 처리 등은 모두 이사에 관한 규정을 준용한다(법 415, 385, 386, 407).

5. 임 기

감사의 임기는 취임 후 3년 내의 최종의 결산기에 관한 정기주총의 종결일까지이다(법 410). 따라서 감사의 임기는 3년을 초과할 수도 있고, 3년에 미달할 수도 있다. 감사의 책임범위를 분명하게 하기 위한 규정이다.

> **▌예 시**
>
> 甲 주식회사는 사업연도가 매년 1월 1일부터 12월 31일까지이고, A는 2022년 5월 15일에 감사로 취임하였다고 가정한다. 3년이 되는 2025년 5월 15일까지 사이에 최종의 결산기는 2024년 12월 31일이므로 그에 대한 정기주총이 2025년 2월 25일 개최되어 같은 달 28일에 종료된다면 그 28일까지가 임기이다.

6. 겸직제한

감사는 해당 회사 및 자회사의[716] 이사, 지배인 또는 그 밖의 사용인을 겸하지 못한다(법 411). 감사업무의 객관성을 기대할 수 없는 경우이기 때문이다. 법문상으로는 감사가 자회사의 이사와 사용인이 되는 것만을 금지할 뿐이므로 모회사의 이사나 감사 혹은 사용인이 되는 데에는 제한이 없다.

위 제한을 위반하여 겸직을 하면 어떻게 될 것인가? 피선임자가 새로이 선임된 지위에 취임할 것을 승낙한 때에는 종전의 직을 사임하는 의사를 표시한 것으로 해석하여야 한다는 것이 판례의 입장이다.[717]

감사는 회사의 업무집행에는 관여하지 않으므로 경업금지의무가 없고 회사와의 거래(자기거래)도 제한받지 않는다.

력에 대한 근본적인 신뢰관계가 상실된 경우 등과 같이 당해 감사가 그 직무를 수행하는데 장해가 될 객관적 상황이 발생한 경우"를 말한다고 판시하면서 감사가 감사정보비 등을 일부 부적절하게 집행한 경우에는 해임의 정당한 이유가 없다고 판단했다.

715) 이와 같이 손해배상을 청구하는 경우 해당 감사가 그 해임으로 인하여 남은 임기 동안 회사를 위한 위임사무 처리에 들이지 않게 된 자신의 시간과 노력을 다른 직장에 종사하여 사용함으로써 이익을 얻었고 그 이익이 해임과 상당인과관계가 있다면 손해배상액을 산정할 때 공제하여야 한다. 대법원 2013. 9. 26. 선고 2011다42348 판결.

716) 자회사는 모회사의 지배를 받으므로 자회사의 이사, 지배인 그 밖의 사용인이 모회사의 감사가 될 경우 적정한 감사가 어려울 것이기 때문이다.

717) 대법원 2007. 12. 13. 선고 2007다60080 판결.

7. 감사의 직무·권한

가. 업무감사권

(1) 내 용

감사는 이사의 직무집행을 감사한다(법 412 ①). 이사 개개인의 직무집행뿐만 아니라 이사회의 권한사항(법 393 ①)도 감사대상이다.

감사는 업무감사를 위하여 언제든지 이사에 대하여 영업에 관한 보고를 요구하거나 회사의 업무와 재산상태를 조사할 수 있다(법 412 ②). 감사는 감사업무를 수행하면서 필요한 때에는 회사의 비용으로 전문가의 도움을 구할 수 있다(법 412 ③). 감사결과에 대한 의견은 이사회에서의 의견진술·보고(법 391의2), 유지청구(법 402), 주주총회에서의 의견진술(법 413), 감사록(법 413의2), 감사보고서(법 447의4)의 형식으로 제출한다.

(2) 이사회의 감독과 비교

대체로 이사회의 이사감독은 일종의 자기시정기능으로서 적법성뿐만 아니라 이사가 하는 업무집행의 합목적성, 타당성, 능률성까지 미친다.

반면, 감사의 감사는 ① 이사의 업무집행의 적법성에만 미친다는 견해, ② 일반적으로 타당성의 감사에도 미친다는 견해, ③ 절충설로서 원칙적으로는 적법성 감사에 한하나, 현저히 부당한 업무집행에 대해서는 타당성감사도 할 수 있다는 견해가 있다. ①의 입장이 다수설이다. 이사와 감사의 경영판단이 충돌할 경우 감사의 판단이 우선한다고 하는 것은 기관간의 권한배분의 취지에 반한다는 것이다.[718] 예외적으로 상법이 명문으로 타당성감사를 인정하는 경우는 있다(법 413, 법 447의4 ② V, VIII).

나. 자회사에 대한 보고요구·조사권

모회사의 감사는 그 직무를 수행하기 위하여 필요한 때에는 자회사에 대하여 영업의 보고를 요구할 수 있다(법 412의5 ①). 자회사는 법적으로는 독립된 회사이지만 경제적으로 연결되어 있으므로 모회사를 적정하게 감사하려면 자회사의 영업 내용을 알아야 할 필요도 있기 때문이다.

자회사가 모회사 감사의 보고요구에 지체없이 응하지 아니할 때 또는 보고의 내용을 확인할 필요가 있는 때에는 자회사의 업무와 재산상태를 조사할 수 있다(법 412의5 ②).

자회사는 정당한 이유가 없는 한 이상의 보고요구 및 조사를 거부할 수 없다(법 412의5

718) 송옥렬, 앞의 책, 1135~1136면.

③).[719] 자회사의 영업비밀이 침해될 우려가 있는 등 자회사의 독립된 이익이 침해될 수 있는 경우에는 정당한 이유가 있다고 할 수 있다.[720]

다. 이사회출석 · 의견진술권

감사는 이사회에 출석하여 의견을 진술할 수 있다(법 391의2 ①). 감사업무의 수행을 위하여 감사가 이사회의 결의사항을 알 필요가 있고, 감사의견을 이사회에 표시할 필요가 있기 때문에 둔 규정이다. 따라서 이사회를 소집할 때에는 감사에게도 소집통지를 하여야 하고(법 390 ②), 소집통지를 생략하고자 할 때에는 감사의 동의도 얻어야 한다(법 390 ③).

감사가 이사회에 출석하는 것은 감사권의 수행을 위한 것이고, 이사회의 구성원으로서 의사형성과정에 참여하는 것은 아니므로 감사에게 소집통지를 하지 않았거나 감사가 소집통지를 받고도 출석하지 않았더라도 이사회의 결의에 하자가 있는 것은 아니다.[721] 이사회에 출석한 감사도 이사회의 의사록에 기명날인하여야 한다(법 391의3 ②).

라. 이사회소집청구권

감사는 필요하면 회의의 목적사항과 소집이유를 적은 서면으로 이사회의 소집권자에게 이사회의 소집을 청구할 수 있다(법 412의4 ①). 이사회의 소집권자가 감사의 소집청구를 받고 지체없이 이사회를 소집하지 않을 때에는 그 청구를 한 감사가 직접 이사회를 소집할 수 있다(법 412의4 ②).[722]

마. 보고수령권

이사는 회사에 현저한 손해를 미칠 염려가 있는 사실을 발견한 때에는 즉시 감사에게 이를 보고하여야 한다(제412조의2).

바. 주주총회 소집청구권

감사는 회의의 목적사항과 소집의 이유를 기재한 서면을 이사회에 제출하여 임시총회의 소집을 청구할 수 있다(법 412의3 ①). 이 청구가 있은 후 이사회가 지체없이 총회소집절차를 밟지 않은 경우에는 감사는 법원의 허가를 얻어 총회를 소집할 수 있다(법 제412조의3 ②, 366 ②).

---

719) 정당한 이유가 따르지 않는 거부에 대해서는 벌칙이 적용된다(법 635 ① XXI의2).
720) 이철송, 앞의 책, 907면.
721) 대법원 1992. 4. 14. 선고 90다카22698 판결.
722) 상법 제408조의7 제2항에 규정되어 있는 집행임원의 소집청구와 비교하여 보라.

사. 유지청구권

이사가 법령 또는 정관에 위반한 행위를 하여 회사에 회복할 수 없는 손해가 생길 염려가 있는 경우에는 감사가 회사를 위하여 해당 이사에 대하여 그 행위를 유지하도록 청구할 수 있다(법 402).

아. 감사해임에 관한 의견진술권

감사는 주주총회에서 자신 및 다른 감사의 해임에 관하여 의견을 진술할 수 있다(법 409의2). 감사가 그 업무를 원활하게 수행할 수 있도록 신분을 안정시켜 주기 위하여 둔 제도이다.

자. 회사와 이사 간의 소송시 대표권

회사가 이사에 대하여 또는 이사가 회사에 대하여 소를 제기하는 경우 감사는 그 소에 관하여 회사를 대표한다(법 394 ①). 본래 대표이사가 회사를 대표하지만 소송수행의 공정을 담보하기 위하여 감사에게 소송대표권을 준 것이다. 소송당사자가 대표이사 아닌 이사인 경우에도 감사가 대표한다는 점에 주의하여야 한다.[723]

소수주주가 회사에 대하여 이사의 책임추궁을 위한 소제기를 청구할 경우에도 감사가 회사를 대표한다(법 394 ① 後, 403 ①). 대표권 행사의 문제이므로 소송법상의 당사자는 여전히 회사이다.

감사의 소대표권에 관한 규정은 효력규정으로서, 이에 위반하여 대표이사가 회사를 대표하여 행한 소송행위, 이사가 대표이사에 대하여 한 소송행위는 모두 무효이다.[724] 이 점을 간과하고 판결이 내려진 경우 상고 및 재심사유가 된다(민소 424 ① IV, 451 ① III). 다만 회사를 상대로 소를 제기한 이사가 소장에 회사를 대표할 자를 대표이사로 기재하였더라도 이를 감사로 보정할 수 있고 보정하면 감사의 추인 여부에 관계없이 적법한 소가 된다. 이 보정은 항소심에서도 가능하다.

한편, 회사가 감사를 상대로 소송을 할 경우에는 대표이사가 회사를 대표하여 소송을 수행하여야 한다.

---

723) 자본금의 총액이 10억원 미만으로 감사를 선임하지 않은 주식회사가 이사에 대하여 소를 제기하는 경우에 회사, 이사 또는 이해관계인은 법원에 회사를 대표할 자를 선임하여 줄 것을 신청하여야 하고(법 409 ⑤), 이 경우 법원이 대표이사를 소송에서 회사를 대표할 자로 선임하였다는 등의 특별한 사정이 없는 이상 대표이사는 그 소송에 관하여 회사를 대표할 권한이 없다(대법원 2023. 6. 29. 선고 2023다210953 판결).

724) 대법원 2011. 7. 28. 선고 2009다86918 판결; 대법원 1990. 5. 11. 선고 89다카15199 판결.

차. 각종 소제기권

상법은 회사설립무효의 소(법 328), 결의취소의 소(법 376 ①), 신주발행무효의 소(법 429), 감자무효의 소(법 445), 합병무효의 소(법 529)에 관한 감사에게도 소제기권을 인정하고 있다. 감사가 결의취소의 소, 신주발행무효의 소, 감자무효의 소를 제기한 경우에는 담보제공의무가 면제된다(법 377, 430, 446).

8. 감사의 의무

가. 이사회에 대한 보고의무

감사는 이사가 법령 또는 정관에 위반한 행위를 하거나 그 행위를 할 염려가 있다고 인정한 때에는 이사회에 이를 보고하여야 한다(법 391의2 ②). 업무감사권에 수반하는 의무라고 할 수 있으며, 이사회에 대해 감독권의 발동을 촉구하는 의미를 지닌다.

나. 주주총회에서의 의견진술 의무

감사는 이사가 주주총회에 제출할 의안 및 서류를 조사하여 법령 또는 정관에 위반하거나 현저하게 부당한 사항이 있는지의 여부에 관하여 주주총회에 그 의견을 진술하여야 한다(법 413).

다. 감사록의 작성

감사는 감사에 관한 감사록을 작성하여야 한다(법 413의2 ①). 감사록에는 감사의 실시요령과 그 결과를 기재하고 감사를 실시한 감사가 기명날인 또는 서명하여야 한다(법 413의2 ②).

라. 감사보고서의 작성·제출

감사가 결산감사(회계감사)를 할 때에는 감사보고서를 작성하여 이사에게 제출하여야 한다(법 447의4 ①).

마. 비밀유지의무

감사도 이사와 마찬가지로 직무상 알게 된 영업비밀을 유지할 의무를 진다(법 415, 382의4).

9. 감사의 보수

감사의 보수도 이사의 보수와 같이 정관으로 정하거나 주주총회에서 정하여야 한다(법 415, 388). 상장회사에 대해서는 감사의 보수를 이사의 보수와 별도로 정하도록 규정하고 있는데(법 542의12 ⑤), 이는 주의적 규정이고, 비상장회사에서도 같은 방법으로 정해야 한다.

10. 감사의 책임

감사가 그 임무를 해태한 때에는 감사는 회사에 대하여 연대하여 손해를 배상할 책임을 진다(법 414 ①). 예컨대, 이사가 위법하거나 부당한 업무집행을 추진하는데, 감사가 이를 방임하는 것은 임무해태이다.[725] 감사가 악의 또는 중대한 과실로 그 임무를 해태한 때에는 감사는 제3자에 대하여도 손해를 배상할 책임이 있다(법 414 ②). 판례는 감사가 직무를 수행할 의사 없이 도장을 이사에게 맡기는 등 명의만을 빌려준 경우와 달리 결산 업무 자체는 수행하였지만 분식결산이 회사의 다른 임직원에 의해 조직적으로 교묘하게 이루어진 것이어서 감사가 쉽게 발견할 수 없었던 때에는 분식결산을 발견하지 못하였다는 사정만으로 중대한 과실을 인정할 수 없다고 보았다.[726]

감사가 회사나 제3자에 대하여 손해를 배상할 책임이 있는 경우에 이사도 그 책임이 있는 때에는 감사와 이사는 연대하여 배상할 책임이 있다(법 414 ③). 감사의 책임은 소수주주가 대표소송으로 추궁할 수 있으며(법 415, 403), 총주주의 동의로 책임을 면제할 수 있다(법 415, 400). 감사의 임무해태가 동시에 불법행위를 구성하는 경우에는 총주주의 동의가 있더라도 불법행위책임이 면제되는 것이 아니라는 점은 이사의 경우와 같다.[727]

상근감사와 비상근감사 간에 감사의무의 정도에 차이를 둘 것인지 문제된다. 판례는 무보수·비상근·명예직인 감사의 경우에도 법령과 정관 상의 주의의무를 면할 수 없다고 보고 있어, 차이를 두지 않는 입장으로 보인다.[728] 감사의 회사에 대한 책임도 감경될 수 있다(법 415, 400 ②).

V. 감사위원회

1. 의 의

상법은 감사를 대체할 수 있는 감사기구로서 감사위원회를 둘 수 있도록 하였다. 다만 감사위원회를 두는 경우 감사는 둘 수 없다(법 415의2 ①). 자산총액 2조원 이상인 상장회사는 반드시 감사 대신 감사위원회를 두어야 한다.

725) 대법원 2010. 7. 29. 선고 2008다7895 판결.
726) 대법원 2008. 2. 14. 선고 2006다82601 판결.
727) 대법원 1996. 4. 9. 선고 95다56316 판결.
728) 대법원 2005. 6. 23. 선고 2003다61450 판결; 대법원 2004. 4. 9. 선고 2003다5252 판결; 대법원 2004. 3. 25. 선고 2003다18838 판결.

2. 연 혁

1998년 외환위기 직후인 1999년 상법 개정시 과거 회사의 감사기능이 제대로 작동하지 않았다는 반성적 고려 하에 감사제도를 개혁하고자 하는 논의가 있었다. 그 논의는 대체로 두 방향으로 행해졌는데 첫 번째 견해는 영미와 같이 사외이사제도와 감사위원회제도를 도입하자는 것이었고, 두 번째 견해는 독일과 같이 이사회와 독립된 감사회제도를 도입하자는 것이었다.[729] 결국 1999년 개정 상법은 주식회사가 영미형의 사외이사제도와 감사위원회제도를 선택할 수 있도록 규정하였다.[730]

3. 설치근거와 구성

원칙적으로 감사위원회를 설치하고자 할 경우에는 정관에 규정을 두어야 한다. 다만 앞서 본 바와 같이 자산총액 2조원 이상의 상장회사는 반드시 감사 대신 감사위원회를 설치해야 한다(법 542의11 ①).

감사위원회는 3인 이상의 이사로 구성된다. 감사위원의 자격에 관해서는 특별한 규정을 두고 있지 않다. 다만, 감사위원회의 중립성과 객관성을 확보하기 위하여 사외이사가 위원의 3분의 2 이상일 것을 요구한다(법 415의2 ②).[731]

자산총액 2조원 이상 상장회사의 경우 주주총회에서 감사위원이 되는 이사 중 1명 이상을[732] 다른 이사들과 분리 선임하도록 함으로써 감사위원회 위원의 독립성을 확보하도록 하고 있다(법 542의 12 ② 但).[733]

4. 선임 및 해임

가. 비상장회사

상법은 감사위원 선임에 관하여 특별한 규정을 두지 않고 있다. 따라서 이사회의 다른 위원회와 마찬가지로 이사회에서 감사위원을 선임하고 해임한다(법 415의2 ②). 감사위원을 해임하는 경우는 이사 총수의 2/3 이상의 결의로 하여야 한다(법 415의2 ③).

729) 각 견해의 논거에 관하여는 이범찬/김지환, "한·일간의 감사제도의 비교연구", 「상법연구의 향기」, 인산기념논집편찬위원회, 2004, 73~75면.

730) 감사위원회제도를 채택한 데에는 IMF 등 국제금융기관의 압력이 있었다고 한다. 김건식, 「기업지배구조와 법」, 소화, 2010, xvii면.

731) 특히 상장회사의 감사위원이 되는 사외이사의 자격요건에 관해서는 상법 제542조의8이 적용된다.

732) 정관에서 2명 이상으로 정할 수 있으며 정관으로 정한 경우에는 그에 따른 인원으로 한다. 상법 제542조의 12 제2항 단서 괄호.

733) 즉, 이사를 먼저 선임한 뒤 주주총회에서 이사들 중에서 감사위원을 선임하면 3% 의결권 제한이 적용되더라도 지배주주가 선임한 이사들 중에서 감사위원이 선임되게 되므로 감사위원 1명 이상을 일반 이사와 분리 선출함으로써 감사위원의 독립성을 높일 수 있다는 것이다.

나. 상장회사

감사위원의 선임 및 해임에 관하여는 상장회사에 관한 특례에 복잡한 규정을 두고 있다.[734] 일정한 규모 이상의 상장회사는 감사 대신 감사위원회를 설치하여야 하고 그 경우 감사위원을 선임하거나 해임하는 권한은 주주총회에 있다(법 542의12 ①).

5. 임 기

감사위원은 이사를 겸하므로 이사로서의 임기와 일치한다. 상법은 별도로 규정을 두지 않고 있다.

6. 감사위원회의 운영

감사위원회는 감사와 달리 회의체기관이므로 권한행사는 위원회의 결의를 통하여 한다. 감사위원회의 소집이나 결의방법 등 감사위원회의 운영은 상법 제393조의2가 정하는 이사회내 위원회의 운영방법에 따라야 한다(법 393의2 ④, ⑤). 다만 일반 위원회와 달리 대표위원을 선정하여야 한다(법 415의2 ④ 前). 상장회사의 경우 사외이사만이 대표위원을 할 수 있다(법 542의11 ②). 감사와 마찬가지로 감사위원회도 감사의 실효성을 높이기 위하여 회사의 비용으로 전문가의 조력을 구할 수 있다(법 415의2 ⑤).

7. 감사위원회의 권한과 의무

상법은 감사위원회의 권한에 관하여 별도의 규정을 두지 않고, 감사의 권한과 의무에 관한 규정인 상법 제412조부터 제414조까지의 규정을 준용하고 있다(법 415의2 ⑦). 그러나 이와 관련하여 감사위원회의 감사권이 적법성 감사에 그치는 것인지 아니면 타당성 감사까지 미치는 것인지 여부에 관하여 견해의 대립이 있다.

적법성 감사에 그친다는 견해는 상법이 감사위원회의 권한을 규정하면서 위와 같이 감사의 권한 규정을 준용하고 있다는 점을 든다. 반대로 감사위원은 이사회의 구성원이므로 이사회의 권한인 타당성 검사도 할 수 있다는 견해가 있다.[735] 생각건대 상법이 명문으로 동일한 권한을 부여하고 있는 이상(법 415의2 ⑦) 감사위원의 자격으로 타당성 검사까지 할 수 있다고 보기는 어렵다.

734) 특별한 법논리가 있는 것도 아니고 기술적 조항들의 나열에 불과하므로 이 책에서는 설명을 생략한다. 상세는 김건식/노혁준/천경훈, 앞의 책, 551~552면.

735) 송옥렬, 앞의 책, 1141면.

8. 감사위원의 책임

상법은 감사의 책임에 관한 상법 제414조를 감사위원회에 준용하고 있다(법 415의2 ⑦).[736] 감사위원의 책임을 면제하는 데에는 총주주의 동의를 요한다(법 415의2 ⑦, 400). 감사위원의 신분에 관한 소를 제기할 경우 감사위원에 대하여 직무집행정지가처분을 신청할 수 있다(법 415의2 ⑦, 407).

9. 감사 관련 규정의 준용

감사의 이사회출석·의견진술권(법 391의2 ②), 회사와 이사간의 소대표권(법 394 ①), 회사에 대한 책임의 감면(법 400), 유지청구권(법 402), 대표소송(법 403, 404, 405, 406), 직무집행정지·직무대행자선임(법 407), 업무감사권(법 412), 감사의 보고수령권(법 413), 감사의 책임(법 414) 등은 감사위원회 및 감사위원에 관하여 준용된다.

그러나 감사해임에 관한 의결진술권(법 409의2), 임기(법 410), 겸임금지(법 411) 등은 감사위원회 및 감사위원에 준용되지 않는다. 감사위원은 이사이기 때문에 이사에 관하여 별도의 규정이 있는 경우에는 감사에 관한 규정을 준용하지 않는다.

VI. 전자투표 실시 회사의 결의요건 특례

회사가 전자적 방법으로 의결권을 행사할 수 있도록 함으로써 주주의 주주총회 참여를 제고한 회사에 한하여 감사 및 감사위원 선임시에 출석한 주주의 과반수로 의결할 수 있도록 되어 요건을 완화한다(법 409 ③, 542의 12 ⑧). 전자투표 활성화를 위한 조치이다.

VII. 외부감사제도

회사의 규모나 업종에 따라서는 이해관계인의 범위가 매우 넓고 국민경제에 미치는 영향이 지대한 회사가 있다. 따라서 「주식회사 등의 외부감사에 관한 법률」(‘외부감사법’)이라는 특별법에서 소정 규모 이상의 회사에 대해서는 회사의 임원 또는 직원이 아닌 외부의 회계 및 감사의 전문가에 의한 회계감사를 강제한다.

---

736) 대법원 2017. 11. 23. 선고 2017다251694 판결.

제 5 절 자본금의 변동

제 1 편 자본거래와 손익거래

자본금의 변동을 이해하려면 자본거래와 손익거래의 개념을 먼저 짚고 넘어갈 필요가 있다. 주식회사 회계에서 순자산의 변동원인은 ① 주식회사와 주주 간의 출자 및 환급이거나 ② 그 이외의 거래로 나누어 볼 수 있다. 전자를 자본거래라고 하고 후자를 손익거래라고 한다. 즉, 자본거래와 손익거래 모두 회사의 재무상태를 변동시킨다. 양자를 구분하는 이유는 자본거래로 인한 순자산의 증감은 경영성과와 직접 관련이 없고 그로 인한 잉여금(자본잉여금)은 원칙적으로 배당의 재원이 될 수 없기 때문이다.[737)]

자본거래와 손익거래 및 순자산증가와의 관계를 그림으로 표현하면 다음과 같다.

▌예 시

甲 주식회사는 당기에 주식을 액면가로 200만원 상당 발행하였고, 당기순이익 250만원, 기타 포괄이익 50만원을 거두었다고 가정한다.

〈자본거래/손익거래와 순자산증가의 관계〉 (단위: 만원)

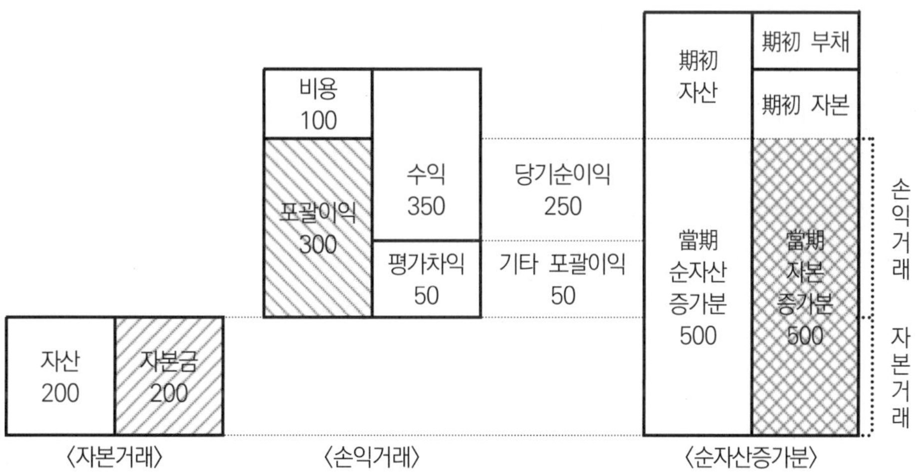

737) 상세는 황남석, "자본거래와 손익거래: 개념과 한계", 「상사법연구」 제35권 제1호, 2016, 207면 이하.

제 2 편 자본금의 변동원인

액면주식을 발행한 회사의 경우 액면가를 늘리거나 발행주식수를 늘리면 자본금이 증가하고, 반대로 액면가를 줄이거나 발행주식수를 줄이면 자본금이 감소한다. 그러나 액면가를 늘리는 방법은 주주 유한책임의 원칙에 반하므로 허용되지 않는다.

무액면주식을 발행한 회사의 경우에도 자본금을 증가하는 방법은 발행주식수를 늘리는 것 밖에 없다. 반면, 일단 무액면주식의 발행가 중 일부를 자본금으로 계상하면 발행주식수와 자본금은 서로 상관관계가 없어지므로 발행주식수를 그대로 두고 자본금의 계수를 줄이는 방법에 의해서 자본금을 감소시킨다.[738]

제 3 편 통상의 신주발행

Ⅰ. 의 의

회사가 자금을 조달하는 주요한 방법은 통상의 신주발행[739]과 사채발행이다. 통상의 신주발행은 주식을 발행하여 자본을 모집하는 것으로 배당부담이 있고 지배구조에 영향을 받는다. 다만 배당가능이익이 없으면 배당을 하지 않을 수 있다. 사채발행은 부채를 발생시켜 자금을 조달하는 것으로 회사는 통상의 신주발행에서와 같은 문제는 없지만 배당가능이익이 없어도 이자를 지급하여야 한다.[740]

통상의 신주발행은 원칙적으로 이사회의 권한에 속하므로 발행예정주식총수의 범위 내에서 이사회의 결정에 의해 가능하다(법 416 本). 통상의 신주발행 권한을 이사회에게 줌으로써 이사회가 경영상의 필요에 따라 유연하게 자금을 조달할 수 있다.

통상의 신주발행은 ① 이사회 결의(법 416 本), ② 신주배정일 공고(법 418 ③), ③ 배정기준일(법 418 ③) 도래, ④ 신주인수권자에 대한 최고(법 419 ①), ⑤ 신주의 청약(법 419 ④), ⑥ 신주의 배정(법 418, 421), ⑦ 주금납입(법 421), ⑧ 신주의 효력발생(법 423 ①)의 순서로 이루어진다.

---

738) 물론 주식의 병합 또는 소각과 동시에 할 수도 있다.

739) 통상의 신주발행이 아닌 그 밖의 신주발행은 자본의 총액에 변동이 없으므로 자금을 조달하는 수단이 아니다.

740) 세법상으로 배당은 회사의 과세소득을 줄이지 않지만 이자는 회사의 과세소득을 줄이기 때문에 사채가 유리하다.

II. 신주발행의 쟁점

신주발행과 관련하여서는 ① 자본금 증가에 따라 그에 대응하는 재산이 실제로 회사의 자본으로 납입되도록 담보할 필요가 있다는 점, ② 신주를 제3자가 인수하거나, 주주가 인수하더라도 종전의 지분비율에 따르지 않을 때 혹은 저가로 발행할 때에는 각 주주가 종전에 가졌던 비례적 이익이 침해될 수 있다는 점, ③ 무자력으로 인하여 신주발행에 참여할 수 없는 기존 주주의 이익도 보호할 필요가 있다는 점 등을 고려하여야 한다.

III. 신주발행의 결정기관

통상의 신주발행은 원칙적으로 이사회가 결정한다(법 416 本). 통설은 이사회가 신주발행의 결정권한을 대표이사 등에게 위임할 수 없고 다만 이사회 내의 위원회(법 393의2)에는 위임할 수 있을 뿐이라고 한다.[741] 신주발행은 주주들의 지분적 이익과 밀접한 관련이 있으므로 예외적으로 정관에 규정을 두어 주주총회에서 결정할 수 있다(법 416 但).

IV. 이사회 등의 결정사항

이사회(예외적으로 주주총회)가 신주발행을 결정할 때에는 다음의 사항을 정한다(법 416 각 호).

1. 신주의 종류와 수(제1호)

발행하는 주식의 종류와 종류별 발행주식수를 결정하여야 한다. 그 종류와 수는 정관에서 정해진 범위 내이어야 한다(법 344 ②).

2. 신주의 발행가액과 납입기일(제2호)

주주가 인수하는 주식의 발행가액는 해당 신주에 관하여 균일하게 정한다.[742] 그러나 제3자가 인수하는 주식은 이와 달리 정할 수 있다고 본다.[743] 신주를 발행할 때마다 기존의 발행가액에 구애받지 않고 새로이 발행가액을 정할 수 있다. 액면미달발행은 자본금충실을 해하므로 일정한 규제를 받는다.

---

741) 이철송, 앞의 책, 936면.
742) 명문의 규정은 없으나, 주주평등의 원칙상 당연한 이치이다.
743) 이철송, 앞의 책, 937면.

3. 자본금 계상액(제2호의2)

무액면주식의 경우 이사회가 자본금으로 삼을 금액을 정한다.

4. 신주의 인수방법(제3호)

신주를 주주배정방식으로 할 것인가 아니면 제3자배정방식으로 할 것인가를 정하여야 한다. 주주배정방식으로 발행할 경우에는 신주인수권을 행사할 수 있는 주주를 정하기 위한 배정기준일[744]을 정하여야 한다. 제3자배정방식으로 발행할 경우에는 신주인수권을 행사할 자를 정해야 한다. 방식을 불문하고 신주의 청약과 배정, 납입의 일정, 실권주 및 단주의 처리방법 등을 함께 정해야 한다.

5. 현물출자에 관한 사항(제4호)

현물출자를 받을 경우 출자자의 성명과 출자의 목적인 재산의 종류, 수량, 가격과 이에 대하여 부여할 주식의 종류와 수를 정하여야 한다.

6. 주주가 가지는 신주인수권을 양도할 수 있는 것에 관한 사항(제5호)

상법은 주주의 구체적 신주인수권을 양도할 수 있는 것으로 전제하고 신주발행시 발행사항의 하나로 정할 수 있게 하였다. 통설은 이 사항도 이사회가 임의로 정할 수 있으므로 신주인수권이 양도되는 것을 원하지 않을 경우에는 정하지 않을 수 있다고 해석한다.

7. 주주의 청구가 있는 때에만 신주인수권증서를 발행한다는 것과 그 청구기간(제6호)

신주인수권을 양도할 수 있도록 정할 경우 그 양도는 신주인수권증서를 교부하는 방법으로 해야 하므로(법 420의3 ①) 회사는 신주인수권증서를 발행하여야 한다. 그러나, 모든 주주가 신주인수권을 양도할 것은 아니므로 그 발행을 청구하는 주주에게만 발행할 수 있도록 한 것이다. 따라서 이 사항은 논리적으로 주주가 신주인수권을 양도할 수 있도록 정하였을 것을 전제로 한다.

---

744) 상법 제418조 제3항은 '일정한 날'이라고 규정하고 있다.

> **(보론) 손실보전약정**
>
> 회사가 신주를 인수하여 주주의 지위를 갖게 되는 자와 사이에 신주인수대금으로 납입한 돈을 전액 보전해 주기로 약정하거나, 상법 제462조 등 법률의 규정에 의한 배당 외에 다른 주주들에게는 지급되지 않는 별도의 수익을 지급하기로 약정하는 경우가 있는데 그러한 약정을 손실보전약정이라고 한다. 손실보전약정은 회사가 해당 주주에 대하여만 투하자본의 회수를 절대적으로 보장함으로써 다른 주주들에게는 인정되지 않는 우월한 권리를 부여하는 것으로서 주주평등의 원칙에 위배되어 무효이고 설사 그 약정이 주주의 자격을 취득하기 이전에 체결되었거나 신주인수계약과 별도의 계약으로 체결되었더라도 마찬가지라는 것이 판례의 입장이다.[745)]

Ⅴ. 액면미달발행

상법은 발행가액에 관하여 별다른 제한을 두지 않고 있으나 액면미달발행은 제한하고 있다.

1. 규제의 취지

신주발행의 결과 신주의 액면가액만큼 자본금이 증가하므로 그에 상응하는 순자산이 증가하여야 자본금충실의 원칙이 지켜질 수 있다. 따라서 상법은 액면미달발행을 엄격한 요건 하에서 예외적으로만 허용하고 있다(법 417).[746)]

2. 요 건

가. 회사성립 후 2년 경과

액면미달발행을 하면 자본금 결손이 발생한다. 입법자는 회사가 사후적으로 자본금 결손을 전보할 수 있을 정도로 회사 운영의 기반이 잡혀 있으려면 회사성립 후 최소한 2년이 경과하여야 한다고 판단하여 이와 같은 요건을 둔 것으로 보인다(법 417 ①).

나. 주주총회의 특별결의

액면미달발행을 하려면 주주총회의 특별결의를 거쳐야 한다. 주주총회는 액면미달발행

---

745) 대법원 2020. 8. 13. 선고 2018다236241 판결. 같은 취지: 대법원 2007. 6. 28. 선고 2006다38161·38178 판결.

746) 액면미달발행은 회사의 신용에 부정적인 영향을 미치고 그 절차가 번거롭기 때문에 실제로 액면미달발행을 하는 예는 찾기 어렵다. 실무상 상장회사의 경우 주가가 액면가 이하에서 형성되더라도 일단 액면가액으로 발행하고, 이로 인해 생기는 실권주를 대주주나 주관사가 인수하는 때가 많다.

여부만이 아니라 최저발행가액을 정하여야 한다(법 417 ②). 따라서 이사회의 발행가액결정은 주주총회가 결의한 최저발행가액의 제한을 받는다.

다. 법원의 인가

액면미달발행을 하려면 법원의 인가를 받아야 한다. 법원은 회사의 현황과 제반 사정을 참작하여 최저발행가액을 변경하여 인가할 수 있으며, 회사의 재산상태 그 밖에 필요한 사항을 조사하기 위하여 검사인을 선임할 수 있다(법 417 ③).[747]

라. 발행시기

액면미달발행은 법원의 인가를 얻은 날로부터 1개월 내에 행해져야 한다. 법원은 이 기간을 연장하여 인가할 수 있다(법 417 ④). 법원은 인가를 한 시점을 기준으로 액면미달발행을 허용한 것이기 때문이다.

VI. 신주인수권

1. 개 관

신주인수권이란 회사가 신주를 발행할 경우 그 전부 또는 일부를 타인에 우선하여 인수할 수 있는 권리를 말한다. 주주는 유한책임을 지므로 신주인수권은 주주의 권리이지 의무는 아니다. 신주인수권을 행사하려면 추가 출자가 필요하므로 기존 주식의 과실에도 해당하지 않는다. 따라서 신주인수권을 행사하여 인수한 주식에는 구주에 관한 질권의 효력이 미치지 않는다. 통상의 신주발행시 신주인수권은 주주 또는 제3자에게 귀속한다.[748] 신주발행이 주주의 지분비례로 이루어지는 경우를 주주배정이라고 하고, 그 이외의 경우를 제3자배정이라고 한다.

2. 주주의 신주인수권

가. 의 의

주주의 신주인수권이란 회사가 신주를 발행할 경우에 주주가 각자 가진 주식수에 비례하여 신주를 인수할 수 있는 권리를 말한다(법 418 ①). 주주의 신주인수권은 추상적 신주인

---

747) 상장회사가 액면미달발행을 할 때에는 법원의 인가를 받을 필요가 없지만 최저발행가액의 제한은 있다(자본시장법 165의8 ①, ②).

748) 통상의 신주발행(법 416) 이외의 경우 모두 신주의 인수권자가 법정되어 있다. 예를 들어, 주식배당이나 준비금의 자본금전입시에는 현재의 주주(법 461 ②)가 신주인수권을 갖는다.

수권과 구체적 신주인수권으로 구분할 수 있다.

추상적 신주인수권이란 회사가 신주를 발행한다면 일정한 수량의 주식을 인수할 수 있다고 하는 잠재적 권리이다. 이는 주주권의 일부로서, 주식과 분리하여 양도·포기하거나 담보에 제공할 수 없고, 시효에 걸리지도 않는다.

이에 대하여 구체적 신주인수권은 회사가 실제 신주를 발행할 때 그 신주를 청약하고 배정받을 수 있는 권리로서 이사회에서 정한 신주배정기준일에 발생한다. 구체적 신주인수권은 추상적 신주인수권에 근거를 둔 것이지만 회사에 대하여 갖는 독립된 채권적 권리이다. 구체적 신주인수권은 주주권이 이전되더라도 이에 수반하여 이전되지 않는다.[749]

나. 신주인수권의 의미

주주의 신주인수권은 주주의 보호를 위한 것으로서 다음과 같은 의미를 가진다.

첫째, 주식은 의결권을 표창하므로 제3자가 신주를 인수하면 기존 주주는 회사의 의사결정에 참여할 수 있는 권리가 줄어든다.

둘째, 신주 발행시에는 정책적인 이유로 기존 주식의 공정가치보다 낮은 발행가액을 정할 수 있는데 그 결과 주식가치의 희석화가 나타난다. 신주를 기존 주주들에게 기존 지분에 비례하여 배정한다면 희석화로 인한 피해를 상쇄시킬 수 있는데, 제3자에게 배정하면 희석화로 인하여 기존 주주들이 손해를 보게 된다.

(보론) 주식가치의 희석화

甲 법인은 순자산 10,000원, 기발행주식 100주, 주주 A가 60주, B가 40주씩 보유하고 있다고 가정한다. 주식의 공정가치는 1주당 순자산가치라고 가정하면 100원이다. 이제 신주 100주를 1주당 80원에 발행하면서 A에게 60주, B에게 40주를 배정한다. 신주 발행 후 순자산은 18,000원, 발행주식총수는 200주가 되므로 1주당 순자산가치는 90원이 된다. A는 기존 주식 60주에서 주당 10원의 손해를 보지만, 신주 60주에게 주당 10원의 이익을 보기 때문에 손해와 이익이 정확하게 상쇄된다. B도 마찬가지이다. 그러나 만일 위 신주 100주를 모두 제3자인 C에게 배정한다면 A는 600원, B는 400원의 손해를 보고, C는 1,000원의 이익을 보게되어 A, B의 부가 C에게 이전된다.

다. 주주에 대한 신주인수권의 부여 및 제한

상법은 주주의 신주인수권을 보호하기 위하여 '주주는 그가 가진 주식수에 따라서 신

749) 대법원 2010. 2. 25. 선고 2008다96963·96970 판결.

주의 배정을 받을 권리가 있다'고 규정하고 있다(법 418 ①). 그러나 현실적으로 제3자에게 신주를 발행하여야 할 필요가 있다. 기존 주주들이 추가출자의 여력이 없을 수 있고 업무상 협력관계에 있는 다른 회사와의 유대관계를 공고하게 하기 위하여 그 다른 회사에게만 신주를 발행하여야 할 경우도 있을 수 있기 때문이다.

따라서, 주주의 신주인수권은 정관에 규정을 두어 제한할 수 있다(법 418 ② 本). 통설은 정관으로 주주의 신주인수권을 완전히 박탈하는 것도 가능하다고 한다. 그러나 정관에 의하더라도 주주의 신주인수권을 제한할 때에는 경영상 목적이 있어야 한다(後述).

라. 구체적 신주인수권의 양도

(1) 양도성

추상적 신주인수권은 주주 또는 제3자의 지위와 불가분이어서 양도가 불가능하지만, 구체적 신주인수권은 독립된 채권적 권리로서 이론상 양도가능하다. 신주인수권은 권리이기는 하지만 이를 포기하면 그 주주가 갖고 있던 비례적 권리가 침해되고 포기된 부분만큼 신주가 실권되어 회사가 신주를 발행하는 목적을 달성할 수 없게 된다. 따라서 상법은 주주의 신주인수권을 신주인수권증서에 의하여 양도할 수 있도록 정하였다. 주주는 신주인수권을 양도함으로써 인수가액과 양도가액만큼의 차액을 얻을 수 있다. 제3자의 신주인수권을 양도할 수 있는지 여부에 관하여는 견해대립이 있다(後述).[750]

(2) 신주인수권을 양도할 수 있도록 정한 경우

상법은 '정관에 규정이 없는 경우' '주주가 가지는 신주인수권을 양도할 수 있는 것에 관한 사항'은 이사회가 결정할 수 있다고 규정한다(법 416 V). 따라서 이사회가 주주의 신주인수권을 양도할 수 있도록 정하는 경우 신주인수권의 양도가 가능하다는 점에 대해서는 이론이 없다. 다만, 통설은 이사회가 주주의 신주인수권을 양도할 수 있도록 정한 경우 그 양도는 신주인수권증서의 교부에 의하여만 할 수 있다고 본다(법 420의3①). 신주인수권의 양도방법을 정형화하기 위한 것이라고 한다.

(3) 신주인수권을 양도할 수 있도록 정하지 않은 경우

다수설은 상법 제420조의3 제1항의 문언을 근거로 정관으로 또는 신주발행의 결의시 신주인수권을 양도할 수 있도록 정하지 않은 경우 신주인수권을 양도할 수 없다고 하거나, 그 양도계약은 당사자 간에 채권적 효력이 있으나 회사에 대하여 효력이 없다고 해석한다.[751]

---

750) 다만 신주인수권부사채권자는 이사회가 정한 발행조건에 따라 신주인수권만을 따로 양도할 수 있다(법 516의2 ② IV).

751) 다수설은 회사가 승인하더라도 회사에 대하여 효력이 없다고 한다.

반면 소수설은 신주인수권의 양도성을 인정하는 이유가 주주의 비례적 이익을 보호하기 위한 것이므로 성질상 이사회의 결의로 좌우할 수 없는 것이고 이사회가 정하지 않더라도 신주인수권을 양도할 수 있다고 해석한다.[752] 이 견해는 상법 제416조 제5호는 '회사의 편의에 따라 신주인수권의 양도를 신주인수권증서의 발행이라고 하는 정형화된 방식으로 규율할 수 있다'는 취지로 해석한다. 판례는 소수설과 같은 입장이다.[753] 이 경우에는 신주인수권증서가 없으므로 지명채권양도의 방법과 효력으로 신주인수권을 양도할 수 있다.[754]

3. 제3자의 신주인수권

가. 의 의

원칙적으로 주주가 신주인수권을 갖지만 예외적으로 주주 아닌 자도 가질 수 있다. 주주 아닌 자에게 신주인수권을 주는 경우를 제3자배정이라고 한다. 주주가 신주를 인수하더라도 소유주식수에 비례한 자기 몫을 초과하여 신주를 인수한다면 그 초과분은 제3자배정으로 취급한다.[755]

나. 법적 성질

통설은 정관으로 제3자의 신주인수권을 규정한 경우에 제3자에게 추상적 신주인수권이 부여되어 있다고 한다. 그러나, 이 경우에도 정관의 효력이 당연히 주주 아닌 제3자에게 미친다고 볼 수는 없으므로 제3자가 정관의 규정만으로 신주인수권을 취득하는 것은 아니고 회사와의 별도의 계약에 의해 구체적 신주인수권을 취득한다고 한다.[756]

다. 요 건

(1) 정관의 규정

제3자에 대한 신주인수권의 부여는 바로 주주의 신주인수권에 대한 제한을 뜻하므로 형식적으로는 정관의 규정이 필요하다(법 418 ②).[757] 정관에 규정이 없더라도 정관변경과

752) 소수설은 이사회가 신주인수권을 양도할 수 없다고 정한 경우에 어떻게 보아야 할 것인지에 관하여는 명확한 입장을 밝히지 않고 있다.

753) 대법원 1995. 5. 23. 선고 94다36421 판결.

754) 대법원 1995. 5. 23. 선고 94다36421 판결.

755) 주주배정방식과 제3자배정방식을 구별하는 기준은 회사가 신주를 발행할 때 주주들에게 그들의 지분비율에 따라 신주 등을 우선적으로 인수할 기회를 부여하였는지 여부에 따라 객관적으로 결정되어야 하고, 신주인수권을 부여받은 주주들이 실제로 인수권을 행사함으로써 신주 등을 배정받았는지 여부에 좌우되는 것은 아니다(대법원 2009. 5. 29. 선고 2007도4949 전원합의체 판결 등).

756) 이에 반하여 제3자의 경우 추상적 신주인수권을 인정할 수 없다는 견해로는 송옥렬, 앞의 책 1147면.

757) 주식매수선택권제도에 의해 신주발행형으로 주식매수선택권을 부여받은 자는 배타적으로 신주인수권을 갖는데, 이 역시 정관의 근거를 필요로 한다(법 340의2).

같은 요건인 주주총회 특별결의에 의해 부여할 수 있는지 여부에 관하여는 견해 대립이 있다.

정관에 제3자에게 신주인수권을 부여하는 근거규정을 둘 때에는 부여대상, 주식의 종류와 수 등을 확정하여야 한다. 주주들의 예측가능성을 보장하기 위한 것이다. 예컨대, 단순히 '주주총회의 결의로 제3자에게 신주를 배정할 수 있다'는 정관은 무효로 보아야 한다.[758] 그러나 제3자가 반드시 사전에 특정될 필요는 없으며 특정할 수 있는 기준이 정해져 있으면 된다. 부여할 신주인수권의 수도 특정할 수 있으면 된다.

(2) 경영상 목적

제3자에게 신주인수권을 부여하려면 회사의 '경영상 목적'이 있어야 한다. 즉, '신기술의 도입, 재무구조의 개선 등 회사의 경영상 목적을 달성하기 위하여 필요한 경우'이어야 한다(법 418 ②). 상법이 예시한 것 이외에도 외국자본의 도입, 업무제휴관계 형성 등 회사의 발전을 위하여 필요하고 주주배정에 의해서는 같은 목적을 달성할 수 없다고 인정되는 경우를 말한다. 판례는 회사가 자금난을 해결하기 위하여 기존 주주와 추가출자협상을 하였으나 여의치 않아 신규자금을 유치하기 위하여 제3자에게 신주를 발행한 것을 정당하다고 하였다.[759]

실제로 신주를 제3자에게 배정하는 동기 중 주요한 것은 경영권의 방어이다. 경영권의 분쟁에 임하여 또는 이에 대비하여 현 지배주주나 경영자에게 혹은 그 우호세력에게 신주(또는 전환사채나 신주인수권부사채)를 발행하는 것이다.

판례는 일관되게 상법 제418조 제2항이 정하는 경영상의 목적과는 무관하게, 경영권의 분쟁에서 현 경영자의 지배권의 방어를 목적으로 하는 제3자 배정은 주주의 신주인수권을 침해하므로 무효사유가 된다는 입장을 취하고 있다.[760]

다만 판례는 회사가 주주배정방식에 의하여 신주를 발행하려는데 주주가 인수를 포기하거나 청약을 하지 않아 그 인수권을 잃은 때에는(법 419 ④) 회사는 이사회의 결의에 의하여 그 인수가 없는 부분에 대하여 자유로이 이를 제3자에게 처분할 수 있고, 이 경우 그 실권된 신주를 제3자에게 발행하는 것에 관하여 정관에 반드시 근거 규정이 있어야 하는 것은 아니라고 한다.[761]

---

758) 이철송, 앞의 책, 948면.
759) 대법원 2002. 9. 6. 선고 2002다12697 판결.
760) 대법원 2009. 1. 30. 선고 2008다50776 판결.
761) 대법원 2012. 11. 15. 선고 2010다49380 판결.

(보론) 포이즌필의 도입가능성

포이즌필이란 회사가 주주들에게 회사의 신주 또는 자기주식을 시가보다 저렴한 가격으로 매수할 수 있는 주식매수선택권을 말한다.

일반적으로 포이즌필은 적대적으로 경영권을 취득하려는 인수회사가 그 대상회사(발행주식) 주식의 일정 비율 이상 취득하면 그 권리를 행사할 수 있다는 조건과, 이렇게 포이즌필이 행사되도록 만든 인수회사는 포이즌필을 행사할 수 없다는 조건이 붙어 있다. 그 결과 포이즌필이 행사되면 인수회사가 취득한 지분은 극도로 희석된다. 포이즌필의 효력에 관하여 현행법하에서 주주의 신주인수권을 침해하고, 주주평등원칙에 위반되므로 허용될 수 없다고 보는 견해가 지배적이다.[762]

(보론) 자본시장법상 일반공모증자

1. 의 의

주권상장법인은 상법 제418조 제1항(주주에 대한 신주배정) 및 제2항(제3자에 대한 신주배정) 단서에도 불구하고 정관으로 정하는 바에 따라 이사회 결의로써 대통령령으로 정하는 일반공모증자 방식으로 신주를 발행할 수 있다(자본시장법 제165조의6 제1항).

대통령령으로 정하는 일반공모증자 방식이란 주주의 신주인수권을 배제하고 불특정 다수인(해당 법인의 주주 포함)을 상대로 하여 신주를 모집하는 방식을 말한다(영 제176조의8 제1항).

일반공모증자는 주주의 신주인수권의 예외라는 점에서 제3자배정의 일종으로 볼 수 있으나, 자본시장법이 정한 절차에 따라 불특정 다수를 상대로 신주를 발행한다는 점에서 상법상 제3자 배정과는 구별된다.

2. 일반공모증자와 경영상 목적 요건

자본시장법 제165조의6을 보면 '상법 제418조 제1항 및 같은 조 제2항 단서에도 불구하고'라고 하여 경영상 목적을 요구하지 않는다.

하급심 판례도 일반공모증자방식으로 신주를 발행하는 경우에는 상법 제418조 제2항이 적용되지 않는다고 한다(수원지방법원 여주지원 2003. 12. 12. 자 2003카합369 결정; 서울중앙지방법원 2009. 8. 19. 자 2009카합2887 결정－경영권 분쟁 상황에서 회사가 경영권방어를 위하여 일반공모증자를 추진한 사안).

---

762) 수원지방법원 안산지원 2010. 3. 25. 자 2010카합50 결정은 포이즌필을 도입하는 내용의 정관변경안을 주주총회 의안에 상정하지 못하도록 하는 주주총회 의안상정금지 가처분 신청을 인용한 것인데 그에 따르면 포이즌필이 도입되면 주주의 신주인수권이 침해되고 해당 주식회사의 자본금충실이 저해되며 그 지배구조를 왜곡시켜 회복할 수 없는 손해가 발생할 우려가 있다고 한다.

라. 발행가액의 공정성

제3자배정의 경우 제3자는 신주를 인수함으로써 회사의 지분을 새로이 취득하게 되므로 주주배정의 경우와 달리 제3자에게 시가보다 현저하게 낮은 가액으로 신주를 발행한다면 시가를 적정하게 반영하여 발행조건을 정하거나 또는 주식의 실질가액을 고려한 적정한 가격에 의하여 발행하는 경우와 비교하여 그 차이에 상당하는 만큼 회사의 자산을 증가시키지 못하는 결과가 된다. 그 경우 회사법상 공정한 발행가액과 실제 발행가액과의 차액에 발행주식수를 곱하여 산출된 액수만큼 회사가 손해를 입게 된다.[763] 이러한 경우 이사에 대한 책임추궁(법 399, 401), 신주발행유지청구(법 424), 신주발행무효의 소(법 429) 등의 원인이 되지만 제3자에게 직접 출자책임을 묻을 수도 있다(법 424의2).

마. 제3자의 신주인수권의 양도가능성

제3자의 구체적 신주인수권을 양도할 수 있는지 여부와 관련하여서는 ① 계약상의 권리인 점을 중시하여 양도할 수 있다고 하는 견해,[764] ② 회사의 승인을 전제로 양도가 가능하다는 견해, ③ 제3자의 구체적 신주인수권은 계약상의 권리이지만 회사와의 특별한 관계에서 인정된 것이므로 양도할 수 없다는 견해가 대립한다.

바. 현물출자시의 제3자배정 가능성

현물출자를 받을 때에는 보통 하나의 단위에 해당하는 재산을 받아 이를 평가하고 그 가액에 상당하는 주식을 배정하므로 신주발행시에 현물출자를 받는다면 실무적으로 각 주주의 신주인수권에 따라서 주식을 배정하기 어렵다. 회사가 특정인으로부터 특정재산을 출자받기 위한 목적으로 신주발행을 하기 위하여 다른 주주에게는 일체 신주를 배정하지 않을 수도 있다. 이러한 실무는 적법한가?

회사설립시에 현물출자를 하려면 변태설립사항으로써 정관에 규정을 두어야 한다. 그러나 신주발행시의 현물출자에 대하여는 정관의 근거를 요구하는 규정이 없다. 상법 제416조 제4호에서 신주발행에 관한 이사회 결정사항의 하나로서 '현물출자자의 성명, 목적재산의 종류·수량·가액 그리고 이에 대하여 부여할 주식의 종류와 수'를 열거하고 있을 뿐이다. 이 규정을 문리적으로 해석하면 이사회결의(정관상 신주발행을 주주총회가 결의해야 한다면 주주총회의 결의)만으로 현물출자를 받을 수 있고, 주주의 신주인수권을 무시한 채 이에 상응하는 신주발행을 할 수 있다고 풀이할 수 있다(예외설). 또한 현물출자를 받는 것은 회사가

---

763) 대법원 2009. 5. 29. 선고 2007두4949 전원합의체 판결.
764) 장덕조, 「회사법」, 제6판, 법문사, 2023, 460면.

특정재산을 확보하기 위한 경우이므로 다른 주주에게 출자를 강요할 필요가 없다는 주장도 있다.

그러나, 이렇게 해석한다면 주주의 신주인수권은 법률이나 정관의 규정에 의해서만 제한할 수 있다는 원칙(법 418 ②)을 이사회의 결의로 뒤집을 수 있게 되어 균형이 맞지 않는다. 따라서 현물출자의 경우에도 기존 주주의 신주인수권을 침해하게 된다면 제3자 배정의 요건을 갖추어야 한다고 보는 견해가 타당하다(원칙설: 소수설). 상법 제416조 제4호에서 열거하는 사항들은 이사회가 제3자 배정의 요건을 갖춘 이후에 구체적인 실행절차를 정하도록 한 것으로 해석함이 타당하다. 하급심 판결은 주주의 신주인수권에 변동을 가져오는 현물출자는 정관의 규정 또는 이에 갈음하는 주주총회의 특별결의를 거쳐야 한다고 해석하는 것[765]과 현물출자자에 대하여 발행하는 신주에 대하여는 일반 주주의 신주인수권이 미치지 않는다고 해석하는 것[766]으로 나뉜다.

4. 신주인수권의 침해

주주의 신주인수권을 무시하고 신주가 발행될 경우에는 ① 신주발행무효의 소의 원인이 되고(법 429), ② 신주인수권을 침해당한 주주는 신주발행유지청구권을 행사할 수 있으며(법 424), ③ 이사에 대하여 손해배상을 청구하거나(법 401), ④ 회사에 대하여 손해배상을 청구할 수 있다(법 389 ③, 210).

제3자의 구체적 신주인수권은 계약상의 권리이므로 제3자의 신주인수권을 무시하고 신주를 발행하더라도 회사 또는 이사가 손해배상책임을 질 뿐이고, 신주발행무효소송의 원인이 되지는 않는다. 신주발행무효의 소는 주주, 이사, 감사에 한하여 제기할 수 있기 때문이다.

(보론) 대법원 2009. 5. 29. 선고 2007도4949 전원합의체 판결(에버랜드 판결)

회사의 이사로서는 주주 배정의 방법으로 신주를 발행하는 경우 원칙적으로 액면가를 하회하여서는 안 된다는 제약 외에는 주주 전체의 이익, 회사의 자금조달의 필요성, 급박성 등을 감안하여 경영판단에 따라 자유로이 그 발행조건을 정할 수 있다고 보아야 하므로, 시가보다 낮게 발행가액 등을 정함으로써 주주들로부터 가능한 최대한의 자금을 유치하지 못하였다고 하여 배임죄의 구성요건인 임무위배, 즉 회사의 재산보호의무를 위반하였다고 볼 것은 아니다. 그러나 주주배정의 방법이 아니라 제3자에게 인수권을 부여하는 제3자 배정방법의 경우,

765) 서울남부지방법원 2010. 11. 26. 선고 2010가합3538 판결(확정).
766) 서울고등법원 2018. 12. 6. 선고 2018나2016964 판결(확정).

제3자는 신주 등을 인수함으로써 회사의 지분을 새로 취득하게 되므로 그 제3자와 회사와의 관계를 주주의 경우와 동일하게 볼 수는 없다. 제3자에게 시가보다 현저하게 낮은 가액으로 신주 등을 발행하는 경우에는 시가를 적정하게 반영하여 발행조건을 정하거나 또는 주식의 실질가액을 고려한 적정한 가격에 의하여 발행하는 경우와 비교하여 그 차이에 상당한 만큼 회사의 자산을 증가시키지 못하게 되는 결과가 발생하는데, 이 경우에는 회사법상 공정한 발행가액과 실제 발행가액과의 차액에 발행주식수를 곱하여 산출된 액수만큼 회사가 손해를 입은 것으로 보아야 한다.

나아가 주주배정과 제3자 배정을 구별하는 기준은 회사가 신주 등을 발행할 때 주주들에게 우선적으로 인수할 기회를 부여하였는지 여부에 따라 객관적으로 결정되어야 하고, 주주배정 방식이었으나 주주들이 인수청약을 하지 않아 실권된 부분을 제3자에게 발행하더라도 주주의 경우와 같은 조건으로 발행할 수밖에 없으며 지배권 이전을 목적으로 하는 신주발행이 이사의 임무위배에 해당하는지 여부와 관련하여 회사 지분비율의 변화가 기존 주주들의 선택에 따른 것이라면 이사의 임무위배를 인정할 수 없다고 한다.

Ⅶ. 신주인수권증서

1. 의 의

신주인수권증서란 주주의 신주인수권을 표창한 유가증권이다. 주주의 신주인수권에 대해서만 신주인수권증서를 발행할 수 있고, 제3자의 신주인수권에 대해서는 발행할 수 없다(법 416 V, VI). 이는 상법이 제3자의 신주인수권에 관하여 그 양도성을 부인하는 전제 위에서 있기 때문이라고 생각된다.[767] 신주인수권증서는 무기명증권이다.[768]

2. 발 행

가. 발행요건

신주인수권증서는 이사회가 신주의 발행사항으로 주주의 신주인수권을 양도할 수 있음을 정한 경우에 한하여 발행한다. 원칙적으로는 모든 주주에게 신주인수권증서를 발행하여야 하지만 상법은 '주주의 청구가 있는 때에만 신주인수권증서를 발행한다는 것과 그 청구기간'을 정할 수 있도록 한다(법 416 VI). 신주인수권증서 발행의 부담을 줄이기 위한 규정이다.

767) 물론 제3자도 양도할 수 있다고 보는 소수설이 있기는 하다.
768) 즉 인수권자를 표시할 필요가 없고, 증서의 점유이전만으로 신주인수권이 양도되므로 무기명증권이다.

나. 발행시기

신주인수권증서는 성질상 신주인수권자가 확정된 후에 발행할 수 있는 것이므로 신주배정기준일(법 418 ③) 이후에 발행하여야 한다. '주주의 청구가 있는 때에만 신주인수권증서를 발행한다는 것과 그 청구기간'을 정한 때에는 그 청구기간에 주주의 청구를 받아 발행하면 되나, 이를 정하지 않은 경우에는 청약일 2주간 전에 발행하여야 한다(법 420의2 ①).[769]

다. 기재사항

신주인수권증서에는 ① 신주인수권증서라는 뜻의 표시, ② 주식청약서 소정의 사항, ③ 신주인수권의 목적인 주식의 종류와 수, ④ 일정한 기일까지 주식의 청약을 하지 않을 때에는 그 권리를 잃는다는 뜻을 기재하고 대표이사가 기명날인(서명)하여야 한다(법 420의2 ② 本). 신주인수권증서는 요식증권이므로 중요사항을 기재하지 않은 경우에는 무효이다.

3. 신주인수권증서의 효력

가. 권리추정력

상법 제420조의3 제2항, 제336조 제2항에 따라 권리추정력이 있고, 선의취득도 가능하다.

나. 신주인수권의 양도방법

상법의 법문에 따르면 신주인수권을 양도할 수 있도록 정한 경우에는 반드시 신주인수권증서의 교부에 의하여 양도하여야 하는 것으로 읽힌다(법 420의3 ①). 이 경우 두 가지 문제가 제기된다.

첫째, 이사회가 양도할 수 있도록 정하지 않은 경우에는 구체적으로 어떻게 양도할 수 있는가? 다수설은 이사회가 양도할 수 있도록 정하지 않는다면 양도할 수 없다고 보므로 문제가 되지 않을 것이다. 반대로 소수설 및 판례[770]는 그 경우에도 양도할 수 있다고 보기 때문에 그 양도방법이 문제가 되는데 소수설과 판례에 따르면 지명채권 양도방법에 의한다.

둘째, 이사회가 양도할 수 있도록 정하였으나 주주의 청구가 있는 경우에만 신주인수권증서를 발행하도록 정하였는데 주주가 신주인수권증서의 발행을 청구하지 않았다면 어떻게 처리할 것인지 문제이다. 이 경우 양도할 수 없다는 견해와 지명채권 양도방법에 의해

---

769) '청약일 2주간 전에 발행해야 한다'는 뜻은 주주가 신주인수권을 양도할 수 있는 기회를 최소한 2주간 이상 보장하라는 뜻이다. 따라서 이사회의 결의로 주주가 발행을 청구할 수 있는 기간을 정하더라도 청약일로부터 2주간 전에 청구 및 발행이 가능하도록 기간을 정해야 한다. 이철송, 앞의 책 957면.

770) 대법원 1995. 5. 23. 선고 94다36421 판결.

가능하다는 견해의 대립을 상정할 수 있는데 현재 학설 상황은 불분명하다.

다. 신주의 청약방법

신주인수권증서를 발행한 경우에는 신주의 청약은 신주인수권증서에 의한다(법 420조의5 ①). 주주의 청구에 의하여 신주인수권증서를 발행하기로 정한 경우(법 416 VI), 그 발행을 청구하지 않은 주주는 주식청약서에 의하여 청약해야 한다. 신주인수권증서를 상실한 경우 일단 주식청약서에 의해 청약할 수 있다(법 420의5 ② 本). 신주인수권증서는 2주 정도의 단기간 유통되는 유가증권이므로 이를 굳이 실권시킬 이익이 적기 때문이다. 그러나 후에 타인이 상실된 신주인수권증서에 의하여 신주의 청약을 하면 주식청약서에 의하여 한 신주의 청약은 효력을 잃는다(법 420의5 ② 後). 신주인수권증서를 점유하면 권리추정력이 인정되므로 회사는 이미 주식청약서에 의한 청약이 있었음을 이유로 신주인수권증서 점유자의 청약을 거절할 수 없다.[771]

라. 신주인수권의 전자등록

신주인수권증서의 발행에 갈음하여 정관으로 정하는 바에 따라 전자등록기관의 전자등록부에 신주인수권을 등록할 수 있으며(법 420의4), 등록을 하면 주권을 전자등록한 때와 마찬가지로 신주인수권의 등록에 권리추정력이 생기고, 신주인수권의 양도는 등록에 의하여야 한다(법 420의4, 356의2 ②~④).

Ⅷ. 신주발행의 절차

1. 배정기준일공고

회사는 신주인수권자를 확정하기 위하여 일정한 날을 신주배정기준일로 정하여 그 날의 주주명부에 기재된 주주가 신주인수권을 가진다는 뜻과 신주인수권을 양도할 수 있을 경우(정관에 규정하거나 이사회가 발행사항으로 정한 경우)에는 그 뜻을 그 날(신주배정기준일)의 2주간 전에 공고하여야 한다(법 418 ③ 本).[772]

배정기준일의 결정·공고가 있으면 기준일 경과 당시의 주주명부상의 주주가 신주인수권을 가지며, 그 이후에 주식을 취득한 자는 신주인수권을 갖지 못한다.[773]

771) 그러나 이로 인하여 신주인수권의 귀속이 종국적으로 결정되는 것은 아니고 실체적 권리관계는 별도로 다투어야 한다.

772) 주식을 양수한 자에게 명의개서를 할 수 있는 시간을 주기 위한 것이다.

773) 그러므로 그 이후에는 신주인수권에 부여하는 가치만큼 주가가 하락하는 권리락이 나타날 때가 많다.

2. 신주인수권자에 대한 최고

회사는 일정한 기일(청약일)을 정하고 그 기일의 2주간 전에 신주인수권자에게 ① 그가 인수권을 가지는 주식의 종류와 수, ② 그 기일까지 주식인수의 청약을 하지 않으면 그 권리를 잃는다는 뜻을 통지하여야 하며, ③ 신주인수권을 양도할 수 있는 것에 관한 사항과 주주의 청구에 의하여 신주인수권증서를 발행한다는 사항을 정한 때(법 416 V, VI)에는 그 사항도 통지를 하여야 한다(법 419 ①, ③).

위에서 정하는 기일까지 인수권자가 청약을 하지 않으면 인수권을 상실하므로(법 419 ④) 실권주가 생긴다.

3. 제3자배정의 통지·공고

앞에서 본 절차는 주주배정방식으로 신주를 발행하는 경우에만 필요하다. 제3자 배정방식으로 발행할 경우 주주에게는 물론 제3자에 대하여도 이 절차를 따를 필요가 없다. 그러나, 신주발행 자체 및 제3자배정에 관하여 주주가 중대한 이해를 가지므로 신주의 발행사항을 주주들에게도 알려주어야 한다. 그러므로 회사는 제3자배정의 경우 신주의 종류와 수 등 상법 제416조 제1호부터 제4호까지의 사항을 납입기일의 2주 전까지 주주에게 통지하거나 공고하여야 한다(법 418 ④. 2011년 신설). 제3자배정이 불공정할 경우 다른 주주들이 신주발행의 유지를 청구할 수 있는 기회를 주기 위한 것이다. 이 통지·공고를 게을리한 경우에는 주주의 신주발행유지청구권의 행사기회를 박탈한 것이므로 원칙적으로 신주발행은 무효라고 해석해야 한다.[774]

4. 인 수

회사설립시와 마찬가지로 청약과 배정에 의하여 주식인수가 이루어진다. 그 법적 성질은 입사계약이라고 한다(통설). 주식을 인수하고자 하는 자는 주식청약서에 의하여 청약하는 것이 원칙이지만(법 420, 425, 302 ①) 신주인수권증서를 발행한 경우에는 이에 의하여 청약하여야 한다(법 420의5 ①).[775] 민법 제107조 제1항 단서의 적용이 배제되는 것은 모집설립의 경우와 같다(법 425, 302 ③). 이사는 신주인수권을 갖는 자에게 배정을 한다(법 421).

---

774) 이철송, 앞의 책, 961면.
775) 신주인수권증서를 상실한 자는 주식청약서에 의하여 주식의 청약을 할 수 있다.

5. 납 입

인수인은 인수가액을 납입할 의무를 지며(법 425, 303), 이사는 신주인수인으로 하여금 그 배정한 주식수에 따라서 납입기일에 그 인수한 각 주식에 대한 인수가액의 전액을 납입시켜야 한다(법 421).

인수인이 납입기일에 납입하지 않은 때에는 당연히 인수인으로서의 권리를 잃는다(법 423 ②, 실권주). 납입기일의 경과로 자동으로 실권하며 회사설립의 경우(법 307)와는 달리 실권절차를 밟을 필요는 없다. 실권주에 관하여는 다시 인수인을 모집할 수도 있고, 발행을 포기하고 발행예정주식총수의 미발행부분으로 남겨두어 차후에 발행할 수도 있다. 실권한 주식인수인에 대하여는 손해배상을 청구할 수 있다(법 423 ③).[776]

대법원은 주주배정의 경우 발행가액을 반드시 시가에 의하여야 하는 것은 아니지만 제3자배정의 경우 제3자에게 시가보다 현저하게 낮은 가액으로 신주를 발행할 수 없다고 본다.[777]

6. 납입의 이행방법 및 상계의 제한

납입에 의하여 증가되는 자본의 실체가 구비되므로 구체적인 납입방법은 자본금충실의 원칙에 부합하여야 한다. 회사가 주주의 납입의무를 대신하여 이행할 수도 없고[778] 대물변제나 갱개도 허용되지 않는다.

신주의 인수인이 회사에 대해 이행기에 이른 금전채권을 가지고 있더라도 회사의 동의가 없이는 주금의 납입과 상계할 수 없다(법 421 ②). 자본금충실을 위한 고려이다. 그 규정은 반대로 회사가 상계하는 것은 언제나 허용하는 취지로 이해하여야 하며, 이 경우 상대방의 동의를 필요로 하지 않고 상계의 일반원칙에 따라 회사의 일방적 의사표시로 족하다.

(보론) 상계의 연혁

2011년 개정전 상법에서는 '주주는 납입에 관하여 상계로써 회사에 대항하지 못한다'라는 규정을 두고 있었다. 등기실무에서는 이 규정을 법문의 표현처럼 단지 주식인수인이 상계한 것乙 회사에 주장할 수 없다는 뜻 정도가 아니라 주식인수인이든 회사이든 상계를 하는 것은

776) 실무에서는 이러한 번거로움을 피하기 위하여 청약시에 전액의 청약증거금을 예납받고 납입기일에 납입금으로 충당한다.
777) 대법원 2009. 5. 29. 선고 2007도4949 전원합의체 판결.
778) 대법원 1963. 10. 22. 선고 63다494 판결.

허용하지 않는다는 뜻으로 해석하였다. 그러나, 1997년 경제위기를 겪으면서 경영파탄에 빠진 기업에 대해 금융기관이 갖는 채권의 출자전환(debt-equity swap: DES)을 인정할 필요성이 커지면서, 등기실무에서는 금융기관의 채권을 가지고 상계하는 것만을 제한적으로 허용하였는데, 2011년 개정에서 상계를 원칙적으로 허용하는 정책으로 전환하였다.

7. 현물출자의 검사

가. 원 칙

이사는 현물출자가 있는 경우 이를 조사하게 하기 위하여 법원에 검사인의 선임을 청구하여야 한다(법 422 ①). 검사인의 조사는 공인된 감정인의 감정으로 갈음할 수 있다(같은 조 但). 법원은 검사인의 보고서 또는 감정인의 감정결과를 심사하여 현물출자가 부당하다고 인정한 때에는 이를 변경하여 이사와 현물출자자에게 통고할 수 있다(법 422 ②, 변경처분). 현물출자자는 이에 불복하여 주식의 인수를 취소할 수 있다. 통고 후 2주간 내에 취소가 없으면 통고한 내용대로 변경된 것으로 본다(법 422 ③, ④). 판례는 현물출자시 검사절차를 거치지 않더라도 신주발행이나 이로 인한 변경등기가 무효로 되는 것은 아니라고 한다.[779]

나. 검사의 면제

현물출자를 하더라도 소규모에 그쳐 자본금충실을 해할 위험이 크지 않거나 시세가 존재하는 등 출자가액의 평가가 불공정해질 염려가 없는 경우에는 검사를 면제한다.

(1) 소액출자의 경우

현물출자의 목적 재산의 가액이 자본금의 1/5 이하이고 시행령 제14조 제1항으로 정하는 금액(5천만원) 이하인 경우(법 422 ② I)

(2) 시세가 있는 유가증권인 경우

현물출자의 목적 재산이 거래소의 시세 있는 유가증권인 경우에는 이사회가 정한 평가액이 시행령으로 정한 방법(영 14 ②)으로 산정된 시세 이하인 경우(법 422 ② II)를 말한다. 그러나, 현물출자의 목적재산에 사용, 수익, 담보제공, 소유권 이전 등에 대한 물권적 또는 채권적 제한이나 부담이 설정된 경우에는 검사를 면제하지 않는다(영 14 ③).

---

779) 대법원 1980. 2. 12. 선고 79다509 판결.

(3) 회사에 대한 금전채권인 경우

회사에 대한 변제기에 이른 금전채권을 출자의 목적으로 하는 경우로서 그 가액이 회사 장부에 적혀 있는 가액을 초과하지 않는 경우(법 422 ② III)를 말한다. 즉, 회사에 대한 금전채권이 회사의 장부상으로는 200만원인데, 이를 300만원으로 평가하여 출자전환하는 것은 안 된다. 법리적으로는 앞서 본 주식인수대금의 상계와 구별되지만 둘 다 대여금의 출자전환에 해당한다.

8. 실권주와 단주의 처리

실권주는 신주인수권자가 청약을 하지 않거나(법 419 ④), 신주인수인이 납입기일에 납입하지 않아서 생긴다(법 423 ②). 회사설립시의 실권절차(법 307 ①, ②)는 적용되지 않는다. 신주발행시에는 자본이 전액 확정될 필요가 없으므로 실권주와 단주는 미발행부분으로 유보하여도 되고,[780] 다시 주주를 모집할 수도 있다. 실권주는 주로 주주배정 신주발행의 경우에 문제가 된다.

회사가 실권주에 대하여 주주를 모집하는 경우에 이를 위하여 다시 신주발행절차를 밟을 필요가 없다고 보는 것이 일반적이다. 이와 관련하여 신주발행 공고시에 실권주의 처리는 이사회결의로 정한다는 취지의 문구를 두고 회사가 임의로 처리하는 것이 실무례이다. 이러한 실무례가 상법상 적법한 것으로 인정될 수 있는지 문제될 수 있다. 특히 발행가액이 액면가이거나 시세보다 크게 낮은 주주배정에 의한 신주발행시의 경우가 그렇다. 판례는 발행조건을 변경할 필요가 없다는 입장이며,[781] 실무에서는 기존의 발행조건과 동일한 조건으로 회사의 임원 등에게 연고모집하여 배정하는 사례가 많다고 한다.[782]

9. 등 기

신주발행으로 인해 자본금 및 발행주식의 총수가 증가하는데, 이에 관하여 변경등기를 하여야 한다.

---

780) 단주의 처리와 관련하여 자본금감소에서와 같은 규정(법 443)은 없으나, 통설과 실무는 시가로 처분하여 발행가액과의 차액을 단주의 주주에게 돌려주어야 한다고 해석한다.

781) 대법원 2009. 5. 29. 선고 2007도4949 판결(에버랜드 판결). 대법원의 다수의견은 신주발행과 실권주배정의 일체성을 근거로 들고 있다.

782) 다만 현행 자본시장법은 상장회사의 실권주 처리에 관해서는 제165조의6 제2항, 제165조의10 제1항으로 규율하고 있다. 주주 배정 후 실권이 발생하면 그 부분의 발행은 철회하는 것이 원칙이고 미리 투자매매업자(증권회사)와 실권 부분 인수계약을 체결하여 인수시키거나 일정한 제약하에 초과 정약한 주주에게 배정하는 등의 제한적인 예외만을 인정하고 있다. 박준/한민, 「금융거래와 법」, 제4판, 박영사, 2024, 438면.

IX. 신주발행의 효과

1. 신주 미인수의 영향

회사설립시에는 발행주식총수가 인수·납입되어야 하는 자본금확정의 원칙이 적용되는데 반하여 신주발행시에는 이사회에서 결의한 발행주식수에 미달하더라도 기일 내에 인수·납입된 주식만을 발행하고 미인수·미납입분의 발행은 포기할 수 있다. 따라서, 신주가 일부 인수되지 않거나 무효·취소되더라도 신주발행 자체의 효력에는 영향이 없고 나머지 부분에 한하여 신주발행의 효력이 발생한다. 신주의 일부라도 인수·납입이 이루어지면 그 부분에 한해서는 신주발행의 목적을 달성할 수 있기 때문이다.

2. 효력발생시기

인수인이 납입 또는 현물출자의 이행을 한 때에는 납입기일의 다음 날부터 주주의 권리의무가 있다(법 423 ①). 즉, 이 날로부터 신주의 주주가 된다. 이에 따라 신주인수인의 지위(권리주)가 끝나고(법 425 ①, 319), 주식의 양도가 가능하게 된다. 다만, 주권을 발행하기 전에는 상법 제335조 제3항의 양도제한을 받는다. 회사는 지체없이 주권을 발행하여야 한다(법 355 ①). 납입기일의 다음 날부터 신주의 효력이 발생하는 결과, 신주도 그 날이 속하는 영업연도의 이익배당에 참여한다.

3. 이사의 자본충실책임

회사성립시에 자본구성에 결함이 생기면 발기인이 담보책임을 지는 것과 마찬가지로 신주발행시에는 이사가 담보책임을 진다. 그러나 발기인이 인수되지 않거나 인수가 취소된 주식에 대하여 인수담보책임을 지고, 납입을 마치지 않은 주식에 관하여 납입담보책임을 지는 데 반하여 이사는 인수담보책임만을 진다. 이사의 인수담보책임이란 신주의 발행으로 인한 변경등기가 있은 후에 아직 인수되지 않은 주식이 있거나 주식인수의 청약이 취소된 때 이사가 이를 공동으로 인수한 것으로 보는 것이다(법 428 ①).

회사설립시에는 납입이 되지 않아도 인수 자체는 유효하므로 납입담보책임이 문제가 되지만 신주발행시에는 납입이 되지 않으면 인수 자체가 실효되어 그 부분은 인수가 되지 않은 것으로 취급되기 때문이다(법 423 ②). 즉 신주발행의 경우 인수는 되었지만 납입만 안 되었다는 상태를 인정하지 않는다. 본래 신주발행은 자본금확정의 원칙이 엄격히 적용되는 회사설립의 경우와는 달리 인수가 일부 실효된 경우에도 나머지 부분에 대해서는 신주발행의 효력이 발생하므로 이사가 인수담보책임을 질 이유는 없다. 그러나, 일단 인수가 이루어진 것으로 등기가 되어 공시되었다면 그에 부합하는 자본금충실책임을 이사에게 지우기 위하여 인수담보책임을 규정한 것이다. 이사가 인수담보책임을 지게 되면 당연히 주금납입의무를 진다.

4. 신주발행유지청구권

가. 의 의

회사가 법령 또는 정관에 위반하거나 현저하게 불공정한 방법에 의하여 주식을 발행함으로써 주주가 불이익을 받을 염려가 있는 경우에는 그 주주는 회사에 대하여 그 발행을 유지할 것을 청구할 수 있다(법 424). 신주발행에 관한 주주의 사전적 구제수단이다.

나. 유지청구권과의 비교

신주발행유지청구권과 유지청구권은 일정한 행위를 사전에 저지하기 위하여 주주에게 인정된 권리라는 점에서 공통된다. 그러나 전자는 자익권, 후자는 공익권이고, 행사주체, 상대방, 대상이 되는 행위, 행사의 요건 등에서도 차이가 있다.

다. 권리행사의 요건

(1) 신주발행의 위법·현저한 불공정

회사가 ① 법령·정관에 위반하거나 ② 현저하게 불공정한 방법에 의하여 주식을 발행하였어야 한다(법 424).

법령에 위반한 예로는 주주의 신주인수권을 무시하고 제3자에게 배정한 경우를,[783] 정관에 위반한 예로는 정관에 신주발행은 주주총회의 결의를 얻도록 되어 있음에도 불구하고 이사회결의만으로 신주발행을 한 경우를 각각 들 수 있다.

현저하게 불공정한 예로는 현물출자를 과대하게 평가한 경우를 들 수 있다. 정관에 제3자 배정을 위한 근거규정을 두고 형식적으로는 경영상의 목적을 내세우더라도 실질적으로 기존 지배주주의 경영권방어가 주된 목적인 경우도 현저하게 불공정한 경우에 해당할 수 있다.[784]

(2) 주주의 불이익

신주발행이 위법·불공정할 뿐만 아니라 그로 인하여 특정주주가 불이익을 받을 염려

783) 법령 위반에 이사의 선관주의의무 및 충실의무위반이 포함되는지 여부에 관하여는 견해 대립이 있다. 법원행정처, 앞의 책, 160면.
784) 이철송, 앞의 책, 971면.

가 있어야 한다(법 424). 신주발행을 주주총회결의로 발행하여야 하는데 이사회 결의로 발행하였다고 해서 반드시 특정 주주에게 불이익한 것은 아니다.

이를테면 위법한 액면미달발행의 예와 같이 신주발행이 위법하여 회사 전체에 손해가 발생하지만 주주는 간접적으로 손해를 입을 뿐이라면 신주발행유지청구의 대상은 될 수 없다.[785)]

라. 신주발행유지청구의 절차

(1) 청구권자와 상대방

불이익을 입을 염려가 있는 주주가 회사에 대하여 청구하는 것이다(법 424). 상법 제402조에 따른 유지청구는 이사를 상대로 하는 것과 차이가 있다. 단독주주도 청구할 수 있고, 신주인수권의 유무, 의결권의 유무와는 관계없다.

(2) 청구의 내용

주주의 유지청구는 신주발행절차를 중단하여 달라는 청구이다. 물론 대표이사는 그 하자를 보완하여 신주발행을 속행할 수도 있다.

(3) 청구방법

청구방법에 관하여는 특별한 규정이 없다. 따라서 주주는 상법 제402조의 유지청구와 마찬가지로 의사표시나 소로써 할 수 있다. 신주발행유지청구권을 피보전권리로 하는 가처분도 신청할 수 있다.

(4) 청구시기

유지청구는 신주발행의 효력이 발생하기 전, 즉 납입기일까지 하여야 한다. 신주발행의 효력이 발생한 이후에도 유지청구를 허용한다면 본래 형성의 소인 신주발행무효로만 다투어야 하는 신주발행을 유지청구에 의하여도 다툴 수 있게 되어 제도 간에 기능이 중첩되는 문제가 생긴다.[786)]

마. 신주발행유지청구의 효과

주주가 유지청구를 하더라도 발행절차에 직접적인 영향을 미치지는 않는다.

(1) 소제기에 의할 경우

유지청구를 소제기로써 하는 경우 법원의 유지판결이 확정된다면 그에 위반한 신주발

785) 상법 제402조에 따른 유지청구의 대상은 될 수도 있다.
786) 이철송, 앞의 책, 972면.

행은 무효로 된다.[787]

(2) 소제기에 의하지 않을 경우

회사가 유지청구를 받았을 때에는 신주발행의 위법·불공정 여부를 심사해야 할 주의의무를 진다. 유지 여부는 이사회에서 결정한다.

신주발행을 유지하여야 함에도 이를 무시하고 신주발행을 진행한 경우 이사의 책임이 성립하고 신주발행무효의 사유가 될 수도 있다. 그러나 유지청구에 응할 사유가 없는 경우에는 오히려 유지하면 이사의 책임이 성립할 수 있다.

5. 불공정한 가액으로 인수한 자의 책임

이사와 통모하여 현저하게 불공정한 발행가액으로 주식을 인수한 자는 회사에 대하여 공정한 발행가액와의 차액에 상당한 금액을 지급할 의무가 있다(법 424의2 ①).

X. 신주발행무효의 소

1. 개 관

신주발행무효는 신주발행에 법령이나 정관에서 정한 절차나 내용에 위반한 하자가 있는 경우 발행된 신주 전부를 무효로 하는 소를 말한다. 신주가 발행되면 여러 이해관계자가 발생하게 되므로 신주발행의 내용이나 절차에 하자가 있다고 하더라도 법률관계의 안정을 유지하고 관련된 분쟁을 단체적·획일적으로 해결할 필요가 있다. 따라서 상법은 신주발행의 하자는 반드시 형성의 소인 신주발행무효의 소에 의하여만 주장할 수 있도록 하고(법 429), 무효판결에는 대세적 효력을 인정하면서 소급효를 제한하고 있다(법 431 ①).[788]

2. 무효사유

가. 개 관

상법은 구체적인 무효사유를 규정하고 있지 않다. 통설 및 판례[789]는 상법 제424조에 신주발행유지청구의 요건으로 규정되어 있는 '법령 또는 정관을 위반하거나 현저하게 불공정한 방법에 의한 주식의 발행'을 신주발행무효사유로 본다. 다만 통설 및 판례는 무효원인

---

787) 장덕조, 앞의 책, 470면.

788) 신주발행의 무효는 후술하는 신주발행의 부존재, 그리고 개별 인수인의 무효, 취소 주장과는 구별할 필요가 있다. 상세는 권순일 편, 「주석 상법(회사4)」, 제6판, 한국사법행정학회, 2021, 182~183면(고홍석 집필부분).

789) 대법원 2010. 4. 29. 선고 2008다65860 판결; 대법원 2004. 6. 25. 선고 2000다37326 판결.

을 넓게 인정하면 거래의 안전과 법적 안정성을 해할 수 있으므로 신주발행의 하자가 주식회사의 본질 또는 회사법의 기본원칙에 반하거나 기존주주들의 이익과 회사의 경영권 내지 지배권에 중대한 영향을 미치는 경우로서 주식에 관련된 거래의 안전, 주주 기타 이해관계인의 이익 등을 고려하더라도 도저히 묵과할 수 없는 정도라고 평가되는 경우에 한하여 무효로 볼 수 있다고 한다.[790] 그렇지 않다면 하자가 있더라도 이사 또는 회사의 손해배상책임으로 해결하여야 한다는 취지이다.[791] 따라서 이하의 무효원인이 존재한다고 하여 곧 무효로 인정되는 것은 아니고 구체적인 무효원인에 개재된 여러 위법 요소를 종합적으로 고려하여 무효여부를 판단하여야 한다.[792]

나. 법령·정관 위반

일반적인 무효사유와 같이 신주발행이 법령·정관에 위반한 경우에는 무효사유에 해당한다고 본다. 법령·정관에 위반하는 구체적인 예로는 다음의 것들을 들 수 있다.

(1) 이사회 결의의 하자

이사회 결의없이 대표이사가 신주를 발행한 경우는 어떠한가? 다수설은 신주발행을 일상적인 업무집행에 준하는 것으로 보아 신주발행의 효력에 영향이 없다고 한다(유효설). 반면 소수설은 신주발행이 중요한 조직법적 변화를 가져오는 일이므로 일상의 업무집행과 같이 취급할 수 없다고 본다. 따라서 이사회 결의가 없다면 회사에 신주발행의 의사가 존재하지 않는다고 보아야 하므로 무효사유에 해당한다고 한다(무효설).

일반적인 대표이사의 전단적 대표행위에 대하여는 거래상대방이 이사회결의가 없음을 알았거나 알 수 있었던 경우가 아닌 한 유효하다는 것이 판례이지만 신주발행은 인수인별로 주관적 인식에 따라 그 효력을 다르게 정할 수 없으므로 일반적인 법리를 적용할 수 없다.[793] 판례는 이사회결의 흠결을 이유로 신주발행무효확인청구를 한 사안에서 유효설을 취하고 있다.[794]

(2) 주주총회 결의의 하자

정관에서 신주발행권한을 주주총회에 유보한 경우(법 416 但), 자본금증가의 권한이 주

---

790) 대표적으로 대법원 2010. 4. 29. 선고 2008다65860 판결; 대법원 2009. 1. 30. 선고 2008다50776 판결.

791) 권순일 편, 「주석 상법(회사4)」, 제6판, 한국사법행정학회, 2021, 184면 이하(고홍석 집필부분).

792) 대법원 2016. 6. 23. 선고 2013다64571 판결.

793) 송옥렬, 앞의 책, 1169면.

794) 대법원 2007. 2. 22. 선고 2005다77060·77077 판결: 「주식회사의 신주발행은 주식회사의 업무집행에 준하는 것으로서 대표이사가 그 권한에 기하여 신주를 발행한 이상 신주발행은 유효하고, 설령 신주발행에 관한 이사회의 결의가 없거나 이사회의 결의에 하자가 있더라도 이사회의 결의는 회사의 내부적 의사결정에 불과하므로 신주발행의 효력에는 영향이 없다고 할 것이다.」

주총회에 유보된 것으로 볼 수 있고, 신주발행乙 회사의 자금조달을 위한 업무집행에 준하는 행위로도 볼 수 없기 때문에 주주의 이익을 우선하여 무효로 보아야 한다는 견해가 주장되고 있다.[795] 판례는 없다.

(3) 현물출자 관련

현물출자가 과대하게 평가된 경우 다수설은 상법 제424조의2 제1항의 요건을 충족하지 않는 한 주식인수인(현물출자자)에게 추가출자를 청구하여 전보시킬 길이 없으므로 무효라고 본다. 다만, 부족액이 근소하여 이사의 손해배상책임으로 전보가 가능한 때에는 유효라고 한다. 판례는 현물출자시 검사절차를 밟지 않은 것만으로는 자본금충실을 해하지 않는 한 무효로 보기 어렵다는 입장이다.[796]

(4) 신주발행에 의한 자기주식취득

회사 아닌 제3자가 신주발행에 의해 주식을 취득하는 경우에도 그 주식취득을 위한 자금이 회사의 출연에 의한 것이고 그 주식취득에 따른 손익이 회사에 귀속되는 경우라면 상법 기타의 법률에서 규정하는 예외사유에 해당하지 않는 한, 상법 제341조가 금지하는 자기주식취득에 해당하여 무효이다.[797]

(5) 위법한 액면미달발행

필요한 절차를 거치지 않고 액면미달발행을 한 경우 통설은 무효라고 한다. 그러나 소수설은 미달금액이 근소하여 이사의 손해배상책임으로 전보가 가능한 경우에는 유효라고 보아야 한다고 한다.

(6) 신주인수권을 침해한 경우

① **주주의 신주인수권을 침해한 경우**

판례는 회사가 경영권을 방어하기 위하여 제3자에게 신주를 배정하는 것은 주주의 신주인수권을 침해한 것이라고 본다.[798] 이 경우의 효력에 관하여는 신주인수권은 주주에게 중대한 영향을 미치는 자익권이므로 신주인수권의 무시가 그 일부에 그치는 경우라도 전부 무효라는 무효설, 신주인수권을 무시하여도 신주발행의 무효원인이 되지 않고, 다만 이사가 정관위반으로 인한 손해배상책임을 질 뿐이라고 하는 유효설, 신주인수권의 전부 또는 대부분을 무시한 경우에는 무효원인이 되지만, 근소한 일부만이 무시된 경우에는 무효로 되

795) 홍복기/박세화, 「회사법강의」, 제7판, 법문사, 2019, 660면.
796) 대법원 1980. 2. 12. 선고 79다509 판결.
797) 대법원 2003. 5. 16. 선고 2001다44109 판결.
798) 대법원 2009. 1. 30. 선고 2008다50776 판결.

지 않고, 이사의 손해배상책임만이 발생할 뿐이라고 보는 절충설이 대립한다. 절충설 중에는 주주의 신주인수권을 무시한 정도의 절대적 크기와 관계없이 그 결과로 인해 회사에 대한 지배권에 변동을 줄 정도이면 무효라고 보는 견해도 있다. 판례는 절충설에 가까운 입장으로 보인다.[799]

② 제3자의 신주인수권을 침해한 경우

제3자에게 신주인수권을 부여한 경우에 이를 무시하고 신주를 발행하여도 무효원인이 되지 않는다(통설). 제3자의 신주인수권은 계약상의 권리에 불과한 것이므로 회사가 이를 무시한 때에는 계약위반의 책임이 생기는 데에 불과하고, 그 때문에 사단법인의 행위인 신주발행까지도 무효가 된다고 볼 필요는 없기 때문이다. 형식적으로도 제3자는 신주발행무효의 소를 제기할 원고 적격이 없다.

다. 현저한 불공정

신주발행이 현저하게 불공정한 경우 무효사유가 된다고 볼 것인지에 관하여 견해대립이 있다. 학설로는 거래의 안전을 중시하는 유효설, 주주이익의 보호를 중시하는 무효설이 대립하고 있다. 판례는 신주발행이 현저하게 불공정하게 이루어졌음을 이유로 들어 무효로 판시한 사안들이 있다.[800]

3. 다른 소송과의 관계

신주발행을 위한 이사회 또는 주주총회의 결의에 하자가 있다면 신주발행의 효력이 발생한 후에는 그 하자가 신주발행의 하자에 흡수되어 신주발행무효의 소만을 제기할 수 있다(흡수설).

4. 당사자

주주나 이사, 감사에 한하여 소를 제기할 수 있으며(법 429), 피고는 회사이다. 실질주

799) 대법원 2010. 4. 29. 선고 2008다65860 판결; 대법원 2009. 1. 30. 선고 2008다50776 판결; 장덕조, 앞의 책, 473면.

800) ① 대법원 2003. 2. 26. 선고 2000다42786 판결은 甲 주식회사의 지배주주인 A가 甲 주식회사의 지배권을 계속 유지하기 위하여 甲 주식회사의 해외자산을 처분한 후 그 자금으로 乙 주식회사를 설립하고 乙 주식회사가 甲 주식회사의 신주를 인수하도록 한 사안에 관한 것인데 신주인수가 범죄행위를 수단으로 하여 행해졌으므로 현저하게 불공정한 방법에 의한 신주발행으로서 무효라고 보았다.
② 대법원 2010. 4. 29. 선고 2008다65860 판결은 신주발행을 결의한 이사회에 참석한 이사들을 선임한 주주총회결의가 취소되었고, 그 이유로 신주발행금지 가처분이 내려진 상태에서 이러한 이사들을 동원하여 이사회를 진행한 자들만 신주를 인수한 사안에 관하여 현저하게 불공정한 방법으로 신주발행이 이루어진 것으로서 무효라고 판단하였다.

주라 하더라도 명의개서를 하지 않으면 이 소를 제기할 수 없다.[801)]

5. 제소기간 및 원고적격

신주발행무효의 소는 형성소송으로서 주주, 이사, 감사에 한하여 신주발행의 효력발생일(납입기일의 다음 날)로부터 6개월 내에 소를 제기하여야 한다(법 429). 판례는 새로운 무효사유를 출소기간의 경과 후에도 주장할 수 있도록 하면 법률관계가 불안정하게 되어 신주발행에 수반되는 복잡한 법률관계를 조기에 확정하고자 하는 규정의 취지가 몰각된다는 점에 비추어, 위 규정은 무효사유의 주장시기도 제한하고 있는 것이라고 해석함이 상당하므로, 신주발행의 무효의 소에서 신주를 발행한 날부터 6개월의 출소기간이 경과한 후에는 새로운 무효사유를 추가하여 주장할 수 없다고 한다.[802)] 신주발행무효의 소에는 다수의 규정이 준용된다(법 430).

6. 무효판결의 효과

가. 대세적 효력

신주발행무효의 판결은 제3자에게도 효력이 있다(법 430, 190 本). 신주발행에 따른 법률관계를 획일적으로 확정하기 위한 것이다.

나. 주식의 실효

신주발행무효의 판결이 확정된 때에는 신주는 장래에 대하여 그 효력을 잃는다(법 431 ①). 따라서 주식은 양도가 불가능하고 주권도 무효가 되며 선의취득의 대상이 될 수도 없다. 그 주권에 대하여는 공시최고를 거칠 필요가 없다.[803)] 무효판결의 확정으로 주식이 실효되므로 회사는 주주에게 그 납입한 금액을 반환하여야 한다(법 432 ①).

다. 소급효의 제한

판결의 효력은 장래에 대하여만 미치므로 신주발행의 유효를 전제로 그 이후 판결시까지 이루어진 모든 행위는 유효하다.

---

801) 대법원 2017. 3. 23. 선고 2015다248342 전원합의체 판결.

802) 대법원 2012. 11. 15. 선고 2010다49380 판결; 대법원 2004. 6. 25. 선고 2000다37326 판결 등.

803) 무효판결이 확정된 때에는 회사는 지체없이 그 뜻과 일정한 기간 내에 신주의 주권을 乙 회사에 제출할 것을 공고하고 주주명부에 기재된 주주와 질권자에 대하여는 각 별로 그 통지를 하여야 한다(법 431 ② 本). 그 기간은 3개월 이상으로 정하여야 한다(법 431 ② 但).

7. 원고패소판결의 효과

대세효가 없으며 원고가 손해배상책임을 질 수도 있다(상법 430, 191).

8. 특수한 신주발행의 경우

상법상 인정되는 특수한 신주발행[804]에 하자가 있는 경우 불복방법이 별도로 규정되어 있지 않다. 다수설은 이런 경우에도 상법 제429조를 유추적용하여야 한다고 본다.

XI. 신주발행의 부존재

학설 및 판례는 신주발행의 변경 등기 등 외관은 있으나 실질적으로 신주발행이 있었다고 인정하기 어려운 경우 신주발행의 부존재를 인정한다.[805] 신주발행의 부존재에 대하여는 상법 제429조가 적용되지 않으므로 주장자, 주장방법, 주장시기의 제한이 없다. 따라서 반드시 소로써 주장하지 않아도 무방하며, 소로써 주장할 경우에도 일반무효확인의 소에 의하면 된다. 따라서 대세효가 없고 소급효가 제한되지 않는다. 이 경우 상법 제628조 제1항의 가장납입죄가 적용되지도 않는다.[806]

제 4 편 자본금의 감소

Ⅰ. 개 관

자본금의 감소('감자')란 자본금의 금액을 줄이는 회사법상 절차를 말한다. 자본금은 회사의 유지를 위한 물적 기초이고 규범적 기준이므로 회사는 실제 보유하고 있는 재산이 자본금 수준 이상으로 유지되도록 노력할 의무가 있다. 또한 자본금은 배당가능이익 산정시 공제항목이므로 자산의 유출을 억제하는 기능도 갖는다. 자본금을 감소시킨다는 것은 위 두 가지 측면에서 회사의 자본적 기초가 약화된다는 의미이므로 주주와 채권자의 이해관계에 영향이 있고 특히 채권자에게 큰 영향을 줄 수밖에 없다. 자본금의 감소 중에서도 특히 후술하는 유상감자는 회사의 자산을 주주에게 환급하여 주므로 주주가 채권자보다 우선적

---

804) 준비금의 자본금전입(법 461), 전환주식의 전환(법 346, 349), 주식배당(법 462의2), 전환사채의 전환, 주식분할 등.
805) 대법원 1989. 7. 25. 선고 87다카2316 판결.
806) 대법원 2006. 6. 2. 선고 2006도48 판결.

으로 변제를 받는 결과가 되기 때문이다. 상법은 이러한 점을 고려하여 자본금감소의 결정은 주주총회에서 하되 채권자는 채권자보호절차를 통해 보호하도록 하고 있다.

II. 감자의 종류와 구분

1. 유상감자와 무상감자

자본금이 감소할 때 순자산도 감소하는지 여부를 기준으로 통상 유상감자(실질감자)와 무상감자(명목감자)로 분류한다.

가. 유상감자

유상감자는 자본금의 감소와 더불어 감소한 자본금에 해당하는 재산을 주주에게 환급하여 순자산도 같이 감소시키는 감자이다. 유상감자는 사업의 규모를 줄이거나 주주에게 출자를 환급하기 위하여 행한다.[807]

나. 무상감자

무상감자는 자본금의 액수만 줄이고 순자산은 사외로 유출시키지 않는 것이다. 무상감자는 자본결손(後述)이 있는 경우에 주로 한다. 자본결손이 있으나, 당분간 회복할 가망이 없는 회사는 결손을 그대로 두면 회사의 신용도가 떨어지고 이익배당도 어렵기 때문이다. 부실회사를 회생시키기 위하여 무상감자와 신주발행을 연속적으로 실시하는 경우도 많다.[808]

〈결손전보를 위한 무상감자〉

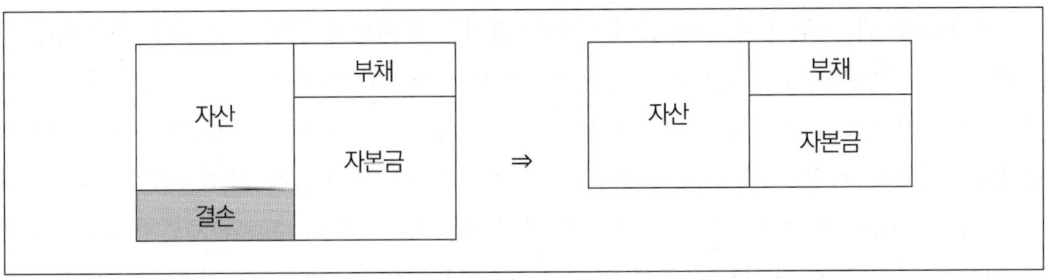

807) 특히 외국인 투자기업에서 외국인 투자자들이 공식적인 이익배당 대신 대규모의 실질감자를 하여 투자자금을 환수해 가는 예가 적지 않다고 한다.

808) 무상감자는 주로 기업구조조정이나 기업회생절차의 일환으로 이루어지는데, 그 주체가 금융기관이거나 정리회사인 경우에는 상법에 대한 특례가 인정된다(금융산업의 구조개선에 관한 법률 5의2, 12, 도산법 205). 권기범, "주식회사의 자본감소에 관한 연구", 「상사법연구」 제23권 제1호, 2004, 84~85면.

한편, 자본금결손이 없는 경우에 무상감자를 실시하면 자본금으로 묶였던 자본항목이 자본잉여금(감자차익)으로 바뀌게 된다. 이 감자차익은 주주가 지분을 상실하면서도 환급받지 못한 출자금이므로 그 성질이 주식발행초과금과 같다.[809)]

〈결손전보가 없는 무상감자〉

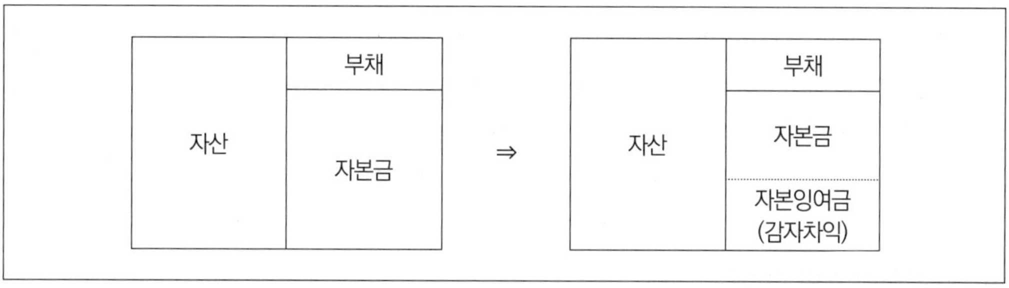

순자산이 자본금과 법정준비금의 합에 미치지 못하는 상태를 자본결손이라고 하고 특히 순자산이 자본금에도 미달하는 경우를 자본금잠식(또는 자본금 결손)이라고 한다.

자본결손

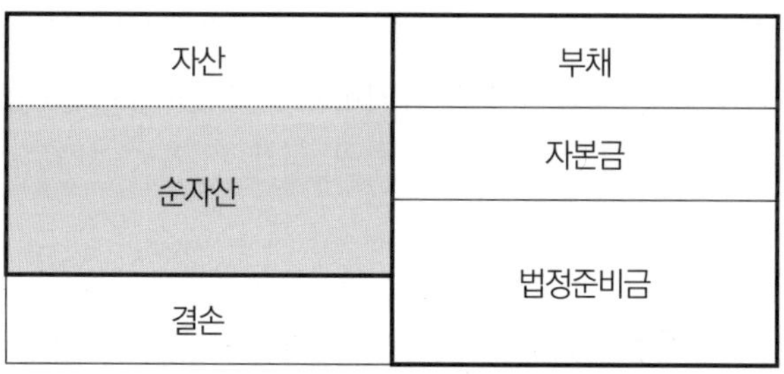

자본금잠식

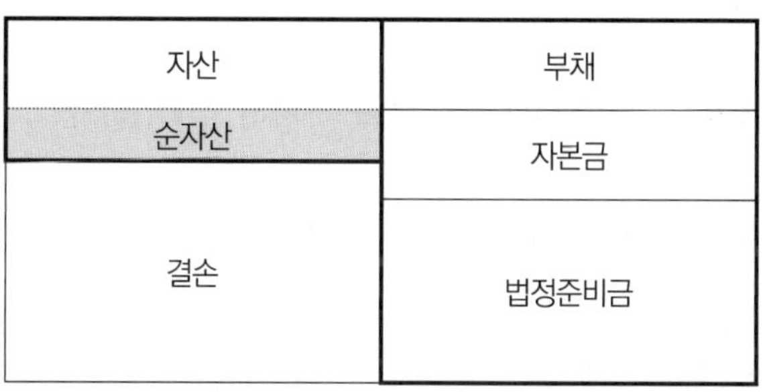

809) 감자차익은 재무회계상 자본잉여금이므로 자본준비금으로 적립하여야 한다(법 459 ①).

2. 결손전보감자와 통상감자

상법은 감자를 다시 「결손의 전보를 위한 자본금감소」('결손전보감자')와 「그 밖의 자본금감소」('통상감자')로 나누고 전혀 다른 절차로 규율하고 있다. 후자의 경우 주주총회의 특별결의를 거쳐서 채권자보호절차를 밟아야 하지만, 전자는 주주총회의 보통결의만으로 충분하고 채권자보호절차를 거칠 필요가 없다.

앞서 본 바와 같이 무상감자는 결손전보감자일 경우가 많지만 그렇지 않은 경우도 있을 수 있다. 무상감자를 행하면서 줄인 자본금의 액수가 자본금 결손액보다 클 경우에는 통상감자로 처리하여야 한다. 자본금 결손액을 넘어서는 부분은 통상감자에 해당하는데 이를 전체적으로 결손전보감자로 규율하면 간이한 제도를 둔 취지를 남용할 가능성이 있기 때문이다.

Ⅲ. 자본금감소의 방법

자본금감소는 액면주식을 발행하는 경우와 무액면주식을 발행한 경우에 그 구체적인 방법에 차이가 있다.

1. 액면주식을 발행한 경우

액면주식을 발행한 경우 자본금은 발행주식의 액면총액이므로(법 451), 자본금의 감소는 발행주식수를 감소시키거나, 액면가를 감액하거나 또는 양자를 병행하는 방법으로 할 수 있다.

가. 액면가 감액

발행주식수는 줄이지 않으면서 주식의 액면가액만을 낮추는 방법이다. 예컨대, 액면가가 10,000원인데 자본금의 20%를 감소하려 한다면 액면가를 8,000원으로 낮추면 된다.[810)]

나. 주식수 감소

주식의 병합과 주식의 소각이라는 두 가지 방법이 있다(後述).

2. 무액면주식을 발행한 경우

무액면주식을 발행한 경우에는 액면이 없으므로 액면가를 조정하여 감자를 할 수도 없고, 주식수와 자본금도 연결되어 있지 않으므로 자본금을 감소시킬 때 주식수를 줄일 필요

---

810) 액면주식의 액면가는 균일해야 하므로 액면가를 낮추는 방법으로 자본금을 감소할 때에는 모든 주주에게 평등하게 적용된다.

도 없다. 이 경우에는 회사가 단순히 자본금감소의 의사결정을 하면 된다.

물론, 자본금감소와 병행으로 주식을 소각하거나 병합할 수도 있으나, 주식을 병합·소각한 직접적 결과로 자본금이 감소하는 것은 아니므로 액면주식의 경우와는 본질적으로 다르다. 액면주식의 경우 유상감자와 무상감자가 모두 가능하다는 점에 다툼이 없고, 무액면주식의 경우 무상감자가 가능하다는 점은 다툼이 없지만, 유상감자까지 가능한지 여부에 관하여는 다툼이 있다. 다수설의 무액면주식에 관하여 유상감자를 할 수 없다고 본다. 무액면주식을 발행한 회사는 주식수와 관계없이 자본금의 액수만 줄이는 방법으로 감자를 하므로 주식수에는 변함이 없어서 주주에게 일정한 주금을 돌려주는 일은 생각하기 어렵다는 것이다. 반면, 소수설은 줄어든 자본금에 대응하는 자산을 주주들에게 나누어줄 수 있다는 입장인데 소수설이 타당하다고 본다. 다수설은 무액면주식을 발행한 경우 실질감자의 효과를 누리려면 감자차익을 감소시켜 배당가능이익으로 전환한 후에 자기주식을 취득하거나 배당을 실시하여야 한다고 한다.[811)]

Ⅳ. 자본금감소의 절차

1. 주주총회의 결의

자본금감소는 회사의 자본구조의 변화를 초래하는 중요한 사건이므로 주주총회 특별결의를 거쳐야 한다(법 438 ①).[812)] 다만, 결손전보감자는 회사의 자산이 사외유출되지 않으므로 주주총회 보통결의로 하고 있다(법 438 ②). 주주총회를 소집할 때에는 의안의 요령도 통지·공고하여야 한다(법 438 ③).

2. 채권자보호절차

자본금감소는 채권자에 대한 책임재산의 감소를 초래하는 것이 일반적이므로 채권자보호절차를 밟아야 한다. 그러나 결손전보감자는 자산의 사외유출을 수반하지 않아 채권자의 이해와 무관하므로 채권자보호절차를 거치지 않는다(법 439 ② 但).

가. 공고와 최고

회사는 자본금감소의 결의가 있은 날로부터 2주 내에 회사채권자에 대해 자본금감소에

---

811) 자본금감소를 통해 감자차익을 발생시킨 후에 자본준비금에 속하는 감자차익을 준비금감소를 통하여 배당가능이익으로 바꿀 수 있다.

812) 자본금감소는 회사의 일부를 청산하는 것이므로 해산결의(법 518)에 준하여 주주총회의 특별결의를 거치도록 한 것으로 이해할 수도 있다. 이철송, 앞의 책, 994~995면.

이의가 있으면 일정한 기간(1개월 이상으로 정한다) 내에 제출할 것을 공고하고, 알고 있는 채권자에게는 각별로 최고하여야 한다(법 439 ②, 232 ①). 이의제출공고가 있기 전의 채권자는 물론이고 이의제출기간 중에 발생한 채권의 채권자도 이의를 제기할 수 있다. 그러나, 공고기간이 경과한 후에 발생한 채권의 채권자는 제도의 성질상 이의를 제기할 수 없다고 보아야 한다. 금전채권이 아닌 채권도 이의제기가 가능하다.

나. 이의가 없을 경우

이의제출기간 내에 이의가 없을 경우 자본금감소를 승인한 것으로 보고, 절차를 속행한다(법 439 ②, 232 ②).

다. 이의가 있을 경우

채권자는 회사에 대하여 이의를 통지하여야 한다. 이의는 자본금감소 자체뿐만 아니라 감소액, 감소방법, 시기에 관하여도 할 수 있다.

이의를 제출한 채권자에 대하여 회사는 채무를 변제하거나 상당한 담보를 제공하거나 또는 이를 목적으로 상당한 재산을 신탁회사에 신탁하여야 한다(법 439 ②, 232 ③). 후자의 경우에도 회사가 기한의 이익을 포기하여 변제하는 것은 무방하다. 채권을 만족시킬 수 있는 충분한 담보가 이미 제공되어 있는 경우에는 다시 담보를 제공하거나 신탁을 할 필요가 없다.

라. 사채권자의 이의

사채권자가 이의를 할 경우에는 사채권자집회의 결의가 있어야 하며, 이 경우 법원은 이해관계인의 청구에 따라 이의기간을 연장할 수 있다(법 439 ③).

3. 액면주식

가. 주식수 감소

액면주식의 경우 주식수를 감소함으로써 자본금을 감소할 경우에는 주식을 병합 또는 소각해야 한다.

(1) 주식의 병합

① 의 의

주식의 병합은 여러 주식을 합하여 그보다 적은 수의 주식을 발행하는 방법이다.[813] 10주를 7주로 병합한다면 19주를 가진 주주의 경우, 19×0.7=13.3가 되므로 13주로 병합이

813) 전자등록주식의 경우 「주식·사채등의 전자등록에 관한 법률」 제65조에 의한다.

되고 0.3주의 단주가 생긴다. 주식의 병합은 모든 주주에 대해 균등하게 실시한다. 판례는 주식병합의 효력이 발생하면 회사는 新 주권을 발행하여(법 442 ①), 주주에게 교부하며 新 주권은 舊 주권을 표창하면서 그와 동일성을 유지한다고 한다.[814)]

② **절 차**

㉠ 주권제출을 위한 공고·통지

회사는 1개월 이상의 기간을 정하여 그 기간 내에 주권乙 회사에 제출할 곳을 공고하고 주주명부에 기재된 주주와 질권자에 대하여는 개별적으로 통지하여야 한다(법 440).

㉡ 병합의 효력발생시기

주권제출기간이 만료한 때에 주식병합의 효력이 발생한다(법 441 本). 그러나 채권자의 이의기간 및 이의에 따른 변제 등 후속절차가 종료하지 않은 때에는 그 기간 또는 절차가 종료한 때에 효력이 발생하고 舊 주권이 소멸한다(법 441 但). 주식병합의 효과는 주주의 주권제출과는 관계없다.

주식병합의 효력발생을 위해 주권을 제출하도록 공고하게 하는 취지는 신주의 수령권자를 파악하고 舊 주권을 회수하여 유통을 저지하는데 있다. 따라서 1인회사와 같이 이러한 필요가 없는 회사에서라면 공고가 없이 감자등기를 하였더라도 그 등기시에 주식병합의 효력이 발생한 것을 보아야 한다.[815)]

㉢ 新 주권의 교부

舊 주권을 제출한 주주에게 新 주권을 교부한다. 주주 중에 (분실 등으로) 舊 주권을 제출할 수 없는 자가 있는 때에는 회사는 그 자의 청구에 의하여 3개월 이상의 기간을 정하고 이해관계인에게 그 주권에 대한 이의가 있으면 그 기간 내에 제출할 뜻을 공고하며 그 기간이 경과하도록 이의가 없으면 新 주권을 청구자에게 교부할 수 있다(법 442 ①). 단주의 금액을 배분할 경우에도 같다(법 443 ②, 442).

㉣ 단주의 처리

병합에 적당하지 않은 주식이 있는 때에는 그 병합에 적당하시 않은 부분에 관하여 발행한 신주를 경매하여 그 대금을 단주의 보유비율에 따라 종전의 주주에게 지급하여야 한다(법 443 ① 本). 그러나, 거래소의 시세 있는 주식은 거래소를 통하여 매각하고 거래소의 시세 없는 주식은 법원의 허가를 얻어 경매 이외의 방법으로 매각할 수 있다(법 443 ① 但).

---

814) 대법원 2005. 6. 23. 선고 2004다51887 판결.
815) 대법원 2005. 12. 9. 선고 2004다40306 판결.

(2) 주식의 소각

① 의 의

발행주식 중 일부를 소멸시키는 방법이다. 소각에 동의한 주주의 주식에 관하여만 하거나(임의소각), 동의에 관계없이 회사가 일방적으로 한다(강제소각). 또한 주식의 소각에 따라 주주에게 주금을 환급할 수도 있고(유상상각), 하지 않을 수도 있다(무상소각).[816]

② 절 차

상법은 주식소각의 절차에 관해서는 주식병합절차 규정을 준용한다(법 343 ②, 440, 441). 다만 병합과 달리 新 주권을 교부하지는 않는다.

강제소각의 경우에는 병합절차와 같이 회사가 1개월 이상의 정하여 소각한다는 뜻과 주주에게 주권을 제출할 것을 공고하고 주주명부상의 주주와 질권자에게는 개별적으로 통지하여야 한다(법 343 ②, 440). 이 공고기간이 종료한 때에 소각의 효력이 발생하나 채권자보호절차가 종료하지 않은 때에는 채권자보호절차가 종료한 때에 소각의 효력이 발생한다(법 343 ②, 441). 유상소각의 경우 소각대금은 소각의 효력이 발생한 후에야 지급할 수 있다. 주식을 소각할 때에도 단주가 생길 수 있는데,[817] 그 처리는 병합의 경우와 같은 방법으로 하여야 할 것이다.

임의소각은 회사가 주주와의 계약에 의해 주식을 취득하는 방식을 취하나, 모든 주주에게 기회를 주어야 하므로 역시 주주에 대하여 그 뜻을 통지·공고해야 한다고 본다. 임의소각을 할 때에도 채권자보호절차를 밟아야 하고 그 전에는 소각의 효력이 발생하지 않는다.

나. 액면가 감액

액면가를 감액하는 경우에는 주주로부터 舊 주권을 제출받아 新 주권과 교환하여야 하며, 그 절차와 효력발생 등은 주식의 병합과 같다(법 440, 441, 442), 액면가를 감액할 때에는 단주가 생기지 않는다.[818]

4. 무액면주식

무액면주식을 발행한 경우 자본금은 주식의 수와 무관하므로 자본금감소를 할 때 주식을 소각하거나 병합하는 절차를 거칠 필요는 없다. 따라서 주주총회에서 감소되는 자본금의 규모를 결정하고 채권자보호절차를 밟는다. 주식의 소각·병합 등의 처리가 불필요하므

816) 임의·강제와 유상·무상이 서로 조합을 이루게 되지만 상식적으로 임의·무상이란 생각하기 어렵다.
817) 주식을 비례적으로 소각하는 경우가 그렇다.
818) 이철송, 앞의 책, 997면.

로 상법 제441조 본문이 적용될 수 없기 때문에 자본금감소를 위한 주주총회에서 자본금감소의 효력발생일을 따로 정해야 한다. 이 경우에도 채권자보호절차가 종료하지 않으면 감자의 효력은 발생하지 않는다(법 441 但).

5. 등 기

자본금감소로 인하여 등기사항에 변동이 생기므로(법 317 ②), 필요하면 변경등기를 하여야 한다(법 317 ④, 183).

V. 자본금감소의 부수적 효과

1. 질권의 효력

소각·병합으로 인해 받는 주식이나 금액에 대해서도 질권의 효력이 미치며, 등록질권자는 그 금전으로 우선하여 변제에 충당할 수 있다(법 339, 340).

2. 수권자본과의 관계

소각이나 병합에 의해 발행주식수가 줄어드는데, 그 수의 주식을 재발행할 수 있느냐는 문제가 있다. 이 문제에 관하여는 상환주식의 상환 후에 주식 발행이 가능한지와 마찬가지의 견해 대립이 있다.

VI. 감자무효의 소

자본금감소의 절차나 내용에 하자가 있을 경우에는 형성의 소인 감자무효확인의 소로만 다툴 수 있다. 따라서 일단 자본금감소의 효력이 발생한 이상 자본금감소를 위한 주주총회 결의에 하자가 있더라도 결의취소나 결의무효확인 소송을 제기할 수 없고, 감자무효의 소로만 다툴 수 있다.[819)]

1. 무효원인

상법은 개별적인 무효사유를 열거하고 있지 않으므로 일반원칙에 따라 자본금감소의 방법 또는 내용이 법령 또는 정관에 위반하거나 현저하게 불공정한 경우에 무효가 된다. 무효의 예로는 자본금감소를 위한 주주총회결의에 하자가 있는 경우, 채권자보호절차를 밟지 않은 경우, 자본금감소의 방법 또는 기타 절차가 주주평등의 원칙에 반하는 경우 등을 들

---

819) 대법원 2010. 2. 11. 선고 2009다83599 판결.

수 있다.

주주의 주식 수에 따라 다른 비율로 주식병합을 하여 차등감자가 이루어진다면 이는 주주평등의 원칙에 반하여 자본금감소 무효의 원인이 될 수 있다. 또한 주식병합을 통한 자본금감소가 현저하게 불공정하게 이루어져 권리남용금지의 원칙이나 신의성실의 원칙에 반하는 경우에도 자본금감소 무효의 원인이 될 수 있다.

대법원 2020. 11. 26. 선고 2018다283315 판결은 회사가 임시주총을 개최하여 1주당 액면가를 5,000원에서 50,000,000원으로 인상하는 10,000:1의 주식병합을 하고, 10,000주에 미치지 못하는 주식을 보유한 주주에게 1주당 액면가 5,000원을 지급하기로 하는 내용의 '주식병합 및 자본금감소'를 결의한 결과 10,000주 미만의 주식을 보유한 주주들이 주주의 지위를 상실한 사안에 관한 것이다. 대법원은 단주의 처리 과정에서 주식병합 비율에 미치지 못하는 주식수를 가진 소수주주가 자신의 의사와 무관하게 주주의 지위를 상실하게 되었지만, 이러한 단주의 처리 방식은 상법에서 명문으로 인정한 주주평등원칙의 예외이므로, 달리 소수주주가 그가 가진 주식의 수에 따라 평등한 취급을 받지 못한 사정이 없는 한 이를 주주평등원칙의 위반으로 볼 수 없다는 점을 들어 감자무효의 청구를 기각하였다.

또한 대법원은 위 주식병합 및 자본금감소는 주주총회의 안건 설명에서 단주의 보상금액이 1주당 5,000원이라고 제시되어 참석주주의 99.99% 찬성(발행주식총수의 97% 찬성)을 통해 이루어졌는바, 지배주주뿐만 아니라 소수주주의 대다수가 찬성하였으므로 절차가 현저하게 불공정하다고 보기도 어려워 신의성실의 원칙이나 권리남용금지의 원칙에도 위배되지 않는다고 판단하였다.[820]

2. 당사자

제소권자는 신주발행무효의 소에서보다 범위가 넓다. 주주, 이사, 감사, 청산인, 파산관재인 또는 자본금감소를 승인하지 않은 채권자가 제기할 수 있다(법 445). 피고는 회사이다.

3. 제소기간

제소기간은 자본금감소로 인한 변경등기가 된 날로부터 6개월이다(법 445). 신주발행무효의 소의 제소기간에 관하여 설명한 바와 같이, 자본금감소의 제소기간의 제한은 무효사유의 주장시기에도 적용된다. 따라서 변경등기가 된 날로부터 6개월이 경과한 후에 새로운 무효사유를 추가하여 주장할 수는 없다.[821]

820) 대법원 2020. 11. 26. 선고 2018다283315 판결.
821) 대법원 2010. 4. 29. 선고 2007다12012 판결: "상법 제445조는 '자본감소의 무효는 주주·이사·감사·청산

4. 절 차

감자무효의 소의 관할, 소제기의 공고, 병합심리, 하자의 보완과 청구의 기각,[822] 패소원고의 책임, 제소자의 담보제공의무 등은 신주발행무효의 소와 같다(법 446).

5. 판결의 효과

신주발행무효의 판결과 같이 제3자에게도 판결의 효력이 미친다(법 446, 190 本). 상법 제446조는 소급효를 제한하는 제190조 단서를 제외하고 본문만을 준용하기 때문에 감자무효판결에는 소급효가 있다.

제 6 절 회사의 회계

제 1 편 회사회계의 의의

Ⅰ. 개 관

상법은 회사의 회계란 표제하에 일정한 기간을 단위로 하여 회사의 재산상태와 손익을 인식·평가하고, 이익 또는 손실을 처리하기 위한 의사결정이 이루어지는 일련의 과정을 규정하고 있다. 회사가 작성하는 재무상태표는 결산기의 재산상태를 인식·평가하기 위한 것이고, 포괄손익계산서는 일정 기간(사업연도)의 손익을 인식·평가하기 위한 것이다.

재무상태표와 손익계산서는 회사의 재산상태와 손익을 객관적으로 표시한 것이고 그에 따른 이익과 손실을 어떻게 처리할 것인지도 결정하여야 하는데, 이 의사결정은 대표이

인·파산관재인 또는 자본감소를 승인하지 아니한 채권자에 한하여 자본감소로 인한 변경등기가 있는 날로부터 6월내에 소만으로 주장할 수 있다'고 규정하고 있는바, 이는 자본감소에 수반되는 복잡한 법률관계를 조기에 확정하고자 하는 것이므로 새로운 무효사유를 출소기간의 경과 후에도 주장할 수 있도록 하면 법률관계가 불안정하게 되어 위 규정의 취지가 몰각된다는 점에 비추어 위 규정은 무효사유의 주장시기도 제한하고 있는 것이라고 해석함이 상당하고 자본감소로 인한 변경등기가 있는 날로부터 6월의 출소기간이 경과 한 후에는 새로운 무효사유를 추가하여 주장할 수 없다고 보아야 할 것이다(대법원 2004. 6. 25. 선고 2000다37326 판결, 대법원 2007. 2. 22. 선고 2005다77060·2005다77077 판결 등 참조)."

822) 감자무효의 소를 재량기각하기 위해서는 하자의 보완이 필요하지만(법 446, 189), 하자의 보완없이 재량기각을 허용한 판례가 있다(대법원 2004. 4. 27. 선고 2003다29616 판결).

사에 의한 재무제표의 작성, 이사회의 승인, 감사의 감사를 거쳐 최종적으로 주주총회의 승인의 형식으로 이루어진다.

II. 회계의 목적과 기능

회계를 통하여 과거의 경영성과를 분석·평가함으로써 이를 토대로 계속기업으로서의 목표와 방향을 설정할 수 있다. 회사의 회계는 주주의 관점에서는 이익배당을 받을 수 있는 법적 절차를 의미한다. 회사의 채권자들은 회계를 통해 밝혀진 회사의 재산상태를 기초로 하여 채권의 회수 또는 보존 조치의 필요성 등을 판단한다.

III. 상법상 회계규정의 체계

대륙법계 상법은 전통적으로 상법에 회계에 관한 구체적인 처리방법을 두는 형식을 취하여 왔고 회사법도 2011년 이전까지는 원칙적으로 그런 입장이었지만 2011년 개정시에 기술적 규정들은 대부분 삭제하고 일반적인 규정만 남겨두었다.

제 2 편 재무제표

I. 의 의

상법상 재무제표(financial statement)란 주식회사의 결산을 위해 작성하고 주주총회의 승인을 받아 확정되는 회계서류를 말한다. 재무제표는 재무상태표, 손익계산서(법 447 ①), 자본변동표, 이익잉여금처분계산서 또는 결손금 처리계산서(영 16 ①)를 말한다.[823] 그리고 시행령으로 정하는 회사는 연결재무제표도 작성하여야 한다.

재무제표와 대비되는 것으로 영업보고서가 있다. 영업보고서는 해당 사업연도 내에서의 영업상태 등 회사의 현황을 나타내는 보고서이다. 재무상태표와 손익계산서는 숫자로 회사의 현황을 표시하지만 영업보고서는 그 숫자의 의미를 설명하거나 숫자로 표현할 수 없는 현황을 설명한다. 그 기재사항은 상법 시행령 제17조에 규정되어 있다.[824] 영업보고서는 재무제표에 속하지는 않지만 대표이사는 이를 작성하여 이사회의 승인을 얻고(법 447의2 ①), 주주총회에 보고하여야 한다(법 449 ②).

---

823) 외부감사법 대상 회사의 경우 현금흐름표 및 주석을 포함한다. 상법 시행령 제16조 제1항 단서.

824) 상장회사 등은 투자자들에 대한 공시를 위하여 사업보고서를 각 사업연도 경과 후 90일 이내에 금융위원회와 거래소에 제출하여야 한다. 자본시장법 제159조 제2항, 같은 시행령 제168조 제2항.

II. 승인절차

1. 작 성

이사는 매 결산기에 재무제표와 그 부속명세서 및 영업보고서를 작성하여 이사회의 승인을 얻어야 한다(법 447, 447의2 ①). 법문에는 이사가 작성·제출한다고 하였으나, 실제로는 대표이사가 작성한다. 이사회는 감사(監事)와 정기주총에 제출하기 위한 재무제표, 영업보고서의 안을 확정한다.

2. 감사(監査)

가. 감사(監事)의 감사(監査)

이사는 재무제표와 그 부속명세서 및 영업보고서를 정기주총 6주간 전에 감사(또는 감사위원회)에게 제출하여야 한다(법 447의3). 감사는 재무제표 등의 서류를 받은 날로부터 4주 내에 감사한 결과를 감사보고서로 작성하여 이사에게 제출하여야 한다(법 447조의4 ①).

나. 외부감사

상장회사 그 밖에 외부감사를 받아야 할 회사는 재무제표에 관하여 외부감사인의 감사를 받아야 하므로 주주총회 6주일 전에 재무제표 등을 외부감사인에게 제출하여야 한다(자본시장법 169 ①, 외부감사법 7, 외부감사법시행령 6). 외부감사인은 정기주총일 1주일 전에 회사에 감사보고서를 제출하여야 한다(외부감사법 8, 외부감사법시행령 7).825)

3. 비치·공시

재무제표 등과 감사보고서는 정기주총 1주간 전부터 본·지점에 비치·공시하여야 한다(법 448).

4. 승 인

가. 승인기관

재무제표의 승인은 주주총회가 하는 것이 원칙이지만 소정의 요건을 갖춘 경우에는 이사회가 할 수도 있다.

---

825) 감사보고서에서 감사의견은 적정, 한정, 부적정의견 및 의견거절 등으로 표시된다(금융감독원 회계감사기준 제24조 제1항).

(1) 주주총회의 승인

대표이사는 이사회의 승인과 감사의 감사를 경유한 후 재무제표를 정기주총에 제출하여 그 승인(보통결의)을 요구하여야 하며(법 449 ①),[826] 영업보고서를 제출하고 그 내용을 보고하여야 한다(법 449 ②). 정기주총에서 다루는 대신 임시주총에서 다룰 수 있는지에 관하여는 견해 대립이 있다.

(2) 이사회의 승인

정관에 규정을 두어 주주총회에 갈음하여 이사회가 재무제표를 승인하게 할 수도 있다(법 449의2 ① 本). 정관에 규정이 있더라도 이사회가 승인하기 위해서는 재무제표의 각 서류가 법령 및 정관에 따라 회사의 재무상태 및 경영성과를 적정하게 표시하고 있다는 외부감사인의 의견이 있고, 감사(또는 감사위원) 전원의 동의가 있어야 한다(법 449의2 ① I, II). 이사회 승인 후 이사는 재무제표의 내용을 주주총회에 보고하여야 한다(법 449의2 ②).

이사회가 재무제표를 승인할 수 있다는 것은 이익배당을 이사회가 결정하기 위한 전제가 된다(법 462 ② 但).

나. 승인방법

주주총회는 재무제표를 시·부인할 수 있음은 물론이고 수정하여 결의할 수도 있다. 주주총회(또는 이사회)에서 재무제표를 승인한 때에는 이사는 지체없이 재무상태표를 공고하여야 한다.

다. 승인의 효력

정기주총(또는 이사회)에서 재무제표를 승인하면 해당 결산기에 관한 회사의 회계는 대내외적으로 확정되고, 이사는 이에 기하여 배당을 하고 준비금을 적립하는 등 승인내용을 집행한다.

라. 승인에 의한 책임해제

정기주총[827]에서 재무제표를 승인한 후 2년 내에 다른 결의가 없으면 회사는 이사와 감사의 책임을 해제한 것으로 본다(법 450 本, 415의2 ⑦). 다만 부정행위에 관하여는 그렇지 않다. 위 규정은 이사와 감사의 회사에 대한 책임에 관한 규정이므로 이사 및 감사의 제3자

826) 국제회계기준에서는 이익잉여금처분계산서가 재무제표의 주석사항이다.

827) 법문상으로는 정기주총에서 재무제표를 승인한 경우에 한하여 책임해제의 효과가 발생하는 것으로 규정되어 있다. 정기주총이 아닌 이사회에서 재무제표를 승인한 경우에도 책임해제의 효과가 발생하는지에 관하여는 견해 대립이 있다.

에 대한 책임에 관하여는 적용되지 않는다.[828)]

(1) 의 의

이 제도는 상법 제400조, 제415조에 관한 예외이다. 그 입법취지는 상법 제399조와 제414조가 이사 및 감사에게 엄중한 책임을 지우고 있으므로 책임의 존부에 관하여 불안정한 상태가 너무 장기화하지 않도록 함으로써 임원의 과중한 부담을 덜어주기 위한 것이다. 2년의 기간은 제척기간이다.

(2) 해제의 범위

책임이 해제되는 효력이 미치는 범위는 어디까지인가? 통설은 좁게 해석하여 재무제표에서 알 수 있는 사항에 한하여만 미친다고 하며, 판례도 같은 취지이다.[829)]

(3) 적용제외

① **이사·감사의 부정행위**

이사·감사의 부정행위에 관하여는 책임해제가 적용되지 않는다(법 450 但). 이사 또는 감사의 손해배상책임이 부정한 행위를 원인으로 하여 발생한 경우뿐만 아니라 이사 또는 감사가 재무제표의 승인을 구할 때 부정한 행위를 한 경우(예컨대, 외부감사인을 매수하여 적정의견을 받아내는 것)에도 마찬가지이다. 부정행위의 개념에 관하여는 학설이 일치되지 않고 있다. ① 횡령, 배임, 문서위조와 같은 범죄행위 등 이해당사자들의 신뢰를 깨는 고도의 비규범적 고의행위라는 견해, ② 악의 또는 중과실의 가해행위라는 견해, ③ 악의의 가해행위뿐만 아니라 이사의 권한 내의 행위라 할지라도 해당 사정 하에서 이를 행함이 정당시될 수 없는 모든 경우를 의미한다는 견해 등이 주장되고 있다.[830)]

② **승인결의 후 2년 내에 다른 결의가 있는 경우**

승인결의 후 2년 내에 다른 결의가 있는 경우에도 책임이 해제되지 않는다(법 450 本). 다른 결의란 책임해제를 부정하는 결의나 승인을 철회하는 결의뿐만 아니라 이사와 감사의

---

828) 대법원 2009. 11. 12. 선고 2007다53785 판결.

829) 대법원 2002. 2. 26. 선고 2001다76854 판결: 상법 제450조에 따른 이사의 책임해제는 재무제표 등에 기재되어 정기주총에서 승인을 얻은 사항에 한정되는데, 상호신용금고의 대표이사가 충분한 담보를 확보하지 아니하고 동일인 대출 한도를 초과하여 대출한 것은 재무제표 등을 통하여 알 수 있는 사항이 아니므로, 상호신용금고의 정기주총에서 재무제표 등을 승인한 후 2년 내에 다른 결의가 없었다고 하여 대표이사의 손해배상책임이 해제되었다고 볼 수 없다. 대법원 1969. 1. 28. 선고 68다305 판결 등도 같은 취지.

830) 판례가 부정행위를 이유로 책임 해제를 부정한 예로는 동일인 대출한도를 초과하여 대출한 경우(대법원 2002. 2. 26. 선고 2001다76854 판결), 회사가 보유하던 비상장주식을 매각하는 결의를 할 때 중대한 과실이 있었던 경우(대법원 2005. 10. 28. 선고 2003다69638 판결), 주가지수 옵션거래에서 임무해태가 있었던 경우(대법원 2008. 5. 29. 선고 2006다7297 판결), 임원의 회사에 대한 불법행위책임이 인정된 경우(대법원 1996. 4. 9. 선고 95다56316 판결) 등이 있다.

책임추궁을 위한 결의 등 이사·감사의 책임이 존속함을 전제로 하는 결의를 뜻한다. 이 경우 해당 이사와 감사인 주주는 회사로부터 책임을 추궁당하는 위치에 서게 되어 주주의 입장을 떠나 개인적으로 이해관계를 가지는 경우로서 그 결의에 관한 특별이해관계인에 해당할 수 있다.[831)]

제 3 편 준비금

I. 개 관

1. 의 의

사업연도말에 회사가 보유하는 순자산액 중 자본금을 초과하는 금액으로서 회사가 주주에게 배당하지 않고 사내에 적립하는 금액을 준비금이라고 한다.

준비금은 배당가능이익을 산출할 때 공제항목이므로 회사의 재산이 사외유출되는 것을 억제하는 기능을 한다.

2. 성 질

준비금은 계산상의 수치에 불과하고 실제로 특정한 자산이 회사에 예치되거나 보관되는 것은 아니다. 준비금을 없애거나 사용할 때(예: 법 460)에도 그 수치를 줄이는 것에 불과하고 실제로 금전을 지출하지는 않는다.

3. 종 류

준비금 중에서 상법 또는 특별법의 규정에 따라 의무적으로 적립하는 것을 법정준비금, 정관 또는 주주총회의 결의에 의하여 임의로 적립하는 것을 임의준비금이라고 한다.

II. 법정준비금

준비금은 손익거래로부터 발생하는 이익잉여금을 재원으로 하여 적립하는 이익준비금과 자본거래에서 발생한 자본잉여금을 재원으로 적립하는 자본준비금으로 구분된다.

---

831) 대법원 2007. 9. 6. 선고 2007다40000 판결. 다만 위 판결에서는 특별이해관계인이라는 이유로 주주의 의결권을 제한하기 위하여는 그 결의에 관하여 특별한 이해관계가 있음이 객관적으로 명확하여야 하는데, 문제가 된 안건이 불분명함을 이유로 특별이해관계인에 해당한다고 단정할 수 없다고 판시하였다.

1. 이익준비금

회사는 자본금의 2분의 1이 될 때까지 매결산기에 이익배당액의 10%의 금액을 이익준비금으로 적립하여야 한다(법 458 本). '이익배당액'이란 금전배당 및 현물배당(법 462의4)을 더한 금액이다. 이익배당액에 비례하여 사내유보하는 금액을 정하도록 한 것이다. 이익준비금의 재원은 손익거래로 인한 순자산증가액, 즉 이익잉여금 중 일부이다.

주식배당은 주식을 추가발행하는 데 그치고 회사재산을 사외에 유출하는 것이 아니므로 주식배당시에는 이익준비금을 적립하지 않는다(법 458 但). 자본금의 2분의 1을 초과하여 적립할 때 그 초과액은 임의준비금에 해당한다. 배당을 하지 않더라도 자본금의 2분의 1에 달할 때까지는 이익준비금을 적립할 수 있다.

2. 자본준비금

자본준비금은 자본거래에서 발생한 것이므로 자본금과 본질적으로 다르지 않다. 자본준비금은 납입자본에 해당하므로 원칙적으로 배당가능이익에서 제외되지만 일정한 경우에는 자본준비금을 배당가능이익으로 전환할 수 있다(법 459 ①, 영 18).

III. 합병·분할에 의한 법정준비금의 승계

상법은 합병·분할에서 발생하는 합병차익 또는 분할차익에 소멸회사 또는 분할회사의 법정준비금이 포함되어 있는 경우 존속회사 또는 신설회사가 승계할 수 있도록 규정하고 있다(법 459 ②).

예 시

甲 회사와 乙 회사의 재무상태표는 다음과 같고 甲 회사가 乙 회사를 합병하였다고 가정한다. 甲 회사는 乙 회사를 합병하면서 액면가 1인 주식 10주를 발행하였다.

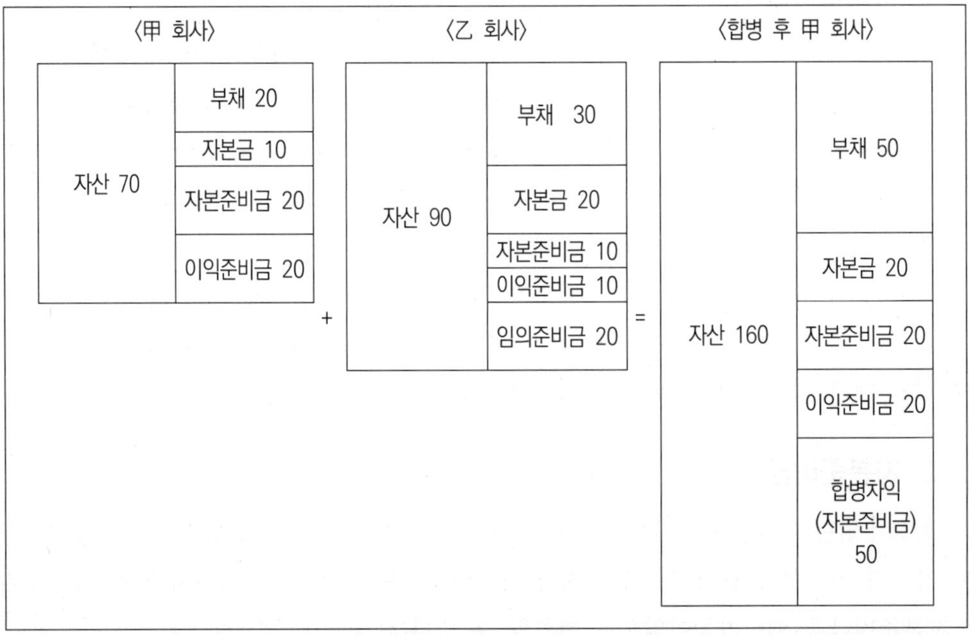

위 도식을 보면 합병 후 甲 회사는 합병 전 甲 회사의 자산, 부채, 자본을 그대로 갖고 있는 상태에서 乙 회사의 자산과 부채를 승계하지만 자본은 승계하지 않는다. 乙 회사의 자본은 乙 회사의 발행주식을 기초로 형성된 것이기 때문이다. 甲 회사는 乙 회사의 자산, 부채를 승계한 후에 그에 대응하는 자본을 새로 구성하는데 이때 합병시 발행한 주식을 기초로 새로 자본금을 형성하고 그 자본금을 초과하는 부분을 합병차익으로 계상한다. 합병차익은 자본잉여금으로서 자본준비금의 한 항목에 속한다. 그 결과 乙 회사가 기존에 적립한 법정준비금과 임의준비금은 모두 소멸하는 것이 원칙이다. 그러나 그동안 적립한 법정준비금을 甲 회사가 이어서 적립한 것으로 계상하는 것이 편리한 경우도 있을 수 있기 때문에 甲 회사는 선택에 의해乙 회사가 적립한 법정준비금을 이어받아서 자본 항목에 계상할 수 있다. 그 경우 자본준비금 항목이 그만큼 감액된다. 이때 임의준비금도 이어받아서 계상할 수 있는지에 관하여는 견해 대립이 있다.

IV. 법정준비금의 사용

법정준비금은 원칙적으로 자본결손의 전보에 충당하거나(법 460), 자본금 전입(법 461)에는 사용될 수 있고 예외적으로 배당의 재원이 될 수 있다.[832]

832) 상법 제460조는 준비금은 자본의 결손의 전보에 충당하는 외의 용도로는 처분할 수 없다고 규정하고 있는데, 이는 준비금의 자본금전입제도가 없던 구 상법 시대에 있던 조문으로서, 입법상의 착오이다.

1. 결손의 전보

'자본결손'이란 결산기 말의 회사의 순자산액이 자본금과 법정준비금의 합계에 미달하는 상태이다. 따라서 임의준비금으로 보전이 가능하다면 자본결손이 아니다. 자본결손을 전보할 때에는 이익준비금이나 자본준비금 중 어느 것을 먼저 사용해도 무방하다(법 460).

법정준비금의 사용 여부는 회사의 임의이므로 결손을 보전하지 않고 그대로 이월결손금으로 처리해도 무방하다. 그러나, 결손이 있으면 배당은 할 수 없다. 상법 제462조 제1항에 의하면 배당가능이익이 산출되지 않기 때문이다.

자본결손 전보는 결산의 과정일부로서 주주총회(또는 이사회) 결의에 의하여 결손금처리계산서의 승인을 얻는 절차를 거친다.

2. 자본금전입

가. 의의 및 취지

자본금전입이란 준비금계정의 금액에서 일정액을 차감하고 같은 금액을 자본금계정에 가산하는 것이다. 이익준비금은 자본금의 2분의 1까지 적립해야 하고, 자본준비금은 무제한 적립해야 하므로 때로는 준비금의 비중이 자본금에 비하여 지나치게 커질 수 있다. 결손이 예상되지 않는다면 굳이 거액의 준비금을 유보할 필요가 없고, 재무구조개선, 주주 및 주가관리 등 여러 가지 경영상의 목적이 있다면[833] 회사는 준비금의 전부 또는 일부를 자본금에 전입할 필요가 있다(법 461 ①). 액면주식을 발행한 경우와 무액면주식을 발행한 경우로 나누어 살펴본다.

나. 액면주식을 발행한 경우

(1) 의 의

액면주식을 발행한 회사에서는 자본금전입으로 자본금은 증가하고, 따라서 전입액을 액면가로 나눈 수의 신주가 발행된다. 이를 무상증자라고 하고 이로 인해 발행되는 신주를 무상주라고 한다.

(2) 의사결정

자본금전입의 의사결정은 이사회의 결의로 할 수 있다(법 461 ① 本). 그러나, 준비금의 자본금전입은 주주의 배당가능이익을 감소시키는 요인이 되므로[834] 정관으로 주주총회의

833) 상장기업의 경우 무상증자를 하면 유통주식수가 증가하여 적은 수의 주주매매로 주가가 크게 변동하는 것을 방지할 수 있다. 신현걸/노준화, 「IFRS 밀레니엄 회계원리」, 제8판, 탐진, 2014, 566면의 주6.

834) 자본금이 증가하면 이익준비금의 적립한도가 증가하기 때문이다.

결의사항으로 정할 수 있다(법 461 ① 但).

(3) 전입의 대상

직전 결산기 재무상태표에 의해 확정된 법정준비금은 모두 전입의 대상이 된다. 임의준비금은 자본금전입을 할 수 없다. 임의준비금은 본래 배당가능이익의 일부이므로 이를 자본금에 전입하여 배당할 수 없는 자본금으로 계상한다면 주주의 이익배당청구권을 침해하는 결과가 되기 때문이다.[835]

(4) 무상주의 발행

준비금을 자본금전입하면 자본금이 늘어나므로 이를 액면가로 나눈 수의 신주(무상주)가 발행된다. 전입으로 인해 자본금은 증가하지만 순자산에는 변동이 없다.

무상주는 각 주주에 대하여 그가 가진 주식수에 비례하여 발행되고(법 461 ② 前), 주주는 별도의 신주인수 절차 없이 신주의 주주가 되므로 제3자가 신주인수권을 가질 여지가 없다. 단주가 생길 경우에는 이를 매각한 금액을 단주의 주주에게 분배하여야 한다(법 461 ② 後).

종전의 주식을 목적으로 하는 질권은 등록질이건 약식질이건 신주 및 단주의 매매대금에 대해서 물상대위가 인정된다(법 461 ⑦, 339).

자본금전입으로 인해 발행되는 주식은 구 주식의 과실이나 종물이 아니므로 구 주식이 양도되더라도 그에 수반하지 않는다.[836]

다. 무액면주식을 발행한 경우

무액면주식은 일단 발행되어 그 발행가의 1/2 이상이 자본금을 구성한 후에는 주식의 수는 자본금 간의 상관관계가 없게 된다. 그러므로 무액면주식을 발행한 회사에서 준비금을 자본금전입하면 무상주의 발행이 수반될 이유는 없으며 법정준비금을 자본금에 전입한다는 이사회 또는 주주총회의 의사결정만으로 효력을 갖게 된다. 그러므로 법정준비금의 자본금전입을 규정한 상법 제461조의 조항 중에서 제1항만 적용된다.

그러나 무액면주식을 발행한 회사에서도 준비금의 자본금전입을 계기로 신주를 발행할 수 있다는 견해도 있을 수 있다.[837] 이 경우에는 상법 제461조가 전부 적용된다고 보아야 할 것이다. 이때 발행하는 신주의 수는 기존의 주식수와 자본금과의 비율에 따라 결정하

---

835) 임의준비금으로 자본결손 보전에 충당할 수는 있다는 견해도 있지만, 그런 일은 있을 수가 없다. 자본금잠식은 순자산이 자본금과 법정준비금의 합에 미치지 못하는 상태이기 때문이다.

836) 대법원 2010. 2. 25. 선고 2008다96963·96970 판결.

837) 독일주식법 제207조 제2항 제2문 참조.

는 것이 보편적이지만,[838] 이와 달리 이사회가 무상신주의 발행가액을 따로 정하여 결정하는 방법도 생각해 볼 수 있다.

라. 자본금전입의 위법

법정준비금이 존재하지 않거나 이사회나 주주총회결의에 하자가 있는 경우 등이 무효원인이 되고 그에 따라 신주가 발행되었다면 신주발행무효의 소에 관한 상법 제429조를 유추적용하여야 한다.

3. 법정준비금의 감소

가. 의 의

회사는 적립된 자본준비금 및 이익준비금의 총액이 자본금의 1.5배를 초과하는 경우에 주주총회의 결의에 따라 그 초과한 금액의 범위에서 자본준비금과 이익준비금을 감액할 수 있다(법 461의2). 감액이 되면 법정준비금에서 제외된 자본은 미처분이익잉여금으로 분류된다. 법정준비금이 두터우면 자본충실에는 기여할 수 있지만 그에 비례하여 배당가능이익의 크기를 제약하는 결과가 된다. 따라서 법정준비금이 적정한 수준으로 유지되는 범위 내에서 배당가능이익을 증가시키기 위하여 인정되는 제도이다.

나. 요 건

자본준비금 및 이익준비금의 합계액이 자본금의 1.5배를 초과할 때 초과분을 감소시킬 수 있다.[839] 감소의 대상에는 별도의 순위가 정해져있지 않으므로 이익준비금과 자본준비금 중 어느 것을 먼저 감소시켜도 무방하다.

다. 절 차

(1) 주주총회의 보통결의

준비금의 감소는 주주총회의 보통결의에 의한다(법 461의2). 준비금의 감소는 자본금의 감소만큼 자본금충실에 미치는 영향이 크지는 않기 때문이다.

(2) 채권자보호절차

상법은 채권자보호절차를 요구하지 않는다. 법정준비금은 배당가능이익 계산시 차감항

---

838) 독일주식법 제207조 제2항 제1문, 제182조 제1항 제5문 참조.

839) 1.5배라는 비율은 2006년 상법개정특별분과위원회에서 2011년 상법 개정안을 준비하면서 조사한 당시 상장회사의 평균비율을 취한 것으로 보인다. 법무부, 「상법개정특별분과위원회 회의록[회사편]」, 법무부, 2006, 308면.

목이지만 법정준비금을 감소하려고 하면 자본금의 1.5배에 달하는 법정준비금이 적립되어 있을 것을 요건으로 하기 때문에 채권자에 미치는 불이익이 크지 않기 때문이다.

V. 임의준비금

정관의 규정 또는 주주총회의 결의로 이익처분의 방법에 의하여 임의로 적립하는 준비금을 말한다. 상법상 적립이 강제되지 않으므로 임의준비금이라고 한다. 실무상 감채적립금, 배당평균적립금, 결손보전적립금, 사업확장준비금 등이 이에 해당한다. 임의준비금을 적립목적에 사용하거나, 당기순손실에 충당하거나 배당하려고 할 경우에는 미처분이익잉여금으로 이입하여야 한다.

제 4 편 이익배당

I. 개 관

주주가 주식을 보유하는 궁극적인 목적은 이익배당이다. 배당가능이익은 재무제표가 확정되면 자동적으로 결정되므로 재무제표가 확정되는 정기주총(또는 이사회)에서 이익배당이 결정된다. 이를 정기배당이라고 한다. 그 밖에 정기주총에서 결정된 배당가능이익의 범위 내에서 영업연도 중간에 추가로 배당할 수 있는데 이를 중간배당이라고 한다. 상장회사의 경우 자본시장법에 의해 연 4회까지 배당할 수 있다(자본시장법 제165조의12). 이익배당은 금전배당이 일반적이지만 금전에 갈음하여 현물배당이나 주식배당도 가능하다.

II. 정기배당

정기배당은 당기의 재무제표가 확정되는 정기주총 또는 이에 갈음한 이사회 결의로 결정된 배당을 말한다.

1. 이익배당의 요건(배당가능이익)

원칙적으로 손익거래로 인한 순자산의 증가분인 이익잉여금이 배당이 원천이 된다. 그러나 주주 유한책임에 따른 채권자보호를 위하여 책임재산을 유보하도록 하여야 한다. 따라서 상법은 순자산에서 자본금과 법정준비금을 공제한 배당가능이익 범위 내에서만 배당이 가능하도록 규정하고 있다.

<table>
<tr><td rowspan="8">자산</td><td colspan="2">부채</td></tr>
<tr><td rowspan="7">자본 = 순자산</td><td>자본금</td></tr>
<tr><td>자본준비금</td></tr>
<tr><td>이익준비금</td></tr>
<tr><td>당기 이익준비금(배당액×1/10)</td></tr>
<tr><td>임의준비금</td></tr>
<tr><td>미처분 이익잉여금</td></tr>
<tr><td>미실현이익</td></tr>
</table>

(음영) 배당가능이익

배당가능이익이란 재무상태표상의 순자산액(자산에서 부채를 뺀 금액, 자본)으로부터 ① 자본금의 액, ② 그 결산기까지 적립된 법정준비금의 합계액, ③ 그 결산기에 적립하여야 할 이익준비금의 액, ④ 소정의 미실현이익[840]을 공제한 금액이며, 이를 한도로 이익배당을 할 수 있다(법 462 ①).

이익준비금은 주식배당 외의 이익배당액의 10% 이상에 해당하는 금액이 되어야 하므로 이익준비금은 이익배당액이 정해져야 비로소 정해지게 된다. 임의준비금도 미처분이익잉여금으로 이입한 후에 배당할 수 있다.

2. 이익배당의 결정기관

가. 원칙: 주주총회의 결의

이익배당은 주주총회의 보통결의로 정하는 것이 원칙이다(법 462 ② 本). 배당 여부, 배당금액에 관한 의사결정은 배당가능이익의 처분에 관한 결정이므로 주주총회가 하도록 한 것이다.

나. 예외: 이사회의 결의

예외적으로 일정한 요건을 구비하면 이사회가 주주총회 대신 재무제표를 승인할 수 있다(법 449의2 ①). 재무제표를 승인하면, 이익잉여금처분계산서의 승인이 이루어져 배당가능

840) 미실현이익이란 상법 제446조의2의 회계 원칙에 따른 자산 및 부채에 대한 평가로 인하여 증가한 재무상태표상의 순자산액으로서, 미실현손실과 상계(相計)하지 않은 금액을 말한다(영 19). 미실현이익이 있다고 하여 구체적으로 주식회사의 지급능력이 증가하는 것은 아니다.

이익에 관한 처분이 행해지므로 재무제표를 이사회가 승인하는 경우에는 이사회가 이익배당을 결정한다(법 462 ② 但).[841] 다만, 이 규정은 주식배당에는 적용되지 않으므로 주식배당은 이사회가 결정할 수 없다.

▮ 예 시

현대자동차 제46기 이익잉여금 처분계산서

제46(당)기	2013년 1월 1일 2013년 12월 31일	부터 까지	제45(전)기	2012년 1월 1일 2012년 12월 31일	부터 까지
처분예정일	2014년 3월 14일[842]		처분확정일	2013년 3월 15일	

(단위 : 백만원)

과 목	당 기		전 기	
I. 미처분이익잉여금		5,397,782		5,064,118
1. 전기이월미처분이익잉여금	1,202		2,601	
2. 확정급여제도의 재측정요소	215,034		(211,931)	
3. 회계정책의 변경효과	–		(6,061)	
4. 당기순이익	5,181,546		5,279,509	
II. 이익잉여금처분액		5,392,850		5,062,916
1. 이익준비금	53,441		52,083	
2. 연구및인력개발준비금	2,295,000		2,140,000	
3. 기술개발적립금	2,510,000		2,350,000	
4. 배당금	534,409		520,833	
(주당현금배당금(율))				
(제46기: 보통주 1,950원(39%) 1우선주 2,000원(40%) 2우선주 2,050원(41%) 3우선주 2,000원(40%))				
(제45기: 보통주 1,900원(38%) 1우선주 1,950원(39%) 2우선주 2,000원(40%) 3우선주 1,950원(39%))				
III. 차기이월미처분이익잉여금		4,932		1,202

841) 이사회에서 배당을 결정하는 경우 주주총회에서 결정하는 경우와 비교하여 배당수준이 낮은 경향이 있다. 안세환, "배당승인주체 변경에 따른 배당수준 변동", CGS Report, 2016년 6권 7~8호, 13면 이하.

842) 정기주총 예정일을 의미한다.

3. 구체적 이익배당청구권의 발생

주주총회 또는 이사회에서 배당의안이 승인되면(법 462 ②), 이에 의해 주주에게 특정액에 대한 배당금 지급청구권이 발생한다. 이 청구권을 구체적 이익배당청구권이라고 한다. 이익배당청구권은 독립된 금전채권으로서 주식과는 별개로 양도·압류·전부명령 등의 목적이 될 수 있고 소멸시효에 걸린다.

본래 주주는 추상적 이익배당청구권을 갖는데, 그 추상적 이익배당청구권은 주주총회(또는 이사회)의 배당결의[843]를 거침으로써 비로소 구체화된다.[844] 여기서 배당의 여부 및 금액은 주주총회(또는 이사회)에서 다수결에 의하여 결정되며 어떠한 법적 구속도 받지 않는다. 그러므로 원칙적으로 이익이 있더라도 반드시 배당을 결의해야 하는 것도 아니고 주주가 배당결의를 청구할 수 있는 것도 아니다.[845] 다만 대법원은 정관에서 우선주에 관하여 회사에게 배당의무를 부과하면서 배당금의 지급조건이나 배당금액을 산정하는 방식 등을 구체적으로 정하고 있어 그에 따라 개별 주주에게 배당할 금액이 일의적으로 산정되고 대표이사나 이사회가 경영판단에 따라 배당금 지급 여부나 시기, 배당금액 등을 달리 정할 수 있도록 하는 규정이 없다면 예외적으로 정관에서 정한 지급조건이 충족되는 때 주주에게 구체적·확정적 배당금지급청구권이 발생할 수 있다고 한다.[846]

4. 이익배당의 기준

가. 주주평등원칙

이익의 배당은 주주평등원칙에 따라 각 주주의 보유주식수에 따라 평등하게 하여야 한다(법 464 本). 주주평등원칙은 회사법의 기본원칙으로 강행성을 갖기 때문에 정관이나 주주총회의 결의에 의해서도 달리 정할 수 없다. 다만, 우선주·열후주를 발행하였을 경우에는(법 344 ①), 정관의 규정에 따라 차등배당을 할 수 있다(법 464 但). 상장회사에서는 대주주들의 양보를 얻어 대주주의 배당률을 소액주주의 배당률보다 낮게 하거나, 소액주주에게만 배당하고 대주주에게는 무배당하기로 결의하는 경우를 볼 수 있다. 이런 관행은 적법한가? 주주간에 배당률을 다르게 정하는 것은 주주총회에서 다수결로 강요할 수 없으므로 대주주에 대한 차등은 대주주 스스로가 배당을 포기한 것으로 해석할 수 있는 경우에만 유효하다.[847] 따라서 이사가 차등배당의 의안을 제출하고 주주총회에서 이를 승인한 경우에도 반

843) 이 배당결의는 구체적으로 이익잉여금처분계산서의 승인이라는 형식을 취한다.
844) 대법원 2010. 10. 28. 선고 2010다53792 판결.
845) 서울고등법원 1976. 6. 11. 선고 75나1555 판결(확정); 이철송, 앞의 책, 1045면.
846) 대법원 2022. 8. 19. 선고 2020다263574 판결(확정).
847) 대법원 1980. 8. 26. 선고 80다1263 판결.

대하는 대주주가 있거나 주주총회에 불참한 대주주가 있을 경우 그에게는 소액주주와 같은 배당률로 배당하여야 하며 다수결로써 차등배당률을 강요할 수 없다. 물론, 대주주가 배당결의 후에 자신의 배당금 중 전부 또는 일부를 임의로 포기하는 것은 가능하다.

나. 일할배당의 허용 여부

일할배당이란 영업연도 중간에 신주가 발행된 경우 그 신주에 대한 배당액을 결정할 때 신주의 효력발생일부터 결산일까지의 기간에 비례하도록 하는 방식을 말한다. 일할배당은 원칙적으로 허용되지 않는다.[848)]

5. 배당금지급시기와 시효

회사는 정기배당금을 주주총회(또는 이사회)의 배당결의(법 462 ②)가 있은 날로부터 1개월 내에, 후술하는 중간배당은 이사회의 결의가 있은 날로부터 1개월 내에 지급하여야 한다(법 464의2 ① 本). 그러나, 배당결의시 배당금의 지급시기를 따로 정할 수 있다(법 464의2 ① 但). 배당금의 지급이 지연되면 회사는 채무불이행책임을 지고, 이사의 손해배상책임이 발생한다(법 401). 배당금지급청구권은 5년의 소멸시효에 걸린다(법 464의2 ②).[849)]

III. 중간배당

1. 의 의

중간배당이란 사업연도 중간에 직전결산기의 미처분이익잉여금을 재원으로 하여 실시하는 이익분배이다(법 462의3). 중간배당은 해당 사업연도의 손익이 아닌 전기의 확정손익을 기준으로 회사재산을 사외유출시키는 제도로서 이사회의 결의만으로 가능하므로 자본금 충실을 해할 우려가 적지 않다. 따라서 상법은 중간배당의 요건을 엄격하게 규정하고 위법한 중간배당에 관하여 이사의 책임을 묻는 규정을 두고 있다. 중간배당은 배당가능이익에 의한 자기주식취득과 경제적 실질이 같기 때문에 두 제도는 유사한 내용으로 규정되어 있다.

2. 중간배당의 요건

가. 정관의 규정

연 1회의 결산기를 정한 회사는 영업연도 중 1회에 한하여 이사회의 결의로 일정한 날

848) 김건식/노혁준/천경훈, 앞의 책, 598~599면.

849) 소멸시효의 기산점은 배당결의시가 아니라 위 1개월이 경과한 때 또는 배당결의시에 따로 정한 기한이 경과한 때로부터이다. 이철송, 앞의 책, 1048면.

을 정하여 그 날의 주주에 대하여 이익을 중간배당할 수 있다. 다만 정관에 근거 규정을 두어야 한다(법 462의3 ①).

나. 이사회의 결의

중간배당은 이사회의 결의로 정한다(법 462의3 ①). 이익배당을 주주총회가 결정하는 회사의 경우에도 중간배당은 재무제표의 승인과 관련이 없으므로 이사회결의로 한다.

다. 직전 결산기에 배당가능이익이 존재할 것

중간배당은 직전 결산기 재무상태표의 순자산액에서 ① 직전 결산기의 자본금, ② 직전 결산기까지 적립된 법정준비금, ③ 직전 결산기의 정기주총에서 이익을 배당하거나 지급하기로 정한 금액, ④ 중간배당에 따라 해당 결산기에 적립하여야 할 이익준비금을 뺀 금액을 한도로 한다(법 462의3 ② I~IV). 정기배당과 달리 대통령령이 정하는 미실현이익은 빼지 않는다.

3. 중간배당의 제한

회사는 해당 결산기의 재무상태표상의 순자산액이 상법 제462조 제1항 각호의 금액의 합계액에 미치지 못할 우려가 있는 경우, 즉 배당가능이익이 없을 것으로 예상되는 경우 중간배당을 해서는 안 된다(법 462의3 ③). 이 경우에는 실질적으로 배당가능이익 없는 상태에서 배당을 한 것과 다르지 않기 때문이다.

4. 위법한 중간배당의 효과

중간배당에 관하여도 위법배당에 관한 상법 규정이 준용된다(법 462의3 ⑥). 해당 결산기 재무상태표상의 순자산액이 공제대상인 자본금, 법정준비금의 합에 미치지 못하는 경우 이사는 회사에 대하여 연대하여 그 차액(중간배당액이 그 차액보다 적을 경우에는 배당액을 한도로 함)을 배상하여야 한다. 다만 이사가 해당 결산기에 손실이 발생할 우려가 없다고 판단하였을 때 주의를 게을리하지 않았음을 증명한 때에는 그렇지 않다(법 462의3 ④).

제 5 편 현물배당

Ⅰ. 의 의

이익배당은 금전이 아닌 현물로 할 수 있다(법 462의4).[850] 회사가 현물을 보유하고 있는 경우 금전 대신 현물로 배당하면 편리하기 때문에 인정된 제도이다.

Ⅱ. 현물의 범위

현물은 금전이 아닌 경제적 가치 있는 재산을 말한다. 그러나 주주별로 배당하는 재산의 종류를 달리 정할 수는 없다. 주로 다른 회사의 주식이나 사채 등이 그 대상이 된다.[851] 배당을 하는 주식회사가 기존에 발행한 사채도 여기서의 현물에 해당한다. 그러나 자기주식은 자산이 아니므로 현물배당할 수 없다.[852]

Ⅲ. 현물배당의 요건

1. 정관의 규정

정관에 금전 외의 재산으로 이익배당을 할 수 있다는 취지를 정해야 한다(법 462의4 ①).

2. 의사결정

정관에 근거가 있더라도 특정한 배당을 현물로 하는 의사결정은 필요하다. 상법은 특별한 규정을 두지 않고 있기 때문에 이익배당을 결정하는 결의에서 현물배당을 정할 수 있다고 해석할 수밖에 없다.

Ⅳ. 예외적 처리

구체적으로 현물배당을 정하는 주주총회결의에서 다음의 사항을 정할 수 있다.

---

850) 배당뿐만 아니라 상환주식의 상환, 합병교부금의 지급도 현물로 할 수 있다(법 345 ③, 523 Ⅳ).

851) 현물배당의 경우 형식적으로 동일한 재산을 배당하더라도 실질적 주주평등원칙을 침해할 가능성이 있다. 황남석, "현물배당과 주주평등원칙", 「상사법연구」 제41권 제4호, 2023, 193면 이하.

852) 자기주식의 현물배당이 가능한지 여부에 관하여는 견해 대립이 있다. 저자는 자산이 아니므로 불가능하다는 입장이다.

1. 금전지급청구

주주에 따라서는 현물배당을 원하지 않을 수 있다. 따라서 주주가 현물배당에 갈음하여 금전지급을 청구할 수 있도록 정할 수 있다. 이때 그 금액과 청구기간도 함께 정하여야 한다(법 462의4 ② I).

2. 현물배당에 갈음한 금전배당

일정한 주주에 대하여 현물배당을 행할 수 없는 경우도 있을 수 있다. 특히 주주의 보유주식수가 작은 경우에는 현물을 분할하기 어려울 때가 있을 수 있다. 그 경우 현물배당시 일부 소액의 주주에게는 금전으로 배당하도록 정할 수 있다(법 462의4 ② II).

제 6 편 주식배당

I. 의 의

주식배당은 금전 대신 새로이 발행하는 주식으로 하는 이익배당이다. 기존 주식 1주당 배당금이 결정되고 그 배당금을 주식의 액면가액으로 환산하여 신주를 발행하는 것이다. 결국, 주식배당을 하면 액면가가 주식의 발행가가 된다. 금전 대신 새로이 주식을 발행하여 그 주식으로 이익배당을 하는 것을 말하므로 기존에 발행한 자기주식으로 배당하는 것은 주식배당에 해당하지 않는다.

무액면주식의 경우에도 주식배당이 가능한가? 주식배당은 상법 제462조의2에 규정되어 있는데 배당할 이익을 액면가로 나눈 수의 주식을 발행하는 구조이므로(법 462의2 ②), 무액면주식에 관하여는 적용할 수 없다.

II. 주식배당의 효용

회사의 관점에서 주식배당의 가장 큰 효용은 배당가능이익을 자본금으로 전환하여 사내유보할 수 있다는 것이다. 다만 발행주식수가 늘어나므로 장기적으로 배당의 부담이 증가할 가능성은 있다. 주주의 관점에서는 주식배당이 유리할 수도 있고 불리할 수도 있다.[853]

---

853) 예컨대, 주주가 주식배당시에 주식 대신 금전을 지급받을 수 있도록 정할 수 있는가. 영미법 국가의 회사법 실무에서는 그와 같은 선택권을 인정하고 있는 것으로 보인다. 생각건대 개별 주주에게 금전지급에 관

Ⅲ. 주식분할·준비금의 자본금전입·주식배당의 비교

위 세 가지 제도의 공통점은 주주의 출자 없이 신주가 발행된다는 점이다. 반면, 차이점으로는 ① 액면주식을 발행한 경우, 주식분할은 액면분할을 의미하므로 나머지와 전혀 다르고 준비금의 자본금전입은 법정준비금이 재원이고 주식배당은 배당가능이익이 재원이라는 점에서 차이가 있다.

② 무액면주식을 발행한 경우, 주식분할은 회사의 재무상태에 전혀 영향을 주지 않고 주식을 나누는 방법으로 발행주식의 수만을 늘이는 것이다. 그러나 준비금의 자본금전입은 준비금의 감소와 같은 금액의 자본금 증가를 초래한다. 무액면주식에 관하여는 주식배당이 허용되지 않는다고 해석한다.

Ⅳ. 주식배당의 법적 성질

주식배당은 이익배당인가 주식분할인가, 그 법적 성질에 관하여 견해 대립이 있어 왔다.

1. 이익배당설

통설은 주식배당의 성질을 이익배당으로 본다. 회사로서는 주식배당을 하면 배당금의 지급과 동시에 신주가 발행되어 배당금을 환수한 것과 같은 결과가 되므로 배당금을 지급하는 부분이 집중하면 이익배당이 행해진 것으로 볼 수 있다는 것이다.

2. 주식분할설

소수설은 주식배당을 하더라도 회사자산은 변동하지 않고, 다만 배당가능이익이 자본금으로 전입되는 것에 불과하며 단지 신주가 지분에 비례하여 분배된다는 점에서 주식분할[854]의 실질을 가진다고 본다.

3. 양설의 차이

위 두 견해는 다음 사항에서 차이가 난다.

① 자기주식에 대한 주식배당의 가부

한 선택권을 인정하여 준다면 주식배당 고유의 목적을 달성하기 어려워지기 때문에 주주에게 선택권을 부여하기는 어렵다고 본다.

854) 주식분할의 개념을 실정법상 개념보다 넓게 파악하는 입장이라는데 주의하여야 한다.

② 종류주식을 발행하는 경우 주식배당을 같은 종류의 주식으로 할 것인지 여부
③ 주식을 약식질의 대상으로 한 경우 「약식질의 효력이 이익배당에 미치지 않는다는 입장」을 취할 경우

그러나 법적 성질론에 따라서 위 논점들에 관하여 도식적인 결론을 도출하는 것은 바람직하지 않다.

4. 소결론

주식배당은 결과적으로는 주식분할과 다르지 않지만 그 이유는 이익배당에 이어서 신주발행이 일어나기 때문이다. 즉, 법적 본질만을 따진다면 이익배당에 해당한다고 보는 것이 타당하다.

V. 주식배당의 요건

1. 배당가능이익의 존재

주식배당은 이익배당을 주식으로 하는 것이므로 금전배당과 마찬가지로 배당가능이익이 있어야 한다. 주식배당을 하는 부분에 대해서는 이익준비금을 적립할 필요가 없다(법 458 但).

2. 미발행수권주식의 존재

주식배당을 하면 그만큼 발행주식총수가 증가하기 때문이다(법 462의2 ①).

3. 주식배당의 제한

주식배당은 이익배당총액의 2분의 1에 상당하는 금액을 초과하지 못한다(법 462의2 ① 但). 환금성이 없는 주식이 과도하게 배당되지 않도록 하기 위한 것이다. 결국 주식배당은 언제나 금전배당 또는 현물배당과 병행하여 행해진다.

VI. 주식배당의 절차

1. 배당의안의 작성

배당의안에 그 내용을 기재하여 이사회의 승인을 얻어야 한다.

2. 주주총회의 결의

주식배당은 주주총회의 보통결의에 의한다(법 462의2 제1항 本).[855] 재무제표를 이사회가 승인하는 경우에는 이익배당도 이사회가 결정할 수 있지만(법 462 ② 但), 이 규정은 주식배당에는 적용되지 않는다. 따라서 이사회가 이익배당을 결정할 경우 이를 주식배당으로 하고자 하면 다시 주주총회의 결의를 거쳐야 한다.

3. 발행가

주식배당으로 인해 발행하는 신주의 발행가액에 대해서는 '주식의 권면액으로 한다'고 규정하였으므로(법 462의2 ②) 발행가액은 액면가로 한다.

4. 단주의 처리

주식배당을 한 결과 단주가 생길 수 있다. 단주는 경매하여 그 대금을 주주에게 지급하되 거래소의 시세가 있는 주식은 거래소를 통하여 매각하고 그 대금을 지급하여야 한다(법 462의2 ③, 443 ①).

5. 배당통지

이사는 주식배당의 결의가 있는 때에는 지체없이 배당을 받을 주주와 주주명부에 기재된 질권자에게 그 주주가 받을 주식의 종류와 수를 통지하여야 한다(법 462의2 ⑤).

Ⅶ. 종류주식과 주식배당

종류주식을 발행한 회사가 주식배당을 하는 경우 종류가 다른 주식 간에 배당주식의 종류를 다르게 배정하여야 할 것인지의 문제이다. 이익배당설을 취하면 종류가 다른 주식 간에도 같은 종류의 주식(보통주)으로 배당하여야 한다는 결론이 논리적일 것이지만 상법은 각기 같은 종류의 주식으로 할 수 있다고 규정한다(법 462의2 ②). 학설로는 모든 주식에 대해 보통주로 배당하는 것이 원칙이지만 기존의 주식과 동종의 주식으로 배당할 수도 있다고 해석하는 견해와 기존의 주식과 동종의 주식으로만 발행하여야 한다는 견해가 대립한다.

Ⅷ. 자기주식에 관한 주식배당

자기주식에 관하여 주식배당을 할 수 있는지 여부에 관하여는 견해 대립이 있다. 법무

---

855) 형식상 주식배당은 이익배당의 결의와 별도의 결의를 하여야 하지만 실제로 묶어서 결의할 수 있다.

부 유권해석은 자기주식은 그 성질이나, 자기주식의 보유를 최대로 억제하려는 상법의 취지에 비추어 볼 때 의결권 등의 공익권과 더불어 이익배당청구권, 잔여재산배당청구권 등을 포함한 자익권도 정지되므로 이익배당의 한 형태인 주식배당도 할 수 없다고 한다.[856)]

IX. 주식배당의 효과

1. 주식수의 증가와 자본금의 증가

주식배당을 하면 주식수가 증가하고 그에 비례하여 자본금이 증가한다.

2. 신주의 효력발생시기

주식배당으로 인한 신주가 그 효력을 발생하는 시기는 해당 주주총회가 끝날 때이다(법 462의2 ④).[857)]

3. 질권의 효력

등록질권자의 권리는 주주가 배당받은 주식에 미치므로 등록질권자는 회사에 대하여 주권의 교부를 청구할 수 있다(법 462의2 ⑥, 340 ③). 약식질권자의 경우에 어떻게 처리할 것인지에 관하여는 명문 규정이 없다. ① 이익배당설에서는 약식질의 효력이 이익배당청구권에도 미치는지 여부에 관한 학설 대립에 따라 결론이 달라지게 된다. ② 주식분할설에서는 배당된 주식은 본래 주식의 변형물에 불과하므로 약식질의 효력이 당연히 미친다고 본다. 법적 성질에 대한 이해와 관계없이 대법원 2017. 3. 23. 선고 2015다248342 전원합의체 판결의 취지를 존중하여 약식질의 효력이 미치지 않는다고 해석하는 것이 타당하다고 본다(私見).

이익배당설	① 이익배당에 약식질의 효력이 미친다는 견해: 약식질의 효력이 주식배당에도 미침
	② 이익배당에 약식질의 효력이 미치지 않는다는 견해: 약식질의 효력이 주식배당에 미치지 않음
주식분할설	약식질의 효력이 미침

856) 법심, 연도미상.
857) 주주총회 종결 이전에 신주발행의 효력이 생긴다면 주주총회 개최중에 출석주주의 지분율에 변동이 생겨 절차상 불편하고 이 주식을 가지고 당기의 배당에 재차 참가할 수 있는지 의문이 생길 수 있기 때문에 이를 배제하기 위한 규정이라고 한다.

제 7 편 위법배당

▌사 례

甲 회사는 최근 투자 실패로 인하여 거액의 손실을 보아 배당가능이익이 없음에도 불구하고, 대표이사 A는 이를 감추고 사옥매각대금으로 확보한 2억원을 재원으로 하여 주주들에게 현금배당하기로 하는 내용의 배당안을 작성하였다. 甲 회사 이사회는 전원찬성 결의로 이 배당안을 승인하였고, 甲 회사는 주주총회의 승인을 거쳐 배당을 실시하였다. 이로 인하여 甲 회사의 채권자 B는 5천만원의 채권을 변제기에 변제받지 못하였다.

B는 위 배당금 지급과 관련하여 甲 회사 주주들 및 이사에 대하여 「상법」상 어떠한 권리를 갖는가?[858]

Ⅰ. 개 관

법령·정관에 위반하여 행해진 이익배당을 위법배당이라고 한다. 위법배당의 전형적인 예는 배당가능이익이 없음에도 불구하고 배당하거나 이를 초과하여 배당한 사례이다. 그 밖에도 배당절차·기준·시기·방법 등에 하자가 있거나 주주평등의 원칙에 위반하여도 위법배당에 해당할 수 있다.

위법배당에 관하여는 이사·감사 등의 손해배상책임이 발생하고 벌칙도 적용되지만, 배당 자체의 사법적 효과가 어떻게 되는지가 가장 중요하다. 위법배당의 효력을 배당가능이익이 부족한 경우와 그 밖의 경우로 나누어 검토한다.

Ⅱ. 배당가능이익이 부족한 하자

1. 금전(현물)배당의 경우

정기배당 및 중간배당의 경우 배당가능이익이 부족한데 배당을 행한 하자는 강행법규에 위반하여 무효이다. 따라서 회사 및 회사채권자는 그 주주에 대하여 반환을 청구할 수 있다. 이 청구권은 민법상 부당이득반환청구권으로서 민법 제162조 제1항이 적용되어 10년의 민사소멸시효가 적용된다.[859]

---

858) 제5회 변호사시험 출제문제.

859) 대법원 2021. 6. 24. 선고 2020다208621 판결. 위 판결은 부당이득반환청구권이라도 그것이 상행위인 계약에 기초하여 이루어진 급부 자체의 반환을 구하는 것으로서, 그 채권의 발생 경위나 원인, 당사자의 지위와 관계 등에 비추어 그 법률관계를 상거래 관계와 같은 정도로 신속하게 해결할 필요성이 있는 경우 등에는 5년의 소멸시효를 정한 상법 제64조가 적용되지만, 부당이득반환청구권의 내용이 급부 자체의 반환을 구하는 것이 아니거나, 위와 같은 신속한 해결 필요성이 인정되지 않는 경우라면 특별한 사정이 없는 한 상법 제64조는 적용되지 않고 10년의 민사소멸시효기간이 적용된다고 전제한다. 대법원은 ① 위법배당에

가. 채권자의 반환청구

회사채권자도 직접 주주를 상대로 배당금의 반환을 청구할 수 있다(법 462 ③, 462의3 ⑥). 다만, 채권자는 자기에게 반환하라고 청구할 수는 없고 회사에게 반환하라고 청구할 수 있을 뿐이다. 배당 당시의 채권자뿐만 아니라 그 이후의 채권자도 회사의 책임재산에 관하여 이해관계를 갖기 때문에 반환청구를 할 수 있다. 채권자는 위법한 배당액 전액에 관하여 반환청구를 할 수 있다. 채권자는 소에 의하거나 의하지 않고 반환을 청구할 수 있다. 소에 의할 경우에는 상법 제186조가 준용된다(법 462 ④).

나. 회사의 반환청구

상법은 명시적으로 회사가 반환청구를 할 수 있다는 규정을 두고 있지는 않지만 앞서 본 채권자의 반환청구 규정이 회사의 반환청구를 전제로 하는 것이라고 볼 수 있다. 위법배당이 주주총회의 배당결의를 통해 이루어지는 경우 주주총회의 효력을 먼저 무효화시켜야 하는 것이 아닌가 하는 문제가 제기된다. 배당가능이익이 부족한 경우의 배당결의가 주주총회의 하자로서 무효사유에 해당한다는 점은 의문이 없다. 다수설은 주주총회 무효확인의 소의 성질을 형성소송으로 보면 먼저 무효확인의 소를 제기하여야 하지만 확인소송으로 보면 주주총회 무효확인의 소를 제기할 필요가 없다고 본다.860)

위법배당이 이사회결의를 거치는 경우 이사회결의의 무효확인을 구하는 별도의 형성소송은 존재하지 않으므로 회사는 바로 반환청구를 할 수 있다고 보아야 한다.

나아가 생각해 보아야 할 쟁점으로는 위법배당을 받은 주주가 선의일 경우에도 회사는 반환을 청구할 수 있는지의 문제가 있다. 주주가 선의라면 반환을 청구할 수 없다는 견해도 있지만 그렇게 해석해야 할 근거는 없다.

회사의 반환청구가 민법상 부당이득반환청구권의 법리를 따른다면 주주의 선의·악의에 따라서 반환범위가 달라지는 것은 아닌지 의문이 있을 수 있다. 현재 지배적 견해는 상법 제462조 제3항의 효력에 의해 회사가 주주의 선의·악의를 불문하고 위법배당액 전액에 대해 반환청구권을 갖는다고 해석한다.861)

따른 부당이득반환청구권은 근본적으로 상행위에 기초하여 발생한 것이라고 볼 수 없고, ② 배당가능이익이 없는데도 이익의 배당이나 중간배당이 실시된 경우 회사나 채권자가 주주로부터 배당금을 회수하는 것은 회사의 자본금충실을 도모하고 회사 채권자를 보호하는 데 필수적이므로, 회수를 위한 부당이득반환청구권 행사를 신속하게 확정할 필요성이 크다고 볼 수 없다는 점을 들어 위법배당에 따른 부당이득반환청구권은 민법 제162조 제1항이 적용되어 10년의 민사소멸시효에 걸린다고 보아야 한다고 설시하였다.

860) 주주총회 무효확인의 소를 형성소송으로 보면서도 협의의 위법배당은 그 자체가 강행규정에 반하는 위법한 행위이므로 위 무효확인의 소를 제기하지 않고도 부당이득법리에 의해 회사는 반환을 구할 수 있다는 소수설도 있다. 이철송, 앞의 책, 1056면.

861) 권기범, 앞의 책, 1246면.

2. 주식배당의 경우

주식배당의 위법은 배당가능이익이 현실적으로 유출되지 않으므로 채권자보호의 필요가 없다. 다만 신주가 발행되므로 발행된 신주의 처리 문제가 생긴다.

이 경우의 효과에 관하여는 견해의 대립이 있다. ① 무효설은 통설이 취하는 입장으로서 이러한 신주발행은 결과적으로 납입이 없이 이루어진 것이므로 자본금충실의 원칙에 반한다고 본다. ② 유효설은 이러한 신주발행을 무효로 하더라도 신주발행무효의 소는 주주, 이사, 감사가 제기할 수 있을 뿐이고 채권자보호와도 무관하므로 굳이 신주발행을 무효로 할 필요가 없다고 본다. 무효설은 나아가 발행된 신주에 관하여는 신주발행무효의 소에 관한 상법 제429조를 유추적용하여 소에 의해서만 주식배당의 무효를 주장할 수 있다는 입장이다(통설).[862)]

채권자는 본래 신주발행무효소송의 원고적격이 없으므로 주식배당을 다툴 수 없으나 주식배당에 의해 회사의 책임재산이 유출되는 것은 아니므로 문제가 되지 않는다.

Ⅲ. 그 밖의 하자

배당가능이익범위 내에서 배당이 이루어졌으나 그 밖의 위법사유가 있는 경우이다. 예를 들어서 주주총회결의에 하자가 있거나 주주평등원칙에 반하는 경우 등이다.

1. 금전(현물)배당의 경우

이때에도 배당은 위법하므로 무효이다. 따라서 회사는 배당을 받은 주주에 대하여 반환청구권을 갖지만 회사채권자는 반환청구권을 갖지 않는다. 배당가능이익의 범위 내에서 배당이 이루어졌으므로 책임재산을 침해한 것으로 볼 수 없기 때문이다.

다수설은 주주총회의 배당결의에 취소사유가 존재하는 경우에는 먼저 주주총회결의취소의 소를 제기하여 취소판결을 받아야만 위법배당의 취소를 주장할 수 있다고 본다. 만일 주주총회결의 취소사유가 존재할 뿐이고 그 제소기간이 지났다면 회사는 더 이상 위법배당을 다툴 수 없다. 배당결의에 무효사유가 존재한다면 무효확인의 소의 성질(확인소송설, 형성소송설)을 어떻게 보는지에 따라 먼저 무효확인의 소를 제기하여야 하는지 여부가 달라진다.

2. 주식배당의 경우

배당가능이익이 부족한 것 이외의 위법(이사회 결의에 의한 신주발행 등)이 있는 경우에

---

862) 그러나 주주가 주금을 납입한 바 없으므로 주금을 환급(법 432)해 주는 문제는 생기지 않는다.

는 마찬가지로 신주발행무효의 소를 제기할 수 있다고 본다(법 429 유추적용). 다만 주주총회에 취소사유가 있는 경우로서 주식배당의 효력발생 전에는 주주총회 결의취소의 소를 제기하여야 할 것이다. 협의의 위법배당과 마찬가지로 채권자는 원고적격이 없다.

Ⅳ. 이사 등의 책임과 벌칙

위법한 내용의 배당의안을 작성·집행한 이사는 회사·주주·채권자 등에 대해 손해배상책임을 지며(법 399, 401), 이사회에서 위법한 배당안을 승인한 이사들, 그리고 감사를 게을리한 감사(또는 감사위원)도 손해배상책임을 진다(법 399, 414, 415의2 ⑦).[863]

판례는 회사가 입은 손해의 범위와 관련하여, "기업회계기준에 의할 경우 회사의 당해 사업연도에 당기순손실이 발생하고 배당가능한 이익이 없는데도, 당기순이익이 발생하고 배당가능한 이익이 있는 것처럼 재무제표가 분식되어 이를 기초로 주주에 대한 이익배당금의 지급과 법인세의 납부가 이루어진 경우에는, 특별한 사정이 없는 한 회사는 그 분식회계로 말미암아 지출하지 않아도 될 주주에 대한 이익배당금과 법인세 납부액 상당을 지출하게 되는 손해를 입게 되었다고 봄이 상당하고, 상법상 재무제표를 승인받기 위해서 이사회결의 및 주주총회결의 등의 절차를 거쳐야 한다는 사정만으로는 재무제표의 분식회계 행위와 회사가 입은 위와 같은 손해 사이에 인과관계가 단절된다고 할 수 없다."고 판시하였다.[864]

위법배당에 관련하여 외부감사인의 과실이 있는 경우 외부감사인도 회사 및 제3자에 대하여 책임을 져야 한다(외부감사법 제17조).

제 7 절 주주·채권자의 회사정보 접근권

제 1 편 개 관

주주·채권자 등 회사의 이해관계인들 입장에서 회사의 내부 정보에 접근할 수 있는 권리는 중요한 의미를 가진다. 주주는 취득한 정보의 내용을 바탕으로 경영진에 대한 책임추

---

863) 관련 임원들에게 벌칙(회사재산을 위태롭게 하는 죄. 제625조 제3호, 제462조의3 제5항)이 적용되고, 해임사유(제385조)가 된다.

864) 대법원 2007. 11. 30. 선고 2006다19603 판결.

궁 여부, 의결권 행사의 내용, 출자의 유지 여부 등 의사결정을 한다. 회사의 채권자도 그 내용을 기초로 회사의 재무상태를 파악하고 해당 회사와의 거래를 유지할 것인지, 거래의 조건을 변경할 것인지 등을 결정한다. 그러나, 주주·채권자가 회사의 내부정보를 너무 광범위하게 접근할 수 있다면 회사의 영업비밀이 침해될 우려가 있으므로 상법의 관련 규정은 위와 같은 여러 사정을 고려하여 이해관계인별로 다른 수준의 정보접근권을 부여하고 있다.

제 2 편 주주명부 등 서류의 열람·등사청구

회사는 정관, 주주총회의 의사록을 본점과 지점에, 주주명부, 사채원부를 본점에 비치하여야 한다(법 396 ①). 주주와 회사채권자는 영업시간 내에 언제든지 이 서류의 열람 또는 등사를 청구할 수 있다(법 396 ②). 특히 주주에게 이 권리를 인정하는 것은 주주가 주주권을 효과적으로 행사할 수 있게 함으로써 주주를 보호함과 동시에 회사의 이익을 보호하기 위한 것이다(단독주주권).[865] 후술하는 회계장부 열람·등사청구에 관하여는 '이유를 붙인 서면으로' 청구하도록 규정하지만(법 466 ①), 주주명부 등 서류의 열람·등사청구에는 그런 제한이 없으므로 위와 같은 방법이 필요한지 논란이 있을 수 있다.[866]

상법 제396조 제2항의 법문에는 주주와 회사채권자가 이 권리를 행사할 때 '정당한 목적'이 있어야 한다는 요건이 규정되어 있지 않지만 판례는 정당한 목적을 요구하여 왔다.[867] 다만, 정당한 목적이 없다는 점에 관한 증명책임은 회사가 부담한다.[868] 판례는 목적이 정당하지 않은 예로서 '회사를 괴롭히고 업무를 방해할 목적으로' 열람등사청구를 하는 경우를 들고 있다.[869] 주주는 회사의 이행보조자 또는 수임인에 불과한 명의개서대리인에게 직접 주주명부 열람·등사를 청구할 수는 없다.[870]

865) 대법원 2017. 11. 9. 선고 2015다235841 판결.
866) 긍정설로 임재연, 「회사법 I」, 개정9판, 박영사, 2024, 603면.
867) 대법원 2017. 11. 9. 선고 2015다235841 판결; 대법원 1997. 3. 19. 자 97그7 결정.
868) 대법원 2022. 5. 13. 선고 2019다270163 판결; 대법원 2010. 7. 22. 선고 2008다37193 판결; 대법원 1997. 3. 19. 자 97그7 결정.
869) 대법원 2010. 7. 22. 선고 2008다37193 판결.
870) 대법원 2023. 5. 23. 자 2022마6500 결정.

제 3 편 재무제표 등의 공시 등

Ⅰ. 재무제표 등의 비치·공시

이사는 재무제표 및 그 부속명세서, 영업보고서 그리고 감사보고서를 정기주총일 1주간 전부터 본점에 5년간, 그 등본을 지점에 3년간 비치하여야 한다(법 448 ①).[871] 주주와 회사채권자는 영업시간 내에 언제든지 재무제표 및 그 부속명세서, 영업보고서, 감사보고서를 열람할 수 있으며, 회사가 정한 비용을 지급하고 서류의 등본이나 초본의 교부를 청구할 수 있다(법 448 ②).

Ⅱ. 재무상태표의 공고

이사는 주주총회에 제출한 재무제표를 주주총회가 승인한 후 지체없이 재무상태표를 공고[872]하여야 한다(법 449 ③).[873]

제 4 편 주주의 회계장부열람·등사청구

Ⅰ. 의 의

상법은 발행주식총수의 3% 이상을 가진 소수주주에게 재무제표 작성의 기초가 되는 '회계의 장부와 서류'를 열람·등사할 수 있는 권리를 부여하고 있다. 소수주주에 한하여 이를 허용하는 것은 회계장부가 법정 공시서류보다 더 영업비밀을 많이 포함하기 때문이다. 회사는 주주의 열람청구가 부당함을 증명하지 않으면 이를 거부하지 못한다(법 466 ②). 이에 따라 소수주주는 이유를 붙인 서면으로 회계의 장부와 서류의 열람 또는 등사를 청구할 수 있다(법 466 ①). 상장회사의 경우에는 6월간 계속하여 발행주식총수의 0.1% 이상을 보유한 주주가 회계장부 열람·등사를 청구할 수 있다(법 542의6 ④). 물론 상장회사 주주는 일반규정에 따라서 회계장부 열람·등사를 청구할 수도 있다(법 542의6 ⑩).

---

871) 상장법인 등 외부감사인의 감사를 받는 회사는 외부감사인의 감사보고서도 비치·공시하여야 한다(외부감사법 23 ⑤).
872) 상법 제289조 제3항 참조.
873) 이때 외부감사를 받는 회사는 감사인의 명칭과 감사의견을 함께 적어야 한다(외부감사법 23 ⑥).

II. 청구이유

소수주주의 열람·등사청구는 회사가 열람·등사에 응할 의무의 존부를 판단하거나 열람·등사에 제공할 회계장부와 서류의 범위 등을 확인할 수 있을 정도로 열람·등사청구권 행사에 이르게 된 경위와 행사의 목적 등이 구체적으로 기재되어야 한다.[874] 그러나 그 이유가 사실일지도 모른다는 합리적 의심이 생기게 할 정도로 기재하거나 그 이유를 뒷받침하는 자료를 첨부할 필요는 없다.[875] 다만 이유 기재 자체로 그 내용이 허위이거나 목적이 부당하다는 점이 명백한 경우 등에는 적법하게 이유를 붙였다고 볼 수 없으므로 열람·등사청구가 허용될 수 없다고 한다.[876]

III. 부당성 판단 기준

회사는 주주의 열람·등사청구가 부당함을 증명하지 않으면 거부할 수 없다(법 제466 ②). 열람·등사청구가 부당한지 여부는 회사의 경영상태에 대한 주주의 알권리와 열람을 허용할 경우에 우려되는 회사의 불이익(영업비밀의 유출 등)을 비교형량하여 판단한다.[877]

판례는 일반적으로 주주의 열람·등사청구권 행사가 부당한 것인지 여부는 그 행사에 이르게 된 경위, 행사의 목적, 악의성 유무 등 제반 사정을 종합적으로 고려하여 판단하여야 할 것이되 ① 회사 업무의 운영 또는 주주 공동의 이익을 해치거나, ② 주주가 회사의 경쟁자로서 그 취득한 정보를 경업에 이용할 우려가 있거나, ③ 회사에 지나치게 불리한 시기를 택하여 행사하는 경우, ④ 열람·등사청구가 허위사실에 근거한 것인 경우 등에는 정당한 목적이 없어 부당한 청구로 보아야 한다고 한다.[878]

판례는 구체적으로 경쟁관계에 있으면서 적대적 인수합병을 시도하는 주주가 회계장부열람등사권을 행사한 사안에서는 그 청구가 정당한 목적을 갖추지 못하여 부당하다고 보면서도,[879] 적대적 인수합병을 시도하는 주주가 경쟁관계에 있지 않았고 그 열람·등사청구의 목적이 단순한 압박이 아니라 회사의 경영을 감독하여 회사와 주주의 이익을 보호하기 위한 것으로 인정되는 사안에서는 부당한 청구가 아니라고 보았다.[880] 또한 판례는 주주가

---

874) 대법원 1999. 12. 21. 선고 99다137 판결.

875) 회사의 업무 등에 관하여 적절한 정보를 갖고 있지 않은 주주에게 과중한 부담을 줌으로써 주주의 권리를 크게 제한하게 되고, 그에 따라 주주가 회사의 업무 등에 관한 정보를 확인할 수 있도록 열람·등사청구권을 부여한 상법의 취지에 반하는 결과가 초래되어 부당하기 때문이다. 대법원 2022. 5. 13. 선고 2019다270163 판결.

876) 대법원 2022. 5. 13. 선고 2019다270163 판결.

877) 이철송, 앞의 책, 1063면.

878) 대법원 2022. 5. 13. 선고 2019다270163 판결; 대법원 2004. 12. 24. 자 2003마1575 결정.

879) 대법원 2004. 12. 24. 자 2003마1575 결정.

주식의 매수가액을 결정하기 위한 경우뿐만 아니라 회사의 이사에 대하여 대표소송을 통한 책임추궁이나 유지청구, 해임청구를 하는 등 주주로서의 권리를 행사하기 위하여 필요하다고 인정되는 경우에는 특별한 사정이 없는 한 그 청구는 회사의 경영을 감독하여 회사와 주주의 이익을 보호하기 위한 것이므로, 주식매수청구권을 행사하였다는 사정만으로 청구가 정당한 목적을 결하여 부당한 것이라고 볼 수 없다고 한다.[881)]

Ⅳ. 열람·등사청구의 대상

열람·등사청구의 대상이 되는 회계장부나 서류는 반드시 청구대상이 되는 회사가 작성한 것에 국한되는 것은 아니다. 회사가 보관하고 있고 회사의 회계상황을 파악하기 위한 근거자료로서 필요한 경우에는 타회사(예컨대, 자회사)가 작성한 서류도 열람·등사청구의 대상이 될 수 있다.

대법원은 상법 제466조 제1항에서 정하고 있는 소수주주의 열람·등사청구의 대상이 되는 '회계의 장부 및 서류'는 소수주주가 열람·등사를 구하는 이유와 실질적으로 관련이 있는 회계장부와 그 근거자료가 되는 회계서류를 가리키는 것으로서, 그것이 회계서류인 경우에는 그 작성명의인이 반드시 열람·등사제공의무를 부담하는 회사로 국한되어야 하거나, 원본에 국한되는 것은 아니며, 열람·등사제공의무를 부담하는 회사의 출자 또는 투자로 성립한 자회사의 회계장부라 할지라도 그것이 모자관계에 있는 모회사에 보관되어 있고, 또한 모회사의 회계상황을 파악하기 위한 근거자료로서 실질적으로 필요한 경우에는 '모회사의 회계서류'로서 모회사 소수주주의 열람·등사청구의 대상이 될 수 있다고 한다.[882)]

Ⅴ. 열람·등사청구권의 행사방식

주주의 열람·등사청구권은 반드시 소의 형식으로 주장하여야 하는 것은 아니며, 피보전권리로 하여 열람·등사를 명하는 가처분도 신청할 수 있다.[883)]

---

880) 대법원 2014. 7. 21. 자 2013마657 결정.
881) 대법원 2018. 2. 28. 선고 2017다270916 판결.
882) 대법원 2001. 10. 26. 선고 99다58051 판결.
883) 대법원 1999. 12. 21. 선고 99다137 판결: 상법 제466조 제1항 소정의 소수주주의 회계장부열람등사청구권을 피보전권리로 하여 당해 장부 등의 열람·등사를 명하는 가처분이 실질적으로 본안소송의 목적을 달성하여 버리는 면이 있다고 할지라도, 나중에 본안소송에서 패소가 확정되면 손해배상청구권이 인정되는 등으로 법률적으로는 여전히 잠정적인 면을 가지고 있기 때문에 임시적인 조치로서 이러한 회계장부열람등사청구권을 피보전권리로 하는 가처분도 허용된다고 볼 것이고, 이러한 가처분을 허용함에 있어서는 피신청인인 회사에 대하여 직접 열람·등사를 허용하라는 명령을 내리는 방법뿐만 아니라, 열람·등사의 대상 장부 등에 관하여 훼손, 폐기, 은닉, 개찬이 행하여질 위험이 있는 때에는 이를 방지하기 위하여 그 장부

제 5 편 검사인선임청구권

업무집행에 관하여 부정행위 또는 법령이나 정관을 위반한 중대한 사실이 있음을 의심할 사유가 있는 때에는 발행주식총수의 3% 이상을 가진 소수주주는 회사의 업무 및 재산의 상태를 조사하기 위하여 법원에 검사인의 선임을 청구할 수 있다(법 467).

제 8 절 사 채

제 1 편 의 의

I. 개 념

사채란 주식회사가 불특정다수인으로부터 대규모 자금을 조달할 목적으로 집단적·정형적으로 부담하는 단위화된 채무를 뜻한다. 사채의 요소를 나누어 설명하면 다음과 같다.

1. 주식회사의 채무

사채는 주식회사가 지는 채무이다. 통설은 상법 규정을 근거로[884] 유한회사나 유한책임회사의 경우 상법상 사채를 발행할 수 없다고 본다. 반면 합명회사나 합자회사는 이를 금하는 규정이 없으므로 사채를 발행할 수 있다고 한다.[885]

2. 집단성·정형성

사채는 거액의 자금을 조달하는 방법이다. 주식을 발행하는 경우와 유사하게 불특정다수인과 집단적으로 채무부담을 위한 행위를 하게 되며, 발행조건이나 방법 등이 정형적이다.

등을 집행관에게 이전 보관시키는 가처분을 허용할 수도 있다.

884) 유한회사의 경우 상법 제600조 제2항, 제604조 제1항 단서, 유한책임회사의 경우 상법 제287조의44, 제604조 제1항 단서.

885) 실제로 합명회사와 합자회사가 실제 사채를 발행한 예는 없다고 한다. 이철송, 앞의 책, 1073면.

3. 단위화

사채는 액면주식처럼 액면가로 단위화되어 있다. 다수인이 사채를 쉽게 인수할 수 있게 하고 유통성을 높이기 위한 것이다.

II. 경제적 기능

자금을 조달한다는 측면과 그 규모의 측면에서 보면 신주발행과 사채발행은 같은 기능을 가지며 서로 대체적 관계에 있다. 그러나 사채는 타인자본(부채)이므로 이익의 유무에 불구하고 이자를 지급해야 하며 일정 기간 후에는 상환해야 하는 부담이 있다. 이에 반해 신주발행에 의해 조달되는 자금은 자기자본(자본)이므로 상환 부담은 없지만 배당의 부담을 진다.

III. 주식과 사채의 비교

1. 차이점

주주는 의결권 등의 공익권을 통하여 회사의 경영에 참여하지만(사원권), 사채권자는 채권자로서 회사의 경영에 참여할 수 없다(금전채권).

주주는 배당가능이익이 있는 경우에 한하여 이익배당을 받을 수 있지만 사채권자는 회사의 이익 유무에 불구하고 확정률의 이자를 청구할 수 있다.

또한 주주는 회사가 해산하는 경우에 한하여 모든 회사 채무를 변제한 후에 잔여재산 분배를 받을 수 있을 뿐이지만, 사채는 상환기에 회수할 수 있다.

2. 유사점

주식과 사채 모두 경제적으로는 주식회사가 대중으로부터 대규모의 장기자금을 조달하는 수단으로 이용되고 있다. 그 과정에서 두 유가증권 모두 발행절차가 신속하고 확실하게 정형화되고, 사채는 유가증권화되었으며, 권리자들을 단체적으로 취급한다는 유사점을 갖게 되었다.[886)]

3. 주식과 사채의 접근

상장회사의 일반주주는 회사의 경영에 참여하는 일에는 관심을 두지 않는 것이 일반적

---

886) 이철송, 앞의 책, 1075면.

이고 투자자본도 쉽게 회수할 수 있으므로 사채권자와 유사한 지위를 갖게 되었다. 주식의 이러한 측면을 강조한 제도가 무의결권주식, 상환주식, 누적적 우선주식 등이다. 반대로 전환사채, 신주인수권부 사채, 이익참가부사채 등은 사채가 주식화되는 현상의 예이다.887)

IV. 사채계약의 법적 성질

사채계약의 법적 성질에 관하여는 소비대차설, 무명계약설, 채권매매설, 절충설(매출발행의 경우에는 채권매매, 그 이외의 경우 소비대차에 유사한 무명계약)의 대립이 있다.888)

제 2 편 사채발행의 방법

I. 개 관

사채발행은 불특정의 투자자를 상대로 이루어지기 때문에 대부분 자본시장법상 공모(公募) 절차에 따라서 발행한다. 따라서 상법에 규정된 사채발행 방법은 사실상 사문화되어 있다. 상법에서는 인수라는 용어가 증권을 취득하는 행위를 의미하지만 자본시장법에서는 공모에 필요한 업무를 담당하거나 발행되는 증권이 시장에서 소화되지 못하는 위험을 부담하는 행위를 의미한다. 자본시장법상 인수를 담당하는 증권회사 등을 인수인이라고 하는데 자본시장법상의 공모(公募) 발행은 인수인이 어떠한 위험을 부담하는가에 따라서 총액인수, 잔액인수, 모집주선의 세 가지 형태로 나뉜다. ① 총액인수란 인수인이 발행되는 증권을 모두 자신이 매입하여 투자자에게 다시 분매(分賣)하는 것을 말하고, ② 잔액인수란 인수인이 시장에서 소화되지 못한 증권에 한하여 매입하기로 하는 형태를 말하며, ③ 모집주선이란 인수인이 단순히 발행인의 계산으로 공모업무만을 처리할 뿐이고 발행된 증권이 시장에서 소화되지 않은 위험은 전혀 부담하지 않는 형태를 말한다. 국내의 증권회사 등은 보통 잔액인수의 방식을 선호한다.

그러나 상법은 사채인수시에 사채청약서를 작성하여야 하는지 여부에 따라 총액인수(법 475)와 공모발행(법 474)으로 나누고 있다.

---

887) 이철송, 앞의 책, 1076면.
888) 장덕조, 앞의 책, 526~527면.

II. 총액인수

상법 제475조에서 말하는 총액인수는 인수인을 전제하지 않고 특정인이 회사와의 계약에 의하여 사채총액을 인수하는 방법으로서 사채청약서의 작성할 필요가 없다(법 475 前). 자본시장법의 총액인수는 인수인이 사채를 인수한 후에 이를 분매(分賣)하는 것을 전제로 하는 것이므로 공모에 해당하지만 상법 제475조의 총액인수는 공모가 전제되지 않은 것으로 사채발행의 상대방이 특정되어 있다는 점에서 본질적인 차이가 있다. 이처럼 상법 제475조의 총액인수는 소수의 특정인에게 사채총액이 발행되기 때문에 사채청약서의 작성이 면제된다.

III. 공모발행

상법 제474조의 공모발행은 불특정 다수의 투자자에게 사채를 발행한다는 의미이다. 상법 제474조에 따른 공모발행은 크게 세 가지로 나뉜다. ① 직접공모는 발행회사가 직접 불특정의 투자자로부터 모집하는 것을 말한다. ② 위탁모집은 상법 제476조 제2항에 따라 수탁회사에 사채의 발행을 위탁하는 것을 말한다. 수탁회사는 발행회사는 발행회사를 위하여 자기의 명의로 사채청약서의 작성이나 납입 등 모든 절차를 행한다. 자본시장법상의 모집주선에 해당하는 것이다. ③ 도급모집 또는 위탁인수모집이라고 하는 것은 제474조 제2항 제14호에 따라 위탁모집 중에서도 응모액의 부족분을 스스로 인수할 의무를 지는 방법을 말한다. 이는 자본시장법상의 잔액인수에 대응하는 것이다. 수탁회사가 인수하는 부분에 대하여는 사채청약서를 작성할 필요가 없다(법 475 後).

현실에서의 사채의 발행방법은 거의 대부분 자본시장법에 따라 증권회사 등을 인수인 또는 수탁회사로 지정하여 공모로 이루어진다. 상법과 자본시장법에 따른 각각의 사채발행 방법을 비교하면 다음 표와 같다.[889)]

	상 법	자본시장법
사 모	총액인수	–
공 모	–	총액인수
	도급모집(위탁인수모집)	잔액인수
	위탁모집	모집주선
	직접공모	–

889) 송옥렬, 앞의 책, 1190~1192면.

제 3 편 사채발행의 절차

Ⅰ. 이사회의 결의

사채의 발행은 이사회의 결의만으로 한다(법 469).[890] 신주발행의 경우와 마찬가지로 자금조달을 신속하게 결정할 수 있도록 하기 위한 것이다. 또한 이사회는 사채의 금액 및 종류를 정하여 1년을 한도로 대표이사에게 사채발행을 위임할 수 있다(법 469 ④).[891] 신주인수권이 결부되어 있는 전환사채, 신주인수권부사채의 발행도 원칙적으로 이사회의 결의로 한다. 이 결의에서 사채의 종류, 총액, 각 사채의 금액, 이율, 상환방법, 발행방법 등을 정하여야 한다. 정관에 규정을 두면 주주총회에서 결의할 수 있는지 여부에 관하여는 견해대립이 있다. 다만 전환사채, 신주인수권부사채의 경우 명문으로 정관에 규정을 두어 주주총회에서 결정할 수 있도록 하고 있다.

Ⅱ. 위탁계약의 체결

상법상 도급모집 또는 위탁모집을 하는 경우 회사는 수탁회사와 위탁계약을 체결하게 된다. 수탁회사는 자신의 명의로 발행회사를 위하여 사채를 모집한다(법 476 ②). 예를 들어, 사채청약서를 작성하고, 청약을 받고, 사채를 배정하고, 납입을 받는 것을 모두 수탁회사의 명의로 한다. 우리나라에서는 자본시장법상의 인수인이 상법상의 수탁회사를 겸하는 것이 관행이다.[892]

Ⅲ. 사채계약의 체결

회사와 사채권자 사이의 사채계약은 청약과 배정에 의하여 성립한다. 청약은 원칙적으로 상법 제474조 제1항에 따라 사채청약서 2통을 작성하는 방식으로 하지만, 상법 제475조에 따라 총액인수 또는 잔액인수에서 인수인이 인수하는 사채에 대해서는 사채청약서를 작성하지 않는다. 사모인수인 및 잔액인수의 인수인은 일반적인 사채권자와 같은 수준의 보호를 받을 필요가 없기 때문이다. 응모자의 청약에 관하여 발행회사 또는 수탁회사가 배정

890) 소규모회사의 경우 이사회가 없으므로 주주총회가 이 권한을 행사한다(법 383 ④).

891) 다만 상법 제469조 제4항은 집행임원에 대한 위임은 언급하고 있지 않으므로, 회사가 집행임원을 둔 경우 대표집행임원에게 사채발행을 위임할 수 있는지 문제된다. 사채발행과 같이 이사회의 권한으로 정한 사항은 이사회가 집행임원에게 위임할 수 없으므로(법 408의2 ③ IV), 문언상으로는 위임할 수 없다고 해석할 수밖에 없다.

892) 송옥렬, 앞의 책, 1193면.

을 하면 인수가 확정되고 사채계약이 성립한다. 사채발행의 경우 모집총액에 대한 응모가 없는 경우 어떻게 처리할 것인가 문제가 된다. 사채발행의 일체성을 중시한다면 사채발행 전부가 무효라고 볼 수도 있겠지만, 통설은 사채발행도 신주발행과 마찬가지로 자금조달의 수단이므로 응모가 있는 범위에서 사채발행의 효력이 발생한다고 본다.

Ⅳ. 납 입

사채모집이 완료되면 대표이사 또는 수탁회사는 지체없이 각 인수인에게 사채의 전액 또는 분할납입의 경우 1회의 납입을 시켜야 한다(법 476). 납입을 지체하는 경우 실권절차는 인정되지 않기 때문에 계약의 일반법리로 해결한다. 주금의 납입과 달리 상계가 제한되지 않는다. 사채는 현물로 납입할 수 없다.

제 4 편 사채의 유통

사채는 상환기간이 장기인 경우가 많으므로 상환기한 이전에도 사채권자가 사채를 처분하여 자금을 회수할 필요성이 크다. 따라서 상법은 사채를 유가증권화하고 사채원부제도[893]를 두고 있다. 다만, 실무상 발행되는 사채는 대부분 등록·무기명사채로서 사채권이 발행되지 않고, 사채원부도 의미가 없다.[894] 뿐만 아니라 2019년 9월부터 전자등록법이 시행되어 회사는 채권을 발행하지 않고 전자등록계좌부에 사채를 등록할 수 있으며 사채의 양도, 입질도 전자등록계좌부에 등록하여 한다(법 478 ③, 356의2 ②~④). 특히 상장사채의 경우에는 전자등록이 강제된다.

893) 사채원부는 주식의 주주명부에 대응하는 것이다.
894) 서울고등법원 2012. 8. 23. 선고 2012나2158 판결(대법원 2012. 12. 27. 선고 2012다84356 판결로 확정): "사채(社債)는 회사가 자금을 차입하는 방법 중의 하나로서 이는 사채계약에 의하여 성립하는 것이고 사채계약이 성립한 이상 사채권자(社債權者)의 지위는 인정되며 사채권자의 지위가 발생하는 데에 반드시 사채증서의 작성이 필요하다고 볼 근거는 없다. 다만 사채에 대하여는 원칙적으로 유가증권인 사채권(社債券)이 발행되는 것이지만(실물발행, 상법 제478조) 일정한 등록기관에 사채를 등록하고 사채권(社債券)을 발행하지 않을 수도 있으므로(등록발행, 공사채등록법 제5조) 사채계약에 항상 사채권(社債券)의 발행이 전제된다고 할 수도 없다. 따라서 원고가 사채권(社債券)을 소지하지 않고 있다고 하여 사채권자(社債權者)로서의 지위를 갖지 않는다고 할 수는 없으므로…."

제 5 편 사채의 원리금상환 및 매입소각

일반적인 사채는 발행회사가 청약자 또는 인수인으로부터 원금 상당액의 납입을 받고 상환기일에 원금을 상환하고 일정기간마다 이자를 지급하는 조건으로 발행된다.[895]

상법은 발행회사가 사채 원금의 상환의무를 부담한다는 것을 전제로, 사채청약서의 기재사항 중에 사채상환의 방법과 기한을 규정하도록 하고(법 474 ② VIII), 사채의 상환청구권을 규정하고 있다(법 487).

또한 일반적인 사채에서는 표면이자율을 정해 두고 일정기간(통상 3개월)마다 이자를 후급한다.[896] 무기명식 사채의 경우 사채와 분리하여 유통될 수 있는 유가증권으로서 이권(利券: coupon)을 붙여서 발행하기도 한다. 발행회사는 이권이 붙어 있는 무기명사채를 상환할 때 이권이 흠결되어 있으면 그 이권에 상당하는 금액을 공제한 금액을 상환한다(법 486 ①). 이권소지인이 청구할 경우에 대비한 것으로서 이권소지인은 언제든지 이권과 상환하여 공제액의 지급을 청구할 수 있다(법 486 ②). 다만 전자증권법은 이권의 별도거래를 허용하지 않는다.[897]

사채에는 자기주식의 취득, 질취 또는 주식소각에 관한 것과 같은 제한이 없으므로 자기사채를 자유롭게 매입하여 소각할 수 있다. 예컨대 사채의 시세가 하락했을 때에는 만기상환보다 매입소각이 회사에 유리할 수 있다.

제 6 편 사채권자 권리의 보호

Ⅰ. 사채관리회사제도

사채관리회사란 상법에 의해 사채권자의 이익을 보호할 임무를 지는 회사로서 사채의 발행회사에 의해 선임되고 사채권자를 위해 사채의 상환청구, 변제수령 등 사채권의 관리에 필요한 재판상 또는 재판 외의 모든 사무를 집행한다(법 480의2, 484). 사채관리회사는 이사회가 주주에 대하여 맡는 역할을 사채권자를 위하여 담당한다고 할 수 있다. 다수의 사채권자가 각자 자신의 사채계약상의 권리를 행사하고 발행회사를 감독하는 데는 많은 비용이

895) 물론 이론적으로는 이자를 지급하지 않을 수도 있다.
896) 현재 우리나라에서 발행되는 사채는 대부분 이자를 3개월 후급으로 지급하는 확정금리부사채로서 무보증사채가 대부분이다. 이율은 발행회사의 신용등급에 따라 차이가 있으나, 1년 만기 정기예금이자보다 1~2% 높은 수준이다.
897) 이상 박준/한민, 앞의 책, 350면.

들어가게 되므로 사채권자가 개별적으로 발행회사의 계약 준수를 감독하거나 계약위반에 대응한 구제조치를 취할 유인이 부족한데 이러한 구조적 문제를 완화하고 사채권자 전체를 위하여 일괄하여 발행회사를 감독하며 사채권자의 권리행사를 대신하여 사채권자의 이익을 도모하는 장치라고 할 수 있다. 이러한 장치가 없을 경우 사채권자의 이익을 보호하기 위하여 과도하게 엄격한 특약조항을 두어야 할 수도 있는데 발행회사의 입장에서는 사채관리회사를 두고 유연한 계약조항을 설정하는 것이 보다 유리하다.[898]

물론 사채권자가 개별적으로 발행회사에 대하여 권리를 행사하여도 무방하다. 2011년 상법 개정 이전에는 사채모집의 수탁을 받은 회사가 발행회사를 위하여 사채모집을 하면서 동시에 사채권자를 위한 업무를 행하였기 때문에 이익충돌의 문제가 있었지만 사채관리회사는 사채의 모집에는 관여하지 않고 오로지 사채권자를 위한 업무만을 수행하도록 하였다.[899] 사채관리회사를 둘 것인지 여부는 발행회사가 결정한다(법 480의2).

II. 불공정한 변제의 취소의 소

발행회사가 특정 사채권자에 대하여 행한 변제, 화해 기타 행위가 현저하게 불공정하다면 어떠한 조치를 취할 수 있는지가 문제된다.

1. 사채관리회사에 의한 취소의 소

위와 같은 사채관리회사는 그 행위의 취소를 소로써만 청구할 수 있다(법 511 ①). 상법 제511조는 민법의 채권자취소제도에 관한 특칙으로서 두 가지 차이가 있다. 하나는 채권자가 아닌 사채관리회사에 취소권을 부여함으로써 사채권자의 권리가 집단적으로 보호받을 수 있도록 한 것이고, 다른 하나는 발행회사가 '사채권자를 해할 것을 안다'라고 하는 주관적 요소를 제거하고 단지 변제 등이 불공정하다는 객관적 요건만을 요구함으로써 취소권의 행사가 용이하도록 한 것이다.

상법은 취소권 행사의 요건을 완화하는 대신 사채관리회사가 취소의 원인인 사실을 안 때부터 6월, 변제 등의 행위가 있은 때부터 1년 내에 제기하여야 한다고 하여(법 511 ②) 제소기간을 민법상의 취소권행사보다 단기로 하고 있다.

2. 사채권자의 대표자 또는 집행자에 의한 취소의 소

위와 같은 취소의 소는 본래 사채권자의 이익을 위한 것이므로 사채권자도 취소권을

898) 박준/한민, 앞의 책, 401면.
899) 김건식/노혁준/천경훈, 앞의 책, 726면; 박준/한민, 앞의 책, 352~353면.

행사할 수 있다. 다만, 집단적 처리를 위하여 사채권자집회의 결의를 거쳐, 그 대표자 또는 집행자가 제소할 수 있고, 취소의 원인된 행위가 있은 때로부터 1년 내에 행사할 수 있다(법 512).

3. 민법상 사해행위취소의 소

위 경우 민법 제406조의 요건을 구비할 경우에는 각 사채권자가 단독으로 민법상의 취소권을 행사할 수 있다.

III. 사채권자집회

1. 의 의

사채권자집회는 사채권자의 이익에 중대한 영향을 미치는 사항에 관하여 사채권자가 집단적인 의사를 결정하기 위한 임시 회의체이다. 주주총회와 유사하지만 회사 밖에 존재하므로 회사의 기관은 아니다. 사채권자로서는 사채권자집회의 의사결정이라는 형식으로 집단적 이익을 지키기 위한 조치를 취할 수 있고, 발행회사로서도 사채권자와의 협상이 필요한 경우 개별 사채권자와 모두 협상하지 않아도 된다. 그러나 우리나라는 사채가 대부분 무기명으로 발행되므로 실제로 사채권자집회는 거의 이용되지 않고 있다. 상법은 사채의 종류별로 사채권자집회가 소집되어 결의할 수 있도록 규정하고 있다(법 491 ②, 492, 498 등).

2. 권 한

사채권자집회의 권한 중 중요한 것으로는 ① 자본금감소의 이의(법 439 ③), ② 합병(법 530 ②, 439 ③) 및 분할합병(법 530의11 ②, 439 ③)의 이의, ③ 사채권자집회의 대표자 및 결의집행자의 선임과 해임(법 500 ①, 501, 504), ④ 발행회사의 불공정한 행위를 취소하기 위한 소제기(법 512) 등이 있다. 이 밖에도 사채권자에게 이해관계가 있는 사항에 관하여 결의할 수 있다(법 490). 이상의 사채권자집회의 권한에 속하는 사항은 사채권자가 단독으로 행사할 수 없다.

3. 소 집

사채권자집회는 발행회사 또는 사채관리회사가 소집한다(법 491 ①). 그러나 사채총액 10분의 1 이상에 해당하는 사채권자도 회의의 목적사항 및 소집이유를 회사에 서면으로 제출하여 사채권자집회의 소집을 청구할 수 있으며, 발행회사가 이 소집청구에 응하지 않는 경우에는 법원의 허가를 얻어 직접 사채권자집회를 소집할 수 있다(법 491 ②).

4. 결 의

가. 의결권

각 사채권자는 그가 가지는 해당 종류의 사채금액에서 상환액을 뺀 금액에 따라 의결권을 가진다(법 492 ①). 무기명식 사채권을 가진 자는 회일로부터 1주간 전에 채권을 공탁하지 않으면 그 의결권을 행사할 수 없다(법 492 ②).

나. 결의방법

사채권자집회는 원칙적으로 주주총회 특별결의에 해당하는 방법, 즉 출석 의결권의 3분의 2 이상과 전체 의결권의 3분의 1 이상으로 결의한다(법 495 ①). 다만, 중요하지 않은 사항은 출석한 의결권의 과반수의 찬성만으로 할 수 있다(법 495 ②). 사채권자는 정관의 규정이 없더라도 집회에 출석하지 않고 서면에 의하여 의결권을 행사할 수 있고(법 495 ③), 이사회의 결의로 전자적 방법으로 의결권을 행사할 수 있도록 정할 수 있다(법 495⑥, 368의4).

다. 결의의 효력발생

사채권자집회의 결의는 결의의 성립만으로 바로 효력을 발생하는 것이 아니라, 원칙적으로 소집자가 결의한 날로부터 1주 내에 그 인가를 법원에 청구하여(법 496) 법원이 이를 인가해야만 효력이 생긴다(법 498 ①).[900] 다만, 사채권자 전원이 동의하면 법원의 인가를 얻지 않아도 된다(법 491 ① 但). 법원의 인가가 있으면 그 결의는 모든 사채권자에 대하여 효력을 발생한다.

라. 결의의 집행

사채권자집회의 결의는 그 사채권자집회의 결의로써 별도의 집행자를 정한 경우에는 그 집행자가, 집행자를 정하지 않은 경우에는 사채관리회사가, 사채관리회사를 두지 않았을 경우에는 상법 제500조의 절차에 따라 선임한 대표자가 이를 집행한다(법 501).

900) 법원의 인가를 얻도록 한 것은 사채권자집회의 결의에 관한 하자를 법원의 인가절차를 통해 통제함으로써 소수 사채권자를 보호하기 위한 것이다. 따라서 사채권자집회의 결의에 관하여는 그 하자를 다투는 소가 마련되어 있지 않다.

제 7 편 특수한 사채

Ⅰ. 전환사채

1. 의 의

전환사채(convertible bond: CB)는 사채권자에게 일정한 기간 내에 일정한 조건에 따라 발행회사의 주식으로 전환할 수 있는 권리가 부여된 사채이다.

투자자 입장에서는 사채의 확실성과 주식의 투기성을 비교하여 선택할 수 있고, 회사 입장에서는 전환권이 붙어 있어, 보다 유리한 조건으로 발행할 수 있으며 전환에 의해 사채를 상환하는 효과를 누릴 수 있다.

전환사채가 주식으로 전환되면 신주가 발행되는 것과 같은 효과가 발생하므로 주주의 이익이 침해될 가능성이 있다. 따라서 상법은 원칙적으로 주주에게 전환사채의 인수권을 주되 제3자에게 전환사채를 발행할 경우 주주총회의 특별결의를 거치게 하여 기존 주주의 신주인수권을 고려하고 있다.901)

상법이 규정하고 있는 전환사채는 그 전환권을 사채권자가 가진다. 이와 관련하여 선환권을 상법의 내용과 다르게 설정하는 경우 상법상 유효한지 여부가 문제된다.902)

2. 발행절차

전환사채의 발행절차는 일반사채와 다르지 않으므로 회사는 그 사실을 주주에게 통지하지 않아도 무방하다.903)

가. 발행의 결정

발행사항은 원칙적으로 이사회가 결정한다(법 513 ②). 그러나 정관에서 직접 그 내용을 정하거나 주주총회의 결의로 정하도록 할 수 있다. 이는 신주발행이 원칙적으로 이사회의 권한인 것에 대응하는 것이므로(법 416), 정관에서 신주발행을 주주총회의 권한으로 정하고 있다면 정관에 별도로 규정이 없더라도 전환사채의 발행도 주주총회의 보통결의로 한다.904)

---

901) 대법원 2008. 5. 29. 선고 2007도5206 판결; 대법원 2004. 8. 20. 선고 2003다20060 판결; 박준/한민, 앞의 책, 436면.

902) 상세는 송옥렬, 앞의 책, 1196면.

903) 그러나 제3자에 대하여 전환사채나 신주인수권부사채를 발행하는 경우는 제3자에 대하여 신주를 배정하는 것과 동일한 효과를 초래하므로 기존 주주가 그러한 특수사채의 발행을 합리적으로 견제하기 위하여는 신주발행의 경우와 마찬가지로 사전공시제를 도입할 필요가 있다는 입법론도 있다. 권재열, "개정상법상 주식관련제도의 개선내용과 향후과제", 「선진상사법률연구」, 제56호, 2011, 17면.

904) 대법원 1999. 6. 25. 선고 99다18435 판결.

이사회 또는 주주총회가 결정하여야 하는 구체적인 발행사항은 다음과 같다.

(1) 전환사채의 발행총액

전환사채의 발행한도에는 제한이 없다.

(2) 전환조건

전환사채와 전환에 의하여 발행되는 주식의 비율을 뜻한다. 예컨대, 사채 5,000원을 보통주식 1주로 전환할 수 있다는 것과 같다. 흔히 전환가액이라고 한다. 전환사채의 발행가액 총액과 전환으로 인해 발행할 주식의 발행가액 총액은 같아야 한다(법 516 ②, 348). 주식으로의 전환을 위하여 추가로 납입을 요구하지 않기 때문에 필요한 규정이다.[905)]

사채권자의 보호와 관련하여 중요한 것이 전환가액의 조정이다. 전환사채의 전환가액이나 신주인수권부사채의 신주인수권 행사가액 조정과 관련하여 반희석화 조항(anti-dilution provision) 또는 리픽싱(Refixing) 조항이 있다. 반희석화 조항은 예를 들어 준비금의 자본금 전입에 의하여 신주를 발행하는 경우와 같이 기존 주식의 가치가 희석되는 경우 사채권자가 취득할 수 있는 주식의 지분비율을 그대로 유지하기 위하여 전환가액 또는 행사가액의 조정을 가능하게 하는 것을 말한다. 대법원은 신주인수권 행사가액 조정절차의 이행을 구하는 소는 신주인수권의 행사 여부와 무관하게 허용된다고 판시하였다.[906)]

(3) 전환으로 인하여 발행할 주식의 내용

예컨대, 우선주, 보통주, 기명식, 무기명식, 의결권의 유무 등을 정하여야 한다.

(4) 전환을 청구할 수 있는 기간

사채권자가 전환청구권을 행사할 수 있는 시기와 종기를 정하여야 한다. 예컨대, '발행 1년 후부터 2년 내'와 같다.

(5) 전환사채인수권자

① 주주가 인수권자인 경우

전환사채의 인수권자가 주주인 경우 인수권의 목적인 전환사채의 액을 정해야 한다. 상법이 주주에게 전환사채의 추상적 인수권을 부여하고 있는지 여부에 대하여는 견해의 대립이 있다. 그 원인은 신주에 관한 상법 제418조 제1항과 같은 규정이 전환사채에는 없기 때문이다.[907)]

---

905) 또한 액면주식의 경우 상법 제417조가 액면미달발행을 제한하고 있으므로, 1주로 전환되는 사채액면, 즉 전환가액은 주식의 액면가액 이상이어야 한다.

906) 대법원 2014. 9. 4. 선고 2013다40858 판결.

907) 관련하여 ① 상법 제513조 제3항에 근거하여 주주의 추상적 인수권을 인정하는 긍정설, ② 주주에게 추상

② **제3자가 인수권자인 경우**

주주 이외의 자에게 전환사채를 발행할 경우 그 사실과 발행할 전환사채의 액을 결정하여야 한다.

㉮ 제3자배정의 결정

전환사채는 주식으로 전환될 수 있으므로 주주 아닌 자에게 전환사채를 발행하는 것은 실질적으로 주주 이외의 자에게 신주인수권을 부여하는 것과 같다. 따라서, 상법은 원칙적으로 이사회가 전환사채의 발행을 결정하되 원칙적으로 주주가 전환사채의 인수권을 가지며, 주주 아닌 자에게 전환사채를 발행할 경우(법 513 ② VI)에는 정관에 근거를 두거나 주주총회의 특별결의로 정하도록 한다(법 513 ③).

설사 전환사채 발행을 이사회가 아닌 주주총회에서 결정하더라도 제3자에게 전환사채 인수권을 부여하려면 정관의 규정이 있거나 주주총회의 특별결의가 필요하다.

㉯ 정관 또는 주주총회결의의 내용

정관이나 주주총회의 결의로 주주 이외의 제3자에게 인수권을 부여하기로 한다면 앞서 본 신주발행의 경우와 마찬가지로 그 내용이 구체적이고 확정적이어야 할 것으로 생각할 수 있다. 그러나, 다른 한편 자금조달의 기동성을 높이기 위하여는 이사회가 유연하게 그 내용을 정할 수 있어야 한다.

학설로는 정관의 규정이 포괄적이나 추상적인 경우 특히 이사회에 위임하면서 위임을 포괄적이거나 추상적으로 한 경우 그 정관은 무효라는 견해와 자금조달 등 전환사채의 목적을 달성하기 위해서는 이사회에 제3자 배정에 관한 사항을 포괄적으로 위임하여도 유효라는 견해의 대립이 있다.[908] 실무상으로는 정관이나 주주총회 특별결의로 일정한 기준이나 범위를 정하여 주고 구체적인 발행사항은 그때그때 이사회에서 결정하는 것이 일반적이다.[909] 실무를 긍정하는 입장이다.[910]

즉, 대법원 2004. 6. 25. 선고 2000다37326 판결에서는 전환사채의 제3자 배정과 관련하여 제3자에게 전환사채를 발행하는 경우에 정하도록 한 사항(발행할 수 있는 전환사채의 액, 전환조건, 전환으로 발행할 주식의 내용과 전환청구기간)에 관하여 규정하면서 기타 사항은 이사회 결의로 위임한 정관규정의 효력 문제가 되었다.[911] 대법원은 이 정도의 구체성이면 상

적 인수권이 있는 것은 아니고 상법 제513조 제2항 제5호, 제6호의 사항을 이사회가 결정함에 따라 구체적인 인수권이 생길 뿐이라는 부정설의 대립이 있다. 송옥렬, 앞의 책, 1197면.

908) 장덕조, 앞의 책, 541~542면.

909) 송옥렬, 앞의 책, 1197면.

910) 대법원 2004. 6. 25. 선고 2000다37326 판결.

911) 구체적으로 피고 회사의 정관 규정 중 전환사채 관련 부분은 다음과 같았다(정관 제16조).

법 제513조 제3항이 요구하는 최소한의 요건은 충족된다고 보았다. 그러나 이에 대하여는 주식의 액면금액 이하로의 전환은 제417조의 제한에 따라 어차피 허용되지 않으므로 무의미한 제한이고 따라서 위 정관규정은 사실상 백지위임에 해당한다는 비판도 있다.[912)]

이사회가 전환가격을 정할 때 회사에 대한 선관주의의무가 적용되므로 제3자 배정을 하면서 현저하게 저가로 전환가액을 정한 경우에는 이사에게 배임죄가 성립할 수 있다.[913)]

㈐ 경영상 목적

제3자에게 전환사채를 발행하기 위하여는 신기술의 도입 등 경영상 목적이 필요하다(법 513 ③, 법 418조 ② 但). 판례는 신주발행시 제3자 배정의 요건인 경영상 목적과 동일하게 해석하기 때문에 경영권방어는 경영상목적에 해당하지 않는다.[914)]

경영권승계의 목적이 있는 경우에도 경영권방어와 동일하게 보아야 한다는 견해도 주장되고 있다.[915)]

나. 주주 배정시의 절차

(1) 배정일공고

주주가 인수할 전환사채의 액(법 513 ② V)이 결정됨에 따라 주주는 그가 가진 주식의 수에 따라 전환사채를 배정받을 권리를 가진다(법 513의2 ① 本). 따라서 신주발행에서와 같이 인수권을 행사할 주주를 확정하기 위하여 배정기준일을 정하고 그 2주간 전에 배정기준일에 주주명부에 기재된 주주가 인수권을 갖는다는 뜻을 공고하여야 한다(법 513의2 ②, 418 ③).

> (1) 회사는 사채의 액면 총액이 금 1,000,000,000,000원을 초과하지 않는 범위 내에서 주주 외의 자에게 전환사채를 발행할 수 있다.
> (2) 제1항의 전환사채에 있어서 이사회는 그 일부에 대해서만 전환권을 부여하는 조건으로 발행할 수 있다.
> (3) 전환으로 인하여 발행하는 주식은 사채의 액면총액 중 금 500,000,000,000원은 보통주식으로, 금 500,000,000,000원은 우선주식으로 하고 전환가액은 주식의 액면금액 또는 그 이상의 가액으로 사채발행시 이사회가 정한다.
> (4) 전환을 청구할 수 있는 기간은 당해 사채의 발행일 익일부터 그 상환기일의 직전일까지로 한다. 다만, 위 기간 내에서 이사회의 결의로써 그 기간을 조정할 수 있다.
> (5) 전환으로 인하여 발행된 주식에 대한 이익이나 이자의 배당에 관하여는 그 전환을 청구한 때가 속하는 사업연도의 직전 사업연도 말에 주식으로 전환된 것으로 한다.

문제가 된 제3항은 상장회사 표준정관 제14조의2 제3항과 동일하다.

912) 이철송, 앞의 책, 1100면. 판례의 입장에 찬동하는 견해로 송옥렬, 앞의 책, 1198면.

913) 대법원 2009. 5. 29. 선고 2007도4949 전원합의체 판결.

914) 대법원 2009. 1. 30. 선고 2008다50776 판결.

915) 송옥렬, 앞의 책, 1198면.

배정기준일의 경과로 전환사채의 인수권을 갖는 주주 및 각 주주가 인수권을 갖는 사채총액이 확정되는데, 이때 전환사채의 최저액에 미달하는 단수에 대하여는 인수권이 미치지 않는다(법 513의2 ① 但).

(2) 주주에 대한 최고·실권

확정된 주주에게는 인수의 청약을 최고한다(법 513의3). 전환사채의 인수권을 가진 주주가 청약기일까지 청약을 하지 않으면 인수권을 잃는다.

(3) 청약 및 납입

전환사채도 사채청약서에 의하여 청약을 하고, 기타 인수 및 납입절차는 일반사채와 동일하다(법 514).[916]

(4) 수권주식과의 관계

전환사채는 잠재적으로 주식으로 전환될 것이 예정되어 있으므로 발행예정주식총수에 여분이 있는 경우에만 전환사채를 발행할 수 있다. 전환청구기간 동안에는 이 부분에 대하여 신주를 발행하는 것도 금지된다(법 516 ①, 346 ②).

(5) 등 기

일반적인 사채와 달리 전환사채를 발행한 때에는 납입완료 후 본점소재지에서 2주간 내에 소정사항을 등기하여야 한다(법 514의2 ①~③). 잠재적인 신주발행이기 때문이다.

다. 제3자 배정시의 절차

전환사채를 제3자에게 배정할 경우에는 제3자로부터 청약을 받고 전환사채를 배정하면 된다.

3. 전환청구

사채권자는 전환청구기간 중에는 상법 제515조의 절차에 따라 회사에 전환을 청구할

---

916) 대법원은 회사의 실질적인 경영자(피고인)가 대표이사와 공모하여, ① 사채업자로부터 자금을 차용하여 인수대금을 납입한 후 전환사채가 발행되자 곧바로 위 인수대금을 인출하여 위 차용금채무를 변제한 경우와 ② 사전에 계획하였던 바에 따라 전환사채발행 주간사인 증권회사로 하여금 전환사채의 최초 인수인이 되도록 하였다가 곧바로 위 증권회사가 납입한 인수대금을 담보로 대출을 받아 위 증권회사로부터 전환사채를 재매수하고 곧이어 위 인수대금을 인출하여 위 대출금채무를 변제한 경우는 모두 실질적으로 인수대금이 납입되지 않은 채로 전환사채를 발행한 것으로서 업무상 배임죄가 성립되고, 이후 피고인이 위와 같이 인수한 전환사채를 처분하여 그 대금 중 일부를 회사에 입금시켰다고 하더라도 이는 사후적으로 피해의 일부를 회복한 것에 불과하여 배임죄의 성립에 영향을 주지 않는다고 한다. 대법원 2015. 12. 10. 선고 2012도235 판결.

수 있다. 전자등록의 경우에는 그 증명자료를 회사에 제출하여야 한다(법 515 ① 但). 주주명부 폐쇄기간에도 전환청구는 가능하지만 의결권이 제한될 뿐이다(법 516 ②, 350 ②). 의결권을 부여할 경우 주주명부 폐쇄시점에서 예측하지 못했던 지배구조의 변화가 생길 수 있기 때문이다.

4. 전환의 효력

전환청구권은 형성권이므로 사채권자가 청구서를 회사에 제출하여 전환을 청구한 때 그 효력이 발생한다. 따라서 그 시점에서 사채권자로서의 지위를 상실하고 주주로서의 지위를 취득한다(법 516 ②, 350 ①). 이때 별도로 회사의 승낙이 필요하지 않다. 신주인수권을 행사한 것이 아니라 전환권을 행사한 것이므로 다시 주금을 납입할 필요는 없다. 사채권자의 질권자는 전환 후의 주식에 대하여 질권을 행사한다(법 516 ②, 339).

5. 위법한 전환사채의 발행에 관한 구제수단

가. 전환사채발행무효의 소

회사가 법령 또는 정관에 위반하거나 현저하게 불공정한 방법이나 가액으로 전환사채를 발행하는 등 전환사채발행에 무효사유가 있는 경우 상법은 따로 무효의 소를 마련하고 있지 않으나 판례는 전환사채의 발행이 사실상 신주를 발행하는 것과 유사하다는 근거에서 신주발행무효의 소에 관한 상법 제429조 이하의 규정을 유추적용하여 전환사채발행 무효의 소를 인정한다.[917] 따라서 일단 전환사채가 발행된 이상 다른 소송에서의 공격방어방법이나 일반적인 확인의 소의 제기로는 그 하자를 주장할 수 없고 오직 전환사채발행 무효의 소를 제기함으로써만 이를 다툴 수 있다. 그 하자가 이사회결의나 주주총회결의에 존재하는 것이더라도 마찬가지이다.[918] 무효원인도 신주발행과 같다. 즉, 후술하는 전환사채발행유지청구는 사전적인 구제수단이지만, 전환사채발행무효의 소는 전환사채발행을 사후적으로 무효로 함으로써 거래의 안전을 해칠 수 있음에 주목하여, 거래의 안정과 이익교량을 할 수 없을 정도로 중대한 법령·정관위반 또는 현저한 불공정이 있을 경우에 한하여 무효로 할 수 있다는 입장을 취하고 있다.

판례는 전환사채발행 단계에서는 무효사유가 없었지만 그 이후 신주발행 단계에서 무효사유가 발생한 경우 신주발행에 고유한 무효사유에 준하여 신주발행무효의 소로 신주발행의 무효를 주장할 수 있다고 본다. 이 경우 제소기간은 신주가 발행되었을 때부터 기산한

917) 대법원 2004. 6. 25. 선고 2000다37326 판결.
918) 대법원 2004. 8. 16. 선고 2003다9636 판결.

다.[919] 따라서 제3자 배정의 요건을 갖추지 못하고 전환사채를 제3자 배정하여 발행한 경우 전환사채발행 단계에서도 전환사채발행무효의 소로써 다툴 수 있고 그렇지 않고 위 전환사채에 기하여 신주발행이 행해진 경우 신주발행무효확인의 소로 다툴 수 있다.

또한 판례는 신주발행의 부존재라는 개념을 인정하듯이,[920] 사채의 납입이 없는 등 전환사채발행의 실체가 없는 경우 이를 '전환사채발행의 부존재'라고 부르며, 이를 주장하는 전환사채발행부존재확인의 소에는 상법 제429조(특히 제소기간)가 적용되지 않는다고 한다.[921] 즉, 일반적인 확인의 소로 다툴 수 있다는 것이다.

나. 그 밖의 구제수단

전환사채발행무효의 소 이외의 구제수단도 신주발행과 대체로 같다.

(1) 전환사채발행유지청구

주주는 전환사채 발행의 유지를 청구할 수 있다(법 516 ①, 424). 이러한 유지청구권은 사전적 구제수단이므로 전환사채발행의 효력이 발생하기 전, 즉 전환사채의 납입기일까지 행사하여야 한다.[922] 일반사채의 경우에는 유지청구가 규정되어 있지 않다.

(2) 저가발행시 통모인수인의 책임

이사와 통모하여 불공정한 발행가액으로 전환사채를 인수한 자는 공정한 발행가액과의 차액에 상당한 금액을 지급할 의무가 있으며 그 지급청구에 관하여 대표소송이 인정되고, 그 발행에 관하여 이사의 손해배상책임이 발생한다.

(3) 이사의 책임

이사는 회사 또는 주주에 대하여 손해배상책임을 지며, 제3자 배정방식으로 현저한 저가로 전환사채를 발행하였다면 이사에게 배임죄가 성립할 수 있다.[923]

II. 신주인수권부사채

1. 의 의

신주인수권부사채(bond with warrant: BW)는 사채권자에게 신주인수권이 부여된 사채

---

919) 대법원 2022. 11. 17. 선고 2021다205650 판결.
920) 대법원 1989. 7. 25. 선고 87다카2316 판결.
921) 대법원 2004. 8. 20. 선고 2003다20060 판결; 대법원 2004. 8. 16. 선고 2003다9636 판결.
922) 대법원 2004. 8. 16. 선고 2003다9636 판결.
923) 대법원 2009. 5. 29. 선고 2007도4949 전원합의체 판결.

이다. 통상의 사채에 신주인수권이 옵션으로 붙어 있는 것이다. 그로 인하여 회사는 낮은 이자율로 사채를 발행할 수 있다. 따라서 제3자에게 신주인수권부사채를 배정하면 신주를 제3자에게 배정하는 것과 유사한 상황이 되므로 상법도 그 점을 고려한 규정을 두고 있다. 전환사채의 경우 전환권을 행사하며 사채가 소멸하지만 신주인수권부사채의 경우 신주인수권을 행사하더라도 사채가 존속하게 된다. 그러나 후술하는 대용납입시(법 516의2 ② V)에는 양자의 차이가 없다.

2. 종 류

가. 분리형과 비분리형

신주인수권부사채는 분리형과 비분리형이 있다. 분리형은 사채권을 표창하는 유가증권인 채권과 신주인수권을 표창하는 유가증권인 신주인수권증권을 분리하여 발행하고 유통시킬 수 있는 것을 말하고, 비분리형은 사채권과 신주인수권 모두를 단일한 사채권에 표창하여 발행하는 것이다. 분리형으로 발행하고자 할 경우에는 이사회가 상법 제516조의2 제2항 제4호에 따라 별도의 결의를 해야 한다.

나. 현금납입형과 대용납입형

신주인수권을 행사할 때 신주발행가액 전액을 현금으로 납입하여야 하는 형태를 현금납입형이라고 하는데(법 516의9 ①) 상법상 원칙적인 신주대금 납입방법이다.

신주인수권부사채발행 결의시에 '신주인수권을 행사하려는 자의 청구가 있는 때에는 신주인수권부사채의 상환에 갈음하여 그 발행가액으로 신주인수대금의 납입이 있는 것으로 본다는 뜻'(법 516의2 ② V)을 정한 경우에는 사채권자가 사채의 상환을 받는 대신에 그 사채의 발행가액으로 신주인수대금을 납입한 것으로 할 수 있다. 이를 대용납입형이라고 한다. 대용납입형의 경우에도 신주인수권자는 현금납입을 선택할 수도 있다. 대용납입형의 경우 실질적으로 전환사채와 다를바 없게 된다.

3. 발행절차

가. 발행결정기관

신주인수권부사채는 정관에 규정이 없으면 원칙적으로 이사회의 결의로 발행한다. 다만 정관으로 주주총회에서 신주인수권부사채발행을 결정하도록 정한 경우에는 주주총회의 결의로 발행한다(법 516의2 ②).

나. 발행방법

신주인수권부사채의 발행방법에는 주주 배정방식과 제3자 배정방식이 있다(법 516의2 ② VII, VIII). 제3자 배정의 경우 그 요건과 절차는 전환사채의 경우와 같다(법 516의2 ③).

다. 발행사항

신주인수권부사채를 발행하는 경우 각 사채의 금액, 사채의 이율, 사채의 상환방법 및 상환기한, 사채의 발행가액 등 사채의 일반적인 발행사항 외에 신주인수권부사채의 총액, 각 신주인수권부사채에 부여된 신주인수권의 내용, 신주인수권을 행사할 수 있는 기간, 신주인수권만을 양도할 수 있는 것에 관한 사항(분리형), 대용납입에 관한 사항, 주주에게 신주인수권부사채의 인수권을 준다는 뜻과 인수권의 목적인 신주인수권부사채의 액, 제3자에게 신주인수권부사채를 발행하는 것과 이에 대하여 발행할 신주인수권부사채의 액 등을 결정하여야 한다.

라. 발행가액의 제한

신주인수권부사채에 부여된 신주인수권의 행사로 발행할 주식의 발행가액의 합계액은 각 신주인수권부사채의 금액을 초과할 수 없다(법 516의2 ③). 실질적으로 신주발행을 위하여 형식적으로는 신주인수권부사채를 발행하는 행위를 규제하기 위한 규정이다.

4. 신주인수권증권

분리형 신주인수권부사채는 신주인수권을 표창하는 신주인수권증권을 발행함으로써 사채권과 신주인수권을 분리하여 양도할 수 있게 된다. 회사가 이사회의 결의로 신주인수권만을 양도할 수 있는 것으로 결정하면 상법 제516조의5에 따라 신주인수권증권을 발행하게 된다. 신주인수권증권은 인수권자의 성명을 기재하지 않기 때문에 무기명증권이다. 따라서 단순히 증권의 교부만으로 신주인수권을 양도할 수 있고(법 516조의6 ①), 점유의 추정적 효력 및 선의취득이 인정된다(법 516의6 ②).

신주인수권증권은 신주인수권증서와는 구별하여야 한다. ① 신주인수권증서는 원칙적으로 주주의 청구가 있을 때에만 발행하지만(법 416 VI, 420의2 ①), 신주인수권증권은 신주인수권부사채를 분리형으로 발행하는 경우에는 모든 사채권자에게 의무적으로 발행해야 한다(법 516의5 ①). ② 신주인수권증서는 상실하였을 경우 제권판결에 의한 재발행이 인정되지 않지만(법 420의4 ②), 신주인수권증권은 존속기간이 장기이므로 상실의 경우에도 제권판결에 의한 재발행이 인정된다(법 516의6 ②, 360). ③ 신주인수권증서가 발행되면 그 증서로 주식인수의 청약을 하지만(법 420의4 ①), 신주인수권증권의 경우에는 청구서에 의하여 신주인수권을 행사하며 그 증권은 단순히 첨부서류이다(법 516의9 ②).[924]

5. 신주인수권의 행사

가. 행사방법

비분리형의 경우 사채권자나 분리형의 경우 신주인수권증권의 소지인은 신주인수권의 행사기간 내에 언제나 신주인수권을 행사할 수 있다. 신주인수권 행사는 청구서의 제출과 납입으로써 한다(법 516의9 참조). 다만, 사채발행시에 상법 제516조의2 제2항 제5호 대용납입이 정해져 있는 경우에는 사채의 상환으로 납입이 이루어진 것으로 본다. 이때 사채의 상환기한이 도래하지 않아도 무방하다. 이 경우에는 사채가 소멸하므로 사채권을 회사에 제출하여야 한다. 그 법적 성질은 사채의 상환청구권과 주금납입청구권의 상계이다.[925]

나. 신주의 효력발생시기

신주인수권은 형성권이므로 그 권리를 행사한 자는 주금납입이 완료된 시점에서 주주가 된다(법 516의10). 통상의 신주발행에서는 '납입기일의 다음날'에 주주가 되는 것과 차이가 있고 전환사채의 경우 전환권을 행사한 때에 전환의 효력이 발생하는 것(법 516 ②, 350 ①)과 균형을 맞춘 것이다.[926] 주주명부 폐쇄기간 중에도 신주인수권을 행사할 수 있으나 폐쇄기간 중에 이루어진 주주총회의 결의에 관하여는 의결권이 없다(법 516의10, 350 ②).

대용납입이 인정되는 경우에는 주금납입이 없으므로 신주인수권을 행사하는 자가 회사에 신주발행의 청구서를 제출한 때 주주가 된다고 본다.[927]

6. 위법한 신주인수권부사채의 발행에 관한 구제수단

가. 신주인수권부사채발행무효의 소

신주인수권부사채발행에 무효사유가 있는 경우에는 신주발행무효의 소에 관한 규정을 유추적용하여 다툴 수 있다(신주인수권부사채발행무효의 소).[928] 신주인수권부사채에 부여된 신주인수권의 행사나 그로 인한 신주발행에만 무효사유가 있는 경우에도 마찬가지로 상법 제429조를 유추적용하여 신주발행무효의 소로써 다툴 수 있으나 이 때에는 특별한 사정이

924) 송옥렬, 앞의 책, 1204면.
925) 송옥렬, 앞의 책, 1204면.
926) 이철송, 앞의 책, 1116면.
927) 송옥렬, 앞의 책, 1205면.
928) 대법원 2015. 12. 10. 선고 2015다202919 판결.

없는 한 신주인수권 행사나 그에 따른 신주발행에 고유한 무효사유만 주장할 수 있고 신주인수권부사채발행이 무효라거나 그를 전제로 한 주장은 제기할 수 없다. 제소기간은 신주발행일로부터 기산하여야 하고 신주발행이 신주인수권부사채에 부여된 신주인수권의 행사결과에 따른 것이라도 신주인수권부사채 발행일부터 기산되는 것은 아니라는 것이 판례이다.[929)]

나. 그 밖의 구제수단

(1) 신주인수권부사채발행유지청구

회사가 법령 또는 정관에 위반하거나 현저하게 불공정한 방법에 의하여 신주인수권부사채를 발행함으로써 주주가 불이익을 받을 염려가 있는 경우 그 주주는 회사에 대하여 그 발행을 유지할 것을 청구할 수 있다(법 516 ①, 424).

(2) 저가발행시 통모인수인의 책임

이사와 통모하여 현저하게 불공정한 발행가액으로 신주인수권부사채를 인수한 자는 회사에 대하여 공정한 발행가액과의 차액에 상당한 금액을 지급할 의무가 있다(법 516의2, 516 ①, 424의2 ①).

(3) 이사의 책임

위법한 전환사채를 발행한 경우 이사가 지는 책임과 같다.

Ⅲ. 기타 특수한 사채

1. 이익참가부사채

이익참가부사채는 사채권자가 이자를 받은 이외에 이익배당에도 참가할 수 있는 사채를 말한다(법 469 ② I). 참가적 우선주와 유사한 주식과 사채의 중간형태이다.

2. 교환사채

교환사채란 발행회사가 보유하고 있는 유가증권과의 교환을 청구할 수 있는 권리가 부여된 사채를 말한다(법 469 ② II). 여기서 교환대상인 유가증권에는 주권 이외에도 사채권, 신주인수권증권, 국채증권 등 여러 가지가 모두 포함되지만 보통은 발행회사가 보유하고 있는 다른 회사의 주식이나 전환사채, 신주인수권부사채와 교환하는 내용으로 발행된다. 상

929) 이상, 대법원 2022. 10. 27. 선고 2021다201054 판결.

법 시행령은 발행회사가 보유하는 자기주식도 교환대상에 포함시키고 있다(영 22 ① IV).

3. 상환사채

상환사채는 발행회사가 사채원리금을 지급하는 대선 발행회사가 가지고 있는 주식이나 다른 유가증권으로 상환할 수 있는 무청산귀속형 대물변제예약이 붙어 있는 사채를 말한다(법 469 ② II, 영 23). 교환사채는 사채를 주식·유가증권으로 교환할 권리를 사채권자에게 부여하는 것인데 반하여 상환사채는 발행회사의 선택이나 일정한 조건의 성취 또는 기한의 도래에 따라 주식·유가증권으로 상환할 수 있게 된다. 상환사채에서 사채권자가 상환받는 것은 주식·유가증권이고 원래의 사채의 원금과 다르게 된다는 점에서 파생결합사채와 매우 유사한 기능을 할 수 있다.[930)]

4. 파생결합사채

파생결합사채는 일정한 자산이나 지표의 변동과 연계하여 지급금액이 결정되는 사채를 말한다(법 469 ② III).

5. 후순위사채

후순위사채는 발행회사의 파산시에 다른 채권이 모두 변제된 후에 상환받을 수 있는 사채이다. 상환기간 이전에 발행회사에 대하여 파산절차나 청산절차 등이 개시되는 경우 다른 채권을 변제하고 남은 재산으로만 채무상환을 하고(상환의 후순위), 원금 상환기일에 원금상환으로 발행회사의 영업용 순자본 비율이 100% 이하로 떨어질 때에는 원금의 상환이 유예되며(만기상환유예 특약), 발행회사는 기한 전에 상환할 수 없고(기한 전 상환 금지), 인수자는 원리금 지급에 관하여 발행회사의 기한의 이익을 상실시킬 수 없으며(기한이익 상실 금지), 위와 같은 조건을 선순위 채권자에게 불리하게 변경하지 못한다(불이익 변경 금지). 그 밖에 상계금지, 담보제공 제한 등의 특성으로 인하여 일반 회사채에 비하여 그 이자율이 높은 것이 보통이다.[931)] 후순위사채도 통상의 사채보다 후순위라는 점에서만 차이가 있을 뿐 발행회사는 원금상환의무를 지기 때문에 상법상 사채에 해당한다.[932)]

---

930) 박준/한민, 앞의 책, 409면.
931) 서울고등법원 2006. 9. 15. 선고 2005누22946 판결.
932) 김건식/노혁준/천경훈, 앞의 책, 713면.

제 9 절 조직재편

회사의 조직재편은 회사 조직을 재구성하여 경영의 효율성을 높이기 위한 일련의 회사법적 행위를 말한다. 대체로 영업양도, 합병, 분할, 지주회사·자회사 설립 등의 거래를 말한다. 여기서는 합병, 분할, 주식의 포괄적 교환·이전에 관하여 알아보기로 한다.

제 1 편 합 병

I. 의 의

합병은 두 회사가 청산절차를 거치지 않고 합쳐지면서 소멸하는 회사의 모든 권리의무가 존속회사 또는 신설회사에 포괄적으로 승계되며 그 대가로 주식('합병교부주식') 또는 금전 기타 재산('합병교부금')이 교부되는 회사법상의 제도이다. 하나의 회사가 존속하면서 소멸하는 회사의 권리의무를 승계하는 경우를 흡수합병이라고 하고 모든 회사가 소멸하면서 새로 회사를 설립하는 경우를 신설합병이라고 한다. 신설합병은 회사설립절차를 거쳐야 하는 부담이 있어 실무상으로는 대부분 흡수합병을 한다.

이하의 설명에서는 편의상 흡수합병을 하는 것으로 하여 존속회사를 甲 회사, 소멸회사를 乙 회사로 전제한다.

II. 법적 성질

합병의 본질에 관하여는 인격합일설과 현물출자설의 두 입장이 대립한다. 인격합일설은 합병을 두 법인격이 하나로 되는 것이므로 그 당연한 효과로 소멸하는 법인의 권리의무가 포괄승계된다고 설명하며 통설의 입장이다. 현물출자설은 합병을 소멸회사가 영업 전부를 존속회사에 현물출자하는 것으로 설명한다. 다만 법적 성질에 관한 논의에 기반하여 개별 문제를 해결하려는 시도가 극복되고 있어 합병의 본질을 어떻게 이해하건 큰 의미는 없다.

Ⅲ. 합병절차

1. 합병계약서

존속회사와 소멸회사는 실사와 협상을 거쳐서 합병의 조건과 내용에 관한 합병계약을 체결한다. 합병당사회사의 경영진이 마련한 합병계약안은 주주총회 특별결의를 거쳐야 유효하게 성립한다. 상법 제523조는 합병계약서에 기재하여야 할 사항을 규정하고 있는데 그 중 중요한 사항을 살펴본다.

가. 합병비율

합병비율은 합병의 대가로 소멸회사 주식 1주에 대하여 교부하는 존속회사 주식의 수를 말한다(법 523 III, 524 I). 이론적으로는 실사를 통하여 파악한 기업가치를 기초로 합병당사회사가 합의할 사항이지만 자본시장법이 적용되는 경우에는 특례가 있다.[933]

나. 존속회사의 순자산 증가와 자본금 및 준비금의 관계

합병비율은 결국 합병대가를 결정하고 합병대가로 발행하는 합병신주는 다시 존속회사의 자본금 및 준비금[934]을 구성하게 된다. 합병비율의 결정과 관련하여 합병으로 인한 순자산의 증가가 자본금 및 준비금과 어떤 관계를 갖는지가 문제된다.

합병계약서에는 합병으로 인하여 증가하는 자본금 및 준비금의 총액(흡수합병의 경우, 법 523 II), 설립되는 회사의 자본금 및 준비금의 총액(신설합병의 경우, 법 524 III)을 명시하여야 한다. 이와 관련하여 증가하는 순자산이 자본금 및 준비금의 총액에 미치지 못하는 합병이 가능한가? 경우를 나누어 살펴본다.

---

933) 구 자본시장법 시행령 제176조의5 제1항은 합병시 기업가치의 평가방법을 구체적으로 정하면서, 상장회사는 시장가격의 가중평균을, 비상장회사는 자산가치와 수익가치의 가중평균을 이용하도록 하고 있다. 존속회사나 소멸회사 가운데 하나 이상이 상장회사이면 이 평가방법에 의한 합병비율 산정이 강제된다. 이에 따르지 않으면 금융위원회는 존속회사가 제출하는 증권신고서를 수리하지 않는다(구 자본시장법 120 ②). 자본시장법상의 합병비율은 이론적으로는 합병비율의 공정성을 보장하지 않지만 판례는 법적 안정성을 고려하여 자본시장법에 따라 합병비율을 정하였다면 그 산정이 허위자료나 터무니없는 추정에 근거하는 등의 사유가 없는 한, 합병비율이 불공정하다고 보지 않는다(대법원 2008. 1. 10. 선고 2007다64136 판결; 대법원 2009. 4. 23. 선고 2005다22701·22718 판결). 2024. 11. 26. 개정된 자본시장법 시행령 제176조의5 제1항은 비계열회사 간 합병시에는 위와 같은 강제된 합병비율이 아니라 자율적인 합병비율을 정할 수 있도록 개정되었다. 계열회사 간 합병에는 종래의 규율이 유지된다.

934) 여기서의 준비금은 자본거래과정에서 발생하는 것이므로 성질상 자본준비금이다.

〈합병으로 인한 존속회사의 순자산 증가부분〉

<table>
<tr><td rowspan="2">순자산</td><td>자본금</td></tr>
<tr><td>자본준비금
(합병차익)</td></tr>
</table>

(1) 순자산이 자본금에 미치지 못하는 경우

순자산이 자본금에 미달하는 것이 가능한지 문제가 된다. 즉, 합병비율에 따라 교부되는 합병주식에 존속회사의 액면가를 곱한 금액(존속회사의 증가하는 자본금)이 소멸회사로부터 승계하는 순자산가액을 초과할 수 있는지 여부가 문제되는 것이다. 예를 들어, 합병으로 증가하는 甲 회사의 순자산은 100인데 甲 주식 액면가가 24라면 5주를 발행하여 자본금을 120으로 증가시키는 합병이 가능한지의 문제이다. 상법은 주식의 포괄적 교환·이전의 경우에는 이를 금지하고 있으나(법 360의7, 360의18), 합병에는 그런 규정이 없다.

존속회사의 증가하는 자본금이 소멸회사로부터 승계하는 순자산가액을 초과하는 경우 이는 결국 액면미달발행과 다르지 않다. 따라서 자본금충실의 원칙에 반하는 측면이 있으므로 채권자보호에 위배될 수 있다.[935]

이에 관하여는 상법에 명문의 규정이 없으므로 두 가지 입장 대립이 있다. 제1설은 합병과정에서 채권자보호 절차가 마련되어 있고 존속회사의 주주총회결의를 거치므로 정책적으로는 존속회사의 증가하는 자본금은 소멸회사의 순자산가액으로 제한되지 않도록 하는 것이 타당하다는 입장이다. 판례는 '자본시장법에서 정하는 평가방법에 따라 합병이 이루어진 경우'에는 합병신주의 액면총액이 소멸회사의 순자산가액을 초과할 수 있다고 하여 자본시장법에 따른 합병의 경우에는 제1설의 입장을 취하고 있다.[936]

제2설은 자본충실의 원칙 및 존속회사 주주들의 보호를 위하여 당연히 제한이 인정되어야 한다는 견해이다.[937]

(2) 순자산이 음인 경우(채무초과)[938]

채무초과회사를 소멸회사로 하는 합병이 허용될 수 있는지의 문제이다. 이를 금지하는

935) 송옥렬, 앞의 책, 1251면.
936) 대법원 2008. 1. 10. 선고 2007다64136 판결; 송옥렬, 앞의 책, 1251면.
937) 권기범, 앞의 책, 156면.
938) 순자산이 자본금에 미치지 못하는 경우의 극단적인 예이다.

규정은 없지만 자본금충실원칙의 관점에서 문제가 제기되어 왔다. 등기실무상으로는 채무초과회사를 소멸회사로 하는 합병도 등기할 수 있다.[939] 실무상으로는 소멸회사가 장래의 수익가치를 고려하여 채무초과회사를 합병을 하는 경우도 있을 수 있는데 이러한 경우 영업권을 계상하여 채무초과상태를 해소하고 무증자합병을 할 수 있다.

다. 자기주식의 처리

(1) 존속회사가 보유하던 자기주식

존속회사는 자기주식을 그대로 보유할 수도 있고, 합병신주를 발행하는 대신 합병대가로 소멸회사 주주에게 교부할 수도 있다(법 523 III).

(2) 소멸회사가 보유하던 자기주식

소멸회사가 보유하던 자기주식은 합병에 의하여 소멸한다는 견해가 통설이다. 합병으로 소멸회사가 사라지므로 합병교부주식을 교부할 수도 없다.[940]

(3) 존속회사가 보유하던 소멸회사 주식

합병 이전에 존속회사가 취득한 소멸회사의 주식을 포합주식이라고 한다. 포합주식에 관하여 합병교주주식을 배정할 수 있는지에 관하여는 견해 대립이 있다. 긍정설은 이론적으로는 존속회사가 보유하고 있던 자산이 합병으로 인하여 다른 종류의 자산으로 변한 것으로 이해할 수 있고 법리적으로는 상법 제341조의2 제1호의 적용범위에 해당한다고 보아 배정을 긍정한다. 부정설은 위 경우가 상법 제341조의2 제1호의 적용범위에 해당하지 않는다고 본다. 판례는 "존속회사가 보유하던 소멸회사의 주식에 대하여 반드시 신주를 배정하여야 한다고 볼 수 없다"고 판시하여[941] 합병교부주식의 배정 여부는 당사자들이 자유롭게 정할 수 있다고 한다. 판례의 취지에 따라서 합병교부주식을 배정하면 존속회사는 자기주식을 보유하게 된다.

(4) 소멸회사가 보유하던 존속회사의 주식

소멸회사가 보유하던 존속회사의 주식은 합병에 따른 포괄승계의 효과로 존속회사가 승계한다. 상법 제341조의2 제1호는 이를 명문으로 긍정하고 있다.

---

939) 2014. 1. 9. 상업등기선례 제2－78호.
940) 자본시장법 시행령 제176조의5 제7항은 명문의 규정을 두고 있다. 상법의 해석도 동일하게 보아야 할 것이다.
941) 대법원 2004. 12. 9. 선고 2003다69355 판결.

라. 합병교부금

(1) 의 의

상법은 존속회사가 합병의 대가로 금전 기타 재산을 교부할 수 있도록 하고 있는데 이를 합병교부금이라고 한다(법 523 Ⅳ). 경우에 따라서는 합병대가의 전부를 교부금으로 지급할 수도 있다. 그러나 합병에 관하여도 주주평등의 원칙이 적용되므로 교부금을 지급하는 방법으로 소수주주를 그 의사에 반하여 축출할 수는 없다.[942] 상법은 존속회사의 모회사 주식을 교부금의 일종으로 규율하고 있으므로(법 523의2 ①), 존속회사 주식에 갈음하여 모회사 주식을 교부할 수 있다. 이러한 합병을 삼각합병이라고 한다. 존속회사의 모회사 주식을 합병교부금으로 지급하면 정삼각합병을 할 수 있다. 나아가 삼각주식교환제도를 이용하면 역삼각합병을 할 수 있다.

(2) 정삼각합병

상법 제523조의2를 적용하면 삼각합병을 행할 수 있다. 삼각합병이란 예시에서 보는 바와 같이 다른 회사를 흡수하고자 하는 회사가 자회사를 합병당사회사(존속회사)로 만들어 다른 회사를 흡수하게 하는 방식을 말한다. 1960년대 이후 미국에서의 합병방식은 주로 현금합병 및 삼각합병이라고 한다.

▌예 시

$甲_1$ 회사가 乙 회사를 지배하려고 한다. 이를 위해 우선 $甲_1$ 회사는 자회사로 $甲_2$ 회사를 설립하고 $甲_2$ 회사는 $甲_1$ 주식을 취득한다. 이어 $甲_2$ 회사 乙 회사를 흡수합병하면서 乙의 주주들에게 $甲_1$ 주식을 교부한다. 이같이 함으로써 $甲_1$ 회사는 乙을 흡수합병한 $甲_2$ 회사의 모회사가 되고, 乙 주주는 $甲_1$ 회사의 주주가 된다.

이 방법의 장점은 첫째, 외국회사가 내국회사를 합병하려고 할 때 이용될 수 있고,[943] 둘째, $甲_1$ 회사가 乙 회사와 결합하면서도 자회사 $甲_2$ 회사를 매개시킴으로써 $甲_1$ 회사는 乙 회사의 채무에 대한 책임을 면할 수 있고, 셋째 $甲_1$ 회사는 주주총회의 결의를 얻거나 주주들에게 주식매수청구권을 부여할 필요가 없다는데 있다.

그 밖에 $甲_1$ 회사와 乙 회사 간의 합병이 허용되지 않거나 부적절한 경우에 사업결합을 가능하게 한다.[944] 정삼각합병을 하기 위해서는 자회사가 미리 모회사 주식을 취득해 두어

942) 송옥렬, 앞의 책, 1255~1256면.
943) 외국회사와 내국회사의 합병은 허용되지 않는다고 해석되기 때문에 실익이 있다.
944) 윤영신, “삼각합병제도 도입과 활용상의 법률문제”, 「상사법연구」 제32권 제2호, 2013, 14면.

야 하므로 상법은 그 근거 규정을 두고 있다(법 523의2).

(3) 역삼각합병

미국에서는 역삼각합병이라는 기법도 많이 이용된다. 이 경우 거래가 종료되면 위 예에서 甲$_1$ 회사는 甲$_2$ 회사가 아닌 乙 회사를 자회사로 지배하게 된다. 우리나라도 삼각주식교환이 허용되기 때문에 역삼각합병이 가능하다.

▌예 시

1단계: 甲$_1$ 회사는 자회사 甲$_2$ 회사를 설립하고 甲$_2$ 회사는 甲$_1$ 주식을 취득한다.

2단계, 甲$_1$회사의 자회사 甲$_2$ 회사 乙 회사를 상대로 완전모회사가 되기 위한 삼각주식교환을 시행한다. 즉, 甲$_2$ 회사는 乙 주주로부터 乙 주식을 전부 취득하는 대신 그 대가로 보유중인 甲$_1$ 주식을 乙 주주에게 교부한다. 그 결과 甲$_2$ 회사는 乙 회사의 완전모회사가 된다.

3단계: 乙 회사는 甲$_2$ 회사를 흡수합병한다. 그 결과 甲$_2$ 주주인 甲$_1$ 회사 단독으로 乙 주식(합병신주 또는 자기주식)을 보유하게 된다.

위 예시에서, 甲$_2$ 회사가 보유하던 乙주식은 乙 회사로 이전되는데, 乙 회사는 합병의 대가로 합병신주(乙 주식)를 발행하여 甲$_1$ 회사에게 교부하면서 甲$_2$ 회사가 보유하던 乙 주식을 자기주식으로 보유하여도 되고 그 乙 주식을 합병대가로 교부하여도 된다.[945] 乙 회사가 乙주식을 자기주식으로 보유하더라도 그 주식은 미발행주식과 같은 상태로 되므로 甲$_1$ 회사는 완전모회사에 해당하게 된다. 즉, 乙주식은 甲$_1$ 회사와 乙 회사로 나뉘어 귀속된다. 최종적으로 甲$_1$은 완전모회사가 되고 乙 회사는 그 완전자회사가 된다. 역삼각합병의 결과 존속회사는 甲$_2$ 회사가 아닌 乙 회사가 된다.

정삼각합병과 달리 역삼각합병을 하여야 하는 실익은 乙의 재산 중에서 다른 권리주체로 이전이 되지 않는 것이 포함된 경우(예컨대, 지적재산권, 허가, 면허 등)에 있다. 위와 같은 결과는 甲$_1$ 회사와 乙 회사 간에 직접 주식교환을 해도 얻을 수가 있지만 甲$_1$ 회사가 외국회사인 경우에는 주식교환이 불가능하다. 상법상 주식교환은 내국회사 간에만 가능하기 때문이다. 甲$_1$ 회사가 외국회사이더라도 완전자회사인 내국회사 甲$_2$를 설립한 후에 역삼각합병을 하면 그 거래 당사자는 甲$_2$ 회사와 乙 회사이므로 상법에 따르더라도 가능한 거래가 된다. 甲$_1$ 회사가 내국회사라면 주주총회를 거치지 않아도 되고 주주의 주식매수청구권을 회

945) 역삼각합병 과정에서 甲$_2$ 회사가 보유하던 乙주식이 乙 회사로 승계되는데, 乙 회사는 상법 제342조의2 제1항 제1호에 따라 자기주식을 취득할 수 있다. 또한 乙 회사는 甲$_1$ 회사에게 합병대가로 乙 주식을 발행해 주어야 하는데 그 대신 합병을 통해 승계하는 자기주식을 교부할 수 있다.

피할 수 있다는 점은 정삼각합병의 경우와 같다.

(4) 평 가

삼각합병이나 역삼각합병의 장점이란 결국 $甲_1$ 회사의 소수주주를 보호하지 않는 것과 같은 것이므로 이 거래기법들은 주주의 보호라는 법정책적 측면에서는 문제가 있다. 또한 외국자본의 국내 진출을 용이하게 하는 측면도 있다.

마. 합병을 할 날(합병기일)

합병기일은 합병당사회사가 경제적, 실무적으로 하나가 되는 것으로 정한 날로서 합병등기일과 구별되고 합병등기일보다 선행한다. 합병기일은 특히 회계 및 세무의 측면에서 의미가 있다.

바. 합병회사의 정관변경

합병회사가 합병으로 인하여 정관을 변경하기로 정한 때(상호변경, 사업목적 추가 등)에는 이를 합병계약서에 기재하여야 한다(법 523 VII).

사. 각 회사가 합병으로 이익배당을 한 경우 그 한도액

합병계약 이후 합병등기 이전에 합병당사회사가 이익배당을 하는 경우를 말한다. 합병비율은 합병계약 체결시의 재무상태를 기준으로 하는데 그 이후 이익배당을 한다면 기준이 되는 재무상태에 변경이 생기므로 이를 합병비율 산정시에 고려할 수 있도록 미리 합병계약서에 기재하도록 한 것이다.[946)]

2. 공 시

주주 또는 채권자가 합병과 관련된 의사결정을 하기 위하여는 합병에 관한 구체적인 사항을 알아야 한다. 따라서 이사는 합병승인결의를 위한 주주총회의 2주 전부터 합병을 한 날 이후 6개월이 경과하는 날까지 합병계약서, 소멸회사의 주주에게 발행하는 주식의 배정사항과 그 이유를 기재한 서면, 합병당사회사의 재무상태표와 손익계산서를 본점에 비치하여야 한다(법 522의2 ①). 주주 및 채권자는 영업시간 내에는 언제든지 이 서류의 열람을 청구하거나 회사가 정한 비용을 지급하고 그 등본 또는 초본의 교부를 청구할 수 있다(법 522의2 ②).

946) 이철송, 앞의 책, 1143면.

3. 합병결의

합병계약은 존속회사와 소멸회사 모두 주주총회의 특별결의에 의한 승인을 얻어야 효력이 발생한다(법 522 ①, ③). 다만, 간이합병(법 527의2), 소규모합병(법 527의3)은 예외로 이사회 결의에 의한다. 합병에 반대하는 주주에게는 주식매수청구권이 인정된다(법 522의3).[947] 소규모합병의 존속회사 주주에 대하여는 주식매수청구권이 배제된다. 회사가 종류주식을 발행한 경우에는 불이익을 받게 될 종류주주총회의 결의도 필요하다(법 436).

4. 채권자보호절차

합병은 존속회사와 소멸회사의 채권자의 이해관계에 영향을 미친다. 존속회사 채권자의 입장에서는 책임재산이 증가하기는 하지만 동시에 소멸회사의 모든 부채를 포괄승계하므로 책임재산이 부족하게 될 수 있다. 소멸회사의 채권자 입장에서도 존속회사의 채무변제능력에 따라서는 변제가 불확실해질 수 있다. 따라서 존속회사와 소멸회사 모두 주주총회의 승인결의 이후 2주 이내에 채권자보호절차를 거쳐야 한다(법 527의5). 후술하는 간이합병·소규모합병에서도 채권자보호의 필요성은 동일하기 때문에 이사회의 승인으로부터 2주 이내에 채권자보호절차를 거쳐야 한다(법 527의5 ②).

5. 주식의 병합과 주권의 제출

흡수합병의 경우 합병비율을 단순화하기 위하여 주식의 병합이 필요할 수 있다. 이 경우 자본금감소시의 주식병합 절차를 준용한다(법 530 ③, 440부터 444까지).

---

947) 대법원은 주권상장법인의 주식매수가액 산정기준과 관련하여 원칙적으로 해당 법인의 시가를 기준으로 하되 법령상 산식에 구속되지 않고 공정한 매수가격을 산정한다는 매수가격 결정 신청사건의 제도적 취지와 개별 사안의 구체적 사정을 고려하여 이사회 결의일 이전의 어느 특정일 시장주가를 참조할 것인지 또는 일정 기간 동안의 시장주가를 참조할 것인지 또는 일정 기간 동안의 시장주가의 평균치를 참조할 것인지, 자본시장법 시행령 제176조의7 제3항 제1호에서 정한 산정 방법에 따라 산정된 가격을 그대로 인정할 것인지 등을 합리적으로 결정할 수 있다고 판시하였다. 대법원 2022. 4. 14. 자 2016마5394·5395·5396 결정; 대법원 2011. 10. 13. 자 2008마264 결정.

한편, 대법원은 주권비상장법인의 주식매수가액 산정기준과 관련하여서는 객관적 교환가치가 적정하게 반영된 정상적인 거래의 실례가 있으면 그 거래가격을 시가로 보아 주식의 매수가액을 정하여야 하나 그러한 거래사례가 없으면 비상장주식의 평가에 관하여 보편적으로 인정되는 시장가치방식, 순자산가치방식, 수익가치방식 등 여러 가지 평가방법을 활용하되 비상장주식의 평가방법을 규정을 규정한 관련 법규들이 규정한 어느 한 가지 평가방법을 항상 적용하여야 하는 것은 아니라고 판단하였다(시장가치, 순자산가치, 수익가치 등 여러 가지 평가요소를 종합적으로 고려하여 비상장주식의 매수가액을 산정할 경우 해당 회사의 상황이나 업종의 특성, 위 각 평가요소가 주식의 객관적인 가치를 적절하게 반영할 수 있는 것인지, 그 방법에 의한 가치산정에 다른 잘못은 없는지 여부에 따라 평가요소를 반영하는 비율을 각각 다르게 하여야 한다). 또한 회사의 발행주식을 회사의 경영권과 함께 양도하는 경우 그 거래가격은 주식만을 양도하는 경우의 객관적 교환가치를 반영하는 일반적인 시가로 볼 수 없으며 비상장법인의 순자산가액에는 영업권의 가액이 당연히 포함된다고 보았다. 이상, 대법원 2006. 11. 24. 자 2004마1022 결정.

6. 총회개최

가. 보고총회(흡수합병)

흡수회사의 경우 존속회사 이사는 채권자보호절차가 끝난 후, 주식병합이 필요한 때에는 그 효력이 생긴 후 또는 병합에 적당하지 않은 주식이 있을 때에는 상법 제443조에 따른 단주의 처리를 한 후 지체없이 주주총회(보고총회)를 소집하여 합병에 관한 사항을 보고하여야 한다(법 526 ①). 통설은 보고에 관하여 승인결의가 필요하지 않다고 한다. 신주인수인이 된 소멸회사의 주주는 아직 존속회사 주주는 아니지만 이 총회에서는 주주와 동일한 권리를 갖는다(법 526 ② 但). 보고총회는 이사회의 공고로 갈음할 수 있다(법 526 ③).

나. 창립총회(신설합병)

신설합병의 경우 설립위원(법 175)은 흡수합병과 같은 절차를 밟은 후에 지체없이 창립총회를 소집하여야 한다(법 527 ①). 창립총회에서는 설립위원의 보고를 듣고 임원을 선임하여야 한다(법 527 ③, 311, 312). 그러나 설립폐지와 같이 합병계약의 취지에 반하는 결의는 할 수 없다(법 527 ② 但). 창립총회에 관하여는 주식회사 설립시의 창립총회에 관한 여러 규정이 준용된다(법 527 ③). 또한 정관의 내용도 합병계약의 내용으로 정해진다.

창립총회도 보고총회와 마찬가지로 이사회의 공고로 갈음할 수 있다(법 527 ④). 그런데 이를 이사회 공고로 갈음하려면 임원을 선임할 수 없게 되는 문제가 있으므로 합병계약에서 신설회사의 이사, 감사를 정해야 한다(법 524 VI). 합병계약에서 이사와 감사를 정하면 합병계약을 승인하는 주주총회 결의가 이사와 감사를 선임하는 결의를 포함하므로 이사, 감사를 선임하기 위하여 창립총회를 개최할 필요는 없다.[948)]

7. 합병등기

보고총회 이후 상법 제528조에 따라 존속회사의 경우에는 변경등기, 소멸회사의 경우에는 해산등기의 합병등기를 한다. 이러한 합병등기는 단순한 대항요건이 아니라 합병의 효력발생요건이다(법 530 ②, 234).

8. 임원의 임기

흡수합병의 경우 존속회사의 이사나 감사로 합병 전에 취임한 자는 합병계약에 달리 정한 경우를 제외하고 합병 후 최초로 도래하는 결산기의 정기주총이 종료한 때에 퇴임한

---

948) 대법원 2009. 4. 23. 선고 2005다22701·22718 판결.

다(법 527의4 ①). 합병의 결과 주주구성에 변화가 생기므로 새로운 주주들의 참여에 의하여 새로운 경영진을 구성하도록 하기 위한 규정이다.

9. 사후공시

합병 이후 존속회사 또는 신설회사는 채권자보호절차의 경과, 합병을 한 날, 소멸회사로부터 승계한 재산과 채무의 액, 기타 합병에 관한 사항을 기재한 서면을 합병을 한 날로부터 6개월간 본점에 비치하여야 한다(법 527의6 ①). 주주 및 채권자는 이 서류를 열람하거나 등·초본의 교부를 청구할 수 있다(법 527의6 ②).

10. 질권의 효력

소멸회사의 주식은 합병의 결과 소멸하나, 합병으로 인하여 주주가 받는 주식 또는 교부금에 미친다(530 ④, 339). 등록질권자는 회사에 대하여 주권의 교부를 직접 청구할 수 있다(530 ④, 340 ③).

Ⅳ. 약식합병(간이합병 · 소규모합병)

간이합병 및 소규모합병을 통칭하여 약식합병이라고 한다. 이하에서 설명하는 약식합병은 신설합병에서는 사용할 수 없고 흡수합병에서만 가능한 제도라는 점에 유의하여야 한다.

1. 개 관

합병시 주주총회의 승인결의를 얻게 하고 반대주주에게 주식매수청구권을 인정하는 방식으로 주주를 보호한다. 그러나 이러한 절차는 많은 비용이 들기 때문에 의미가 없는 경우까지 절차를 이행하도록 할 이유가 없다. 따라서 상법은 주주총회의 승인결의를 거치지 않고 이사회의 결의만으로 합병할 수 있는 두 가지 예외를 인정하고 있다. 이것이 간이합병과 소규모합병이다. 간이합병과 소규모합병은 주주총회를 열지 않는다는 점에서는 동일하지만 그 취지가 다르기 때문에 ① 어느 회사가 주주총회를 요하지 않는지, ② 반대주주의 주식매수청구권이 인정되는지 여부에서 차이가 있다.

2. 간이합병(소멸회사)

① 소멸회사의 총주주가 동의하거나, ② 존속회사가 이미 소멸회사 발행주식총수의 90% 이상을 보유하는 경우에는 소멸회사 주주총회의 승인결의 없이 이사회의 승인만으로

합병할 수 있는데, 이를 간이합병이라고 한다(법 527의2 ①). 이러한 요건을 충족하면 소멸회사의 주주총회는 사실상 형식에 불과하므로 굳이 주주총회를 개최할 필요가 없다는 것이다. 그러나 존속회사 주주총회에서는 이러한 사정이 없으므로 주주총회의 특별결의를 거쳐야 한다.

그러나, 소멸회사의 반대주주에게는 주식매수청구권이 인정된다. 존속회사가 소멸회사의 지분 100%를 보유하지 않는 이상 소멸회사에 합병에 반대하는 소액주주가 존재할 수 있는데, 이러한 소액주주는 합병으로 이해관계에 중대한 영향을 받기 때문이다. 합병으로 인하여 소멸하는 회사는 합병계약서를 작성한 날부터 2주 내에 주주총회의 승인을 얻지 않고 합병을 한다는 뜻을 공고하거나 주주에게 통지하여야 한다. 다만 총주주의 동의가 있으면 그렇지 않다(법 527의2 ②). 소멸회사의 주주총회가 개최되지 않으므로 반대주주가 주식매수청구권을 행사하기 위해서는 회사에 서면으로 합병에 반대하는 의사를 통지하여야 한다(법 522의3 ②). 간이합병을 하더라도 존속회사의 입장에서는 아무런 차이가 없다.

3. 소규모합병(존속회사)

가. 의 의

존속회사 입장에서 의미가 있는 것은 소규모합병이다. 소규모합병이란 존속회사가 소멸회사의 주주에게 발행하는 신주 및 이전하는 자기주식의 총수가 존속회사 발행주식의 10% 이하인 경우를 말하는데 존속회사의 주주총회 승인을 거치지 않는다. 합병신주가 존속회사 발행주식총수의 10% 이하라는 것은 존속회사의 기업가치가 소멸회사보다 10배 이상이라는 것을 의미하므로 결국 존속회사 입장에서는 합병의 규모가 너무 작아서 주주의 이해관계에 영향을 주지 않는다는 취지이다. 이처럼 소규모합병은 간이합병의 경우와 달리 주주가 이해관계를 가진다고 보기 어려운 경우이므로 존속회사의 반대주주의 주식매수청구권도 인정되지 않는다는 점(법 527의3 ⑤)에 주의하여야 한다. 존속회사 입장에서는 주주총회의 개최는 물론 주식매수청구권 문제도 없앨 수 있다. 소규모합병을 하려면 합병계약서에 그 뜻을 기재하여야 한다(법 527의3 ②).

나. 적극적 요건

소규모합병은 합병신주 또는 이전하는 자기주식의 규모가 존속회사 발행주식총수의 10% 이하인 경우에만 가능하다(법 527의3 ①). 이 요건은 소멸회사가 '소규모'인 기준을 존속회사 자본금 기준 10% 이하로 정한 것이다.

▌예 시

甲 회사는 발행주식 1,000주, 1주당 시가 100원이고 乙 회사는 발행주식 100주, 1주당 시가 150원이라고 가정하여 보자. 위 경우 甲 회사가 乙 회사를 합병하면서 새로이 주식을 150주를 발행하여 주면 소규모합병에 해당하지 않게 된다.

이 경우 甲 회사는 합병에 앞서서(예컨대 6개월 이전에) 乙 주식을 50주 매수할 수 있다(포합주식). 甲 회사가 합병하면서 이미 취득한 乙 주식 50주에 대하여 甲 주식 75주를 배정하지 않기로 하면 나머지 乙 주식 50주에 대하여만 甲 주식 75주를 배정하면 된다. 따라서 형식적으로는 소규모합병의 요건을 충족할 수 있다.[949)]

다. 소극적 요건

(1) 합병교부금의 크기

소규모합병의 소극적 요건으로, 소멸회사 주주에게 지급하는 합병교부금의 총액이 존속회사 순자산액의 5%를 초과하면 소규모합병을 할 수 없다(법 527의3 ① 但). 합병교부금을 지급하는 방법으로 합병교부주식을 줄이는 것을 막기 위한 규정이다. 그런데 존속회사가 소규모합병을 위하여 미리 소멸회사의 주식을 취득하여 포합주식을 확보하는 것도 소멸회사 주식에 대하여 금전으로 대가를 지급한다는 점에서 보면 합병교부금과 다르지 않다고 할 수 있다(위 예시). 그러나 판례는 여기서 말하는 합병교부금을 합병결의로 실제로 소멸회사 주주에게 지급된 금전으로만 제한하여, 존속회사가 미리 소멸회사 주식(포합주식)을 매수하면서 지급한 매매대금은 이에 해당하지 않는다고 본다.[950)]

(2) 반대주주의 의사통지

존속회사의 20% 이상의 주식을 보유한 주주가 서면으로 합병에 반대하는 의사를 통지하면 주주총회의 승인결의를 생략할 수 없다(법 527의3 ④). 소규모합병에서 주주총회의 결의를 거치지 않아도 되는 이유가 합병이 주주의 이해관계에 중요한 변화를 초래하지 않는다는 것에 있는데, 20% 이상에 해당하는 상당한 지분을 가진 주주가 반대한다면 그러한 전제가 잘못되었다는 것이다. 주주에게 반대할 기회를 부여하여야 하므로 존속회사는 주주에 대하여 합병의 내용에 대한 통지의무를 부담한다(법 527의3 ③).

---

949) 그 경우 배정하지 않은 75주도 배정한 것으로 보고 계산하여야 한다는 입장도 있다. 송옥렬, 앞의 책, 1262면.
950) 대법원 2004. 12. 9. 선고 2003다69355 판결.

V. 합병의 효과

합병으로 소멸회사는 소멸하고 그 권리의무는 존속회사에 포괄승계된다. ① 합병은 회사의 해산사유이므로(법 517 I, 227 IV) 소멸회사는 해산된다. 그러나 다른 해산사유와 달리 청산절차를 거치지 않고 바로 소멸하는 점이 특징이다. 권리의무가 존속회사로 포괄승계되므로 따로 권리의무를 처분할 필요가 없기 때문이다. ② 소멸회사의 주주는 일반적으로 합병교부주식을 취득함으로써 존속회사의 주주가 된다. 주주가 되는 것은 합병의 효과로 인정되는 것이므로 신주의 효력발생시기는 합병등기를 한 때이다.

VI. 합병무효의 소

1. 개 관

합병절차에 하자가 있더라도 다수의 이해관계가 얽혀 있기 때문에 일반원칙에 따라 무효, 취소를 허용하는 것은 법률관계에 불안정을 초래할 수 있다(법 529).[951] 합병무효의 주장은 오직 합병무효의 소로써만 할 수 있다. 합병무효의 소는 형성의 소로써 합병등기일로부터 6개월 내에 한하여 주주, 이사, 합병을 승인하지 않은 채권자[952] 등 상법 제529조 제1항에서 정하는 제소권자가 제소할 수 있다. 구체적인 무효원인은 상법에 규정되어 있지 않지만 대체로 합병계약의 하자, 채권자보호절차의 불이행, 주주총회의 승인결의의 하자, 합병비율의 불공정(後述) 등이 이에 해당할 수 있다. 소송절차나 판결의 효력은 다른 회사법상의 소와 동일하다.[953] 이하에서는 합병비율의 불공정이 합병무효의 원인이 되는지를 상세하게 살펴본다.

2. 합병비율의 불공정과 합병무효

우리나라에서 합병은 주로 동일기업집단 내의 계열사 간에 이루어지기 때문에 지배주주가 많은 지분을 갖고 있는 회사에게 유리하게 합병비율을 결정하는 경우가 적지 않다. 이렇게 합병비율이 합병당사회사 중 일방에게 유리하게 정해지면 신주의 제3자에 대한 저가

951) 합병등기에 의하여 합병의 효력이 발생한 후에는 합병무효의 소 이외에 합병결의 무효확인 청구만을 독립된 소로서 구할 수 없다. 대법원 1993. 5. 27. 선고 92누14908 판결.

952) 채권자는 채권자보호절차에서 변제를 받거나, 상당한 담보를 제공받거나 상당한 재산을 신탁회사에 신탁받은 경우 소의 이익을 잃게 된다. 따라서 합병을 승인하지 않은 채권자는 채권자보호절차의 흠결을 이유로 하여서만 합병무효의 소를 제기할 수 있다. 上柳克郎/竹内昭夫/鴻常夫 (編集), 「新版 注釈会社法(13)」, 有斐閣, 1990, 249면.

953) 합병무효판결이 확정되면 아직 합병무효등기가 마쳐지지 않았더라도 합병에 의한 집행당사자의 승계를 인정할 수 없다(대법원 2016. 6. 23. 선고 2015다52190 판결).

발행과 마찬가지구조로 주주 간에 부가 이전된다. 다음의 예시를 보자.

예 시

甲 회사와 乙 회사의 순자산가치는 각각 200원, 100원이다. 발행주식수는 모두 10주이다. 甲 주식 1주는 공정가치가 20원, 乙 주식 1주는 공정가치가 10원이다. 따라서, 甲 회사가 乙 회사를 흡수합병하는 경우 공정한 비율로 합병하면 乙 회사의 주식 1주에 대하여 甲 회사 주식 0.5주를 교부하여야 한다. 그러나 합병비율을 乙 회사에 유리하게 1:1로 잡는다면, 합병결과 甲사의 발행주식수는 20주, 순자산가치는 300원이 되므로 甲 주식의 공정가치는 합병전 1주당 20원에서 합병후 1주당 15원으로 하락한다. 따라서 그만큼 甲 주주가 손해를 입게 되고 乙 주주는 같은 크기의 이익을 얻게 된다. 두 회사 모두의 지배주주인 A의 乙 회사에 대한 지분비율이 甲 회사에 대한 지분비율보다 상대적으로 높다면 종국적으로 乙 회사의 주주로서 얻은 이익이 甲 회사의 주주로서 본 손실을 상회하게 된다.

위 예시에서 손해를 입은 甲 회사 주주는 합병무효의 소를 제기할 수 있는가. 학설상으로도 합병비율은 합병대가를 의미하는 것으로서 합병에서 가장 중요한 요소이므로 합병무효를 인정해야 한다는 견해가 유력하고 판례도 원론적 차원에서는 합병비율이 '현저하게' 불공정하다면 그 주주 등이 상법 제529조의 합병무효의 소를 제기할 수 있다고 본다.[954] 반대입장은 합병비율 불공정은 기본적으로 주주 간의 부의 이전문제이고 합병비율에 반대하는 주주는 주식매수청구권을 행사할 수 있다는 점을 논거로 든다.[955]

(보론) 합병비율의 불공정과 이사의 책임[956]

1. 문제의 소재

소멸회사 주주에게 유리하게 합병비율이 정해진 경우 존속회사의 이사는 존속회사 및 그 주주에 대하여 어떠한 책임을 지게 될 것인지, 존속회사 주주에게 유리하게 합병비율이 정해진 경우 소멸회사의 이사는 소멸회사 및 그 주주에 대하여 어떠한 책임을 지게 될 것인지 검토해 본다. 다만, 아래의 논의는 아직 확립된 이론이나 판례가 존재하지 않음에 유의할 필요가 있다.

(1) 소멸회사 주주에게 유리하게 합병비율이 정해진 경우

소멸회사 주주에게 유리하게 합병비율이 정해진 경우 존속회사의 이사는 존속회사와 그 주

954) 대법원 2008. 1. 10. 선고 2007다64136 판결; 대법원 2009. 4. 23. 선고 2005다22701·22718 판결.
955) 송옥렬, 앞의 책, 1252~1253면.
956) 송옥렬, 앞의 책, 1253면.

주에게 어떠한 책임을 지게 될 것인가? 위 경우는 경제적으로 신주를 제3자에게 저가로 발행한 것과 동일하다. 위 <예시>에서 乙사의 주주는 순자산가치 100원의 순자산을 현물출자하고 그 대가로 200원 상당의 신주를 교부받은 것과 다르지 않다. 그렇다면 그 의사결정에 참여한 이사는 존속회사에 대하여 임무위배가 성립하므로 회사에 대한 손해배상책임 또는 배임죄의 형사책임을 지게 되는 것으로 보아야 한다. 주주총회의 승인이 있었다고 하여 이러한 책임을 면할 수 없다. 이와 관련하여 위와 같은 불공정 합병의 경제적 실질은 존속회사 주주로부터 소멸회사 주주로 부가 이전된 것으로 보아 존속회사에는 손해가 없다고 보는 견해도 있을 수 있다. 그러나, 본래 존속회사는 200원 상당의 합병신주를 발행할 경우 200원 상당의 순자산을 출자받을 수 있었는데 결국 100원 상당의 순자산만을 출자받은 것이므로 차액설에 따르면 그 차액 100원이 존속회사의 손해가 된다고 보는 것이 민사법 이론에 부합한다. 또한 신주를 제3자에게 저가발행하는 경우 회사의 손해를 인정하는 판례의 입장[957]에 따르더라도 존속회사 주주에게 불리한 합병비율을 정한 것은 단순히 주주의 손해에 그치는 것이 아니라 회사의 손해라고 보는 것이 타당하다. 이 경우 존속회사의 주주가 입는 손해는 회사의 손해로 인한 간접손해에 해당하므로 기존 판례의 입장에 따르면 이사는 존속회사의 주주에 대하여 상법 제401조에 따른 손해배상책임을 지지 않는다고 해석하여야 할 것이다.

(2) 존속회사 주주에게 유리하게 합병비율이 정해진 경우

존속회사 주주에게 유리하게 합병비율이 정해진 경우 소멸회사 이사는 소멸회사 및 그 주주에게 어떠한 책임을 지게 될 것인가? 이 경우 합병의 당사자인 소멸회사가 받아야 할 합병대가 보다 적은 합병대가를 교부받은 것이므로 그 차액 상당이 소멸회사의 손해에 해당한다고 볼 수 있다. 그렇다면 소멸회사 이사는 소멸회사에 대하여 제399조에 따른 책임을 진다고 볼 수 있다. 그러나, 소멸회사는 합병과 동시에 소멸하므로 위와 같이 구성하는 것은 현실적이지 않다. 오히려 소멸회사 이사는 소멸회사 주주에게 직접 손해를 입힌 것으로 구성하여 상법 제401조에 따른 책임을 부담하는 것으로 해석하는 것이 타당하다고 본다.

제 2 편 회사분할

Ⅰ. 의 의

회사분할은 회사의 적극·소극재산이 하나 이상의 회사로 분리되어 포괄승계되고 그 대가로 회사 또는 그 주주가 분할신설회사 또는 분할승계회사[958]로부터 지분(신주 또는 자기주식) 또는 금전 기타 재산(분할교부금)을 교부받는 회사법상의 제도이다. 합병은 소멸회

957) 대법원 2009. 5. 29. 선고 2007도4949 판결.
958) 상법은 분할승계회사를 분할합병의 상대방회사라고 지칭하기도 한다.

사의 모든 적극·소극재산이 하나의 회사로 포괄승계됨에 반하여 분할은 분할회사의 적극·소극재산이 부분적으로 그리고 하나 이상의 회사로 포괄승계된다는 점에 차이가 있다.

II. 분할의 분류 및 유형

회사분할은 여러 기준으로 분류할 수 있다. 아래 설명하는 분할의 유형은 상호간에 다시 짝을 이루어 다양한 형태를 구성할 수 있다.

1. 인적분할·물적분할

신설회사 또는 분할승계회사가 분할의 대가(분할교부주식, 분할교부금)을 분할회사에게 교부하는 경우를 물적분할, 분할회사 주주에게 교부하는 경우를 인적분할이라고 한다. 전자는 분할회사의 재산만 분할되므로 '물적(物的)' 분할이라고 하고, 후자는 종전의 사원도 분할회사의 사원과 분할신설회사 또는 분할승계회사의 사원으로 지위가 분할되므로 '인적(人的)' 분할이라고 하는 것이다. 상법은 인적분할을 단순히 '분할'이라고 지칭하면서 상법 제530조의2부터 제530조의11까지에서 규정하고 물적분할은 상법 제530조의12에서 인적분할에 관한 규정을 준용하도록 한다.

2. 단순분할·분할합병

단순분할은 분할된 재산이 별도의 회사로 독립하여 신설되는 경우를 말하고 분할합병은 분할된 재산이 기존의 회사로 흡수되는 경우를 말한다. 상법 제530조의2 제1항은 단순분할을, 같은 조 제2항은 분할합병을 각각 규정하고 있다. 두 가지를 병행하여 분할된 영업의 일부는 신설회사로 하고 나머지 일부는 다른 회사에 흡수시키는 것도 가능하다(법 530의2 ③).

분할합병은 다시 기존의 분할승계회사를 분할합병의 상대방회사로 하는 흡수분할합병(법 530의6 ①)과 다른 회사의 전부[959] 또는 일부와 분할합병하면서 회사를 새로 설립하는 신설분할합병(법 530의6 ②)으로 나뉜다.

(보론) 물적흡수분할합병의 허용여부

위에서 본 두 가지 기준에 따른 유형을 조합한 예로서 분할회사가 물적분할을 하면서 기존의 분할승계회사로 분할재산을 흡수시키는 물적흡수분할합병이 허용되는지에 관하여 논란이

959) 이 경우에는 그 다른 회사는 소멸하는데 법인세법에서는 이를 '소멸한 분할합병의 상대방회사'라고 한다.

있다. 그 이유는 상법 제530조의12가 물적분할을 정의하면서 「분할회사가 분할 또는 분할합병으로 인하여 '설립'되는 회사의 '주식총수'」를 취득할 것을 요구하기 때문이다. 물적흡수분할합병은 분할승계회사가 이미 설립되어 있으므로 분할을 계기로 회사가 설립되지도 않고 분할승계회사의 주식총수를 교부받을 수도 없기 때문이다. 만일 위와 같은 형태의 분할합병이 허용되지 않는다고 하면 일단 물적단순분할을 한 다음에 분할신설회사와 (본래의) 분할승계회사가 다시 합병을 하는 번잡한 절차를 거쳐야 한다. 등기실무상으로는 물적흡수분할합병이 허용되고 있다.[960]

Ⅲ. 법적 성질

회사분할의 법적 성질에 관하여는 하나의 법인격이 분할된 것이라는 인격분할설, 분할회사가 분할신설회사 또는 분할승계회사로 현물출자를 한 것이라는 현물출자설의 대립이 있다.

Ⅳ. 분할절차

1. 분할계획서 · 분할합병계약서

분할의 첫 단계로 분할의 내용을 정한 분할계획서 또는 분할합병계약서를 마련하여야 한다.[961] 분할계획서에 관하여는 상법 제530조의5, 분할합병계약서에 관하여는 상법 제530조의6이 각각 규율하고 있다. 합병과 분할은 양적 차이에 불과하므로 기재사항이 유사하다. 따라서 여기서는 특별히 주의할 사항만을 살펴본다.

가. 분할대가

상법은 분할대가로서 분할교부주식(신주, 자기주식) 이외에 분할교부금(법 530의5 ① V), 분할합병교부금(법 530의6 ① IV)을 교부할 수 있도록 규정하고 있다. 따라서 분할합병의 경우 분할승계회사는 그 모회사 주식을 교부금으로 교부하는 방법으로 삼각분할합병을 할 수 있다(법 530의6 ④, ⑤).

나. 분할의 대상

분할의 대상은 영업 단위에 한하는가 아니면 개별 자산 및 부채도 무방한가에 관하여

960) 2003. 10. 8. 공탁법인 3402−239 질의회답
961) 단순분할의 경우 상대방이 없으므로 분할계획을, 분할합병의 경우 상대방이 있으므로 분할합병계약을 각각 작성한다.

견해의 대립이 있으나 후자의 입장이 다수설이다. 법문상 후자의 입장이 타당하다(법 제530의5 ① VII, ② III).

다. 자기주식에 대한 분할교부주식 배정

다음의 예시에서 드러나는 문제점으로 인하여 분할회사의 자기주식에 대하여 분할교부주식을 배정할 수 있는지가 종래부터 논란이 되어 왔다.

예 시

甲 회사의 주주구성은 A(50%), B(30%), 자기주식(20%)으로 되어 있다. 자기주식은 주주권이 정지되므로 실제 지분구조는 A:B = 5:3이다. 甲 회사가 특정 사업부문을 인적단순분할하여 乙 회사를 설립하면서 분할신주 100주를 甲 회사의 자기주식에 대하여까지 배정한다고 가정한다. 배정결과 乙 회사의 주주구성은 A(50%), B(30%), 甲 회사(20%)가 된다. 즉, 甲 회사의 자기주식이 乙 회사 주식으로 바뀌면서 정지되어 있던 주주권이 되살아나는 것이다. 그런데 A가 甲 회사를 지배하고 있으므로 결국 A는 乙 회사에 대하여 70%의 지분을 갖고 있는 결과가 된다. 당초 자기주식을 취득할 때 甲 회사의 배당가능이익이 사용되었으므로 A는 甲 회사의 돈으로 乙 회사(종래 甲 회사의 특정 사업부문)에 대한 추가지분 20%를 확보한 셈이다.

현재 자본시장법이 적용되는 상장회사의 경우 분할회사의 자기주식에 대하여는 분할교부주식을 배정할 수 없다(자본시장법 시행령 176 ③). 명문의 규정은 없지만 규율의 취지상 비상장회사에 대하여도 같은 취지로 해석하는 것이 타당하다.

2. 분할결의

분할계획서·분할합병계약서는 분할회사 주주총회의 특별결의를 거쳐야 한다(법 530의3 ①, ②). 단순분할의 경우 반대주주의 주식매수청구권이 배제된다(법 530의11 ②, 522의3). 조직재편에서 반대주주의 주식매수청구권이 배제되는 매우 드문 예인데 이 점 때문에 실무에서 단순분할이 선호된다고 한다. 또한 상법은 합병이나 주식의 포괄적 교환·이전과 달리 의결권 없는 주주에게도 의결권을 부여하고 있다(법 530의3 ③).[962)]

상법 제530조의3 제6항은 회사의 분할 또는 분할합병으로 인하여 분할 또는 분할합병에 관련되는 각 회사의 주주의 부담이 가중되는 경우에는 주주 전원의 동의가 필요하다고

---

962) 합병이나 주식교환·주식이전 등 다른 조직재편거래에는 그러한 규정이 없다. 분할의 경우 1997년말 외환위기 시기에 급하게 프랑스법제를 도입하는 과정에서 다른 조직재편제도와의 정합성에 관한 고려가 부족하였기 때문에 여러 부정합이 드러난다.

규정하고 있어 그 의미가 무엇인지 문제가 된다. 하급심 판결은 그 의미를 '주식회사의 본질상 주식인수가액을 한도로 출자의무가 있을 뿐인 주주에게 직접적인 의무 또는 부담을 가중하는 예외적인 경우'로 한정하여 해석하여야 한다는 입장이다.[963]

3. 채권자보호절차

가. 채권자보호절차의 의미

인적분할의 경우 분할회사 채권자의 입장에서는 책임재산이 감소하는 결과가 된다. 물적분할의 경우 분할재산에 갈음하여 분할교부주식이 자산으로 계상되기 때문에 책임재산은 감소하지 않지만 분할회사 채권자의 지위는 종전보다는 구조적으로 불리하게 된다.[964]

---

963) 서울고등법원 2008. 11. 6. 선고 2004나66911 판결(대법원 2010. 8. 19. 선고 2008다92336 판결로 확정): 「상법은 회사의 분할로 분할에 관련되는 각 회사의 주주의 부담이 가중되는 경우에는 그 주주 전원의 동의가 필요한 것으로 정하고 있는바(제530조의3 제6항, 이하 '이 사건 조항'이라 한다), 회사 분할에 관한 상법의 전체적인 규정 등으로 알 수 있는 다음과 같은 사정, 즉, ① 자산과 부채 등을 균분하는 현실적으로 예상하기 어려운 분할을 하지 않는 이상, 대부분의 회사 분할시 다소간의 자산과 부채의 불균형한 귀속은 불가피하게 수반되게 마련인 점, ② 상법은, 위와 같은 회사 분할에 있어서 주주의 보호를 위하여, 분할합병에 관한 주주총회의 승인은 특별결의에 의하도록 하고(제530조의3 제2항, 제1항), 위 특별결의에 의결권이 없는 주주에게도 의결권을 부여하고(제530조의3 제3항, 제370조 제1항), 분할로 인하여 어느 종류의 주주에게 손해가 발생하는 경우 종류주주총회의 특별결의까지 거치도록 하고 있을 뿐만 아니라(제530조의3 제5항, 제435조 제1항, 제2항), 회사의 분할로 인하여 주식도 분할하여야 하는 경우에도 주주총회의 특별결의를 거치는 것(제530조의11, 제329조의2 제2항)으로 정하고 있는 점, ③ 그럼에도 불구하고 이 사건 조항은 '주주 전원의 동의'라는 이례적인 승인절차를 추가하고 있는데, 그 대상으로 '회사의 부담'이 아닌 '회사의 주주의 부담'이 가중되는 경우로 정하고 있는 점, ④ 한편, 앞서 본 바와 같이 회사 분할에 자산 및 부채의 불균형한 귀속이 수반된다고 볼 때에 분할회사 또는 신설회사 중 일방 회사는 그 부담이 가중되게 마련인데, 이 사건 조항의 '회사의 주주의 부담'을 '회사의 부담'과 동일시하게 될 경우, 모든 회사 분할에 있어서 부담이 가중되는 회사에 따라 분할회사의 주주 또는 신설회사의 주주 전원의 동의가 필요하게 되어 회사 분할제도의 활용을 가로막는 요소로 작용할 것인 점 등을 종합하여 보면, 이 사건 조항에서 '회사의 주주의 부담이 가중되는 경우'란, <u>회사의 부담이 가중되는 경우, 즉 회사의 부담이 가중됨에 따라 간접적으로 주주의 부담이 가중되는 경우와 같이 폭넓게 해석할 수는 없고, 주식회사의 본질상 주식인수가액을 한도로 출자의무가 있을 뿐인 주주에게 직접적인 의무 내지 부담을 가중하는 예외적인 경우로 한정하여 해석하여야 할 것이다.</u>」(밑줄은 저자). 따라서, 설사 인적분할로 인하여 분할회사의 청산가치가 감소하게 되어 그 주주에게 부담이 가중되었다고 가정하더라도 회사의 주주의 부담이 가중되는 경우에 해당하지 않는다. 또한 위 대법원 2010. 8. 19. 선고 2008다92336 판결은 위 상법 제530조의3 제6항의 규정 취지와 관련하여 「"회사의 분할 또는 분할합병으로 인하여 분할 또는 분할합병에 관련되는 각 회사의 주주의 부담이 가중되는 경우에는 제2항 및 제5항의 결의 외에 그 주주 전원의 동의가 있어야 한다."고 규정하고 있다. 이 규정은 회사의 분할 또는 분합합병과 관련하여 주주를 보호하기 위하여 마련된 규정이고 분할 또는 분할합병으로 인하여 회사의 책임재산에 변동이 생기게 되는 채권자를 보호하기 위하여 마련된 규정이 아니므로, 회사의 채권자는 위 규정을 근거로 회사분할로 인하여 신설된 회사가 분할 전 회사의 채무를 연대하여 변제할 책임이 있음을 주장할 수 없다.」고 판시하였다.

964) 송옥렬, 앞의 책, 1290면.

▌예 시

甲 회사는 요식업 부문을 물적분할하여 乙 회사를 설립하였다. 甲 회사의 채권자들은 물적분할 전에는 회사청산시에 요식업 부문의 재산에 관하여 甲 회사 주주들보다 우선적으로 변제를 받을 수 있지만 물적분할 이후에는 乙 회사 청산시에 乙 회사 채권자가 우선적으로 변제를 받고 甲 회사가 주주로서 후순위로 변제를 받으면 그 변제받은 재산 범위 내에서 甲 회사 주주보다 우선하여 변제를 받을 수 있을 뿐이다. 즉, 甲 회사 채권자는 물적분할로 인하여 乙 회사 채권자보다 후순위에 서게 된다.

따라서 분할은 채권자보호의 필요성이 다른 조직재편에 비하여 크다. 상법은 분할회사의 채권자보호를 위하여 분할회사의 분할 전 채무에 관하여 분할당사회사들이 연대책임을 지는 방법을 택하고 있다. 따라서 단순분할의 경우 채권자보호절차를 거치지 않는 것이 원칙이고 연대책임을 배제하려고 하는 경우에 한하여 채권자보호절차를 거친다. 분할합병의 경우 상법은 연대책임과 함께 채권자보호절차를 거치도록 규정하고 있다.[965]

나. 채권자보호절차의 내용

분할절차에서의 채권자보호절차도 채권자에게 분할에 대한 이의를 제출하도록 공고하고, 분할회사가 알고 있는 채권자에 대하여는 개별적으로 이의제출을 최고하며, 이의를 제출한 채권자에 대하여 변제 또는 담보제공 등을 행하는 것을 내용으로 한다(법 527의5, 232). 이의를 제출하지 않은 채권자는 분할을 승인한 것으로 되어 분할무효의 소를 제기할 수 없다.

분할회사는 '알고 있는 채권자'에 대하여는 개별적으로 이의제출을 최고하여야 하므로 그 범위가 문제되는데, 판례는 회사의 대표이사가 개인적으로 알고 있는 채권자도 포함된다고 본다.[966]

분할합병에서는 언제나 채권자보호절차를 거쳐야 하지만, 단순분할에서는 연대책임을 배제하는 경우에만 거치므로, 채권자보호절차에 흠결이 있는 경우의 효과는 구분하여 검토하여야 한다. ① 단순분할에서 채권자에 대한 공고 또는 최고를 하지 않았다면, 연대책임 배제의 요건을 갖추지 못한 것이므로 원칙으로 돌아가 신설회사 등에게 연대책임이 부과된

965) 상법은 분할합병을 규율체계상 합병의 일종으로 다루는 입장이기 때문이다.

966) 대법원 2011. 9. 29. 선고 2011다38516 판결. 甲 주식회사는 2007. 4. 23. 약속어음 1장을 수취인 백지로 하여 발행하였는데 甲 주식회사의 대표이사인 A는 제1배서인으로 B에게 배서양도하였고 이후 계속 유통되어 C가 소지하고 있었다. C는 적법한 지급제시기간 내인 2007. 6. 5. 지급은행에 지급제시하였으나 지급거절되자, B에 대하여 상환청구를 하였고, 이에 따라 B는 상환의무를 이행하여 약속어음을 소지하고 있었던 사안이다. 판례는 A가 업무처리과정에서 B를 채권자로서 인지하였다고 본 것이다. 따라서 '개인적'이라고 하더라도 '사적'으로 인지한 것을 의미하는 것은 아니다.

다.[967] 다만 채권자가 회사분할에 관여하는 등 회사분할을 미리 알고 있는 지위에 있으며, 사전에 회사분할에 대한 이의제기를 포기하였다고 볼 만한 사정이 있는 등 예측하지 못한 손해를 입을 우려가 없다고 인정되는 경우에는 개별적인 최고를 누락하였더라도 연대책임이 인정된다고 할 수 없다는 것이 판례이다.[968] ③ 분할합병의 경우 채권자보호절차는 연대책임과 상관없이 분할절차의 하나로 거쳐야 한다. 따라서 연대책임배제와의 상관관계가 없으므로 연대책임배제의 효력이 그대로 유지될 것인지 여부가 문제로 된다. 학설은 대립하지만 판례는 연대책임배제를 주장할 수 없다고 본다.[969] 또한 개별적인 최고의 흠결은 합병 등 다른 조직재편에서와 마찬가지로 분할무효의 원인이 될 수 있다.[970]

4. 회사설립

단순분할의 경우 회사설립이 필요하므로 회사설립에 관한 상법의 규정을 중용한다(법 530의4).[971] 분할회사의 출자만으로 회사를 설립하는 경우에는 현물출자에 관한 검사절차를 거치지 않아도 되는데(법 530의4 ②)[972] 이 점은 실무에서 회사분할제도를 선호하는 한 요인이다.

5. 분할등기

회사분할의 효력은 분할등기를 함으로써 발생한다. 즉, 분할등기는 창설적 효력을 가진다(법 530의11 ①, 528).

Ⅴ. 약식분할합병(간이분할합병과 소규모분할합병)

분할합병에서는 합병에서와 마찬가지로 간이분할합병과 소규모분할합병이 마련되어 있다(법 530의11 제2항, 제527조의2, 527의3).

---

967) 대법원 2004. 8. 30. 선고 2003다25973 판결. 이러한 법리는 채권자에 대한 최고를 누락한 경우 뿐 아니라 채권자 보호를 위하여 상법 제527조의5 제3항, 제232조 제3항이 규정한 이의 제출 채권자에 대한 변제, 상당한 담보제공, 신탁 등의 절차를 제대로 지키지 아니한 경우에도 마찬가지라는 것이 판례의 입장이다. 대법원 2007. 9. 6. 선고 2007다32214 판결.

968) 대법원 2010. 2. 25. 선고 2008다74963 판결.

969) 대법원 2011. 9. 29. 선고 2011다38516 판결.

970) 이에 관하여는 견해 대립이 있으며 하급심 판례는 분할무효의 원인으로 본다. 송옥렬, 앞의 책, 1293면.

971) 제530조의4 제2항 전단은 과거에 주식회사의 설립에서 발기인을 3인 이상 요구하던 것의 예외로서 들어간 것인데, 이제는 발기인이 1인으로도 충분하므로 의미가 없는 규정이 되었다.

972) 예를 들어 甲 회사가 시가 20억원의 사업부문을 물적단순분할하여 乙 회사를 설립하고 그 주식을 취득한다고 가정한다. 乙 회사의 재산은 위 사업부문 밖에 없기 때문에 甲 회사가 위 사업부문 평가를 어떻게 하건 甲 회사가 취득한 乙 회사 주식의 가치는 위 사업부문의 진정한 가치에 수렴한다.

1. 간이분할합병(분할회사)

분할승계회사가 분할회사의 지분 90% 이상을 소유하는 경우에는 분할회사의 주주총회를 생략할 수 있다. 주주총회를 개최하더라도 분할승계회사의 의사에 따라 결정될 것이 분명하기 때문이다.

2. 소규모분할합병(분할승계회사)

분할승계회사가 분할합병으로 인하여 발행하는 신주가 승계회사 발행 주식총수의 10% 이하인 경우에는 분할승계회사의 주주총회를 생략할 수 있다. 분할승계회사의 입장에서 중요하지 않은 규모의 거래이므로 주주총회 결의를 거치지 않아도 무방하다는 취지이다. 이에 대하여는 합병과 달리 분할승계회사가 분할회사의 채무에 대하여 연대책임을 질 수 있으므로(법 530의9 ①) 설사 승계하는 자산의 규모가 작더라도 주주총회를 생략할 수 있도록 한 것은 문제가 있다는 비판도 있다.[973] 소규모분할합병을 할 수 없는 예외사유는 합병의 경우와 같다. 분할승계회사의 반대주주에게는 주식매수청구권이 부여되지 않는다.

Ⅵ. 분할의 효과

1. 분할 대상 재산의 포괄승계

분할계획서 또는 분할합병계약서에서 정한 바에 따라 적극·소극재산이 분할신설회사 또는 분할승계회사로 포괄승계된다.[974] 따라서 분할등기와 동시에 재산이전의 효력이 발생하고 개별적인 권리의무이전절차를 거칠 필요는 없다. 소극재산인 채무도 민법 제454조의 채무인수절차를 거칠 필요가 없이 이전된다. 분할회사의 모든 채무를 신설회사로 이전하거나 반대로 채무를 전혀 이전도 이전하지 않는 것도 가능하다. 합병과 달리 분할신설회사나 분할승계회사는 분할회사의 적극·소극재산 중 일부만을 포괄승계하므로 강학상 '부분적 포괄승계'라고 한다.[975]

2. 분할회사의 채무에 대한 연대책임

분할회사의 채권자를 보호하기 위해서 분할당사회사는 분할회사의 분할 전 채무에 관하여 연대책임을 진다.

---

973) 송옥렬, 앞의 책, 1297면.
974) 대법원 2023. 6. 29. 선고 2021다285090 판결.
975) 영업양도가 특정승계되는 것과 구별하여야 한다.

가. 당사자

분할 전 분할회사의 채무에 관하여는 분할회사, 단순분할신설회사, 분할승계회사, 분할합병신설회사가 책임을 진다(법 530의9 ①). 결국 분할 전 분할회사의 채권자 입장에서는 채권에 대응하는 채무가 분할당사회사 중 누구에게 귀속하건 책임재산에 변동이 없게 된다.

나. 분할 전 채무의 범위

연대책임의 대상은 분할회사의 분할 전, 즉 분할등기 전 채무이다. '분할 전'이란 '분할등기 전'을 의미한다고 보아야 한다. 분할 전에 채무가 발생하면 되는 것이므로 그 변제기가 분할 전에 도래하여야 하는 것은 아니다.[976] 그러나 분할 전에 구체적으로 채무가 발생하지 않았지만 채무가 발생할 수 있는 전제가 존재하였다면 어떻게 처리할 것인가? 판례는 경우를 나누어 기초적 사실관계가 존재하였다면 분할 전 채무로 보지 않고, 기초적 법률관계가 존재하였다면 분할 전 채무로 본다.

전자의 예로 판례는 분할 전에 분할회사가 위법한 담합행위를 하였고 그에 따른 과징금은 분할 이후에 분할회사에 대하여 부과된 경우 분할신설회사에게 연대책임을 지울 수 없다고 보았다.[977] 후자의 예로 판례는 분할 전에 신용보증회사가 분할회사를 위하여 체결한 신용보증약정이 분할 이후에 갱신되었고, 다시 분할회사의 채무불이행으로 신용보증회사가 신용보증약정을 이행하고 분할회사에 대한 구상금채권을 취득한 경우 그 구상금채권에 대응하는 분할회사의 채무는 분할회사의 '분할 전의 채무'라고 보았다.[978]

다. 법적 성질

판례는 분할로 인한 연대책임을 부진정연대책임으로 본다.[979] 따라서 분할회사에 대한 시효중단 사유는 다른 분할당사회사에 영향을 미치지 않고, 분할당사회사의 연대책임에 관한 소멸시효 및 기산점은 본래의 분할 전 채무와 동일하다.[980]

라. 연대책임의 배제

연대책임을 배제하기 위해서는 ① 단순분할신설회사, 분할승계회사, 분할합병신설회사가 분할계획서 또는 분할합병계약서에 승계하기로 정한 채무에 대한 책임만을 부담하도록

976) 대법원 2008. 2. 14. 선고 2007다73321 판결.
977) 대법원 2009. 6. 25. 선고 2008두17035 판결; 대법원 2007. 11. 29. 선고 2006두18928 판결; 대법원 2011. 5. 26. 선고 2008두18335 판결. 2012년 개정된 공정거래법 제55조의3 제3항은 분할 또는 분할합병 이전의 위법행위를 이유로 신설회사 또는 승계회사에 과징금을 부과할 수 있도록 하였다.
978) 대법원 2010. 12. 23. 선고 2010다71660 판결.
979) 대법원 2010. 8. 26. 선고 2009다95769 판결.
980) 대법원 2017. 5. 30. 선고 2016다34687 판결.

정한 후에(법 530의9 ②, ③),[981] ② 분할계획서 또는 분할합병계약서에 그 취지를 기재하여야 한다(법 530의5 VIII, 530의6 VII).[982] ③ 단순분할의 경우에는 별도의 채권자보호절차를 거쳐야 한다(법 530의9 ④). 분할합병의 경우에는 언제나 채권자보호절차를 거쳐야 하므로 연대책임을 배제하기 위한 절차라고 보기는 어렵다(법 530의11 ②, 527의5). 즉 분할합병의 경우 분할합병계약서에 연대책임 배제의 취지를 기재하는 것으로 족하다. 연대책임을 배제하면 각 채무는 분할채무관계가 되므로, 분할 전 분할회사의 채무는 각기 귀속되는 회사만의 채무로 되고, 그 회사만이 책임을 진다.

3. 물상대위

명문의 규정은 없지만, 분할회사 주식에 설정된 질권은 분할로 인하여 그 주식의 주주가 취득하는 분할교부주식 및 교부금에 관하여 물상대위의 효력을 가진다고 해석된다.[983]

VII. 분할무효의 소

분할의 내용이나 절차의 하자는 분할무효의 소로써만 다툴 수 있다(법 530의11). 상법은 무효원인에 대하여 아무런 규정을 두고 있지 않으나, 분할계획 또는 분할합병계약의 내용이 강행법규에 위반하거나 현저하게 불공정한 경우, 승인결의에 무효 또는 취소사유가 있는 경우, 분할합병에서 채권자보호절차를 거치지 않은 경우 등을 생각할 수 있다. 분할무효의 판결에는 소급효가 없다(법 530의11 ①, 240, 190 但).

대법원 판결 중에는 분할합병계약의 승인을 위한 주주총회를 개최하면서 소수주주들에게 소집통지를 하지 않아 위 주주들이 주식매수청구권 행사 기회를 갖지 못하였으나, 분할합병무효의 소를 제기한 소수주주가 자신이 보유하고 있던 주식을 제3자에게 매도함으로써 그 투하자본을 이미 회수하였다고 볼 수 있고, 위 분할합병을 무효로 함으로 인하여 당사자 회사와 그 주주들에게 이익이 된다는 사정이 엿보이지 않는 점 등을 고려하여 분할합병무효청구를 기각한 원심이 타당하다고 본 사례가 있다(재량기각).[984]

---

981) 원칙적으로 채무의 승계에 관한 사항은 분할계획·분할합병계약에서 자유롭게 정할 수 있다.

982) 이와 관련하여 분할 또는 분할합병에 관한 주주총회 특별결의와는 개념상 구분되는 별개의 주주총회 특별결의가 있어야 한다는 주장도 있고 그 근거로 대법원 2010. 8. 26. 선고 2009다95769 판결을 들고 있으나(송옥렬, 앞의 책, 1088면), 위 판례는 연대책임 배제의 취지를 기재한 분할계획서 또는 분할합병계약서를 작성한 후 이에 대한 주주총회 승인을 얻어야 한다는 것이므로 개념상 구분되는 별개의 주주총회 특별결의가 필요하다고 보기는 어렵다고 생각된다. 상법 제530조의9 제2항, 제3항의 법문상으로도 그렇다.

983) 이철송, 앞의 책, 1205면.

984) 대법원 2010. 7. 22. 선고 2008다37193 판결.

제 3 편 주식의 포괄적 교환·이전

I. 의의 및 기능

주식의 포괄적 교환(이하 '주식교환')은 완전모회사가 되고자 하는 회사가 완전자회사로 하려는 회사의 발행주식총수를 취득할 수 있도록 하는 회사법상의 제도이다(법 360의2). 이하에서는 설명의 편의상 완전모회사가 되고자 하는 회사를 '甲 회사', 완전자회사가 되는 회사를 '乙 회사'로 지칭한다. 甲 회사와 乙 회사 간에 주식교환을 하면 乙 주주가 소유하는 乙 주식은 전부 甲 회사에 이전되고, 甲 회사는 乙 주주에게 그 대가로 甲 주식 또는 교부금을 교부한다. 그 결과 乙 회사는 甲 회사의 완전자회사가 되고, 乙 주주는 甲 회사의 주주로 흡수된다. 그 결과 주식교환 당사회사의 주주가 합쳐지고 그 당사회사는 경제적 단일체가 된다는 점에서 경제적 실질이 합병과 다르지 않다.

주식의 포괄적 이전(이하 '주식이전')은 위 사례에서 甲 회사가 주식이전을 계기로 비로소 신설된다는 점만 다르다(법 360의15). 따라서 주식의 포괄적 이전이란 기존에 존재하던 乙 회사가 甲 회사를 설립하여 위와 같은 거래를 하는 것을 말한다. 주식교환은 甲 회사가 乙 회사를 완전자회사 형태로 인수하기 위한 거래이고, 주식이전은 乙 회사가 자신을 지배하는 완전모회사를 만들기 위한 거래이다.

주식교환과 주식이전은 지주회사 체계로 전환하기 위한 수단으로 사용되는 조직재편 제도이다.

II. 법적 성질

통설은 주식교환 및 주식이전을 완전모자회사를 형성하는 특수한 조직법적 행위로 이해한다.[985)]

III. 주식교환·주식이전절차

1. 주식교환계약서·주식이전계획서

주식교환의 경우 甲 회사와 乙 회사 사이에 주식교환계약이 체결되고 주식이전은 아직 甲 회사가 설립되기 이전이므로 乙 회사가 단독으로 주식이전계획을 작성한다. 상법 제360조의3 제3항, 제360조의16 제1항은 주식교환계약서 및 주식이전계획에 포함되어야 할 사항

985) 송옥렬, 앞의 책, 1266면.

을 규정하고 있다. 중요한 사항을 살펴보면 다음과 같다.

가. 주식교환·이전비율

乙 주주에 대하여 乙 주식 1주 당 甲 주식 몇 주를 교부할 것인지를 정하여야 한다(법 360의3 ③ II, 360의16 ① II).

나. 자기주식의 처리

(1) 주식교환

① 甲 회사가 보유하던 자기주식

그대로 보유할 수도 있고, 대상회사 주주에게 교환대가로 지급할 수도 있다(법 360의6).

② 乙 회사가 보유하던 자기주식

乙 회사가 보유하던 자기주식에 대하여는 甲 회사의 주식을 교부한다(법 342의2① I).

③ 甲 회사가 보유하던 乙 주식

甲 회사가 보유하던 乙 주식에 관하여는 甲 회사의 신주를 발행하지 않는다(법 360의7 ②).

④ 乙 회사가 보유하던 甲 주식

乙 회사가 보유하던 甲 주식은 그대로 유지되고, 그 결과 모자회사 간 상호주가 되지만 모자회사관계가 생기기 이전에 보유하였던 것이므로 처분의무는 없다.

(2) 주식이전

주식이전의 경우에는 완전모회사가 신설되므로 자기주식의 처리는 오직 乙 회사가 보유하던 자기주식만이 문제된다. 乙 회사가 보유하던 자기주식에 대하여 신설될 甲 회사 주식을 배정하면 모자회사 간 상호주가 되지만 주식교환에서와 마찬가지로 허용된다.

다. 주식교환·이전교부금

甲 회사는 乙 주주에게 교부금을 지급할 수 있다(법 360의3 ③ IV, 360의16 ① IV).

라. 삼각주식교환

甲 회사는 모회사 주식(교부금)을 주식교환의 대가로 지급할 수 있기 때문에 삼각주식교환도 가능하다. $甲_1$사가 자회사로 $甲_2$사를 만든 다음 $甲_2$사가 $甲_1$ 주식으로 乙 회사와 주식교환을 하는 형태이다. 삼각주식교환을 통해서 역삼각합병이 가능하게 된다는 점은 앞서 살펴본 바와 같다.

마. 주식교환·이전을 할 날

주식교환은 신주발행에 따른 변경등기와 무관하게 주식교환을 할 날, 즉 주식교환일에 효력이 발생한다(법 360의3 ③ IV). 주식이전의 효력은 주식교환과 달리 주식이전등기에 의해 효력이 발생하므로(법 360의21), 주식이전을 할 날[986]은 합병기일·분할기일과 같이 주식이전등기를 제외한 나머지 절차가 실질적으로 종료되는 예정일을 의미한다. 학설은 이를 주권의 실효절차를 종료하는 날, 즉 주권제출기간의 만료일로 본다.[987]

2. 주주총회의 승인결의

주식교환·이전을 하려면 甲 회사 및 乙 회사의 주주총회 특별결의에서 각각 승인을 얻어야 한다(법 360의3 ①, ②, 360의16 ①, ②). 반대주주의 주식매수청구권도 인정된다(법 360의5, 360의22). 주식교환·이전은 주주의 의사에 무관하게 주식을 이전시키도록 하기 위하여 합병과 같은 조직법적 행위로 규율되고 있으므로 주주총회의 결의를 거치도록 한 것이다. 주주총회의 소집통지서에는 ① 계약의 주요 내용, ② 반대주주의 주식매수청구권에 관한 내용 및 행사방법, ③ 정관에 의한 주식양도의 제한에 관한 사항 등을 기재하여야 한다(법 360의3 ④, 360의16 ③). 반대주주는 주식매수청구권을 가진다. 상법은 각 회사의 주주의 부담이 가중되는 경우에는 그 주주 전원의 동의가 있어야 한다는 규정을 두고 있으나(법 360의3 ⑤, 360의16 ④), 주식교환·이전으로 주주의 부담이 가중되는 경우는 생각하기 어렵다.

3. 주식교환계약·이전계획의 공시

상법은 주식교환·이전계획에 공시에 관한 규정을 두고 있다(법 360의4, 360의12, 360의17, 360의22).

4. 주식교환·이전의 실행

가. 주식교환

주주총회에서 주식교환이 승인되면 '주식을 교환할 날'에 乙 회사 주식은 자동적으로 甲 회사로 이전되며 주권의 교부는 필요하지 않다. 甲 회사의 신주도 '주식을 교환할 날'에 자동적으로 발행된다. 甲 회사가 교환대가로 자기주식을 지급하는 경우에도 주권의 교부와 상관없이 乙 회사 주주에게 주주권이 이전된다.[988]

---

986) 법문은 '주식이전을 할 시기'라고 규정하고 있다.
987) 권기범, 앞의 책, 222면; 이철송, 앞의 책, 1231면.
988) 송옥렬, 앞의 책, 1271면.

나. 주식이전

주식이전의 경우 乙 회사 주식이 이전되고 甲 회사가 설립되면서 甲 회사 주식이 발행된다. 甲 회사 정관은 주식이전계획에서 정하고 있고, 乙 회사 주식은 甲 회사의 설립등기와 동시에 별도의 이전행위 없이 甲 회사로 이전된다. 甲 회사의 설립등기로 신주발행이 효력이 발생한다.

5. 채권자보호절차

주식교환·이전은 합병과 달리 어느 회사도 채권자보호절차를 거치지 않는다. 甲 회사, 乙 회사는 법인격이 그대로 유지되고 주식의 보유 관계만 바뀌므로 책임재산 변동이나 채권자의 이해관계에도 변동이 없기 때문이다.

6. 등 기

주식교환의 경우 신주발행으로 자본금이 증가하였으므로 변경등기가 필요하다. 주식이전의 경우에는 신설회사의 설립등기가 있어야 한다(법 360의20, 360의21).

Ⅳ. 약식주식교환(간이주식교환·소규모주식교환)

상법 제360조의9, 제360조의10은 간이주식교환·소규모주식교환 제도를 규정한다. 이 제도는 각각 간이합병·소규모합병과 취지, 요건, 효과가 동일하다. 주식이전의 경우에는 완전모회사로 될 회사가 신설되므로 간이주식이전·소규모주식이전 제도를 상정할 수 없다.

Ⅴ. 주식교환·이전 무효의 소

주식교환·이전도 그 무효는 소로써만 주장할 수 있는데, 그 내용은 합병무효의 소와 같다(법 360의14, 360의23). 주식교환무효의 소나 주식이전무효의 소는 모두 소급효가 배제된다.[989)]

Ⅵ. 주식교환·이전에 의한 원고 적격의 상실

주주총회결의 당시 乙 회사의 주주였던 원고들이 주주총회결의 부존재확인 및 취소를

---

989) 다만 조문 구조에 차이가 있다. 주식교환무효의 소는 상법 제190조 단서를 준용하는 대신 상법 제431조를 준용하지만, 주식이전무효의 소는 상법 제190조 전체를 준용하여 소급효를 배제한다.

구하는 소를 제기한 후 그 소송계속 중에 乙 회사와 甲 회사 사이의 주식교환에 의하여 乙 회사의 주주 지위를 상실하고 완전모회사인 甲 회사의 주주가 된 경우 원고들이 제기한 기존 소송에서 원고 적격을 상실하는지 여부가 문제가 된 사안이 있었다. 대법원은 ① 위 주주총회결의 부존재가 확인되어 그 결의에 근거한 배당액이 모두 乙 회사에게 반환됨으로써 甲 회사에 이익이 된다고 하더라도 甲 회사의 주주인 원고들이 갖는 이익은 사실상, 경제상의 것에 불과하고, 위 주주총회결의 또는 그에 따른 배당금 지급이 주식교환비율에 영향을 미쳤다고 단정하기 어려울 뿐만 아니라 설령 영향을 미쳤다고 하더라도 이는 주식교환무효의 소 또는 손해배상청구의 소를 통하여 직접 다툴 수 있으므로 위 주주총회결의 부존재확인을 구하는 것이 주식교환비율을 둘러싼 분쟁을 가장 유효·적절하게 해결하는 수단이 된다고 볼 수도 없다고 보았다. 따라서 원고들에게 이 사건 주주총회결의 부존재확인을 구할 확인의 이익이 없고, ② 위 주식교환에 따라 더 이상 乙 회사의 주주가 아닌 원고들에게 위 주주총회결의의 취소를 구할 원고적격도 인정되지 않는다는 이유를 들어 원고들의 청구를 각하하였다.[990)]

990) 대법원 2016. 7. 22. 선고 2015다66397 판결.

제 3 장 유한회사 및 유한책임회사

유한회사는 물적회사이고, 유한책임회사는 물적회사와 인적회사의 특성을 모두 갖추고 있으나 물적회사의 특성이 우위에 있는 회사형태이다.

제 1 절 유한회사

제 1 편 의 의

유한회사는 회사의 채무에 관하여 유한책임을 지는 사원으로 구성되는 회사를 말한다. 본래 소규모 물적회사의 원형으로 설계된 회사이지만 한국에서는 널리 쓰이지 않는다.

제 2 편 설 립

유한회사는 사원이 정관을 작성하고 출자를 이행하는 과정을 거쳐서 설립된다. 변태설립사항은 정관에 기재하여야 효력이 있다(법 544). 유한회사의 지분은 1좌를 단위로 하고 100원 이상의 균일한 금액으로 한다(법 546). 이사는 사원으로 하여금 출자 전액의 납입 또는 현물출자의 목적인 재산 전부의 급여를 하도록 하여야 한다(법 548). 유한회사는 납입 또는 현물출자의 이행이 있은 날로부터 2주 내에 설립등기를 한다(법 549). 회사설립의 무효는 그 사원, 이사, 감사만 소로써 제기할 수 있으며 제소기간은 회사설립일로부터 2년 내이다(법 552 ①).

제 3 편 사원의 권리의무

사원은 출자좌수에 따라 지분을 가지며 상법이 다른 규정이 있는 경우 외에는 그 출자금액을 한도로 한다(법 553, 554). 사원의 지분에 관하여 지시식 또는 무기명식 증권을 발행할 수 없다(법 555). 사원은 지분의 전부 또는 일부를 양도하거나 상속할 수 있다. 다만 정관으로 지분의 양도를 제한할 수 있다(법 556조). 지분의 이전은 취득자의 성명, 주소, 그 목적이 되는 출자좌수를 사원명부에 기재하지 않으면 회사와 제3자에 대항할 수 없다(법 557조). 유한회사는 특정목적을 위해서만 자기지분을 취득할 수 있다(법 560, 341의2).

소수사원은 이사에 대하여 유지청구 및 대표소송을 할 수 있다(법 564의2, 565).

제4편 회사의 관리

I. 이 사

유한회사에는 1인 또는 수인의 이사를 두어야 한다(법 561). 이사는 회사를 대표하고, 이사가 수인이면 정관 또는 사원총회에서 대표이사를 선정한다(법 562 ②). 이사가 수인인 경우 정관에 다른 정함이 없으면 회사의 업무집행, 지배인 선임·해임, 지점 설치·이전·폐지는 이사 과반수의 결의에 의한다(법 564 ①). 이사의 자기거래에는 감사 또는 사원총회의 승인이 필요하다(법 564 ③). 그 밖에 대표이사에 관한 여러 규정이 이사에 준용된다(법 567).

II. 사원총회

사원총회는 유한회사의 의사를 결정하는 기관으로서 모든 사항에 관하여 결의할 수 있다. 사원총회는 원칙적으로 이사 및 감사가 소집권을 가지고 소수사원은 이사에게 총회의 소집을 청구할 수 있다(법 571 ①, 572 ①). 총사원의 동의가 있으면 소집절차 없이도 총회를 열 수 있다(법 573). 사원은 출자1좌마다 1개의 의결권을 갖지만 정관으로 달리 정할 수 있다(법 574). 유한회사가 영업양도 등의 행위를 하려면 반드시 사원총회의 결의가 있어야 한다(법 576). 사원총회의 결의는 총사원의 동의가 있으면 서면에 의할 수 있다(법 577 ①). 사원총회는 정관 또는 상법에 다른 규정이 있는 경우를 제외하고 총사원의 의결권의 과반수를 갖는 사원이 출석하고 그 의결권의 과반수로써 결의한다(법 574).

III. 감 사

유한회사의 경우 감사는 임의기관이다(법 568 ①). 감사는 회사의 업무와 재산상태를 조사할 수 있고 이사에 대하여 영업에 관한 보고를 요구할 수 있다(법 569).

제 5 편 회사의 계산 등

이익의 배당은 정관에 다른 정함이 있는 경우 외에는 각 사원의 출자좌수에 따른다(법 580). 회사의 계산과 관련하여 소수사원은 회계의 장부와 서류의 열람 또는 등사를 청구할 수 있다(법 581 ①).

제 6 편 자본금의 변동

사원은 자본금이 증가할 경우 지분에 따라 출자를 인수할 권리가 있다(법 588). 그러나, 유한회사가 특정한 자에 대하여 장래 그 자본금을 증가할 때 출자의 인수권을 부여할 것을 약속하는 경우에는 사원총회의 특별결의에 의한다(법 587). 자본금의 증가는 본점소재지에서 등기를 하여야 효력이 생긴다(법 592). 증자의 효력을 다툴 경우에는 반드시 증자무효의 소에 의하여야 한다(법 595 ①).

제 7 편 합병과 조직재편

유한회사가 다른 회사와 합병을 할 때에는 사원총회의 결의가 있어야 한다(법 598). 유한회사가 주식회사와 합병하는 경우 합병 후 존속회사 또는 신설회사가 주식회사인 경우에는 법원의 인가를 얻지 않으면 합병의 효력이 없다(법 600 ①). 주식회사 설립 및 신주발행에 관한 엄격한 규정을 회피하지 못하도록 하기 위한 규정이다.[1] 또한 주식회사가 사채의 상환을 완료하지 않지 않은 상태에서 유한회사와 합병하는 경우 합병 후 존속회사 또는 신설회사는 반드시 주식회사이어야 한다(법 600 ②). 유한회사는 사채를 발행할 수 없기 때문이다.

제 8 편 해산과 청산

유한회사는 존립기간의 만료 그 밖에 정관으로 정한 사유의 발생, 합병, 파산, 법원의 명령·판결, 사원총회의 결의로 해산한다(법 609). 잔여재산은 정관에 다른 정함이 있는 경

1) 이철송, 「회사법강의」, 제32판, 박영사, 2024, 1266면.

우 외에는 각 사원의 출자좌수에 따라 사원에게 분배한다(법 612).

제 2 절 유한책임회사

제 1 편 의 의

유한책임회사는 외부관계에서는 유한책임을 지는 물적회사의 성격을, 내부관계는 인적회사의 성격을 갖는 회사이다. 사원이 유한책임을 지면서도 회사의 설립, 운영, 기관구성 등에서는 사원의 사적 자치를 폭넓게 인정하기 위한 회사형태이다. 미국의 유한책임회사(Limited Liability Company: LLC)를 수용한 것으로 이해할 수 있다.

제 2 편 설 립

1인의 사원에 의해 설립할 수 있고 법정자본금 제도를 갖추고 있다(법 287의35). 이 점은 물적회사의 특성이다. 사원의 지분은 출자액과 무관하게 사원 1인마다 한 개의 지분으로 한다. 사원은 신용이나 노무를 출자의 목적으로 할 수 없다(법 287의4 ①).

제 3 편 내부관계

유한책임회사의 내부관계에 관하여는 정관이나 상법에 다른 규정이 없으면 합명회사에 관한 규정을 준용한다(법 287의18).

Ⅰ. 사 원

사원은 상법에 다른 규정이 있는 경우 외에는 출자금액을 한도로 유한책임을 진다(법 287의7). 유한책임회사는 사원의 가입과 탈퇴(퇴사) 제도를 두고 있다(법 287의23~31).

II. 지 분

사원은 다른 사원의 동의가 없으면 지분을 양도할 수 없는 것이 원칙이다. 다만 정관으로 달리 정할 수 있고[2] 업무집행사원이 아닌 사원은 업무집행사원 전원의 동의로 양도할 수 있는 예외가 있다(법 287의8 ①, ②). 유한책임회사는 자기지분을 취득할 수 없으며 만일 자기지분을 취득하면 그 지분은 취득한 때에 소멸한 것으로 처리한다(법 287의9).

III. 기 관

유한회사와 달리 사원총회는 필수기관이 아니다. 유한책임회사는 반드시 업무집행자를 두어야 하고(법 287의3 IV) 그 업무집행자가 업무를 집행한다. 정관으로 사원뿐만 아니라 사원이 아닌 자도 업무집행자로 정할 수 있으며(법 287의12 ①), 법인도 업무집행자가 될 수 있다(법 287의15 ①).

제 4 편 외부관계

I. 대 표

업무집행자가 유한책임회사를 대표한다(법 287의19).

II. 업무집행자의 책임

유한책임회사의 업무집행자는 회사에 대하여는 채무불이행으로 인한 손해배상책임을 지고, 제3자에 대하여는 불법행위 책임을 진다(법 287의20, 210).

III. 채권자의 보호

상법은 유한책임회사의 사원이 유한책임을 지는 것을 고려하여 회사 채권자를 보호하기 위하녀 여러 규정을 두고 있다(법 287의30, 287의45, 287의32~37).

---

2) 합명회사 및 합자회사는 정관으로도 달리 정할 수 없다.

제5편 조직변경

상법은 주식회사가 유한회사나 유한책임회사로 조직변경할 수 있도록 하고, 유한회사나 유한책임회사가 주식회사로만 조직변경할 수 있도록 규정하고 있다(법 287의43 ①, ②, 604 ①, 607 ①).

제 4 장 합명회사 및 합자회사

상법이 규정하고 있는 합명회사와 합자회사는 인적회사에 해당한다.

제 1 절 합명회사

제 1 편 의 의

합명회사는 2인 이상의 무한책임사원으로 구성된 회사이다. 즉, 사원은 회사 채무에 관하여 직접·연대·무한책임을 진다.

제 2 편 설 립

합명회사는 2인 이상의 사원이 공동으로 정관을 작성하여야 하고(법 178), 총사원이 기명날인 또는 서명하여야 한다(법 179). 사원은 이 단계에서 확정된다. 합명회사는 설립등기에 의하여 설립된다(법 172). 정관기재사항의 미비 등 객관적 하자 이외에도 사원의 설립행위에 존재하는 주관적 하자도 설립의 하자가 된다. 설립의 하자는 소로써만 다툴 수 있다(법 184).

제 3 편 내부관계

합명회사의 내부관계에 관한 상법 규정은 대부분 임의규정으로서 정관에 다른 규정이 있으면 정관이 우선 적용된다. 합명회사의 대내적인 법률관계의 본질은 조합이므로 정관과 상법에 규정이 없는 사항에 대하여는 민법의 조합에 관한 규정이 준용된다(법 195).

Ⅰ. 출 자

사원은 정관에 의해 확정된 출자의무를 이행하여야 하는데(법 179 iv), 출자의 목적물은 금전 등 재산 이외에 노무, 신용도 포함된다. 출자의무의 이행시기 및 방법은 정관에 정함이 있으면 그에 따라야 하고 정함이 없으면 조합의 예에 의한다.

II. 업무집행

합명회사는 원칙적으로 각 사원이 회사의 업무를 집행할 권리와 의무를 가진다. 그러나 각 사원의 업무집행에 대해 다른 사원의 이의가 있는 때에는 곧 그 행위를 중지하고 총사원의 과반수의 결의에 의해 집행방법을 정한다(법 200). 정관으로 사원의 1인 또는 수인을 업무집행사원으로 정한 때에는 그 사원이 회사의 업무를 집행할 권리와 의무가 있다(법 201 ①). 지배인의 선임과 해임은, 정관에 다른 정함이 없는 한, 업무집행사원을 선정한 경우에도 총사원의 과반수결의로 결정한다(법 203).

III. 업무감시

업무집행권이 없는 사원도 회사의 업무 또는 재산의 상황을 검사할 권한이 있다(법 195, 민법 710). 감시권에 관한 규정은 강행규정으로서 정관의 규정으로도 제한할 수 없다.[1)]

IV. 사원의 결의

상법은 합명회사가 소수의 사원으로 구성될 것을 예정하고 있으므로 사원총회에 관한 규정을 두지 않고 있다. 사원의 결의는 원칙적으로 총사원의 과반수에 의하고(법 200 ②, 195, 민법 706 ②), 회사의 구조를 변경하거나 사원들의 이해관계에 중요한 영향을 미치는 사항(지분양도의 승인, 정관변경 등)은 총사원의 동의가 있어야 한다(법 197, 204, 227 ii). 사원은 각자 무한책임을 지기 때문에 의결권은 지분의 크기와 무관하게 동등하게 주어진다.

V. 사원의 의무

1. 경업금지의무

사원은 다른 사원의 동의가 없으면 자기 또는 제3자의 계산으로 회사의 영업부류에 속하는 거래를 하지 못하고 동종영업을 목적으로 하는 다른 회사의 무한책임사원 또는 이사가 될 수 없다(법 198).

---

1) 이철송, 「회사법강의」, 제32판, 2024, 166면.

2. 자기거래제한

사원은 다른 사원 과반수의 결의가 있는 때에 한하여 자기 또는 제3자의 계산으로 회사와 거래할 수 있다(법 199).

VI. 손익분배

합명회사의 사원들은 정관으로 손익분배비율을 자유롭게 정할 수 있고, 정관에 규정을 두지 않았다면 민법의 조합에 관한 규정에 따른다(민법 711 ①, ②).

VII. 지분의 양도

합명회사의 경우 사원의 인적 구성이 중요하므로 사원이 지분을 양도하려면 다른 사원 전원의 동의를 얻어야 한다(법 197).

제 4 편 외부관계

I. 회사의 대표

합명회사에서는 각 사원이 회사를 대표할 수 있다. 수인의 업무집행사원을 정한 경우에는 각 업무집행사원이 회사를 대표하며 정관 또는 총사원의 동의로 업무집행사원 중 회사를 대표할 자를 정할 수 있다(법 207).

II. 사원의 책임

회사의 재산으로 회사의 채무를 완제할 수 없거나 회사재산에 관한 강제집행이 주효하지 못한 때에는 각 사원은 연대하여 변제할 책임이 있다. 다만 회사재산에 관한 강제집행이 주효하지 못하더라도 사원이 회사가 변제자력이 있고 집행이 용이하다는 사실을 증명하면 사원은 변제할 책임을 지지 않는다(법 212).[2)]

2) 그러나 합명회사는 실질적으로 조합적 공동기업체이어서 회사의 채무는 실질적으로 각 사원의 공동채무이므로 합명회사의 사원의 책임은 회사가 채무를 부담하면 법률의 규정에 기해 당연히 발생하는 것으로 '회사의 재산으로 회사의 채무를 완제할 수 없는 때' 또는 '회사재산에 대한 강제집행이 주효하지 못한 때'에 비로소 발생하는 것은 아니다. 대법원 2009. 5. 28. 선고 2006다65903 판결. 합자회사의 무한책임사원에 관하여도 동일한 법리가 적용된다.

제 5 편 해 산

합명회사는 사원이 1인으로 된 경우 등 상법 제227조에 규정된 사유가 발생하면 해산한다(법 227). 회사가 해산하면 청산을 하여야 한다.

제 2 절 합자회사

제 1 편 의 의

합자회사는 무한책임사원과 유한책임사원으로 구성된 회사이다(법 268). 즉, 합자회사는 합명회사의 조직에 유한책임사원을 추가한 것이다. 따라서 유한책임사원의 존재를 고려한 일부 규정을 제외하면 합명회사 규정이 준용된다(법 269).

제 2 편 설 립

합자회사는 무한책임사원이 될 자 1인 이상과 유한책임사원이 될 자 1인 이상이 정관을 작성하고 설립등기를 하여 설립한다(법 270). 총사원의 동의에 의해 정관을 변경하면 유한책임사원이 무한책임사원으로 또는 그 반대로 변경될 수 있다.[3]

제 3 편 내부관계

Ⅰ. 출 자

무한책임사원은 합명회사의 사원과 같이 금전 등 재산 이외에 노무, 신용도 출자할 수 있지만 유한책임사원은 신용 또는 노무를 출자의 목적으로 할 수 없다(법 272). 주식회사의

3) 대법원 2010. 9. 30. 선고 2010다21337 판결.

주주가 신용 또는 노무를 출자의 목적으로 할 수 없는 것과 동일한 이유이다.

II. 업무집행

무한책임사원은 정관에 다른 규정이 없는 때에는 각자가 회사의 업무를 집행할 권리와 의무가 있다(법 273). 유한책임사원은 회사의 업무집행을 할 수 없다(법 278).

III. 업무감시

유한책임사원은 회사의 업무와 재산상태를 검사할 수 있다(법 277 ①).

IV. 무한책임사원의 결의

유한책임사원은 업무집행권이 없으므로 합명회사의 의사결정은 무한책임사원의 결의에 의한다. 합자회사의 경우에도 사원총회를 요구하지 않는다.

V. 사원의 의무

유한책임사원은 업무집행권을 갖지 못하므로 경업금지의무를 부담하지 않지만(법 275) 자기거래에 관한 규제는 적용된다(법 269).

VI. 손익분배

합자회사의 손익은 정관에 다른 규정이 없으면 출자액에 비례하여 분배한다(법 269, 195, 민법 711). 다만, 유한책임사원은 출자액을 한도로 하여 손실을 분담한다.

VII. 지분의 양도

무한책임사원이 지분을 양도할 때에는 유한책임사원을 포함한 모든 사원의 동의가 필요하지만(법 269, 197), 유한책임사원이 지분을 양도할 때에는 무한책임사원 전원의 동의만 있으면 된다(법 276 前).

제 4 편 외부관계

Ⅰ. 회사의 대표

유한책임사원은 회사의 내부관계에서 업무집행권을 갖지 못하는 것에 대응하여 외부관계에서 대표권도 갖지 못한다(법 278).

Ⅱ. 사원의 책임

무한책임사원은 회사채무에 관하여 합명회사의 사원과 동일한 책임을 진다. 유한책임사원은 출자가액에서 이미 출자의무를 이행한 부분을 공제한 가액을 한도로 회사채무를 변제할 책임이 있다(법 279 ①).

제 5 편 해 산

합자회사는 무한책임사원 또는 유한책임사원 전원이 퇴사하면 해산한다(법 285 ①). 합자회사가 해산하면 청산절차를 거쳐야 한다.

찾아보기

[저자 약력]

황 남 석

서울대학교 법과대학 사법학과(법학사)
서울대학교 대학원 법학과(법학석사 : 상법전공)
서울시립대학교 세무전문대학원(세무학박사 : 조세법전공)
사법연수원 수료(제29기)
변호사
성신여자대학교 법학과 전임강사
경희대학교 법과대학 및 법학전문대학원 조교수, 부교수, 교수(현, 상법 및 세법 담당)
사법시험 · 행정고등고시 · 세무사 · 관세사시험위원(조세법/상법)
국세청 국세심사위원회 위원(전)
기획재정부 세제발전심의위원회 위원(전)
기획재정부 국세예규심사위원회 민간위원(전)
대법원 전문직 재판연구관(전)
법무부 상법개정위원(전)

〈주요 저서 · 논문〉
주식회사간의 물적분할(Ausliederung)에 관한 독일의 과세제도, 2009.
독일조직재편세법에 관한 고찰, 2009.
미국 내국세입법(Internal Revenue Code)상 법인에 대한 출자에 관한 과세 소고, 1990.
미국 내국세입법(Internal Revenue Code)상 회사의 인적분할에 대한 과세 연구(상), (하), 2010.
개정된 합병세제의 해석: 적용상의 문제점(공저), 2010.
법인세법상의 현물출자시 과세특례에 관한 문제점, 2011.
미국 회사법상의 회사분할제도에 관한 연구, 2011.
최근 한국 법인세제의 동향－조직재편세제를 중심으로, 2012.
기업회계기준의 법규성 재고, 2012.
상법상 배당가능이익에 의한 자기주식 취득의 쟁점, 2012.
세법상 준비금에 관한 고찰, 2012.
더블 아이리시 구조와 실질과세원칙, 2018.
관세법상 거래가격 산정을 위한 구매자와 판매대리인의 구별기준, 2018.
원천지국 과세원칙으로의 전환 필요성에 관한 고찰, 2019.
프랑스세법상의 조세법률주의, 2019.
과오납금 환급 시 국세환급금에 적용할 이자율에 관한 연구, 2020.
적격분할의 포괄승계요건에 관한 고찰, 2020.
법인이 임직원을 위해 지출한 법률비용의 손금성, 2020(공저).
영상물 방영권이 관세법상 재현생산권에 해당하는지 여부, 2020.
단계거래원칙의 역적용에 관한 고찰, 2021.
증권거래세의 과세근거와 그 함의, 2021.
조세조약상 삼각관계의 과세문제, 2022.
회사분할과세론, (주)한국학술정보, 2011.
우리 법인세법의 성립과정 연구, 마인트탭, 2017.
주석 국세기본법, 삼일인포마인, 2023(공저).
조직재편세제의 이론과 실무, 상경사, 2019(공저)
독일 상속세 및 증여세법, 북플, 2019(번역)
국제조세입문, 2021(공역)
WTO 관세평가협정, 정독, 2022(공역)

회사법론

초판발행　2025년 2월 28일

지은이　황남석
펴낸이　김중용

편 집　심성보·김인숙

펴낸곳　도서출판 **정독**

경기도 고양시 일산서구 하이파크로 113, 102-204
등록 제406-2014-000093호
전 화　031)924-7203　팩 스　031)935-0345
홈페이지　www.jeongdok.co.kr　이메일　admin@jeongdok.co.kr
ISBN　979-11-6858-336-8　93360

정 가　25,000원